REVOLUÇÃO ESPÍRITA

REVOLUÇÃO ESPÍRITA

A teoria esquecida de Allan Kardec

2ª edição

PAULO HENRIQUE DE FIGUEIREDO
autor de *Mesmer – A ciência negada do magnetismo animal*

© 2016 Paulo Henrique de Figueiredo

EDITORA MAAT
São Paulo - SP
Site: www.editoramaat.com.br
E-mail: maat@editoramaat.com.br

FUNDAÇÃO ESPÍRITA ANDRÉ LUIZ
Guarulhos - SP
www.feal.com.br
editorial@feal.com.br

2ª edição
Tiragem: 3.000 exemplares
Impresso na Bartira Gráfica e Editora

A reprodução parcial ou total desta obra, por qualquer meio, somente será permitida com a autorização por escrito da editora. (Lei n° 9.610 de 19.02.1998)

Impresso no Brasil
Presita en Brazilo

Revisão
Conde Fouá, Cristina Sarraf e equipe da Tikinet

Capa e projeto gráfico
Bruno Tonel

Dados Internacionais de Catalogação na Publicação (CIP)
Angelica Ilacqua CRB-8/7057

F475r
    Figueiredo, Paulo Henrique de
        Revolução espírita : a teoria esquecida de Allan Kardec / Paulo Henrique de Figueiredo. – 2. ed. – São Paulo (SP): Fundação Espirita André Luiz ; Maat, 2019.
        632 p.

    Bibliografia
    ISBN 978-85-7943-095-4 (Feal)
    ISBN 978-85-92693-00-8 (Maat)

    1. Espiritismo 2. Espiritismo - História 3. Kardec, Allan, 1804-1869 5. I. Título

19-1875   CDD 133.9

Índices para catálogo sistemático:
1. Espiritismo - 133.9

"Nada nunca está pronto."
Um espírito.

SUMÁRIO

A revolução espírita 11
Abreviaturas...13
Prefácio do autor à segunda edição......................................15
Agradecimentos 19
Introdução...21
Parte 1: O grande desconhecido..34
    1.1 Uma sólida construção 37
    1.2 As passagens de Paris...39
    1.3 A questão social..44
    1.4 Uma dedicação integral..49
    1.5 A profecia de 1867 sobre o plano inimigo......................52
    1.6 Pássaros sem asas 55
    1.7 Jobard e os médiuns mercenários 56
    1.8 O que é o espiritismo?..61
        1.8.1 Racional, autônomo e crítico................................65
        1.8.2 Visões ingênuas e equivocadas.............................70
        1.8.3 Jamais me dei por profeta ou messias..................73
        1.8.4 Uma obra de toda a vida......................................76
    1.9 Jeanne, uma mulher de fibra 80
Parte 2: Educação e autonomia..94
    2.1 A vida campestre do pequeno Rivail...............................97
        2.1.1 No castelo de Yverdon...102
    2.2 A formação racional de Rivail.......................................108
        2.2.1 A filosofia da liberdade 111
        2.2.2 O debate entre Agostinho e Pelágio 113
        2.2.3 Outro debate, entre Lutero e Erasmo 118
    2.3 Por uma nova ciência 120
        2.3.1 Deus pertence à filosofia natural.........................123
        2.3.2 O homem em estado de guerra 125
        2.3.3 O mal-estar na civilização...................................128
        2.3.4 Materialismo e liberdade de pensamento...........130

2.3.5 Ateísmo e o 'deus-Natureza'...136
2.3.6 Para Kant, Rousseau é o Newton da moral.....................145
2.3.7 A iluminação em Vincennes...152
2.4 O terceiro caminho ou 'a autonomia'..154
2.4.1 A psicologia espiritualista de Rousseau................................159
2.4.2 A origem do Mal 161
2.4.3 A educação moral segundo Rousseau.................................166
2.4.4 Rousseau, Newton da mente..172
2.4.5 A fé racional de Rousseau..174

Parte 3: A revolução espírita 178
3.1 Enfim, o que é o espiritismo?...181
3.1.1 O espiritismo entre as ciências filosóficas.............................182
3.2 É possível um conhecimento racional espírita?............................191
3.2.1 A estrutura filosófica original do espiritismo 194
3.2.2 A reação das ideias espiritualistas...198
3.3 Em busca do conhecimento metafísico 216
3.3.1 Platão e a planície da Verdade 224
3.3.2 Os três períodos do conhecimento espiritual......................233
3.3.3 A metafísica em Aristóteles...238
3.3.4 Deus e a realidade para Aristóteles......................................243
3.3.5 Jesus e o cristianismo..251
3.3.6 Tomás de Aquino e a metafísica da Igreja..........................258
3.3.7 O fim do velho mundo 262
3.4 As águas revoltas da metafísica 267
3.4.1 Kant desperta do sono dogmático..276
3.4.2 Religião natural, livre-arbítrio e fé racional..........................288
3.4.3 Sonhos de um visionário 294
3.5 Afinal, o que é conhecimento espírita?..306
3.5.1 A alma imaterial e seus dois corpos 315
3.5.2 É possível validar o conhecimento espírita?........................321
3.5.3 A lei natural de escolha das provas......................................327
3.5.4 As consequências morais da filosofia espírita 333
3.5.5 Por que declaramos: o espiritismo não é uma religião?.....336
3.5.6 O movimento espírita inicial...340

Parte 4: Teoria esquecida 344
4.1 Elaboração dos princípios fundamentais 347
4.1.1 Estabilidade e unidade do espiritismo.................................351
4.1.2 Equívoco das interpretações contraditórias.........................359
4.1.3 Progressividade do ensino dos espíritos superiores 364
4.2 O princípio da evolução da alma...375
4.2.1 Progresso dos mundos habitados...380
4.2.2 Os exilados ou a raça adâmica 386

  4.3 A física do mundo espiritual 397
    4.3.1 A evolução do conceito de matéria e energia 400
    4.3.2 Fluido universal, fonte comum de matéria e energia 404
    4.3.3 Os fenômenos morais e físicos se entrelaçam 413
  4.4 Magnetismo e espiritismo, ciências gêmeas 418
    4.4.1 As curas do doutor Franz Anton Mesmer 424
    4.4.2 Mesmer e a teoria do fluido universal 429
    4.4.3 Mesmer não aceitava o fluido vital nem os espíritos 438
    4.4.4 O sonambulismo provocado e a psicologia experimental 445
    4.4.5 A teoria de medicina e o tratamento pelos passes 453
    4.4.6 Moral, educação e ideias sociais em *Mesmerismus* 470
  4.5 Para compreender o espiritismo 478
    4.5.1 O espiritismo e mudança conceitual 488
    4.5.2 A mudança conceitual da heteronomia para a autonomia 491
    4.5.3 A escolha das provas em Platão 502

Parte 5: A causa espírita à frente 506
  5.1 Brilhante carreira como educador 509
  5.2 O movimento parisiense do magnetismo 513
  5.3 Um pioneiro devotado e desinteressado 519
  5.4 As mesas e chapéus girantes e falantes 524
  5.5 Os desertores, ou a crônica da fraqueza humana 530
  5.6 Os descaminhos da historiografia espírita 543
  5.7 A difícil travessia: o espiritismo no Brasil 547

Glossário 568

Referências 584

Cartas sobre o espiritismo 592
  Apresentação 595
  Primeira carta. Ao Leitor 597
  Segunda carta. Amigo 601
  Terceira carta 605
  Quarta carta 609
  Quinta carta. Segunda fase 619
  Sexta carta. Segunda fase 627

A REVOLUÇÃO ESPÍRITA

O maior milagre que Jesus realizou, aquele que atesta verdadeiramente a sua superioridade, foi a revolução que os seus ensinamentos operaram no mundo, apesar da exiguidade dos seus meios de ação.

Se, em vez de princípios sociais e regeneradores, fundados sobre o futuro espiritual do Homem, Jesus só tivesse para oferecer à posteridade alguns fatos maravilhosos, hoje talvez apenas o conhecêssemos de nome.

Se o Cristo não disse tudo o que poderia ter dito, é porque achou necessário deixar certas verdades na penumbra, até que os homens pudessem compreendê-las. Portanto, conforme suas palavras, seu ensino era incompleto, uma vez que anunciava a vinda daquele que devia completá-lo. Ele previra, assim, que os homens se equivocariam com as suas palavras, que se desviariam dos seus ensinamentos, numa palavra, que desfariam o que ele fez, pois que todas as coisas teriam que ser restabelecidas: ora, só se restabelece aquilo que foi desfeito!

A possibilidade de comunicação com os seres do mundo espiritual é um novo domínio que se revela para nós e que tem ainda mais importância, porquanto ele alcança todos os homens, sem exceção.

É uma revolução que se realiza nas ideias, revolução tanto maior, quanto mais poderosa, quanto mais atinge, simultaneamente, pelo coração, todas as classes, todas as nacionalidades, todos os cultos.

Os frutos que o homem deve retirar dela não são somente para a vida futura; ele os colherá sobre a Terra, pela transformação que essas novas crenças devem necessariamente operar no seu caráter, nos seus gostos, nas suas tendências e, por conseguinte, nos hábitos e nas relações sociais. Pondo fim ao reino do egoísmo, do orgulho e da incredulidade, elas preparam o do Bem, que é o reino de Deus.

A Gênese: os Milagres e as Predições segundo o Espiritismo
Allan Kardec, janeiro de 1868.

ABREVIATURAS

Quando as referências das fontes forem as obras de Allan Kardec serão utilizadas as seguintes siglas. As páginas, exceto em LE1e e RE, são referentes às edições eletrônicas em pdf disponíveis para download no endereço:

www.febnet.org.br/blog/geral/divulgacao/downloads-divulgacao/obras-basicas

(LE1e) **O Livro dos Espíritos** (1857). Trad. de Canuto Abreu. São Paulo: Companhia Editora Ismael, 1957. O primeiro O *Livro dos Espíritos* de Allan Kardec, publicado em 18 de abril de 1857 em Paris.

(LE) **O Livro dos Espíritos: filosofia espiritualista, recebidos e coordenados por Allan Kardec** (1860). Trad. de Guillon Ribeiro. 93. ed. Brasília: FEB, 2013.

(LM) **O Livro dos Médiuns ou Guia dos Médiuns e dos Evocadores** (1861). Trad. de Guillon Ribeiro a partir da 49ª edição francesa. 81. ed. Brasília: FEB, 2013.

(OQE) **O que é o Espiritismo** (1862). 56. ed. Brasília: FEB, 2013.

(VE) **Viagem Espírita em 1862** (1862). Trad. Evandro Noleto Bezerra. Rio de Janeiro: FEB, 2007. Viagem espírita em 1862 e outras viagens.

(ESE) **O Evangelho segundo o Espiritismo** (1864). Trad. de Guillon Ribeiro, a partir da 3ª edição francesa, revista, corrigida e modificada pelo autor em 1866. 131. ed. Brasília: FEB, 2013.

(CI) **O Céu e o Inferno ou A Justiça Divina segundo o Espiritismo** (1865). Trad. Manuel Justiniano Quintão. 61. ed. Brasília: FEB, 2013.

(G) **A Gênese: os Milagres e as Predições segundo o Espiritismo** (1868). Trad. de Guillon Ribeiro a partir da 5ª edição francesa, revista, corrigida e modificada pelo autor em 1866. 53. ed. Brasília: FEB, 2013.

(OP) **Obras póstumas** (1890). Trad. de Guillon Ribeiro. Brasília: FEB, 2013.

(RE58-69) **Revista Espírita – Jornal de Estudos Psicológicos** (de 1858 a 1869). Trad. Salvador Gentile. Araras: IDE, 1993. (PDF). Download em: *www.aeradoespirito.net/CodifEspiritaIND/ RevistaEspirita.html.*

PREFÁCIO DO AUTOR À SEGUNDA EDIÇÃO

Grandes mudanças ocorreram nos três anos passados, desde a primeira edição desta obra. Não só nos acontecimentos que se sucederam, mas também quanto à compreensão da história do Espiritismo. Para Allan Kardec, "O Espiritismo põe em revolução o mundo visível e o mundo invisível. (...) O movimento é dado, não pelos homens, mas pelos espíritos predispostos por Deus, ele é irresistível, porque é providencial." (RE65, p. 213). Trata-se, pois, de algo inevitável, previsto, em vias de realização. Mas qual seria seu caráter fundamental?

A resposta é de que não se trata do fim do mundo, como alegam falsamente as previsões catastróficas imaginadas desde a Antiguidade pelos dogmáticos, nem de revoltas armadas geradas pelo ódio e pela completa desilusão dos povos como imaginam os materialistas. O que o Espiritismo prevê é um movimento inédito na história da humanidade, apenas comparável às conquistas da inteligência e da tecnologia da era científica, que foi apenas a primeira fase. Agora prepara-se a etapa da grandiosa e definitiva evolução moral:

> "Se a descoberta das leis puramente materiais produziu no mundo revoluções materiais, a do elemento espiritual nele prepara uma revolução moral, porque muda totalmente o curso das ideias e das crenças mais enraizadas; ele mostra o caminho sob um novo aspecto; mata a superstição e o fanatismo; engrandece o pensamento, e o homem, em lugar de se arrastar na matéria, de circunscrever sua vida entre o nascimento e a morte, se eleva até o infinito" (RE64, p. 212).

Uma revolução representa profunda transformação, guinada de propósitos, estabelecimento de novas bases, mudança de paradigma. Ou seja, a moral do velho mundo deve dar lugar aos conceitos de uma nova ordem de ideias para a constituição do mundo novo.

Essa mudança de disposição se dará da heteronomia para a autonomia moral!

Os governantes das primeiras civilizações, com o objetivo de governar os povos pela subjugação, disseram ter o poder sobre as forças divinas, apresentando as religiões como infalíveis e imutáveis. Submetendo aos seres simples e ignorantes que vivenciavam suas primeiras vidas humanas as ordens imperativas, impondo, afirma Kardec, "o princípio da fé cega e da obediência passiva" (G, p. 113).

A heteronomia moral, imposta à humanidade desde então, funciona pelos castigos e recompensas, competição e obediência às leis externas. Também o pensamento materialista, vendo o ser humano como animal que pensa e imagina a inexistência do livre arbítrio. Deste modo, os indivíduos seriam submetidos irresistivelmente ao condicionamento de seus hábitos. Seres moldáveis, inertes, máquinas de servir.

Hoje sabemos que surgiu na França, desde o início do século 19, uma reação espiritualista que via no materialismo somente a consagração do egoísmo e, nas religiões formais, exatamente o mesmo propósito, em diferentes roupagens. Trata-se de pensamentos estagnados, garantindo os privilégios de poucos na manutenção do velho mundo. Para os espiritualistas racionais, o mundo novo requeria uma nova ordem, fundamentada na confiança quanto aos valores perfectíveis do espírito humano. Espelhando-se nos valores divinos do verdadeiro, bom e belo, cabe permitir ao ser humano o desenvolver, pelo seu próprio esforço, as faculdades da alma: razão, vontade e imaginação. Por meio delas, poderá alcançar a inteligência e o domínio de si próprio e do senso estético. O domínio de si é a própria chave da moral, pois, controlando a vontade, o ser escolhe entre o bem e o mal, descobrindo as determinações da lei divina presente em sua consciência!

O Espiritismo, sendo o desenvolvimento do Espiritualismo Racional, faz valer este entendimento, abrindo caminho para a mais completa implantação da autonomia moral no mundo. A autonomia tem valores opostos ao velho mundo. Seus recursos são a solidariedade, oportunidade para todos de aprender a aprender e agir sem esperar aplausos ou por ter medo do castigo. Aquele que tem conquistas é valorizado pelo grupo, pois a ele pertence. Aquele que sofre recebe o auxílio dos semelhantes, pois sua dor é a de todos. Assim, não há competição, mas cooperação.

Os velhos pensadores reencarnacionistas da Antiguidade viam a encarnação como castigo divino pela queda da alma que enfrentou a Deus pela desobediência, merecendo, assim, seu implacável castigo. O Espiritismo transforma esse dogma equivocado, demonstrando que a encarnação é uma necessidade natural do Espírito, que faz uso das oportunidades para o seu desenvolvimento intelecto-moral.

Em 2019, novas descobertas de documentos manuscritos originais de Allan Kardec, guardados por ele para garantir uma história do Espiritismo baseada em fatos, e não em lendas, foram encontrados depois de um longo caminho, escapando da destruição dos inimigos invisíveis. Eles demonstraram que a proposta de autonomia da teoria espírita original foi desviada para que não fosse conhecida pela humanidade. Esse desvio durou quase 150 anos, mas chegou a hora de restituir a verdade. Toda esta saga está relatada na obra *Autonomia: a história jamais contada do Espiritismo*, pela Editora FEAL (Fundação Espírita André Luiz). Aliás, todos os livros anteriores, *Mesmer: a teoria esquecida do magnetismo animal* e este, *Revolução Espírita*, foram doados ao grupo Centro Espírita Nosso Lar Casas André Luiz.

Esta nova obra, *Autonomia*, faz da investigação a constatação de uma realidade histórica, pois a **revolução espírita** surge quando a humanidade está pronta para a transição do mundo velho ao novo, da heteronomia para a autonomia.

Resta aguardar que o futuro – o que certamente ocorrerá – confirme estas previsões pelos fatos. Neste tempo, a felicidade será uma conquista da humanidade. Os desvios, privilégios e o mal que prevalecem em nosso tempo estarão sepultados no passado, lembrados apenas pelos registros da mídia. Não importa quanto tempo leve, pois será em definitivo.

Paulo Henrique de Figueiredo
São Paulo, agosto de 2019

AGRADECIMENTOS

Este livro nasceu de uma trajetória de pesquisa que durou mais de duas décadas e recebeu inúmeras colaborações, tanto que bem poderia ser considerada obra coletiva. Antes de desvendar a trajetória de Allan Kardec, foi inevitável compreender sua ciência gêmea, o magnetismo animal. Para isso, empreendemos a pesquisa e a tradução das obras do seu fundador Franz Anton Mesmer, pela dedicação do médico da EPM, escritor e professor pioneiro em histologia da ICT-UNESP, Álvaro Glerean, que também verteu para nossa língua duas dezenas de obras do magnetismo como de Puységur, Du Potet, Ricard, Lafontaine, Cahagnet, Albert de Rochas, com os quais pudemos recuperar a história dessa ciência que abriu caminho ao espiritismo.

Foi uma grata surpresa a gentileza do engenheiro pós-doutorado pela Universidade de Iowa e professor titular da USP, Swami Marcondes Villela, e sua equipe em traduzir do alemão a obra *Mesmerismus*, última obra de Mesmer.

Para a progressiva elaboração das hipóteses desta obra, agradecemos ao grupo de estudos que formamos, representado por dra. Alcione, dr. Álvaro, Armando, Conde, Denise, dra. Izabel, Laura, Paula, Thiago, Viviane, entre outros.

Aos amigos do programa de rádio *Revolução espírita*: Cristina Sarraf e Conde Fouá Anderaos.

Também aos diálogos e pensamentos do físico, doutor em homeopatia e física quântica, Walmir Ronald Guimarães Silva.

Pelas caminhadas que deram vida a diversos capítulos, agradeço, em memória, a Antônio Tezzei e ao escritor e pesquisador Eduardo Carvalho Monteiro. Pelas pesquisas históricas, ao professor Afrânio Faustino, da UFRRJ. Pelo apoio irrestrito, a José Augusto Altafim.

Para a interpretação da teoria espírita, empreendemos diálogos com espíritos por meio de médiuns por todo o Brasil, entre eles, Denise e Martha de São Paulo/SP, "seu" José de São Miguel Paulista/SP, Rita de Jundiaí/SP, Fátima de Bauru/SP, Gilmar de Ilhéus/BA e Maria Helena de Florianópolis/SC.

Em especial, agradeço o apoio de minha esposa Viviane e minhas filhas Juliana e Carolina, que conviveram por anos com pilhas de livros e noites de escrita.

INTRODUÇÃO

"(...) uma revolução nas ideias não pode deixar de produzir outra na ordem das coisas. É esta revolução que o Espiritismo prepara." (OQE, p. 210). **Allan Kardec**

O que teria entusiasmado um intelectual francês do século 19 a reconhecer na teoria espírita o potencial de revolucionar o mundo?

O reconhecido professor Hippolyte L. D. Rivail adotou o pseudônimo Allan Kardec em *O Livro dos Espíritos* para não confundir os leitores, já que seu nome real era amplamente conhecido por diversas obras na vanguarda do pensamento educacional. Rivail defendia a educação pela liberdade, como pensada por Rousseau e proposta por Pestalozzi. É intrigante o fato de que o professor, estudando os ensinamentos dos espíritos superiores, viu neles tão importante inovação que os caracterizou como "uma revolução moral, porque muda totalmente o curso das ideias e das crenças mais enraizadas" (RE64, p. 212), concluindo que "isto tão-só pelo conhecimento de uma nova lei da Natureza, que dá outro curso às ideias, uma finalidade a esta vida, um objetivo às aspirações do futuro, fazendo encarar as coisas de outro ponto de vista" (VE, p. 77).

Quanto às crenças enraizadas do Velho Mundo, o espiritismo responde que não faz sentido o dogma do fim do mundo, Deus não vai destruir a sua obra. O universo onde tudo vive e por toda parte se habita não teve começo e não haverá aniquilamento da vida. Por outro lado, a teoria espírita nega as doutrinas modernas que preconizam como necessária uma última revolução sangrenta para a criação de uma sociedade igualitária.

Sendo assim, o grande aperfeiçoamento da humanidade não se dará por um julgamento final definitivo, nem mesmo por convulsões sociais, lutas e enfrentamento. Surpreendentemente "a regeneração da Humanidade não exige absolutamente a renovação integral dos Espíritos: basta uma modificação em suas disposições morais" (G, p. 420).

Mas qual é essa mudança conceitual do indivíduo que tem o potencial de transformar toda a humanidade?

Pretendemos demonstrar nesta obra que a doutrina dos espíritos defende e fundamenta uma revolucionária moralidade descoberta na era moderna, a **autonomia moral** ou o autogoverno. Durante milênios, as religiões tradicionais e seu clero sustentaram a moral como sinônimo de submissão a um deus que castiga e condena por toda a eternidade aqueles que ousam enfrentar suas ordens, perdoando e deixando todas as recompensas aos obedientes e submissos, quando chegasse o fim do mundo. Essa é a tese da heteronomia. Todavia, afirma o espiritismo, a transformação do nosso mundo, superando o predomínio do mal e abrindo nova era para a humanidade, não se dará por uma intervenção divina, mas pela adesão voluntária e consciente de cada ser humano. A autonomia estará estabelecida quando os indivíduos se reconhecerem livres e responsáveis, agindo de forma solidária ao seguir à lei presente em sua consciência, e não obedecendo aos outros homens. Essa mudança de paradigma representa aquela modificação na disposição moral capaz de regenerar a humanidade, como previu Kardec.

Surgida na época em que os dogmas caiam no descrédito, a teoria espírita é moderna, progressista, liberal, adequada para extinguir os equívocos do velho mundo, de tal forma que "não é o Espiritismo que cria a renovação social, é a maturidade da Humanidade que faz dessa renovação uma necessidade" (RE66, p. 196). Assim, a regeneração da humanidade ocorrerá progressivamente, pela conscientização do homem novo.

Deste modo, a vocação revolucionária do espiritismo está nessa mudança de paradigma quanto ao princípio moral. No entanto, o entusiasmo de Kardec não corresponde ao que hoje se divulga como sendo sua doutrina. Como bem viu o filósofo Herculano Pires, o espiritismo tem sido considerado como uma "seita comum, carregada de superstições. Muitos o veem como uma tentativa de sistematização de crendices populares, onde todos os absurdos podem ser encontrados", concluindo que "na verdade os seus próprios adeptos não o conhecem (...). O espiritismo, nascido ontem, nos meados do século passado, é hoje o **grande desconhecido** dos que o aprovam e o louvam e dos que o atacam e o criticam" (PIRES, 1979, p. 11). Sejam opositores ou simpatizantes, adeptos ou divulgadores, todos desconhecem o verdadeiro espiritismo.

A teoria revolucionária dos espíritos está esquecida.

Tendo surgido num cenário histórico e cultural complexo e muito diferente do atual, o pensamento liberal espiritualista do século 19, contemporâneo da doutrina espírita, almejava a real conquista de uma sociedade solidária, livre e igualitária estabelecida pela educação universal. Pretendia superar em definitivo os preconceitos de raça, gênero e classes sociais, pela igualdade de oportunidade para todos. Propunham um novo espiritualismo, que não abria mão da racionalidade. Pensadores como Jean Jacques Rousseau e Immanuel Kant foram os principais inspiradores teóricos dessa nova moralidade que sustentava o projeto de regeneração da humanidade. Para Kant, como descobridor da autonomia, essa força do dever pela soberania da vontade individual na aplicação da lei moral será o instrumento de superação das antigas doutrinas heterônomas do Velho Mundo:

> Um dos aspectos que atestam a radicalidade da reflexão kantiana sobre a autonomia moral reside em que essa noção reflete, entre outras preocupações, a de recusar todo e qualquer fundamento externo à própria razão para a necessidade prática que se impõe a nós na moral. (...) Em mais de uma ocasião, Kant deixa claro que considera estar inovando ao situar a raiz moral na autonomia do sujeito e que julga que toda a história do pensamento moral antes dele não constitui senão uma sequencia de variantes da heteronomia.[1]

Kant designa por heterônoma quando a vontade é determinada pelos objetos do desejo, condição em que o indivíduo submisso deixa-se governar cegamente por leis externas que lhe são impostas, atitude infligida às massas por todas as religiões tradicionais e também pela teoria materialista moderna como meio de dominação. É heterônoma a fé cega em dogmas. Nela se obedece por medo do castigo ou pelo interesse pela recompensa. Também é heterônoma a moral do egoísmo, dos desejos sem limites, dos privilégios e preconceitos. Já a autonomia moral representa a condição do ser que se governa por leis determinadas pela sua razão, a partir dos princípios morais que encontra em si mesmo, na sua consciência. O indivíduo moralmente autônomo atua voluntariamente no bem, no alcance de seu entendimento, escolhendo sempre a melhor forma de agir a cada circunstância que a vida lhe apresenta, visando o melhor bem possível para o maior número de pessoas. Essa lei moral universal abnegativa tem como finalidade a si mesma e não atuar como um instrumento da vontade em seus interesses.

Como vamos ver na segunda parte desta obra, para Kant, arrebatado pela leitura de Rousseau, em especial a obra O *Emílio*, a revolução no campo da

---

1 CRUZ, José Humberto de Brito. Os "limites da mera razão": autonomia e juízo individual na concepção kantiana das relações entre moral e religião. Discurso, São Paulo, n. 34, p. 33-86, 2004. ISSN 2318-8863.

moral provocada pelo filósofo genebrino se compara ao ocorrido nas ciências com as descobertas de Newton:

> Em primeiro lugar, Newton viu ordem e regularidade ligadas com grande simplicidade onde antes dele só havia desordem e diversidade mal combinada, e desde então os cometas percorrem orbitas geométricas. Em primeiro lugar, Rousseau descobriu em meio à diversidade das supostas figuras humanas a natureza oculta no fundo dos homens e a lei escondida segundo a qual a Providência se justifica pelas suas observações.[2]

A lei natural que rege a moral não é externa, está presente na consciência de cada ser, como definiu Rousseau em *O Emílio*: "Consciência! Juiz infalível do Bem e do Mal, que tornas o homem semelhante a Deus, és tu que fazes a excelência de sua natureza e a moralidade de suas ações".

Enquanto pensadores como Karl Marx imaginaram reformar a humanidade por meio de lutas de classes sangrentas para criar uma nova estrutura social, tanto Rousseau quanto Kant reconhecem a necessidade de se criar um novo homem para a regeneração da humanidade, capaz de reverter o estado de submissão das grandes massas trabalhadoras e servis a uma pequena elite que gozava de poder e privilégios. Essa exploração tem se mantido por milênios desde o início da civilização, sustentada por estruturas sociais rígidas e doutrinas políticas e religiosas cujos ensinamentos transferem para Deus a ganância, o egoísmo e o orgulho próprias dessa minoria.

Desde a civilização, como tão poucos conseguiram manter a esmagadora maioria dos homens sofrendo por tantos milênios de forma submissa?

Vamos observar na terceira parte deste livro que a cultura de nossa civilização, desde seu início, se estabeleceu como se impor castigos e proteger com recompensas fossem atos naturais do comportamento divino. Essa fantasia foi criada quando transferiram para a divindade o egoísmo humano que rege as desigualdades, privilégios e preconceitos. Como vamos demonstrar, confrontar esse equívoco é exatamente o papel da revolução espírita.

As grandes tradições religiosas do passado foram fundadas a partir do conceito moral de heteronomia – como se a divindade agisse por meio de castigos e recompensas – e adotando o **princípio da degradação das almas**. No velho testamento, a gênese da humanidade está simbolizada pelas figuras

---

2 KANT, Immanuel. *Werke (Hartenstein)*, VIII. p. 630 *apud* CASSIRER, 1999, p. 70.

de Adão e Eva, que foram repreendidos pelo erro de comer o fruto proibido e castigados com a expulsão do paraíso, o parto com dor, a mortalidade; transmitindo o pecado original para toda a sua descendência, conforme a interpretação do clero. Segundo essa tradição, para fugir da condenação eterna, é preciso sujeitar-se cegamente à vontade de Deus. Essas leis ditas divinas são externas ao indivíduo. Nessa concepção, a maior virtude humana seria a obediência. Os valores morais dessa cartilha são condicionamento, pecado e castigo, sujeição e recompensa, submissão e fé cega.

Nas doutrinas reencarnacionistas do Oriente, a mitologia é outra, mas os valores inerentes são os mesmos. Em suas narrativas, originalmente a alma é boa como criação de Deus, mas, ao manchar-se pelo pecado provocado pela desobediência e pelos erros cometidos, determinam a reencarnação como castigo, recebendo a pena de viver como animais, insetos, mulheres ou párias, conforme a gravidade do delito. De acordo com o hinduísmo, por exemplo, as almas criadas perfeitas caíram pelo erro e foram encarnadas no mundo como punição, sendo mantidas na roda das reencarnações até que se purifiquem e voltem ao todo universal. Na Grécia Antiga, os mitos descreviam a queda da alma que vivia junto aos deuses quando sucumbiu ao orgulho e egoísmo, ocasionando sua degeneração e condenação a encarnar como homem ou animal, penalidade que se estenderia até a superação de todos os seus pecados. De acordo com esses mitos, quanto mais simples, pobre e trabalhador braçal for o indivíduo, mais culpado e pecador teria sido no passado. Deveria andar de cabeça baixa, sofrer calado sua condenação, submisso à misericórdia divina, como escravos do pensamento. Essa representação fantasiosa da massa humana trabalhadora interessava diretamente aos poderosos governantes, sacerdotes, abastados e nobres. Essas ideias ancestrais se perpetuaram pela tradição como revelações divinas sobrenaturais.

Mas não foram somente as tradições religiosas que propagaram a moral heterônoma. Por sua vez, as teorias materialistas surgidas no século 19 abandonaram os mitos e superstições, mas mantiveram o conceito da heteronomia que submete os homens às leis externas da sociedade, ou à lei do mais forte determinada pelas diferenças orgânicas. Segundo Auguste Comte, por exemplo, as grandes massas de operários e todas as mulheres não possuíam o desenvolvimento adequado de seu cérebro e estavam assim organicamente impedidos pela natureza de fazer uso adequado da razão, devendo se submeter ao comando de uma minoria, uma elite de homens guarnecida de um sistema nervoso privilegiado, capaz de torná-los cientistas, dirigentes, comandantes da massa ignóbil. Essas delirantes fantasias do positivismo comtiano foram bem aceitas em seu tempo. Ideias semelhantes dominaram os séculos seguintes e ainda persistem.

Parafraseando o conto da águia criada entre as galinhas, narrado por Leonardo Boff[3], o período histórico no qual se estabeleceu o espiritismo pode ser representado pela águia ignorante de sua natureza por ter vivido em um galinheiro como se fosse uma delas, sem saber o que fazer ao pé de um precipício. Mergulhar no abismo do niilismo seria a opção do materialismo; retroceder como uma galinha, de asas encolhidas, pé ante pé, seria a escolha da restauração monárquica e clerical, retornando aos escombros do Velho Mundo; por fim, mirar as nuvens, enfrentar o novo, abrir as asas e voar perseguindo o seu destino como nobre ave é o que propunha o espiritualismo racional.

Se ao animal é natural o condicionamento, permitindo os benefícios da evolução das espécies e de sua conservação; a natureza do espírito humano é o livre-arbítrio. O livre pensamento faz do homem um ser inteligente, proativo, com opinião própria. Desse modo, a teoria da autonomia é a base fundamental da transformação que germina na humanidade, representando sua regeneração pela construção de um mundo novo. O filósofo e psicólogo suíço Jean Piaget, estudando o juízo moral na criança, estabeleceu uma associação entre – moral heterônoma, coação e submissão – e – moral autônoma, cooperação e respeito mútuo –, vejamos:

> Reconhecemos, com efeito, a existência de duas morais na criança, a da coação e da cooperação. A moral da coação é a moral do dever puro e da heteronomia: a criança aceita do adulto um certo número de ordens às quais deve submeter-se, quaisquer que sejam as circunstâncias. O bem é o que está de acordo, o mal o que não está de acordo com estas ordens: a intenção só desempenha pequeno papel nesta concepção, e a responsabilidade é objetiva. Mas, à margem desta moral, depois em oposição a ela, desenvolve-se, pouco a pouco, uma moral da cooperação, que tem por princípio a solidariedade, que acentua a autonomia da consciência, a intencionalidade e, por consequência, a responsabilidade subjetiva. (PIAGET, 1994, p. 134)

Segundo Piaget, é possível transpor para a sociedade esse processo psicológico natural da criança, sucedendo no transcorrer das gerações, num sentido de

---

3 BOFF, Leonardo. A *águia e a galinha: uma metáfora da condição humana*. São Paulo: Vozes, 1997.

complexidade, uma sucessão natural da coação para a solidariedade, da moral heterônoma para a autônoma. Nas sociedades conformistas, em que o povo é explorado, a coação determina a submissão e passividade. Já onde a liberdade é promovida, surge a ação solidária, a responsabilidade do indivíduo para com o todo, e vice-versa.

Bem compreendida, a autonomia da consciência é o fundamento da boa nova trazida por Jesus e encoberta pelo interesse de dominação das igrejas e cleros. Ideia moderna, intuída por Rousseau e teorizada por Kant, a moral pela educação libertária influenciou as gerações francesas depois da grande revolução. Nesse momento, os espiritualistas racionais tinham como objetivo superar a luta de opostos radicais, representada pelos filósofos materialistas de um lado, e pelos autoritários e saudosistas restauradores do poder papal e da monarquia de outro. Os espiritualistas criaram um terceiro caminho quando tomaram a universidade de humanas (na época, ciências morais) e fundaram uma filosofia libertadora, baseada no conceito de educação pela liberdade e pela autonomia moral, sustentada por pensadores como Royer-Collard, Maine de Biran, Victor Cousin, Theodore Jouffroy. Essa filosofia espiritualista moderna foi ensinada nas escolas, sendo responsável pela educação moral da geração que veria surgir o espiritismo na França.

Além do espiritualismo racional, vamos esclarecer na quarta parte da obra a importância fundamental do magnetismo animal como ciência precursora do espiritismo. Na mesma época da revolução francesa, dois grandes visionários perceberam a falência do modelo de medicina milenar e ultrapassado de seu tempo, que considerava a doença como uma degeneração orgânica ou invasão do mal no corpo. Essa medicina antiga estava representada pela teoria humoral que prevaleceu por séculos, em que o excesso de sangue, a bile amarela ou negra ou a fleuma precisavam ser supostamente extraídos do corpo por meio de sangrias, aplicação de substâncias causticantes, perfuração de bolhas e outros métodos perniciosos. Esses visionários, Franz Anton Mesmer e Samuel Hahnemann, criadores das ciências do magnetismo animal e da homeopatia, trouxeram para a cura o conceito de autonomia – considerando a doença como perturbação da harmonia orgânica e a recuperação da saúde como sendo um esforço natural da economia animal, patrocinada pela *vis medicatrix naturae*.

Segundo essas duas ciências médicas, o corpo recupera sua saúde pela força vital que a anima, estimulada pela doença artificial induzida pelos medicamentos homeopáticos ou pelo passe magnético. Ambas as teorias possuem a mesma base conceitual, ainda hoje mal compreendida.

Além disso, Mesmer descobriu que a ação do passe provocava um estado alterado de consciência, que ficou conhecido posteriormente como sonambulismo provocado. Os pacientes nessa condição especial (crisíacos ou sonâmbulos) adquiriam capacidades extraordinárias, como ver à distância e examinar os órgãos interiores, uma intuição da cura e do tratamento adequado à sua condição patológica. Esses fenômenos seriam derivados de uma lucidez sonambúlica, ou um sexto sentido, como propôs Mesmer. Ocorria uma revolução grandiosa na psicologia experimental, influenciando médicos, psicólogos, pensadores, filósofos e cientistas.

Franz Mesmer via em sua teoria de medicina a oportunidade de colocar a arte de curar ao alcance das famílias, dos simples, de todos. Suas ideias de fraternidade e igualdade afrontavam a rigidez da estrutura social do Antigo Regime. Sua doutrina da harmonia universal foi seguida por importantes líderes da Revolução Francesa. Trazendo em si o espírito de transformação social, causou importante influência conceitual no movimento revolucionário.

Pois bem, o professor Rivail estudou a ciência do magnetismo animal, teórico e prático, tanto no âmbito da cura como também quanto a todas as fases do sonambulismo por 35 anos antes de elaborar a ciência espírita.

Esses diversos precursores, Iluminismo, espiritualismo racional, a teoria moral de Rousseau e Kant, a ciência do magnetismo animal e da homeopatia, além das doutrinas sociais fundadas na ideia de liberdade, igualdade e fraternidade, tinham em comum a fundamentação teórica no conceito moderno de autonomia intelectual e moral. E o professor Rivail, educado pelos princípios de Rousseau e Pestalozzi, tornando-se importante especialista desse tema, compreendia muito bem esses conceitos fundamentais.

Quando Kardec estabeleceu o diálogo com os espíritos, adotando critérios rigorosos para atestar a origem e validade dos seus ensinamentos inequívocos, uma teoria bem definida foi surgindo, de forma evolutiva e sustentada, uma mensagem apropriada ao seu tempo e que apontava para a transformação moral da humanidade. Pretendemos elucidar essa teoria esquecida, demonstrando que a **moral espírita** valida a tese da autonomia moral ao denunciar a falsidade da degeneração da alma pela queda, como causa de castigo divino. Na realidade, é lei universal a perfectibilidade, em que todos os espíritos iniciam suas primeiras vidas humanas simples e ignorantes, evoluindo intelecto-moralmente por seu esforço e vontade, a partir das leis presentes em sua consciência, quando racionalmente compreendidas, como bem definiu Kardec: "A encarnação é, pois, uma necessidade para o Espírito, realizando a sua missão providencial, trabalha seu próprio adiantamento pela atividade e pela inteligência, que deve desenvolver, a fim de prover à sua vida e ao seu bem-estar", e então conclui: "o que é errado é admitir em princípio a encarnação como um castigo" (RE63, p. 231-232).

De forma inédita, os espíritos superiores vão ensinar que a autonomia fundamenta uma lei natural da criação universal. Ainda na parte quarta, veremos que o espiritismo revela e explica a admirável **lei natural da escolha das provas**, que sustenta sua teoria moral, cujos fundamentos e consequências vamos explorar minuciosamente nesta obra. Segundo essa lei revelada pelo espiritismo, não há acaso nem punição nas situações penosas da vida, pois "o Espírito as escolheu voluntariamente na erraticidade, antes de sua encarnação, como provações para o seu adiantamento; elas são, pois, produto do livre-arbítrio, e não da fatalidade" (RE68, p. 284).

O que vamos evidenciar neste livro, enfim, percorrendo o caminho da história e filosofia da ciência espírita, é que a doutrina moderna da autonomia moral e intelectual, seja representada pelo livre exame, liberdade de consciência ou fé raciocinada, é o alicerce fundamental do espiritismo. Como explica Kardec quanto ao livre pensamento:

> Ele simboliza a emancipação intelectual, a independência moral, complemento da independência física; ele não quer mais escravos do pensamento do que escravos do corpo, porque o que caracteriza o livre pensador é que ele pensa por si mesmo e não pelos outros, em outras palavras, que sua opinião lhe pertence particularmente. Pode, pois, haver livres pensadores em todas as opiniões e em todas as crenças. Neste sentido, o livre pensamento eleva a dignidade do homem; dele faz um ser ativo, inteligente, em lugar de uma máquina de crer." (RE67, p. 26)

Para a fundamentação da moral em suas obras, o filósofo Kant definiu os conceitos de educação pela liberdade, moral autônoma, livre-arbítrio, religião natural e fé racional. Na concepção desse autor, liberdade e autonomia estão essencialmente vinculadas. Nesse sentido, Iluminismo ou esclarecimento é pensar por si mesmo, agindo moralmente segundo os valores de sua consciência, mesmo em prejuízo de nossos interesses próprios, e independente de regras convencionais ou das religiões formais. Não foi por acaso que o professor Rivail adotou esses conceitos e significados para definir o Espiritismo em suas obras. Para ele, o espiritismo tem "tendências liberais e antirretrógradas, (...) tal é, com efeito, a impressão que ela produzirá sobre todos aqueles que se derem ao trabalho de estudá-la" (RE68, p. 43). Diante daqueles que viam uma nova seita no movimento espírita que surgia, Kardec vai demonstrar sem rodeios tratar-se de um grande erro, porquanto "sua ignorância das tendências do espiritismo é tal que não sabem mesmo que é uma **doutrina liberal**", sendo também "emancipadora da inteligência, inimiga da fé cega, que vem proclamar a liberdade de consciência e o livre exame como base essencial de toda crença séria" (*Idem*).

O espiritismo é uma doutrina liberal no sentido do movimento iluminista e do espiritualismo racional de seu tempo, aos quais se vincula, como afirmou o professor: "toda defesa do **espiritualismo racional** abre o caminho do espiritismo, que dele é o desenvolvimento, combatendo os seus mais tenazes adversários: o materialismo e o fanatismo" (RE68, p. 223)

Infelizmente, essa revolucionária teoria moral espírita está hoje quase esquecida. No lugar da autonomia, tem sido divulgado como espírita o falso conceito de que erros cometidos no passado são responsáveis pela reencarnação como um castigo imposto por uma lei universal determinante. Essa ideia retrógrada e heterônoma está originalmente presente em doutrinas milenares como o código de Manu, criado pelos sacerdotes hindus, que classificaram para cada pecado uma reencarnação expiatória, castigo mais assustador quanto pior fosse o delito, chegando a condenar as almas a viverem como insetos, animais peçonhentos e demônios.

O pensamento heterônomo está arraigado na tradição do pensamento religioso e social, exigindo um esforço pessoal de cada um para que seja superado. Para contribuir com esse esforço, a teoria original do Espiritismo pode e deve ser recuperada. Para serem compreendidos, os bons espíritos que dialogavam com Kardec tomaram como meio de comparação conceitos da ciência do magnetismo animal, da homeopatia, das ciências filosóficas representantes do espiritualismo racional, e toda essa trajetória está registrada nas páginas de seus livros e também na coleção das edições mensais da *Revista Espírita*, desde 1858 até 1869, devendo ser reconstruída por meio dos instrumentos atuais da **história e filosofia das ciências**.

O escritor espírita Hermínio Miranda dizia que toda obra tem sua história. Esta teve início quando nos deparamos com o seguinte comentário do professor Rivail em sua revista: "o magnetismo animal e o Espiritismo são, com efeito, duas ciências gêmeas, que se completam e se explicam uma pela outra, e das quais aquela das duas que não quer se imobilizar, não pode chegar a seu complemento sem se apoiar sobre a sua congênere; isoladas uma da outra, elas se detêm num impasse" (RE69, p. 7). Foi um forte impacto a profundidade do sentido de cada uma dessas frases. Vejamos. Primeiro Rivail considerou tão próximas as duas ciências que as qualificou como gêmeas. Em seguida, ponderou que elas necessariamente se explicam mutuamente. Por fim, fez uma determinante declaração de que a que se isolasse da outra cairia num impasse. Mas, pensamos, a ciência do magnetismo animal é completamente desconhecida pelos espíritas! Então o espiritismo teria caído num impasse? Seu entendimento estaria incompleto? Não poderia ser explicado adequadamente sem seu par gêmeo perdido?

Procuramos então as obras de Franz Anton Mesmer, o criador da ciência do magnetismo, e nada havia em nossa língua. Vasculhamos bibliotecas e sebos em busca de sua teoria, e nada. Pedimos então cópias de suas obras na Biblioteca Nacional da França, escritas originalmente em francês, mas publicada com tipos de difícil leitura, típicos do final do século 18. Terminada a transcrição, apresentamos o projeto aos participantes de nosso grupo de estudos de Espiritismo. Pois o simpático e articulado doutor Álvaro se dispôs a ajudar. Soubemos então que era o médico e escritor Álvaro Glerean (1930-2019), professor do departamento de histologia da Universidade de São Paulo e da Escola Paulista de Medicina. Agnóstico e materialista por décadas, como era comum em seu meio, tornou-se espiritualista e por fim espírita. Traduziu não só as obras completas de Mesmer como também duas dezenas de obras de autores do magnetismo como Puységur, Du Potet, Ricard, Lafontaine, Cahagnet, Albert de Rochas. Foi quando nos deparamos com ideias, termos e hipóteses presentes nas obras de Kardec, mas escritas por Mesmer desde 1779, como fluido universal, sonambulismo provocado, êxtase, passe magnético, lucidez sonambúlica, transmissão do pensamento, visão à distância, entre tantos outros.

Para compreender o ineditismo e vanguarda da obra de Mesmer, foi necessária uma recuperação da história e filosofia das ciências médicas e também da física, pois o criador dessa nova ciência elaborou um novo paradigma, uma teoria diferente da aceita em seu tempo para adequar a teoria aos fenômenos com os quais se deparou em sua investigação. Esse esforço de pesquisa resultou na obra *Mesmer, a ciência negada do magnetismo animal*, de 2007 (atualmente em 5ª edição). Tal trabalho sobre a ciência do magnetismo animal permitiu a compreensão da base conceitual tanto da teoria da cura fundamentada no princípio da autonomia como também de sua hipótese de física do fluido universal, que contrariando a física de sua época o fez aproximar-se dos atuais conceitos da física moderna, como bem notaram os conceituados acadêmicos brasileiros José Maria Filardo Bassalo e Robson Fernandes de Farias, ao examinar as obras de Mesmer:

> Embora devamos lembrar que essas proposições foram efetuadas em outro contexto científico/histórico, devendo-se, por conseguinte,

ter o cuidado de não lhes atribuir um significado diferente do que imaginou Mesmer, é inegável que ele (muito embora, possa-se dizer, de forma apenas intuitiva), em busca do entendimento da ação do magnetismo animal, vislumbrou muitos aspectos relativos ao comportamento físico da matéria que estavam (ou estão) em perfeita harmonia com as proposições da Física.[4]

Esses estudos sobre a ciência do magnetismo animal confirmam a previsão de Kardec, pois eles permitem compreender o Espiritismo em seus valores originais. Para explicar adequadamente ao professor Rivail e demais pesquisadores espíritas a doutrina espírita, os espíritos superiores fizeram uso da teoria do magnetismo animal para explicar a física espiritual e os fenômenos naturais que encontram na espiritualidade. Desse modo, a física espiritual proposta pelo Espiritismo, além de negar a falsa teoria da física aceita pela comunidade científica na época de seu surgimento, está conceitualmente adequada à física moderna, como vamos esclarecer no decorrer desta obra.

A publicação de nosso livro *Mesmer – a ciência negada* foi apenas um primeiro passo. Demos continuidade à pesquisa quase exclusivamente em fontes primárias, muitas delas inéditas, acessando obras, documentos, jornais, revistas e folhetos do século 19, tanto no acervo físico e digital da Biblioteca Nacional da França como também em cartórios, sociedades científicas e arquivos municipais de Paris, Lion, Bourg-en-Bresse e outras cidades. Também nos valemos dos acervos e bases de dados digitais das mais diversas bibliotecas e museus de todo o mundo, como Open Library, Scielo, DPLA, Worldcat, Google Books, Bndigital, entre outros.

Almejamos demonstrar que a travessia no espaço e no tempo das ideias de Kardec desde a França no final do século 19 ao Brasil desde o século 20 foi tortuosa e sofreu sérios desvios. No caminho, as gerações de adeptos esqueceram progressivamente a originalidade revolucionária do espiritismo, terminando por ser visto atualmente, como denunciou Herculano Pires há 35 anos, "como uma seita religiosa comum, carregada de superstições". A isso devemos acrescentar que a atual divulgação, sobretudo por ingenuidade ou desconhecimento, vem adulterando a teoria espírita originalmente fundamentada na autonomia moral e intelectual, substituindo-a por conceitos heterônomos desgastados, ultrapassados e equivocados como o da reencarnação como castigo, deus punitivo

---

4 BASSALO, José Maria Filardo; FARIA, Robson Fernandes de. *Para gostar de ler a história da física*. Campinas, SP: Átomo, 2010. p. 29-30.

e vingador, lei impositiva do carma, a submissão do homem a uma salvação exterior e o culto do sofrimento. Em verdade esses conceitos são mistificações ou apropriações indevidas de doutrinas divergentes, que jamais pertenceram à verdadeira doutrina espírita.

A revolução espírita representa uma mudança de paradigma no sentido da autonomia por meio da conscientização dos indivíduos – essa é a tarefa do espiritismo e dos verdadeiros espíritas –, que se executa pela educação, pela ação social e pelo estabelecimento de uma moral racional guiada pelas leis naturais presentes na consciência de cada um de nós. A humanidade está em transformação e passará inevitavelmente pela revolução moral que a teoria espírita prevê e acompanha.

Corrupção, privilégios, indiferença ao sofrimento, preconceito quanto às minorias, submissão das massas, abuso dos animais, degradação do meio ambiente, selvageria exploratória da economia, guerras sustentadas pelo interesse financeiro. Todas as enfermidades da humanidade têm em comum uma única causa: o egoísmo e o orgulho do homem. Com o potencial de superar progressiva e definitivamente essas chagas, o espiritismo resgatado tal como foi proposto originalmente por Allan Kardec é a solução definitiva para a contemporânea crise moral da humanidade.

Paulo Henrique de Figueiredo

PARTE 1:
O GRANDE DESCONHECIDO

O Espiritismo é o Grande Desconhecido. Se os espíritas conscientes não se dispuserem a uma tentativa de reconstrução, de reerguimento desse edifício em perigo, ficaremos na condição de nababos que desprezam as suas riquezas por incompetência para geri-las. Nós mesmos abrimos o portal da muralha e recolhemos, alegres e estultos, o Cavalo de Tróia em nossa fortaleza inexpugnável. (PIRES, 1979, p. 104)
Herculano Pires

Passagem Sainte-Anne, endereço da Sociedade Parisiense de Estudos Espíritas

1.1 UMA SÓLIDA CONSTRUÇÃO

Paris, 1848. Operários desempregados, artesões, estudantes e mulheres tomaram as ruas com centenas de barricadas. Paralelepípedos, móveis, entulho, tudo amontoado, formando barreiras. Em meio a prisões e fuzilamentos, 50 mil manifestantes viveram terror e entusiasmo. O povo mobilizado ostentava bandeiras e exigia: – Fora o rei! Queremos República! Democracia! Igualdade!

Numa praia de mar revolto, a onda encobre os banhistas. Depois se recolhe, catam-se coisas, estendem-se as esteiras e tudo volta ao normal. Mas depois a onda volta atrevida. Desde a Revolução Francesa de 1789, as insurreições pareciam respeitar um ciclo natural, voltando de tempos em tempos como ondas.

Nessa primavera dos povos, o professor Rivail morava com sua esposa Amélie Boudet na rua Mauconseil, uma das mais agitadas desde o início das jornadas populares. No primeiro anoitecer, uma algazarra percorreu a rua. Um tiro foi ouvido. Depois da meia-noite, fez-se silêncio. No segundo dia, naquela curta e mal defendida rua, as tropas abriram fogo. Protegidos por barricadas improvisadas, cinco operários foram baleados – três mulheres e duas crianças. Na manhã do terceiro dia, dois estudantes que lutavam ao lado dos trabalhadores foram mortos.[5]

Nessa época, Rivail era uma autoridade em educação, com diversos livros publicados e uma larga experiência como diretor de instituições de ensino. Sua existência fora dedicada à ciência de educar. Esse foi o seu mundo. Sem nunca ter se envolvido com política, a vida de sua família, porém, foi marcada pelas reviravoltas do poder. Eles viveram luta e tragédia, durante a Revolução Francesa e o consulado de Napoleão. Rivail nasceu durante o Império e se formou quando a monarquia voltava. Em seus primeiros anos em Paris, viveu a Revolução de 1830. E agora, em 1848, via novamente as barricadas à porta de sua casa.

Cada um desses ambiciosos governantes iludia a si mesmo e ao povo francês com suas promessas, pois todos sofriam com suas derrotas. O próximo reconstruía tudo a seu modo, para se ver ruir novamente.

---

5 SARRANS, Bernard. *Histoire de la Révolution de février 1848*. v. 1. França: Administration de Librairie, 1851. p. 329.

Num discurso aos alunos de sua instituição de ensino, Rivail, depois de décadas pesquisando a formação de crianças e jovens, revelou seu grande segredo: "Se não se consagra um tempo suficiente para estabelecer com solidez os fundamentos de uma casa, o edifício será construído prontamente; mas se ele cair, será necessário recomeçá-lo e a soma total do tempo empregado será muito maior do que se não se tivesse sido tão apressado no começo". A chave está em construir sobre terreno firme e não sobre areia movediça. Ela vale tanto para educar uma criança como uma nação.

O problema social histórico da França ainda hoje é capital em todo o planeta. Nos jornais diários revelam-se instituições apodrecidas pela corrupção, autoridades a serviço de interesses pessoais, desprezo aos simples e suas necessidades. Quando Rivail tomou o pseudônimo de Allan Kardec, escreveu:

> Por melhor que seja uma instituição social, sendo maus os homens, eles a falsearão e lhe desfigurarão o espírito para a explorarem em proveito próprio. Quando os homens forem bons, organizarão boas instituições, que serão duráveis, porque todos terão interesse em conservá-las. (OP, p. 383)

Ou seja, a solução dos problemas sociais está no aperfeiçoamento moral das massas pela conscientização dos indivíduos. As leis podem inibir um comportamento indesejado, pelo medo da punição, mas não eliminam sua causa moral, presente no homem: "É pela educação, mais do que pela instrução, que se transformará a humanidade" (OP, p. 384). Pois se pela instrução se desenvolve a inteligência e o conhecimento, pela educação se forma o caráter.

Se os governantes parassem para meditar sobre tão importante conselho – ao invés de reconstruir cidades ao seu gosto, mergulhar os países em guerras, disputar o poder como salvadores da pátria, ou massificar o povo para manobrá-lo como um objeto, mantendo-o dependente –, investiriam na educação moral e intelectual de todas as crianças, de todas as classes sociais, de todos os povos; percebendo o ser humano com individualizado, autônomo e consciente de suas potencialidades. Dando a ele o poder de transformar a si mesmo de forma livre e plena. Aprendendo a lidar com a liberdade desde criança, os adultos futuros saberão oferecer o mesmo à sua próxima geração. E, assim, sobre uma base sólida, o edifício de um novo mundo permanecerá sólido para sempre.

1.2 AS PASSAGENS DE PARIS

A monarquia caiu pelo fio da guilhotina, na grande Revolução de 1789.

Dez anos depois, Napoleão deu um golpe e se fez imperador, era o fim da Primeira República.

Restaurando a monarquia, um novo rei da dinastia Bourbon, Luís XVIII, retomou o trono quando o general Napoleão perdeu sua última batalha em 1815.

Por sua vez, o rei Luís foi derrotado pela falta de saúde, com obesidade, gota e gangrena em 1824. Morto o rei, viva o rei! Assumiu seu irmão, Carlos X.

Em 1830, uma nova onda revolucionária invadia a França, pelas deploráveis condições dos operários, má colheita e a fome. Com o povo na rua e diversos levantes, um monarca, Luís Filipe I, substituiu outro, Carlos X, que foi exilado.

"De agora em diante", afirmou Lafitte, que ajudou a colocar Luís Filipe no trono, "os banqueiros reinarão na França". Com o "rei burguês", financistas, industriais e comerciantes estavam mais ricos, enquanto os operários ainda enfrentavam miséria, fome e desemprego – para estes, tudo piorava. Numa população de um milhão e duzentos mil habitantes da maior cidade industrial da Europa, quatrocentos mil eram operários. Nas fábricas, trabalhavam mulheres e crianças sem descanso; e, entre os homens, desemprego. Salários baixos, preços altos.

Os doze distritos de Paris ainda estavam confinados dentro de seus muros, cercada para a cobrança dos impostos *Ferme générale* na passagem dos seus 55 portões. A maior parte da cidade era cortada por vielas. Por algumas, passava um por vez de cada lado de um córrego sujo. Nos bairros distantes, os pobres amontoavam-se em casebres insalubres e a classe média fugia, assustada com a degradação.

Nos bairros centrais, havia uma tradicional convivência entre mais abastados e pobres nos mesmos prédios. Pobres no térreo, em meio ao barulho, mau cheiro e umidade da rua. Nos andares mais altos, outros pobres enfrentavam as infiltrações, desciam as escadas, carregando esgoto que era jogado nas vielas a céu aberto, e subiam de volta trazendo água, pois não havia encanamentos. Os mais abastados moravam com menos desconforto nos segundos e terceiros andares.

Desde o dia 22 de fevereiro de 1848, cinquenta mil pessoas nas ruas queriam a queda do rei Luís Filipe, de seus ministros, do sistema que os explorava. As barricadas tomavam o centro de Paris. Sem reação, o rei abdicou do trono. Surgia a Segunda República!

Um governo provisório foi eleito e os operários apoiavam, com esperança de que sua miséria seria vencida. Para aliviar a crise econômica, foram criadas fábricas de capital estatal dirigidas por operários, as oficinas nacionais, empregando mais de cem mil. Mas logo se mostraram improdutivas e deficitárias. Alguns imaginavam resolver tudo acabando com a propriedade privada. Socialistas, comunistas, anarquistas, cada um tinha sua solução. Mas faltava experiência administrativa aos governantes, que tomavam decisões confusas e precipitadas.

A burguesia estava com medo e iniciou uma reação. As oficinas foram fechadas. Liderado pelos socialistas, o povo retomou as barricadas em junho de 1848, mas foi atacado pela guarda. Por quatro dias, caíram mil e quinhentos à bala. Julgados sem defesa, dezesseis mil foram presos ou deportados para a colônia da Argélia. Jornais suspensos e reuniões proibidas. Pela nova Constituição de novembro, ficara estabelecida a República Presidencialista.

Luís Napoleão Bonaparte ganhou mais de cinco milhões de votos, sobretudo pela consideração dos camponeses ao seu tio. Depois de quatro anos, como não haveria reeleição, um golpe de estado em dois de dezembro de 1851 deu à França seu segundo imperador.

Napoleão III queria que Paris fosse a mais grandiosa capital do planeta. Por vinte anos, os banqueiros financiaram e o "artista demolidor" barão Georges-Eugène Haussmann, que, nomeado administrador da cidade, destruiu ruas e casas, acabando com as pequenas vielas. Levantou prédios padronizados com mais espaço, acabando com os apartamentos alugados pelos pobres. Rasgou a cidade com largas ruas para que ficasse à prova de barricadas. As indústrias do centro foram para terras agrícolas, ao redor da cidade, e os trabalhadores foram junto para a periferia, onde os muros da cidade antiga tinham sido derrubados. Ao construir novos prédios, parques, jardins e remodelar o centro, dizia o barão: "Paris pertence à França e não aos parisienses que aqui vivem, sobretudo esse povo flutuante das casas de aluguel" (BRESCIANI, 1982, p. 68). 350 mil pessoas mudaram de endereço.

A nova cidade estava sendo preparada contra pestes e revoluções. O que parecia simplesmente um embelezamento e uma medida de Saúde Pública era, em verdade, organização da cidade contra revoltas e a sua divisão segundo as novas classes sociais. Ricos, classe média e pobres, cada um tinha seu lugar. No Antigo Regime, os privilégios eram medidos pelos graus de nobreza. A partir de agora, valia a quantidade de dinheiro e posses.

Em meio às obras, a imperatriz Eugênia, esposa de Napoleão III, punha em voga os desvarios consumistas do luxo e da etiqueta, na exuberância das joias, perfumes e vestidos de alta-costura. Maria Antonieta era sua musa. Para exibir todo *glamour*, davam-se festas, bailes e banquetes. Em verdade, o casal tinha verniz burguês e entranhas aristocráticas.

Paris se transformava. Desde 1820, as antigas passagens parisienses eram criadas para servir de vias exclusivas para pedestres, cortando grandes quarteirões. Mas a partir do Segundo Império, milhares de pessoas abarrotavam suas lojas enfileiradas dos dois lados. A inspiração vinha dos corredores clássicos do Palais Royal. Mas agora eram projetos modernos e mais baratos, cobertos com telhados de vidro e aço para oferecer luz e abrigar do frio; iluminadas a gás, as passagens foram a marca de um novo tempo. Os novos burgueses, seguindo o exemplo do palácio, queriam estar na moda, iam às compras de dia e se divertiam à noite.

Antes desse tempo, os mais ricos mandavam um empregado fazer compras ou recebiam os comerciantes em casa. Pegar uma carruagem até as passagens, percorrer suas vitrines, vendo e sendo visto, tornou-se um novo prazer. Longe das ruas perigosas e sujas.

Hoje é difícil compreender o impacto desse comportamento, pois a massificação do consumo incorporou-se no modo de vida das classes médias e populares, sendo, atualmente, um hábito consolidado em todo o mundo.

Vejamos então o depoimento do escritor português Júlio Machado em 1863, homem acostumado com os barbeiros da provinciana Lisboa, onde navalha, espelho e cadeira eram suficientes. Viajou por curiosidade e, quando entrou num cabeleireiro de uma passagem francesa, levou um susto. Ao entrar, ouviu do amável cabeleireiro:

– *Une petite seconde, monsieur, et nous sommes à vous!*[6]

Depois de esperar duas horas por sua vez, percebeu que estava num mundo à parte. O barbeiro fazia a barba, desenhava bigodes, frisava cabelos ou os engomava com pomada de coco. Ao lado, um recinto cheio de gravatas, colarinhos (de duas tiras, ingleses, erguidos, ponta dobrada etc.), bengalas, luvas, óculos de teatro e perucas, as mais diversas. Em longas prateleiras, uma grande variedade de *toilette*: frascos de *cold-cream*, *pommade des Princes*, *agua d'Inglaterra*, *poudre callidermique*, sais aromáticos. Em outra sala, empregados com escovinhas limpavam as botas tirando o mais entranhado torrão de barro, enquanto se liam jornais e folhetins. Depois de caminhar pela cidade vendo anúncios gigantescos e pilhas de mercadorias, o português exclamou com seu típico sotaque:

> Mas que terra é esta em que toda gente vende! Onde está aqui quem compra? Será esta uma cidade entregue aos credores, que vão passando com seus carros para ir buscar pregoeiros e fazer leilões?

---

6 Um só segundo, e estaremos para ti!

> Será que tudo isso vai acabar? Esta gentil Paris, que tem sido a capital do mundo... ó solene desfecho de uma grande cidade! (MACHADO, 1863, p. 33)

Em 1858, havia mais de cem passagens e galerias em Paris. Uma das mais ricas, pela decoração de mármore, colunas, metais dourados e espelhos dos corredores e o luxo de suas lojas, era a galeria Colbert. Com música todas as noites, as damas desfilavam em apertados espartilhos, grandes chapéus e vestidos armados por crinolinas. Tudo desconfortável, mas chique. Lacaios suíços despachavam indesejáveis intrusos que não se encaixavam no feitio burguês.

A mais extensa era a passagem Choiseul, com lojas populares e bem abastecidas. Era hábito olhar vitrines, folhear livros, beber café creme ou chocolate, e comprar por impulso. Fica lá uma das entradas do teatro *Bouffes Parisiens* (Comédias Parisienses). Podia-se passar o dia num gabinete de leitura; jornais, revistas e livros, por trocados. Surgia um novo verbo, 'flanar': caminhar lentamente e observar em seus detalhes o movimento na multidão.

A passagem de Choiseul, em Paris

Depois vieram grandes bulevares, os gigantescos magazines ou lojas de departamento. Pavilhões de compras e lazer.

O que quase nenhum parisiense perguntava era de onde vinham as montanhas de artigos, tecidos e bebidas, antes disponíveis para poucos. Mas todos temiam a Paris chamada 'inferno'. Na madrugada, gatunos, vagabundos e famintos se espalhavam como ratos pela cidade vazia. Bairros operários sombrios e isolados, a onde o Sol não chegava e águas pestilentas desciam entre casebres. Nas regiões industriais, crianças e mulheres trabalhavam sem dormir tecendo panos em fábricas degradantes, apertadas, quentes, mal iluminadas e sem segurança. Jornadas desumanas de quatorze a dezesseis horas. O algodão vinha das colônias, Brasil e Estados Unidos, colhido por escravos negros, que gemiam nos troncos e dormiam acorrentados nas senzalas. Café e açúcar tinham a mesma origem.

Baudelaire cantou em seus versos o contraste de Paris:

Paris muda! Mas nada em minha nostalgia
Mudou! Novos palácios, andaimes, lajedos,
Velhos subúrbios, tudo em mim é alegoria,
E essas lembranças pesam mais do que rochedos.

E penso nessa negra, enferma e emagrecida,
Pés sob a lama, procurando, o olhar febril,
Os velhos coqueirais de uma África esquecida
Por detrás das muralhas do nevoeiro hostil;

Em alguém que perdeu o que o tempo não traz
Nunca mais, nunca mais! Nos que mamam da Dor
E das lágrimas bebem qual loba voraz!
Nos órfãos que definham mais do que uma flor!

Assim, a alma exilada à sombra de uma faia,
Uma lembrança antiga me ressoa infinda!
Penso em marujos esquecidos numa praia,
Nos párias, nos galés, nos vencidos... e em outros
mais ainda! (BAUDELAIRE, 2012, p. 40).

Há aqui um processo de alienação, a mais completa. Quem tem poder de compra, vive um esvaziamento por definir-se pela posse de objetos, hábitos e indumentária que identifiquem o indivíduo pelo seu exterior, em busca de privilégio e aparência. A mercadoria é tudo o que se vê, e não segundo o valor de uso do que se consome, mas pelas ilusões que gera. Enquanto contempla, o homem deixa de criticar, pensar e agir. Já os pobres trabalhadores perdem sua identidade, quando sua vida se resume a suprir somente a existência material (comer, dormir, morar), tornando-se engrenagens da estrutura do produzir. O operário mergulhado na vida corpórea, sem liberdade, age como máquina sem vontade. As individualidades, assim, se diluem em elites e massas, em que todos são alienados.

1.3 A QUESTÃO SOCIAL

Tratava-se da 'questão social', quando uma parte da humanidade usufruía dos bens do progresso, enquanto a maioria enfrentava uma pobreza crescente. Como combater essa enfermidade que não permite enxergar uma nova era?

Fourier, Saint-Simon e Robert Owen imaginaram uma estrutura social em que todos trabalhariam e o benefício seria repartido igualmente, numa sociedade rica, organizada e feliz. Idealizaram comunidades modelo, como os falanstérios, pensados em detalhes mínimos: seus hábitos, festas, hinos, roupas, costumes, atividades, disposição das casas, tudo perfeitamente organizado. Com o sucesso, se espalhariam como células de um grande organismo, o mundo inteiro. Com trabalho e um lugar para todos, as revoluções perderiam o sentido. Para Saint-Simon, a Era Industrial superaria a sociedade tensa das lutas de classes do Antigo Regime em favor de um novo mundo idealizado, onde o dom natural daria poder de mando a uma elite técnica, de industriais e cientistas. Em sua visão, a revolução industrial seria o despertar de uma era de paz.

Karl Marx pensava diferente. Quando os burgueses derrubaram a monarquia tornaram-se uma classe dominante e conservadora: "A necessidade de mercados mais extensos para seus produtos impele a burguesia para todo o globo terrestre (...), instala-se em toda parte" (MARX, 2011, p. 44). Segundo ele, no *Manifesto comunista*, a burguesia forjou no proletário as armas que lhe trariam a morte: "A burguesia produz, acima de tudo, seus próprios coveiros. Seu declínio e a vitória do proletariado são igualmente inevitáveis" (*Ibidem*, p. 55). Quando as coisas estivessem insuportáveis, a radical e violenta revolução proletária iria impor uma ditadura, extinguindo por opressão o regime de classes e a propriedade privada. No pensamento de Marx, os burgueses derrubaram o Antigo Regime e, na última das revoluções, os proletários derrubariam a burguesia e um mundo sem classe e sem estado seria instaurado para sempre.

Já para Auguste Comte, a minoria governar a maioria estava na lei natural. Teria sido útil a revolução derrubar a monarquia, mas igualdade e liberdade seriam ilusões criadas por loucos como Rousseau e Kant, afirmava Comte. Para o positivismo comteano, a ciência descobrira que uma elite da humanidade tinha o cérebro aparelhado para criar as leis e mandar executá-las. Seriam cientistas e industriais. Para a maioria dos homens e a totalidade das mulheres, faltava uma região cerebral apropriada para que pensassem por si mesmos![7] Em seu plano minucioso, o trabalho penoso, o salário baixo e o entretenimento alienante deveriam mantê-los ocupados. Enquanto isso, a polícia e uma nova religião da humanidade garantiriam a paz, mantendo o povo nas rédeas. Comte seria o sumo pontífice e seriam veneradas as mulheres, pela imagem de sua falecida esposa Clotilde ou a Madona Sistina, de Rafael. Mas, veja bem, Comte não era feminista. Segundo ele, como as mulheres aceitavam resignadamente sua limitação,[8] serviriam de exemplo para a massa de trabalhadores limitados e inquietos. Seria um plano para conquistar a liberdade, mas sem igualdade. E para Comte, o louco era Rousseau...

As ideias de Comte conduziram boa parte da história política brasileira. O lema em nossa bandeira, "ordem e progresso", vem da religião de Comte.

Alguns falanstérios foram instalados, como a colônia do Saí, no sul do Brasil, com resultados desastrosos. O regime comunista foi tentado por ditaduras na URSS, na China, em Cuba e na Coreia do Norte, mas o que seriam fases transitórias de ditadura tornaram-se permanentes. No capitalismo estadunidense, o governo dispõe de trilhões de dólares para sua defesa, enquanto parte de seu povo não tem onde morar, mergulhado em dívidas. As previsões de Marx se revelaram incorretas enquanto o capitalismo nunca superou suas contradições. Até agora, nenhum desses planos de reforma social trouxe esperanças do mundo melhor que prometiam.

As antigas passagens francesas eram os *shoppings* de hoje. Eles foram estudados pela doutora em ciências sociais, Valquíria Padilha, autora do livro *Shopping center: a catedral das mercadorias*.[9] O objetivo principal desses espaços é criar uma cidade perfeita, bela, segura, iluminada, limpa e confortável, alienando os que lá frequentam da realidade sofrida e miserável mantida longe de seus olhos. Num artigo, ela afirma:

---

[7] Sobre a origem fisiológica das diferenças intelecto-morais, Kardec não vê sentido: "Onde adquiriram esses conhecimentos que não puderam aprender durante a vida? Dir-se-á, com os materialistas, que o acaso lhes deu a matéria cerebral em maior quantidade e de melhor qualidade? Neste caso, não teriam mais mérito que um legume maior e mais saboroso do que outro" (G, p. 18).

[8] Já para Allan Kardec, quanto às mulheres: "Não se sabe que os espíritos só têm sexo para a encarnação? Se a igualdade dos direitos da mulher deve ser reconhecida em alguma parte, seguramente deve ser entre os espíritas, e a propagação do espiritismo apressará, infalivelmente, a abolição dos privilégios que o homem a si mesmo concedeu pelo direito do mais forte. O advento do espiritismo marcará a era da emancipação legal da mulher" (VE, p. 41).

[9] São Paulo: Editora Boitempo, 2006.

> Concluímos que esse mundo de sonhos que é o *shopping center* acaba reforçando nas pessoas uma visão individualista da vida, onde os valores propagados são todos relacionados às necessidades e aos desejos individuais – 'eu quero, eu posso, eu compro'. Assim, colabora para uma deterioração do ser social e o retardamento do projeto de emancipação de seres mais conscientes, autônomos, prontos para a sociabilidade coletiva – que exige a capacidade da troca desinteressada, da tolerância, da relação verdadeiramente humana entre o eu e o outro, entre iguais e entre diferentes, tornando-se um lugar ideal para encontros de uma sociedade distinta. (PADILHA, 2012, p. 35)

O *shopping center* é a catedral do consumo, obra privada que supre a ausência de áreas de lazer nos grandes centros urbanos – obrigação negligenciada pelo Poder Público. É o símbolo maior das instituições sociais, que, ao contrário de romper com velhos hábitos, entronizam o egoísmo e a alienação.[10]

Entre os pensadores do século dezenove preocupados com a questão social, Allan Kardec não via em sistemas, como os de Marx, Comte ou Fourier, uma solução:

> Alguns homens bem-intencionados julgaram encontrar o remédio para o mal em certos sistemas de reforma social. Vida comunitária por ser a menos onerosa; comunidade de bens, para que todos tenham sua parte; participação de todos para a obra comum; nada de grandes riquezas, mas, também, nada de miséria. Isto era muito sedutor para quem, nada tendo, já via a bolsa do rico entrar no fundo social, sem calcular que a totalidade das riquezas, postas em comum, criaria uma miséria geral, em vez de uma miséria parcial; que a igualdade hoje estabelecida seria rompida amanhã pela mobilidade da população e pela diferença entre as aptidões; que a igualdade permanente dos bens supõe a igualdade de capacidades e de trabalho. Mas, não é esta a questão; não entra em minhas cogitações examinar o lado positivo e negativo desses sistemas. Faço abstração das impossibilidades que acabo de citar e me proponho considerá-los de um outro ponto de vista que, parece-me, ainda não preocupou a ninguém e que se relaciona com o nosso assunto". (VE, p. 26)

---

10   O hábito de flanar, olhar por horas o movimento e as vitrines nas galerias, atualmente se ampliou para a televisão. Por meio dessa mídia, a publicidade e o merchandising criam ilusões de necessidade para levar o espectador ao consumo.

Antes de propor o seu caminho para a solução da questão social, Kardec considera que os falanstérios e comunidades artificiais também não a resolvem:

> Alguns deixaram o torrão natal para ir fundar, à distância, colônias sob o regime da fraternidade; quiseram fugir do egoísmo que os esmagava, mas o egoísmo os seguiu e lá, onde se acham, encontraram exploradores e explorados, pois lhes falta a caridade. Imaginaram que fosse suficiente conduzir o maior número possível de criaturas, sem pensar que, ao mesmo tempo, levavam os vermes roedores de sua instituição, arruinada tão mais rapidamente porque não tinham em si nem força moral, nem força material suficientes. (VE, p. 26)

O que se deveria buscar, numa futura comunidade sustentável, é o auxílio mútuo, fundamento da fraternidade que só pode ser exercido voluntariamente como um dever moral; ou repetindo a doutora Valquíria,[11] por indivíduos "prontos para a sociabilidade coletiva – que exige a capacidade da troca desinteressada, da tolerância, da relação verdadeiramente humana entre o eu e o outro". Por sua vez, esclarece Kardec que "a fraternidade, assim como a caridade, não se impõe nem se decreta; é preciso que esteja no coração e não será um sistema que a fará nascer, se lá ela não estiver; caso contrário o sistema ruirá" (VE, p. 26).

A base da ação moral autônoma é a crença na existência de uma lei universal criada por Deus e na de uma vida futura. Por outro lado, justamente a falta de crença é que conduz ao materialismo. E como o materialismo leva ao egoísmo, estabelece-se um círculo vicioso. Sustentam-se, mutuamente, egoísmo e materialismo.

Sabendo disso, Kardec viu que a saída não estava apenas em estudar sistemas econômicos, políticos e sociais, mas principalmente em compreender a psicologia humana, no sentido etimológico da palavra: ciência da alma. A solução estaria no melhoramento moral das massas, pela educação que liberta. Naquele tempo, Maine de Biran (1766-1824) era o mais conceituado psicólogo francês. Em sua obra ele definiu que "o homem é um espírito encarnado". Um ser triplo, que deve lidar equilibradamente com os apelos animais de seu corpo, agir pela razão, e elevar-se às alturas morais por sua natureza espiritual. Allan Kardec, partindo desse espiritualismo racional e o completando, vai demonstrar outro lado da natureza humana que o completa, o "espírito desencarnado":

---

11 Não conhecemos a orientação política ou religiosa dessa autora, mas o que aqui nos interessa é o posicionamento moral apresentado em seu artigo.

> O espiritismo, ao demonstrar, não por hipótese, mas por fatos, a existência do mundo invisível e o futuro que nos aguarda, muda completamente o curso das ideias. Demonstrando a ação do elemento espiritual sobre o mundo material, amplia o domínio da Ciência e, por isto mesmo, abre nova via ao progresso material. Então terá o homem uma base sólida para o estabelecimento da ordem moral na Terra. (VE, p. 77)

A doutrina espírita observa o homem pela psicologia, com o apoio do espiritualismo racional.[12] Ao propor uma teoria lógica e progressiva, e estudando a moral no campo do conhecimento, não concorre com as religiões instituídas e seus dogmas, pois "ele não vem derrubar os cultos *nem estabelecer um novo*; proclama e prova verdades comuns a todos, base de todas as religiões, sem se preocupar com detalhes". Mas há uma incompatibilidade com o espiritismo, pois ele vem destruir apenas uma coisa, o materialismo, negação de toda religião, "e vem derrubar apenas um templo: o do egoísmo e do orgulho; mas também vem dar uma sanção prática a estas palavras do Cristo, que são toda a sua lei: Amai ao vosso próximo como a vós mesmos" (VE, p. 77).

Allan Kardec conclui o seu raciocínio anunciando que "o espiritismo conduz inevitavelmente a esta reforma. Assim, pela força das coisas, realizar-se-á a revolução moral que deve transformar a humanidade e mudar a face do mundo" (VE, p. 77). A ciência e a indústria transformaram a sociedade do ponto de vista material. Criando novos hábitos e necessidades, modificando crenças e relações sociais o espiritismo fará essa transformação do ponto de vista moral:

> A 'questão social' não tem, pois, por ponto de partida a forma de tal ou qual instituição; ela está toda no melhoramento moral dos indivíduos e das massas. Aí é que se acha o princípio, a verdadeira chave da felicidade do gênero humano, porque então os homens não mais cogitarão de se prejudicarem reciprocamente. Não basta se cubra de verniz a corrupção, é indispensável extirpar a corrupção. (OP, p. 384)

---

12 Quando Kardec escreveu sobre o título de seu primeiro livro, *O Livro dos Espíritos*, o termo 'filosofia espiritualista', queria dizer que essa obra estava inserida no tema do espiritualismo racional.

Na previsão da doutrina espírita, não haverá um cataclismo das instituições sociais, mas uma mudança lenta e regular, geração após geração, pela adesão moral voluntária e consciente de cada espírito deste mundo.

Mas o que é enfim o espiritismo, essa nova e transformadora teoria? O professor Hippolyte Rivail, tendo trabalhado por quase quinze anos com absoluta dedicação, depois de todo o esforço, chegou à conclusão de que, sendo o "espiritismo uma palavra tão ampla, tão grandiosa, por tudo quanto contém, me parece que um homem que pudesse compreender toda sua profundidade não a poderia pronunciar sem respeito" (RE68, p. 92).

O espiritismo, como vamos ver, é hoje um grande desconhecido.

1.4 UMA DEDICAÇÃO INTEGRAL

Existem quatro acessos para a galeria Choiseul. Um deles é o corredor de pedestres da rua Sainte-Anne. Quase todos os dias o professor Rivail estava por lá, onde muitas vezes virou do dia para a noite, e da noite para o dia.

Só em ocasiões especiais o professor alugava uma charrete, quatro ou cinco vezes ao ano. Caminhando de sua residência na vila Ségur, Rivail levava uma hora para chegar ao prédio da passagem Sainte-Anne, 59, a sede da Sociedade Parisiense de Estudos Espíritas. Um agradável caminho numa cidade toda plana. Ao atravessar uma das pontes do rio Sena, escolhia pelo florido jardim das Tulherias, aberto todos os dias, e a praça Vendôme com grandiosos prédios, ou contornando o palácio do Louvre. Pela linha 'F' do *omnibus*,[13] chegava na metade do tempo.

Passando o saguão de acesso, ao pé da escada em espiral um letreiro anunciava: *Revista Espírita, 2º andar*. Mais abaixo: *sala de cursos* – que nunca ocorreram, pois ali o professor presidia as sessões espíritas, escrevia, pesquisava os arquivos, respondia cartas e recebia visitantes. Afora poucas viagens, estava lá de 1860 até sua morte em março de 1869, enquanto encaixotava a mudança para a nova sede da rua de Lille, número 7.

Antes desse período, Kardec atendia em sua casa. Mas a doutrina exigiu um lugar reservado só para as sessões e para que os visitantes, cada vez em maior número, não se confundissem num ambiente doméstico. Além disso, os estrangeiros e franceses que vinham de longe chegavam a qualquer hora do dia e precisavam de quem os recebesse: "Escolhi este local, que reunia as vantagens da conveniência e da posição central".

---

13   Primeiro transporte público de Paris desde 1828, o *omnibus* ("para todos" em latim) era puxado por dois cavalos, percorrendo dezenas de linhas.

O casal de professores Denizard Rivail[14] e Amélie-Gabrielle Boudet não acompanhavam a moda consumista. Tinham hábitos discretos, jamais esperavam tão grande repercussão do espiritismo: "Quando concebi a ideia de *O Livro dos Espíritos*, minha intenção era de não me pôr em evidência e permanecer desconhecido; mas, prontamente sobrecarregado, isso não me foi possível" (RE65, p. 222).

Rivail não perdia tempo em visitas ou cerimônias, sacrificando seu repouso e sua saúde, sem esquecer-se de prestar tributo à sua esposa:

> Minha mulher, que não é nem mais ambiciosa, nem mais interessada do que eu, entrou plenamente em meus objetivos e me secundou em minha tarefa laboriosa, como ela o faz ainda, por um trabalho frequentemente acima de suas forças, sacrificando sem lamento os prazeres e as distrações do mundo, aos quais sua posição de família a haviam habituado. (RE65, p. 2)

Uma dedicação integral foi possível porque o casal não tinha filhos e seus herdeiros eram mais ricos do que eles. O professor tinha uma pequena renda, somada à venda das obras publicadas antes do espiritismo e um modesto emprego de contador, abandonado quando a doutrina absorveu todo o seu tempo.

Pela descrição dos que o conheceram, Rivail era um francês de estatura média e olhos castanhos claros. Discursava com liberdade de gestos e animação. Mas existem poucas pistas para decifrar sua personalidade em suas obras. Quando fez uma série de viagens de divulgação pela França em 1862, na companhia de sua esposa, dois incidentes ajudam a conhecê-lo. A rejeição de um banquete e uma reunião cancelada.

Um grupo queria fazer uma arrecadação entre os espíritas de Bordeaux para custear um banquete de recepção. Mas Kardec, para não ser ríspido, manteve-se jocoso ao esclarecer a importância de sua recusa:

> Crede bem que me terei por mais honrado com uma franca e cordial acolhida na forma mais simples, do que de uma recepção cerimoniosa que não convém nem ao meu caráter, nem aos meus hábitos, nem aos meus princípios. (...) Vocês podem cotizar, pois, em minha intenção,

---

14 Allan Kardec nasceu Hippolyte Léon-Denizard Rivail, em 3 de outubro de 1804, em Lyon, França. Amélie-Gabrielle Boudet em Thiais, Departamento do Sena, em 23 de novembro de 1795, falecendo em Paris, em 21 de janeiro de 1883.

se quiserem, e me permitam juntar-lhe meu óbolo; mas, em lugar de comer o dinheiro, que a arrecadação sirva para alimentar àqueles a quem falte o necessário. Então teremos a festa do coração, e não a do estômago. Mais vale ser bendito pelos infelizes do que pelos cozinheiros. (RE62, p. 15)

Rivail foi firme e espirituoso, sem ser rude.

Já uma reunião num grande recinto em Tours foi cancelada e transferida para uma residência. Kardec noticiou numa única frase: "Uma circunstância imprevista não tendo permitido o aproveitamento da sala que havia sido escolhida, reuniu-se, em uma magnífica noite, no jardim de um dos membros da sociedade" (RE67, p. 2). Para conhecer os detalhes daquela noite, recorremos a Léon Denis, testemunha do episódio em Tours. Tinha-se alugado um salão, mas a autorização solicitada à prefeitura foi recusada em cima da hora (durante o Império uma lei severa proibia qualquer concentração com mais de vinte pessoas): "Fui encarregado de ficar à porta do local, para prevenir os convidados, a fim de se dirigirem para a casa do senhor Leandre Rebondin, na rua do Sentier, onde a reunião se fazia no jardim".[15]

Eram uns trezentos ouvintes, apertados nos canteiros, ou apoiados nas árvores: "Sob a claridade das estrelas, a voz suave e grave de Allan Kardec se elevava. Sua fisionomia meditativa, iluminada por uma pequena lâmpada colocada sobre uma mesa, no centro do jardim, produzia um aspecto fantástico. Ele nos falava sobre obsessão. Foram-lhe feitas perguntas às quais respondia com fisionomia sorridente. Os canteiros ficaram bem pisoteados, mas cada um levou dessa noite uma inesquecível lembrança". No dia seguinte, Denis retornou à casa para visitar o professor. Encontrou-o sobre uma banqueta, junto a uma grande cerejeira, colhendo frutos que atirava para a senhora Amélie Boudet. Uma cena bucólica que contrastava alegremente com os sérios assuntos ali tratados.

Quem se habitua a ler as obras de Kardec não adentra um terreno árido; encontra descrições límpidas e cheias de imagens, raciocínios criativos e comparações de fácil entendimento. Algumas passagens soam como um poema. Em *O Evangelho*: A "ciência espírita, de sobre muitos mistérios levanta o véu. Só os que preferem a obscuridade à luz têm interesse em combatê-la; mas, a verdade é como o Sol: dissipa os mais densos nevoeiros" (ESE, p. 270).

Ou no início de *O Céu e o Inferno*: "Vivemos, pensamos e operamos – eis o que é positivo. E que morremos, não é menos certo. Mas, deixando a Terra, para

---

15 LUCE, Gaston. *Léon Denis: o apóstolo do espiritismo, sua vida, sua obra*. Rio de Janeiro: Edições CELD, 2003.

onde vamos? Que seremos após a morte? Estaremos melhor ou pior? Existiremos ou não? Ser ou não ser, tal a alternativa. Para sempre ou para nunca mais; ou tudo ou nada: Viveremos eternamente, ou tudo se aniquilara de vez? É uma tese, essa, que se impõe"(CI, p. 11). Parafraseando Shakespeare, Kardec inicia o livro de depoimentos dos espíritos sobre a vida após a morte, resolvendo o dilema de Hamlet, príncipe da Dinamarca: "Ser ou não ser, eis a questão: será mais nobre em nosso espírito sofrer pedras e flechas, com que a Fortuna, enfurecida, nos alveja, ou insurgir-nos contra um mar de provocações e em luta pôr-lhes fim? Morrer para dormir... é uma consumação que bem merece e desejamos com fervor".[16] Quem morre ainda vive, descobriu certamente o príncipe.

1.5 A PROFECIA DE 1867 SOBRE O PLANO INIMIGO

Acompanhando os hábitos de Rivail e Amélie, a sede da Sociedade era simples e funcional. Ao final do corredor, logo à entrada, havia uma pequena sala de recepção, com móveis antigos e uma lareira para os dias frios e cinzentos do inverno parisiense. A cada ano passavam por ela mil e quinhentos visitantes nacionais e estrangeiros. Ninguém tinha preferência, todos aguardavam sua vez.

Junto à recepção, um grande salão com fileiras de cadeiras.[17] Uma mesa coberta por uma toalha verde e cadeiras à sua volta para os médiuns, sócios da sociedade e seu presidente. Chegavam a comparecer ao menos oito médiuns, às sextas-feiras. Perto da mesa, repousava num suporte uma estatueta de São Luiz, vestido como rei, presidente espiritual da Sociedade Parisiense de Estudos Espíritas. Nas paredes, uma coleção de desenhos e quadros mediúnicos. As janelas eram viradas para os fundos do prédio, afastadas do burburinho da rua e da concorrida passagem.

Depois de dez anos de pesquisa, Kardec já tinha presenciado milhares de manifestações de espíritos, viu materializações, curas e intrigantes fenômenos. Mas na noite de domingo, dia dez de fevereiro de 1867, aconteceu algo de novo. Sem que lhe dirigissem uma palavra, o médium entrou num estado profundo de sonambulismo e, em êxtase, falou por quase uma hora sem parar. Uma profecia moderna prevendo o futuro do espiritismo.

Seria revelado o plano dos inimigos do espiritismo para destruir a revolução que se iniciava. Kardec anotou as principais passagens:

---

16 SHAKESPEARE, William. *A tragédia de Hamlet, príncipe da Dinamarca*. Trad. Péricles Eugênio da Silva Ramos. São Paulo: Abril Cultural, 1976, p. 108.

17 Posteriormente, o apartamento foi reformado, recebeu divisões, adequando-se a uma moradia, com sala, cozinha, quarto e banheiro.

> Os progressos do espiritismo causam a seus inimigos um pavor que não podem dissimular. No começo brincaram com as mesas girantes, sem sonharem que acariciavam uma criança que deveria crescer... A criança cresceu... Ela resistiu a todos os ataques, aos anátemas, às perseguições, mesmo à zombaria. Semelhante a certos grãos que o vento carrega, produziu inumeráveis rebentos; (...) por um que se destruísse, produzia cem outros deles. (RE67, p. 167)

No início, as primeiras armas contra o espiritismo eram antigas e não serviam para o mundo moderno. Ameaças com demônios, fogo, enxofre e tridentes já não tinha efeito, pois "tudo mudou, os costumes, as ideias, o caráter, as crenças; o diabo, tão temido por nossos avós, não faz mais medo, dele se ri".

Os ataques dos púlpitos foram um tiro pela culatra, causando ainda mais interesse do público. A obra se agigantava, e os inimigos não sabiam mais como atacá-la, a vitória parecia inevitável. Mas os ardilosos combatentes buscaram novas armas: "Não podendo, pois, triunfar pela violência, recorreram à astúcia, a arma daqueles que têm consciência de sua fraqueza... os lobos se fizeram ovelhas para se introduzirem no curral, ali semearam desordem, a divisão, a confusão".

Os inimigos pensaram: "antes que ele não esteja inteiramente realizado, tratemos de desviá-la em nosso proveito".

Cansados de atacá-lo de fora, decidiram invadi-lo:

> O plano de campanha está, pois, mudado (...) Vereis se formarem reuniões espíritas, cujo objetivo declarado será a defesa da doutrina, e o secreto será a sua destruição; supostos médiuns terão as comunicações de comando apropriadas ao oculto objetivo que se propõem; publicações que, sob o manto do espiritismo, se esforçarão por demoli-lo; doutrinas que lhe emprestarão algumas ideias, mas com o pensamento de suplantá-lo. Eis a luta, a verdadeira luta a ser sustentada, e que será perseguida com obstinação, mas da qual sairá vitorioso o mais forte. (*Idem*, p. 168)

Depois da morte de Kardec, as fileiras espíritas foram iludidas pouco a pouco por falsos médiuns, distribuindo aos milhares suas falsas obras, abafando a ideia original com suas pilhas inúteis, caça-níqueis da ingenuidade alheia. O movimento espírita iria confirmar passo a passo o plano de ataque profetizado em 1867.

Na sala da Sociedade, Kardec acompanhava atentamente a narrativa quando, então, o médium parou, dominado por uma emoção indizível e esgotado de fadiga. Depois de alguns minutos de repouso, saindo do êxtase que se encontrava provocado pelos espíritos superiores presentes, atingiu um grau mais leve de transe, e, voltando a si mesmo, perguntou:

– "O que eu dizia, então?"

E Kardec respondeu:

– "Falava do novo plano de campanha dos adversários do espiritismo, depois considerou a era nova. E nesse ponto cessou".

A cabeça do médium pendeu para trás, depois retornou lentamente. Os espíritos comunicantes passaram a esclarecer qual era o ponto fraco identificado pelos inimigos para traçar seus planos de destruição, atrasando os benefícios do espiritismo: "tenta-se agora as armas que são onipotentes neste século de egoísmo, de orgulho e de cupidez: 'o ouro, a sedução do amor-próprio'". Os médiuns e pesquisadores espíritas seriam explorados por sua vaidade e necessidades materiais:

> Há os que caem na armadilha da boa-fé, porque a mão que o levanta se esconde... Alguns, aí!... mas estes jamais foram espíritas de coração... preferem o ouro da Terra ao ouro do céu; ficam, pela forma, ligados à doutrina e, sob este manto, nisto não servem senão à causa de seus inimigos... é uma triste troca que aí fazem, e que pagarão bem caro! (Idem)

As últimas palavras naquela noite, com o médium já exaurido em suas forças, explicavam a Kardec o próprio fenômeno que ali ocorria:

> Deus envia essa faculdade vidente, nesses momentos de crise e de transição, para dar aos seus fiéis servidores um meio para desfazer as tramas de seus inimigos, porque os maus pensamentos, que se creem escondidos na sombra das dobras da consciência, repercutem nessas almas sensitivas, como num espelho, e se descobrem por si mesmas. Aquele que não exale senão bons pensamentos, não teme que sejam conhecidos. (Idem, p. 169)

E a profecia de 1867 finalizava assim:

– "Feliz aquele que pode dizer: Lede em minha alma como num livro aberto".

1.6 PÁSSAROS SEM ASAS

Curiosamente, a sede da Sociedade Parisiense de Estudos Espíritas tinha acesso por uma das entradas da simbólica passagem Choiseul. Enquanto milhares de pessoas passavam por ali para comprar e se divertir nas largas alamedas durante a semana; no mesmo período, em média quarenta visitantes percorriam o estreito corredor no fim do qual Kardec os receberia. Essa descrição lembra Mateus, quando escreveu em seu Evangelho: "Quão pequena é a porta da vida! Quão apertado o caminho que a ela conduz! E quão poucos a encontram!" (*Mateus*, 7:13-14).

Comércio, lazer e arte não são "as portas da perdição".

Mas grande parte da vida contemporânea é gasta em ócio e lazeres não criativos, imediatistas e alienantes. Basta olhar paralisado, como na 'cultura de massa' da televisão, repetir movimentos exaustivamente nos jogos eletrônicos e brinquedos 'prontos', ou vagar a esmo nos já citados *shoppings*. Não há espaço para a interação social, raciocínio, imaginação ou diálogo.

O problema está em tornar o 'ter' na finalidade da vida. Não se comprando o necessário, mas apenas objetos de adoração. Aqueles que alcançaram o poder econômico de consumir o que querem vivem em função disso. Mas vivem infelizes, com medo de perder o que têm ou de serem roubados. A maior parte do restante luta a vida toda com a esperança de também conquistar aquela condição. E vivem infelizes por não a alcançar. O desânimo atinge a todos e é por isso que a depressão, o pânico e a hipertensão não respeitam divisão de classes. Kardec mostra uma saída:

> Agora, que os progressos da indústria e da ciência desenvolveram a arte de bem viver, a tal ponto que as tendências materiais se tornaram dominantes, quer Deus que os espíritos sejam reconduzidos aos interesses da alma. Quer que o aperfeiçoamento do homem moral se torne o que deve ser, isto é, o fim e o objetivo da vida. (LM, p. 388)

Allan Kardec comenta sobre a alienação causada pelas ideias materialistas na arte, que, ao concentrar todos os pensamentos do homem na vida carnal, destrói toda esperança que ultrapassa essa existência, como se fossem pássaros sem asas: "O que há de sublime na arte é a poesia do ideal, que nos transporta para fora da esfera acanhada de nossas atividades" (OP, p. 156). Ou seja, as artes sairão do marasmo em que se encontram somente por meio das ideias espiritualistas. O mesmo se pode dizer do lazer, dos costumes, das instituições sociais, das ações públicas.

No entanto, na elaboração e divulgação do espiritismo, esse desprendimento moral tem vital importância quanto aos médiuns: "A mediunidade não é uma arte, nem um talento, pelo que não pode tornar-se uma profissão. Ela não existe sem o concurso dos espíritos; faltando estes, já não há mediunidade. (...) Explorar alguém a mediunidade é, por consequência, dispor de uma coisa da qual não é realmente dono" (ESE, p. 308).

Com sua experiência, Allan Kardec ensinava que os médiuns passam em seu início por duas tentações perigosas: a primeira são os espíritos enganadores que os fazem crer missionários eleitos, exaltando seu orgulho e sua credulidade. A segunda é a do favorecimento: "Certos médiuns exploradores creem salvar as aparências em se fazendo pagar apenas pelos ricos, ou deles aceitando uma retribuição voluntária. Isso não é menos um ofício, a exploração de uma coisa santa, e um lucro tirado daquilo que se recebe gratuitamente" (RE64, p. 16).

No início do espiritualismo moderno, principalmente na América, havia quem exigisse remuneração. Quanto ao espiritismo, essa prática é absolutamente inaceitável. Por essa razão, Kardec destaca a importância de se estabelecer a doutrina espírita por meio de pequenos grupos familiares, onde a ambição, o orgulho e a disputa não tivessem lugar. O êxito do espiritismo se dá pelo esforço coletivo, a fim de estabelecer entre homens e espíritos uma "**solidariedade cooperativa**" (RE67, p. 190), que não existe em nenhuma das doutrinas saídas de uma única fonte. Um sábio ditado africano ensina: "Se quer ir rápido, vá sozinho. Se quer ir longe, vá junto".

Além disso, os bons espíritos se afastam quando falta coerência e firmeza de propósito, pois, como vimos na profecia de 1867, "os maus pensamentos que se creem escondidos na sombra das dobras da consciência repercutem nessas almas sensitivas, como num espelho". Para os espíritos superiores, nada fica escondido. O desinteresse dos médiuns é uma premissa fundamental para o resultado que se buscava na Sociedade Parisiense de Estudos Espíritas e nos grupos que a auxiliavam.

1.7 JOBARD E OS MÉDIUNS MERCENÁRIOS

Certa vez, em 1864, uma sonâmbula disse ter recebido uma comunicação do espírito do senhor Jobard, o qual a aconselhava cobrar dos ricos por suas consultas, para ofertá-las gratuitamente aos pobres e operários.

Vale a pena conhecer um pouco sobre a personalidade extraordinária que foi Jobard, colaborador de Kardec na Sociedade Parisiense, da qual chegou a ser presidente honorário.

Jean Baptiste Ambroise Marcellin Jobard nasceu em 1792, num pequeno vilarejo francês, Baissey, de onde seu pai, simples agricultor, fora prefeito por trinta anos. Um dia ele juntou os três filhos e lhes disse: "não posso ajudar nas suas escolhas, mas vocês devem decidir entre o caminho da riqueza e o da sabedoria". Naquela época surgiam as indústrias, e com uma habilidade incomum para a invenção, com apenas dezoito anos Jobard ganhava nove mil francos por ano, enorme soma para a época. Mas sua vocação era a educação. Homem talentoso, criou máquinas pra o desenvolvimento da indústria; abriu mão de ser comerciante, o que provavelmente o levaria à fortuna, para canalizar sua capacidade ao ensino dos novos engenheiros, mecânicos e inventores. Décadas depois, ele refletiu: "Eu era ignorante e ganhava nove mil francos. Hoje dediquei cinquenta anos aos estudos e ganho metade disso. Se pudesse ser o homem mais sábio do mundo, não me importaria se tivesse que me reduzir à fome!" (PIÉRART, 1860-1864, p. 393).

Em 1828 recebeu a medalha de ouro da Sociedade de Incentivo à Indústria Nacional de Paris e de Cavaleiro da Legião de Honra, ordem máxima da nação francesa. Naturalizou-se e viveu na Bélgica. Tinha o mais importante estabelecimento de litografias e foi o primeiro fotógrafo daquele país. Publicou livros, escrevia artigos em jornais e revistas sobre economia, educação e ciência. Foi nomeado curador do Museu da Indústria de Bruxelas e membro de diversas sociedades científicas. Além disso, era poeta, economista, inventor e jornalista.

Quando lançou a *Revista Espírita* em 1858, Kardec recebeu muitas cartas de incentivo e admiração dos seus leitores. Uma das mais entusiasmadas foi a de Jobard:

> Recebi e li com avidez sua *Revista Espírita*, e recomendei aos meus amigos, não a simples leitura, mas o estudo aprofundado de seu *O Livro dos Espíritos*. A ideia de que a vida não é senão uma purificação

> de almas, uma prova e uma expiação, é grande, consoladora, progressista e natural. Aqueles que a ela se ligam são felizes em todas as posições. Conto logo atravessar Paris, onde tenho tantos amigos para ver e tantas coisas a fazer; mas deixarei tudo para tentar ir apertar a sua mão. (RE58, p. 137)

Kardec comentou: "Uma adesão tão clara e tão franca, da parte de um homem do valor do sr. Jobard, é, sem dúvida alguma, uma preciosa conquista". Numa próxima carta, agradecendo o convite para tornar-se membro honorário e correspondente da Sociedade, Jobard contou uma particularidade de sua vida:

> O que me faz suportar sem dor as injúrias, as injustiças, os roubos de que fui vítima privilegiada, foi a ideia de que aqui não existe nem felicidade, nem infelicidade com que possamos nos alegrar ou nos afligir. Trabalhei, trabalhei, trabalhei, o que me deu forças para fustigar os adversários mais encarniçados e impor respeito aos demais, de sorte que agora sou mais feliz e mais tranquilo do que as pessoas que me escamotearam uma herança de vinte milhões. Eu os lastimo, pois não lhes invejo a posição no mundo dos espíritos. Se lamento essa fortuna não o é por mim – afinal de contas, não tenho apetite para digerir vinte milhões – mas pelo bem que deixei de fazer. Que alavanca poderosa, nas mãos de um homem que soubesse empregá-la utilmente! Quanto impulso poderia proporcionar à Ciência e ao progresso! Aqueles que têm fortuna ignoram, frequentemente, as verdadeiras alegrias que se poderiam permitir. (RE58, p. 138)

Jobard participaria ativamente das pesquisas de Kardec, com ideias, artigos, visitas e cartas, até 27 de outubro de 1861, quando morreu subitamente aos 69 anos. Mas sua tarefa junto à doutrina não acabou nesse dia! Seu trabalho seguiu do outro lado. Continuou a frequentar a Sociedade como espírito, ativamente. Sabendo disso foi que a médium escreveu a Kardec pedindo sua opinião sobre a veracidade daquela comunicação, que a orientava a aceitar contribuição dos mais ricos, mesmo que voluntária, para sua ação assistencial, distribuindo benefícios a pobres e operários.

Kardec, de forma inesperada, dirigiu a seis médiuns da Sociedade a seguinte mensagem: "Queira perguntar ao espírito do senhor Jobard se ele ditou à senhora X..., convidando-a a explorar a sua faculdade. Preciso desta resposta para amanhã" (RE64, p. 12). Cada um dos médiuns acreditava que iria resolver, sozinho, a questão.

Quando recebeu as psicografias, em todas elas o espírito de Jobard denunciava a comunicação como falsa, reforçando o fato de que qualquer cobrança, por mais disfarçada, seria inadequada. Destacamos somente alguns trechos:

Médium, sr. Rui:

Como se poderia crer que justamente aquele que em todas as suas comunicações recomendou a caridade e o desinteresse viesse hoje se contradizer? É uma prova para a sonâmbula, e eu a convido a não se deixar seduzir pelos maus espíritos que ambicionam, por essa pequena especulação de além-túmulo, lançar o desfavor sobre os médiuns em geral, além do médium sobre o qual é questão em particular.

Médium, sr. Leymarie:

Olhai ao vosso redor: são ricos, são pobres, aqueles que fazem ofício de um dom providencial? Eles vendem a ciência dos espíritos, e o óbolo que recolhem é a gangrena de seu espiritualismo. Fizeram bem dizer espiritualismo,[18] porque os espíritas reprovam, todos sabem, qualquer venda moral. Rejeitamos de nosso seio todas essas escórias mentirosas que fazem rir os assistentes introduzidos em seu negócio.

Médium, senhora Costel:

(...) as pessoas pobres erraram em abandonar a sua profissão para exercer a mediunidade no sentido lucrativo da palavra. Sei que muitas dentre elas se abrigam sob o título de missão, ou abandono de seu lar, desertado por orgulhosas satisfações e a importância efêmera que lhes concede a curiosidade mundana. Esses médiuns se enganam de boa-fé, eu o espero, mas, enfim, se enganam. A mediunidade é um dom sagrado e íntimo do qual não se pode abrir comércio. Os médiuns muito pobres, para se consagrarem ao exercício de sua

---

18 Aqui, o termo 'espiritualismo' é o genérico da crença na alma como substância, enquanto espiritismo é a ciência que se funda com O Livro dos Espíritos e se consolida a partir dos bons espíritos que a estabeleceram.

faculdade, devem subordiná-la ao trabalho que os faz viver, o espiritismo nisso nada perderá, ao contrário! E a sua dignidade com isso muito ganhará.

Médium, sr. Vézy:

Mulheres ou homens que deixais a máquina de fiar ou a ferramenta para vos fazer pregador ou médium, e pedir um salário, não é senão o orgulho que vos guia. Quereis um pouco de glória em torno de vosso nome: o metal não tem senão feio reflexo que o tempo enferruja, ao passo que a verdadeira glória tem mais luz na abnegação. (...) Os desinteressados serão os mais recompensados; uma felicidade durável os espera, e seus nomes serão tanto mais poderosos quanto terão derramado mais lágrimas, e que suas frontes tiverem se coberto de mais suor e de poeira.

Médium, sr. d'Ambel:

Pois bem! Isto vos espanta! Mas há tantos bobos no mundo dos espíritos, como entre vós, sem vos ofender, que um bobo pôde dar a outro a comunicação sonambúlica em questão.

Médium, senhora Delanne:

É preciso que redobreis a atenção, porque, neste momento, uma incrível revolução se opera entre os desencarnados. Tendes também entre eles adversários que se prendem a vos suscitar entraves, mas Deus vela sobre sua obra. Ele colocou em vossa cabeça um chefe vigilante que possui o sangue-frio, a perspicácia e uma vontade enérgica para vos fazer triunfar dos obstáculos que os vossos inimigos visíveis e invisíveis levantam a cada instante sob vossos passos. Não, meus amigos, o espiritismo não deve ser explorado por espíritas sinceros e de boa-fé. (...) Compreendei bem que se Allan Kardec autorizasse semelhantes ideias por seu silêncio ou sua aprovação tácita, dentro de dois anos o espiritismo seria a vítima de uma multidão de exploradores, e que esta coisa santa e sagrada seria desacreditada pelo charlatanismo. Eis a minha opinião. Rejeito, pois, hoje como sempre, toda ideia de especulação, qualquer que seja o pretexto, que entravasse a doutrina, em lugar de ajudá-la.

Melhor que um médium sem recursos subordine sua faculdade ao seu sustento, deixando-lhe apenas o tempo disponível e assim mantenha a dignidade. Depois de publicar as psicografias, Kardec ressaltou que "a necessidade do desinteresse nos médiuns é hoje, a tal ponto, passada em princípio, que teria sido supérfluo publicar o fato acima, se não oferecesse, fora da questão principal, um notável exemplo de coincidência e uma prova manifesta de identidade, pela semelhança dos pensamentos e a marca de originalidade que levam em geral todas as comunicações do nosso antigo colega Jobard".

No entanto, passados cento e cinquenta anos, médiuns e palestrantes lucram, esquecendo o desinteresse. Inúmeros pesquisadores denunciaram as deturpações e abusos em artigos e livros, como Herculano Pires, Jorge Rizzini, Deolindo Amorim, Carlos Imbassahy, Júlio Abreu Filho, Nazareno Tourinho, Luciano Costa, entre outros.

Um fato descreve bem essa situação. Grandes médiuns do século passado, que viveram com simplicidade e longe da lisonja, são lembrados por suas atitudes de desprendimento como figuras santificadas, de uma abnegação milagrosa. No entanto, deveria se considerar o desinteresse como simples dever, da mesma forma como a honestidade não é uma qualidade diferencial, mas condição básica de todo trabalhador.

Depois do desenlace de Rivail, a rede de médiuns desinteressados e as centenas de grupos familiares conscientes da boa orientação se dispersaram. Mas nas obras fundamentais, a doutrina espírita permanece intacta. Kardec afirmou: "A Doutrina não é ambígua em nenhuma de suas partes; ela é clara, precisa, categórica em seus menores detalhes; só a ignorância e a má-fé podem se equivocar sobre o que ela aprova ou condena". E deixou uma tarefa urgente: "É um dever para todos os espíritas sinceros e devotados repudiar e desaprovar abertamente, em seu nome, os abusos de todos os gêneros que poderiam comprometê-la, a fim de não lhes assumir a responsabilidade. Pactuar com esses abusos seria tornar-se cúmplice e fornecer armas aos nossos adversários" (RE65, p. 20).

1.8 O QUE É O ESPIRITISMO?

Quando tinha trinta anos, H. Rivail estava convicto de que toda sua existência seria devotada à educação das crianças e dos jovens. No discurso para distribuição de prêmios em sua instituição, ele garantiu aos alunos:

> Ansioso por justificar vossa confiança, esforço-me por aproveitar as observações que faço todos os dias; pois a educação é a obra da minha

vida, e todos os meus instantes são empregados em meditar sobre esta matéria; feliz quando encontro algum meio novo ou quando descubro novas verdades. (RIVAIL, 1834, p. 2)

A descrição de Rivail sobre sua dedicação para com a educação lembra como via a si mesmo Isaac Newton, diante da física: "para mim, eu pareço ser apenas como uma criança brincando na beira do mar, divertindo-me e encontrando um seixo mais liso ou uma concha mais bonita do que o ordinário, enquanto o grande oceano da verdade continua desconhecido à minha frente".[19]

Rivail tornou-se uma referência em seu tema de pesquisa com décadas de experiência e a publicação de diversos livros. Mas até conhecer os primeiros fenômenos espíritas em 1855, nunca havia escrito sobre metafísica, espíritos ou mediunidade. Manteve-se mesmo afastado desses temas em seus trabalhos sobre educação.

Quando se estuda a vida dos grandes revolucionários da ciência e da filosofia, identificam-se longos períodos de pesquisa e reelaboração no tema de sua especialização, antes de se chegar a uma obra inovadora.

Newton, por exemplo, estudou cuidadosamente as teorias de Aristóteles e a novas ideias propostas por Descartes, Galileu e Kepler, descobrindo seus equívocos e acertos. Conhecia e debatia com outros pesquisadores de sua época, argumentando prós e contras das teorias propostas. Trocou correspondências, escreveu milhares de rascunhos, ensaios e estudos preparatórios. Percebeu os seus próprios limites, tomando consciência do que não poderia afirmar sem uma base sólida, até sintetizar suas conclusões nos seus livros, como o *Principia*,[20] proporcionando uma teoria de um êxito extraordinário. Levou pelo menos vinte anos para desenvolver sua teoria sobre a gravidade.

Allan Kardec publicou seu livro em 1857, apenas dois anos depois de iniciar suas pesquisas. A grandiosidade dos temas e a coordenação precisa das hipóteses apresentadas em *O Livro dos Espíritos*, formando uma teoria metafísica sólida, coerente e com um encadeamento lógico exato, abrangendo todas as principais questões da ciência, da moral e da psicologia, não é algo que se conquiste nesse curto espaço de tempo.

Contudo, jamais Kardec afirmou ter sido o autor da teoria espírita. Ele tinha plena consciência de que estava lidando com um fato novo, mais do que isso:

---

19 BREWSTER, David. *Memoirs of the life, writings, and discoveries of Sir Isaac Newton*. v. 2, cap. 27. [s.l.:s.n.], 1855.

20 Isaac Newton (1642-1727) formulou suas ideias em *Principia – Princípios matemáticos de filosofia natural*, em duas partes: os movimentos dos corpos e o sistema do mundo, e, também, no livro *Optica*.

inédito, na história da humanidade. Os livros de Allan Kardec não saíram de sua própria mente: "Se esse livro tem algum mérito, seria presunção dele me glorificar, porque a Doutrina que ele encerra não é minha criação; toda a honra do bem que ele faz redunda aos espíritos sábios que o ditaram e que consentiram se servirem de mim" (RE60, p. 208).

Em 1855, o professor estava diante de um fenômeno original a ser investigado. Mas não se trata simplesmente da manifestação de espíritos, presente de forma esparsa em toda a trajetória da humanidade. Se esse fosse o tema, como vimos, sua investigação exigiria uma abordagem minuciosa e progressiva do fenômeno, demandando muito tempo, como é próprio da ciência, até chegar a conceitos conclusivos. Mas isso não aconteceu.

Vamos imaginar um cientista isolado em seu laboratório, tendo à sua disposição apenas um grupo de insetos completamente desconhecidos. Ele poderia estudar seus movimentos, seu organismo e suas partes, identificar sua capacidade de voar, mas estaria muito limitado por eles estarem fora de seu ambiente natural. Ao morrerem, a pesquisa acaba, eles são catalogados, alfinetados num isopor e guardados num armário. No entanto, se o cientista pudesse observar a comunidade viva e em movimento daqueles insetos, acompanhar seus voos em busca de seu alimento, estudar seus hábitos, seus meios de defesa, reprodução, sua relação social e hierarquia, poderia elaborar um completo tratado sobre esse inseto. Mesmo assim, o cientista levaria muito tempo para chegar a esse resultado.

Vejamos outro cenário.

Imaginemos que em todo o planeta surgem relatos de interferências na internet e nos celulares, possibilitando diálogos de origem desconhecida. Um cientista, investigando o fenômeno, é informado, por meio dessas comunicações, de que os cientistas de um planeta distante, a centenas de anos-luz da Terra, desenvolveram uma tecnologia que permite conectar a rede de seus computadores com os nossos. No entanto, não há controle sobre os diálogos, de modo que qualquer habitante de lá poderia fazer uso desse meio. O nosso cientista percebeu que, no diálogo com os especialistas do outro planeta, pode, por suas explicações, conhecer sua cultura. Mas como identificar os verdadeiros sábios das falsas comunicações? Os próprios especialistas deram a resposta: procure identificar na diversidade de manifestações a coerência da linguagem, comparando as ideias com sua própria ciência, buscando analogias. Além disso, a universalidade de nossos ensinamentos (pois todos os especialistas pactuam uma mesma ciência), essa força do conjunto apontará onde está a verdade.

– Por que vocês não controlam a comunicação para que só os especialistas falem conosco, transmitindo assim sua cultura de modo fiel? – indagou o cientista.

– Por vários motivos – explicaram os extraterrestres. – Em primeiro lugar, se deixássemos na mão de alguns esse poder, quem garante que não cairia um dia em mãos erradas? Acostumados a aceitar cegamente nossas informações, vocês tombariam numa armadilha. Além disso, podendo se comunicar com todas as pessoas de nosso povo, vocês podem confirmar nossas teorias sobre a vida em nosso planeta, conversando com a diversidade de nossos habitantes. Por fim, este é só o começo. Estaremos, daqui por diante, constantemente juntos, apesar da distância fisicamente instransponível. Já antecipamos que nosso mundo é mais ditoso que o seu. Nossa história é mais longa, e já nos comunicamos com outros planetas. Nosso objetivo maior está em ajudá-los nessa evolução, pois, por nossa experiência, podemos garantir que esse também será o seu destino, tornar-se um planeta feliz.

No tempo das mesas girantes, algo semelhante sobreveio. Não havia aparelhos eletrônicos, nem os comunicantes eram de outro planeta. O instrumento de comunicação tem um caráter fisiológico, dependendo do organismo apropriado dos médiuns. E os comunicantes se identificaram a si mesmos como sendo espíritos.

Inúmeras manifestações ocorriam em todo o planeta, ao mesmo tempo, e diversos estudiosos tentavam explicá-las. Quando se viu diante do fenômeno, o professor Rivail notou que não estava lidando com fatos esparsos e aleatórios. Percebeu na diversidade de comunicações simultâneas um padrão inteligente. Observou um plano amplo e complexo, que tratou de reunir num todo coerente.

O diferencial de Rivail, que o permitiu iniciar o espiritismo, foi identificar que se tratava de um movimento organizado da espiritualidade, planejado antecipadamente e em execução. Um projeto de comunicação nascido da vontade dos próprios espíritos superiores em nos iniciar nos primórdios de sua ciência espiritual.

Kardec soube reconhecer que a humanidade estava vivenciando nova fase em sua história. Ocorria uma revolução científica e moral no exato momento que, por iniciativa da espiritualidade, em todo o planeta e por meio de um diálogo racional e progressivo, era oferecido ao homem o conhecimento que ele não poderia descobrir sozinho. Os bons espíritos estavam, por esse método, prontos a nos ensinar.

Qual foi, então, o papel de Kardec?

Ele mesmo responde: "Qual foi o meu papel? Nem o de inventor, nem o de criador. Vi, observei, estudei os fatos com cuidado e perseverança; coordenei-os e lhes deduzi as consequências: eis toda a parte que me cabe" (VE, p. 77). Considerava-se um instrumento dos espíritos: "aquilo que fiz, outro poderia ter feito em meu lugar". E conclui, em 1862, que "será a obra da minha vida até meu último dia, porque, na presença de um objetivo tão importante, todos os interesses materiais e pessoais se apagam como pontos diante do infinito".

Kardec enxergou a dimensão extraordinária do espiritismo. O exemplo que demos da comunicação com o outro planeta seria muito menos extraordinário e produtivo. Os especialistas daquele planeta também estariam encarnados e limitados pela matéria densa. Eles também estão sujeitos à morte. Já a pátria dos espíritos é o Universo. Suas limitações são de ordem intelecto-moral. Os espíritos superiores podem percorrer os mundos, compará-los, estudar seus hábitos, compreender o processo evolutivo, desvendar, enfim, as leis do mundo moral. Mas eles podem nos ensinar progressivamente, do mais simples ao mais complexo, respeitando os limites de nosso entendimento e o alcance comparativo de nossa cultura, a cada tempo. Tudo começou em 1857, com a publicação do primeiro livro, desde lá essa comunicação está aberta ao nosso interesse, para sempre.

1.8.1 Racional, autônomo e crítico

No exercício do papel de Allan Kardec no espiritismo, vejamos o ocorrido quanto a um seu preceito fundamental, a reencarnação. Segundo Kardec, quando ela foi ensinada pelos espíritos, essa hipótese estava completamente fora de suas próprias ideias, já que ele acreditava na teoria mais comumente aceita[21] e explicou num artigo da *Revista Espírita* em 1858:

> A doutrina dos espíritos sobre a reencarnação nos surpreendeu; diremos mais, nos contestou, porque derrubou as nossas próprias ideias; ela estava longe, como se vê, de ser-lhe o reflexo. Isso não é tudo; não cedemos ao primeiro choque; combatemos, defendemos a nossa opinião, levantamos objeções, e não nos rendemos senão à evidência, e quando vimos a insuficiência do nosso sistema para resolver todas as questões que esse assunto levanta. (RE58, p. 200)

---

21 Supomos que Kardec considerava a união da alma ao corpo no momento da concepção, que era o mais aceito. No entanto, essa definição não influi no contexto de sua narrativa. O importante está em sua discordância da reencarnação, quando os espíritos a apresentaram.

Kardec, diante dos dois sistemas, refletiu:

> Se não se admite a pluralidade das existências corpóreas, é preciso admitir que a alma seja criada ao mesmo tempo em que o corpo se forma; porque, de duas coisas uma, ou a alma que anima o corpo em seu nascimento já viveu, ou ela ainda não viveu; entre essas duas hipóteses, não há meio termo; ora, da segunda hipótese, aquela em que a alma não viveu, surge uma multidão de problemas insolúveis. (RE62, p. 3)

Vejamos, dividindo em passos, como Kardec lidou com esse preceito dos espíritos superiores:

- A reencarnação não era reflexo de seu próprio pensamento.
- A hipótese dos espíritos derrubou sua própria ideia.
- No primeiro momento, Kardec a combateu, defendendo seu próprio sistema.
- Em seguida, considerou todas as objeções dos dois sistemas, questionando os espíritos quanto a elas.
- Antes de aceitar a reencarnação, analisou primeiramente as evidências, dialogando exaustivamente com a maior diversidade possível de espíritos.
- Não a aceitou antes que as duas teorias fossem comparadas, considerando todas as questões secundárias.
- Por fim, dentre os dois sistemas prevaleceu a mais lógica.

Quanto às evidências de sua pesquisa, na sequência de seu artigo, Kardec explicou que se refere à universalidade das comunicações quanto à teoria da reencarnação:

> Não foi ensinada somente a nós; ela o foi em muitos outros lugares, em França e no estrangeiro (...) até mesmo antes de *O Livro dos Espíritos*. Desde que nos entregamos ao estudo do espiritismo, tivemos comunicações por mais de cinquenta médiuns, escreventes, falantes, videntes (...) alguns mesmo completamente iletrados, e por consequência inteiramente estranhos às matérias filosóficas. (RE58, p. 200)

Nota-se que as evidências foram representadas pela generalidade das manifestações sobre o tema. Mas para a decisão ela não foi determinante, mas acessória. Ou seja, a universalidade do ensino dos espíritos não é uma garantia de que se trata de um conceito dos espíritos superiores, mas é uma condição que o identifica. Todo conceito da doutrina espírita será universalmente ensinado. Mas nem tudo que for comunicado pelos espíritos pertencerá ao espiritismo. Cabe aos homens distinguir racionalmente e elaborar os ensinamentos, por sua lógica e integração com a teoria principal.

Há outro fator de grande importância, portanto: O ponto fundamental no método de Kardec, diante da hipótese apresentada pelos espíritos, está no agir de forma 'racional', 'autônoma' e 'crítica'.

O método da ciência espírita é 'racional', pois diante da teoria apresentada, Kardec analisou pelo raciocínio e pela lógica, e não pela fé, sentimento, instinto ou intuição. Essas últimas são as bases do conhecimento irracionalista, seu oposto. O irracionalismo tem como consequência o dogmatismo, ou a crença em algo como verdade indiscutível. Por sua vez, a atitude dogmática sustenta o fundamentalismo, o preconceito, a justificativa de privilégios; e as falsas pretensões da superioridade de sangue, de raça e de credo.

Agiu de 'forma autônoma', pois não aceitou a reencarnação submetendo-se à autoridade, mas pensando por si mesmo. Ele distinguiu muito bem entre as questões de fonte e de validade, pois "a questão não é saber se o espírito é mais ou menos avançado, mas se o conselho que dá é bom ou mau" (RE62, p. 124). Ou seja, se a opinião de Kardec não foi considerada a correta por ser a sua ou a mais popular, também o sistema dos espíritos não foi previamente aceito: os espíritos não sabem tudo,[22] nem sua identidade pode ser confirmada. Seguindo esse princípio, Kardec não se preocupou com a fonte dos sistemas, mas com sua validade, examinando racionalmente ambas, considerando que:

> Entre os espíritos, como entre os homens, é necessário saber a quem dirigir-se, e não crer que o primeiro que chegue possua a ciência infusa, nem que um sábio esteja livre de seus preconceitos terrestres, porque são espíritos; (...) não é necessário aceitar, senão com uma externa reserva, as suas teorias e os seus sistemas; é necessário fazer com eles o que se faz com os homens, quer dizer, não lhes conceder confiança senão quando deram provas irrecusáveis de sua superioridade, não

---

[22] "Cada um carrega consigo o seu caráter e as suas aquisições morais e científicas; os tolos deste mundo são ainda os tolos do outro mundo" (RE60, p. 214).

pelo nome que se dão, frequentemente errado, mas *pela constante sabedoria de seus pensamentos, a irrefutável lógica de seus raciocínios e a inalterável bondade de seu caráter.* (RE60, p. 216, grifo é nosso)

Por fim, a sua 'postura crítica' foi essencial. Não sendo irracionalista, sua escolha não poderia ser decidida dos seguintes modos:

- Eu acho que a certa é...   (opinião pessoal)
- Creio que a certa seja...   (fé irracional)
- Sinto que seja a...   (sentimento)
- Intuo que seja a...   (instinto ou intuição)
- Aceito que a certa é...   (submissão)
- Determino que a certa seja... (autoritarismo)

Todas essas formas são irracionalistas ou dogmáticas, proferindo suas opiniões de forma autoritária, sem margem para questionamentos. E o professor não estava em busca da 'verdade', pois se o fizesse estaria estabelecendo um dogma. Kardec agiu por meio do racionalismo crítico, colocando-se em busca da hipótese mais adequada e não da verdadeira. Cada tese escolhida seria aceita provisoriamente, até que surgisse outra melhor ou se encontrassem erros ou objeções que a questionem. Para alcançar esse objetivo, ele fez a seguintes perguntas:

- Qual das duas responde satisfatoriamente às objeções que se lhe opõem?
- Qual das duas é mais aceitável para resolver todos os problemas que esse tema levanta?
- Qual delas apresenta evidências de universalidade, quanto às manifestações dos espíritos superiores?

A reencarnação (ou a vivência sucessiva do princípio espiritual) é o cerne da doutrina espírita, como um tronco firme que sustenta todos os galhos e ramificações. E nessa construção teórica Kardec declarou que nenhum outro conceito do espiritismo foi sua criação ou descoberta: "de todos os princípios formulados em O Livro dos Espíritos e em O Livro dos Médiuns, não há um só deles que seja o produto de um sistema ou de uma opinião pessoal. (...); não saberia reivindicar nenhum deles como sendo o produto de minha iniciativa" (RE62, p. 246).

O pensamento crítico tem duas características, uma negativa, livrando sua investigação de preconceitos, juízo antecipado ou ideias estabelecidas pelo costume e outra, positiva, questionando e comparando os valores, pensamentos e comportamentos, investigando o que são as coisas? Por quê? Como?[23]

Diferente da postura de aceitação passiva dos antigos diante das revelações, aceitando a manifestação espiritual como verdade divina, a postura racional e crítica adotada por Kardec foi motivada pela constatação da perfeição relativa dos espíritos: "Sabemos que todos os espíritos estão longe de ter a soberana ciência e que podem se enganar; que, frequentemente, emitem suas próprias ideias, que podem ser justas ou falsas" (RE62, p. 111). No entanto, entre essa diversidade de espíritos, era possível identificar os bons e sábios, oferecendo ensinamentos que podiam ser examinados criticamente. Essa postura estava também entre as instruções dos bons espíritos que conduzem o espiritismo, como Kardec relatou:

"Os espíritos superiores querem que nosso julgamento se exerça em discernir o verdadeiro do falso, o que é racional do que é ilógico; é por isso que não aceitamos, jamais, nada de olhos fechados" (*Idem*).

Portanto, a teoria espírita tem origem no ensinamento dos espíritos superiores, transcritos em *O Livro dos Espíritos*, depois de cada um deles ter sido submetido à análise racional, crítica e isenta do critério de autoridade. Também cada conceito foi verificado por meio de milhares de diálogos estabelecidos com a diversidade de espíritos em todos os graus evolutivos. Além disso, toda hipótese nova precisou estabelecer uma relação de coerência com os conceitos básicos anteriormente estabelecidos, formando o núcleo forte da teoria espírita.

Ou seja, para que um novo conceito seja admitido na doutrina espírita, deve originar-se 'unicamente do ensino dos espíritos superiores'. Essa é uma condição absoluta, pois se liga à essência mesma do espiritismo. E para identificar essa origem, os principais critérios da ciência espírita são:

Coerência interna. Analisada por meio do racionalismo crítico.

Universalidade. Sendo recebido por comunicações dadas em todo o planeta, por diversos médiuns independentes de grupos idôneos.

Verificação. A melhor possível, pelo diálogo com a maior diversidade de espíritos de todos os graus evolutivos.

Tradição. Sua coerência com a teoria ou conjunto dos conceitos fundamentais, de *O Livro dos Espíritos* e das obras complementares de Kardec.

---

23 CHAUÍ, Marilena. *Convite à filosofia*. São Paulo: Ática, 2000. p. 8.

1.8.2 Visões ingênuas e equivocadas

No entanto, o método de Kardec tem sido mal compreendido por uma visão ingênua de ciência. Imagina-se um grande gênio induzindo sua obra com exaustivas observações. Trata-se de uma falsa concepção. Na perspectiva contemporânea de ciência, "o conhecimento científico tem uma natureza conjectural" (SILVA, 2006, p. 7). As observações são 'dependentes da teoria'. O sentido é o inverso da visão ingênua: de posse de uma teoria a comunidade científica testa sua validade diante das evidências, escolhendo-a por critérios como coerência, abrangência e simplicidade, dentre as inúmeras outras possíveis, para explicar os mesmos fenômenos. O cientista olha o mundo por sua teoria como quem utiliza óculos coloridos, tudo o que vê está condicionado a ela: quando ele aceita uma teoria nova, passa a ver tudo diferente, age como se trocasse a cor de suas lentes.

Quando Kardec estudou as primeiras manifestações, "a precisão das respostas e a correlação que denotavam com as perguntas causaram espanto. O ser misterioso que assim respondia, interrogado sobre a sua natureza, declarou que era espírito" (LE, p. 20). Ou seja, a hipótese de que se tratava de espíritos se comunicando não foi proposta pelo professor, mas informada pelos próprios comunicantes: "Há aqui uma circunstância muito importante, que se deve assinalar. É que ninguém imaginou os espíritos como meio de explicar o fenômeno; foi o próprio fenômeno que revelou a palavra" (*Ibidem*). E então concluiu: "Muitas vezes, em se tratando das ciências exatas, se formulam hipóteses para dar-se uma base ao raciocínio. Não é aqui o caso" (*Ibidem*).

Por meio da ciência espírita, não se estudam os espíritos diretamente, nem tampouco seu meio ambiente e os fatos do mundo espiritual. Nossa sensibilidade está limitada pelos sentidos orgânicos e a capacidade alcançável pelo instrumento que processa as impressões recebidas, nosso cérebro. Por sua natureza mais flexível, o sistema nervoso do médium processa informações lúcidas, percebidas por sua alma em estado de comunicação com espíritos, processo que mais à frente elucidaremos com mais profundidade.

Essas manifestações, quando físicas, como no movimento independente das mesas e outros objetos, suspensões, ruídos, alteração no peso dos corpos, arremessos de objetos, transportes, materializações, transfigurações, são evidências passíveis de uma investigação material. Mas o espiritismo lida mais especificamente com outro gênero de manifestação, a inteligente. O pesquisador espírita tem como objeto de estudo apenas o registro desse contato, por meio das comunicações escritas ou faladas, passíveis, como já vimos, de uma investigação racional, constituindo a chamada 'ciência espírita'. Como explicou Kardec, o espiritismo é uma ciência de raciocínio.

Nunca esteve ao alcance do professor e de nenhum outro homem percorrer os recantos espirituais, vasculhar os mundos infinitos, estudar a fisiologia do corpo espiritual ou experimentar a física do universo espiritual. A possibilidade de estudar o mundo espiritual e dele obter conhecimentos está reservada a quem lá habita e, por sua sensibilidade, pode conhecer suas leis, pelo que podemos denominar 'ciência dos espíritos'. Diferente de outros filósofos e sensitivos que não perceberam essa limitação, Kardec tinha consciência de que:

> Primeiro não nos compete regular o que se passa no mundo dos espíritos; que não nos cabe dizer: As coisas devem ou não devem ser de tal ou de tal modo, porque isso seria querer reger a obra de Deus. Os espíritos consentem em nos iniciar em parte quanto ao seu mundo, porque esse mundo será o nosso, talvez amanhã; cabe a nós tomá-lo como ele é, e, se não nos convém, isso não será nem mais nem menos, porque Deus não o mudará por nós. (RE61, p. 75)

O principal objetivo da ciência espírita está em, por meio da razão, assinalar a natureza das comunicações, se são grosseiras e frívolas, ou sérias e instrutivas. Desse modo distinguem-se os ensinamentos dos espíritos superiores das falsas ideias que de lá chegam, no processo de elaboração da 'doutrina espírita'.

Em resumo, podemos dizer que a *doutrina espírita* é o que podemos compreender da 'ciência dos espíritos', sendo resultado de um diálogo crítico e experimental amparado pela 'ciência espírita', por meio da manifestação dos espíritos.

Kardec fazia uso de dois processos distintos e complementares na comunicação com os espíritos. Por um deles, estudava e identificava os ensinamentos dos espíritos superiores que lhe chegavam de todo o planeta. Por outro, diante dos conceitos propostos, ele e outros grupos, estimulados pelo tema, faziam evocações estabelecendo centenas de diálogos com espíritos das mais diferentes classes e graus evolutivos, perguntando sobre seu estado errante, sua condição moral e material, suas vidas passadas, o ambiente em que se encontram. Diversos artigos eram então publicados na *Revista Espírita*, difundindo os resultados e permitindo a participação dos centros distantes na pesquisa. Depois, com o tema já bem explorado e compreendido, era possível estabelecer conclusões e definições mais exatas em diálogos como os bons espíritos orientadores da Sociedade. Só então as teorias solidamente estabelecidas foram publicadas nos diversos livros de Kardec.

Mesmo quando escrevia suas obras ou debatia com outros espíritas ou visitantes, ainda aí eram inspirados pelos espíritos que conduziam o espiritismo. Vejamos o relato de um espírito simples, mas observador. Em 1859, um amigo de Kardec estabeleceu uma série de conversas com o espírito de um falecido conhecido de infância, de nome Pierre Le Flarnand. Alguns dias depois, estabeleceu-se o seguinte diálogo:

– Falei de ti com o senhor Allan Kardec; comuniquei-lhe nossas conversas, e ele ficou muito contente. Deseja comunicar-se contigo.

O espírito respondeu: – Já o sei, estive na casa dele.

– Quem te conduziu até lá?

R. – Teu pensamento. Voltei aqui depois daquele dia. Vi que querias falar-lhe a meu respeito. Pensei comigo mesmo: Vou lá primeiro, provavelmente encontrarei algum material de observação e, quem sabe, uma oportunidade de ser útil.

– Conte-nos a sua visita ao senhor Kardec.

R. – Fui à sua casa anteontem à noite. Estava ocupado escrevendo em seu escritório... Trabalhava numa nova obra que prepara... Ah! Ele cuida bem de nós, pobres espíritos; se não nos conhecerem não será por culpa dele. (A obra que ele escrevia era *O que é o Espiritismo*).

– Ele estava só?

R. – Só, sim, quer dizer que não havia ninguém com ele; mas havia, ao seu redor, uma vintena de espíritos que murmuravam acima de sua cabeça.

– Ele os ouvia?

R. – Ouvia-os, se bem que olhasse por todos os lados para ver de onde vinha esse ruído, para ver se não eram milhares de moscas; depois, abriu a janela para ver se não seria o vento ou a chuva. (Kardec depois confirmou que o fato se deu exatamente como foi relatado).

— Entre todos esses espíritos, reconheceste algum?

R. – Não; não são os de meu círculo de convívio. Eu temia parecer um intruso e então me pus a um canto a fim de observar.

— Esses espíritos pareciam se interessar pelo que ele escrevia?

R. – Tenho certeza! Dois ou três deles, especialmente, sopravam o que ele escrevia e davam a impressão de se aconselharem com outros; enquanto isso, Kardec acreditava piamente que as ideias eram só suas, e com isso parecia contente.

— Foi tudo o que viste?

R. – Depois chegaram oito ou dez pessoas que se reuniram num outro aposento com Kardec. Puseram-se a conversar. Faziam perguntas às quais ele respondia e explicava.

— Conheces as pessoas que lá estavam?

R. – Não; sei somente que eram importantes, porque a uma delas se referiam como príncipe, e a outra, como senhor duque. Os espíritos também chegaram em massa; havia pelo menos uma centena, dos quais vários tinham sobre a cabeça como se fosse uma coroa de fogo. Os outros se mantinham afastados e ouviam. (RE59, p. 79-80)

Não se trata aqui, porém, de uma condição especial de Kardec, pois todo estudioso, de qualquer área, recebe auxílio e inspiração de espíritos interessados no tema pesquisado.

1.8.3 Jamais me dei por profeta ou messias

Não adianta percorrer a biografia intelectual de Rivail em busca de uma antecipação da doutrina espírita, como é válido fazer com Galileu, Newton, Kant, Einstein, entre outros revolucionários do conhecimento. Ela não foi um sistema nascido da evolução de ideias anteriormente concebidas: "Estas obras contêm o que aprendi, e não o que criei; ora, o que aprendi, outros podem aprendê-lo como eu; mas, como eu, lhes é preciso trabalhar; somente lhes poupei a dificuldade dos primeiros trabalhos e das primeiras pesquisas" (RE62, p. 246).

O que é importante reconhecer na vida pregressa de Rivail é a formação de sua capacidade racional e crítica como cientista; a postura autônoma, de quem reconhece a importância e o valor da liberdade; e o caráter humanista de quem coloca a igualdade e a fraternidade como ideais de uma era nova. Sem dúvida, se chegará à conclusão de estarmos diante de um bem-sucedido revolucionário iluminista (ou 'do esclarecimento', que melhor define o movimento).

Se uma visão ingênua de ciência leva a equívocos, também erra quem imagina as obras de Kardec como proféticas, comparando-as com a Bíblia ou o Alcorão: "temos estudado e dado ao público o fruto de nossas pesquisas, sem atribuir ao nosso trabalho outro valor que o de uma obra filosoficamente deduzida da observação e da experiência, sem jamais nos termos colocado como chefe de doutrina" (RE67, p. 186).

Caso fosse uma obra messiânica, cada linha de seus livros iria merecer uma análise teológica,[24] pretendida como verdade divina. Como toda religião positiva[25] ambiciona ter a posse da verdade, se o espiritismo também tivesse esse propósito, seria só mais uma seita concorrente e promotora da divisão.

Qual a diferença fundamental entre a Bíblia, considerada como obra profética, e os livros de Kardec?

A Bíblia, em tese, reúne comunicações recebidas por médiuns como Moisés e Elias (reescritas e compiladas por inúmeras gerações, nem sempre fielmente), mas cujo conteúdo foi aceito, por superstição e ignorância, como revelação divina inquestionável, confiando-se na autoridade do profeta como intermediário direto de Deus. Esse tipo de aceitação é a 'fé irracional' ou fé cega.

Não sendo chefe, Kardec não evoca para si o critério de autoridade, deixando a cada um o exame racional da Doutrina. Muito menos seria um revelador consagrado: "Em tudo isto fizemos o que outros teriam podido fazer como nós, é por isso que jamais tivemos a pretensão de nos crer profeta ou messias, e ainda

---

24 Quando uma obra é tida como verdade revelada, logo surgem teólogos supostamente inspirados pela verdade. Para se entenderem, formam um clero. Depois, medindo forças, estabelecem uma hierarquia. Por fim, a ambição e o orgulho conduzem à nomeação de um chefe. Está formada mais uma seita.

25 Religião positiva é aquela que se reduz a um conjunto de dogmas e ritos aceitos e mantidos pela autoridade de uma tradição ou por uma igreja institucionalizada, em oposição à religião natural.

menos de nos dar por tal" (RE67, p. 186). Fica assim afastada do espiritismo qualquer pretensão de seita, sacramental ou de agregação formal.

Kardec não se afirma criador, chefe, profeta ou messias. Segundo ele, o nome espiritismo foi dado a uma ciência ou doutrina moral e filosófica constituída pelas "instruções dadas pelos espíritos de categoria elevada sobre todos os assuntos que interessam à humanidade, as respostas que eles deram às questões que lhes foram propostas, recolhidas e coordenadas com cuidado" (EES, p. 8).

Não trouxe o espiritismo novas verdades, como diz o ditado "nada de novo debaixo do Sol". Ele não é uma descoberta nova, pois os fatos e princípios dos quais se constitui estão presentes na história cultural da humanidade, "pois encontramos seus vestígios nas crenças de todos os povos, em todas as religiões, na maior parte dos escritores sagrados e profanos". A grande novidade que o espiritismo estabelece está em que, no passado, "os fatos, não completamente observados, foram muitas vezes interpretados segundo as ideias supersticiosas da ignorância, e não foram deduzidas todas as suas consequências" (RE59, p. 135).

Por incrível que pareça, esse é o grande diferencial da doutrina espírita – *o espiritismo é uma ciência de raciocínio*:

> O espiritismo é, sem dúvida, uma ciência de observação, mas é mais ainda, talvez, uma ciência de raciocínio; o raciocínio é o único meio de fazê-lo avançar e triunfar de certas resistências. Tal fato é contestado unicamente porque não é compreendido; a explicação lhe tira todo o caráter maravilhoso e o fato reentra nas leis gerais da Natureza. (RE59, p. 135)

Da mesma forma que Kardec confrontou suas próprias ideias com os ensinamentos dos espíritos, e considerando caráter provisório e progressivo da doutrina espírita, também se espera dos espíritas uma postura racional equivalente. Ou seja, o espiritismo não é algo que se admite por aceitação ou adesão, sua teoria se examina pela razão, e se aceita porque foi compreendida, dando melhores respostas do que qualquer outra que se admita. Como Kardec agia de forma racional, crítica e autônoma, esses são também os requisitos de quem queira ser espírita, permitindo-se um olhar novo, independente, em alguns casos até de suas próprias crenças:

> Não impomos as nossas ideias a ninguém; aqueles que as adotam é porque as acham justas. Aqueles que vêm a nós é porque pensam e acham ocasião para aprenderem, mas não o é como filiação, porque

não formamos nem seita, nem partido. Estamos reunidos para o estudo do espiritismo, como outros para o estudo da história ou de outras ciências. (RE60, p. 70)

Kardec execrou a chefia quanto ao seu papel no espiritismo, pois, segundo ele, "em tudo isto fizemos o que outros teriam podido fazer como nós". Ou seja, ele agiu de tal forma que sua atitude pudesse ser universal. Fica mais evidente o quanto é inaceitável qualquer atitude messiânica e profética de médiuns e divulgadores, estabelecendo uma relação de liderança e submissão com seus ingênuos seguidores.

Para ser espírita, segundo esses critérios, é preciso abandonar a preguiça de confiar que lhe digam no que deve saber ou acreditar. Abandonar a acomodação aos hábitos encanecidos. Libertar-se de pensamentos massificados e enraizados do velho mundo. O espírita é racional e moralmente autônomo. A sua é 'fé racional'.

1.8.4 Uma obra de toda a vida

É neste ponto que as duas obras da vida de Rivail, educação e espiritismo, se aproximam. A meta de sua busca, quando passava todo seu tempo pesquisando a educação, ficando feliz quando encontrava 'algum meio novo' ou quando descobria 'novas verdades', essa intenção foi plenamente atendida em seu diálogo com os espíritos superiores. De onde viemos? Para onde vamos? Onde estão os que se foram? Há um mundo espiritual, qual a sua natureza? Qual a finalidade da vida? As mais difíceis e importantes que o homem sempre se fez.

A descoberta de Kardec foi uma abertura de horizontes para o saber humano. O espiritismo vem declarar que é possível compreender sobre o que está fora dos limites da nossa sensibilidade, por meio do ensino dos espíritos superiores que fazem uso da sensibilidade perispiritual; com ela observam, pesquisam e estudam as impressões de seu próprio ambiente: o mundo espiritual.

Kardec percebeu que sua tarefa era a de organizar esse diálogo da humanidade em suas duas condições, encarnada e desencarnada. De um lado, os espíritos superiores que, por meio de suas hipóteses, investigações e debates elaboraram a 'ciência dos espíritos'. De outro, o repertório do conhecimento humano, nessa época libertando-se das amarras do dogmatismo que por séculos cingiram-lhe em rédeas. A 'doutrina espírita' é o resultado desse debate, construído pouco a pouco, na medida do entendimento dos homens.

Um grande projeto teve início. A iniciativa, o ponto de partida que estabeleceu a tradição do espiritismo, foi a publicação da primeira edição de O *Livro dos Espíritos*. A repercussão da obra provocou o interesse de inúmeros estudiosos. O *Livro dos Médiuns* ofereceu as instruções necessárias para o estabelecimento de outros centros de pesquisa e comunicação com os espíritos.

Durante pouco mais de uma década, de 1858 a 1869, uma diversidade de médiuns, transmitindo a manifestação dos espíritos por essa rede de grupos espalhada pelo mundo, tiveram um centro de convergência na Sociedade Parisiense de Estudos Espíritas. Lá, Kardec reuniu esse material, sintetizou-o, comunicou-se com o grupo de espíritos superiores dirigentes de seu trabalho e também ouviu a palavra dos mais diversos espíritos, em todas as fases evolutivas. Todo esse material foi escolhido, selecionado, e suas hipóteses e conclusões publicadas na *Revista Espírita*, editada pessoalmente por ele, mês a mês, e em suas obras editadas no decorrer dos anos. "Nossa revista será, assim, uma tribuna aberta" (RE58, p. 3). Segundo um levantamento, os artigos da *Revista* vieram de 268 localidades, de 37 países do mundo:[26]

> Muitas das comunicações nos foram dirigidas de diferentes grupos (...). Delas fizemos o exame e a classificação, e não se admirará da impossibilidade que temos de inseri-las todas, quando se souber que além daquelas que publicamos, há mais de três mil e seiscentas que, somente elas, teriam absorvido cinco anos completos da Revista, sem contar certo número de manuscritos, mais ou menos volumosos. (RE63, p. 105)

Um duplo fluxo de comunicação se estabeleceu por esse meio, a partir desse centro de pesquisa. Dos mil grupos de pesquisa em todo o planeta à Sociedade, e da Sociedade a todos:

> Desse estado de coisas resultou uma dupla corrente de ideias: umas indo das extremidades ao centro, as outras retornando do centro à circunferência. Foi assim que a doutrina prontamente caminhou para a unidade, apesar da diversidade de fontes de onde ela emanou; que os sistemas divergentes pouco a pouco caíram, pelo fato de seu

---

26 FERNANDES, Washington Luiz Nogueira. Allan Kardec e os mil núcleos espíritas de todo o mundo com os quais se correspondia em 1864. *Doutrina Espírita*, São Paulo, 2004. Disponível em: http://abelsidney.pro.br/acervodigital/presenca.html. Acesso em: 20 ago. 2019.

> isolamento, diante do ascendente da opinião da maioria, por falta de ali encontrar ecos simpáticos. (RE67, p. 189)

Todas essas conquistas foram possíveis pela cuidadosa dedicação de Kardec. Isso porque a comunicação com os espíritos é um fenômeno sensível, cercado de variáveis complexas, e que sem o devido cuidado pode levar a ilusões, equívocos e dados conflitantes. Os centros de pesquisa cujo exemplo e referência foi a Sociedade Parisiense são como laboratórios, cuja delicadeza das experiências exigem cuidados em sua preparação, métodos precisos e reflexões meticulosas na análise de seus resultados.

Quando a ciência se dedica a estudar o mundo atômico, investimentos de bilhões de dólares são necessários para se criar um ambiente apropriado, equipamentos sofisticados tanto para possibilitar a criação do fenômeno como para garantir a fidelidade do registro e a segurança de se lidar com dados válidos. Isso ocorre, por exemplo, no LHC, maior acelerador de partículas do mundo. Os magnetos exigem o resfriamento utilizando sessenta toneladas de hélio líquido, que os levam a menos 271,3º C, quase o zero absoluto. Para a análise dos dados sobre a colisão de partículas, que permitirá conhecer melhor a constituição da matéria, sete mil físicos do mundo inteiro se dedicarão nos próximos quinze anos a estudá-los, por meio de dezenas de milhares de computadores em rede.

Nos laboratórios de isolamento de vírus, existem protocolos rígidos de biossegurança. Nos níveis mais altos, o acesso é restrito a cientistas experientes, troca-se a roupa por uma especial, que é descartada na saída, depois de um banho. Todo o ar, objetos e lixo do ambiente de pesquisa passam por estruturas de desinfecção ou incineração. O rigor é fundamental para que o instrumento de pesquisa não se torne a causa de uma tragédia, caso o vírus estudado escape e cause uma contaminação.

Há um paralelo entre a exigência do preparo do ambiente para as ciências que estudam a biologia, a física e a química, e o ambiente de pesquisas espíritas. Como no laboratório que lida com vírus, o cuidado com a assepsia do corpo físico é fundamental, no caso da pesquisa espírita esse cuidado está relacionado com a vontade, os pensamentos e os sentimentos. Isso porque o mundo espiritual, como veremos detalhadamente, é um ambiente físico, cuja matéria reage ao que se pensa e sente, determinando as condições do ambiente e da sintonia com os espíritos que se comunicam. O estado dos participantes e a relação estabelecida entre eles são fundamentais para a qualidade dos resultados. Allan Kardec instruía os grupos espíritas para que ficassem atentos em seus trabalhos, pois:

> As inumeráveis variedades de fatos e de caracteres que saíram desses estudos, feitos com a calma profunda, a atenção sustentada e a prudente circunspecção de observadores sérios, nos abriram os arcanos desse mundo tão novo para nós; a ordem e o método que colocastes em vossas pesquisas foram os elementos indispensáveis para o sucesso. (RE59, p. 123)

Kardec sabia da importância da prece, como instrumento necessário para estabelecer um clima mental adequado. Os participantes deviam conhecer a doutrina espírita em seus fundamentos, para que soubessem analisar as comunicações adequadamente, da mesma forma que a pesquisa do LHC está sendo feita por milhares de físicos que estudaram por anos a ciência com a qual lidam. As sessões de pesquisa eram restritas aos membros do grupo, e sessões especiais eram dedicadas a receber visitas e novatos:

> É preciso aprender a conversar com os espíritos como se aprende a conversar com os homens: em tudo é preciso a experiência. Por outro lado, o hábito faz com que os espíritos se identifiquem conosco e com o médium, os fluidos se combinam e as comunicações são mais fáceis; então se estabelece, entre eles e nós, verdadeiras conversações familiares; o que não dizem num dia, dizem-no em outro; eles se habituam à nossa maneira de ser, como nós à sua: fica-se, reciprocamente, mais cômodo. (RE59, p. 4)

Ele foi rigoroso e cuidou pessoalmente da elaboração da doutrina espírita, dia após dia, com dedicação ininterrupta, o que garantiu que suas obras representem um resultado fiel da ação organizada dos espíritos para estabelecer o início de seus ensinos, fundamentando a doutrina espírita.

Pelo menos quatro fatores da vida pregressa de Rivail antes de 1855 foram fundamentais para sua tarefa. Em primeiro lugar, a formação humanista que recebeu de sua mãe e de seus educadores em sua infância e juventude. Esse preparo o fez conhecer as dores e alegrias do ser humano. Suas dúvidas e temores. Conheceu o entusiasmo e a prudência. Futuramente, lidaria com milhares de pessoas, devendo analisar e compreender seu interlocutor, no interesse da doutrina, fosse encarnado ou desencarnado.

Em segundo lugar, sua especial dedicação ao tema da educação, como ele esclareceu em seu discurso: "Disse, no começo, que a educação é a obra da minha vida, não faltarei à minha missão, pois penso compreendê-la. Inimigo de todo charlatanismo, não tenho o tolo orgulho de acreditar cumpri-la com perfeição, mas tenho ao menos a convicção de cumpri-la com consciência" (RIVAIL, 1834, p. 11-12). O espiritismo seria a educação da humanidade e também o meio de elaboração de sua doutrina. E Rivail era um exemplar especialista.

O terceiro fator foi seu interesse no estabelecimento da pedagogia como ciência, unindo experiência e conjectura, seguindo o pioneirismo de Johann H. Pestalozzi (1746-1827). Para tanto, dedicou-se a estudar seu desempenho nas escolas que estabeleceu e nas obras que escreveu para a instituição da profissão de educador, além de outras dedicadas à formação dos alunos. Sua missão maior foi a de fundador da ciência espírita, e ele estava preparado para tanto.

Por fim, como diretor de escola, tornou-se um intelectual polimático, seu trabalho exigiu uma ampla dedicação em diversos campos, como línguas, letras, artes, ciências natural, história, filosofia, psicologia, indústria e comércio. Todo esse conhecimento está presente nas páginas de seus livros, pois o espiritismo toca em todas as áreas do conhecimento humano.

1.9 JEANNE, UMA MULHER DE FIBRA

Desde Luís I até o décimo sexto, foram mil anos de reinado na França. Três meses depois de proclamada a República pela força da Revolução Francesa, em 22 de setembro de 1792, um processo ainda debatia sobre a morte de Luís XVI.

Robespierre, Saint-Just, Danton e os demais jacobinos, também Marat, eram o grupo mais radical e violento. Não queriam nem processo nem julgamento: "Não há processo, Luís não é réu. Peço que a convenção o declare traidor da nação, criminoso contra a humanidade" (CONWAY, 1892, p. 85). Danton escreveu a um inglês, Theodore de Lameth, "eu tentaria de bom grado salvar o rei, mas seria preciso um milhão para comprar os votos necessários" (VINCENT, 1989, p. 214), revelando o triste passado de uma prática contemporânea.

Já os girondinos era um grupo equilibrado, formado por notáveis que fizeram a Revolução, também chamados federalistas, como Brissot, Roland, Verginaud. Todos eram legalistas, acreditavam em ideias liberais como as de Thomas Paine, um inglês libertador da América a serviço da Revolução na França. Para ele, era melhor lutar para mudar a lei, enquanto se respeita a instituída, do que suspendê-la para fazer justiça fora dela, pois aí se abrem as portas para desrespeitar também as boas leis. Também acreditavam na educação e oportunidade igual para todos como instrumentos da reforma social. Os jacobinos, que liderados por Robespierre implantariam o terror, viam nos girondinos um obstáculo que os impedia de exercer a tirania.

A favor da legalidade, Paine escreveu um texto, que não foi lido nos debates, onde dizia:

> Era necessário matar a monarquia, fonte de todos os males políticos, mas não o rei. Se Luís XVI tivesse nascido em situação obscura, e se tivesse vivido no círculo de uma vizinhança estimável, não teria sido um mau homem. (VINCENT, 1989, p. 215)

De acordo com esse pensamento, se a França conquistasse a democracia, educando o povo para uma nova realidade, o antigo rei perderia seu papel, tornando-se um simples cidadão.

Abusando da demagogia, porém, Robespierre discursava acusando falsamente que seus adversários queriam proteger a monarquia. O rei foi decapitado com 361 votos dos 721, ou seja, apenas um voto além da maioria. Um só indivíduo poderia ter mudado a história.

Na manhã fria de segunda-feira, dia 21 de janeiro de 1793, Luís Capeto, diante da multidão e fileiras de soldados, teve suas mãos amarradas nas costas e seu corpo dividido na guilhotina.

Os jacobinos criticavam com violência os girondinos. Suas diferenças iriam ampliar até o confronto, com a vitória de Robespierre e seu grupo sanguinário. "O ódio continua crescendo entre os dois partidos, a febre revolucionária é uma doença terrível", disse na época o livreiro Nicolas Ruault.

Mesmo no auge da Revolução, quando a guilhotina extinguia dezenas por dia, nos quarteirões seguintes a vida continuava e a notícia comentada era outra. Ainda em muitas aldeias e pequenas cidades procurava-se não morrer de fome, plantando o trigo para o pão, muitas vezes sem compreender as centenas de decretos vindos de Paris.

Um novo método para o casamento era um desses novos decretos. Por séculos era preciso pedir a bênção à Igreja. A nova lei mandava afixar no edifício da câmara da cidade um aviso "casamento entre tal moça e tal rapaz", apresentavam-se à autoridade municipal, um discurso, os 'sins' e estava resolvido.

Por terríveis que fossem os acontecimentos, a vida continuava. Em 5 de fevereiro 1793, Jeanne-Louise Duhamel, aos dezenoves anos, vivia esse dia aguardado por muitas jovens, seu casamento. No entanto, sua vida não será nada fácil, enfrentará dolorosas experiências que, superadas, a tornarão uma grandiosa mulher.

Jeanne vivia num lar agitado. Seu pai, o advogado Benôit Marie Duhamel, estava diretamente envolvido com os acontecimentos graves da Paris revolucionária. Fora eleito para um cargo publico de *préfet*[27] ou governo do departamento de Ain, cuja capital é a cidade de Bourg-en-Bresse. Estava sempre em reuniões com militares e políticos ou discursando ao povo. Viajava constantemente. A mãe da moça chamava-se Charlotte Bochard. Na festa de casamento, estavam presentes importantes convidados, generais de brigada e dirigentes revolucionários.

Vista de Bourg-en-Bresse, no século 19

O noivo de Jeanne, Jean-Baptiste Antoine Rivail, trabalhava em causas judiciárias,[28] tinha 34 anos e era quinze anos mais velho. Depois do casamento, foram morar distantes oitenta quilômetros da capital de Ain, em Belley. Seus pais, na época do enlace, já eram falecidos.

Quase toda a família Duhamel vivia em Ain, na região administrativa do Ródano-Alpes. Os mais antigos ancestrais dessa família que lá chegaram eram huguenotes da baixa Normandia, fugindo dos ataques católicos. No século 17, atravessaram o país e lá se instalaram.

---

27 Na França, o *préfet* tem alguma semelhança com nosso governador de Estado. As cidades são chamadas *communes*, geridas por conselhos municipais. Desde 1790, o país foi dividido em 89 unidades administrativas, ou departamentos administrados por um conselho geral, eleito a cada seis anos. Quem representava a nação no departamento era o *préfet*.

28 Jean Rivail seria nomeado promotor militar e juiz de paz, em julho de 1793, pelo conselho executivo do comitê de salvação pública.

Bourg-en-Bresse tinha seis mil habitantes e era uma cidade muito antiga de origem celta. Na Idade Média, foi uma das mais fortes cidadelas da região, com profundos fossos além dos muros altos de pedra, protegidos pelo forte São Maurício, cujos escombros ainda existiam no início do século 19. O imponente prédio onde Benôit Duhamel exercia as funções de *préfet* era também onde morava com a família durante o exercício do cargo. Uma antiga mansão adquirida em 1755, com uma fachada alta, mas de arquitetura simples, com uma grande sala de estar, escritórios e um amplo jardim. Lá também ficavam os arquivos municipais.[29]

Prefeitura à esquerda e Igreja Notre-Dame de Bourg

A Concatedral de Notre-Dame de Bourg, no centro da cidade, foi construída em 1545, onde antes havia uma antiga capela, desde 1258. Anunciava missas e eventos e acompanhava o coro um carrilhão de 24 sinos. No decorrer dos séculos, a igreja recebeu belos vitrais e adornos. Suas obras de arte, bancos e paredes ornamentadas contam a história da França século a século. Mas era tempo de Revolução e os símbolos clericais mereciam ruir. Naquele ano, 1793, assumiria em Ain um deputado radical montanhês, Antoine Louis Albitte, fanático e impiedoso, apelidado "Tigre de Ain", que, como veremos, será o grande algoz da família Duhamel. Ele decretou a demolição da torre sineira de Nossa Senhora, que era a mais elevada construção da cidade. O primeiro trabalhador

---

29 Esse prédio menor foi substituído, em setembro de 1855, pelo grande edifício atual, com duas asas laterais, fachada dupla com pilastras e colunas.

agarrou-se à cruz, no mais alto ponto do prédio, mas estava tonto, cambaleou. O povo suspirou assustado, e num voo curto ele caiu, partindo sua cabeça. Um aviso do céu! Exclamaram os presentes. O Tigre abdicou de seu instinto predador e a Igreja foi preservada (MILLET, 1859, p. 11).

Entre os federalistas, que haviam votado como seus representantes em Paris, os girondinos, estavam Jean Rivail e Benoit. O pai de Jeanne teve importante papel na Revolução; fora eleito presidente da Sociedade Popular de Bourg, fundada em janeiro de 1791. Duhamel iniciou assim o discurso inaugural: "Irmãos e amigos, o principal objetivo das sociedades de amigos deve ser esclarecer as pessoas e difundir os princípios da Constituição, plantando as sementes da democracia" (LE DUC, 1881-1883, p. 251). Ele participava do pensamento legalista de Brissot, Paine e Condorcet.

Os girondinos viam, na Revolução, a oportunidade de regenerar a sociedade pela educação. Suas propostas eram de longo prazo, teorias bem estabelecidas de pensadores como Thomas Paine, Condorcet e Mesmer. Os montanheses, por sua vez, eram impulsivos, imediatistas, tendendo ao poder ditatorial. Seus discursos eram emotivos, arrebatadores, mas sem alguma ideologia definida.

Em oposição ao clima de violenta opressão do radicais, em fevereiro de 1793, Thomas Paine auxiliara o relator Nicolas de Condorcet,[30] o qual, com apoio da gironda, apresenta um projeto de constituição inovador. Eles sonhavam com a possibilidade de se criar um mundo novo. Seu projeto continha uma declaração dos direitos naturais do homem, implantação do voto universal, o que incluía as mulheres, do direito de veto popular sobre atos do governo nacional, primazia do Legislativo sobre o Executivo, e outras inovações fundamentadas no racionalismo, no progresso e na igualdade dos direitos. Propondo a educação de crianças e também dos adultos, afirmava Condorcet:

> É necessário que ela possa ser proporcional à sua capacidade natural, (...) a fim de que se estabeleça toda igualdade que pode existir entre coisas naturalmente desiguais, ou seja, a igualdade que exclui, não a superioridade, mas a dependência. (CONDORCET, 2008, p. 39)

Segundo Condorcet, para acabar com a ditadura representada pela monarquia era necessário investir na educação, mas uma tal cujo "fim não é fazer

---

30 Marques de Condorcet (1743-1794) foi filósofo, matemático e político francês. Iluminista, via um futuro de igualdade pelo uso da razão e da fraternidade.

que os homens admirem uma legislação pronta, mas torná-los capazes de avaliá-la e corrigi-la" (CONDORCET, 2008, p. 53). Seu projeto visava cidadãos autônomos, os quais, geração após geração, produzissem uma sociedade mais justa.

Manifestavam-se, na França revolucionária, os precursores do pensamento espírita. Seriam sementes jogadas ao solo que oportunamente germinariam. O ideal de harmonia social como sendo regido por leis naturais era o pensamento de Franz Anton Mesmer, criador da ciência do magnetismo animal[31]. Os principais líderes girondinos, Brissot,[32] Roland, Carra, Bergasse, Durval d'Esprémesnil, Lafayette, Duport, eram discípulos de Mesmer e, desde antes da Revolução, defendiam e divulgavam sua ciência por toda a França. Eles criticavam duramente os médicos tradicionais que usavam sangria e impediam a pesquisa sobre o mesmerismo: "Vocês exercem incessantemente o despotismo mais completo de que o homem é capaz (...), tornam-se soberanos absolutos entre o povo doente" (DARNTON, 1988, p. 78), prenunciando os ideais revolucionários.

Na medicina oficial, a doença era um mal a ser extirpado e eliminado, nem que fosse preciso retirar o sangue 'poluído' do corpo com incisões ou sanguessugas. Para os adeptos da medicina de Mesmer, a doença era um desequilíbrio do organismo por causas físicas e morais. Dizia Mesmer, definindo a saúde: "Quando reina uma completa ordem em todas as funções, então esse estado é o de harmonia". E quanto à doença: "A doença é a condição oposta, ou seja, aquela em que a harmonia é perturbada" (MESMER, 1814, p. 111). Para Mesmer, todos os recursos se combinavam para dar forças ao organismo no combate à desarmonia: alimentação, hábitos, estado emocional e o esforço da ação do médico pelos passes, tudo concorria, mas quem retomava a harmonia era o próprio organismo do paciente, com seus mecanismos naturais de recuperação (*vis medicatrix naturae*).

Para Mesmer, a harmonia universal presente no universo era responsável pelo equilíbrio das leis naturais, pela saúde e também pelo mundo moral. Ele apresentou um projeto de reforma social ao comitê de salvação pública durante a revolução, com suas ideias quanto à força da educação:

---

31 Como veremos à frente, a ciência do magnetismo animal foi considerada ciência irmã do espiritismo por Allan Kardec, que a pesquisou por mais de 35 anos.

32 Quem criou a frase "a propriedade é um roubo" não foi Proudhon, como se imagina, mas Jacques Pierre Brissot, em sua obra *Recherches philosophiques sur le droit de propriété considéré dans la nature*.

> É necessário fazer com que os educandos sintam e percebam que a excessiva desigualdade das riquezas, das forças e do poder é a causa das deficiências de praticamente todas as instituições sociais e que, para eliminá-la, deve-se lançar mão de todos os meios que podem amenizar tal excesso, levando os seres humanos próximos à igualdade possível de conseguir. São as virtudes sociais que possibilitam alcançar esse importante objetivo; são elas que devem equilibrar as diferenças que o destino colocou entre as diferentes condições em que se encontrem os seres humanos. (MESMER, 1814, p. 167)

Nada disso interessava aos tiranos sangrentos, como Robespierre, antes simples rábula de Arras, e que no poder implantaria o terror por menos de um ano: "A teoria do governo revolucionário é, para bastante gente, apenas um enigma; é preciso explicá-la a todos para unir ao menos os bons cidadãos aos princípios do interesse público". [33] E então, ele explica: "O governo revolucionário deve aos bons cidadãos toda a proteção nacional; aos inimigos do povo não deve outra coisa senão a morte". Para ele, o esforço da revolução se resumia a eliminar os 'inimigos': "Essas noções bastam para explicar a origem e a natureza das leis que chamamos revolucionárias. Aqueles que as chamam de arbitrárias ou tirânicas são sofistas estúpidos ou perversos" (*Idem*).

Enquanto isso, o desvairado e violento Marat, no clube dos jacobinos, expunha seu plano para capacitar os cidadãos para a Revolução, quando, repentinamente, tirou de seu capote um longo punhal, agitando-o: "Esta é a arma que os convido a fabricar para os cidadãos que não estão familiarizados com evoluções militares. Proponho que seja aberta uma subscrição, eu mesmo darei o exemplo" (GALLO, 2012, p. 26). Para ele, bastava percorrer a França matando ao menos 260 mil homens para salvar a pátria.

Os conceitos de harmonia universal, liberdade, igualdade e fraternidade, como meios de transformação social, estavam presentes nas propostas de revolucionários notáveis como Condorcet, Brissot, Mesmer, Paine, Dupond de Nemours. Mas suas ideias foram esquecidas e abafadas pelos atos demagógicos e sanguinários dos Robespierres, Dantons e Marats.

Enquanto isso, a vida cotidiana se desenrolava em Ain.

Jeanne dedicou-se aos afazeres de seu novo lar, enquanto seu marido Jean Rivail assumia renovadas funções militares. Em julho de 1793, o comitê

---

33 ROBESPIERRE, Maximilien de. *Discursos e relatórios na Convenção*. Trad. Maria Helena Franco Martins. Rio de Janeiro: EDUERJ: Contraponto, 1999. p. 130-131.

de Salvação Pública reunindo seu Conselho Executivo, entre os presentes Danton, Saint-Just, Delacroix, nomeou Rivail, entre muitos outros cidadãos, para o cargo de promotor militar e também de juiz de paz.[34] Entre as suas funções jurídicas estava a de acompanhar os destacamentos militares e convocar um tribunal, onde se estabelecia formalmente a acusação aos réus no campo de guerra.

Uma grande maioria da convenção apoiava os girondinos denunciando o despotismo de Marat, decidindo por julgá-lo. O pai de Jeanne, Duhamel, convocou as cidades próximas em Ain, e fez um discurso inflamado:

> Já era tempo de parar a fúria de Marat e a montanha. Vejam os camponeses do departamento da Vendeia e outros, com o chão forrado de corpos. Veja o destino que o espera se você hesitar em tomar uma decisão. Ouça os gritos agudos de suas mulheres e a fúria de seus filhos abatidos. Veja o sangue de seus irmãos correndo pelas ruas. Qual de vocês pode ter pensado em tudo isso, quando nos dedicamos a formar a Convenção Nacional? É uma parte de seus membros, são esses homens vomitados pelo inferno para devorar a espécie humana. São a ferro, fogo, homicídio e pilhagem que eles pregam o republicanismo. O quê! Esses crimes se tornarão a tocha da nossa revolução! Vamos continuar a agir usando a razão e as virtudes, sem a qual não pode haver sociedade ou governo. Não, cidadãos, vocês não vão sofrer. Seus corações viram os crimes de Marat e seus pares. Temos o dever de denunciá-los. As virtudes de Petion, Brissot, Gaudet para sempre serão honradas (*Idem*)

Todavia, os sonhos de transformação social dos moderados chegavam ao fim, teria início a escalada da violência na revolução. Em Paris, num jogo político, Marat é inocentado e discursa: "Apresento-vos um cidadão que havia sido incriminado e acaba de ser completamente inocentado. Ele vos oferece um coração puro" (*Idem*), sem abandonar seu punhal sangrento, guardado debaixo do capote.

Em outubro de 1793, a montanha, representada por Saint-Just, votou por adiar, segundo ele para a 'felicidade do povo', a constituição inovadora proposta por Condorcet e instituiu a ditadura do Comitê de Salvação Pública. Os girondinos foram derrotados. Foram decretadas suas prisões. Parte deles tombou

---

34   *Recueil des actes du Comité de salut public*. v. 5. França: Impr. Nationale, 1793, p. 292.

sob a guilhotina, poucos escaparam. Todo cidadão era suspeito. Tinha início o período do Terror.

A cidade de Lyon reunia muitos insatisfeitos, desejosos de se rebelar contra a tirania. A Convenção Nacional, como um teatro de loucos montanheses, publicou o seguinte relatório: "A cidade de Lyon será destruída, tudo quanto for habitado pelos ricos será demolido, só ficarão a casa do pobre, os edifícios da indústria. (...) Será erguida uma coluna nas ruínas da cidade, que atestará à posteridade os crimes e o castigo dos realistas, com a inscrição: Lyon fez guerra à liberdade: Lyon já não existe!" (BLANC, 1890, p. 332).

Matava-se sem remorso. Mas não faltaram exemplos de idealismo. Um menino, filho do senhor Rochefort, de Lyon, vendo seus irmãos e pai fuzilados, poupado pelo clamor do povo que assistia, não aceitou a clemência: "Nada quero de vossa graça! Eu quero a morte", e abraçou o corpo desfalecido de seu pai (LAMARTINE, 1854, p. 421).

Nos departamentos, os representantes da convecção obrigavam o povo a dançar nas festas revolucionárias, formando "círculos da liberdade". Uma bela filha de operário de 22 anos foi acusada de não portar o laço republicano em seu chapéu. Inquirida pelo juiz: "por que não usa a insígnia do povo?", respondeu: "porque vocês a usam!". O juiz Parrein, admirando a coragem e provavelmente envergonhado por tanta juventude condenada, pede ao carcereiro que prenda os cabelos dela com fita. Percebendo o gesto, ela leva a fita ao chão e brada: "Não haverá República verdadeira até que a virtude e a inocência sejam respeitadas e os homens de bem tomem sua frente!", e caminha para a morte. (CHEVRIER, 1863, p. 82).

O terror se espalhava pela França e se aproximava do lar da família de Jeanne. Uma delegação de Bourg se associou aos rebelados de Lyon. Diante das notícias, Antoine Louis Albitte (1761-1812), o 'Tigre de Ain', foi encarregado de eliminar os adversários do governo jacobino no departamento de Ain. Está aqui de volta o malfeitor. Caindo em suas garras, Benoit e Rivail, entre outros compatriotas da região, foram falsamente acusados de conspiração e levados para Lyon. O pai de Jeanne, preso em outubro de 1893, e o marido dela, Rivail, em fevereiro do ano seguinte. Como tantas outras famílias, Charlotte e sua filha ficaram na angústia de uma terrível espera.

Chegava, enfim, a pior notícia. O patriarca Duhamel foi executado por sua bravura. Pela janela de sua cela, ele berrou aos outros prisioneiros que não tinha nada a temer. Ele foi ouvido pelos carcereiros e, para provarem seu poder, foi enviado no dia seguinte para a guilhotina (CHEVIER, 1864, p. 78).

Charlotte e sua filha Jeanne receberam a notícia da morte de Benoit Duhamel, aos 53 anos, em 16 de março de 1794. E qual seria o acaso de Rivail?

A sogra viúva e a esposa recém-casada esperaram ainda por mais de um mês, para saber de seu destino. Ele voltaria para casa?

Jean Rivail fora condenado à morte como todos os outros prisioneiros. Mas evocando o decreto de 28 de Pluviôse, segundo o qual eles deveriam ser julgados em sua terra, não em Lyon,[35] foi mandado preso de volta a Bourg e solto, dois meses depois, em 29 de abril de 1794, com outras dezenas de inocentes.

Por todo o país, a guilhotina não parou por meses. No total foram 2.625 vítimas em Paris e 16.000 em toda a França. As prisões chegaram a quinhentas mil. Depois de eliminar seus amigos, Robespierre foi guilhotinado em julho de 1794. Os desvarios do Terror e o poder jacobino duraram um ano (FERRO, 2001).

Agora viúva, Charlotte Bochard, foi autorizada a receber do espólio sequestrado de seu marido a soma de seiscentas libras por ano (LE DUC, 1884-5), indo morar com seu irmão, François Duhamel, junto a parentes em Saint-Denis-lès-Bourg. Na época, era uma pequena aldeia rural contígua a Bourg-en-Bresse, com lagos e florestas e extensas plantações, onde viviam seiscentos habitantes.

Passado o Terror, o frio intenso de 1794 anunciava um inverno rigoroso. A espera pelo pão na enorme fila da padaria era uma experiência congelante. No entanto, as maiores preocupações eram o desemprego, o aumento de preços, a indigência e a falta de alimentos. O povo atacou, destruiu e provocou o fechamento do clube dos jacobinos.

Nos subúrbios de Paris, ouvia-se: – Chega de baioneta, queremos pão!

No ano seguinte, caminhava pelo Ministério da Guerra, em busca de uma nomeação, um jovem general de 26 anos, magro e de trajes puídos, nascido na Córsega, Napoleone di Buonaparte. A ilha era italiana até ser invadida pela França, em 1768.

Designado para assumir o exército francês com a ordem do governo, para "tomar tudo o que puder dos italianos, arrancar à força tudo o que quiser, e como butim, alimentar, pagar, armar os soldados e encher os cofres do Diretório!" (GALLO, 2012, p. 283). Napoleão Bonaparte conquistou a Itália. Em suas guerras, afastava o perigo de invasão das monarquias europeias. E também enviava milhões a Paris, em obras de arte e demais tesouros de suas pilhagens. Voltavam o luxo, os cargos públicos, as ricas casas, mas continuava racionado o pão do povo.

Novos tempos.

---

35 Lei francesa promulgada no dia 28 de Pluviôse do ano oitavo da Revolução, ou seja, 17 de fevereiro 1800. Seu nome oficial é "lei sobre a divisão do território da República e da administração".

Em Saint-Denis, as famílias Duhamel e Rivail viviam um dia especial. Em 27 de outubro de 1786, Jeanne-Louise estava em companhia de toda a família, na casa de sua mãe, para dar à luz ao menino Auguste Claude Joseph François, seu primogênito.

Uma criança concretiza e dá sentido a um novo lar. Novas responsabilidades, novos afazeres. A distância de Balley, que ficava num vale, exigia uma viagem de muitas horas até Saint-Denis. Certamente era mais apropriada a proximidade da mãe e, assim, Jeanne e Rivail se mudaram para Bourg-en-Bresse, distante a apenas quinze minutos de charrete. E foi lá, em primeiro de agosto de 1799, logo depois do almoço, que nascia a menina Marie-Françoise Charlotte Éloise. Agora, Jeanne tinha um casal de filhos.

No entanto, Jeanne-Louise estava destinada a enfrentar uma indescritível e dolorosa missão. Não há quem não se coloque no lugar do outro, nas horas de aflição, é um sentimento natural. Mas é impossível compreender o coração dos pais que vivem a perda dos filhos.

Quando o espírito Sanson, em *O Evangelho segundo o Espiritismo*, comentaria ser um costume dizer que Deus não é justo quando os mais jovens morrem antes dos velhos, pois despedaça o coração de uma mãe, ele ensinou que "o bem, muitas vezes, está onde se julga ver o mal, a sábia previdência, onde se pensa encontrar a cega fatalidade do destino". E, então, concluiria:

> Nada se faz sem um fim inteligente e, seja o que for que aconteça, tudo tem sua razão de ser. Se estudassem melhor todas as dores que os sobrevêm, sempre encontrariam nelas a razão divina, razão regeneradora, e os seus miseráveis interesses se tornariam de tão secundária importância, que seriam jogados para o último lugar. (ESE, p. 94)

A pequenina Marie-Françoise viveu somente dois anos, deixando seus pais e seu irmão, o jovem Auguste, em Bourg, em 14 de outubro de 1801.

E não foi só. No final da tarde, dois dias depois do Natal do ano seguinte, Jeanne veria falecer o filho que restava, o pequeno Joseph Auguste Rivail, com somente seis anos. Frente a dolorosas provas, o casal se viu sozinho em casa.

Enquanto isso, Napoleão tomou o Egito e afastou os ingleses da Índia. Desde 1799, o general derrubara o Diretório e passara a governar por uma ditadura, nomeado primeiro-cônsul. Recebia o apoio irrestrito dos políticos e burgueses, que encerravam nesse ponto a Revolução, deixando para depois os problemas dos subúrbios.

Em 1804, Jean Rivail, requisitado em suas funções militares, estava em Paris. Jeanne-Louise, grávida pela terceira vez, agora aos trinta anos, precisando de cuidados, permanecia num estabelecimento de águas minerais artificiais de Lyon, na rua Sala, 74, à margem do rio Ródano.

Era um local preparado para atender casos de saúde. No catálogo de divulgação dessa casa, o dono, um químico, senhor Syriaque Fréderique Dittmar, anunciava os registros de muitas curas (principalmente ortopédicas, reumáticas e de trato feminino). Em seus tanques especiais preparava as águas minerais artificiais que abasteciam, num local privado, os banhos de vapor, chuveiros e bebidas medicinais, em moda na época. O estabelecimento atendia aos médicos que acompanhavam seus pacientes, oferecendo "quartos com camas para a espera dos banhos, apartamentos agradáveis e estábulos para estrangeiros e franceses que vinham de longe".[36]

Nova aurora para Jeanne-Louise! Ela estava bem assistida pelo considerado médico Pierre Rodamel,[37] usufruindo dos tratamentos de aguas indicados. No dia 3 de outubro de 1804, quarta-feira, nascia seu terceiro e último filho, Hippolyte León Denizard Rivail, a quem se dedicaria de coração nas próximas décadas.

Antes da volta de seus pais para Bourg-en-Bresse, o pequeno Rivail seria batizado ainda em Lyon, em 15 de junho de 1805, pelo padre Barthe, na paróquia Saint-Denis da Croix-Rousse, a alguns quarteirões da casa de banho do senhor Syriaque.

Jean Rivail servia ao exército de Napoleão, o qual, em 1807, estava próximo de realizar sua ambição declarada de "tornar todos os povos da Europa um só povo, e Paris a capital do mundo". O imperador dos franceses conduzia o governo à sua vontade. Atacou a Áustria, derrotando-a em Austerlitz. Invadiu a Prússia e, depois, a Rússia. O tratado de Fontainebleau definia a invasão franco--espanhola de Portugal e o encarregado dessa missão foi o comandante Junot.

O pai do pequeno Rivail, Jean, estava entre os 25 mil homens do efetivo de Junot, estacionado na Espanha. Os ingleses avançavam para a capital, e o

---

36 O químico Syriaque publicou diversos tratados para qualificar suas águas, onde os minerais eram dissolvidos por processos químicos, como tão apropriadas à cura quanto as naturais. Fonte: Ballanche père et fils. *Bulletin de Lyon*, p. 108, 1802. Biblioteca Pública de Lyon. Disponível em: http://books.google.com.br/books?id=DSgkzaI1g7IC. Acesso em: 15 jul. 2015.

37 Pierre Rodamel tinha 34 anos na época. Filho de agricultores, nasceu em Roanne em 1770 e faleceu em 1811. Por sua origem humilde, lutou muito para se formar médico. Autodidata, pertencia ao círculo literário de Lyon. Considerado um talento brilhante para a medicina, dedicava-se a reconhecer as causas, sintomas e natureza das doenças. Pesquisou o reumatismo crônico, sobre o qual publicou um livro muito elogiado pelos grandes médicos franceses e jornais de medicina da época. *Journal de Lyon et du département du Rhône*, p. 2, 1810.

imperador tinha pressa. Consultando seus manuseados mapas, Napoleão encontrou um caminho mais curto do que o habitual para Lisboa, beirando o rio Tejo. Determinou que Junot devesse continuar sem esperar provisões, e, citando suas próprias experiências de guerra, afirmou: "Vinte e cinco mil homens podem viver em qualquer lugar, até no deserto". Como ele o fizera no Egito.

Contudo, os mapas desatualizados do imperador não indicavam que, fora dos pergaminhos, o vale do Tejo era montanhoso e cheio de obstáculos, quase intransponível.[38] Não havia simpatia entre Portugal e Espanha, e o terreno acidentado permitia uma proteção natural.

Sátira de época das tropas de Junot em Lisboa

Nada ia bem para Junot e seus homens. O frio e a chuva pioraram. Os equipamentos prenderam-se na lama. As comidas eram sobras. Os soldados despencavam nos desfiladeiros, perdiam-se nos bosques desabitados, morriam de fome, ou, nas pobres vilas, devoravam até alimento para gado. Nunca houve resistência militar portuguesa; no entanto, apenas dez mil homens chegaram a Lisboa, menos da metade, apenas para ver os navios ao longe, levando a desesperada família real portuguesa para o Brasil.

Ninguém soube o destino do pai do menino Rivail, na ocasião com apenas três anos. Desaparecido, Jean foi dado como morto em 1807. Como outros milhares de soldados que jamais voltaram para casa, deixou viúva sua Jeanne,

---

38 BUTTERY, David. *A primeira invasão de Portugal (1807-1808): Wellington contra Junot*. Portugal: Texto Editores, 2012.

encarregada de criar seu filho sozinha, em Bourg, com a ajuda da mãe, também viúva, e de parentes de Saint-Denis. Mas, relembrando o espírito Sanson, que viria a afirmar: "Nada se faz sem um fim inteligente e, seja o que for que aconteça, tudo tem sua razão de ser".

Jeanne tinha em mente a bravura do pai guilhotinado, era viúva de Jean e não podia esquecer-se dos dois filhos que se foram. Seria sempre mãe de Auguste e Héloise. Mas, agora, ela podia atender à criação e à vida do pequeno Rivail como sua razão de ser. Como mulher de fibra, os futuros sonhos do menino seriam os seus, e ela investiria todo seu amor, força e posses para ajudá-lo nessa conquista.

Toda essa dedicação de Jeanne contribuiu para tornar a formação do jovem Rivail a sólida fundação do edifício de sua personalidade.

PARTE 2:
EDUCAÇÃO E AUTONOMIA

O choque, que o homem experimenta, do egoísmo dos outros é o que muitas vezes o faz egoísta, por sentir a necessidade de colocar-se na defensiva. Notando que os outros pensam em si próprios e não nele, ei-lo levado a ocupar-se consigo, mais do que com os outros. Sirva de base às instituições sociais, às relações legais de povo a povo e de homem a homem o princípio da caridade e da fraternidade e cada um pensará menos na sua pessoa, assim veja que outros nela pensam (LE, p. 420).
Allan Kardec

Cidade natal de Rivail, Bourg-en-Bresse, capital do departamento de Ain, França

2.1 A VIDA CAMPESTRE DO PEQUENO RIVAIL

Hippolyte Rivail passou sua infância no ambiente rural de Bourg-en-Bresse. A casa de sua avó, onde morava com sua mãe e o tio-avô, ficava na beira da estrada ladeada por grandes árvores, que saía da cidade em direção à aldeia de Corgenon. Essa localidade recebia o nome de Saint-Denis-lès-Bourg, contava com apenas seiscentos moradores e tinha sua própria Igreja.

Moravam numa *maison de maître*, como se chamavam naquele tempo as típicas grandes casas de advogados, médicos e notários da elite rural. A entrada era um portão de ferro forjado. A porta central, acima de um pequeno lance de escadas, com grandes janelas na fachada do primeiro e segundo andares. No terceiro, um sótão com sua janela central. Não era uma casa pequena; tinha várias salas, lavanderia, estábulos para os animais. Em seu centro, havia o pátio e um jardim[39] em meio a uma área com crias e plantios. Diversos terrenos à volta pertenciam à família. De lá se avistavam extensas pradarias amarelas, plantações de trigo e outros grãos, que constituíam o principal da economia local. A ampla planície, de perder de vista, ia de Bourg até Neuville-les-Dames. Uma paisagem que dava uma sensação de calma e amplitude.

Uma *maison de maître* campestre francesa do século 19

---

39 Encontramos no *Journal de l'Ain*, n. 56, de 10 de maio de 1826, um anúncio em que Jeane-Louise Duhamel, Mme. Rivail, colocava a casa (*maison de maître*) onde morava com sua mãe para alugar, descrevendo-a aos interessados.

Os moradores de Bourg gostavam muito de passear por aquela região e certamente Rivail e sua família usufruíam de uma natureza belíssima ao redor de seu lar. A vila de Saint-Denis ficava no centro de um grande bosque, cortado por diversos riachos ladeados por salgueiros formando veios tortuosos por onde se podia caminhar, pisando nas pedras e saltando os trechos estreitos. Muita sombra, pescaria abundante, jardins regados pelo rio Veyle, e o barulho característico dos moinhos movidos pelo rio servindo às moendas de trigo. Um jovem esperto como Rivail tinha muito o que aprender e se divertir naquela moradia.

Perto da casa foi construído um passeio muito apreciado e famoso, chamado de Mail. Um longo e largo caminho com árvores enormes. Ao fim dele, uma pequena casa com varandas, onde se podia ler em letras douradas: "Observatório de 1792", construída pelo famoso astrônomo francês Lalande (1732-1807), nativo de Bourg e que fomentou bastante a cultura na cidade. Uma cidade pequena, mas cheia de história, onde um jovem esperto como Rivail tinha muito o que aprender e se divertir.

Maison de maître, típica residência abastada do século 19

Desde essa época, Bourg-en-Bresse recebia muitos visitantes, apesar de seu clima difícil, extremamente frio de abril a setembro, e um calor abafado no resto do ano. Muitas vezes, a cidade era coberta por um denso nevoeiro. Os *bressans*, um povo camponês tradicional, de hábitos simples e afeições constantes e leais, tinham a fama de receber os de fora com desconfiança, mas com generosidade de coração. Visitada por reis e imperadores franceses no decorrer da história, como Francisco I, que esteve lá quando era uma cidade fortificada medieval no século 16; também Henry IV; Napoleão Bonaparte percorreu suas pradarias a cavalo em 1805, quando foi recebido com a imperatriz e uma comitiva de cem pessoas; Charles X; a duquesa de Angoulême, filha de Louis XVI; o duque de Orléans e também Napoleão III. Sem dúvida, a história da França caminhou pelas ruas de Bresse.

Por ser a capital do Departamento, algumas grandes construções tinham valor histórico e turístico. A igreja de Brou sempre foi uma das mais visitadas da França. No pequeno centro da cidade, havia hotéis, como o Marron de Meillonnas, construído em 1770. Praças e fontes. Um bom hospital, com sua boticária preservada até hoje. Em 1813, chegaram os postes de iluminação a gás.

As florestas de Seillon forneciam madeira e a caça de veados, lebres e javalis e apanhava-se *escargots*. Pelo caminho, as crianças se deparavam com pequenos animais, esquilos, martas, doninhas, ouriços, ratos-de-madeira. Aves como pica-paus e os belos e selvagens gaios. Um pouco mais distante, havia o lago Bouvent e se podiam ver as montanhas do Jura, ao longo da fronteira com a Suíça; passeios agradáveis ao leste, lado oposto de onde morava Rivail, mas que bem valia atravessar a cidade num dia de passeio.

Uma curiosidade da cidade nos remete à futura missão do pequeno Rivail: sua origem celta. Seu nome, Bresse, é um termo céltico para 'argila', 'lama'.[40] Quando o castelo dos duques de Savoia foi demolido, em 1817, para a construção da prisão da cidade, foram encontradas as fundações de um enorme monumento druídico, com um círculo de grandes pedras onde se apoiavam dolmens. O pseudônimo Allan Kardec foi escolhido por ser de um antigo druida e, no túmulo de Rivail, erigiu-se a imitação de um monumento como esse.

Do ponto de vista cultural, havia na cidade um belo teatro, o colégio de Bourg foi fundado em 1649. Foi conduzido por jesuítas e depois da Revolução por professores leigos, entre eles, por alguns anos desde 1801, o físico André-Marie Ampère (1775-1836). A cidade tinha também uma biblioteca vasta, criada depois da Revolução, enriquecida por coleções particulares. A Sociedade Imperial de Emulação de Ain foi criada em 1783 numa das salas da biblioteca. Inicialmente uma sociedade literária, passou a lidar com ciências, agricultura, belas artes, história. Atendia às consultas do governo do departamento. Tinha um jornal, oferecia prêmios, possuía coleções valiosas. Rivail, em 1828, seria nomeado membro correspondente dessa sociedade.

Nesse mesmo ano, 1828, aos 24 anos, em seu *Plano para melhoria da Educação Pública*, como discípulo de Pestalozzi, depois de traçar suas ideias

---

40   As descrições da cidade estão em CHEVRIER, Edmond. *Bourg et la Bresse: esquisse historique*. França: Impr. de F. Dufour (Bourg), 1859. E também em MILLET, Étienne. *Indicateur de Bourg-en-Bresse*. França: Milliet-Bottier (Bourg-en-Bresse), 1859.

principais de fácil execução, H. Rivail relata o que seria para ele uma educação ideal, numa família rica e esclarecida para proporcioná-la. Para tanto, "teria suposto este pequeno estabelecimento não em Paris, mas numa bela região, onde as satisfações da vida campestre seriam unidas às ocupações sérias". As aulas seriam "de história natural no campo, de instruí-los em conversações, durante passeios. Teria aconselhado o educador fazer seus alunos viajarem, para estudarem, eles próprios, os costumes dos povos e visitar os lugares históricos".

Todos esses recursos estavam disponíveis para o menino Rivail em Bourg:

> Vede as crianças a quem foram dadas desde cedo ideias sobre história, história natural, física, química: estátuas, quadros, plantas, animais, os fenômenos de que são testemunha, uma simples pedra, tudo lhes interessa. Sua atenção está desperta e, por suas perguntas, provam o quanto se pode tirar partido de sua inteligência, quando se sabe lidar com ela convenientemente. (RIVAIL, 1828, p. 30)

Apesar de não encontrarmos registros de como foi a infância de Rivail,[41] as características de sua cidade natal, como vimos, merecem maior atenção. Certamente fizeram parte de seu cotidiano tarefas de um ambiente rural como a alimentação composta por caças e crias de animais, grãos e produtos da horta; a locomoção a pé ou a cavalo; uma fulgurante beleza natural em seus campos, florestas, bosques e lagos; o contato próximo com sua mãe e sua avó em sua família especial, orientada pelas mulheres; os recursos históricos e culturais de sua cidade. O caráter interessado e meticuloso de Rivail que conhecemos em seus passos futuros, como sua precoce formação científica, permite-nos imaginá-lo vivendo e aprendendo intensamente com todos esses ricos valores naturais, sociais e culturais à sua disposição em sua volta.

"A solidão é sempre triste na cidade", assegura Rousseau, pois "como tudo o que nos cerca mostra a mão dos homens e algum propósito da sociedade (...) estar só em um quarto assemelha-se a estar em uma prisão". Não é essa a impressão dos bilhões de moradores na cidade grande? No entanto, "no campo ocorre exatamente o contrário: lá, os objetos são risonhos e agradáveis, estimulam o recolhimento e o devaneio, sentimo-nos desembaraçados fora das

---

41 As biografias tradicionais citam rapidamente a falsa informação de uma infância de H. Rivail em Lyon, segunda cidade da França, na época, marcada pelas indústrias da seda. Foram levados ao erro por acreditarem que o local de seu nascimento era a residência da família. Porém, como vimos, a infância de Rivail foi rica em natureza e cultura na cidade de Bourg-en-Bresse.

tristes paredes da cidade e dos entraves das opiniões formadas". E Rousseau descreve o ambiente campestre, com tudo o que havia na *maison* da família de Rivail em Bourg:

> Os bosques, os regatos, a vegetação afastam de nosso coração as preocupações humanas; os pássaros voando para lá e para cá a seu bel-prazer oferecem-nos na solidão o exemplo da liberdade, ouve--se seu canto, sente-se o odor dos campos e das árvores. Os olhos, recebendo apenas doces imagens da Natureza, aproximam-na mais de nosso coração. (ROUSSEAU, 2002, p. 58)

Nas áreas campestres francesas nos século 18 e 19, como a que Rivail viveu, as crianças brincavam de cabra-cega dando pauladas contra um alvo; ou conca, pedaço de telha encurvado que se jogava contra uma trave para derrubá-la. Tinham cantigas, contos e narrativas. No meio das pessoas da roça, pastores e lavradores narravam histórias de feiticeiros, almas de outro mundo, pactos com o diabo, de excomungados transformados em bichos. Contadas ao anoitecer, sob a luz de lamparina, criavam sombras assustadoras para a meninada. Era um jeito fantasioso de falar da vida após a morte.[42]

Rivail, educador, escreveu em 1834, num período anterior ao espiritismo, que é preciso forçar a criança a pensar, pois se "fixamos sua atenção sobre aquilo que se passa à sua volta, que ela se dê contas do que vê, do que ouve e do que faz", então tudo para essa criança será natural e terá uma explicação que pode ser compreendida pela razão. "Que ela conheça o movimento dos astros e que seu espírito penetre no espaço. (...) Então, ela não será, como um bruto, indiferente a tudo o que maravilha seu olhar". A criança, com essa conquista racional, afirmou Rivail:

> não mais acreditará em almas do outro mundo, nem em fantasmas; ela não mais tomará fogos-fátuos por espíritos; ela não mais acreditará nos ledores de sorte; ela não verá mais numa estrela cadente o sinal da morte de um homem, num cometa ou num eclipse o presságio de um acontecimento funesto; ela não verá mais uma figura humana no Sol e na Lua; e rirá da crédula superstição dos ignorantes,

---

42 LE ROY LADURIE, Emmanuel. *História dos camponeses franceses: da peste negra à Revolução*. Trad. Marcos de Castro. v. 2. Rio de Janeiro: Civilização Brasileira, 2007. p. 237-238.

> seu espírito se alargará contemplando o espaço imenso e sem limites, no qual circulam tantos milhares de mundos; observando o inseto e a planta, ela admirará a previdência do Criador para a conservação de cada ser; tudo enfim elevará sua alma; pois tudo lhe revelará este Ser, cuja grandeza, sabedoria e poder confundem nossa imaginação. (RIVAIL, 1834, p. 5-6)

Ou seja, tendo uma postura autônoma como a que Rivail idealizava, estava pronta para fazer uso da postura crítica diante de qualquer conhecimento, fosse matemática, filosofia, ciência ou o 'sobrenatural'. Sempre pronta a não se agarrar às suas próprias ideias, como se fossem parte de si, mas a abrir a mente às novas ideias, diante de novas evidências. Antes do espiritismo, Rivail não acreditava em reencarnação, nem se preocupava com espíritos. Mas não só estava preparado para tratar o assunto sem superstição ou fé cega, quando o tema lhe fosse proposto, como tinha a clareza da presença de Deus na Natureza, com toda sua infinita grandeza, sabedoria e poder, como fundamento de sua crença. Fatos que um cientista cético e materialista se negaria a considerar. Mas este não era o caso de Rivail. Ele estava na direção oposta.

2.1.1 No castelo de Yverdon

Depois de uma carreira de vitórias, Napoleão, ao invadir a Rússia, foi vencido apesar de sua conquista: "Se eu tivesse vencido, seria o maior homem da História", disse o general no *Memorial de Santa Helena*. Os franceses invadiram a Rússia em 1812 com mais de seiscentos mil homens. Quanto mais avançavam, diminuía seu abastecimento. Chegando a Moscou, incendiada, os russos recuaram e Napoleão viu-se diante do inverno rigoroso e um longo caminho de volta. Chegando a Tilsit (hoje, Sovetsk), em outubro, o exército perdera quatrocentos mil homens. Vitor Hugo descreve o castigo da retirada:[43]

> Nevada. Fomos vencidos pela conquista.
> Pela primeira vez, a águia baixava a cabeça.
> Dias sombrios! O imperador regressava lentamente.
> Deixando para trás Moscou a arder, fumegante.
> Nevada. O severo inverno caía como uma avalanche.
> Já não se conheciam chefes nem estandartes.

---

43 HUGO, Victor. L'Expiation. In: *Les châtiments*. Paris: Maison Quantin, 1853. p. 223-234.

> Ontem um grande exército, e hoje um rebanho.
> Nevada. Os feridos abrigavam-se no ventre
> Dos cavalos mortos; (...)
> O imperador lá estava, de pé, a olhar.
> Era como uma árvore vítima do machado.
> Sobre este gigante, grandeza até então poupada,
> A desgraça, lenhador sinistro, havia caído.

Em 1814, o enfraquecimento do exército francês anima os países inimigos a invadir a França. Prússia, Rússia, Reino Unido e Áustria formam uma aliança. Agora a guerra está em solo nacional. Depois de livrar Genebra da ocupação francesa em janeiro, algumas tropas do general austríaco Bubna invadiram o Departamento de Ain, com o objetivo de tomar a cidade de Lyon.

Tomando as cidades próximas sem resistência, os austríacos estavam diante de Bourg-en-Bresse. Os *bressans*, conhecidos por sua bravura, liderados pelo *préfet* de Ain, barão Rivet, tiveram a coragem de pegar em armas. Oitenta habitantes, muitos deles militares aposentados, criaram emboscadas e então austríacos foram presos e alguns mortos.[44]

Assustado, o general Bubna mandou avisar que prometia proteção para os franceses pacíficos, mas quem resistisse iria pagar com a vida e suas aldeias e vilas seriam incendiadas. Bourg-en-Bresse, para servir de exemplo, foi saqueada pelos austríacos. Uma canção da época brincando com a invasão austríaca entrou para o folclore do departamento de Ain:

> Compadre Denis sempre lembra
> Como esses demônios são esfomeados.
> Comeram todos os porquinhos,
> Quatro cabras, além do bode.
> E se a jumenta não estivesse prenha,
> Teria descido goela abaixo.
> Na primeira vez que vieram em Viriat,
> Roubaram a todos e tudo saquearam.
> Levaram meus tamancos e os sapatos,
> Todas as bebidas e até minha camisa.

---

44 WEIL, Maurice-Henri. *La campagne de 1814 d'après les documents des archives impériales et royales de la guerre à Vienne: la cavalerie des armées alliées pendant la campagne de 1814.* v. 1. Paris : L. Baudoin, 1891. p. 316. Bibliothèque Nationale de France.

> Mas o que deixou raivoso o velho Joseph,
> É que comeram seu avental de couro.

Atacadas por todos os lados, as cidades caíam uma após outra. Paris foi tomada e Napoleão abdicou do poder.

Como todos os *bressans*, a família de Rivail enfrentou com aflição todo o sofrimento de uma guerra nas ruas de sua cidade. O menino Hippolyte, aos onze anos, era tudo para Jeane-Louise. Apesar de toda a tradição de tantas gerações dos Duhamel e Rivail em Ain, mãe e filho tomaram a estrada para a Suíça. Na cidade de Yverdon, cantão de Vaud, onde, no castelo de mesmo nome, funcionava o Instituto de Pestalozzi.

Dentre os alunos, por volta de cento e cinquenta, metade era estrangeira: franceses como Rivail, ingleses e, até, alguns brasileiros e estadunidenses. Uma mistura de línguas e culturas.

Quem tinha recursos, pagava uma pensão anual de setecentos e vinte francos, para cobrir alimentação, lavagem das roupas, cadernos e livros. Os pais levavam o enxoval. Essa cobrança permitia que os alunos pobres pudessem estudar de graça. A mãe de Rivail considerou a condição de sua família abastada o suficiente para enquadrar seu filho no grupo dos pagantes. Em maio de 1815, Louise e sua mãe, a viúva Duhamel, colocaram à venda um terreno em Polliat e uma área em Saint--Denis-lès-Bourg, perto de sua casa. No entanto, para cobrir as despesas daquele primeiro ano, o anúncio pedia um adiantamento de mil francos, que seria reembolsado no acerto da venda.[45] Toda a família se mobilizava para a formação do jovem Rivail, buscando os recursos financeiros inclusive na venda de suas posses.

Um aluno do Instituto, Roger de Guimps (1802-1894), era de uma família nobre francesa arruinada pela Revolução e que fugiu para a Suíça. Ele estudou com Pestalozzi de 1808 até 1817, quando se mudou para Paris com sua família a fim de se preparar para ingressar na Escola Politécnica. Em sua descrição da vida em Yverdon, os alunos tinham grande liberdade, as portas do castelo ficavam abertas como numa casa de família. O período de aulas era de dez horas. Cada lição era de uma hora, depois vinha um intervalo. Os mestres mais jovens pernoitavam nos dormitórios, participavam das recreações, sendo muito estimados. Todos os domingos, numa assembleia geral, passavam-se em revista os acontecimentos da semana.

Algumas das aulas eram atividades práticas, como natação no lago Neuchâtel, ginástica, jardinagem e outros trabalhos manuais. Entre sete e

---

45 *Journal de L'Ain*, n. 40, p. 2, 17, mai, 1815.

oito da noite, havia uma aula livre. Os alunos escreviam aos pais, desenhavam, ou adiantavam seus deveres. Havia caminhadas e o estudo de geografia ocorria nos campos e montanhas. As plantas eram estudadas onde nasciam. Festividades integravam os alunos à sociedade. Os cantos estavam sempre presentes, nos intervalos, nos recreios, nos passeios. Nada de castigos ou recompensas. Ninguém agia por coação ou medo. A disciplina era uma conquista da afeição, do dever sincero, do amor com que todos eram recebidos e do próprio entusiasmo que as crianças desenvolviam por aprender pelo próprio interesse.

No ensino tradicional das escolas, a disciplina era mantida pela violência. Palmatórias e castigos. Os professores, quase sempre sacerdotes, mantinham uma distância superior dos alunos que, acuados, baixavam a cabeça. A instrução se dava por repetição, decorando os textos daqueles considerados como autoridades nos assuntos, sem espaço para discutir ou pensar. Os alunos eram colocados em disputas, professores incitavam uns contra outros, premiando os mais hábeis e castigando, pelo ridículo, os perdedores. Nas salas cheias e fechadas, naquela tortura, não havia quem tomasse gosto pelo conhecimento, mas desânimo e sofrimento. A educação moral era a do catecismo.

O castelo de Yverdon era como um oásis singular naquele deserto. Seguindo a orientação de Pestalozzi, todos os jovens aprendiam por meio de suas próprias descobertas. Não só aprendiam a aprender, como também a ensinar aos outros alunos. Os jovens tornavam-se educadores. Pestalozzi, numa carta a Gessner, explica o que aprendeu quando aceitou a tarefa de cuidar sozinho de oitenta órfãos em Stans, declarando que: "visto que eu fui obrigado a instruir sozinho sem outras ajudas as crianças, aprendi a arte do ensino mútuo" (SOËTARD, 2010, p. 53). E qual era a reação das crianças diante desse desafio? Relata o educador:

> Elas adquiriram consciência de si e o sentido de peso da vida escolar desapareceu da minha escola como que por encanto. Elas queriam, podiam e perseveravam, conseguiam e sorriam contentes. O estado de ânimo delas não era aquele de quem estuda, mas de quem sente que está desenvolvendo em si as forças vivas ignoradas e o sentimento que eleva o espírito e o coração nos quais se toma conhecimento de suas próprias forças. As crianças instruíam as crianças. Eles realizaram os meus projetos. Também a isso me tinha conduzido a necessidade. Visto que eu não tinha nenhum colaborador, eu coloquei um dos meus melhores alunos entre dois dos que tinham

maior dificuldade. Essa criança ensinava-lhes o quanto podia e eles aprendiam a repetir aquilo que não sabiam. (*Idem*)

Pela primeira vez numa escola, as crianças se deparavam com a verdadeira liberdade de pensar. Quando encontrou esse caminho, Pestalozzi percebeu as possibilidades exponenciais do auxílio mútuo e da educação ativa. No pensamento de Pestalozzi, há uma conexão natural entre mãe e filho, cumprindo um papel fundamental na formação da criança. Fornecendo recursos, orientando as mães e as próprias crianças, a educação pela autonomia e liberdade transformaria os povos.

Mas não seria fácil persuadir "a multidão escrava de prejuízos semelhantes aos pintainhos que não haviam saído do ovo e que cresceram dentro do galpão e da cozinha, e não perderam por isso a capacidade de voar e de nadar" (*Idem*, p. 55). Para Pestalozzi, esse trabalho de instruir o povo em bases psicológicas ou racionais deveria ter início na hora do nascimento, pois desde o momento em que os sentidos da criança estiverem preparados para receber as impressões da Natureza, ela o educaria.

Qual a razão do fracasso das escolas tradicionais, então? Coagindo as crianças, elas abafavam sua força interior natural que as conduziria ao aprendizado pelo próprio esforço: "Tanto a energia deles como as suas experiências são, naquela idade, desenvolvidas suficientemente, mas as nossas escolas com seus procedimentos antipsicológicos não são mais que um sistema artificioso para esterilizar aquela força e aquela experiência à qual a própria Natureza deu vida nas crianças" (*Idem*, p. 58). Pestalozzi via em Deus a origem dessa força natural no interior das crianças, sufocada pelo erro e a ignorância dos homens:

> Mas os homens não sabem aquilo que Deus faz por eles e não dão alguma importância à incalculável influência que a Natureza tem sobre nossa educação. Levam, ao contrário, em grande conta, todas as pequenezas que eles acrescentam, cegamente, à sua ação potente como se sobre o gênero humano tudo pudesse sua arte e nada à Natureza. Entretanto, só a Natureza pode produzir o nosso bem; essa sozinha e incorruptível e tem sustentação, nos guia para a verdade e para a sabedoria. (*Idem*, p. 59-60)

O jovem está diante de uma profusão de percepções que lhe chegam pelos sentidos, inicialmente caóticas e desconexas. Quando lhe obrigam a decorar as linhas que lê nos livros, essas informações permanecem amontoadas em sua memória, pois não foram conquistadas pelo trabalho lógico da razão. Por outro lado, no ambiente fechado da sala de aula, o jovem não consegue ligar aqueles textos frios dos livros ao seu cotidiano, à Natureza, ao ambiente no qual vive e às transformações do mundo natural. Lendo a descrição de um animal e seu *habitat*, o aluno decora e, para mostrar o que sabe, recita essa descrição. Porém, se levado à floresta e, por seu esforço, puder enxergar tal animal, terá o prazer da descoberta, poderá observar por si mesmo seus hábitos, sua destreza e reações. Quando perguntado, descreverá com suas palavras a riqueza de suas descobertas.

Pestalozzi considerava a intuição como fundamento do conhecimento e da instrução. Enquanto ele esclarecia às crianças mais adultas questões de ciências naturais mais complexas, ocorreu o seguinte movimento:

> Eles aprendiam as proposições, de memória, repetindo-as e lendo-as do mesmo modo que aprendiam uma série de perguntas e repostas relativas a elas. Em princípio foi – como acontece em todo ensinamento catequético – uma repetição de palavras obscuras e incompreendidas. Mas a perfeita distinção de simples conceitos; seu preciso ordenamento de acordo com essas distinções, a própria consciência radicada na memória dessas palavras obscuras na própria obscuridade carente de luzes e de significados, despertou neles o sentido da verdade e a ideia dos objetos que eram colocados diante deles, uma ideia como um raio de sol que se tornava, pouco a pouco, mais potente dentro da densa neblina. (*Idem*, p. 61)

Segundo Jullien,[46] a intuição era "a visão mental ou a faculdade de ver ou discernir mentalmente o que não pode perceber por meio dos sentidos, e aplicada particularmente aos assuntos e graduação do ensino. A intuição é o princípio, base e meio da instrução" (JULLIEN, 1862, p. 46-47).

Estaria na estrutura do nosso espírito a capacidade intelectual de reduzir à unidade, por representações, as várias impressões recebidas pelos cinco sentidos. Esses conceitos simples se sintetizam e somam-se, alcançando outros mais complexos, progressivamente: "A mímica precede aos hieróglifos; os hieróglifos aos idiomas formados. Só por isto, também – pelo mecanismo da marcha harmonizadora da sensibilidade – a cultura me converteria em intuições precisas o mar

---

[46] Marc-Antoine Jullien, político revolucionário, escritor e jornalista, nasceu em Paris e foi educado, inicialmente, por sua mãe, no campo, segundo os princípios de Rousseau e, posteriormente, por seu pai, na cidade de Paris. Preocupava-se com questões de educação e, várias vezes, esteve com Pestalozzi, até mesmo em sua escola de Yverdon.

flutuante das intuições confusas e depois criaria conceitos claros das intuições precisas, e destas, mais tarde, exatas" (SOËTARD, 2010, p. 76).

A educação de Pestalozzi certamente foi responsável por Rivail adquirir a prática da investigação aliada à liberdade de pensamento, recursos fundamentais para sua futura carreira como pedagogo que também o qualificavam adequadamente para a sua liderança frente ao espiritismo.

2.2 A FORMAÇÃO RACIONAL DE RIVAIL

Pestalozzi era auxiliado em seu castelo por diversos mestres, dentre os quais muitos tinham sido seus alunos. Numa das vezes em que esteve em Yverdon, Jullien ouviu do educador suíço que tanto ele quanto seus educadores sabiam muito pouco sobre a língua e a literatura francesa. A maioria de seus alunos era alemã e estava tendo dificuldades para criar uma abordagem gradual e progressiva para o ensino dessa língua. Jullien, que não poderia realizar esse projeto, lembrou-se de um jovem e excepcional professor de francês, Boniface, que, a seu convite, veio entusiasmado ao Instituto de Yverdon.[47] Depois de lecionar lá por alguns anos, ele iria criar a primeira escola francesa pestalozziana, em Paris.[48]

Alexandre Boniface (1785-1841) era discípulo de um famoso gramático e dicionarista francês, Urbain Domergue. Boniface foi um dos primeiros mestres e uma figura marcante para Rivail, que por ele seria conduzido, tanto na arte de escrever livros como também ao assumir o projeto de criar obras francesas que adotassem o método de Pestalozzi nas mais diversas áreas do conhecimento. Além disso, ele o seguiria também na tarefa de criar, na França, estabelecimentos de ensino onde o método ativo e a educação pela liberdade estariam presentes.

Quando escreveu seu primeiro livro em 1824, *Cours pratique et théorique d'arithmétique, d'après la méthode de Pestalozzi*, auxiliado por seu mestre, Rivail o homenageou numa nota:

> Aqui devo prestar homenagem a uma pessoa que abrigou minha infância, o senhor Bonifácio, um discípulo de Pestalozzi, educador

---

47 *Journal D'Éducation*, n. 1, ano 3. Paris: Société formée à Paris pour l'amélioration de l'enseignement élémentaire, 1817, p. 37.

48 Fundada em 1822, depois de se preparar por cinco anos, criando os materiais adaptados à realidade da educação na França, a Academia Francesa, representada por uma comissão, produziu um relatório apontando o método de Boniface como superior aos outros examinados. A segunda escola foi a do senhor Morin, em julho de 1829. A de Rivail seria a terceira, no ano seguinte.

conhecido pela erudição e por seu talento para ensinar. Ninguém melhor do que ele possuía a arte de ser estimado, digo mais, de ser querido por seus alunos. Ele foi um dos meus primeiros mestres, e sempre vou me lembrar do prazer que eu sentia ao ir para suas aulas, prazer compartilhado com os meus colegas.

Usando como exemplo Boniface, o jovem pedagogo e escritor descrevia em sua obra a adequada postura do educador para com seus alunos, que deveria ser muito diferente da arrogância, superioridade e distância habituais dos professores das escolas tradicionais, pois "independentemente do método que se adote, ele nunca vai agir com o ar pedante que afeta certos mestres, pois sua intenção é atrair a atenção dos alunos. Sem precisar impor o seu respeito, manterá a seriedade afeita a essa profissão, sem temer uma adequada familiaridade tão agradável às crianças" (RIVAIL, 1824, p. 9-10). Terá resultados adequados considerando o seguinte:

> Questioná-los regularmente é o melhor caminho para manter suas mentes em expectativa. Demonstre interesse pelas pequenas digressões que elas desenvolvam e tenha sempre disposição para ouvi-las. A aula é em verdade um diálogo instrutivo. Não atribua a esse momento uma austeridade que poderia causar à criança um desgosto pelo estudo. A infância é a idade da alegria, por que ir contra a Natureza? Em uma palavra, é na maneira de agir com as crianças, no mesmo tom em que elas falam, mantendo com elas um clima difícil de definir, uma doce severidade, mantida entre o amor e o respeito. (*Idem*)

Ainda na introdução de seu *Curso de Aritmética*, Rivail explica com propriedade a teoria de seu mestre:

> Este deve ser, de acordo com Pestalozzi, o objetivo da educação básica – não se preocupar em acumular conhecimentos, mas preparar a mente para recebê-los. Esta é a base de seu método, que poucos compreendem perfeitamente (...). Em geral, acredita-se que é na forma e no exterior, como a maioria das obras publicadas até agora, enquanto, pelo contrário, é tudo intelectual, se assim me faço compreender. (*Idem*, p. 9)

Para o professor Rivail, o método de Pestalozzi oferece aos jovens uma autonomia tal que permite, depois de conquistada, a capacidade libertadora de aprender pelo próprio esforço, deixando ao alcance de todos, independentemente de classes sociais, o despertar de seu potencial intelectual:

> Pestalozzi (...) estabeleceu um método que, basicamente, tende a beneficiar as faculdades que a criança recebe da Natureza, para dar-lhe um bom senso, e habituá-lo a ordenar suas ideias. Se, futuramente, por sua condição, ela não puder contar com a ajuda de um professor, poderia, no entanto, de acordo com a educação apropriada que recebeu, adquirir conhecimento por si mesmo, fazendo uso de suas próprias forças, semear com sucesso no terreno que aramos, porque ele 'aprendeu a aprender'. (RIVAIL, 1824, p. 9)

A postura crítica descrita por Rivail se refere a um pensamento emancipado e pessoal. É o ato de pensar por si mesmo, ao contrário de repetir o pensamento decorado de terceiros, sem o domínio racional de seu significado, contexto e aplicação. A criança que 'aprendeu a aprender', em suas palavras, sabe julgar a validade das coisas, sabe se são boas ou não. Sua postura crítica é útil em qualquer área do conhecimento.

Hippolyte Rivail recebeu uma educação humanista, num ambiente estimulante em meio à Natureza e à cultura, primeiro por sua mãe em Bourg-en-Bresse, depois por Pestalozzi e Boniface, em Yverdon. Recebeu o incentivo desses mestres para que se dedicasse especialmente a uma educação transformadora e ao estabelecimento da pedagogia como ciência, como um intelectual ou cientista preparado nas mais diversas áreas. Estava pronto, precocemente, desde seus 15 anos, para agir na busca do conhecimento, por meio do racionalismo crítico:

> Observava cuidadosamente, comparava, deduzia consequências; dos efeitos procurava remontar às causas, por dedução e pelo encadeamento lógico dos fatos, não admitindo por válida uma explicação, senão quando resolvia todas as dificuldades da questão. Foi assim que procedi sempre em meus trabalhos anteriores, desde a idade de 15 a 16 anos. (OP, p. 268)

A postura experimental crítica é fundamental para o desenvolvimento da ciência espírita e, também, para sua divulgação. Não se aprende espiritismo por catequese, como nas religiões positivas; nem mesmo por meio de cursos e palestras onde apenas se ouve passivamente; mas sim pelo método ativo; por um diálogo amplo; em que as diversas soluções metafísicas, psicológicas, morais, científicas, sociais, são debatidas e confrontadas com as hipóteses propostas pelos espíritos nas obras de Kardec e as ideias pessoais de cada um. O espírita precisa descobrir-se, conhecer a si mesmo, quais conceitos aceita, para depois compará-los com a teoria dos espíritos. Esse é um esforço racional com o objetivo de compreender para, só depois aceitá-la, se assim o desejar.

2.2.1 A filosofia da liberdade

Toda filosofia humanista carrega em si uma proposta pedagógica, valendo também o inverso, toda pedagogia pressupõe uma fundamentação filosófica. A forma de pensar de Pestalozzi não era apropriada à organização estrutural metódica das ideias necessárias para a elaboração de um sistema filosófico. Ele pensava e agia de forma intuitiva. Refletia sobre suas descobertas, construindo aos poucos seus conceitos, e ele os expunha em suas obras, do mesmo modo esparso do qual surgiram. Sua teoria se ampliava por tentativa e erro, por um processo crítico. Seu depoimento numa carta demonstra muito bem essa sua condição:

> Já que até aos vinte anos renunciei ao estudo da filosofia no verdadeiro sentido da palavra, e por sorte a atuação prática do meu projeto não necessitava de filosofia alguma daquele gênero que me parece um tanto quanto vã e superficial. No círculo da minha vida prática, vivia cada situação e cada problema com toda a intensidade que minhas forças permitiam; sabia que era isso que queria, não pensava no amanhã, mas sentia a cada instante que era isso que o presente exigia. E se por vezes a minha fantasia me levou muito além do terreno onde podia solidamente pousar os pés, logo refazia o caminho erroneamente percorrido. Isso me aconteceu milhares de vezes. (SOËTARD, 2010, p. 65)

Mas havia um livro de cabeceira que sempre o orientou, *Emílio*,[49] de Jean-Jacques Rousseau (1712-1778). Podemos dizer que a obra de Pestalozzi, em suas diversas experiências, é a demonstração prática que confirma a veracidade da teoria psicológica, social e pedagógica de Rousseau.

---

49 *Emílio, ou Da educação* é um romance pedagógico de grande alcance filosófico e moral, escrito por Rousseau em 1762.

Esse filósofo genebrino surgiu como um fenômeno singular entre os intelectuais do 'iluminismo' ou 'esclarecimento'. Frederick Eby destaca a revolução do pensamento causada pelas obras de Rousseau:

> Suas doutrinas revolucionaram pontos de vista sobre governo, religião e vida social; mudaram radicalmente as ideias dominantes sobre o matrimônio; obrigaram a reconstrução da filosofia; inspiraram um novo movimento literário; e colocaram a educação em um novo rumo. (EBY, 1976, p. 277)

Na filosofia, desde Bacon e Descartes, lutava-se para dar à razão forças para conquistar todo o potencial do raciocínio e da investigação, libertando o pensamento das amarras da submissa fé cega e da imposição de uma autoridade supostamente de origem divina. O que estava em discussão era a 'liberdade'.

Como toda pedagogia pressupõe uma filosofia, também toda filosofia pressupõe uma metafísica. A ação violenta dos sacerdotes, nas salas de aula, não implica que todos eles sejam carrascos desumanos, pois grande parte deles queria o bem das crianças, no entanto, seguiam o método adequado para a teoria metafísica com a qual viam o mundo. Submetiam-se à força do hábito, da tradição.

Um exemplo revelador está na experiência de vida do cearense Lauro de Oliveira Lima (1921-2013), escritor e pesquisador de pedagogia influenciado por Piaget, criador da dinâmica de grupo, onde o diálogo entre os alunos é motivado pelo coordenador, numa troca de ideias animada e produtiva. Em pleno exercício de seu pensamento de liberdade, foi perseguido durante a ditadura militar. Em sua infância foi menino afeito ao sertão. Na década de 1920, em Limoeiro do Norte, CE, a única alternativa era aprender a ler com o mestre Zé Afonso, um velhinho paralítico. Enquanto ele sentava em sua cadeira, os meninos o rodeavam em seus banquinhos. As vinte crianças, conta Lauro, iam lendo, uma a uma, para o mestre ouvir. O método de aprendizado era a palmatória: "ela era fundamental! Às vezes, a gente levava bolo só porque era o método. Sem que fizéssemos nada, o professor dava quatro bolos na gente. De maneira que não era só um castigo, não. Era um modelo de convívio entre o mestre e os alunos".[50] Machado de Assis, em *Conto de escola*, de 1896, descreve o ambiente opressor da sala de aula de sua época: "Na verdade o mestre fitava-nos. Mas nós também éramos finos; metíamos o nariz no livro, e continuávamos a ler. O pior que ele podia ter, para nós, era a palmatória.

---

50 Jornal *O Povo*, de Fortaleza, Ceará, edição de 11 de maio de 2009.

E essa lá estava, pendurada do portal da janela, à direita, com os seus cinco olhos do diabo. Era só levantar a mão, desprendê-la e brandi-la, com a força do costume, que não era pouca".

2.2.2 O debate entre Agostinho e Pelágio

Desde as primeiras civilizações os castigos físicos eram considerados a maneira eficaz de instruir. A justificativa do castigo corporal na escola, mantido pela tradição, estava na interpretação teológica da *Gênese* bíblica segundo a qual Adão, ao desobedecer a Deus, teve como castigo a morte. Explica Santo Agostinho:

> Deus não tinha criado os homens da mesma maneira que os anjos, isto é, incapazes de morrer mesmo que pecassem, mas, depois de terem cumprido o dever de obediência, deviam, sem passar pela morte, obter a imortalidade dos anjos e a sua eternidade bem-aventurada. Todavia, se desobedecessem, a morte seria seu justo castigo. (AGOSTINHO, 2000, p. 1157)

E, então, completa seu raciocínio afirmando que "a magnitude de sua falta acarretou uma sanção que alterou para pior a sua natureza: foram punidos com a morte e, além disso, todos os que da sua estirpe viessem deviam doravante sofrer o mesmo castigo". Ou seja, todo o sofrimento posterior da humanidade teria sido em consequência da desobediência de Adão e Eva. A insinuação do Mal, representado pelo anjo caído, "começou pela parte mais débil daquele par humano para gradualmente chegar ao todo: pensou que o homem não acreditaria facilmente nem facilmente poderia ser enganado pelo erro, mas cederia a erro alheio". Para confirmar sua hipótese, Agostinho recorre a outro exemplo da *Bíblia*: Salomão, que caiu no erro da adoração dos ídolos, arrastado pelas carícias de suas mulheres.

Foi do "mau uso do livre-arbítrio que saiu esta série de calamidades que, por um encadeamento de desgraças, conduziu o gênero humano, pervertido desde a origem e como corrompido na raiz". Desde então, segundo Agostinho, o homem perdeu a liberdade e Deus passa a escolher de antemão quem seria salvo, podendo voltar ao convívio com os anjos.

E a mais culpada, segundo Agostinho, era a mulher, representada por Eva, pois foi ela que decidiu pecar, ouvindo os conselhos da serpente, e o homem não, ele não agiu de própria vontade, mas seduzido pela mulher, que fazia uso de seus encantos. Surge, daí, a desconfiança e necessidade de manter submissa a mulher, pois ela teria um poder de sedução tal que o homem não resistiria. Agostinho via na mulher um ser maligno.

Também o período da infância era visto como o mais perigoso. Para Agostinho, Adão não tinha passado pelo período de infância, pois fora criado adulto por Deus: "o primeiro homem não foi, portanto, precipitado ou lançado, por sua presunção culpável e por sua justa condenação, para esses começos infantis" (AGOSTINHO, 2000, p. 1162). Os seus descendentes, por sua vez, teriam na infância um período de fraqueza e submissão ao pecado. Continua Agostinho: "Mas a natureza humana ficou nele de tal forma viciada e mudada que sofre nos seus membros a desobediência e a revolta da concupiscência e se sente necessariamente ligado à morte" (*Idem*).

Há um peculiar entendimento do que representa a liberdade. O homem teria sido criado "reto e, como tal, dotado de vontade boa. A boa vontade é, portanto, obra de Deus, pois foi com ela que foi criado o homem. Mas a primeira vontade má é um defeito pelo qual o homem, abandonando a obra de Deus, decai para as suas próprias obras que são más" (AGOSTINHO, 2000, p. 1171). Ou seja, para Agostinho, quando o homem faz uso da liberdade é sempre para fazer o mal e pecar. Empregando uma figura, explica que "a vontade é, pois, como a árvore má: as obras que produz são como que os seus maus frutos" (*Idem*). Aqui, Agostinho defendendo que a alma foi criada perfeita, seria pelo uso da liberdade que o homem teria caído no erro e sofrido a queda, surgindo o conceito da 'degeneração' da humanidade. Todas as tradições primeiras da civilização aceitavam a ideia da criação perfeita e do decaimento no mundo. Essa ideia tem como base uma percepção do senso comum, pois tudo o que vemos no mundo decai, se degrada gradualmente, perdendo a forma numa dispersão. Neste mundo, toda ordem tende à desordem.[51] Uma construção deixada por si mesma se desfaz até as ruínas. Os seres envelhecem. Tudo levava a crer que este mundo era um castigo divino, em contraste com o mundo idealizado do paraíso, onde teria havido permanência e perfeição.

Toda a decomposição de nosso mundo seria fruto do pecado original, Deus reservaria para os escolhidos outro mundo, determinado pela perenidade, harmonia constante e absoluta, esse seria o seu reino. Mas para merecer essa

---

51 Esse fenômeno é atualmente conhecido como entropia, a ideia de que energia ordenada tende a se tornar energia desordenada. A entropia é a medida dessa desordem. Quando o carro queima a gasolina, ela se dispersa em forma de gás, mas jamais as moléculas de gás se recombinam para formar gasolina novamente. Quando um copo se quebra, fica em pedacinhos. Não se verá os pedacinhos se reorganizarem num copo. O tempo, neste mundo, tende a um só sentido, da ordem para a desordem.

felicidade futura, "o que no preceito se recomendou foi a obediência – virtude que é como a mãe e guardiã de todas as virtudes na criatura racional". Ou seja, Deus espera do homem a sua sujeição: "A criatura racional foi criada de tal feição que lhe é útil estar sujeita à obediência e é-lhe prejudicial fazer a sua própria vontade e não a d'Aquele por quem foi criada" (Idem, p. 1275).

Desde a queda, de liberdade em liberdade, o mundo ideal e feliz criado por Deus foi se degenerando, se perdendo, misturando pecado com o declínio do Bem. Novamente, a mulher é a mais culpada, pois "os filhos de Deus foram apanhados pelo amor das filhas dos homens – e para gozarem delas como esposas, deixaram-se arrastar para os costumes da sociedade, filha da terra, abandonando a piedade que observavam na sociedade santa" (Idem, p. 1397).

Agostinho determinou, em grande parte, como o homem cristão devia ver o mundo, um lugar de pecados e sofrimentos, no qual, em virtude da degeneração, sempre que o homem usasse a liberdade para criar não poderia fazer nada além de estragar a boa obra de Deus. Sua tarefa primordial seria obedecer. Mas havia grandes perigos para manter a castidade, ameaças representadas em sua maior parte pelas figuras da mulher, causa da sedução, e da criança, período frágil de submissão à carne. Todos são pecadores. A salvação não estava ao alcance do homem, mas viria pelo próprio Deus, que encarnara em Jesus para salvar os escolhidos e resgatá-los deste mundo.

Portanto, quando o homem castigava as crianças e também as mulheres, agia de acordo com o método e a vontade de Deus, pois "os excessos da curiosidade encontram nessa violência um freio segundo tuas leis, ó Deus; que desde as palmatórias dos mestres até os tormentos dos mártires sabem dosar suas salutares amarguras, que nos reconduzem a ti do seio do pernicioso deleite que de ti nos apartara" (Idem, p. 9). Tudo seria disciplina.

Na vivência familiar, Agostinho considerava sua mãe um exemplo devotado de submissão a ser seguido pelas mulheres, pois "quando via o marido irado, ela jamais reagia nem com ações e nem com palavras":

> Muitas senhoras, embora tendo maridos mais calmos, traziam no rosto as marcas das pancadas que as desfiguravam. Conversando entre amigas, lamentavam a conduta dos maridos. Minha mãe reprovava-lhes a língua e, como por gracejo, lembrava-lhes que, desde a leitura do contrato matrimonial, deviam considerá-lo como documento que as tornavam servas, e portanto proibia-lhes de serem altivas com seus senhores. (...) Minha mãe expunha-lhes seu agir habitual, como acima mencionei. Algumas, após experimentar,

punham-no em prática e davam-lhe graças; as que não a imitavam continuavam a sofrer humilhações e violências. (AGOSTINHO, 2000, p. 86)

Fossem crianças, mulheres ou mártires, tratava-se de um processo de punição para corrigi-los, tornando-os submissos à vontade de Deus. O castigo domava a carne, abrandando e libertando a alma para sua condição adequada de passividade. Deus, pensava Agostinho, sempre agiu dessa forma para moldar o seu povo de acordo com sua vontade, como vemos nas histórias bíblicas. Quando se aceita o conceito da degeneração da alma boa, o erro é considerado uma mancha que deve ser paga pelo sofrimento. E a recuperação dá-se pelo condicionamento negativo. Esses são os argumentos da 'heteronomia'. Há um Deus ou uma lei que pune e recompensa. Ideia oposta à adotada por Rousseau, Pestalozzi e Rivail, que acreditavam num desenvolvimento natural do potencial da criança quando sua natureza pudesse agir por meio de uma educação que privilegie a liberdade, sem castigos ou recompensas, pois a criança agindo com 'autonomia' tem como gratificação íntima a própria alegria de suas descobertas e de reconhecer sua capacidade de aprender por si mesma, tendo à sua frente um futuro sem limites.

A convicção de Agostinho vinha da lógica segundo a qual Deus só poderia ter criado a alma perfeita, sendo, o pecado original e a queda subsequente, as causas do erro, gerando a necessidade da morte, do sofrimento e do castigo. De acordo com o biógrafo Peter Brown: "A visão agostiniana da queda da humanidade determinou sua atitude perante a sociedade. Os homens decaídos tinham passado a necessitar de contenção. Até as maiores realizações do homem só tinham sido possibilitadas pela 'camisa de força' da severidade incessante" (BROWN, 2005, p. 294). Dessa forma, para Agostinho, a infância estava destinada à tarefa de domar os vícios pelo servilismo, pois: "ele dizia preferir a morte a voltar a ser criança. Não obstante, os terrores daquela época tinham sido rigorosamente necessários, pois faziam parte da assombrosa disciplina divina pela qual os seres humanos eram resgatados de suas inclinações desastrosas pelo sofrimento" (*Idem*, p. 294-296).

Já para Pestalozzi, o erro era instrumento do acerto, pois foi enfrentando as maiores dificuldades e aprendendo com suas falhas que viu surgirem seus conceitos, formando sua teoria. Mas enquanto ele descrevia a alegria de seus alunos, que, conscientes de si na busca do conhecimento, "queriam, podiam e perseveravam, conseguiam e sorriam contentes", Agostinho, em suas *Confissões*, descreve como odiava a escola e os estudos. Só destinava seu tempo a instruir-se se fosse coagido. Quando adulto, acreditava ter descoberto uma "Providência Divina" nas surras, castigos e repreensões que atormentaram sua infância:

> Mas tu, Senhor, que tens contados os cabelos de nossa cabeça, usavas do erro de todos os que me coagiam a estudar para minha utilidade; e usavas da minha falta de vontade de estudar para meu castigo, de que certamente eu já era digno, sendo ainda tão pequeno, e tão grande pecador. Assim, convertias em bem o mal que eles me faziam, e dos meus pecados, me davas justa retribuição, porque é teu desígnio, e assim acontece, que toda alma desordenada seja castigo de si mesma. (AGOSTINHO, 2007, p. 8)

Quando os sacerdotes castigavam as crianças com suas palmatórias, eles acreditavam na mortificação do corpo para salvar a alma, muitos tinham convicção e até se entusiasmavam com essa ideia. Entre Agostinho, Pestalozzi e a atualidade, um longo caminho foi percorrido. Para chegar às convicções atuais sobre os direitos das crianças e o valor da autonomia (ainda não plenamente conquistados), foram necessárias diversas revoluções do pensamento.

No quinto século, nem todo o clero pensava como Agostinho. Um monge inglês, Pelágio da Bretanha, tinha uma ativa participação em Roma. Era conhecido por sua austeridade, bom humor, desprezo pelas riquezas e uma doutrina cativante como ele, com a qual ganhava amigos e discípulos, dentre eles, senadores, cônsules e muitos clérigos. Por seu pensamento libertador, foi considerado um grande herege, perseguido e condenado por Agostinho e São Jerônimo.

Em sua leitura do cristianismo, Pelágio via ostentação, orgulho, bajulação, vaidade, fofocas como venenos da alma. E o caminho da salvação estava nas boas obras, como ajudar os desabrigados, vestir os nus, agir com misericórdia para como os mais simples. Em seus escritos, nada havia sobre o sofrimento de Jesus na cruz como meio de salvação, pois esta seria fruto do próprio esforço do homem.

Na carta "De possibilitate non peccandi" no tratado *De lege testimoniorum divina e liber*, Agostinho declara a posição de Pelágio quanto à questão: é possível viver sem pecado? O monge inglês responde que sim. Pois se está na *Bíblia*, a recomendação "sede perfeitos", Deus jamais recomendaria algo impossível. O que causou repúdio em Agostinho foi a teoria ética pelagiana de que o homem age no bem pela livre vontade e não por submissão a Deus. O homem, para

Pelágio, é autossuficiente, agindo na vida com total liberdade para escolher entre o Bem e o Mal. Mas, e quanto ao pecado de Adão? Para ele, o primeiro homem era mortal como nós, e o seu pecado não é hereditário. Adão é apenas um exemplo de má conduta, como Jesus foi modelo do Bem, vivendo entre nós. A fase da infância seria uma condição de inocência e simplicidade, com uma liberdade concedida por Deus com a qual poderia agir como desejar, sendo totalmente responsável por suas escolhas. E, portanto, para Pelágio não era preciso batizá-las. Como para Agostinho, Jerônimo e outros padres, a salvação seria pela graça de Deus, determinada pelo batismo, a tese pelagiana destruiria o cristianismo como eles o imaginavam. O pensamento libertador do monge tirava as fundações do sistema dogmático da Igreja que se formava; para aceitá-lo, o edifício deveria ser derrubado a fim de se erigir outro.

Pelágio, em resumo, nega a imortalidade de Adão antes de errar, nega o pecado original e a necessidade de uma salvação pela graça divina. A vitória sobre o pecado seria obra do esforço, dando ao homem o mérito por suas boas obras e culpa pelas más escolhas. Para ele, o batismo não salva ninguém, sendo apenas um compromisso. A salvação viria de uma postura ativa no Bem: "Não há renascimento da morte para a vida através do batismo, já que não há morte ou nova vida ou graça por Cristo, que é dono do mundo, mas não um redentor dos homens" (*De gestis Pelagii*, 6,16; 10,22), é o pensamento pelagiano descrito na carta de Agostinho.

Apoiados por Agostinho e Jerônimo, uma reunião de bispos em 416 condenou Pelágio e o Concílio de Éfeso; em 431, acatou a decisão. Os discípulos pelagianos foram perseguidos, excomungados e expulsos de seus países. Por fim, alguns homens decidiriam qual deveria ser a crença dogmática de muitos milhões de cristãos, dali em diante.

2.2.3 Outro debate, entre Lutero e Erasmo

Catástrofes climáticas, estranhas doenças, fome e a mortal epidemia da peste negra, como era chamada a peste bubônica, pelas horríveis manchas escuras, febre e morte em três dias. Metade da população da Europa morreu e a outra metade ficou aterrorizada. Parecia que a degeneração chegava ao ponto máximo e estava próximo o Juízo Final, quando Deus acabaria com este mundo trazendo a renovação. A Igreja, caminho da salvação para os cristãos, usava o medo para vender indulgências, alimentando a corrupção financeira e moral do clero. Parecia urgente uma mudança que permitisse a reestruturação dos valores e surgiram os movimentos do humanismo renascentista, representado, entre outros, por Erasmo de Roterdã (1469-1536), e a Reforma Protestante, por Martinho Lutero (1483-1546) e Calvino (1509-1564). Embora os dois grupos desejassem transformar a Igreja, havia uma discordância inconciliável sobre o livre-arbítrio, provocando uma ruptura entre eles.

O debate teológico sobre a liberdade estava de volta, agora mais acirrado. Para Lutero, o conceito da anulação da liberdade humana é fundamental para o poder e a decisão de Deus quanto à graça concedida para salvar o homem, pois a "onipotência e presciência de Deus abolem completamente o dogma do livre-arbítrio" (LUTERO, 1993, p. 137). Ou seja, se houver liberdade, não há graça, e *vice-versa*. O homem não tem como se salvar por suas obras em virtude de sua queda e do pecado original, que o colocaram num estado de corrupção. Segundo ele, o homem não tem liberdade. Somente pode ser cativo e servo, ou da vontade de Deus, ou da vontade do diabo. Numa pregação em 1524, ele disse aos presentes: "Tu és cavalo, o diabo te cavalga". Deus teria decidido, consigo mesmo, o que aconteceria com cada ser humano. Alguns ele criou para a vida eterna e outros para a condenação eterna. Essa teoria acabava com a possibilidade de a Igreja vender a salvação por indulgências para os pecadores e para as almas que esperavam no Purgatório sua sentença, pois essa decisão fora tomada por Deus no ato de criação de cada indivíduo. Nada podia mudar essa escolha divina.

Erasmo, por sua vez, não aceitava, por ser irracional, que Deus pudesse punir alguém que não é livre para fazer suas escolhas. Mas quando o humanista estudou toda a escritura para compreender a questão da liberdade, chegou à conclusão de que ela não seria como Pelágio a defendia, totalmente livre e autônoma, mas quando a graça de Deus nos fosse concedida, teríamos a liberdade de aceitá-la ou não: "um olho sadio já não vê nas trevas, e um olho cego não vê nem na claridade. Assim, a vontade livre nada pode se a graça se retirar. Como também alguém que tiver olhos sadios tem a possibilidade de fechá-los à luz intensa, de forma que nada mais vê" (BEAUDUIN, 1991, p. 277). Somente a ação divina permitiria a liberdade de escolha, segundo Erasmo, e pelo livre-arbítrio e as escolhas de seus atos, o escolhido podia aceitar ou rejeitar sua salvação.

O duro pessimismo de Lutero e também de Calvino tinha, como consequência, a divisão e a violência na defesa de suas ideias. Entre os humanistas, além de Erasmo, outros notáveis se recusaram a apoiar a reforma, como Nicolau de Cusa, Marsílio Ficino, Thomas Morus, Pico de la Mirandola, John Fisher, Budé, Rabelais. Eles vão defender a dignidade do homem, a tolerância quanto à diversidade de opinião, considerando Deus tendo criando seus filhos para o amor da sabedoria e das boas ações, com uma inclinação natural para o Bem.

Outros reformistas, percebendo a evolução da agressividade e intolerância do movimento, vão mudar de posição:

> Franck, Servet, Castellion, Fausto Socin se sentiram rapidamente insatisfeitos no interior das ortodoxias protestantes e evoluíram para posições cada vez mais dissidentes. Eles se tornaram os campeões do livre-arbítrio, do antidogmatismo e da tolerância. O Luteranismo e o Calvinismo foram – quanto ao fundo doutrinal – um anti-humanismo".[52]

2.3 POR UMA NOVA CIÊNCIA

Todas essas discussões sobre liberdade que descrevemos foram jogos argumentativos característicos da Escolástica medieval. A tentativa teológica de conciliar a verdade revelada com a racionalidade, por uma disputa alimentada pela lógica, com suas ironias e alusões. Mas em seus bastidores havia também o combate da autoridade, conchavo e persuasão, nos concílios e decisões dos poderosos da Igreja, determinadas por seus interesses. Para coibir as ideias aceitas como oficiais, empregava-se um sistema de condenações e punições, coerção violenta e sentenças de morte. Há uma mesma lógica que coordena a coerção divina para salvação, a coerção empregada nos métodos de ensino e uma terceira coerção para controlar o corpo de conhecimento determinado pela Igreja.

O primeiro a teorizar sobre o método experimental para investigar o conhecimento foi o florentino Galileu Galilei (1564-1642).

Quando Galileu se viu diante das gigantescas possibilidades da pesquisa experimental, percebeu que seu objetivo deveria ser a luta pela autonomia da ciência, deixando-a livre da interferência da teologia escolástica. O seu sonho seria o dos cientistas que pretendiam investigar livremente, interpretando seus resultados sob a autoridade da razão e não da supervisão autoritária religiosa; o seu desejo, de transmitir suas descobertas para outros pensadores, para que o criticassem e pudessem ir mais longe. Sempre sem restrições limitantes de obras reveladas, mas abrindo seu horizonte para a imensidão das obras da Natureza, Galileu simbolizou essa luta por sua crítica ao padre jesuíta Orazio Grassi, disfarçado em sua obra pelo pseudônimo de Sarsi em *O Pensador*:

---

52 DELUMEAU, Jean. *Nascimento e afirmação da Reforma.* Trad. João Pedro Mendes. São Paulo: Pioneira, 1989, p. 80.

> Por acaso acredita Sarsi que bons filósofos podemos encontrá-los em todas as quadras, dentro de cada recinto dos muros? Eu, Sr. Sarsi, acredito que os filósofos voam como águias e não como pássaros pretos. É bem verdade que as águias, por serem raras, oferecem pouca chance de serem vistas e muito menos de serem ouvidas, e os pássaros pretos, que voam em bando, param em todos os cantos enchendo o céu de gritos e rumores, tirando o sossego do mundo. (GALILEI, 1978, p. 135)

Não importava que poucos em sua época pensassem como ele, pois "infinito é o bando dos estúpidos. Isto é, daqueles que não entendem nada; muitos são os que sabem alguma coisa; poucos os que entendem; um só, Deus, é o que a entende toda". Mesmo assim, Galileu não pretendia mudar o pensamento de ninguém por persuasão, mas conquistar a livre aceitação pelo mesmo caminho que percorreu, pelas evidências e convicção. Não vale ajuntar testemunhais, quando os fatos dizem por si mesmos:

> Não posso evitar admirar-me novamente de que Sarsi insistia em provar com testemunhos aquilo que também posso verificar com experimentos. Os testemunhos são examinados em coisas duvidosas passadas e que não são mais atuais, e não em coisas que duram até hoje; é necessário que o juiz procure através de testemunhos saber se é verdade que ontem Pedro feriu João, e não se João está ferido, porque isto ele pode verificar e ver com os próprios olhos (*Visu reperto*). (GALILEI, 1978, p. 232)

Mas esse novo saber, que aos poucos conquistou a humanidade, não substitui a filosofia. Galileu não tentou levantar, a partir de sua ciência, uma nova metafísica. Numa carta a Mersenne, de 11 de novembro de 1638, Descartes, seu contemporâneo, diz que "Galileu buscou somente as razões de alguns efeitos particulares"; no entanto, sua obra não teria uma base sólida, por não ter considerado "as causas primeiras da Natureza".

Conhecia-se bem a divisão em três partes de todo o saber teórico da filosofia feita por Aristóteles, no livro VI da obra *Metafísica: física, matemática e filosofia primeira*. A física era o estudo dos corpos naturais em movimento. A matemática estuda as realidades imutáveis, mas que não existem por conta própria. Por fim, a filosofia primeira (que posteriormente seria propriamente chamada de metafísica) estuda o que é imutável e separável da matéria.

Galileu pretendia estudar, por sua filosofia, os corpos e os fenômenos da Natureza. Ele percebeu que poderíamos colher informações por meio de instrumentos e experiências, mesmo de corpos celestes, como o lugar, o movimento, a figura, a grandeza, a opacidade, a mutabilidade, a produção e a dissolução. Ou seja, tudo que possa ser mensurável e traduzido em quantidade: "Colher dos fenômenos naturais, no caos de qualidades sensíveis que sentimos mas não conseguimos definir, somente aqueles aspectos dos quais podemos ter 'notícias intrínsecas', como são os conceitos matemáticos" (ROVIGHI, 1999, p. 54). Para determinar o que é gravidade, por exemplo, Galileu considerou a hipótese de que o movimento dos objetos com peso era uniformemente acelerado. Depois, elaborou sua famosa experiência utilizando uma canaleta polida e uma bola de bronze.

O francês René Descartes (1596-1650) acreditava que a razão tinha um alcance ilimitado. Superando a falsa ciência dogmática, abriu caminho para uma renovação intelectual da humanidade. Em sua formação, no Colégio La Flèche, mantido por jesuítas, estudou por nove anos, em latim e grego, o ensino escolástico. Conhecendo os trabalhos de Bacon e Galileu, pretendia criar uma nova ciência, que pudesse levar a conhecimentos sólidos, pois os filósofos se esforçaram para encontrar os verdadeiros princípios, mas fracassaram.

Descartes abandonou tudo o que amontoara em sua mente e, partindo de uma proposição verdadeira, "penso, logo existo", reconstruiu todas as outras, como a existência de Deus e a formação do Universo, do nosso mundo, dos homens, suas paixões e tudo mais, num sistema completo. Certamente, ele cometeu inúmeros erros em suas concepções, mas ao mesmo tempo em que pelo método da dúvida libertou a razão das determinações escolásticas, abriu espaço para que os pensadores das próximas gerações pudessem, contestando suas hipóteses, criar outras melhores, abrindo os caminhos das ciências futuras.

Faltava surgir Isaac Newton (1642-1727) para sintetizar as obras de seus antecessores, como Copérnico, Kepler, Galileu e Descartes, completando a revolução científica, unindo o método empírico ao racional e dedutivo.

Quando Newton estudou o fenômeno das cores, usando um prisma de vidro, teve início o primeiro debate por cartas entre ele e o físico Robert Hooke (1635-1703). Dois trechos são bastante significativos para testemunhar sua diferença com os debates escolásticos. Na primeira carta, de Hooke, ele contesta os resultados de Newton, e pede que eles possam debater suas ideias, considerando, que:

> Sua meta, creio, é a mesma que a minha, ou seja, a descoberta da verdade, e suponho que ambos apreciamos ouvir objeções, se estas

> não vêm imbuídas de declarada hostilidade. Da mesma maneira, acredito que nossos espíritos estejam igualmente dispostos a se inclinarem diante das deduções mais claras que o raciocínio possa tirar da experimentação.[53]

Na resposta de Newton foi cunhada uma das mais famosas frases da história da ciência, representando o avanço progressivo do conhecimento, pelo laço que une tradição e inovação, na sucessão das gerações de cientistas:

"Mas o senhor valoriza sobremaneira minhas capacidades. O trabalho de Descartes constitui um enorme passo adiante. (...) Se pude enxergar a tão grande distância, foi subindo nos ombros de gigantes" (*Idem*). Os gigantes, além de Descartes, eram Galileu e Kepler.

2.3.1 Deus pertence à filosofia natural

Os século 16 e 17 são bem avaliados pelo processo de construção da ciência moderna ou revolução científica. Menos conhecidos foram os esforços desses grandes pensadores para resgatar o espiritualismo do dogmatismo medieval por meio do pensamento racional, em temas como Deus, a alma e a moral. São exatamente esses valores que vão preparar o terreno para a revolução espírita.

A obra *Principia* ou *Princípios matemáticos de filosofia natural*, exposição sintética e rigorosa, pode ser considerada o primeiro livro de física teórica, em seu significado moderno. A proposta do autor, Isaac Newton, era derivar dos fenômenos do movimento as forças da Natureza e, partindo dessas forças, demonstrar os outros fenômenos, unificando o mundo terrestre e o mundo dos astros.

Além da mecânica clássica, Newton vai acrescentar em seu sistema do mundo a hipótese da presença de Deus como Criador, causa primária de todas as coisas, de forma onipresente no Universo. E também a possibilidade de um meio muito sutil para explicar os fenômenos da atração, da eletricidade, da luz e que seria meio de comunicação entre a vontade e o corpo. Para Newton, interessado em explicar a ação da vontade da alma sobre o movimento do corpo, é por meio desse meio sutil que:

> toda sensação é excitada e os membros dos corpos animais movendo-se ao comando da vontade, propagada pelas vibrações deste meio ao

---

53 As cartas estão reproduzidas em MAURY, Jean-Pierre. *Newton e a mecânica celeste*. Trad. Ana Deiró. Rio de Janeiro: Objetiva, 2008.

longo dos filamentos sólidos dos nervos, a partir dos órgãos sensoriais externos até o cérebro e do cérebro aos músculos. (NEWTON, 2008, p. 331-332)

Quanto a Deus, Newton explica que o "belíssimo sistema do Sol, planetas e cometas só pode ter surgido do conselho e domínio de um Ser inteligente e poderoso". E completa, afirmando:

> Este Ser governa todas as coisas, não como a alma do mundo, mas como Senhor sobre tudo. (...) O Deus supremo é um Ser eterno, infinito, absolutamente perfeito. (...) Toda esta diversidade das coisas naturais que achamos adaptadas para épocas e lugares diferentes não poderia ter surgido de outra coisa que não das ideias e vontade de um Ser que existe por necessidade. (NEWTON, 2008, p. 328-330)

E conclui dizendo que "desta maneira, muito do que concerne a Deus, no que diz respeito a falar sobre ele a partir das aparências das coisas, pertence certamente à filosofia natural" (*Ibidem*). Ou seja, para conceber um sistema completo, há um movimento inercial, natural de todas as coisas, uma presença divina, como causa primeira, e a ação da vontade sobre o corpo.

Não se pode afirmar, como fizeram muitos comentaristas no último século, que as referências a Deus e à vontade independente do corpo sejam concessões religiosas, pois a longa abordagem de Newton em *Principia* a Ele é feita para deduzir características filosóficas do Criador, independentemente de dogmas religiosos. Ele afasta em sua explicação toda imagem antropomórfica de um Deus com reações humanas ou qualquer ação divina que não seja por leis e ações gerais.

Para Newton, a verdadeira religião deveria conter verdades compreensíveis com clareza pela razão, assimiláveis e úteis para a ciência, de tal forma a proporcionar uma condição de tolerância, privilegiando a liberdade de consciência. Ele era ariano[54] e negava que Deus e Jesus eram uma só substância, mas também era seu filho, como todos nós. Segundo o pesquisador Michael White, Newton "seguiu seu método de sempre. Estudou as provas documentais, analisou-as, e

---

54 Arianismo é a doutrina liderada pelo sacerdote e bispo Ário (288-336), que afirma ser o Cristo uma de suas obras e criaturas de Deus e não considerava as três pessoas da trindade como iguais (Pai, Filho e Espírito Santo). Ário foi condenado e excomungado no primeiro concílio realizado em 325, em Niceia, especificamente em função do arianismo.

depois tirou suas próprias conclusões (...) [que] juntas o levaram a acreditar que o trinitarianismo era uma mentira deliberada e proposital, perpetrada através dos séculos no interesse próprio de uma série de pontífices".[55]

Newton não estava sozinho. Com seu esforço para libertar a ciência dos dogmas e da autoridade, a filosofia experimental encontrava êxito na física e havia motivação para encontrar o mesmo sucesso nas demais áreas do saber. Até mesmo no entendimento do próprio homem e da sociedade, em temas como moral, educação, governo, sociedade e outros.

2.3.2 O homem em estado de guerra

No entanto, desde o início da ciência, uma grande lacuna do conhecimento se mantinha. Pois se a física conquistava, passo a passo, uma excelência em seus conhecimentos, a metafísica, a moral e as ciências sociais apenas tateavam. O espiritualismo racional enfrentaria grande resistência para se estabelecer.

Inspirados pelos exemplos de Galileu e Descartes, diversos pensadores criaram sistemas filosóficos para explicar não só as questões físicas como também metafísicas ou da filosofia primeira. Para Malebranche, "Deus quis (...) que as diversas vibrações do cérebro fossem seguidas sempre por diversos pensamentos do espírito a ele unido. E é esta vontade constante e eficaz do Criador que constitui a união das duas substâncias" (*apud* ROVIGHI, 1999, p. 174).

Podemos considerar, para um espiritualista racional como Newton, a necessidade de estabelecer hipóteses fundamentais, como a existência de Deus para explicar a inteligência universal de tudo o que existe e de um meio material para a comunicação entre a vontade e o corpo animal. Mas como avançar além disso? Com qual observação Malebranche registrou tal movimento do cérebro, além de identificar os pensamentos do espírito, para constatar que são simultâneos? E o que seria ainda mais complexo: por qual evidência pôde constatar a vontade de Deus como sendo o elo de união entre o espírito e o corpo? Em verdade todas as suas conjeturas são gratuitas e, diferente dos escolásticos, que tinham as Escrituras como base comum de suas controvérsias, a descrição de Malebranche pode ser colocada ao lado de inúmeros outros sistemas criados por filósofos, sem que haja meio algum de considerar qual seja a verdadeira.

---

55 WHITE, Michael. *Isaac Newton, o último feiticeiro*. Trad. Maria Beatriz Medina. Rio de Janeiro: Record, 2000. p. 150.

Espinosa, por exemplo, na proposição 14 de sua *Ética*,[56] afirma que "além de Deus, não pode existir nem ser concebida nenhuma substância". O homem não pode ser um ente em si, uma substância que pensa, portanto, seríamos apenas um modo do atributo divino. É o panteísmo ou monismo absoluto. A partir dessa proposição, toda sua extensa obra é deduzida. Para o espiritualista, o materialismo é absurdo pela suposição de um acaso como causa de todas as coisas. Mas se Deus é necessário, é ainda mais ilógica e contraditória para qualquer espiritualista a tese de um Deus solitário, criando um teatro eterno para a audiência de si mesmo. Mesmo assim, não se pode provar que ele está certo, nem que está errado, pois nenhuma teoria pode ser provada objetivamente.

Thomas Hobbes (1588-1679) foi um filósofo inglês, nascido em meio ao absolutismo e grande medo das invasões bárbaras na Inglaterra. Conheceu pessoalmente Galileu e Descartes e estava entusiasmado com as possibilidades da nova ciência. Vendo os dois cientistas que se dedicavam à física, decidiu aplicar o mesmo método para descobrir as leis naturais que regem o homem.

Sua grande ideia é a de que o objeto da ciência são os corpos e seus movimentos, sendo esses os fatos que podem ser examinados. Todos os nossos movimentos corporais seriam provocados por causas externas assemelhando-nos a robôs. Os dois únicos sentimentos animais seriam o prazer e a dor. Bem e Mal, desse modo, seriam relativos, pois tomamos como sendo o Bem tudo o que desejamos e podemos conquistar e o Mal estaria no inverso, sendo tudo aquilo que nos impede de realizar nossos desejos: "O sucesso contínuo na obtenção daquelas coisas que de tempos em tempos os homens desejam, quer dizer, o prosperar constante, é aquilo a que os homens chamam 'felicidade' (...) não existe uma perpétua tranquilidade de espírito enquanto aqui vivemos, porque a própria vida não passa de movimento" (HOBBES, 1983, p. 56).

Esses movimentos também seriam mecânicos, pois, para ele, "todo homem é desejoso do que é bom para ele, e foge do que é mau;[...] e isso ele faz por um certo impulso da Natureza, com tanta certeza como uma pedra cai".[57] E como todos os homens desejam tudo à sua volta e têm um direito natural a tudo à sua volta, entram em conflito com os outros homens, vivendo num estado de guerra permanente. Por isso, estabelecem um contrato, abrindo mão dos seus direitos voluntariamente, para promover um convívio pacífico e não morrer. Na

---

56 ESPINOSA, Benedictus de. *Ética*. Trad. Tomaz Tadeu. Belo Horizonte: Autêntica, 2009. p. 12.

57 Hobbes, Thomas. *Do cidadão*. São Paulo: Martins Fontes, 1992. p. 31.

moral de Hobbes, então, a única virtude está em obedecer às leis do Estado, que definem o que é certo e errado.

A liberdade, para o filósofo inglês, é muito diferente daquela proposta por Rousseau, Pestalozzi e Rivail: para estes, a liberdade é a base da autonomia como despertar dos potenciais da alma; também não é a de Agostinho: para o qual querer ser livre é afastar-se de Deus e agir em nome do Diabo; em *Leviatã*, liberdade "significa ausência de oposição (...) homem livre é aquele que, naquelas coisas que graças à sua força e engenho é capaz de fazer, não é impedido de fazer o que tem vontade de fazer" (HOBBES, 1983, p. 179). Já para os súditos, liberdade está apenas nas coisas que o soberano deixou de lado, como "comprar e vender, escolher a sua residência, a sua alimentação, a sua profissão, instruir seus filhos e coisas semelhantes". Liberdade e poder estão unidos, é a lei do mais forte e do mais esperto. Aos simples, cabe obedecerem ou serem castigados se não o fizerem.

Quando consideradas meios de se conquistar felicidade, as ideias de autonomia (que pressupõem gradual conquista da plena igualdade social) e a liberdade pelo poder, segundo Hobbes, são absolutamente incompatíveis, constituindo visões de mundo inconciliáveis.

Com relação à metafísica e religião, Hobbes apenas repete as ideias de salvação pela graça divina e a moral pela obediência, mediante castigo e recompensa, descartando qualquer hipótese de livre-arbítrio ou autonomia:

> Tudo o que é necessário à salvação está contido em duas virtudes, fé em Cristo e obediência às leis. A última delas, se fosse perfeita, seria suficiente para nós. Mas porque somos todos culpados de desobediência à lei de Deus, não apenas originalmente em Adão, mas também atualmente por nossas próprias transgressões, exige-se agora não só a obediência para o resto da nossa vida, mas também uma remissão dos pecados dos tempos passados, remissão essa que é a recompensa de nossa fé em Cristo. Que nada mais se exige necessariamente para a salvação é algo que fica evidente pelo seguinte, que o reino de Deus só está fechado aos pecadores, isto é, aos desobedientes ou transgressores da lei, e não àqueles que se arrependem e creem em todos os artigos da fé cristã necessários à salvação. (HOBBES, 1983, p. 191)

Mas Hobbes tem convicção na soberania dos monarcas e na absoluta obediência dos súditos; diferindo dos debatedores eclesiásticos, ele vai negar o direito de soberania do Papa, limitando seu poder ao seu território. Também vai eliminar a ideia de inferno, considerando-o uma figura para a destruição, pois em seu sistema, os condenados terão restituídos seus corpos no juízo final e morrerão eternamente: "Para os réprobos permanece para depois da ressurreição uma segunda e eterna morte" (HOBBES, 1983, p. 524) e, até lá, apenas um período de castigo e tormentos, que, para ele, seria o verdadeiro significado de purgatório, negando a interpretação católica. Acabando com o inferno pela segunda morte, Hobbes acredita tirar o medo como instrumento de dominação das mãos dos eclesiásticos, para que fique centralizado na mão do soberano.

Quanto aos espíritos e aparições ou mesmo anjos, Hobbes considera que nada que não possua substância ou possa ser medido existe, sendo apenas metáforas nas escrituras: "não são mais do que aparições sobrenaturais da imaginação, suscitadas pela intervenção especial e extraordinária de Deus" (HOBBES, 1983, p. 341). Também não existe qualquer tipo de mundo espiritual, só o 'mundo presente', que será destruído por Deus pelo fogo, e o 'mundo vindouro' depois do Juízo Final. O mundo presente é o de medo, sofrimento, guerra; sua paz provisória requer renúncia e submissão da quase totalidade dos homens. A vida confortável e regada pela satisfação de todos os seus desejos está reservada ao monarca, em sua maior amplitude, e pelos poderosos na medida de sua força. Nada vai mudar até que Deus destrua esse mundo para criar outro.

Hobbes foi acusado pela Igreja de Roma de ser ateu e materialista, e não se poderia esperar outra coisa de quem a chamava 'antro de bacanais'. Mas ele era um cristão e adotava as escrituras como fonte da verdade, apesar de suas ideias se tornarem as bases conceituais da visão materialista da sociedade atual (retirando suas fundamentações teológicas), sendo precursor de sua filosofia política, social e, também, psicológica. No entanto, ele partiu das mesmas fontes, e do mesmo ponto de vista das relações entre o homem e Deus pela necessidade da graça; sua condição como pecador e a necessidade da obediência; o aprendizado por castigo e recompensa. Sua teoria tem as mesmas consequências heterônomas do pensamento de Agostinho e Lutero.

As visões da vida humana, nesse mundo da Igreja e do materialismo, são próximas, o que é bastante revelador, pois, tanto para aceitar os dogmas da Igreja quanto para acolher a negação dogmática do espiritualismo, é preciso ter fé cega.

2.3.3 O mal-estar na civilização

Como vimos, desconsiderando toda a sua fundamentação teológica, o pensamento de Hobbes está muito próximo das convicções materialistas, capitalistas e consumistas da atualidade. Os dogmas bíblicos foram se desgastando no embate com a razão, no entanto os preconceitos e meios de submissão do sistema heterônomo, pelos quais as grandes massas populares eram controladas, se preservam, para o benefício de uma minoria.

Freud é um exemplo moderno disso. Influente pensador dos últimos dois séculos, escreveu um marcante texto em 1929, antes da Segunda Guerra Mundial, o "Mal-estar na civilização". Foi nesse artigo que o pai da psicanálise desenvolveu sua visão do homem e sua relação com a sociedade, e ele não foi nada otimista ao escrevê-lo. Retomando a célebre frase de Hobbes, *Homo homini lupus* (o homem é o lobo do homem), Freud identifica a agressividade como condição natural e instintiva. Para ele "toda civilização tem de se erigir sobre a coerção e a renúncia ao instinto. Acho que se tem de levar em conta o fato de estarem presentes em todos os homens tendências destrutivas e, portanto, antissociais e anticulturais".[58]

Há uma tensão constante numa sociedade que está à beira de uma crise catastrófica, pensa Freud. Em *Futuro de uma ilusão*, texto de 1927, pouco anterior ao "Mal-estar na civilização", o psicanalista define a civilização como uma constante luta contra o instinto, presente em todos os indivíduos, de assassinato, canibalismo e incesto. Segundo ele, a ideia de pensadores como Rousseau, que acreditavam ser possível criar uma sociedade futura justa e harmônica, não passava de um sonho impossível. Segundo o psicanalista, repetindo os preconceitos da tradição, a grande massa da população mundial é preguiçosa, ignorante, indisciplinada e, se não for contida, jamais conseguirá resistir aos seus impulsos assassinos:

> É tão impossível passar sem o controle da massa por uma minoria quanto dispensar a coerção no trabalho da civilização, já que as massas são preguiçosas e pouco inteligentes; não têm amor à renúncia instintual e não podem ser convencidas pelo argumento de sua inevitabilidade; os indivíduos que as compõem apoiam-se uns aos outros em dar rédea livre a sua indisciplina. Só através da influência de indivíduos que possam fornecer um exemplo e a quem reconheçam como líderes, as massas podem ser induzidas a efetuar o trabalho e a suportar as renúncias de que a existência depende. (*Idem*, p. 5)

---

58 FREUD, Sigmund. *O futuro de uma ilusão, o mal-estar na civilização e outros trabalhos.* v. 21. Rio de Janeiro: Imago, 1988, p. 4.

A discriminação com as massas estendia-se a todos os negros e mulheres. Pode parecer absurdo, mas no século 19, um eminente cientista alemão, Karl Vogt, sentia-se à vontade para escrever:

> A criança negra não é inferior à branca no que diz respeito às faculdades intelectuais. Mas logo que os jovens negros atingem o período fatal da puberdade, assiste-se à projeção da face um fenômeno idêntico ao que ocorre nos macacos. Doravante, as faculdades intelectuais permanecem estacionárias, e o indivíduo, tal como toda a raça, torna-se incapaz de qualquer progresso.[59]

E então ele finaliza o ataque de sua metralhadora racista atacando também as mulheres e idosos: "Do ponto de vista intelectual, o negro adulto assemelha-se simultaneamente à criança, à mulher e ao velho das raças brancas". Ao reproduzir essa citação de Vogt no livro A *Sociedade pura*, André Pichot afirmou: "Não se trata de afirmações de extremistas políticos nem de racistas militantes, mas de cientistas eminentes. Vogt era um liberal" (*Ibidem*), explica.

2.3.4 Materialismo e liberdade de pensamento

Atualmente, a maior parte da população mundial se submete a um conceito de moral pela fé cega, dividido entre as diversas denominações religiosas. Persiste a orientação dogmática da tradição milenar. Mais de dois bilhões de cristãos[60] somados a um bilhão e seiscentos milhões de mulçumanos, mais da metade da humanidade, acreditam numa divindade que escolhe quem merecerá a sua graça e os que serão lançados na condenação eterna; que julga, castiga e recompensa de acordo com sua vontade; vivem pautados pelo medo, seguindo regras, rituais e a adulando para obter seu perdão, nesta ou na outra vida.

Por outro lado, cresce rapidamente no mundo o número de pessoas que se afirmam sem religião. No Brasil são 8%. Mas, no Reino Unido, já é um quarto da população em números que crescem rapidamente, subindo de 15% para 25% entre 2001 e 2011. Nos Estados Unidos, são 20%. Nessas pesquisas, os sem religião incluem ateus e agnósticos, mas a maioria não frequenta qualquer

---

59 PICHOT, André. *A sociedade pura de Darwin a Hitler*. Lisboa: Instituto Piaget, 2002. p. 272.

60 Entre os cristãos, metade é católica e 37% estão nas diversas denominações protestantes. Os cristãos ortodoxos, concentrando-se principalmente nas igrejas gregas e russas, são 12%. Mórmons e testemunhas de Jeová representam apenas 1%.

tipo de igreja, aceitando a existência de Deus ou uma força maior responsável pela harmonia do Universo.

Uma pequena parte da população, tomando a razão como meio pelo qual vê o mundo, entende a religiosidade como instrumento de dominação e cai na descrença materialista, por falta de opção. Mas como ninguém vive sem uma teoria que o sustente, é comum atribuir à Natureza a causa das regularidades que observa no mundo e na humanidade como uma grande força. Esse descrente, em verdade, crê em seu deus-natureza.

Alguns poucos materialistas são ateus convictos e acreditam tão piamente em sua verdade que agem como prosélitos semelhantes ao fanático religioso que condenam. Em verdade, negam os dogmas das igrejas com a mesma força e intensidade com que aquelas as defendem. Como nenhuma teoria pode ser provada, esse materialismo irracionalista, abrindo mão da dúvida e do diálogo, é simplesmente uma *crença na descrença*.

Na ciência, o conhecimento deve se estabelecer pelo debate de ideias, sem privilégios de autoridade. A dúvida, o erro, a refutação são todos valores necessários para a sucessão revolucionária das teorias. Como destacou Ernst Cassirer, "o inimigo da ciência não é a dúvida, mas o dogma", pois este é "a ignorância que se arvora em verdade, que quer impor-se como verdade",[61] esse é o perigo que ameaça a construção do saber. Mas se isso está claro na teoria do conhecimento, não está na vivência acadêmica, pois nada deveria ser indiscutível, nem mesmo o monismo materialista. Muitas universidades herdaram dos escolásticos suas estruturas físicas, mas também a cultura e composição do poder hierárquico no meio acadêmico. Se antes essas estruturas serviam à manutenção dos dogmas religiosos, hoje servem ao dogma materialista reducionista, transformando-o numa tradição. Muitos agem na hierarquia acadêmica como sacerdotes em defesa de sua absoluta 'verdade', como se estivessem em 'igrejas da ciência'. Os procedimentos de seleção dos professores titulares, e também as revisões dos artigos para publicação, podem se tornar meios de censura e preferência de consciência, quando, ao mesmo tempo em que pretendem filtrar incoerências, cerceiam teses e candidatos que divergem do *status quo* materialista. Pontualmente, se não há penas de morte na fogueira, subsiste a *morte* acadêmica, impedindo-se em conchavos a ascensão profissional dos que pensam *diferente*. Os poucos que burlam esse impedimento vivem ilhados do continente acadêmico. Suas ideias atendem ao publico leigo, recebidos como cientistas espiritualistas, mas são ínfimos na amplidão da comunidade acadêmica estabelecida e não alteram o *status quo*.

---

61 CASSIRER, Ernest. *A filosofia do Iluminismo*. Campinas: UNICAMP, 1994. p. 221.

Na época do Iluminismo, especialmente na França desde o século 18, havia um rico debate filosófico entre espiritualistas deístas, materialistas, ateus e clérigos sobre religião, moral, poder, sociedade. Não bastava ter uma opinião, mas fundamentar sua teoria, responder às objeções, demonstrar que sua hipótese é mais viável, mais simples, mais de acordo com a observação da realidade.

Para a Igreja Católica, esses debates eram heréticos, em seu modo de ver subvertiam a ordem e destruíam a fé católica, negando princípios fundamentais de sua crença como a queda do homem e o pecado original. O clero apoiava a monarquia absoluta e lhe dava sustentação ideológica afirmando a origem divina do poder. Tanto as ideias de direitos do homem quanto as revisões teóricas da religião natural eram inaceitáveis, pois corroíam as fundações do Velho Mundo. Sem poder abraçar o novo para não perder seus interesses temporais, a todo custo mantém-se o povo na ignorância da superstição, para continuar a dominá-lo. A reação da Igreja aos novos debates foi violenta e despótica, fazendo uso de ordens de prisão, queima pública de livros. Bispos ordenavam a leitura de suas condenações nas missas, usavam o inferno para amedrontar quem do povo se atrevesse a ler os filósofos.

Essas discussões ocorreram mais cedo na Inglaterra,[62] em virtude da reforma anglicana que confiscou os bens da Igreja Católica e se tornou independente de Roma, em 1534. Nas universidades protestantes dos séculos seguintes, o debate racional coloca a liberdade de pensamento em pauta, pela necessidade da convivência de opiniões diversas entre os seus pensadores.

Desde o Iluminismo, o surgimento de uma divisão ideológica vai influenciar e persistir nas gerações seguintes, sendo de fundamental importância para contextualizar o aparecimento da doutrina espírita. Os que vamos denominar 'espiritualistas racionais' acreditavam que tanto a razão quanto a moral se desenvolvem a partir de potenciais inatos da alma, por meio da liberdade. Neste caso, a educação se dá a partir do indivíduo de forma autônoma. Outro grupo, os 'empiristas', acredita que o indivíduo é passivo quanto ao processo de conhecimento. Sua formação intelecto-moral ocorre por meio das ideias que lhe chegam pelos sentidos e que sua acumulação na mente constitui seu conhecimento. Nesse grupo, vai surgir, também, a ideia de que algumas predisposições que formam a personalidade são originadas da formação

---

62 Também os deístas ingleses criticavam a intolerância religiosa na segunda metade do século 17, em obras como as de Locke, Tolland, Collins, Tindal, Thomas Morgan, Peter Annet, e serão influência importante no século seguinte na França. Enquanto os platônicos de Cambridge influenciariam os espiritualistas racionais, Locke seria seguido pelos materialistas, como Condillac e Helvétius. Todos, porém, lutavam contra o despotismo da Igreja.

fisiológica do homem, sendo responsáveis pelas suas diferenças e também por suas inclinações morais, intelectuais e vocacionais. Ou seja, também nesse aspecto orgânico, a alma seria passiva ou heterônoma. Como vamos ver na terceira parte do livro, o público que irá compartilhar e aceitar com Kardec os ensinamentos dos Espíritos formando os primeiros e verdadeiros espíritas estava entre os espiritualistas racionais, que, com a evolução de sua teoria psicológica dualista, irá mais longe que o reducionismo biológico dos empiristas radicais, aceitando seu corpo fisiológico com seus temperamentos, instintos e paixões naturais, mas considerando o ser humano como uma alma, dotada de potenciais inatos quanto à vontade, razão e senso moral. Para o espiritualismo racional, o homem será uma 'alma encarnada'.

Entre os primeiros racionalistas cristãos estavam os platônicos de Cambridge, como Whiccote, Thomas More, John Smith e Cudworth, que tinham uma fé religiosa conciliada com uma profunda confiança na razão, divergindo dos puritanos calvinistas, que, como vimos, acreditavam na predestinação como fatalismo divino. Esses platônicos combatiam o mecanicismo absoluto de Hobbes em nome da filosofia natural espiritualista inspirada no *Timeu*, de Platão. Para eles, além da fisiologia orgânica, era preciso considerar a sensibilidade da natureza espiritual: "a alma tem seus sentidos como o corpo tem o deles" (ROVIGHI, 1999, p. 2-27), ou seja, tendo liberdade, o homem aprende ao desenvolver os potenciais intelectivos e a presença das leis divinas em sua alma: "O reconhecimento do valor da razão, da liberdade humana, da dignidade do homem, leva os platônicos de Cambridge a afirmar a liberdade religiosa numa época de intolerância e de guerras de religião" (*Idem*, p. 230). Além disso, não haveria uma intervenção divina por sua vontade na Natureza, o que seria irracional, mas uma força ou 'natureza plástica'[63] plasmando os corpos do Universo.

Para as gerações dos platônicos de Cambridge, a Natureza, a religião e o cristianismo possuíam um caráter racional, pois estavam fundados em regularidades características de uma ordem centrada na Divindade. As Escrituras, segundo esses pensadores, foram tentativas de demonstrar essas leis universais no decorrer dos tempos, sendo os equívocos e contradições nelas registradas uma consequência das limitações culturais das épocas nas quais foram registradas.

Isaac Newton graduou-se, deu aulas em Cambridge e compartilhava com os platônicos dessa universidade o caráter racional da Natureza, ponderando,

---

63   O termo 'plástico', do latim *plasticus* (relativo ao que modela), é utilizado pelos platônicos de Cambridge, principalmente Cudworth, no sentido de uma causa capaz de gerir as formas.

como vimos, a necessidade de um Criador inteligente para a filosofia natural. Considerando ideias inatas, um Deus presente na Criação, a dualidade alma e corpo mediada por um mediador plástico (CUDWORTH, 1732), entre outros conceitos, os platônicos serão influência e referência para os espiritualistas racionais franceses no século seguinte. Em seu próprio tempo, porém, seus esforços tiveram pouco alcance pela coação do rigorismo calvinista.

Outros pensadores ingleses, 'empiristas' como John Locke (1632-1704),[64] negando qualquer potencial inato ou sentido próprio do espírito, vão considerar todo o processo de conhecimento por meio das ideias que se alojam na mente por meio das sensações:

> Já que o espírito, em todos os seus pensamentos e raciocínios, não tem outro objeto imediato que não sejam as ideias (...) é evidente que nosso conhecimento se refere somente a elas. (...) O conhecimento, portanto, não me parece outra coisa senão a percepção do vínculo e concordância, ou da discordância e contraste, entre as nossas ideias, quaisquer que sejam. Consiste apenas nisso. (LOCKE *apud* ROVIGHI, 1999, p. 240)

Segundo essa teoria, todas as ideias derivam da experiência. E como, para Locke, as ideias vêm de fora, o processo de conhecimento seria como um balde vazio que desde o momento do nascimento vai se enchendo com tudo o que a criança percebe e vivencia, dia após dia. A qualidade, a quantidade e o teor dessas sensações vão determinar sua formação intelectual e moral: "Suponhamos, pois, que a mente é um papel em branco, desprovida de todos os caracteres, sem nenhuma ideia. De onde apreende todos os materiais da razão e do conhecimento? A isso respondo, numa palavra: da experiência" (LOCKE, 2012, p. 57).

Quanto à moral, "o Bem e o Mal nada mais são do que o prazer ou dor. O Bem e o Mal, ou o prazer e a dor, implicando nossa obediência ou nosso rompimento com a lei decretada pelo legislador, são o que denominamos 'prêmio e castigo'". Nesse sentido, ele não foge do pensamento de Hobbes nem da prática do método educacional da Igreja. Quanto à lei de Deus, Locke é conservador quando afirma que "por lei divina entendo a lei estabelecida por Deus com vistas à ação humana, que lhes é promulgada pela luz da Natureza ou pela voz

---

[64] John Locke foi filho de um pequeno proprietário de terras, estudou filosofia, ciências naturais e medicina em Oxford. Como professor da mesma universidade, deu aulas de filosofia, retórica e grego. Sua teoria, que afirmava direitos iguais para todos, combatia o absolutismo na Inglaterra.

da revelação" (LOCKE, 2012, p. 307). Como somos suas criaturas, Ele "tem poder para fazer com que seja cumprida em função das recompensas e castigos de valor e duração infinitos na outra vida, pois ninguém pode nos tirar de suas mãos" (*Idem*, p. 135). Deus, segundo ele, distribui miséria ou felicidade segundo pecados e virtudes. Para Locke existem fatos fora do alcance da razão, como a rebeldia dos anjos e os milagres, que devem ser aceitos pela fé na Revelação Divina, pois estão "além da descoberta de nossas faculdades naturais e acima de nossa razão" (*Idem*, p. 307). Nesse modo de pensar, tanto a moral quanto a fé são irracionalistas.

Apesar de sua ortodoxia religiosa, as ideias de Locke terão grande influência sobre os empiristas e materialistas franceses (como Condillac, Helvétius e os ideólogos, Destutt de Tracy, Cabanis e Volney), mas vão mais longe que Locke, pois reduzem todas as faculdades e ideias do homem ao âmbito da fisiologia e da física, restringindo-as a efeitos dos órgãos dos sentidos, nos limites da matéria. O mais puro materialismo. Como em Condillac, que, entusiasmado com a teoria de Locke, reduz todo o conhecimento à sensação e fundamenta toda moral no amor de si mesmo, na busca do prazer e na fuga da dor. Essa leitura radical elimina qualquer participação ativa da alma no processo de conhecimento e moral, submetendo-a ao condicionamento pelas sensações.

Na França do século seguinte o poder da Igreja Católica no Antigo Regime polarizava as opiniões. Em suas *Confissões*, Rousseau comenta o impacto causado pela publicação da *Enciclopédia*, importante veículo das ideias do Iluminismo, e a reação católica. Os empiristas e os materialistas disputavam com os integrantes ortodoxos católicos, parecendo "mais como lobos raivosos, encarniçados a se dilacerarem, e não como cristãos e filósofos que querem esclarecer suas ideias reciprocamente, convencendo-se e volvendo ao caminho da verdade" (ROUSSEAU, 1948, p. 395).

Jean-Jacques Rousseau vai participar ativamente dessas discussões, combatendo a fé cega das ortodoxias religiosas, as teses declaradamente materialistas ateístas de Holbach e Diderot e, também, as teorias que se diziam espiritualistas em sua casca, mas, aos olhos de Rousseau, levavam ao materialismo pelo conteúdo empirista, como as de Helvétius e Condillac. Ele vai apresentar um caminho alternativo, uma revisão racional do cristianismo bastante promissora, tendo o potencial de secundar uma revolução social pelos direitos humanos. Ernst Cassirer (1999, p. 39) afirma que:

> As questões levantadas por Rousseau em seu século não são, ainda hoje, de modo algum obsoletas; também para nós elas não estão simplesmente resolvidas. Mesmo que a sua formulação seja para nós

apenas historicamente significativa e historicamente compreensível, o seu conteúdo não perdeu nada de sua proximidade.

Rousseau, quando perguntado sobre o avanço das ciências, tinha consciência de que seria um desmancha-prazeres ao anunciar que, pelo caminho que estava tomando, esse progresso traria mais sofrimento e desgraça para o mundo, enquanto todo o esforço estivesse centrado no estudo das coisas, enquanto a compreensão do que é o homem ficasse abandonada. No entanto, ele não criticou o progresso em si, mas denunciou o seu caráter contraditório, que atualmente está claramente evidenciado pela conjuntura global. As tragédias sociais de nosso tempo qualificam sua avaliação como uma surpreendente e lúcida antecipação.

2.3.5 Ateísmo e o 'deus-Natureza'

Em 1742, Jean-Jacques Rousseau, quando ainda era um músico, conheceu o que havia de mais distinto da literatura em Paris. Inicialmente encontrou afinidade com Diderot. Tinham quase a mesma idade. Diderot apreciava música e essa amizade durou, ao menos, quinze anos. Não durou mais, pois Rousseau dedicou-se ao trabalho das letras de forma original, campo de atuação do amigo, conhecido por considerar melhor quem aprovava suas próprias ideias.

Barão de Holbach nasceu Paul-Henri Dietrich (1723-1789) na Alemanha. Filho de um rico negociante, foi criado por um tio húngaro, barão de Holbach Franz Adam, de quem herdou o título. Teve uma primorosa educação, nas melhores escolas, formando-se na Universidade de Leiden. Em 1749, casou-se com sua prima de segundo grau e foi morar numa mansão perto do palácio do Louvre, na rua Royale, número 8, atualmente rua des Moulins. Curiosamente, essa casa se localiza no quarteirão vizinho à passagem Sainte-Anne, onde, cem anos depois, se instalaria a sede da sociedade de Allan Kardec.

Holbach dedicou sua vida à cultura. Traduziu obras do alemão e do latim, colaborou em quase quatrocentos artigos para a *Enciclopédia* de Diderot e escreveu uma série de trabalhos em defesa do ateísmo, por diversos pseudônimos. Em sua casa possuía vasta biblioteca, quadros de famosos pintores, uma valiosa coleção de ciências naturais. Todas as quintas e domingos, reunia de dez a quinze convidados, literatos, cientistas, estrangeiros, para o que ficou conhecido como a confraria holbaquiana. Por quase vinte anos, desde 1750, suas reuniões regadas pela culinária e debates, em que o prato principal era política, religião e filosofia, eram frequentadas, entre outros, por Rousseau, Diderot, barão de Grimm,

Helvétius, além de visitantes como Condillac, Condorcet, D'Alambert, David Hume, Turgot e Benjamim Franklin. Rousseau descreveu, em suas *Confissões*:

> Antes que eu tivesse maior intimidade com a senhora Epinay, nosso ponto de encontro habitual foi na casa do barão de Holbach. Filho de um nobre sem tradição, desfrutava de uma fortuna considerável de que ele fez um uso nobre recebendo em sua casa escritores e pessoas de mérito, entre os quais ele mesmo se destacava por sua inteligência e esclarecimento. Ele chegou até mim, mesmo antes de ser publicamente conhecido, por meio do Diderot. Certo dia, em que me questionou o motivo de meu distanciamento, respondi: – porque você é muito rico.[65]

Discutiam de tudo um pouco, fosse arte, poesia, filosofia, amor, sentimento, imortalidade, a humanidade, deuses e reis, espaço e tempo, morte e vida. Foi em meio a esses jovens criativos e revolucionários que o barão escreveu obras como *Sistema da natureza* e *Cristianismo desvelado*, onde, em relação aos prejuízos causados pelas religiões positivas e os abusos causados pelas suas ligações com os governos arbitrários, afirma que:

> Na verdade, parece que em todos os lugares a religião foi criada para livrar o soberano da preocupação de ser justo, criar boas leis e governar adequadamente. A religião tem sido a arte de embriagar os homens pela consagração para desviar sua atenção do mal pelo qual os governos os oprimem aqui embaixo. Com a ajuda dos poderes invisíveis com os quais os ameaçam, são obrigados a sofrer em silêncio as misérias que os afligem os poderes visíveis. (HOLBACH, 2009, p. 153)

No caso da França, a Igreja Católica era controlada pelos grandes senhores, oriundos de famílias aristocráticas e indicados pelo rei. Gozavam de privilégios tributários e judiciais, em que a aparência do 'sagrado' encobria a intolerância e os abusos do poder. Líderes aristocratas dessa Igreja confrontavam os partidários do Iluminismo, muitos dentre eles materialistas, sendo que para Rousseau "talvez não faltassem, a um nem a outro, chefes turbulentos que tivessem crédito, para degenerar em guerra civil; e sabe Deus o que teria produzido uma

---

65 ROUSSEAU, Jean-Jacques. *Confissões*. v. 2. São Paulo: Atena Editora, 1952. p. 182.

guerra civil religiosa, em que a intolerância mais cruel era a base de ambos os partidos" (ROUSSEAU, 1948, p. 395). Espírito livre do fanatismo, nem ateu nem devoto, Rousseau preservava sua independência.

Todavia, a maior parte dos pensadores do Iluminismo não estava interessada em destruir a concepção religiosa, mas a superstição, o irracionalismo e suas funestas consequências. Em geral, havia na Europa um posicionamento anticlerical, mas não contra a religião. Via-se a religiosidade como um sentimento natural do ser humano, mas que teria sido ludibriado e submetido à dominação pelo clero. O objetivo não era extinguir a religião cristã, mas buscar seus significados perdidos e denunciar os dogmas falsos, retomar a solidariedade original dos primeiros cristãos, propor uma interpretação de Jesus como libertador social e, não, criador de igrejas. Os deístas interpretavam racionalmente o cristianismo como 'religião natural':

> A religião natural é absolutamente perfeita, baseada na natureza das coisas, numa relação imutável dos seres de que emana a única lei fundamental: respeito por Deus e o bem do homem. Qualquer desvio dessa norma originária é superstição. Qualquer suposição de uma intervenção reguladora divina é absurda. Falar do cristianismo só tem sentido se por este se entende uma reexposição fiel da religião originária, uma remissão à lei natural fundamental, uma restauração da racionalidade pura sobre os desvios históricos das religiões pagãs. (ROVIGHI, 1999, p. 320)

Havia na França uma influência do Iluminismo inglês, como os pensamentos do conde de Shaftesbury (1671-1713), que chegou a ser traduzido por Diderot. O conde não se preocupava com as questões da física e da química. Para ele o importante estava em conhecer o homem, as diferenças entre o Bem e o Mal, o estudo do comportamento. Via com desconfiança as religiões positivas, pelos prejuízos inaceitáveis da intolerância e do misticismo. Buscava uma religião natural necessária e suficiente para explicar a moral. Em seu *Ensaio sobre a virtude e o mérito*, vai trabalhar sobre a questão da independência entre religião e moral. Por mais que pareçam únicas, há homens religiosos imorais e homens não religiosos virtuosos. Rousseau vai reforçar essa ideia dizendo que, se o batismo limpasse o pecado original, como declara a Igreja, os batizados seriam anjos e os não batizados viveriam no pecado, o que não se verifica.

Voltaire, influenciado pelas ideias de Locke e Newton, foi um entusiasmado divulgador do deísmo na França. Para se preservar, escreveu uma *Profissão de fé dos teístas*, publicada como se fosse uma tradução de um conde alemão: "Somos mais de um milhão de homens na Europa (...) ousamos atestar o Deus único que servimos"[66]. Essa religião é divina e tão antiga quanto o mundo, portanto a única universal, "já que foi gravada em nossos corações pelo próprio Deus". Como Deus fez os homens, não poderia tratá-los com diferenças, agindo como amigo e compassivo. "Portanto é absurdo dizer que o pai comum selecionou um pequeno número de seus filhos para exterminar os outros em seu nome" (*Idem*) Em suma, Voltaire condena o ateísmo, mas afirma que, por mais audaciosos e transviados, imersos num erro monstruoso que sejam, "são ainda melhores que os judeus, os pagãos e os cristãos fanáticos". A *Profissão de fé* defende a figura de Jesus como um reformador, "homem distinto entre os homens por seu zelo, sua virtude e seu amor pela igualdade fraternal" (*Idem*), mas um filho de Deus como todos os outros, afinal sua prece começa com "Pai nosso", negando o dogma de sua unificação com a Divindade: "Nós o reverenciamos como um teísta israelita, assim como louvamos Sócrates, que foi um teísta ateniense (...) Nenhum dos dois instituiu uma nova religião" (*Ibidem*). Por fim, "Jesus não instituiu nada que tivesse a menor relação com os dogmas cristãos", nem mesmo pronunciou o próprio termo 'cristão', não queria seguidores; almejava homens libertos.

O barão de Holbach viveu em meio a esses debates e, para ele, seria possível conciliar um comportamento moral independente de qualquer religião formal, pois nelas a fé popular é manipulada pelos poderosos, impondo crenças e costumes contrários à verdadeira moral e fazendo uso de medo e violência para coagir, "política injusta e covarde, que considera necessário enganar os homens para governá-los mais facilmente":

> Está claro que a religião não coloca mais freio nas paixões do homem que a razão, e a educação e a boa moral não podem ser conquistadas com mais eficácia. Se os culpados tivessem a certeza de serem punidos cada vez que lhes viessem pensamentos de cometer más ações se veriam obrigados a desistir. Numa sociedade bem constituída, o desprezo acompanharia o vício, a educação seria guiada pelos interesses públicos, os homens seriam ensinados a se estimarem, temendo o desprezo dos outros, para que chegassem a ter mais medo da infâmia que da morte. Mas essa moral não pode ser

---

66 VOLTAIRE. In: SCHÖPKE, Regina; BALADI, Mauro (Org.). *Filosofia clandestina: cinco tratados franceses do século XVIII*. São Paulo: Martins Fontes, 2008. p. 195 et seq.

aceita por uma religião que propõe o menosprezo por si mesmo, odiar-se, e a fuga da estima dos outros ao buscar somente agradar a um Deus cujo comportamento é indecifrável. (HOLBACH, 2009, p. 156)

Diferindo de Hobbes, o barão não acreditava na maldade natural do ser humano, pois a Natureza só lhe deu o amor de si, o desejo de se conservar e a vontade de buscar o que lhe convém. Seria uma contradição imaginar um Deus criador que mergulhasse seus filhos num corpo de Natureza má para, depois, agraciar alguns deles com sua graça, perdoando seus erros e dando-lhes um mundo de venturas, condenando ao castigo eterno a maioria. Em sua principal obra, *Sistema da Natureza, ou leis do mundo físico e do mundo moral*, cita:

> O dogma de uma vida futura, acompanhada de recompensas e castigos, é, há um grande número de séculos, considerado como o mais poderoso ou mesmo como o único motivo capaz de conter as paixões dos homens e obrigá-los a ser virtuosos. Pouco a pouco, esse dogma se tornou a base de quase todos os sistemas religiosos e políticos (...) Os fundadores das religiões fizeram uso disso para prenderem seus seguidores crédulos. (...) Até mesmo diversos filósofos acreditaram de boa-fé que esse dogma era necessário para assustar os homens e desviá-los do crime. (HOLBACH, 2010, p. 325)

É importante destacar aqui que Holbach ao se referir ao dogma da vida futura, associa-o ao sistema de penas e recompensas, para o qual voltará todas as suas críticas, pois por meio dele o homem não age pelo uso da razão, mas apenas por medo. Para Holbach, o dogma dos castigos e recompensas foi a fonte do poder, riquezas e causa da cegueira e terrores que atormentaram os povos desde o início da civilização: "A expectativa de uma felicidade celeste e o temor dos suplícios futuros não serviam senão para impedir os homens de pensarem em se tornar felizes cá embaixo" (*Idem*, p. 327).[67] Fazem-nos concordar em serem infelizes neste mundo, para serem felizes no outro.

No entanto, o medo do castigo divino jamais atemorizou os tiranos, sacerdotes exploradores, opressores, adúlteros, gananciosos, ladrões e assassinos. Esses agem esperando o perdão de suas faltas no último momento. Quem vive atemorizado é o homem simples, trabalhador, honesto, que se submete à exploração ingenuamente com medo da condenação eterna. Ou seja, o dogma

---

67 Nas próximas citações, as páginas se referem a HOLBACH, 2010.

não impede o vício e a maldade e imobiliza as massas que não lutam por sua felicidade, mas são contidos pelo temor. Holbach, no entanto, não enxerga nos simples o poder de reverter essa situação: "Os homens dessa espécie nasceram com as paixões moderadas, uma organização débil, uma imaginação pouco ardente (...) Nesses seres, já contidos por sua natureza, o temor do futuro contrabalança os fracos esforços de suas fracas paixões". Por todo lado a moral é negligenciada e o governo se ocupa de manter o povo tímido e infeliz: "em toda parte o enganam, conservam-no na ignorância, impedem-no de cultivar a sua razão" (p. 343). Só uma nova educação, controlando os estímulos e exemplos a que as crianças estivessem expostas, poderia alterar os destinos dos simples, condicionando-os ao Bem.

Holbach tem plena convicção de que os dogmas religiosos impedem a moral, enquanto o ateísmo não lhe seria incompatível: para ele, seria possível ser bom, generoso e ateu. Credita ideias abstratas como espírito imaterial, Deus, vida futura, mundo espiritual, a frutos da imaginação. O Mal, em seu pensamento, não se deve à existência do Diabo, nem a uma natureza má, mas "são as nossas instituições que o determinam" (*Idem*). Para ele, a criança educada entre bandidos não poderia deixar de se tornar malfeitora. Todavia, se ela tivesse sido criada entre pessoas honestas, seria um homem de bem.

Vemos aqui que, para o barão, o homem não tem liberdade, sua vontade, e aqui ele concorda com Hobbes, segue leis mecânicas da Natureza: "a vontade, ou, antes, o cérebro, encontra-se no mesmo caso que uma bola que, embora tenha recebido um impulso que a empurra em linha reta, é desviada de sua trajetória a partir do momento que uma força maior que a primeira a obriga a modificá-la" (*Idem*). Quando questionado sobre a vontade do homem em resistir ao mal, considerou esse esforço equivalente ao fenômeno da inércia, quando um objeto permanece parado ou em movimento uniforme se uma força não agir sobre ele: "O homem não é, portanto, livre em nenhum instante de sua vida. Ele é necessariamente guiado a cada passo pelas vantagens reais ou fictícias que vincula aos objetos que despertam suas paixões" (p. 247).

São duas, então, nesse sistema materialista, as fontes de todo o mal e também da educação moral: o 'temperamento' e o 'hábito'. Segundo ele, todos trazem, ao nascerem, órgãos que podem ser afetados pela experiência e acumulá-las. Mas seus organismos podem estar viciados pelos diversos temperamentos, como o sanguíneo, tornando-o colérico, ou o fleumático, determinando a passividade. Na ciência de seu tempo, a tendência da personalidade psicológica era determinada pela combinação dos sólidos e líquidos de sua fisiologia (sangue, bile amarela, bile negra e fleuma). Alguns homens possuem, segundo Holbach, uma razão que permite elaborar a ciência e a maioria tem órgãos fracos e impróprios para raciocinar sem erros. Já o hábito, pensa o autor, que age em nós de forma mecânica, seria consequência de todas as pequenas experiências a que nos submetemos desde o nascimento:

> Se considerarmos atentamente as coisas, descobriremos que quase toda a nossa conduta, o sistema de nossas ações, nossas ocupações, nossas ligações, nossos estudos e nossos divertimentos, nossas maneiras e nossos costumes, nossas roupas e nossos alimentos, são efeitos do hábito. É ao hábito que devemos a maior parte das nossas tendências, dos nossos desejos, das nossas opiniões, dos nossos preconceitos e das falsas ideias (...) 'é o hábito que nos liga tanto ao vício quanto à virtude'. (p. 176)

Ou seja, as causas das desigualdades seriam a fisiologia e os hábitos. É interessante notar que essas causas foram adotadas pela cultura materialista contemporânea, travestidas pela teoria da genética humana, combinada com a teoria behaviorista do condicionamento comportamental.

E o que é, então, para Holbach, a educação? Para ele, ela nada mais é "do que a arte de fazer que os homens adquiram logo cedo os hábitos adotados pela sociedade onde viverão" (p. 178). Para ele, é por meio das opiniões, maneiras e exemplos transmitidos pelos pais, amas e professores que se enche a criança de erros ou verdades, tornando-a virtuosa ou viciosa. O Mal vem de fora. Vale aqui destacar que, se havia concordância quanto aos prejuízos dos dogmas da Igreja, estão entre esses últimos conceitos sobre educação e moral os principais pontos de divergência entre os materialistas e Rousseau – que vai combatê--los, pois enquanto aqueles adotavam o sensismo (ou sensualismo), pelo qual toda formação intelecto-moral se formava por meio das impressões recebidas pelos sentidos físicos, para o filósofo suíço, há um desenvolvimento natural dos potenciais da alma caracterizado pela razão e pela consciência, quando se permite à criança agir livremente, motivando sua autonomia.

Está claro que Holbach defendeu o materialismo, mas, em algumas passagens, vemos que não deve tudo ao acaso, como pensa grande parte dos intelectuais e cientistas da atualidade, e seu ateísmo é atenuado por certa força organizadora que denomina 'Natureza':

> A Natureza não é uma causa cega. Ela não age ao acaso; tudo aquilo que ela faz jamais seria fortuito para aquele que conhecesse a sua

> maneira de agir, os seus recursos e o seu comportamento. Tudo aquilo que ela produz é necessário e nunca passa senão de uma consequência das suas leis fixas e constantes. Tudo nela está ligado por nós invisíveis e todos os efeitos que vemos decorrem necessariamente das suas causas, quer as conheçamos, quer não a conheçamos. (...) O acaso é uma palavra vazia de sentido, ou ao menos indica a ignorância daqueles a empregam. (p. 597)

Para elaborar uma *Ilíada* de Homero, Holbach não as atribui nem ao espírito nem ao acaso, mas às leis da Natureza que, combinando as paixões, temperamento e imaginação que deu ao homem, coloca-o em condições de produzir obras-primas como essa.

Por fim, ao demonstrar os males das diversidades de cultos e das guerras religiosas causadas pelas crenças cegas de cada religioso considerando a si próprio como representante da verdade, vai dizer que:

> No entanto, não se pode negar que o teísmo puro – ou aquilo que é chamado de 'religião natural' – seja preferível à superstição, do mesmo modo que a reforma baniu muitos abusos dos países que a abraçaram. Somente uma liberdade de pensar ilimitada e inviolável pode assegurar solidamente o repouso dos espíritos. As opiniões dos homens só são perigosas quando queremos constrangê-las, ou quando imaginamos ser obrigados a fazer que os outros pensem como nós pensamos. (p. 664)

O grande equívoco está em se acreditar no poder de oprimir e perseguir aqueles que pensam de modo diferente. Ou seja, Holbach não é um materialista e ateu dogmático que deseja impor a toda a sociedade sua crença. Sua maior defesa está na liberdade de pensamento, eliminando a fé cega que permite aos sacerdotes e ditadores continuarem mantendo o povo na ignorância, para que seja servil. Se assim o fosse, toda sua denúncia seria uma contradição.

Escolhemos para analisar aquele que tem sido considerado um dos mais radicais pensadores do Iluminismo francês, para que, conhecendo-o diretamente em suas fontes primárias, em suas próprias palavras, pudéssemos constatar que o alvo de suas críticas é a superstição e o poder despótico e a dominação pela ignorância. Sua intenção é salvar a moral pelo uso da razão, aproveitando as forças da Natureza. Mas num combate marcado por extremismos e ataques violentos, caiu no aparente ateísmo, impedindo a possibilidade de um diálogo com o povo cristão da França, para o qual negar Deus é inaceitável. Uma realidade bastante diferente será a aceitação das obras de Rousseau por seus leitores. A opinião pública da época vai acolher suas ideias, acatar suas sugestões e sonhar com as possibilidades transformadoras de liberdade e igualdade.

Rousseau estava diante de dois diferentes caminhos que concorriam para explicar a educação, a instrução, a moral e a condição humana. Por um lado, o dogmatismo das tradições religiosas via a alma criada perfeita por Deus e degenerada pela sua ligação com o corpo, herdeira do pecado original. De outro, o materialismo, mantinha os simples submissos, creditando suas limitações à Natureza, propondo o uso de remédios para conter o temperamento e educar pela imposição dos hábitos, sistema mecânico de formação intelecto-moral por meio dos cinco sentidos, o 'sensismo' ou 'sensualismo'. No primeiro, tudo se submete à vontade de Deus, no segundo, tudo se submete à sociedade. Contudo, ambas determinam como naturais as diferenças entre os homens – uma minoria privilegiada que domina a maioria imperfeita e viciosa. Também ambas veem a educação como condicionamento do homem, seja pelo medo ou pelo hábito. Também concordam quanto ao futuro deste mundo, pois se para a Igreja sua solução estaria na total destruição por Deus e a criação de um novo mundo para os escolhidos, o egoísmo natural hobbesiano adotado pelo materialismo prevê um eterno estado de tensão e a iminência de uma guerra cabal da espécie humana, o que a indústria do cinema sempre lembra quando invariavelmente retrata a catástrofe futura do nosso planeta.

Há, repetimos, uma característica em comum tanto no materialismo quanto nas tradições espiritualistas dos primeiros povos que é a heteronomia,[68] que significa a aceitação de normas que não são nossas. Nas religiões, representa a obediência passiva à lei divina por temor a Deus, ou aos deuses no politeísmo. No pensamento materialista, a heteronomia é a submissão aos valores e tradições da sociedade criados em função das determinações naturais da dor e do prazer. Heteronomia representa dependência, submissão, obediência cega.

Pois Rousseau, estudando a psicologia e a moral do homem, vai descobrir um terceiro caminho, reconhecendo que por ele se chega à verdadeira natureza da moral de Jesus: a autonomia.[69] A autonomia para Rousseau está representada

---

68 "Heteronomia" é formada pelo radical grego *heteros*, que significa "outro", "diferente", e por "nomia", de *nômos*, "lei", ou seja, é a aceitação da lei de outro.

69 "Autonomia" se compõe do radical "auto", do grego *autos*, que significa "de si mesmo", "por si mesmo", "espontaneamente".

pela presença das leis morais naturais na consciência, que o homem simples a compreende pela razão e a exerce pela liberdade, em busca de seu aperfeiçoamento, como genuinamente ensinou Jesus ao afirmar que "o reino de Deus está dentro vós". Quando a humanidade aceitar e promover essa Boa Nova, conquistará a felicidade para todos.

O terceiro caminho de Rousseau será o fundamento da filosofia moral de Kant, que também guiará os espiritualistas morais no século 19 e, como demonstraremos, será o conceito essencial na recuperação da moral cristã original pelo espiritismo.

Percorrer os passos da elaboração da autonomia moral, desde Rousseau, é como seguir um curso de introdução para a compreensão da síntese dos ensinamentos morais dos espíritos, presente nas obras de Allan Kardec.

2.3.6 Para Kant, Rousseau é o Newton da moral

A obra de Rousseau transformou o pensamento de Kant a tal ponto que influenciou o desenrolar de sua grandiosa obra crítica. Esse pensador alemão foi o grande nome do Iluminismo. Encontrou os limites e soube apontar os alcances extraordinários da razão. Segundo ele mesmo se via, inicialmente vivia nas alturas, orgulhoso por sua capacidade intelectual: "Sou um investigador por inclinação. Tenho uma sede insaciável de conhecimento (...). Houve um tempo em que acreditei que isso constituía a honra da humanidade e desprezava as pessoas que não sabiam nada".[70] A leitura das obras de Rousseau, principalmente *Emílio*, sua obra preferida, fez com que refletisse sobre a moral. Puxoulhe pelos pés, trazendo-o à realidade; onde o povo trabalha, sofre e chora, mas não pode alcançar a complexidade de sua escrita: "Rousseau me corrigiu nisso. Esse preconceito ao qual estava preso desapareceu" (*Idem*). Com a influência de Rousseau sua obra ganhou amplitude, a razão não teria respostas para tudo, se não apontasse um caminho para as relações humanas e a superação das contradições sociais. A razão prática vai demonstrar as leis naturais que regem a razão humana, quando ela age solidariamente, por dever – por sua própria vontade –, consciente da liberdade e imortalidade de sua alma: "Aprendi a honrar a humanidade e eu me acharia o mais inútil dos trabalhadores comuns, se não acreditasse que essa minha atitude pode dar valor a todas as outras ao estabelecer os direitos da humanidade" (*Idem*).

---

70   KANT, Immanuel *apud* WOOD, Allen. *Practical philosophy*. Cambridge: Cambridge University Press, 1996. p. 27.

Na visão de Kant, Rousseau tem a grandeza de um "Newton da moral":

> Em primeiro lugar, Newton viu ordem e regularidade ligadas com grande simplicidade onde antes dele só havia desordem e diversidade mal combinada, e desde então os cometas percorrem órbitas geométricas. Em primeiro lugar, Rousseau descobriu em meio à diversidade das supostas figuras humanas 'a natureza oculta' no fundo dos homens e a 'lei escondida' segundo a qual a Providência se justifica pelas suas observações. Antes valia ainda a objeção de Alphonsus [Afonso] e Manes. Depois de Newton e Rousseau, Deus está justificado, e a partir de então é verdadeira a tese de Pope.[71]

Para compreender a opinião de Kant sobre Rousseau, segundo o qual ele teria descoberto a 'lei escondida' na consciência que justifica a Providência Divina, precisamos decifrar suas referências a Manes e Afonso, teorias que ficaram superadas por essa descoberta. A questão fundamental quanto à Providência, que é objeto de estudo da 'teodiceia', está na presença do Mal na criação. Como pode um Deus onipotente, e infinitamente bom, permitir o mal? Para o médico e filósofo grego Sexto Empírico, no século 3, "a causa do Todo se estende às partes". O raciocínio de Bayle, em seu *Dicionário histórico e crítico*, fecha a questão:

> Ou Deus deseja remover o Mal e é incapaz; ou é capaz e não deseja; ou ainda não deseja nem é capaz de fazê-lo; ou então tanto deseja quanto é capaz. Se desejar e não for capaz, deve ser fraco, o que não pode ser afirmado sobre Deus. Se for capaz e não desejar, deve ser invejoso, o que também é contrário à Natureza de Deus. Se nem desejar, nem for capaz, deve ser ao mesmo tempo invejoso e fraco, e consequentemente não ser Deus. Se ao mesmo tempo desejar e for capaz – a única possibilidade compatível com a natureza de Deus –, então de onde vem o Mal?[72]

Ou seja, a existência do Mal parece não se encaixar na consideração de um Deus benevolente e também onipotente.

Como então o Deus bom, sendo a causa primeira de tudo que existe, portanto onipotente, pode coexistir com o Mal? Quando o pior terremoto da

---

71 KANT, Immanuel. *Werke (Hartenstein)*, VIII, p. 630, apud CASSIRER, 1999. p. 70.

72 BAYLE, Pierre. *Historical and critical dictionary*. Indianápolis: Bobbs-Merrill, 1965. p. 169.

história europeia abateu a cidade de Lisboa, em 1755, deixando dezenas de milhares de mortos e a destruição, os padres disseram ter sido um castigo de Deus. Para um sacerdote jesuíta, Malagrida, os portugueses deveriam esquecer tudo, fosse reconstrução da cidade ou distribuição de alimentos, e se concentrar em rezar num retiro, dizendo que não adiantava fingir que o terremoto fora apenas um acontecimento natural, o mais importante é se arrepender para tentar evitar a ira de Deus. O comportamento dos jesuítas foi a gota d'agua para os iluministas teístas, que não podiam aceitar uma intervenção milagrosa de Deus no mundo, mas aceitavam sua providência. Depois de Lisboa, não mais se aceitava a intervenção divina no cotidiano da humanidade. Voltaire se enfureceu com a declaração do clero e escreveu num poema:

> Direis do amontoar que as vítimas oprime:
> 'Deus vingou-se e a morte os faz pagar seu crime?'
> As crianças que crime ou falta terão, qual
> esmagadas sangrando em seio maternal?
> Lisboa, que se foi, pois mais vícios a afogam
> que a Londres ou Paris, que nas delícias vogam?
> Lisboa é destruída e dança-se em Paris.
> O passado é-nos só uma lembrança triste;
> e o presente é atroz, se o porvir não existe,
> se a noite tumular no ser que pensa avança.
> Bem será tudo um dia, é essa a nossa esperança;
> hoje tudo está bem, é essa a ilusão.
> Com sábios me enganei e só Deus tem razão.[73]

Rousseau lhe escreveu uma carta negando o pessimismo e a revolta numa pergunta: que culpa teria Deus e a Natureza, se os lisboetas escolheram construir suas vinte mil casas, algumas de seis andares, amontoadas na margem do rio Tejo? A desarmonia cabia aos erros humanos e não aos divinos ou naturais. Se vivessem dispersos pelo campo em construções menos pesadas, sem o interesse de amontoar-se pela ambição do comércio e do lucro que os fez se amontoar, o estrago teria sido menos catastrófico.

Sem resolver o problema do mal natural, Voltaire ainda via no mal moral, aquele que tinha como causa a ação humana, algo ainda pior. É ainda mais

---

73 VOLTAIRE. *Poema sobre o desastre de Lisboa*. Trad. de Vasco Graça Moura. Lisboa: Alêtheia, 2005.

aceitável o terremoto do que as fogueiras da Inquisição. Em 16 de dezembro de 1755, ele escreveu a um pastor protestante:

> Tenho pena dos portugueses, assim como o senhor, mas os homens ainda fazem mais mal uns aos outros em seu pequeno montículo de terra do que a Natureza faz com eles. Nossas guerras massacram mais homens do que os que são engolidos por terremotos. Se tudo que devêssemos temer neste mundo fosse a aventura de Lisboa, ainda estaríamos razoavelmente bem.[74]

Para não atribuir o Mal a Deus, alguns pensadores criaram um rival para satisfazer a lógica. Essa foi a inspiração de Manes, ou Mani, que nasceu no segundo século e fazia parte de uma seita religiosa na região do Irã e Iraque. Ao vivenciar duas experiências místicas desde a infância, se convenceu de que fora escolhido por Deus para anunciar a verdade ao mundo, resolvendo o problema do Bem e do Mal. Sua pregação deu origem ao maniqueísmo e conta uma longa história do Universo. No início de tudo, dois princípios contrários, um bom e outro mau, lutavam entre si. Havia dois reinos, um chefiado pelo Pai e outro pelo Príncipe das Trevas. Certa hora, Deus decidiu combater pessoalmente o Mal e personificou-se num ser primordial unindo-se à matéria, fonte da corrupção. Mas essa parte de Deus foi derrotada e jogada no abismo. Desde então, Deus vai tentar libertar essa sua parte, ou 'alma divina', substância luminosa, de sua prisão na matéria.

A descendência de Adão e Eva, segundo Manes, carrega essa contradição da luta entre a luz e as trevas. Segundo o raciocínio maniqueísta, Deus era uma das grandes forças, mas não era único, e a fonte do mal estava no poder do príncipe trevoso. Sua solução foi rejeitada no Cristianismo, pelas consequências graves dessa dualidade de forças, como a negação do poder infinito de Deus, e Agostinho vai apresentar a solução do pecado original, atribuindo ao primeiro casal a causa do mal e dos castigos divinos herdados pela humanidade, como já vimos. Na comparação de Kant, Manes representa a superstição.

A outra citação de Kant foi Alphonsus X (1221-1284), o rei de Castela desde 1252, que foi alvo de muito debate e discussão no Iluminismo. Confusão e tormento marcaram seu reinado. Sua primeira mulher demorava a lhe dar filhos e foi repudiada, tendo sido uma princesa dinamarquesa foi chamada para servir ao rei. Nesse meio tempo, a rainha ficou grávida, pela primeira vez

---

74 VOLTAIRE. *Correspondance*. v. 4. Paris: Gallimard, 1975. p. 7.

de outras oito. Nem os filhos nem as duas mulheres perdoaram Afonso. Nem mesmo quando seu irmão abdicou do arcebispado para casar com a jovem princesa da Dinamarca. Seu filho Sancho participou de uma conspiração para destroná-lo, que só não vingou em virtude da morte do pai, em 1284. Toda essa vida turbulenta foi interpretada como resposta para a ousadia da blasfêmia de Afonso, quando, depois de estudar astronomia e verificar os enganos dos sistemas aceitos para explicar o que via no céu, afirmou algo como: "Se eu houvesse podido aconselhar Deus na Criação, muitas coisas teriam sido mais bem ordenadas".

O filósofo Leibniz citou Afonso em seus *Ensaios de teodiceia sobre a bondade de Deus, a liberdade do homem e a origem do mal*. Sua obra vem em defesa da providência. Leibniz considerava mais digno compreender que as leis naturais criadas por Deus são complexas e funcionam perfeitamente do que aceitar que Deus deveria intervir milagrosamente no mundo para corrigir os efeitos não esperados de sua lei. Isso seria duvidar da competência de Deus. Leibniz criou, em *Teodiceia*, uma área específica de estudos, um desafio para compreender a providência.

Teodiceia vem das palavras gregas *Théos* (Deus) e *Díke* (justiça). Trata-se exatamente do estudo da conciliação entre a Providência Divina, o livre-arbítrio do homem e a desordem do mundo. No item 193 de seu livro, vai expor o pensamento do rei Afonso: "Supõe-se que esse príncipe disse que se Deus o tivesse chamado a seu conselho, quando fez o mundo, ele teria lhe dado bons conselhos". O sistema de Ptolomeu desagradava ao rei Afonso, pois algo melhor poderia ter sido projetado no Universo, tão crente ele era da verdade do sistema aceito pela Igreja. E então Leibniz dá sua explicação para o erro do rei:

"Mas se tivesse conhecido o sistema de Copérnico com as descobertas de Kepler, acrescidas agora das descobertas da gravidade dos planetas, teria reconhecido perfeitamente que a invenção do verdadeiro sistema é maravilhosa".[75]

Certa vez ouvi de um médico anestesista de um grande hospital de São Paulo que, ao se preparar para entrar na sala de operações, ouviu de seus colegas cirurgiões ateus, de mãos erguidas e paramentados para a operação de coração que iriam empreender, a seguinte ironia: "Vamos lá, enfim, em nome da ciência, consertar os erros que Deus cometeu na fisiologia!", num exemplo contemporâneo da teoria de Afonso.

Se o rei de Castela tivesse vivido para ver a revolução de Copérnico e as teorias de Kepler e Newton, ficaria extasiado com as harmonias celestes. Nada

---

75 LEIBNIZ, Gottfried Wilhelm. *Ensaios de teodiceia*. Trad. Willian de Siqueira Piauí e Juliana Cecci Silva. São Paulo: Estação Liberdade, 2013. p. 275.

mudou no funcionamento do Universo nesses séculos, senão o homem, que diminuiu sua ignorância. Para Leibniz, o tempo é a resposta para quem deseja compreender a teodiceia:

> E se nós julgarmos como o Afonso, nos será respondido: Você só conhece o mundo há três dias, vê bem pouco além do seu nariz e acha que pode criticar. Espere para conhecê-lo melhor (...) e aí você encontrará um artifício e uma beleza que vai além da imaginação. Tiremos disso consequências para a sabedoria e para a bondade do autor das coisas, mesmo nas coisas que nós não conhecemos.[76]

Segundo Kant, tanto a opinião de Manes, que busca nos desvarios metafísicos suas respostas, quanto o orgulho da razão do rei Afonso são superadas pela teoria moral e teodiceia de Rousseau. Depois dele não precisamos negar a existência do Mal ou duvidar da Providência. O fundamental em Rousseau foi considerar o mundo dinâmico, sendo possível conjeturar historicamente como o Mal surgiu na humanidade e se desenvolveu, com o passar do tempo, desde o homem primitivo até a civilização.

A causa do erro não é externa ao homem e determinada pela vontade de Deus, diz o autor de *Emílio*, mas consequência das escolhas livres de cada um. A partir de então, afirma Kant, a tese de Alexander Pope é confirmada. Com *Ensaio sobre o homem*, publicado em 1734, o poeta inglês ganhou a admiração por toda a Europa. Voltaire, ao traduzi-lo para o francês, vai chamá-lo "o mais belo e útil, o poema moral mais sublime já escrito em qualquer língua". Rousseau vai escrever a Voltaire, concordando com sua avaliação, dizendo que o poema "suaviza meus pesares e me traz paciência". Kant gostava de recitar longas passagens do poema para os seus alunos.

Pope, que exige reflexão em cada verso, demonstra a grandeza da lei natural, reflexo da perfeição divina, diante da insipiente capacidade do homem em abarcar toda a racionalidade da Natureza. Apesar disso, porém, podíamos ter certeza de que, não obstante nossa limitação em perceber, há uma harmonia universal como ordem por detrás das aparências:

> Toda a Natureza não é senão Arte, desconhecida para ti;
> Todo Acaso, direção que não podes ver;
> Toda Discórdia, harmonia não compreendida;

---

76 *Ibidem*, p. 276.

> Todo Mal parcial, Bem universal:
> E apesar do Orgulho, a despeito da razão que erra,
> Uma verdade está clara, *o que quer que seja certo está.*
> (POPE, 1819, p. 45).

Pela capacidade de síntese do poeta, essa estrofe responde a Manes, Afonso, Leibniz, e dá os passos primeiros para o que será o mundo moral de Rousseau. Para Pope, a felicidade deve ser conquistada pelo homem neste mundo, pelo esforço de cada um na busca de um comportamento virtuoso. A motivação vem do fato que a felicidade é uma conquista coletiva. É uma ilusão quando ela é procurada por alguns, em detrimento do sofrimento da maioria, e tudo isso está estabelecido na lei natural, que é divina:

> Lembra-te Homem de que,
> A causa primária
> Por leis gerais, e não parciais, só obra:
> E, portanto a real Felicidade
> A mira põe no Todo, e não na parte.
> A Ventura que busca qualquer homem,
> A abraçar tende a humanidade inteira.
> (POPE, 1819, p. 15).

Pope termina seu ensaio propondo uma integração do amor dos seres com o Criador. A virtude age como uma intervenção num campo infinito, que se expande indo do centro do Ser comunicando-se por todo o Universo. Essa figura lembra a explicação de Newton sobre a ação da mente sobre o éter e também o fluido universal das ciências do magnetismo animal e espiritismo. O poeta inspirado faz uma profissão de fé otimista, encerrando um clássico da moral no Iluminismo.

> O amor divino vem do Todo às partes,
> O nosso vai de um ente ao Grande Todo:
> Amor-próprio desperta a mente pia,
> Qual pedrinha lançada em manso lago
> Mil círculos concêntricos descreve,
> Que uns após outros vão se dilatando;
> Assim abraça amigo, pai, vizinho,
> Depois a pátria, a humanidade inteira;

> E as efusões de uma alma benfazeja
> Abrange todo o ser, ou criatura:
> Com o bem geral então exulta a Terra;
> No humano coração o céu se imprime.
> (POPE, 1819, p. 41).

Por fim, resta-nos desvendar a definição de Kant quanto à revolução moral de Rousseau, que "a natureza oculta no fundo dos homens e a lei escondida segundo a qual a Providência se justifica pelas suas observações".

2.3.7 A iluminação em Vincennes

Enquanto Luís XV impunha pesados tributos para sustentar grandes despesas com exércitos, sua amante, madame Pompadour, provocava o clamor do povo com suas ostentações luxuosas e os excessos da corte. Enquanto isso, os escritos de fundo materialistas, considerados subversivos, como *Carta sobre os cegos para uso dos que veem*, que levou Diderot para uma arbitrária prisão na torre do castelo real de Vincennes, em 1749, abandonado pela realeza desde sua instalação em Versalhes.

Com a permissão de passear pelo parque e receber visitas, Rousseau regularmente percorria o caminho de hora e meia entre Paris e a prisão para visitar o amigo. Num domingo, lia a revista *Mercure de France*, quando viu o anúncio do prêmio da Academia de Ciências, Artes e Belas Artes de Lyon, que daria no ano seguinte uma medalha de ouro para quem melhor respondesse à questão: "O progresso das ciências e das artes contribuiu para o aperfeiçoamento da moral?". Nessa leitura, Rousseau viveu o que descreveu como uma súbita inspiração com a qual aprendeu uma multidão de ideias brilhantes. Seu espírito deslumbrou-se com mil luzes, e, como embriagado, sentiu uma tontura e palpitação no peito, faltou-lhe o ar e precisou deixar-se cair ao pé de uma árvore na beira da estrada. Permaneceu lá, assimilando o turbilhão de ideias até que, ao levantar, viu seu casaco lavado de lágrimas que lhe correram sem que o percebesse. Numa carta a Chrétien de Malesherbes descreveu:

> Oh, senhor, se pudesse um dia descrever apenas uma fração do que vi e senti debaixo daquela árvore, com que clareza teria podido demonstrar todas as contradições do sistema social! Com que força teria podido apresentar todos os abusos de nossas instituições! Com que simplicidade teria demonstrado que o homem é bom por

natureza, e que é somente por meio dessas instituições que o homem se torna mau.⁷⁷

Tudo o que Rousseau aprendeu nesses quinze minutos de iluminação, depois de uma semana de meditação na encantadora floresta de Saint-Germain, "foi por mim espalhado nos principais escritos, meu primeiro discurso, o segundo sobre a desigualdade e o tratado de educação [*Emílio*], três obras inseparáveis, que juntas formam um todo único, todo o resto foi perdido", e conclui: "tornei-me um escritor, quase apesar de mim".

Rousseau ganhou o concurso da academia de Dijon e também participou de outros em 1753, sobre qual a origem da desigualdade entre os homens e se ela é autorizada pela lei natural. Sua resposta se deu pelo *Discurso sobre a origem da desigualdade entre os homens*.

Apesar do prestígio e aceitação popular que havia conquistado, com a publicação de *Emílio*, em 1762, Rousseau conheceu toda a intolerância da ortodoxia católica e do Estado contra a libertadora mensagem de sua iluminação. Primeiro, o Parlamento de Paris decretou: "A Corte ordena que o dito livro seja rasgado e queimado no pátio do Palácio pelo executor da Alta Justiça". A impressão e venda do livro foi proibida, pois carregava o crime de promover a *religião natural* contra a oficial do país. Um mês depois, o arcebispo da cidade condenou o livro como uma "doutrina abominável, própria para destruir os fundamentos da religião cristã". Sua condenação foi lida nas paróquias da cidade. A Universidade parisiense de Sorbonne também censurou publicamente a obra como diabólica, cheia de venenos mortais, inspirando um horror eterno e escrita por um "homem de boca ímpia, absolutamente indefinível e incompreensível, um inimigo das letras".⁷⁸ Como se vê, os sensores da Sorbonne não pouparam adjetivos em sua condenação.

Por fim, Rousseau foi condenado à prisão e fugiu durante a noite da França, avisado por amigos antes da execução da sentença. Sua esperança se voltou para Genebra, sua cidade natal, república protestante, que ostentava o lema da livre interpretação das escrituras. No entanto, o procurador-geral da cidade, uma semana depois do ocorrido na França, também condenou as padecidas páginas de *Emílio* às cinzas. Segundo o decreto, o autor seduzia os leitores com um estilo atraente e belo, camuflando o escândalo que desvirtuava a Europa com um livro criminoso.

---

77 ROUSSEAU, Jean-Jacques. *Quatre lettres à m. Le Président de Malesherbes*. In: *Œuvres de Jean-Jacques Rousseau*. v. 15. Paris: Libraire Deterville, 1817.

78 COTTRET, B. *Jean-Jacques Rousseau en son temps*. Paris: Perrin, 2005.

Os governos, as universidades, os católicos e os protestantes conheciam a experiência do deísmo e da religião, ocorridos anteriormente na Inglaterra, e sabiam do perigo dessas ideias contra a tradição e a hegemonia da religião oficial e do poder centralizador.

Mas Rousseau ainda ia mais longe e tinha plena consciência de sua missão: "Creio ter descoberto grandes coisas e as expus com uma franqueza bastante perigosa", escreveu no prefácio da segunda carta a Bordes. Ele suplantou os deístas ao reinterpretar o cristianismo, dando significados originais para o Evangelho e um novo papel para Jesus. Não atacava a religião como o materialista iluminista, com seu vasto saber erudito, considerado incompreensível, orgulhoso e ofensivo ao sentimento religioso, e, por tudo isso, não recebiam a adesão popular. Rousseau, por sua vez, falava docemente aos simples, às mães aconselhava amamentar e amar seus filhos, acalentava com esperanças os pobres, dava à infância toda alegria e beleza de sua natureza frágil e cheia de potenciais. Seu texto é acessível e agradável de ler. Rousseau mostrava suas dúvidas e fraquezas, ganhando a simpatia e cumplicidade do leitor. Por outro lado, seus textos também interessavam aos sábios, pois escondidos em meio à obra oferecia conceitos transformadores, enfrentando dogmas milenares com soluções racionais, ao mesmo tempo compatíveis com o conhecimento científico e os ensinamentos do Evangelho. Era, em verdade, a proposta de uma revolução moral e de uma reinterpretação do cristianismo proposto por Jesus como uma religião natural. Lutando, de um lado, contra o fanatismo e, de outro, contra a incredulidade, seria da germinação dessas novas sementes plantadas no fértil terreno francês, europeu e mundial que brotaria a doutrina dos espíritos.

2.4 O TERCEIRO CAMINHO OU 'A AUTONOMIA'

Costuma-se definir a obra de Rousseau com generalizações, como "todo mal vem da sociedade" ou por sentenças completamente equivocadas como a de que "o selvagem é um homem bom enquanto o social é ruim, por isso Rousseau prega uma volta à selva". É um hábito, superado pela atual história da ciência, explicar a obra de cientistas por simplificações como dizer que Newton descobriu a Lei da Gravidade quando uma maçã caiu sobre sua cabeça, ou que Arquimedes encontrou a solução do peso da coroa do rei Hieron numa banheira, de onde correu nu pela cidade de Siracusa gritando: "Eureka! Eureka!"[79] Ensinar assim, por anedotas, as grandes descobertas, leva a cometer o grande equívoco de

---

79 Equivalente a dizer: "Encontrei! Encontrei!".

tirar esses pensadores do contexto social, político, religioso e cultural de onde surgiram suas ideias, deixando de demonstrar a coerência de sua proposta com os intelectuais de sua época e a necessidade de dialogar com as teorias em voga, superando seus equívocos e oferecendo uma nova com maiores perspectivas, abrangência e coerência. As novas ideias possuem sempre uma relação com a tradição, demonstrando suas vantagens para que seja aceita.

A iluminação de Rousseau, descrita nos discursos e em *Emílio*, tem um núcleo central que difere sua teoria das outras estabelecidas até então, seja a dogmática religiosa, seja as reducionistas materialistas. As tradições nascidas com as primeiras civilizações, Egito, Índia, e vamos exemplificar pela Grécia, consideram ter havido uma degeneração da humanidade, a partir de uma idade de ouro. Os homens governados por Saturno viviam como os deuses, isentos de guerras, doenças e crimes. O clima era sempre ameno e agradável. A terra dava frutos, nos rios corriam leite e néctar, regatos de mel. Depois, considerando ciclos de decadência, vieram as idades de Prata, Bronze e de Ferro, em que os crimes invadiram a Terra, trazendo sofrimento, fraude, traição, violência e um desejo desesperado por riquezas.

Entre os mitos gregos, conta Hesíodo, na *Teogonia*, como Prometeu tenta trapacear com Zeus para favorecer os homens, os quais viviam tranquilos entre os deuses, e acabou por motivar sua ira levando à criação da primeira mulher, Pandora, que trouxe consigo os males que a humanidade não conhecia: doença, velhice e morte, mas trouxe também um único benefício, a esperança. Todas essas histórias são símbolos que transmitem às novas gerações o anseio pela compreensão de nós mesmos. Quando Platão abordou a criação do homem, ele considerava a alma originalmente perfeita e a mudança como causa da degeneração do homem. O processo de recuperação se daria pela purificação.

Na tradição cristã, a idade de ouro está representada pelo Jardim do Éden, e a degeneração pela queda de Adão e Eva. Os rituais, jejuns, mortificações são processos de purificação de um corpo degenerado para a purificação da alma que almeja recuperar sua pureza. Essa ideia está presente nas mais diversas religiões.

Rousseau vai iniciar suas investigações abandonando os mitos, como o pecado original e a queda do homem: "Uma das comodidades do cristianismo moderno é de ter criado certo jargão de palavras sem ideias, com as quais satisfazemos a tudo menos à razão". Para fugir desse perigo, ele toma a Escritura e a razão como únicas regras de sua crença e depõe: "Recuso a autoridade dos homens, e não penso submeter-me a suas fórmulas, senão quando percebo sua verdade" (ROUSSEAU, 2004, p. 154).

Quanto à desigualdade, estudada em seu segundo discurso, "A religião nos ordena acreditar que, tendo o próprio Deus tirado os homens do estado de natureza, eles são desiguais porque Ele quis que o fossem, mas ela não nos proíbe de formar conjecturas".[80] Os filósofos, por sua vez, estabelecem teorias contraditórias e sem embasamento:

> Hobbes pretende que o homem é naturalmente intrépido e não procura senão atacar e combater. Um filósofo ilustre pensa ao contrário, e Cumberland e Pufendorf também afirmam que nada é tão tímido como o homem em estado de natureza, sempre trêmulo e prestes a fugir ao menor ruído que o impressione, ao menor movimento que perceba. (Idem, p. 42)

Então Rousseau vai fazer uma nova leitura da história do homem, "não nos livros dos teus semelhantes, que são mentirosos, mas na Natureza, que não mente nunca" (Idem, p. 42).

Analisando a figura humana, Rousseau vai encontrar uma semelhança com os animais em seu corpo, como uma máquina engenhosa, onde os sentidos e os instintos promovem sua preservação. Mas, enquanto o animal obedece sempre aos comandos instintivos, o homem é um agente livre. "Um escolhe ou rejeita por instinto, o outro por um ato de liberdade". Além disso, enquanto o homem percebe que a Natureza lhe dirige as ações, "se reconhece livre de aquiescer ou de resistir". Ou seja, além de ser livre, o homem reconhece sua condição de liberdade. Então Rousseau vai estabelecer a hipótese de que:

> É sobretudo na 'consciência dessa liberdade' que se mostra a espiritualidade de sua alma; porque a física explica de certa maneira o mecanismo dos sentidos e a formação das ideias; mas no poder de querer, ou melhor, de escolher, e no sentimento desse poder, só se encontram atos puramente espirituais, dos quais nada se pode explicar pelas leis da mecânica. (Idem, p. 56)

O entendimento, a formação das ideias e os instintos podem ser explicados pela física como se o corpo fosse uma maravilhosa máquina, o que coloca o corpo humano na mesma condição dos animais, pois "todo animal tem ideias,

---

80 ROUSSEAU, Jean-Jacques. *Discurso sobre a origem da desigualdade entre os homens*. Trad. de Paulo Neves. Porto Alegre: L&PM, 2013.

pois tem sentidos; combina mesmo as ideias até certo ponto". Mas não a liberdade e a consciência que o homem tem dela, condição de sua alma. Em seguida, vai completar seu raciocínio afirmando que:

> Há outra qualidade muito específica que os distingue, sobre a qual não pode haver contestação: é a 'faculdade de se aperfeiçoar', a qual, com o auxílio das circunstâncias, desenvolve sucessivamente todas as outras e reside, entre nós, tanto na espécie como no indivíduo, ao passo que um animal é, no fim de alguns meses, o que será toda a vida. (*Idem*)

Qual a diferença fundamental entre o homem e os animais? A faculdade de se aperfeiçoar, ou perfectibilidade, potencial inato que precisa do auxílio das circunstâncias adequadas para desenvolver todas as outras faculdades características do homem em função de sua alma.

Aqui, nestes dois parágrafos, está representado o núcleo forte da teoria de Rousseau. A 'liberdade' e a 'perfectibilidade' são condições da alma, e, por definição, como causa dos movimentos do homem, não estão sujeitas ao determinismo dos movimentos naturais, conhecido matematicamente pela física moderna. As leis do movimento de Newton mostram que elas se aplicam igualmente a uma pedra e a um planeta, governando igualmente a Terra e todo o Universo. Tanto o processo de assimilação da experiência pelos sentidos quanto o mecanismo dos instintos, como o de preservação, poderiam ser explicados por movimentos naturais, mas liberdade e perfectibilidade revelam que "o homem não é um ser simples; ele é composto por duas substâncias" (ROUSSEAU, 2004, p. 131). Esse é o pressuposto fundamental da teoria de Rousseau, mas que surge não como um princípio dogmático, mas como consequência de suas conjecturas sobre o desenvolvimento humano.

A perfectibilidade, faculdade primária da alma como substância independente do mundo material, é o conceito que demonstra o equívoco milenar que considera a degeneração da alma pela queda e a consequente necessidade de sua purificação para reestabelecer sua perfeição original. Deus não cria a alma perfeita, para que depois ela se degenere pelos seus erros. A resposta da Natureza, segundo a perfectibilidade, revela uma inversão do fato real quando da interpretação dogmática das tradições religiosas. A teoria de Rousseau demonstra uma humanidade dinâmica, progressiva, dependendo de si mesma para alcançar um mundo feliz, enquanto a antiguidade ocidental acreditava na degeneração do homem, que suplica a intervenção divina para ser salvo.

Não há de se esperar que Deus acabe com este mundo para criar um novo Éden, pois essa figura está mal interpretada. O homem, segundo Rousseau, em seu estado primitivo, estava amparado pelos instintos e vivia uma harmonia adequada aos limites de sua vida animal, num equilíbrio de sua espécie como seu *habitat*. Quando a civilização surgiu, ela foi uma conquista da liberdade, condição natural da alma humana. Desse modo, quando a humanidade fizer bom uso de sua perfectibilidade, tanto no campo do conhecimento quanto no da moral, o homem estabelecerá uma sociedade ideal por sua própria conquista. A solução magistral de Rousseau une o espiritualismo – pensamento da maioria dos homens.

Com essas deduções, Rousseau retira o espiritualismo dos abismos da irracionalidade e demonstra que a interpretação corrente dos dogmas do pecado original, da queda, do castigo divino, da passividade do homem, da salvação, do juízo final são todas inversões equivocadas dos verdadeiros princípios naturais.

Rousseau não precisa explicar o que é a alma, nem como ela age sobre o corpo, ou mesmo sua criação por Deus, em sua obra essas perguntas continuarão sem respostas e estão além do limite do conhecimento. De forma geral, ele não teve necessidade de penetrar no escuro recinto da metafísica, bastando a constatação da dualidade de substâncias pela análise racional da natureza humana, a natureza imaterial da liberdade e a existência de um Deus criador e presente no Universo. Desse modo, não está concorrendo com a religião, pois não substitui uma ortodoxia por outra; mas estudar o ser humano segundo os conceitos da religião e da moral naturais. Em *Emílio*, depois de expor toda a 'profissão de fé do vigário de Savoia', vai concluir que vê pouca diferença entre os sentimentos do padre e "o teísmo, ou religião natural, que os cristãos fingem confundir com o ateísmo ou irreligião, que é a doutrina diretamente oposta". E o vigário responde:

> Vês em minha exposição apenas a religião natural; é muito estranho que seja preciso outra. (...) De que posso ser culpado ao servir a Deus de acordo com as luzes que ele dá ao meu espírito e de acordo com os sentimentos que inspira ao meu coração? (...) As maiores ideias da divindade vêm-nos pela razão sozinha. Vê o espetáculo da natureza, escuta a voz interior. Deus não disse tudo a nossos olhos, à nossa consciência, ao nosso juízo? Que mais nos dirão os homens? Suas revelações só degradam Deus, emprestando-lhe paixões humanas. (...) Os dogmas particulares os confundem; longe de enobrecê-lo, os aviltam. (ROUSSEAU, 2004, p. 418-419)

Os mistérios, afirma Rousseau, demonstrando um Deus caprichoso, tornam o homem orgulhoso, intolerante e cruel, crentes de que o imitam. De que serve tudo isso, todos esses séculos de conflitos religiosos? A diversidade dos cultos bizarros instituídos pelo homem tem como origem a fantasia acrescentada nas revelações. "Se só tivessem ouvido o que Deus diz ao coração do homem, nunca teria havido mais do que uma religião na Terra", conclui o vigário.

A ciência só se libertou dos enganos mantidos por séculos, quando deixou de aceitar a imposição de se manter no círculo das Escrituras e dos limites das autoridades eleitas pelas igrejas. As transformações entre as quais Rousseau dá sua contribuição, formando uma religião e uma moral naturais, estão inseridas no amplo conceito de revolução científica. Newton, como vimos, contribui tanto para a Física quanto para integrar a ação da alma e de Deus na filosofia natural, ou ciência.

Rousseau dá início a uma psicologia espiritualista. O terceiro caminho é um espiritualismo racional que, quando associado ao cristianismo, demonstra o pensamento de Jesus como condizente com as leis naturais ao ser bem compreendido. Desse modo, as Escrituras podem ser explicadas sem o prejuízo do dogmatismo, e o cristianismo ganha um esclarecimento à altura do progresso das ciências. Essa é a grande conquista da revolução moral de Rousseau, que foi mais bem compreendida e mereceu a admiração pela privilegiada mente de Kant. A ampla divulgação popular dessas ideias irá criar uma base cultural fundamental para o surgimento do espiritismo.

A doutrina espírita virá no momento certo: quando o pensamento científico físico, moral e espiritual se desenvolveu de tal forma que o fantasma dos dogmas irracionais fora irremediavelmente abalado, enquanto a religião natural recebia o apreço e interesse de multidões.

2.4.1 A psicologia espiritualista de Rousseau

Em sua carta ao arcebispo de Paris, Christophe de Beaumont, Rousseau afirma que o princípio fundamental de toda a moral, sobre o qual ele discorreu em todos os seus escritos, principalmente em *Emílio*, no qual investiu toda sua capacidade em ser claro, é que:

> O homem é um ser naturalmente bom, amante da justiça e da ordem; que não existe perversidade original no coração humano, e que os primeiros movimentos da Natureza são sempre retos. Mostrei que a única paixão que nasce com o homem, a saber, o amor de si, é uma paixão indiferente em si mesma ao Bem e ao Mal; que ela não se

torna boa ou má senão por acidente e segundo as circunstâncias nas quais se desenvolve. (*Idem*, p. 42)

O homem primitivo tem seu cotidiano dirigido pelos instintos e seu movimento é impulsionado pelo conceito rousseauneano do 'amor de si', que poderíamos mal traduzir por instinto de conservação. Até aqui, não diferimos originalmente da condição dos outros animais.

No entanto, o que ele entende por bondade natural não nasce do amor de si, o que reduziria a psicologia de Rousseau a um naturalismo, em que o homem seria conduzido ao Bem e ao Mal pelo condicionamento dos sentidos, por meio do prazer e da dor. A teoria moral de Rousseau considera como pressuposto, repetimos, que o homem não é um ser simples, mas é composto por duas substâncias, há no homem dois princípios, "o ser inteligente e o ser sensitivo". O bem-estar de cada um deles não é o mesmo, pois: "O apetite dos sentidos tende ao do corpo, e o amor pela ordem, ao da alma. Este último amor desenvolvido e tornado ativo traz o nome de consciência" (*Idem*, p. 420).

O prazer, então, refere-se ao apetite dos sentidos e atende ao bem-estar do corpo, enquanto o medo da dor e da fome o coloca em movimento. Já quanto à alma, Rousseau faz uso de figuras, pois ela não pertence à condição da matéria. Segundo ele, o bem-estar da alma, ou ser inteligente, é o amor pela ordem.

Ou seja, o amor pela ordem está presente na alma humana, substância espiritual, e não está sujeita às condições do determinismo físico. Por isso, essa semente como consciência "não se desenvolve e não age senão com as luzes do homem. É só por essas luzes que ele chega a conhecer a ordem, e é só quando ele a conhece que sua consciência o leva a amá-la". As paixões são úteis ao homem, pois atendem às suas necessidades materiais de nutrição, reprodução e repouso, e o progresso que ele faz a partir delas dará origem ao conhecimento. A moral está condicionada ao desenvolvimento racional. São duas asas do homem, que trabalhando juntas permitem o voo de seu aperfeiçoamento.

A filosofia materialista submetia o homem às leis sociais definidas como fonte da moral. A Igreja colocava o homem submisso ao poder divino, seus castigos, disputando a salvação que seria concedida apenas para alguns. Rousseau dá ao homem um guia presente em sua alma, que não se reduz apenas à razão, mas é desenvolvida por ela. Quando adequadamente ampliada, a consciência se revela como instinto divino e um guia seguro:

> Consciência! Juiz infalível do Bem e do Mal, que tornas o homem semelhante a Deus, és tu que fazes a excelência de sua natureza e a

> moralidade de suas ações; sem ti nada sinto em mim que me eleve acima dos animais, a não ser o triste privilégio de perder-me de erros em erros com o auxílio de um entendimento sem regra e de uma razão sem princípio. (*Idem*, p. 411-412)

Nesta psicologia espiritualista, o homem é um ser duplo, inteligente pela alma e sensitivo pelo corpo. São próprias da alma a vontade, a razão e a moral. São de seu corpo a sensibilidade, os instintos e paixões, prazer e dor.

Verdadeiramente, o homem primitivo, segundo Rousseau, não é exatamente bom, mas carrega em si os princípios necessários para tornar-se bom e um deles é o desenvolvimento de sua razão, para compreender a ordem da Natureza, para encontrá-la em si mesmo e, futuramente, conquistar a harmonia social, que só poderá surgir por seu trabalho. Rousseau dá mais detalhes, explicando que, como demonstra em seu *Discurso sobre a desigualdade*, o selvagem ainda não teve desenvolvida sua consciência, por não ter raciocinado, comparando seus atos com os dos outros e suas consequências para reconhecer o Bem e o Mal, nessa condição "não odeia nem ama nada; limitado só ao instinto físico, ele é nulo, ele é animal" (*Idem*, p. 131).

2.4.2 A origem do Mal

Com o desenvolvimento da consciência pelo esforço da razão, conhecemos em Rousseau a origem do bem e da moral. Mas qual, então, é a origem do mal?

Há um problema teológico clássico quando bem e mal são considerados opostos. Como poderia um Deus onipotente ter criado o mal? E se Ele não o criou, teria o mal criado a si próprio? Então Deus não seria onipotente. Sobra dizer que o mal tenha sido criado pela escolha humana, pelo pecado, pela culpa, pelo erro, merecendo a punição por todo castigo, imperfeição e sofrimento da vida.

A solução de Rousseau é original e inovadora quando se afasta de qualquer base mística ou dogmática, desenvolvendo uma teoria fundamentada pelos instrumentos da história, antropologia e psicologia moral. Sua obra se desenvolve dentro dos limites da razão e da fé racional. Nela, pela primeira vez, o mal não estava relacionado a uma punição, o que distanciava seu discurso da maioria das explicações adotadas pelas religiões positivas. Para Agostinho, punição infinita era adequada à culpa infinita. O mal moral de Adão acarreta o mal natural de um mundo de sofrimentos. Uma grande distância afasta a solução de Rousseau da tradição.

No *Segundo discurso*, as desigualdades entre os homens estão as naturais e as artificiais. As naturais seriam as diferenças de temperamento, força física, saúde, idade e outras características de origem fisiológica. As artificiais são criadas pelo homem, como riqueza e pobreza, e "os diferentes privilégios de que gozam alguns como prejuízo dos outros", além de ser mais ricos, mais poderosos, honrados, também se dá quando se faz uma maioria obedecer essa minoria.

Os homens, no estado natural, não têm relações morais, nem deveres próprios da sociedade organizada, portanto "não podiam ser bons nem maus, nem tinham vícios nem virtudes". O erro de Hobbes ao considerar o homem egoísta por natureza, que Rousseau aponta, foi analisar o homem primitivo transpondo para ele as condições que observava em seu próprio tempo na corte da monarquia inglesa, com suas tramas egoístas de uma vida falsa: "Hobbes não viu que a mesma causa que impede os selvagens de usar a razão, como o pretende os nossos juristas, impede-os também de abusar das suas faculdades, como ele próprio pretende" (ROUSSEAU, *Op. cit.*, p. 75).

Em contraponto ao instinto de conservação, há uma piedade natural que o homem compartilha com os animais, um sentimento que permite a conservação mútua de toda a espécie, causando uma repugnância em fazer o Mal arbitrário. O homem primitivo é, então, mais feroz do que mau. As diferenças que vemos entre os homens eram falsamente atribuídas a Deus ou à Natureza, enquanto "são unicamente a obra do hábito e dos diversos gêneros de vida adotados pelos homens na sociedade" (*Idem*, p. 88). Entre os selvagens, não há opressão dos mais fracos pelos mais fortes, afirma Rousseau, pois servidão e dominação têm origem social:

> Sendo os laços da servidão formados exclusivamente da dependência mútua dos homens e das necessidades recíprocas que os unem, é impossível sujeitar um homem sem o pôr antes na situação de não poder passar sem outro homem; situação que, não existindo no estado de natureza, deixa cada um livre do jugo e torna vã a lei do mais forte. (*Idem*)

No início da civilização, o homem fez sucessivas descobertas para melhorar sua forma de viver. Aprendeu a pescar, dominou o fogo, melhorou sua habitação buscando residência fixa, reconhecendo sua superioridade sobre os outros animais. Foi no momento seguinte, quando observando a si mesmo, que vivenciou o primeiro movimento de orgulho, "contemplando-se como o primeiro por sua espécie, preparava-se já para pretender o mesmo como indivíduo" (*Idem*, p. 103). Ou seja, de ser a mais importante das espécies passou a se considerar o mais importante dos homens, do orgulho veio o egoísmo. Depois do orgulho de ser o melhor de seu grupo, também viu seu grupo acima dos outros. Junto com as comparações, o mais belo, o mais forte, o mais considerado. Com as disputas de apreço, surgem inveja, vaidade, desprezo e todas as imperfeições humanas.

Com os desejos de enfeites, mais e melhores alimentos, casas maiores e mais ricas, foi surgindo a necessidade de mais trabalho que um só homem precisa para prover-se, "desde que perceberam que era útil a um só ter provisões para dois, a igualdade desapareceu, a propriedade se introduziu (...) em breve, se viram germinar a escravidão e a miséria, a crescer com as colheitas" (Idem, p. 104). A diferenciação do trabalho se estabeleceu com mineração, metalurgia, agricultura, criação de animais.

Até então, o poder estava na mão do mais belo, forte, hábil, de quem tinha maior quantidade de bens. Mas logo se percebeu que a consideração dos outros podia ser conquistada falsamente:

"Foi preciso, para vantagem própria, mostrar-se diferente daquilo que se era de fato. Ser e parecer tornaram-se duas coisas inteiramente diferentes; e, dessa distinção, surgiram o fausto impotente, a astúcia enganadora e todos os vícios que constituem o seu cortejo" (Idem, p. 109).

As necessidades de parecer surgem tanto para dominar quanto para bajular. Se o homem primitivo era livre e independente, agora ele está mergulhado numa multidão de necessidades, e todos se tornam escravos dessa atormentada vida social. O rico está preso à servidão do pobre, e este precisa do auxílio do senhor:

> A igualdade foi seguida da mais horrível desordem; e assim que as usurpações dos ricos, os assaltos dos pobres, as paixões desembreadas de todos, sufocando a piedade natural e a voz ainda mais fraca da justiça [consciência], tornaram os homens avarentos, ambiciosos e maus. (Idem)

Os pobres só tinham a perder sua liberdade. Enquanto os ricos tinham muitos bens, interesses e regalias que os poderiam sujeitar ao mal. Eram, portanto, os maiores interessados em se garantir por meio da lei. Portanto, com o pretexto de garantir os direitos e deveres de todos, em verdade as leis e o governo foram instituídos para perpetuar a desigualdade, afiançar os privilégios, legalizando a violência e o poder de oprimir e subjugar:

> Tal foi ou deve ter sido a origem da sociedade e das leis, que deram novos entraves ao fraco e novas forças ao rico. Destruíram sem

remédio a liberdade natural, fixaram para sempre a lei da propriedade e da desigualdade. De uma astuta usurpação fizeram um direito irrevogável, e, para proveito de alguns ambiciosos, sujeitaram para o futuro todo o gênero humano ao trabalho, à servidão e à miséria. (Idem, p. 118)

Para completar essa estrutura de dominação, contrariando o direito natural, faltava apenas instituir que o filho de um escravo nasceria escravo. Na Índia, o filho de uma casta inferior seria da mesma casta. Nas monarquias, o filho do rei seria rei. Também o senhor feudal e seus servos. Para Rousseau, para quem a liberdade define a natureza humana, com essas leis, os juristas decidiram que "um homem não nasceria homem".

Em toda essa análise da progressão social da desigualdade:

- Lei e direito de *propriedade* autoriza a condição de *rico* e *pobre*.
- A instituição da *magistratura* cria o *poderoso* e o *fraco*.
- A mudança do legítimo para o *poder arbitrário*, a de *senhor* e *escravo*.

Está na sociedade, criada injusta por homens orgulhosos e egoístas, a origem e o progresso da desigualdade entre os homens, inibindo todas as inclinações naturais potenciais para tornar o homem bom. Ou seja, a desigualdade moral é autorizada pelas leis equivocadas, mantenedoras dos privilégios e, conclui Rousseau em seu *Tratado sobre a desigualdade*, que, em todos os povos policiados "é manifestamente contra a lei da Natureza que um punhado de pessoas nade no supérfluo, enquanto à multidão esfomeada falta o necessário" (Idem, p. 141).

Segundo Rousseau, as cidades modernas tiram a liberdade natural ao amontoar os homens. Nelas, os hábitos igualam uma forma degradante de viver, e institucionalizam a servidão. De onde vêm todo esse monte de badulaques desnecessários, essa opulência na alimentação, a sustentação do ócio das elites? Não vêm senão do suor, das lágrimas e do sofrimento das grandes massas servis, incluindo crianças e mulheres, que se esgotam nos campos e no ambiente degradante das oficinas. Nos séculos seguintes, a Paris das galerias, as atuais megalópoles com centenas de *shoppings*, as nações que sujeitam suas populações a servir sem descanso, quase como escravos, em gigantescas fábricas, às multinacionais, como na China, no México e no Vietnã (basta olhar as etiquetas 'made in' de roupas, tênis ou eletrônicos). Já se denunciou a condição escrava de milhares de crianças retiradas de seus pais, na África, carregando facões para colher frutos de cacau, que vão abastecer as fábricas de chocolate.[81] Nada disso é novo. Quando Rousseau tratou da educação de Emílio, sendo o jovem consciente da justiça:

> Que pensará ele do luxo, quando descobrir que todas as regiões do mundo contribuíram para aquilo, que vinte milhões de mãos talvez tenham trabalhado por muito tempo, que aquilo talvez tenha custado a vida de milhares de homens, e tudo isso para lhe apresentar pomposamente ao meio-dia o que ele vai devolver à noite em seu banheiro. (ROUSSEAU, 2004, p. 254)

Em todas as grandes cidades se convive com poluição, trânsito, altos custos de vida, aglomerações, falta de transportes, entre outros problemas. Rousseau profetiza quando afirma que "os homens não são feitos para serem amontoados em formigueiros, (...) Quanto mais se reúnem, mais se corrompem. As doenças do corpo, assim como os vícios da alma, são o efeito infalível dessa associação muito numerosa". O homem não pode viver como em rebanho, deve se espalhar pela Natureza, e então conclui: "As cidades são o abismo da espécie humana" (ROUSSEAU, 2004, p. 43).

"Não é a dor do corpo um sinal de que a máquina não está funcionando bem e uma advertência para que seja reparada?", pergunta Rousseau em *Emílio*, traçando o raciocínio fundamental do qual vai demonstrar a naturalidade com a qual as leis de Deus vinculam as escolhas humanas e suas consequências, pois "é o abuso de nossas faculdades que nos torna infelizes e maus" (*Ibidem*, p. 397). Todas as tristezas, preocupações e sofrimentos têm origem em nós mesmos. O mal moral nasce dos hábitos adquiridos que se tornam vícios. A maioria das doenças nasce dos abusos da alimentação, das emoções, do desregramento da vida. Têm origem na cobiça, na inveja, na ganância todas as aflições da perda dos bens ou do medo de perdê-los. Tudo o que o homem escolhe com liberdade não está no sistema ordenado da Providência Divina e não pode ser creditado a ele, soluciona Rousseau. Deus não deseja o mal que o homem faz, mas permitir

---

81 Um documentário do jornalista dinamarquês Miki Mistrati mostra por câmeras ocultas o tráfico de crianças para as plantações de cacau da Costa do Marfim (https://www.youtube.com/watch?v=7DPpdtN3VUY). Segundo a Organização Internacional do Trabalho, na África ocidental um milhão e oitocentas mil crianças trabalham nas plantações de cacau, por mais de doze horas por dia. Sobretudo na Costa do Marfim, onde mais de doze mil crianças vivem na escravidão.

sua escolha é a condição única para que ele, por meio da liberdade, possa progredir do homem simples pela perfectibilidade.

A Natureza "o fez livre para que ele fizesse não o mal, mas o bem por escolha". Todo sofrimento funciona como a dor. Não é um castigo, mas um aviso de que o caminho escolhido deve ser corrigido. Cabe ao homem escolher o Bem por vontade própria ou continuar sofrendo. A Natureza não intervém nesse processo e tem ao seu lado o inexorável tempo. Algumas transformações da Natureza duram anos como o surgimento dos frutos nas árvores. Outras levam milênios como a evolução das espécies e há ciclos estelares de bilhões de anos. A humanidade, seguindo as leis naturais, pode levar o tempo que desejar para reverter a condição degenerada que determinou as desigualdades na qual vive, a servidão da maioria que coloca todos na condição de sofrimento, conforme a solução de Rousseau.

Mas se Rousseau apresenta a origem e desenvolvimento do Mal, também apresenta a solução, que está na educação. Depois de escrever seus dois tratados no furor das emoções, depois da iluminação de Vincennes, será com calma e dedicação que vai tratar da educação em *Emílio*, bem determinado em seus princípios, no ambiente do campo, durante os quatro anos entre 1759 e 1762. Seu objetivo com essa obra foi trazer aos homens o verdadeiro sentido da mensagem cristã, pois o cristianismo não devia ser considerado apenas pelo ponto de vista da intolerância da Igreja, mas atender aos anseios do homem simples, que tinha em Jesus uma referência essencial. O povo merece respeito: "Enquanto resta alguma boa crença entre os homens, não se devem perturbar as almas cordatas, nem alarmar a fé dos simples com dificuldades que eles não podem resolver e que os inquietam sem esclarecê-los" (ROUSSEAU, 2004, p. 442), como o faziam tanto o fanático quanto o ateu.

Para Rousseau os filósofos erravam o alvo quando acusavam a religião pelos crimes, fogueiras e perseguições. Os crimes cometidos pelo clero não provam a inutilidade da religião, mas sim que pouca gente a conhece. A verdadeira religião natural proposta por Jesus conduz os homens à humanidade, ao entendimento, à simplicidade dos costumes.

2.4.3 A educação moral segundo Rousseau

No *Livro quarto* de *Emílio*, Rousseau apresenta sua visão da moral por meio da profissão de fé do vigário de Savoia. Seus ensinamentos viriam de um homem simples do campo, católico, mas que, não se convencendo dos dogmas, buscou em si mesmo as resposta que buscava. Não é por coincidência que seu personagem tem semelhança com o simples carpinteiro ou meigo rabi da Galileia, Jesus.

Por meio do vigário, Rousseau vai construir seu tratado de educação fundamentado na teoria da desigualdade e demais conceitos apreendidos na vivência da iluminação de Vincennes. Como vimos, a desigualdade se deve à corrupção da sociedade causada pelo egoísmo e orgulho, que fundamentou suas instituições, leis e costumes.

Para o vigário, Deus não é indiferente em relação ao mal que o homem faz, mas deixa-o agir com liberdade, pois esse é o único caminho pelo qual ele pode se aperfeiçoar por meio de seu esforço e interesse. De outro modo, só restaria uma criação perfeita, acabada, mas sem movimento e progresso. A Providência Divina "não quer o mal que o homem faz abusando da liberdade que ela lhe dá, mas não o impede de fazê-lo, quer porque da parte de um ser tão fraco esse mal seja nulo aos seus olhos, quer porque não o poderia impedir sem perturbar a sua liberdade e causar um mal maior degradando a Natureza" (Idem, p. 396).[82]

Para ser bom, primeiro é preciso ser livre. Se a sociedade foi formada pelo jugo do preconceito, criando a desigualdade em que alguns usufruem a despeito do sofrimento da maioria, a educação tradicional é coerente quando atua sob o signo do castigo e recompensa. E também quando submete as crianças à imitação dos adultos. Todo esse procedimento faz com que elas sejam condicionadas aos hábitos sociais, aprendendo pela competição a vaidade, o orgulho, a inveja e perpetuando as funestas desigualdades. Quando castigadas por motivos torpes, aprendem a mentir e enganar. Quando competem com outros, mais hábeis e fortes, tentam trapacear, fingir. Por outro lado, quando reconhecem em si dificuldades, desmoronam no desprezo por si mesmas, abatidas pelo sentimento de inferioridade. E se são os mais fortes e hábeis, caem na tentação da soberba, do orgulho, do sentimento de superioridade, fonte de todo preconceito.

Na educação pela liberdade, a criança deve conquistar as virtudes não por imitação ou condicionamento, mas descobrindo o valor e a satisfação de agir solidariamente pelo uso da razão. Como vimos, na sociedade corrompida, o homem passou a valorizar o parecer, em detrimento do ser. Uma criança pode parecer muito polida por seus hábitos, quando foi treinada por seus pais desde pequena, despertando a apreço e aprovação de todos. Mas nos bastidores do cotidiano, quando seus desejos se frustram, é que se poderá conhecer verdadeiramente seus valores. Quando exige tudo o que quer, demonstra seu condicionamento para a dominação, para ser servida, fundamento este da própria desigualdade funesta que manterá ao se tornar adulta.

---

82 Todas as citações a seguir referem-se às páginas de Emílio: ROUSSEAU, 2004.

Por disso, Rousseau recomenda a educação desde o nascimento. Os desejos se desenvolvem, explica, não da necessidade natural, mas dos hábitos que se acrescentam, e deles se deve prevenir, pois "o único hábito que devemos deixar que a criança adquira é o de não contrair nenhum" (p. 49). A criança deve agir naturalmente, comendo quando tem fome, dormindo quando tem sono, seguindo os hábitos naturais. Neste ponto, a teoria de Rousseau vai para o lado oposto da educação repressiva da Igreja ou do condicionamento pelo hábito e repressão do temperamento, imaginados pela filosofia materialista.

Quando, no convívio com os adultos, a criança tiver suprido todas as suas vontades, aceitando-se quando ela manda e suprindo imediatamente o que está além das suas forças, ela estará aprendendo a considerar as pessoas que a cercam:

> Como instrumentos que dependem delas para fazer agir, servem-se delas para seguir sua inclinação e remediar sua fraqueza. É assim que se tornam importunas, tiranas, imperiosas, más e indomáveis, progresso este que não vem de um espírito natural de dominação, mas que dá tal espírito a elas, pois não é necessária uma longa experiência para perceber como é agradável agir pelas mãos de outrem e só precisar mexer a língua para fazer com que o Universo se mova. (p. 57)

Prepare a distância o reinado de sua liberdade e o uso de suas forças, deixando em seu corpo o hábito natural, colocando-a em condições de sempre ser senhora de si mesma e de fazer em todas as coisas a sua vontade, assim que a tiver.

Reprimindo com castigos, como se fazia na orientação da Igreja, criam-se crianças falsas, que serão cordatas e aparentemente polidas apenas na aparência, como consequência do medo. Por outro lado, quando ela for inundada pela satisfação de suas fantasias, tornar-se-á tirana. A resposta está no equilíbrio, identificando-se no que deve ser ajudada, pois nasce das necessidades naturais, e deixar que conquiste por sua força e alcance o que estiver além delas.

Portanto, a verdadeira liberdade que se pode conceder à criança não está em atender tudo o que ela quer, ou aceitar todas as suas exigências. Ao fazer isso, o educador coloca-se na contramão desse objetivo. Como os desejos não possuem limites, vai chegar a hora em que ela irá se deparar com a recusa e, então, se sentirá arrasada. Dessa maneira, está se ensinando à criança que ela depende dos outros para satisfazer suas fantasias e isso é dependência, o contrário da liberdade. A verdadeira liberdade está em conhecer seus próprios limites e habituar-se a suprir por si mesmo suas necessidades. Dessa forma, a criança aprenderá a dar valor e respeitar quando obtiver o auxílio dos outros, pois, reconhecendo suas limitações, terá consciência de que a solidariedade será o fundamento da sociedade livre:

> O espírito dessas regras é dar às crianças mais verdadeira liberdade e menos domínio, deixar que façam mais por si mesmas e exijam menos dos outros. Assim, acostumando-se cedo a limitar os seus desejos às suas forças, pouco sentirão a privação do que não estiver em seu poder. (p. 58)

Quando o homem desenvolve suas virtudes pelo guia de sua consciência, comparando e discernindo por sua razão, conquista um contentamento consigo mesmo, que é a verdadeira felicidade. Todos esses valores, porém, são da alma, substância independente do corpo, e não estão relacionados com os prazeres fisiológicos.

O homem que pratica o mal tornando-o um hábito faz dele um vício. Vivencia então um pesar em sua alma, remorso, por sentir-se só na responsabilidade de seus atos. Vive medo e insegurança. Achando que os outros podem fazer o mesmo com ele, fica acuado. O inferno está dentro do próprio homem mau, como o homem de bem carrega consigo a felicidade do contentamento, ao tornar-se espelho do Amor Divino.

Aqui chegamos a um ponto muito delicado atualmente, pois a sociedade materialista na qual vivemos instituiu como natural a lei do mais forte e a barganha para se obter a satisfação dos desejos, que se confunde com felicidade, quando o que se consegue é só prazer físico, limitado e insaciável. Para Rousseau, não se resolve a questão afastando a criança do mundo. Mas no próprio ambiente social, o jovem pode conhecer as loucuras dessa vida sem compartilhar, conhecendo o erro sem o praticar: "Envolvido no turbilhão social, basta que ele não se deixe arrastar nem pelas paixões nem pelas opiniões dos homens; veja ele pelos olhos, sinta pelo seu coração; não o governe nenhuma autoridade, exceto a de sua própria razão" (p. 356).

O jovem que compreendeu a dinâmica das relações humanas e aprendeu a distinguir em si mesmo desejo artificial de necessidade natural tem condições de desenvolver o controle de sua vontade, e essa é a raiz de todas as virtudes.

O maior mal para ele é a servidão que também escraviza quem é servido: "Ele tem pena dos miseráveis reis, escravos de todos os que lhes obedecem; tem pena dos falsos sábios, acorrentados a sua vã reputação; tem pena dos ricos tolos, mártires de seu luxo; tem pena dos voluptuosos de ostentação que entregam a vida inteira ao tédio para parecer que sentem prazer" (p. 339).

Seguindo esse raciocínio, também teria pena do inimigo que fizesse mal a ele, pois veria sua miséria em suas maldades, com o seguinte raciocínio: "ao se dar ao trabalho de me prejudicar, este homem fez com que sua sorte dependesse da minha". A psicologia de Rousseau inverte a escala de valores da sociedade atual, marcada pela indução ao consumo, confundido em suas propagandas e a satisfação dos instintos, que é fisiológica, com felicidade, alegria, esperança e outros valores próprios da alma. Ninguém será feliz tomando cerveja, tendo um carro luxuoso ou ostentado a posse de milhares de quinquilharias. Todos esses valores superestimados da aparência estão integrados a uma realidade íntima de tédio, medo, insatisfação e tristeza, próprios dessas ilusões da vida contemporânea. Mesmo sofrendo, o homem mantém as condições de sua miséria em função da aparência, pois "o homem do mundo está inteiro em sua máscara. Não estando quase nunca em si mesmo, é sempre um estrangeiro e sente-se pouco à vontade quando é obrigado a voltar a si. O que ele é nada é, o que parece ser é tudo para ele" (p. 314).

A riqueza corrompe o homem que se deixa enganar pela ilusão de considerar o que possui como se fosse parte do que ele é. Apega-se ao mundo das aparências, onde egoísmo e propriedade se misturam e, "medindo unicamente por seu interesse as ideias do Bem e do Mal, enchem a mente de mil preconceitos ridículos, e em tudo o que ameaça o menor de seus privilégios logo veem uma perturbação de todo o Universo" (p. 352).

O rico se distancia do pobre porque não imagina que pode ser levado a essa condição. Ao invés de cercar as crianças de todas as suas vontades, mantê-las afastadas de toda contradição ou desigualdade social, deve-se levá-las a perceber que todos estão sujeitos a viver os sofrimentos dos desafortunados: "Ensinai-lhe a não contar com o nascimento, nem com a saúde, nem com as riquezas, mostrai-lhe todas as vicissitudes da fortuna". Mostre à criança os comuns reveses da fortuna, que a maior das prudências não afasta ninguém da doença e da morte. Pois, como Virgílio em *Eneida*, "não ignorando a desgraça, sei ajudar os miseráveis" (p. 306). Pois só lamentamos no outro os males de que não nos acreditamos isentos, atesta Rousseau. A solidariedade nasce de um senso de identidade. Quem não conhece a dor não pode ter ternura e comiseração, base da compaixão; mas apenas pena, sentimento que afasta o sofredor como um estranho. É fundamental a força do exemplo:

> Ocupai vosso aluno com todas as boas ações que estiverem ao seu alcance; seja o interesse dos indigentes sempre o dele; não os auxilie apenas com a bolsa, mas com seus cuidados; sirva-os, proteja-os, consagre a eles sua pessoa e seu tempo; faça de si mesmo o intendente deles; nunca em sua vida ocupará mais nobre emprego. Quantos oprimidos que nunca seriam ouvidos obterão justiça, quando ele a pedir para eles com a intrépida firmeza que o exercício da virtude dá; quando ele forçar as portas dos grandes e dos ricos, quando for, se preciso, até o pé do trono para fazer com que se ouça a voz dos desafortunados, a quem todos os acessos estão fechados por causa da miséria e a quem o temor de serem punidos pelos males que lhes fazem impede até de se queixarem! (p. 348)

Mas a caridade, Rousseau a vê mal compreendida, pois as crianças são liberais na aparência e avaras de fato, quando são generosas ao "dar o que não lhes serve para nada, ou dar o que tem certeza de que lhes será devolvido" (p. 113). A verdadeira generosidade está em, conhecendo-se o valor do que se dá, oferecer ao outro pela consciência do dever solidário de suprir ao menos dotado suas necessidades. Quando se habitua a criança a doar o que ganhou, esse valor não saiu de seu esforço e Rousseau sabe que "todas essas virtudes por imitação são virtudes de macaco, e nenhuma boa ação é moralmente boa a não ser quando a fazemos como tal, e não porque outros a fazem".

Para uma educação para a caridade, o instrumento é o exemplo real de solidariedade. Ao invés de exigir da criança atos de caridade, deve-se praticá-los em sua presença, não deixando, porém, que ela o faça por imitação. Quando a criança fizer perguntas sobre essa maneira de agir, ele propõe o seguinte diálogo:

> – Meu amigo, acontece que, quando os pobres permitiram que houvesse ricos, os ricos prometeram sustentar todos aqueles que não tivessem do que viver, nem por seus bens, nem pelo trabalho.
> – Então também você prometeu isso?
> – Sem dúvida. Só sou dono dos bens que passam pelas minhas mãos com a condição que está ligada à sua propriedade.

O propósito desse diálogo é o de oferecer à criança o raciocínio de que auxiliar verdadeiramente está em oferecer os frutos de sua própria conquista e isso não depende de ser rico, pois podemos doar nosso tempo, dedicação, interesse, nossa habilidade, força, e, por meio do diálogo, podemos transmitir ideias, otimismo, confiança e outros valores.

2.4.4 Rousseau, Newton da mente

O impressionante trabalho de Rousseau para transcrever em suas obras as poderosas intuições da iluminação de Vincennes impressionaram pensadores como seu contemporâneo Kant, que pendurou sobre sua escrivaninha a única decoração de sua casa – um retrato de Rousseau.

E. H. Wright, que escreveu *The meaning of Rousseau*, pesquisou toda a obra desse autor e ficou surpreso ao descobrir que, até 1928, não havia qualquer documento dedicado a determinar o que Rousseau quis dizer como sua obra. Para Wright, a questão central do filósofo estava na ideia de que o homem deve se aperfeiçoar por meio da própria razão e em concordância com a Natureza. Mas foi o pesquisador Ernst Cassirer, afastando como superficiais as abordagens que insistiam em mostrar Rousseau como confuso e aleatório, geralmente citando-se frases retiradas do contexto ou usando chavões falsos, como "Rousseau propunha a volta ao estado primitivo da humanidade". Afastando-se desse lugar comum, Cassirer demonstrou a forte unidade da obra de Rousseau em diversos ensaios e no livro *A questão Jean-Jacques Rousseau*, inclusive a forte impressão que Rousseau causou em Kant. Mais recentemente, a alemã Susan Neiman publicou *O Mal no pensamento moderno: uma história alternativa da filosofia*. Ela é membro da Academia de Ciências de Berlim-Brandemburgo. Segundo sua tese inovadora, Rousseau teria sido o precursor da separação entre os dois tipos de males, o moral e o natural, distinção que teria dado início à filosofia moderna, diferindo da hipótese tradicional que considera Descartes como seu marco inicial:

> Explorar o mal como fenômeno histórico torna-se parte de nossos esforços para tornar o mundo mais compreensível em teoria e mais aceitável na prática. Kant considerava a posição de Rousseau revolucionária, tanto porque ela nos permitia articular o problema do mal quanto porque oferecia soluções. A tarefa era determinar uma relação entre mal moral e mal natural ou correr o risco de reconhecer que o mundo não tem justiça nem significado. Rousseau foi o primeiro a estabelecer uma relação sem a chamar de punição e, portanto, o primeiro a ver uma solução que não depende de um milagre. (NEIMAN, 2003, p. 52)

Existe um paralelo entre Newton e Rousseau, além de manterem Deus no centro de seus trabalhos. Ambos partiram da observação de princípios simples por meio dos quais puderam acompanhar seus efeitos, num contexto amplo do mundo observável. Newton considerou algumas leis fundamentais do movimento e multiplicou sua ação um cenário amplo, podendo a Física explicar a grandiosidade das formações das galáxias, estrelas e planetas por num processo histórico evolutivo. Atualmente, a teoria do Big Bang deduz que nosso Universo surgiu da expansão de um minúsculo ponto por volta de quatorze bilhões de anos passados. Rousseau descreveu algumas propriedades iniciais da espécie humana que a distinguiam dos outros animais e demonstrou como lampejos de orgulho e egoísmo se transformaram num turbilhão de injustiças, organizando as desigualdades do mundo atual. Diferente, porém, do mundo físico determinista das causas e efeitos sucessivos do Universo material, o mundo moral de Rousseau é regido pela liberdade, característica da alma humana. Segundo essa liberdade, o mal na humanidade seria ocasional, mas, como demonstrado por ele, em seu segundo discurso, depois de ter iniciado, seguiu um curso histórico exponencial e determinado, ou seja, nossas escolhas afetaram a história, como afirma Susan Neiman:

> O mal surgiu como um processo coletivo e não como um ato de volição individual. Isso não era um recurso à necessidade: sua ênfase na história pretendia mostrar que o mal surgia por meio de um processo que era inteiramente compreensível, mas contingente. Nós nos tornávamos maus sem querer, mediante uma série de acontecimentos específicos. Há tendências à fraqueza dentro da natureza humana, mas seu curso não é inevitável. O segundo Discurso mostrava como determinados processos, uma vez iniciados, ganhavam incrível impulso. Mas impulso não é inevitabilidade: o mundo poderia, a cada instante, ter sido diferente. (NEIMAN, 2003, p. 53)

Além de explicar o fenômeno do Mal sem o auxílio do sobrenatural ou do milagre, Rousseau vai dar-lhe uma solução, pois vivemos num mundo bom em seu potencial, que pelo esforço do homem em aperfeiçoar sua razão e moral a partir de um processo de autoconhecimento, tornar-se-ia ainda melhor, quando livre do egoísmo e do orgulho. Essa foi a extraordinária revolução de Rousseau que o colocou na categoria de 'Newton da mente', por Kant. E ela abrirá caminho para outra que a estende, resolvendo suas refutações e anomalias e apresentando uma teoria ainda mais ampla e racional, como veremos, que será a 'revolução espírita'.

2.4.5 A fé racional de Rousseau

A revolução moral de Rousseau, quando espalhada pelo sucesso de seu romance *Emílio*, causou grande surpresa em seus leitores ao verem passar toda a infância de seu aluno sem tratar de religião. Por mais que a criança viva um mundo onde tudo se está por se descobrir, para ela o mistério propriamente dito não existe. Tudo deve fazer sentido. O catecismo religioso tenta o impossível quando exige da criança a crença no impossível. A consequência inevitável desse esforço é a incredulidade, exatamente o oposto do que se almejava.

Para Rousseau, o mais equivocado dos dogmas está em afirmar que é preciso crer em Deus para ser salvo. Como seria possível crer em algo que não se compreende? A religião pretende educar o homem quanto a Deus, exigindo dele a submissão aos dogmas pela fé. Esse é o retrato da fé cega. Para uma compreensão verdadeira da divindade, de nossa individualidade moral e da vida futura, não se deve partir da abstração para o perceptível, mas exatamente o inverso:

> Locke pretende que comecemos pelo estudo dos espíritos e que depois passemos ao dos corpos. Esse método é o da superstição, dos preconceitos, do erro; não é o da razão, nem mesmo o da Natureza bem ordenada; é tapar os olhos para aprender a ver. É preciso ter estudado os corpos por muito tempo para formar uma verdadeira noção dos espíritos e suspeitar que eles existam. A ordem contrária só serve para estabelecer o materialismo. (ROUSSEAU, 2004, p. 357)

Rousseau considera os nossos sentidos como os primeiros instrumentos dos nossos conhecimentos. Dessa forma, as coisas físicas, os seres sensíveis são aqueles de que podemos ter uma noção imediata, portanto "a palavra espírito não tem nenhum sentido para quem não tenha filosofado" (*Idem*). Está no caminho da abstração metafísica o grande perigo da submissão, que tira a liberdade do homem, o que constitui seu mais fundamental valor, e Rousseau conclui que "a partir do momento em que habituamos as pessoas a dizerem palavras que não entendem, é fácil fazermos com que digam o que quisermos" (*Idem*).

Isso não significa que Rousseau tenha abandonado a fé para apegar-se exclusivamente ao mundo sensível. Sua intenção está em fazer uso da razão para traçar um caminho natural para a crença: "A fé torna-se segura e firme pelo entendimento" (p. 426). A evidência de uma lei moral presente em nós mesmos na figura da consciência vai permitir o surgimento de uma psicologia capaz de sustentar uma moral racional sem o prejuízo das obscuridades da teologia. Segundo Rousseau, a sua religião está representada nas palavras do vigário de

Savoia, ela não está fundamentada nos dogmas das denominações religiosas, mas em alguns poucos artigos de fé raciocinada: "Neles vejo, com pouca diferença, o teísmo ou a religião natural, que os cristãos fingem confundir com o ateísmo ou a irreligião, que é a doutrina diretamente oposta" (*Idem*).

Não há espaço em sua concepção religiosa para a fé cega, esse caminho está na contramão da verdade. Quanto a isso, Rousseau é enfático, pois a diversidade de religiões e interpretações da palavra de Deus indica que, em virtude de ele ser único, é ilógico qualquer delas declarar-se como única e privilegiada para a salvação, relegando todas as outras como resultando em sofrimento eterno. Nesse caso, o Deus dessa religião seria o mais cruel dos tiranos, pois trocaria a dúvida natural do ser humano por uma condenação sem fim. Se Deus existe e é bom, qual seria a origem dessa diversidade de interpretações? Há uma verdade, mas os equívocos estão presentes na transmissão da mensagem pelos homens, que a alteram e enxertam ideias pessoais, pois "são homens que me vão dizer o que Deus disse. (...) Onde estão esses prodígios? Nos livros. E quem fez esses livros? Homens. E quem viu esses prodígios? Homens que os atestam. Qual! Sempre testemunhos humanos! Sempre homens que me relatam o que outros homens relataram! Quantos homens entre mim e Deus!" (p. 423).

No tempo de Rousseau, as principais religiões reveladas, como judaísmo, cristianismo e islamismo, estavam marcadas pela obscuridade do entendimento de suas obras fundamentais:

> Nas três revelações, os livros sagrados são escritos em línguas desconhecidas aos povos que os seguem. Os judeus já não entendem o hebraico, os cristãos não entendem nem o hebraico nem o grego, os turcos e os persas não entendem o árabe e os próprios árabes modernos já não falam a língua de Maomé. Não será essa uma maneira bem simples de instruir os homens, sempre lhes falar numa língua que não entendem? Esses livros são traduzidos, dirão. Bela resposta! Quem me garantirá que são traduzidos fielmente, que é até mesmo possível que o sejam, e, quando Deus chega a falar com os homens, por que deverá ter necessidade de intérprete? (ROUSSEAU, 1999, p. 432)

E então, a fórmula do entendimento racional deve ser aplicada: "Vejamos, porém, examinemos, comparemos, verifiquemos. Oh! Se Deus se tivesse dignado dispensar-me de todo esse trabalho, tê-lo-ia servido com menos fervor?" (*Idem*). As verdades presentes nas religiões não são evidentes a tal ponto que possam ter um sentido universal. Todavia, não se deseja banir as religiões reveladas por suas dúvidas e enigmas, mas demonstrar a falta de justificativa para a intolerância religiosa. O vigário de Savoia, diante da dúvida, recomenda modéstia e circunspecção para cada um em sua crença. Em sua carta ao arcebispo de Beaumont, o filósofo explica que o vigário: "(...) propõe suas objeções, suas dificuldades, suas dúvidas. Propõe também suas grandes e poderosas razões para crer; e, de toda essa discussão, resulta a certeza dos dogmas essenciais e um ceticismo respeitoso sobre os outros" (ROUSSEAU, 2005, p. 107).

Desse modo, Rousseau, quanto à religião, não deixa de ser cristão por estar "suficientemente convencido das verdades essenciais do cristianismo que servem de fundamento a toda boa moral" (*Idem*, p. 72) quando livre dos dogmas obscuros, mas faz uso da razão para elaborar esse código mínimo de proposições metafísicas como verdades universais, basicamente a existência de Deus, a imortalidade da alma e a liberdade, para fundamentar a moral autônoma como base de sua 'religião natural'. Com ela, é como preservar o tronco à custa dos seus galhos. Esse conceito foi elaborado na 'profissão de fé' como base moral fundamental, compatível com a diversidade de religiões, quando bem compreenderem o sentido de suas revelações. Como veremos, essas ideias vão iluminar as gerações francesas leitoras de Rousseau, contribuindo para o surgimento do 'espiritualismo racional', como alternativa às desgastadas religiões positivas e ao pouco atrativo pessimismo das filosofias materialistas. O espiritualismo racional dividirá o espaço cultural da sociedade francesa nos tempos de Kardec. Longe do racionalismo da fé cega, de um lado, e da negação dogmática do materialismo de outro, unindo fé e razão, terá grande adesão e, como vamos constatar, formará a base fundamental dos aderentes à doutrina espírita, fornecendo um contingente preparado para a rede de elaboração, divulgação e entendimento da ciência espírita.

PARTE 3:
A REVOLUÇÃO ESPÍRITA

Aquele que morreu sobre a cruz tinha uma missão a cumprir, e essa missão se renova hoje por outros Espíritos desse grupo divino, que vêm presidir aos destinos de vosso mundo. Uma multidão de Espíritos de todas as ordens, sob a direção do Espírito de Verdade, veio em todas as partes do mundo e em todos os povos, revelar as leis do mundo espiritual, das quais Jesus havia adiado o ensinamento, e lançar, pelo Espiritismo, os fundamentos da nova ordem social. Haverá vários deles que abraçarão, pela posição que cada um ocupará no mundo, as grandes partes da ordem social: a política, a religião, a legislação, a fim de fazê-las concordar com o mesmo objetivo.

Lacordaire, Paris, 1862. (RE68, p. 32).

Allan Kardec, pseudônimo de Hippolyte Léon Denizard Rivail (Lyon, 3 de outubro de 1804 – Paris, 31 de março de 1869)

3.1 ENFIM, O QUE É O ESPIRITISMO?

Parte considerável daqueles que compõem o movimento espírita brasileiro atual aceita o espiritismo como uma revelação nos mesmos moldes das religiões positivas. Desse modo, as obras de Allan Kardec, como *O Evangelho segundo o Espiritismo* e *O Livro dos Espíritos*, entre as demais, são lidas, interpretadas, divulgadas e citadas como obras sagradas e veneradas, no mesmo sentido do que representa a Bíblia, para as religiões cristãs. Nesse caso, os espíritos são considerados inspiradores da palavra divina, transmitida pelos médiuns, tidos como profetas. Por aceitação passiva, frases pinçadas dos livros de Kardec ganham autoridade para encerrar a discussão nos temas científicos, filosóficos ou morais, quanto à interpretação espírita adequada.

Em grande parte dos frequentadores do movimento espírita as atividades sociais, a frequência às palestras e cultos evangélicos são vivenciados como se fossem a prática de uma crença religiosa. Numa ampla maioria, os frequentadores são originários do catolicismo ou do protestantismo – há uma apropriação e continuidade das práticas habituais de seus antigos cultos, em novo ambiente. Em virtude dessa característica peculiar do movimento espírita, esse contingente de frequentadores se faz acompanhar de lideranças (sejam dirigentes, palestrantes ou médiuns) que oferecem cultos, livros, seminários e atividades semanais apropriados para atender às necessidades de uma crença religiosa.

Há certamente uma parcela representativa de estudiosos espíritas dedicados à recuperação do significado original do espiritismo, como o foi proposto por Allan Kardec, registrado em seus livros e revistas. Pesquisadores como Herculano Pires, Deolindo Amorim e Hermínio Miranda, entre tantos, aplicaram seus estudos e publicações na interpretação e desenvolvimento da cultura espírita como uma filosofia de características próprias e inovadoras, com potencial para contribuir com uma renovação moral e social da humanidade.

Nos desdobramentos dessas pesquisas, há quem confunda costumeiramente os papéis de Kardec e dos espíritos, quanto à definição dos conceitos na formação da Doutrina Espírita. Em outras ciências, como a física clássica de Newton, por exemplo, é possível rastrear na linha evolutiva e racional de sua obra, as reflexões e hipóteses que o levaram a criar e aperfeiçoar sua teoria. Ela é fruto de seu gênio.

No caso do espiritismo, há um ineditismo a se considerar – ele difere de todas as outras ciências existentes até então, pois a sua teoria não foi criada por uma comunidade científica humana, mas, por sua própria definição, pelos Espíritos superiores, no mundo espiritual. Não se encontra, portanto, na formação e obras anteriores de Rivail, a gestação dos conceitos fundamentais da teoria espírita, como é possível se fazer com respeito aos outros cientistas.[83]

Kardec definiu o espiritismo especificamente como uma ciência. Para compreender o sentido original que ele desejava dar a esse termo, não podemos nos basear no significado atual de 'ciência', mas no entendimento corrente dessa palavra, à sua época. No século 19, as definições de ciência pertenciam ao ramo da filosofia denominado 'lógica', que trata da relação do homem com a verdade. Especificamente a 'lógica aplicada' tratava da natureza, objetos, métodos, objetos e divisões das ciências.

3.1.1 O espiritismo entre as ciências filosóficas

Em suas obras, Allan Kardec qualifica o espiritismo como ciência, mas pensá-lo como tal, segundo o significado vulgar e contemporâneo desse termo, é cair em grande equívoco. Atualmente, a sociedade acadêmica adota uma orientação dogmática materialista. Há uma conformidade predominante de que o conhecimento, para ser científico, depende, mesmo que não inteiramente, da evidência experimental, e não há como negar que a ciência oficial adota um materialismo que permite estudar a mente, por exemplo, mas considerando-a como epifenômeno[84] ou um acidente da fisiologia e não a evidência de uma substância espiritual.

Na época de Kardec, o materialismo estava presente entre os cientistas da física, química, biologia e medicina, mas não de forma hegemônica e determinante, como hoje. Considerava-se a diversidade de teorias, mesmo que fossem vitalistas[85] ou espiritualistas.

---

83   Como veremos mais à frente, a teoria espírita foi criada pelos espíritos, mas a compreensão de seus ensinamentos se deu por meio da cultura humana disponível na época, notadamente as doutrinas espiritualistas e liberais.

84   Para o materialista, a alma é um fenômeno secundário decorrente do funcionamento do cérebro, que seria a causa primária da consciência.

85   Vitalismo é a postura filosófica segundo a qual o fenômeno da vida tem uma causa que não se reduz aos fenômenos físico-químicos do organismo. Já os magnetizadores vitalistas eram os que adotavam a existência de uma substância emitida pelo magnetizador, o fluido vital, como causa da cura pelo magnetismo animal.

Mas Kardec não qualificou o espiritismo como Ciência de forma ampla, mas sim como uma 'ciência filosófica'. Ele afirmou: "Estou feliz, de minha parte, por não haver senão que seguir-vos nesse caminho sério que eleva o espiritismo à categoria de ciência filosófica" (RE59, p. 119).

Desde Aristóteles o termo 'ciências filosóficas' é utilizado. Newton designou sua física como 'filosofia natural', pois visava definir as leis ou proposições universais. Hegel, que estabeleceu seu trabalho na obra *Enciclopédia das ciências filosóficas*, afirmou que "um filosofar sem sistema não pode ser algo científico. (...) Um conteúdo só tem sua justificação como momento do todo, mas fora dele, tem uma hipótese não fundada e uma certeza subjetiva".[86]

No entanto, quando Kardec designou o espiritismo como ciência filosófica ele estava se referindo à classificação adotada pela filosofia na universidade que era contemporânea sua. No século 19, na França, a filosofia era considerada uma ciência, desde que adotou a psicologia experimental, pelo uso da introspecção, como ponto de partida para definir sua teoria espiritualista racional.

A fim de recuperar essa acepção do espiritismo como ciência, é preciso consultar fontes primárias, como os manuais de filosofia adotados na França no período. Para um esboço geral das divisões da ciência que vamos nos referir fizemos uso do *Tratado elementar de filosofia* (*Traité élementaire de philosophie*), escrito por Paul Janet (1823-1899) em 1879, depois de lecionar na Faculdade de Paris por 35 anos. Membro da Academia de Ciências Morais e Políticas e ocupava a cadeira de filosofia da Universidade Sorbonne, em Paris.[87]

No programa oficial do curso de Letras (*baccalauréat ès lettres*) da Universidade francesa, que incluía a filosofia, as ciências eram divididas[88] em três grandes grupos de acordo com seus métodos de pesquisa:

---

86 *Enciclopédia das ciências filosóficas* I. São Paulo: Loyola, 1995. p. 55.

87 Esse manual foi traduzido para o português em 1885, editado pela editora Garnier, e adotado oficialmente pela cátedra de filosofia do Imperial Colégio de Pedro II, no Rio de Janeiro. Em todo o ensino secundário do Império era obrigatória a adoção do programa e das doutrinas desse compêndio. A presença do espiritualismo racional no Brasil se deve à iniciativa do filósofo espírita Domingos Gonçalves de Magalhães (1811-1882), que criou a primeira escola filosófica brasileira inspirada nessa reação espiritualista ocorrida na França, que conheceu pessoalmente, como veremos em 5.7 – A difícil travessia: o espiritismo no Brasil.

88 Naquela época, além da adotada pela universidade, diversas formas de divisão das ciências foram propostas por Ampère, Saint-Hilaire e Auguste Comte. Para Ampère, as ciências se dividiriam em dois grupos: ciências cosmológicas (matemáticas, físicas, naturais, médicas) e as ciências noológicas (filosóficas, nootécnicas, etnológicas, políticas). Auguste Comte, que abolia qualquer metafísica ou psicologia, admitia a seguinte classificação: matemática, astronomia, física, química, biologia, sociologia.

- Ciências exatas ou matemáticas – seguem o método demonstrativo.
- Ciências físicas e naturais – com seus métodos de observação e experimental.
- Ciências morais – faziam uso combinado dos métodos demonstrativo, de observação e experimental, conforme a natureza de cada ciência.

Os dois primeiros grupos têm por objeto o mundo físico, pois as noções matemáticas derivam do mundo físico. Também no mundo físico são incluídos os animais. No entanto, a espécie humana se destaca por qualidades e aptidões desenvolvidas que eram chamadas *morais*.[89]

Quanto ao método de pesquisa, as ciências eram classificadas em ciências de 'observação, experimentais' e as simplesmente 'racionais'. As de observação, como a astronomia, tratavam de fenômenos sobre os quais não se podia influir – não se pode promover a aceleração de um eclipse ou de um cometa. Eram ciências de observação a zoologia, botânica, mineralogia e anatomia, pois se limitavam a descrever e classificar. A física e a química eram experimentais, pois se podiam realizar experiências com os seus fenômenos.

O terceiro grupo de ciências, as *ciências morais*, tinham esse nome porque derivavam dos atos humanos, enquanto as anteriores tinham por objetivo o mundo físico. As ciências morais se dividiam em quatro classes:

1 – O primeiro grupo estudava os acontecimentos – 'ciências históricas' (história, arqueologia, epigrafia, geografia).

2 – O segundo grupo tratava da linguagem articulada ou a palavra, constituído pelas 'ciências filológicas' (filologia, etimologia, paleografia).

3 – O terceiro grupo tratava do homem em sociedade e suas leis, e reunia as 'ciências sociais e políticas' (política, jurisprudência, economia política).

4 – Os três primeiros grupos tratavam dos fatos exteriores ou subjetivos, expressos em fatos sociais, históricos e linguísticos. Mas existem os fatos interiores ou subjetivos, fatos morais conhecidos por aqueles que os experimentam, como o pensamento, o sentimento e a vontade. Esses compunham o quarto grupo, o das 'ciências filosóficas'.

E as *ciências filosóficas* eram divididas, por sua vez, em duas classes:

---

89   Essa mesma palavra, 'moral', tinha dois significados importantes, o de 'fatos da natureza humana', aqui empregado, e o de 'ética ou dever', equivalente ao significado atual. Nas obras de Kardec é preciso distinguir pelo sentido da sentença na qual cada um dos significados é empregado.

1ª – 'Ciências psicológicas' (ou ciências filosóficas da natureza do espírito humano), abarcavam o conjunto das faculdades intelectuais e morais do homem estudadas pelo ponto de vista subjetivo (psicologia, lógica, moral e estética).[90]

2ª – Metafísica (ou ciência filosófica dos primeiros princípios e das primeiras causas), dividida em metafísica geral ou ontologia e tratando de Deus, alma e matéria, e em metafísica especial que trata da psicologia racional, cosmologia racional e teologia racional.

Entre as ciências filosóficas, as psicológicas adotavam o método de observação interna, o que as distinguia das ciências físicas e naturais, que procediam pela observação externa, explica Paul Janet. Mas havia um problema ao definir o método da metafísica:

> É em metafísica que a questão do método é mais difícil de resolver. Em princípio, parece que a ciência que tem por objeto as primeiras causas e os primeiros princípios deva ser uma ciência pura, racional, *a priori*; e, com efeito, como poderia o absoluto ser estudado de uma maneira experimental? (JANET, 1885, p. 498)

Ciências *a priori*, afirma Janet, são as que procedem por construção, como as matemáticas, pois elas tratam, não do que é na realidade, mas do que devem ser as condições ideais que os matemáticos supõem e produzem. "Mas a metafísica não é uma ciência abstrata e ideal, é, como a física, uma ciência concreta tendo por objeto 'o que é' e não o que 'pode ser'" (JANET, 1885, p. 499).

Por outro lado, continua refletindo Janet:

> É certo que a experiência não nos faz conhecer senão fatos e fenômenos, isto é, o particular e o contingente, e a metafísica tem por objeto o que ultrapassa o particular e o contingente, isto é, o universal e o necessário. Logo não pode ser o resultado da experiência. Parece haver aí uma antinomia (contradição), porque se a metafísica não é possível nem pela razão, nem pela experiência, releva que seja impossível. (*Ibidem*)

---

90 As 'ciências psicológicas' tratavam das leis da natureza humana dos pontos de vista teórico e prático. A 'psicologia' estudava o homem como ele é (alma e corpo) pelos resultados da experiência interna. Porém, havia leis ideais que determinam a finalidade das faculdades: as leis do entendimento, pela 'lógica'; o estudo das leis da vontade, denominado 'moral' (aqui no sentido atual de ética); o estudo das leis ideais da imaginação era o objeto da 'estética'; a finalidade do entendimento é a 'verdade'; o fim da vontade é o 'bem'; e o da imaginação é o 'belo'. A busca do conhecimento das leis das ações do espírito humano pode ser definida pelo 'verdadeiro', pelo 'bom' e pelo 'belo'.

A solução para Paul Janet estava no 'método reflexivo', que ele define como "o do espírito recolhendo-se em si, e assim encontrando em si mesmo, não mais nos fenômenos, porém, ser, e não somente um ser ideal e simplesmente concebido, mas ainda um ser sentido e percebido. Este método, que é o de Descartes, de Leibniz, de Maine de Biran e também de Hegel, é o método essencial da metafísica" (Ibidem).

O método reflexivo, se era aceito pelos filósofos espiritualistas daquela época, era em grande parte rejeitado pelos cientistas das áreas físicas e naturais.

Para o entendimento de Rivail, depois de milhares de diálogos com os espíritos, o espiritismo oferecia uma inovação quanto à metodologia científica da metafísica. Dentro desse panorama de classificação das ciências e da evidente limitação de alcance da metafísica, fica mais clara a posição inovadora e ousada do professor ao definir que, "como meio de elaboração, o espiritismo procede exatamente da mesma forma que as ciências positivas, aplicando o método experimental". Desse modo, "é rigorosamente exato dizer-se que o 'espiritismo é uma ciência de observação' e não produto da imaginação", e conclui, em A Gênese: "As ciências só fizeram progressos importantes depois que seus estudos se basearam sobre o método experimental; até então, acreditou-se que esse método também só era aplicável à matéria, ao passo que o é também às coisas metafísicas" (G, p. 23).

Como se pode observar, não seria possível compreender o sentido da qualificação de ciência adotado por Kardec, senão recuperando-o em fontes primárias. Sua abordagem metodológica especificamente quanto às manifestações inteligentes dos espíritos, transformando-as em um meio de comunicação sistematizado para a formação de uma Doutrina dos Espíritos, foi um diferencial que qualifica propriamente o espiritismo como ciência filosófica.

Os fatos mediúnicos, como as mesas girantes, surgiram em todo o mundo e foram objeto de curiosidade e de pesquisas experimentais nos Estados Unidos, como explicou Kardec, num artigo da Revista Espírita de 1864, afirmando que "o espiritismo experimental estava sobre seu terreno na América, (...) foi ali que ela nasceu. Os fatos lá primeiro despertaram a curiosidade; mas constatados os fatos e satisfeita a curiosidade, logo deixaram as experiências materiais sem resultados positivos" (RE64, p. 96).

Faltava fazer uso do exame minucioso das manifestações inteligentes como fenômeno natural, buscando em milhares de mensagens recebidas pelos médiuns os conceitos fundamentais da Doutrina. Com o espiritismo, surgia um novo objeto de estudo entre os qualificados pelos fenômenos humanos, do ponto de vista interior, que eram estudados pelas ciências filosóficas, continua Kardec:

> Não ocorreu mais o mesmo desde que se desenvolveram as consequências morais desses mesmos fatos para o futuro da humanidade; desde esse momento o espiritismo tomou lugar entre as ciências filosóficas; caminhou a passos de gigante, apesar dos obstáculos que lhe suscitaram, porque satisfazia as aspirações das massas, porque se compreendeu prontamente que vinha preencher um vazio imenso nas crenças, e resolver o que até então parecia insolúvel. (RE64, p. 96)

Conclui Kardec que os fenômenos espíritas primeiramente foram objeto de curiosidade, depois de uma pesquisa quanto aos fenômenos físicos, até que se tornaram objeto de estudo das manifestações inteligentes. Estudados pelas ciências filosóficas, permitiram o surgimento de uma teoria, desse modo, "a filosofia espírita da Europa prontamente difundiu-se, porque ofereceu, desde o início, um conjunto completo, que mostrou o objetivo e alargou o horizonte das ideias; incontestavelmente, é a que prevalece hoje no mundo inteiro" (*Idem*).

Mesmo entre seus contemporâneos, Kardec precisou ser didático para apresentar a adequada definição do espiritismo entre as ciências filosóficas, pois o termo "ciência" era, muitas vezes, generalizado pelo conceito de ciência exata e física, por estudarem os fenômenos experimentais externos e passíveis de quantificação. Ele explicou ao público da *Revista Espírita* em seu primeiro ano, 1858:

> Talvez nos contestem a qualificação de ciência que damos ao espiritismo. Ele não poderia, sem dúvida, em alguns casos, ter os caracteres de uma ciência exata, e está precisamente aí o erro daqueles que pretendem julgá-lo e experimentá-lo como uma análise química, como um problema matemático: já é muito que tenha o de uma ciência filosófica. (...) As observações são, desde hoje, bastante numerosas para se poder deduzir os princípios gerais, e é aí que começa a ciência. (RE58, p. 243)

As qualificações do espiritismo estipuladas por Kardec quanto ao método de pesquisa, objeto de estudo, conjunto de leis e definição dos princípios gerais, visavam à instrumentação bem definida da prática da ciência espírita, com vistas a organizar a relação da Sociedade Parisiense de Estudos Espíritas com as outras centenas de centros de pesquisa espírita, espalhados pelo mundo.

Não tendo uma origem mística, nem se tratando de uma revelação religiosa de origem direta divina, não cabia aos espíritas aceitá-lo pela fé, mas estudando a extensão da teoria dos espíritos que se organizava progressivamente.

O desenvolvimento do espiritismo podia ser acompanhado pela publicação mensal da *Revista Espírita* e pelos lançamentos ocasionais dos livros de Kardec, sendo que "essa ciência não se pode ensinar com algumas palavras, porque ela é tão vasta quanto todas as 'ciências filosóficas'. Não é ela adquirida, como todos os outros ramos do conhecimento humano, senão pelo estudo e a observação" (RE58, p. 147).

A doutrina espírita trata especialmente de todas as questões da metafísica, base de uma religiosidade natural, que também são abordadas pelas religiões positivas. Podemos concluir, porém, que são caminhos completamente diferentes que as duas trilharam para a formação de suas fontes. Enquanto as religiões lidam com dogmas revelados transformados em tradição, e aceitos passivamente pela fé cega; o espiritismo, segundo Kardec, pretende produzir para o espiritualismo um conhecimento racional e justificado, e não simples crença:

> O espiritismo, como eu disse, está fora de todas as crenças dogmáticas, com as quais não se preocupa; não o consideramos senão como uma *ciência filosófica*, que nos explica uma multidão de coisas que não compreendemos, e, por isso mesmo, em lugar de abafar em nós as ideias religiosas, como certas filosofias, fá-las nascer naqueles em que elas não existem. (RE59, p. 129)

Por tudo isso, não é possível compreender o espiritismo expresso nas obras de Allan Kardec, senão ao se demonstrar adequadamente a possibilidade de um conhecimento proposicional[91] espírita. No caso da física, como vimos, é possível confirmar uma hipótese (ou proposição teórica) por meio de experiências demonstráveis em qualquer lugar do mundo, a qualquer tempo. O conhecimento científico depende fortemente da observação e da evidência experimental. A pergunta é: como foi possível Kardec encontrar respostas adequadas a perguntas feitas pela humanidade, há milhares de anos, e para as quais jamais se pôde oferecer senão conjecturas contraditórias e impossíveis de se demonstrar empiricamente?

Além disso, considerando as exigências metodológicas para o conhecimento científico, como é possível qualificar atualmente a doutrina espírita como ciência, diferenciando-a adequadamente das fontes metafísicas de origem mística (procedência das seitas herméticas) ou revelação divina (raiz das religiões positivas e seus livros sagrados), ou seja, irracionais?

---

91 No sentido de crença válida e justificada.

Não há conhecimento possível que não esteja fundamentado na observação e a observação se dá pelos sentidos. Desde a era moderna essa máxima é aceita não só pelos materialistas como também por espiritualistas racionais como Rousseau, segundo o qual "nascemos capazes de aprender, mas sem nada saber e nada conhecendo" (ROUSSEAU, 1999, p. 46), e também Kant, que afirma: "Não podemos ter conhecimento de nenhum objeto, enquanto coisa em si, mas tão somente como objeto da intuição sensível, ou seja, como fenômeno; de onde deriva, em consequência, a restrição de todo o conhecimento especulativo da razão aos simples objetos da experiência" (KANT, 2001, p. 51).

Seguramente o objeto de estudo espírita é especial, pois não é possível aos homens observar empiricamente ideias metafísicas ou suprassensíveis como espírito, mundo espiritual, Deus, ligação entre alma e corpo, vida, entre outras.

Todavia, está exatamente na questão da observação empírica dos fenômenos a diferença que faz do espiritismo uma revolução do conhecimento. Até então, o homem podia estudar a natureza pelos seus sentidos e se limitava a abordar as questões espirituais pela reflexão. A teoria que os espíritos superiores transmitiram a Kardec, porém, foi elaborada no mundo espiritual por meio de sua ciência. Isso foi possível pelo fato de que eles vivem num ambiente físico, regido por leis naturais, onde os fenômenos podem ser percebidos e experimentados por meio dos sentidos de seu corpo espiritual. O advento do espiritismo é, portanto, o momento inicial em que esse conhecimento passou a ser comunicado à humanidade, não por uma revelação mística ou simbólica, mas por um diálogo racional.

A doutrina espírita transita num terreno já desgastado do conhecimento. Os dogmas das religiões positivas não se sustentam mais, desde a era moderna, ficando no campo do irracionalismo. Allan Kardec, qualificando o espiritismo entre as ciências filosóficas, afastou de seus propósitos qualquer hipótese da Doutrina Espírita como irracionalismo, seja de origem religiosa, mística ou sistemática. Seu objetivo estava bem claro e determinado, sob o exame de sua razão, no seguinte sentido:

> Como força e como lei da Natureza, a ação do elemento espiritual abre, assim, novos horizontes à Ciência, dando-lhe a chave de uma imensidão de problemas incompreendidos. Mas, se a descoberta de leis puramente materiais produziu revoluções materiais no mundo, a do elemento espiritual nele prepara uma revolução moral, pois muda totalmente o curso das ideias e das crenças mais arraigadas; mostra a vida sob outro aspecto; 'mata a superstição e o fanatismo'; desenvolve o pensamento, e o homem, em vez de arrastar-se na matéria,

de circunscrever sua vida entre o nascimento e a morte, eleva-se ao infinito (VE, p. 76).

Ou seja, o espiritismo prepara uma revolução moral, mas para ter lugar na cultura humana, na expressão de Kardec, ele mata o caminho místico da 'superstição' e o 'fanatismo' da fé cega. Enfim, para ele, não existe apoio seguro, nem no misticismo, nem em se estabelecer como nova religião dogmática.

Dessa forma, o espiritismo tem um alcance muito mais amplo, pois não pretende se encerrar num círculo fechado de crentes ou confrades, mas pretende ser aceito como ramo do conhecimento humano, pois, "demonstrando a ação do elemento espiritual sobre o mundo material, amplia o domínio da ciência e, por isto mesmo, abre nova via ao progresso material" (VE, p. 77), e continua:

> Então terá o homem uma base sólida para o estabelecimento da ordem moral na Terra; compreenderá melhor a solidariedade que existe entre os seres deste mundo, já que esta solidariedade se perpetua indefinidamente; a fraternidade deixa de ser palavra vã; ela mata o egoísmo, em vez de por ele ser morta e, muito naturalmente, o homem imbuído destas ideias a elas conformará suas leis e suas instituições sociais" (*Ibidem*).

Por fim, conclui que "o espiritismo conduz inevitavelmente a esta reforma. Assim, pela força das coisas, realizar-se-á a revolução moral que deve transformar a humanidade e mudar a face do mundo" (*Ibidem*).

A expressão "pela força das coisas" tem o sentido de causa natural, portanto inevitável. Há uma abrangência na visão futura de Kardec, quanto às relações entre o espiritismo e o conhecimento humano, que evidencia um processo revolucionário, uma mudança de paradigma onde o materialismo da ciência é superado naturalmente, pelo valor conceitual do conhecimento espírita. É evidente que, para que isso ocorra, o conteúdo da doutrina espírita não pode ser apresentado à sociedade na embalagem hermética de uma religiosidade dogmática ou misturado a discursos místicos.

A sensibilidade dos espíritos quanto aos fenômenos naturais do mundo espiritual, por meio do perispírito, é o que qualifica suas descobertas como ciência experimental. Essa inovação determina o surgimento do espiritismo como marco fundamental na história do espiritualismo, genuinamente uma revolução, diferindo seu conteúdo de tudo o que antes ocorrera na história da metafísica. Em nossas pesquisas notamos o quanto a narrativa desses fatos é pouco descrita na literatura, estando espalhada numa grande diversidade de obras e artigos científicos, muitos de difícil acesso. Portanto, vamos oferecer a seguir uma recuperação do pensamento espiritualista racional do século 19 e contemporâneo de Kardec, que podemos considerar como a metafísica da fase pré-espírita (em 3.2), seguida de um breve resumo da história da metafísica em seu período mítico desde as primeiras civilizações (de 3.3 a 3.4), e por fim definir, afinal, o que é conhecimento espírita e sua gnosiologia, ou o nascimento da metafísica experimental (em 3.5).

3.2 É POSSÍVEL UM CONHECIMENTO RACIONAL ESPÍRITA?

Rivail era um homem de ciência que conhecia a amplitude da cultura de seu tempo, portanto, reconhecia o lugar delicado que a metafísica ocupava em seu século. O positivismo[92] era meta científica, não só dos materialistas céticos, mas também dos espiritualistas, que lecionavam as ciências filosóficas nas universidades – estes tratavam das ideias metafísicas mínimas para o estabelecimento da moral, como alma, Deus e liberdade, despindo a religiosidade natural que, desse modo, surgia das amarras de qualquer dogma ou culto. Esses filósofos espiritualistas acadêmicos, que tratavam das ciências filosóficas, viam com grandes reservas qualquer questão que invadisse com mais ousadia o terreno da espiritualidade:

> Restaurando a grandiosidade do método histórico descoberto por Cousin, transcorrido no período subsequente à queda de Luís Filipe (1848), Paul Janet tem o propósito de eliminar a possibilidade de aproximação entre ecletismo e misticismo. Ele afirma claramente que a filosofia não repousa em nenhuma intuição do absoluto, mas consiste num saber do absoluto que é completamente humano e cujo progresso depende do desenvolvimento das ciências positivas.[93]

---

92 92 O termo positivismo, ou fato positivo, correspondia ao conhecimento justificado ou científico de forma ampla e não ao sistema filosófico de Auguste Comte. O sistema racional espiritualista do filósofo Maine de Biran, sobre a psicologia, era conhecido como positivismo espiritualista.

93 PROTA, Leonardo. A fase final da Escola Eclética Brasileira em matéria ética. *Revista Estudos Filosóficos*, São João del-Rei, n. 7, p. 153-159. 2011.

Victor Cousin (1792-1867), filósofo espiritualista francês

Concomitantemente, como metodologia científica, Kardec classificou o espiritismo exatamente entre as 'ciências filosóficas':

> Todas as questões morais, psicológicas e metafísicas se ligam de maneira mais ou menos direta à questão do futuro; disso resulta que desta última questão depende, de alguma forma, a racionalidade de todas as doutrinas filosóficas e religiosas. O espiritismo vem, a seu turno, *não como uma religião, mas como uma doutrina filosófica*, trazer a sua teoria, apoiada sobre o fato das manifestações. (RE62, p. 71)

Todavia, como vimos, na origem de seu conhecimento, o espiritismo não é um sistema, mas tem como fonte o ensinamento dos espíritos estabelecido pelas comunicações mediúnicas, instrumento até então abordado tradicionalmente no campo da fé religiosa, como revelação ou misticismo, que por esses tradicionais caminhos não se submete aos meios racionais, como explica Kardec:

> No sentido especial da fé religiosa, a revelação se diz mais particularmente das coisas espirituais que o homem não pode descobrir por meio da inteligência, (...). Considerada debaixo deste ponto de vista, a revelação implica a passividade absoluta e é aceita sem verificação, sem exame, nem discussão. (G, p. 19)

Já não era mais tempo para a fé cega. Mesmo porque as revelações religiosas milenares foram adulteradas pela superstição de tal modo que "as religiões têm sido sempre instrumentos de dominação" – explica Kardec. Falsos profetas "exploram a credulidade em proveito do seu orgulho, da sua ganância ou da sua indolência, achando mais cômodo viver à custa dos iludidos", e continua uma das mais contundentes afirmativas que jamais escrevera Kardec, afirmando que "a religião cristã não pôde evitar esses parasitas". Só cabe ao espiritismo o caminho seguro da ciência, para que tenha lugar garantido na cultura humana, pois "estava reservado à nossa época desembaraçá-lo dos acessórios ridículos, compreender-lhe o alcance e fazer surgir a luz destinada a clarear o caminho do futuro", e conclui: "O espiritismo (...) é uma verdadeira revelação, na acepção *científica* da palavra".

Portanto, segundo Kardec é fundamental distinguir, quando se trata de interpretar a doutrina espírita, o conceito de revelação profética, aceita sem exame e fonte das religiões tradicionais; da revelação científica, que o caracteriza.

Essa foi a difícil tarefa a qual se dedicou o professor Rivail, ao desbravar o campo mais delicado e fundamental entre todas as aspirações do saber humano. Ao qualificar o espiritismo como uma ciência de observação, ele dá início, de forma inédita, a um conhecimento racional e justificado para tratar da metafísica. Não estando no campo de uma aceitação absolutamente passiva, para uma compreensão adequada do conteúdo de suas obras, é preciso estabelecer uma teoria do conhecimento ou epistemologia espírita, abordando a possibilidade, natureza e limites do conhecimento espírita, como e em quais condições se dá a produção desse conhecimento, onde se localizam as suas fontes e como comprová-lo, ou sua validação. Por fim, a partir dessas definições, podemos reconhecer com segurança os meios e procedimentos adotados pelo professor Rivail, ou método científico da ciência espírita.

Distinguir a teoria do conhecimento espírita, base de sustentação de sua investigação, é o caminho adequado para discernir os conceitos fundamentais do espiritismo no amplo contexto das obras de Allan Kardec.

O ponto fundamental quanto à recuperação do sentido original do espiritismo está em compreendê-lo como um diálogo entre a ciência dos espíritos (representada por seus ensinos) e a cultura geral da época de seu estabelecimento. Como a paisagem cultural dos tempos de Kardec é hoje pouco conhecida, antes de compreender "o que é o espiritismo", vamos nos dedicar à recuperação das questões históricas fundamentais desse período definido por Rivail como "reação das ideias espiritualistas" ao materialismo e ao fanatismo.

3.2.1 A estrutura filosófica original do espiritismo

Há uma distância considerável entre o clima cultural da França na segunda metade do século 19, quando Kardec apresentou ao mundo o espiritismo e as condições culturais da universidade e da sociedade atual. As ideias materialistas estão presentes no campo das ciências, desde sua elaboração no meio acadêmico até seu ensino nas escolas, como também na divulgação científica nas diversas mídias, seja televisão, literatura e arte. Atualmente, as questões espiritualistas não encontram facilmente espaço nos meios acadêmicos. Quando conseguem tornam-se ou um corpo estranho (investigar mediunidade para a maioria seria investigar uma fantasia), ou um olhar acadêmico sobre outro campo de conhecimento que não é ciência, mas que pode ser estudado do ponto de vista histórico ou antropológico.

Atualmente, diversos acadêmicos espíritas deram início a pesquisas, em áreas como história, letras, psicologia, psiquiatria, medicina, entre outros. No entanto, tais pesquisas não afetam o núcleo rígido do dogma materialista adotado pela comunidade científica. Esses dogmas são conceitos basilares, como a definição da alma como 'epifenômeno', ou seja, sendo ela um efeito acidental dos processos fisiológicos; e também o 'determinismo fisicalista', por meio do qual todos os fenômenos estão limitados pelo 'monismo materialista', mesmo os relacionados à vida, restringindo-os às leis físico-químicas. Desse modo, todo ser complexo é redutível somente à soma de suas partes. Por exemplo, uma abelha é a soma das moléculas, células, órgãos, e da contínua ação alimentada pela energia que absorve, nada mais além disso. Conforme essa hipótese, se fosse possível ao cientista agregar todos os componentes, nada mais seria necessário para dar vida a uma abelha. Em virtude do materialismo estar mantido no núcleo forte da ciência aceita atualmente, qualquer tese espiritualista conseguiria afetar somente o cinturão de proteção à sua volta e, não, a teoria central.

Dessa forma, o espiritualismo permanece vivo na cultura de nossa sociedade atual, fora dos meios acadêmicos que determinam o conhecimento científico, encontrando abrigo apenas na religião (igrejas, centros de estudos religiosos e filosóficos, faculdades privadas mantidas por religiões), e em centros culturais privados, grupos particulares de estudos das tradições orientais, misticismo, esoterismo, filosofias antigas, religiões mortas. Ou seja, quase sempre misturado a fontes místicas e religiosas, além de seu estudo estar disperso, sem fazer uso dos métodos científicos que lhe dariam unidade e consistência, permitindo assim uma evolução crítica. Então se banaliza, dispersa, perde o rigor lógico, escoa-se dos limites racionais.

Pode causar estranheza a diferença dos atuais manuais de filosofia, que se resumem a uma história dos grandes sistemas e seus filósofos, e o livro *Tratado elementar de filosofia* de Paul Janet, que apresentamos como referência para se conhecer o conceito de ciências filosóficas (e suas divisões em ciências psicológicas e metafísica). Esse manual, aceito originalmente na França e também nos outros países da América e Europa, desde a década de 1830, também foi adotado, mais tardiamente, para o programa de ensino de filosofia do Imperial Colégio de Pedro II e extensivo a todo o Império, desde a década de 1850 até parte da de 1880:

> Seus principais integrantes estruturaram o ensino de filosofia, ao nível do Colégio Pedro II e dos Liceus Provinciais e também nos Cursos Anexos das escolas superiores e mesmo nestas, ainda que não tivessem aquela denominação, mas direito natural ou introdução às disciplinas físicas e biológicas. O espírito geral desses cursos é o de que a filosofia enfatiza problemas teóricos, de natureza permanente, sendo transitórios os sistemas. Devido a tal entendimento, aperceberam-se da magnitude do tema da fundamentação da moral escapando, por essa via, ao plano do simples moralismo. (...) Quando se decide adotar a solução de Paul Janet, tornando oficial o seu compêndio, na esperança de vencer a batalha do ensino, nos meados da década de oitenta, parece tarde. Agora o vento sopra em favor do cientificismo.[94] (PAIM, 1999, p. 230)

O programa de ensino filosófico oficial consta das páginas iniciais dos manuais de filosofia como o de Janet (1885, p. 3-5), que os desenvolvem. Tratava da relação da filosofia com as outras ciências e estava composto dos seguintes temas:

O primeiro tópico era a metafísica e a 'ontologia elementar' (causas primárias), onde os alunos deveriam compreender a divisão da realidade em suas

---

94 Desde os anos 1880, o cientificismo tomou lugar na cultura, no ensino e nas instâncias do poder político, pela orientação positivista materialista de Auguste Comte e dos materialistas monistas e mecanicistas de origem alemã (entre eles, Ludwig Büchner, Karl Vogt e Jakob Moleschott).

substâncias originais – o elemento material, o elemento espiritual e o absoluto como causa primária universal (de onde derivam os temas da teologia, psicologia e cosmologia racionais e seus respectivos objetos: Deus, espírito e matéria). A origem do conhecimento com base no seu tríplice aspecto – o verdadeiro, o bom e o belo, que representam a meta evolutiva da alma por meio da razão, vontade e imaginação, dando assim origem à ciência, à moral e à estética.

Depois, o programa abria o campo da psicologia, que tratava dos fatos psicológicos e das faculdades da alma (vontade, razão, sentimento, senso moral) que se diferenciavam dos fenômenos relativos ao corpo: sensibilidade física, sensações, instintos, apetites e paixões de origem orgânica. Também se estudava a memória, raciocínio, o sono, sonhos e inclusive o sonambulismo (fenômeno descoberto pela ciência do magnetismo animal). A questão do livre-arbítrio próprio da alma e as hipóteses da união da alma e do corpo (entre elas a do princípio vital). No tratado de Paul Janet, quando desenvolve a psicologia, ele segue a mesma orientação desse programa escolar, considerando as operações da alma divididas em duas classes:[95]

> Uma das que respeitam imediatamente ao corpo, e nos são comuns com os animais [instintos, paixões, hábitos] outra das que são superiores àquelas e só próprias do homem [vontade, razão, senso moral]. Foi o que Maine de Biran exprimiu com distinguir em nós a vida animal e a vida humana. De modo que o homem físico conduz-nos ao homem animal, e este ao homem intelectual e moral, à pessoa humana. (JANET, 1885, p. 8)

Em seguida o tema era a 'lógica' (os graus de certeza: opinião, fé, conhecimento científico; silogismo) e a lógica aplicada aos métodos das ciências, as empíricas e também as filosóficas, como vimos anteriormente.

Depois, o programa trata da 'teodiceia' – argumentos morais e metafísicos da existência de Deus, as provas dessa existência, seus atributos (unidade, simplicidade, imutabilidade, eternidade, suprema inteligência e bondade), a Providência Divina e os então considerados erros acerca de Deus: ateísmo, dualismo, politeísmo e panteísmo.

---

95 Dessa forma, Janet segue a descrição da vida sensitiva e animal do filósofo inglês Alexandre Bain de iniciar pelos movimentos e instintos, pois "são os fenômenos mais próximos dos fenômenos corporais: aí é que se dá a passagem da fisiologia para a psicologia (...) graças a esse método, a psicologia vem se reunir ao grupo das ciências naturais, embora separada delas. Há nisso progresso sem solução de continuidade", conclui. Janet considerava uma forma de aproximação tanto das ideias modernas então contemporâneas quanto das bases filosóficas tradicionais de Aristóteles.

Por fim, o programa da instrução secundária trata da 'moral' completamente separada de qualquer orientação religiosa específica (portanto não se tratava de catecismo ou da amplitude do ensino religioso, opções atuais na escola, mas dos conceitos filosóficos da moral), um tema completamente abandonado do sistema educacional atual, em todos os seus níveis. O programa trata da moral ou princípios das ações humanas – onde se estudava o prazer e o Bem, o útil e o honesto. A consciência moral e a distinção entre o Bem e o Mal. Da lei moral (pois se considerava que havia uma lei natural quanto aos atos morais ou humanos). Destino do homem e a imortalidade da alma. Terminando com a moral prática, ou os deveres do homem para consigo mesmo. Também a moral perante a humanidade, a família e o estado, e a moral religiosa ou sua relação com Deus.

Na parte final do programa, estudava-se a história da filosofia, passando pela antiga – origens orientais e grega, antes de Sócrates e Platão. Depois Aristóteles, filosofia romana, medieval e a moderna.

As divisões e temas constantes no manual de Janet seguem a mesma estrutura e conteúdo dos demais manuais e cursos de filosofia, tanto para o curso superior de bacharelado em Letras quanto para os cursos secundários e preparatórios para o superior (entre eles, as escolas fundadas em Paris por Rivail), como as obras de E. Gille, Eugène Geruzez, Ernest Regnault, Charles Bénard, entre muitos outros.

Na França, desde a primeira metade do século 19, a filosofia oficial era o espiritualismo racional ou escola eclética. Transportada para o Brasil Império por jovens que procuraram nas universidades francesas uma identidade para sua nação, o espiritualismo tornou-se nossa primeira escola filosófica rigorosamente estabelecida. Explica Antonio Paim:

> Victor Cousin foi escolhido como diretor espiritual por alguns brasileiros que viveram em Paris na década de trinta. Na condição de seus discípulos, realizaram no Brasil um movimento empolgante, instaurando no país o debate filosófico autêntico, editando livros e revistas, formando professores e participando ativamente da discussão teórica que tinha lugar em parte da Europa. O papel das duas personalidades [a outra é Silvestre Pinheiro Ferreira] sobressai quando as confrontamos àquelas escolhidas por uma parcela das gerações futuras, ao abandonarem a investigação da natureza própria da filosofia para torná-la caudatária seja da religião seja da política. (PAIM, 1999, p. 6)

Quem folhear uma obra didática de filosofia mais atual encontrará poucos pontos de aproximação de seu conteúdo com a doutrina espírita. Mas se adequadamente tomarmos como comparação fontes primárias como os manuais de filosofia do século 19, desde o índice ao conteúdo dos seus temas, fica evidente como a ordem e natureza dos assuntos equivalem à estrutura temática apresentada em *O Livro dos Espíritos*. Primeiramente Kardec qualifica o livro como "filosofia espiritualista, como também sua *Revista Espírita* é denominada "jornal de estudos psicológicos". O *Livro primeiro* trata das causas primárias, que é o tema da metafísica geral ou ontologia. Os capítulos abordam a teodiceia, cosmologia e psicologia racional, considerando as divisões entre as faculdades da alma (razão e senso moral) e os de origem orgânica (instintos e paixões), segundo o ensino dos espíritos superiores.

O *Livro segundo* será um desenvolvimento próprio da doutrina espírita, tratando-se do mundo espiritual propriamente dito, conhecido e explorado pela *ciência dos espíritos*; é aqui que o diálogo com os espíritos descreve em detalhes o que desde a Antiguidade se conhecia apenas por fragmentos misturados como fantasias ou dogmas.

O terceiro e o quarto livros tratam da moral no sentido de suas leis naturais, com a diferença de que nos manuais de filosofia, seu desenvolvimento é racional, enquanto, em *O Livro dos Espíritos* elas ganham uma análise experimental pelos ensinamentos dos espíritos.

Como se vê, um leitor contemporâneo de Kardec, conhecedor da filosofia oficialmente aceita, quando consultava *O Livro dos Espíritos* reconhecia a familiaridade da estrutura de apresentação dos temas e problemas. Ou seja, o espiritismo, proposto por Kardec como sendo uma nova ciência filosófica, respeita, em sua obra fundadora, a estrutura temática e os desafios a serem vencidos nas demais ciências filosóficas de seu tempo. Encontrando, porém, no esclarecimento dos espíritos, respostas que ultrapassavam o alcance teórico dos autores humanos, pela profundidade e unidade sistêmica do ensino dos espíritos superiores.

3.2.2 A reação das ideias espiritualistas

O surgimento do espiritualismo racional francês, iniciado por filósofos como Royer-Collard, Maine de Biran, Victor Cousin, Theodore Jouffroy e continuado por diversos outros pesquisadores,[96] como Charles Fauvety, Jules Ferry e Paul

---

[96] Inclusive o movimento ocorrido no Brasil, com a primeira escola filosófica de sua história: o ecletismo, derivado do espiritualismo racional francês, como ideia fundamental para a construção de um pensamento cultural genuíno de um país que se libertava, tanto da colonização portuguesa quanto da orientação ideológica da Igreja Católica, como veremos mais à frente.

Janet, representa um movimento cultural de fundamental importância para o surgimento do espiritismo.

Outras fases, no entanto, historicamente o antecederam. Antes que o espiritualismo racional pudesse tomar lugar na universidade e estender seu ensino ao curso secundário francês, surgia na França um materialismo radical desde a Revolução Francesa, por um movimento conhecido por Ideologia, promovendo a moral sensualista, segundo a qual o prazer orienta o Bem, e a dor o Mal. Com a queda de Napoleão, porém, seguiu-se um movimento reacionário de orientação religiosa extremada, o 'ultramontanismo', cujo objetivo frustrado era restaurar o Antigo Regime. Só então com a queda do último rei aos moldes antigos é que tomou lugar na Universidade de Letras, o espiritualismo racional, abrindo caminho para o aparecimento do espiritismo.

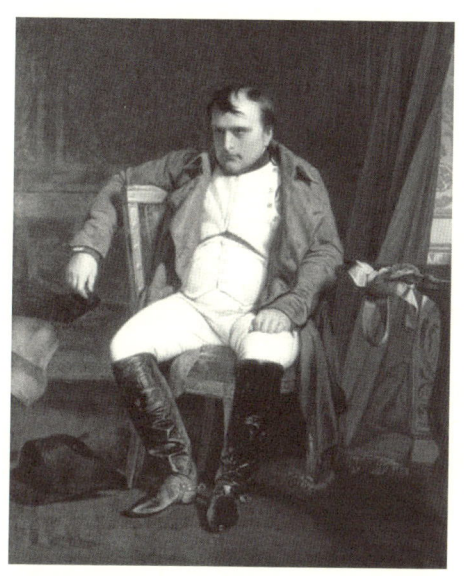

Os ideólogos prosperaram durante o império de Napoleão

Segundo Kardec, o surgimento do espiritualismo na cultura francesa foi o momento adequado para que o espiritismo fosse aceito e compreendido pois, se surgisse antes, seria abafado pelo materialismo ou pelo preconceito religioso.

Essa sucessão histórica na filosofia receberá a atenta análise de Allan Kardec sob o título de "reação das ideias espiritualistas", num artigo publicado na *Revista Espírita* de outubro de 1863:

> Há um século a sociedade era trabalhada pelas ideias materialistas, reproduzidas sob todas as formas, traduzindo-se na maioria das

obras literárias e artísticas; a incredulidade era moda, era do bom tom ostentar a negação de tudo, mesmo de Deus. A vida presente, eis o positivo; fora disso tudo é quimera e incerteza; vivamos, pois, o melhor possível, e depois advenha o que advier. Tal era o raciocínio de todos aqueles que pretendiam estar acima dos preconceitos, e se chamavam por essa razão espíritos fortes; era, é preciso nisso convir, o de maior número, daqueles mesmos que davam o movimento à sociedade e estavam encarregados de conduzi-la, e cujo exemplo devia, necessariamente, ter uma grande influência. O próprio clero sofria essa influência; a conduta privada ou pública de muitos de seus membros, em completo desacordo com seus ensinos e os do Cristo.

Kardec está descrevendo o movimento de orientação materialista, nascido durante a Revolução Francesa e que prosperou com a instituição da Escola Normal (formação de professores) e depois no Instituto Nacional que substituíram as antigas academias e escolas reais. Seus teóricos seguiam as ideias de Antoine-Louis-Claude Destutt, o conde de Tracy, que criou o termo "ideologia" desde a publicação de sua obra principal, *Eléments d'ideologie*, que foi adotada como fundadora da "ciência das ideias" como introdução de todas as outras, em substituição ao que até então se estudava pela psicologia, abandonada porque fazia referência a uma ciência da alma, para eles, inexistente. Cabanis, que era médico, buscou a origem das sensações e da consciência no funcionamento da fisiologia humana, concluindo que o pensamento era uma excreção do cérebro:

> Vemos os alimentos cair nesta víscera com as qualidades novas, e concluímos que ela fez-lhes sofrer verdadeiramente esta alteração. Vemos igualmente as impressões chegarem ao cérebro, por intermédio dos nervos: elas ainda estão isoladas e desconexas. A víscera entra em ação; age sobre elas, e logo as envia metamorfoseadas em ideias que a linguagem da fisionomia e do gesto, ou os signos da palavra e da escritura, manifestam exteriormente. Concluímos com a mesma certeza que o cérebro digere de alguma maneira as impressões; que ele realiza organicamente a secreção do pensamento.[97]

---

97 CABANIS. *Rapports du physique et du moral de l'homme*. v. 1. Paris: Academie Royale, 1824. p. 133-134.

Todos os ideólogos seguiam as ideias de Condillac, para quem todo o conhecimento era originário das sensações orgânicas, geradas pelos cinco sentidos. O programa de ensino da filosofia abandonaria toda a metafísica, concentrando-se no ensino da língua francesa, matemática e a ciência das ideias. Os outros cursos eram conduzidos com a mesma orientação materialista, como os de física e geometria por Laplace, história e moral (reduzida a um catecismo do cidadão) por Volney, arte da fala (Sicard) e entendimento (Garat). Essas duas eram importantes para os ideólogos, pois o conhecimento passou a ser um estudo da linguagem simbólica associada com as formas e fenômenos observáveis, um puro empirismo. No século seguinte, as principais teses dos ideólogos, como a de que é preciso eliminar da filosofia toda a metafísica e o projeto de reforma radical da sociedade dos ideólogos seriam retomadas pelo positivismo de Auguste Comte.[98]

Todos esses professores se conheceram no salão da madame Helvétius, grupo que mesmo antes da Revolução debatia e defendia uma filosofia materialista como opositora da educação religiosa e de toda a metafísica, considerando qualquer forma de conhecimento, algo originário, e próprio do homem, um instinto que difere do animal apenas em grau e não, em sua natureza.

Os ideólogos apoiaram o golpe de Napoleão, que retribuiu nomeando a maioria dos professores como senadores ou tribunos com grandes benefícios.

---

[98] Em sua doutrina, Comte descreveu as três fases do conhecimento: teológica, metafísica e positiva ou científica. A teológica representava o pensamento sobrenatural medieval; a metafísica estava representada pelo pensamento espiritualista racional de Cousin: depois viria a sua própria teoria, considerada por ele a única real, verdadeira e definitiva. Em 1868, Kardec reproduziu uma carta do médico A. Regnard publicada no jornal *Le Figaro*, de 3 de abril, que qualificava o positivismo de Comte como escola superada: "A Escola de Medicina, diz o doutor Flavius, mais forte em partos do que em filosofia, nem é ateísta, nem materialista: é positivista. Mas, na verdade, o que é o positivismo, senão um ramo dessa grande escola materialista, que vai de Aristóteles e de Epicuro até Bacon, até Diderot, até Virchow, Moleschoff e Büchner, sem contar os contemporâneos e compatriotas que não cito – por isso mesmo. A filosofia de A. Comte teve a sua utilidade e a sua glória no tempo em que o 'cousinismo' reinava como senhor. Hoje que a bandeira do materialismo foi erguida na Alemanha por nomes ilustres, na França por gente moça, em cujo meio tenho orgulho e pretensão de me contar, é bom que o positivismo se recolha ao modesto papel que lhe convém. É bom, sobretudo, que não afete por mais tempo, a respeito do materialismo, seu mestre e seu antepassado, um desdém ou reticências que são, no mínimo, inoportunas". O comentário de Kardec que segue a carta é significativo: "Como se vê, o materialismo também tem o seu fanatismo. Há alguns anos apenas ele não teria ousado exibir-se tão audaciosamente; hoje traz abertamente o desafio ao espiritualismo, e o positivismo já não é, aos seus olhos, suficientemente radical. Tem suas manifestações públicas, e é ensinado publicamente à juventude; tem a mais o que censura nos outros: a intolerância, que vai até à intimidação. Imagine-se o estado social de um povo imbuído de semelhantes doutrinas!". Ou seja, se ainda perdurava no ensino de filosofia o espiritualismo racional, na faculdade de medicina persistia uma orientação materialista (iniciada pelo ideólogo Cabanis, continuada por Broussais) que persistiria, espalhando-se por toda a ciência, como se constata atualmente.

Mas logo essa amizade se desfez, e o imperador num discurso acusou: "Todas as desgraças que afligem nossa bela França devem ser atribuídas à ideologia, essa tenebrosa metafísica que, buscando com sutilezas, as causas primeiras, quer fundar sobre suas bases a legislação dos povos, em vez de adaptar as leis ao conhecimento do coração humano e às lições da história".

O *Catecismo do cidadão francês* ou moral científica, de Volney, publicado inicialmente em 1793, foi dedicado às crianças e jovens, mas almejava alcançar a todos os europeus, com o objetivo de despojar de todo efeito civil as opiniões teológicas e religiosas. Seus princípios da lei natural representam bem o pensamento dos ideólogos. Contra a tendência ao bem do homem natural, em Rousseau, a quem se opunha radicalmente, de acordo com Volney, "o homem no estado selvagem é um animal feroz e ignorante, um monstro brutal e traiçoeiro, à semelhança dos ursos e orangotangos" (VOLNEY, 1834, p. 15). Para ele, o homem ignorante equivale ao louco, e são "moléstias habituais e gerais do gênero humano" (p. 21). No catecismo o princípio da lei natural quanto à moral "se resume à conservação de si mesmo", para a qual a Natureza ordena ao homem por meio de "duas involuntárias e poderosas sensações, (...) o prazer que é um alento para viver, assim como a dor é uma repulsão para morrer" (p. 11). A pobreza é considerada no catecismo "ou o resultado ou o princípio do vício", pois "todos os vícios conduzem à pobreza e quando a um homem falta o necessário, vai buscá-lo por meios viciosos" (p. 34). Por fim, adotando esses princípios, Volney conclui que a lei natural não prescreve que se faça o bem aos outros sem limites, pois "seria um meio certo de criar ingratos" (p. 46). Ele também não vê a humildade como uma virtude, pois o homem deve reprimir "a ideia de fraqueza ou nulidade", que poderia despertar nos outros uma resposta do "orgulho e da opressão" (p. 50).

A moral dos ideólogos é sensualista, involuntária, baseada no egoísmo, criada por hábito e pela repressão dos vícios; reduzindo a alma às sensações e, o homem, a um selvagem brutal por natureza. Essas ideias se opõem à moral de Rousseau, também de Kant e do espiritismo. Todas estas nascem do dever como ato voluntário, mediado pela lei natural presente na alma, que é perfectível, enquanto a preservação do corpo se conquista com equilíbrio e moderação, respeitando suas necessidades naturais.

Com a disseminação das ideias materialistas, Kardec afirma no artigo que elas "tinham chegado ao seu apogeu, então se percebeu que elas não davam o que delas se esperava, e deixavam o vazio no coração". A vida egoísta de consumo e prazeres não atende a todos, e a justiça sozinha não é uma solução social que substitui a moral. A dúvida tomava principalmente as novas gerações, ele continua:

> Tinham-se, pois, procurado todas as bases das instituições humanas na ordem das coisas materiais; no entanto, acabou-se por reconhecer que faltava a essas instituições um ponto de apoio sólido, desde que aqueles, que pareciam melhor assentados, desmoronavam em um dia de tempestade; que as leis repressivas mascaravam os vícios, mas não tornavam os homens melhores. Qual era esse ponto de apoio? (...) Pretende-se que tudo acaba com a morte; mas que disso sabem, em definitivo, aqueles que o afirmam? Isso não é, além do mais, senão a sua opinião. (...) Se há alguma coisa depois da morte, como se está ali? Está-se bem? Está-se mal? (...) A alma não seria, pois, uma quimera? Então essa alma, como é ela? De onde vem? Para onde vai? (RE63, p. 195).

Depois do materialismo sucederia a fase do tradicionalismo religioso radical. Quando da queda de Napoleão, no período da restauração da monarquia, com a tentativa dos ultramontanistas de restaurar o Antigo Regime, serviram de inspiração e ganharam reconhecimento os pensamentos tradicionalistas e contrarrevolucionários de Louis de Bonald (1754-1840), para quem a teoria iluminista dos direitos do homem devia ser substituída pela submissão à autoridade da Igreja. Também Joseph de Maistre, escritor católico ultramonárquico e defensor do poder papal, atacava em suas obras as ideias de liberdade e igualdade de Rousseau, por criar o "código da anarquia",[99] propondo a submissão aos dogmas e ao comando do clero. Para Maistre, que escreveu a obra *Du Pape*,[100] a submissão ao papa deve-se ao fato de que sua Igreja seria a verdadeira "matriz da civilização europeia", pois o mundo temporal e o supratemporal estavam inteiramente sob o poder divino e ao homem não caberia alterar a ordem das coisas. Segundo o filósofo italiano Nicola Abbagnano, De Maistre considerava a vida uma condição de castigo à qual deve se resignar, negando qualquer possibilidade

---

99 "Coube a Rousseau, com sua eloquência arrasadora, seduzir a multidão, sobre quem a imaginação tem mais poder que a razão. Ele soprou por toda parte o desprezo pela autoridade e o espírito de insurreição. Foi ele quem traçou o código da anarquia e que, em meio a algumas verdades estéreis e isoladas que todo mundo sabia antes dele, avançou os princípios desastrosos dos quais os horrores que vimos foram apenas as consequências imediatas" (Joseph de Maistre, *De la sourveraineté du peuple*, livro I, capítulo 12).

100 *Du Pape* alcançou seu auge de popularidade após fevereiro de 1848, sobretudo por meio da atuação do jornalista ultramontano Luis Veuillot, ao conquistar a burguesia orleanista e a "preparar a opinião católica francesa a aceitar a declaração da infalibilidade papal do concílio do Vaticano I" ocorrido em 1870 (R. LEBRUN, Richard. *Joseph de Maistre: an inltellectual militant*. Canadá: McGill-Queen's University Press, 1988. p. 242-245).

de evolução moral da sociedade como almejavam os iluministas. Para os tradicionalistas, a razão individual do homem é cega, enganosa e falível:

> De Maistre nega ao homem, irremediavelmente marcado pelo pecado original, qualquer capacidade de fazer de si o caminho na direção à verdade e a uma vida associativa justa e ordenada. Todos os males que recaem sobre o homem são merecidos e justos, porque devidos ao pecado original. O dogma da reversibilidade exige e justifica que por sua vez o justo sofra em lugar do pecador, do mesmo modo que o rico deve pagar pelo pobre. A reversibilidade do pecado e a oração são os únicos meios pelos quais o homem poderá resgatar-se da sua servidão ao mal. Por outras palavras, o homem não pode fazer mais que inclinar-se perante os misteriosos desígnios da Providência Divina, perante as instituições que são instrumentos de tais desígnios: a Igreja e o Estado. Qualquer tentativa por parte do homem para levar uma vida diversa da que lhe é imposta pela autoridade é-lhe ruinosa. De Maistre considera toda a filosofia do século 18 uma aberração culposa.[101]

No entanto, o radicalismo religioso não teria sucesso. Pondera Kardec em seu artigo que "a fé cega não tem mais curso em nosso século racional". A tentativa de restabelecer a antiga ordem ficou impossível. Mesmo a abstração pede raciocínio, não basta dizer que uma coisa é boa ou má e proibi-la, segundo Kardec: "Pede-se mais que ter a fé, se a deseja, dela se tem sede hoje, porque é uma necessidade; mas se quer uma fé raciocinada. Discutir sua crença é uma necessidade da época, à qual é preciso, de bom grado ou malgrado, se resignar" (RE63, p. 196).

Pierre Paul Royer-Collard era professor da Faculdade de Letras da Universidade de Paris, e quando encontrou um livro da psicologia escocesa de Thomas Reid, *An Inquiry into the Human Mind on the Principles of Common Sense*, que afirmava a comprovação da liberdade pelo fenômeno da consciência pesquisada pela introspecção, percebeu um caminho científico espiritualista alternativo ao materialismo dos ideólogos. Foi influenciado também pelas pesquisas psicológicas de Maine de Biran, um aluno dos ideólogos que percebeu os limites dessa teoria materialista para explicar o ser humano e, buscando o resgate da dignidade do "eu" como "ser em si", rompeu em suas pesquisas psicológicas pela

---

101 ABBAGNANO, Nicola. *História da filosofia*. v. 10. 4ª ed. Trad. Nuno Valadas e Antonio Ramos Rosa. Lisboa: Editorial Presença, 2000.

introspecção essa limitação, marcando assim o início da reação espiritualista. Biran percebeu que as sensações não podem ser a causa imediata do conhecimento, pois, para sermos conscientes de alguma coisa, antes precisamos estar conscientes de nós mesmos. A alma é quem tem os atributos da vontade, razão e sentimento; enquanto o corpo é uma natureza animal com sentidos, instintos, paixões. A partir desses conceitos básicos, pelo método da introspecção elaborada por diversos pesquisadores, vai se recuperar e construir uma psicologia como ciência filosófica.

Abrindo um parêntese, é importante destacar que, em geral, quando se fala de liberalismo, trata-se dos aspectos políticos e econômicos dessa doutrina da liberdade. Mas o pensamento liberal constitui-se numa filosofia. Pelo naturalismo essa filosofia demonstrava a total confiança na racionalidade da natureza, rejeitando revelações transcendentes e tradições dogmáticas, confia-se na razão como meio de apreensão das leis naturais. Todavia, quando o liberalismo se associou ao materialismo, passou a caracterizar-se pelo individualismo, onde cada indivíduo regia sua ação pelo próprio pensamento e desejo, isolado em sua mente. Pensando assim, o agir egoísta seria natural. Outra vertente, porém, que estamos descrevendo, encontrou no espiritualismo uma resposta para dar uma base moral ao pensamento liberal. O espiritualismo racional descobriu em Deus a fonte da harmonia universal que rege tanto o universo material quanto o moral. Para essa doutrina, estão presentes na consciência humana as leis naturais e gerais que regem o indivíduo consciente desses valores por seu esforço, e também a sociedade, regenerada por esses princípios de liberdade, igualdade e fraternidade. Desse modo, vai propor os conceitos de moral e religião naturais, independentes de crença ou denominação religiosa, abrindo caminho para o Espiritismo.

Vislumbrando esse novo cenário cultural, um dos alunos de Royer-Collard, Victor Cousin, tornou-se seu assistente, entusiasmado pelas novas possibilidades da filosofia associada ao espiritualismo e à psicologia. Para essa nova geração francesa que surgia, enquanto o método psicológico concedia a almejada base científica, o pensamento liberal no qual se afirmava o espiritualismo racional permitia um novo caminho para moral, agora fundada na liberdade e na autonomia, contra o dogma e a autoridade impositiva, de forma equilibrada, sem ser indiferente ou hostil à religião. Cousin estudou alemão para conhecer a filosofia de Kant, Jacobi e Schelling. Na Alemanha, conheceu pessoalmente Hegel e sua *Enciclopédia das ciências filosóficas* e chegou a ser preso pela acusação de ser um liberal. Durante grande parte do período da restauração monárquica francesa, Cousin se dedicou a pesquisar os sistemas filosóficos da história publicando traduções e ensaios, percebendo a evolução e o embate dos conceitos. Até então as obras filosóficas eram escritas para defender um sistema contra os outros. Durante a restauração, o médico Broussais, que seria um inspirador de Comte, foi o defensor das ideias materialistas, lutando contra o espiritualismo que surgia: "O senhor Cousin professa uma filosofia completamente obscura e que se compõe de ideias ao estilo das de Kant e Platão" (RE68, p. 43). Realmente, as ideias liberais dos espiritualistas retomavam uma moral baseada na religião natural e no dever inspirados por Kant, independente da teologia, dos dogmas e das religiões positivas. Tinha início um caminho favorável para o futuro surgimento do espiritismo. Basta lembrar que, para Kardec, o espiritismo tem "tendências liberais e antirretrógradas, (...) tal é, com efeito, a impressão que ela produzirá sobre todos aqueles que se derem ao trabalho de estudá-la" (Ibidem). Diante daqueles que viam, no movimento espírita que surgia, uma nova seita, Kardec vai demonstrar sem rodeios tratar-se de um erro, porquanto "sua ignorância das tendências do espiritismo é tal que não sabem mesmo que 'é uma doutrina liberal'", sendo também "emancipadora da inteligência, inimiga da fé cega, que vem proclamar a liberdade de consciência e o livre exame como base essencial de toda crença séria" (RE68, p. 43), além disso: "Não sabem mesmo que o primeiro escreveu sobre sua bandeira esta imortal máxima: Fora da caridade não há salvação, princípio de união e de fraternidade universais, o único que pode pôr um termo aos antagonismos dos povos e das crenças" (Ibidem).

Como foi o espiritualismo racional, diz Kardec, o espiritismo seria uma doutrina liberal, pronta para lutar contra qualquer tipo de autoridade dogmática, ficando a favor de todas as liberdades, seja de pensamento ou de crença. Tudo isso com novas armas, pois não abandona a tolerância conquistada pelo esclarecimento. No entanto, a ascensão da filosofia espiritualista, seguida do surgimento do espiritismo, só seria possível com o fim da retrógrada restauração francesa, pelas revoluções liberais que estavam por vir.

Alto preço dos alimentos e fome, falência das fábricas e desemprego, salários baixos, elevado custo de vida, burguesia sufocada pelo favorecimento do rei à nobreza. Todo esse clima de insatisfação, bem representado em *Os miseráveis* de Victor Hugo, reacenderia as aspirações da Revolução Francesa. Carlos X tentou dissolver o parlamento dominado pelos liberais para modificar a Constituição tornando-a mais autoritária, impondo a censura total à imprensa e governando por decretos. Em três dias (27, 28, 29) de julho de 1830, a população que sofria, reagiu, retomando as barricadas e a guerra civil.

Em meio às lutas, o rei partiu para o exílio. Os deputados da Assembleia Nacional escolheram Luís Filipe, apoiados pelos banqueiros. A monarquia de julho pretendia que o rei servisse ao povo (no entanto, serviria em realidade ao capital financeiro).

Os espiritualistas liberais, que se afastavam tanto do materialismo sensualista dos ideólogos, quanto dos reacionários monárquicos, finalmente encontraram espaço! Com a liderança de François Guizot que implantou reformas educacionais inspiradas por Victor Cousin,[102] introduziu a gratuidade do ensino primário para os que não pudessem pagá-lo, escolas em cada município, magistérios para preparação de professores em todos os departamentos, foi reconhecida a liberdade religiosa e o respeito à consciência. Também reformou a universidade, adotando o programa espiritualista racional que analisamos acima como filosofia oficial durante a monarquia constitucional, desde 1830 até a queda de Luís Filipe em 1848. Rapidamente essa filosofia se estendeu pela Espanha, Itália, Portugal e vários países das Américas.

Cousin considera os limites da física, química e fisiologia (adotados pelos ideólogos para compreender a moral) estreitos demais para dar as respostas complexas que só a filosofia e a religião natural poderiam oferecer ao homem. Agora por meio de uma observação interior conduzida com o mesmo rigor das outras ciências. Quanto à ideia do Absoluto, presente na consciência, ele afirma:

> Seu pensamento se lança além deste mundo que embeleza e ordena; o homem, todo-poderoso, concebe e não pode deixar de conceber uma potência superior à sua e à da Natureza, uma potência que sem dúvida somente se manifesta por suas obras, isto é, pela natureza e pela humanidade (...). Numa palavra, além do mundo da indústria, do mundo político e do mundo da arte, o homem concebe a Deus. Deus sem mundo seria para o homem como inexistente, um mundo sem Deus é um enigma incompreensível a seu pensamento e um peso obscurecedor sobre o seu coração.[103]

Victor Cousin vai elaborar uma história da filosofia, debatendo os sistemas, mas sem se prender a nenhum deles, dando início ao *ecletismo*. Segundo ele, com a filosofia não sucede como na ciência, onde cada nova escola, acreditando ter atingido a verdade, é intolerante para com as suas predecessoras, e até para com as escolas rivais. Dessa forma não há tradições ou heranças, mas

---

102 Victor Cousin (1792-1876), professor de filosofia na Escola Normal de Paris (formação de professores) desde 1814, chegou a ser reitor da universidade.

103 COUSIN, Victor. *Du vrai du beau et du bien*. Paris: Adolphe Gamier, 1836.

estabelecimento sucessivo de conquistadores. O ecletismo não se trata de uma história dos sistemas filosóficos (o que é o mais usual atualmente), mas parte da convicção de que todos esses sistemas possuem partículas da verdade. Todos os filósofos, sinceros na busca de suas ideias, contribuem para a compreensão da verdade. O ecletismo aproveita, por meio de uma escolha racional, tudo de bom e verdadeiro que julga encontrar nos sistemas precedentes, mesmo que rivais. Por exemplo, do sistema materialista dos ideólogos, considera os hábitos, condicionamentos, condições emocionais, como dor e prazer, e o instinto de preservação como pertencentes ao corpo humano, considerado como um animal. No entanto, esse corpo é comandado por uma alma autônoma, nos moldes da filosofia de Rousseau e Kant, que possui vontade, razão, sentimentos e liberdade de agir, além de sua perfectibilidade. As hipóteses elaboradas pelos sistemas filosóficos contribuem para a formação conceitual das ciências filosóficas, respeitando a base fundamental que era o paradigma espiritualista. Em sua recuperação histórica, Cousin traduziu para o francês as obras de Platão, retomando o debate de suas ideias, a metafísica de Aristóteles, Descartes, também divulgando o pensamento de Kant, entre outros. Compilou e publicou as obras de Maine de Biran, publicando também livros de cursos de filosofia, de história da filosofia e de filosofia moral.

Para a divulgação do espiritualismo na educação primária, que recebeu especial atenção em sua organização, fazia uso da *Profissão de fé do vigário de Savoia* destacada de *Emílio*, comentada e estudada em sala de aula, "em uma tentativa de combater as doutrinas venenosas do materialismo e do ateísmo", como afirma na introdução. Como vimos anteriormente, esse texto de Rousseau desenvolve tanto a autonomia moral quanto as bases conceituais da religião natural.

Por vinte anos, até a Revolução de 1848, o espiritualismo racional manteve-se como uma filosofia oficial da França, caracterizada por três pontos primordiais: o *ecletismo* como método histórico, o *espiritualismo* como espinha dorsal dessa construção conceitual, e o *método psicológico* como fundamento último da pesquisa experimental pela observação, permitindo o estabelecimento do espiritualismo racional como ciência filosófica. Em 1853, na introdução à nova edição de *Du vrai, du beau et du bien*, Cousin vai declarar a subordinação do ecletismo "que não é senão um método puramente histórico", ao espiritualismo "que é nossa verdadeira doutrina, nossa verdadeira bandeira".

Entre os pensadores franceses influenciados por Cousin nas décadas seguintes, estavam Théodore Simon Jouffroy, Jean Philibert Damiron, Garnier, Pierre-Joseph Proudhon, Jules Barthelemy Saint-Hilaire, Felix Ravaisson, Jules Simon, Charles Fauvety e Paul Janet, entre outros.

Se os estudos psicológicos foram fundados na França por Royer-Collard, que havia retomado a psicologia na Universidade de Letras traduzindo trechos das obras escocesas de Reid e Stewart, será dado um grande impulso quando as obras desses autores forem traduzidas integralmente e comentadas por Jouffroy, aluno de Cousin e herdeiro de Biran. Procedendo à distinção entre fisiologia e psicologia, ele afirmou que "o homem não está destinado a desenvolver-se sob a lei do instinto, como os animais: Deus deseja que as suas conquistas devam-se a si mesmo".[104] Caso ficasse abandonado aos instintos, a ação humana seria harmônica como a dos animais, mas justamente por ser falível deve-se a sua perfectibilidade.

Jouffroy pesquisou, deu aulas e escreveu sobre as ciências filosóficas, estabelecendo seus métodos e objetos, como psicologia, moral, lógica, direito natural e político, estética, filosofia da história e religião natural. Segundo ele, a ciência filosófica, ou "ciência do mundo intelectual e moral" trata dos "fatos psicológicos" da mesma forma que a "ciência natural" lida com os "fatos físicos". Ou seja, "a observação metódica e regular de nossa natureza e a constatação dos fatos psicológicos que a constituem, levarão às leis da natureza moral e intelectual".[105]

É importante destacar que entre as pesquisas introspectivas da psicologia racional, sejam as do escocês Stewart, de Maine de Biran,[106] Jouffroy entre outros, estavam presentes os fenômenos do sonambulismo provocado, em suas diversas fases ou estados de consciência e também os fenômenos da lucidez sonambúlica, descobertos pela ciência do magnetismo animal. No entanto, pela importância desse tema – basta dizer que Kardec considerava o magnetismo animal como ciência gêmea do espiritismo – vamos tratá-lo especialmente, mais à frente.

No período final da influência de Cousin, em julho de 1848, a *Academia de Ciências Morais e Políticas*, da qual era membro, decidiu publicar uma série

---

104 JOUFFROY, Théodore. *Sobre la organización de las ciências filosóficas*. Buenos Aires: Editorial Losada, 1952.

105 JOUFFROY, Theodore. "Préface du traducteur". In: REID, Thomas. *Œuvres complètes de Thomas Reid, chef de l'école écossaise*, publiées par M. Th. Jouffroy, avec des fragments de M. Royer-Collard et une introduction de l'editeur. Paris: Librairie Alexandre Mesnier, 1829. p. 173-175.

106 Segundo Maine de Biran, apesar dos charlatões, o número de casos atestados e o acordo entre os observadores de vários países apontam para a veracidade do fenômeno do sonambulismo provocado. Ao se interessar sobre esse tema, estudou atentamente a obra *História crítica do magnetismo animal*, por Deleuze (1813). Em sua obra *Nouveaux essais d'anthropologie*, escrito no ano antes de sua morte (1823), Biran vai retomar o sonambulismo magnético. A obra é dividida em três sessões, considerando o homem como ser animal, humano e espírito. Sobre a vida humana, ao distinguir vontade (alma) e desejo (corpo), trata do sonambulismo magnético e da natureza da conexão (*rapport*) entre o magnetizador e o sonâmbulo (JAMES, Tony. *Dream, creativity, and madness in nineteenth-century France*. Oxford: Clarendon Press, 1995).

de panfletos populares que tratavam de questões sociais como "a família" e "as causas da riqueza e suas desigualdades". Cousin escreveu o panfleto que tratava da justiça e caridade (*Justice et charité*, 1848), uma sucinta e popular versão da filosofia moral retirada de suas obras, onde "filosofia moral e política são e devem ser uma ciência de observação". O primeiro dos fatos morais está na liberdade, pois só por meio dela se conquista a igualdade: "direitos e deveres são irmãos, e a mãe deles é a liberdade".[107]

Enquanto os ideólogos consideravam o homem simples como "um monstro brutal" e os ultramontanos um "condenado pelo pecado", além da igualdade e da liberdade como conceitos básicos da natureza humana na filosofia moral do espiritualismo racional, também a fraternidade, sob o conceito de caridade, assume um lugar de destaque. Cousin considera que está ao alcance do homem simples "quando tem um coração humano, compreender e praticar os princípios da justiça e da caridade" (*Ibidem*). E então ele prossegue, demonstrando com maestria que a união desses princípios é a solução adequada para a evolução social:

> Elas resumem todas as obrigações dos indivíduos e dos Estados que em seus mais altos graus de desenvolvimento podem alcançar: a justiça e a caridade. Primeiramente a justiça, esse inviolável respeito que a liberdade de um homem deve ter para com a de outro; e em seguida a caridade, cujas inspirações vivificam sem alterar os preceitos da justiça. A justiça é o freio da humanidade, e a caridade é o seu estímulo. Remova um ou outro e o homem estanca de súbito, ou se lança sem freios. Conduzida pela caridade e apoiada pela justiça, a humanidade avança para seu destino com passos firmes e regulares. Este é o Ideal que se almeja para as leis, a moral e especialmente para a filosofia. A caridade é a glória do cristianismo, que por ele foi anunciada e globalmente divulgada. A caridade foi o facho de luz da Idade Média, provendo o consolo da servidão e o guia da emancipação! À filosofia do século 19 coube demonstrar as diferentes características da justiça e da caridade, mas também a sua essencial harmonia – dois princípios da alma, igualmente verdadeiros e sagrados, da perene moral. (*Ibidem*, p. 64)

A aproximação dessas ideias com a doutrina espírita é evidente. Os espíritos vão confirmar a hipótese de Cousin, ao considerar o verdadeiro sentido

---

107   COUSIN, Victor. *Justice et charité*. Paris: Pagnerre, 1848. p. 63.

da caridade, como entendida por Jesus, o complemento da justiça e o ideal da sociedade futura, na questão 886 de *O Livro dos Espíritos*:

> Qual o verdadeiro sentido da palavra caridade, como a entendia Jesus? R. O amor e a caridade são o complemento da lei de justiça. Pois amar o próximo é fazer-lhe todo o bem que nos seja possível e que desejáramos nos fosse feito. (...) A caridade, segundo Jesus, não se restringe à esmola, abrange todas as relações em que nos achamos com os nossos semelhantes, sejam eles nossos inferiores, nossos iguais, ou nossos superiores.

Portanto, a psicologia, como 'ciência filosófica', adota o seguinte processo: pela observação experimental dos fatos psicológicos, as hipóteses propostas pelos diferentes sistemas filosóficos podem ser qualificadas e ordenadas (ecletismo), tendo o espiritualismo como orientação essencial.

Mas o alcance da introspecção como instrumento de pesquisa psicológica não foi suficiente para resolver todos os problemas da natureza humana e social. Principalmente quanto ao que ocorre antes do nascimento e o depois da morte, dos quais evidentemente nada podia explicar e sobre as quais adequadamente o espiritualismo racional silenciou. O espiritualista está na posição de quem percebe o objetivo que quer alcançar, mas não sabe qual o caminho para chegar a ele, asseverou Kardec, completando que "eis por que, nestes últimos tempos, um tão grande número de escritores e de filósofos tratou de sondar esses misteriosos arcanos, porque tantos sistemas foram criados tendo em vista resolver as inumeráveis questões permanecidas insolúveis".

Filósofos, como Charles Fourier e Jean Reynaud, entre outros, trouxeram para a filosofia moderna a hipótese da reencarnação como solução adequada para resolver os desequilíbrios morais e sociais. Mas aqui, o espiritualismo racional atinge uma fronteira do campo experimental de suas doutrinas e não se desejava avançar no campo incerto e duvidoso dos dogmas e do misticismo. A questão da reencarnação e de outros fatos do mundo espiritual não podia se resolver por meio da observação, permanecendo no campo da conjetura. Foi por esse motivo que Kardec afirmou que as ideias espiritualistas: "Respondem bem às aspirações gerais, são preferidas ao ceticismo e à ideia do nada, uma vez que se sabe, instintivamente, que elas estão na verdade, mas não satisfazem senão imperfeitamente, porque deixam ainda a alma no vago, e que 'sozinhas são impotentes' para darem a solução de uma multidão de problemas" (RE63, p. 196).

Mesmo sem encontrar as soluções completas, o espiritualismo foi importante, pois, explica Kardec, "se todos esses sistemas não chegaram à verdade completa, é incontestável que vários deles se aproximaram ou a roçaram, e que a discussão que dela foi a consequência, preparou o caminho dispondo os espíritos a essa espécie de estudo" (*Ibidem*).

Quanto ao conceito de reencarnação, entre espiritualismo racional e espiritismo, houve uma relação de continuidade, como esclarece o professor:

> Esse princípio se vulgarizou numa multidão de escritores e daí em todas as bocas; de sorte que se pode dizer que está na ordem do dia, e tende a tomar lugar entre as crenças vulgares, embora, em muitos, preceda o conhecimento do espiritismo; é uma consequência natural da reação espiritualista que se opera neste momento, e à qual o espiritismo vem dar um poderoso impulso (*Ibidem*).

As conquistas conceituais do espiritualismo formaram a base teórica cultural adequada para o surgimento da doutrina espírita. Foi com exatidão que Kardec classificou a pesquisa experimental espírita como 'estudos psicológicos' e o espiritismo como uma 'ciência filosófica'. Estavam presentes na atmosfera cultural francesa os estados sonambúlicos e os demais fatos psicológicos, ao lado dos fenômenos fisiológicos, as definições metafísicas; o debate sobre a moral, o senso moral, o mérito e os deveres, política e direito, justiça e caridade, a questão social, a riqueza e as desigualdades, as críticas da razão kantianas, a metodologia científica e os recursos da lógica, as definições racionais da teodiceia, ou seja – todo um alicerce que serviria como base para o diálogo com a espiritualidade, de tal modo que os ensinamentos dos espíritos superiores pudessem fundar a Doutrina Espírita:

> Foi nestas circunstâncias, eminentemente favoráveis, que chegou o espiritismo; mais cedo, ter-se-ia chocado contra o materialismo todo-poderoso; em tempo mais recuado, teria sido abafado pelo fanatismo cego. Ele se apresenta no momento em que o fanatismo, morto pela incredulidade que ele mesmo provocou, não mais lhe pode impor uma barreira séria e em que se está fatigado do vazio deixado pelo materialismo; no momento em que a 'reação espiritualista', provocada pelos próprios excessos do materialismo, se apodera de todos os espíritos, quando se está à procura das grandes soluções que interessam ao futuro da humanidade. É, pois, neste momento

que ele vem resolver esses problemas, 'não por hipóteses, mas por provas efetivas, dando ao espiritualismo o caráter positivo, único que convém à nossa época'. (*Ibidem*).

Há uma sequência histórica com fases bem definidas:
- Séculos 16 a 18: O Antigo Regime, representando o 'fanatismo' cego e intolerante, mantido pela Igreja e pela monarquia absoluta.
- De 1789 a 1814: Da Revolução à queda de Napoleão: Os ideólogos e a imposição do 'materialismo' sensualista como todo-poderoso.
- De 1814 a 1830: A tentativa infrutífera de 'restauração' católica e do fanatismo, já morto pela incredulidade.
- Desde 1830: A 'reação espiritualista' aos excessos do materialismo pelo ecletismo e pelas ciências filosóficas.
- De 1858 a 1869: O advento do 'espiritismo' como complemento do espiritualismo racional e do magnetismo animal.

Em 1868, Kardec recordará a questão da reação espiritualista afirmando que "toda defesa do espiritualismo racional abre o caminho do espiritismo, que dele é o desenvolvimento, combatendo os seus mais tenazes adversários: o materialismo e o fanatismo" (RE68, p. 223).

Também essa era a opinião dos espíritos de Moisés, Platão e Juliano, que, numa mensagem intitulada *Psicologia*, pediram: "Escrevei estas coisas: O homem! Que é ele! De onde sai! Para onde vai! – Deus! A Natureza! A criação! O mundo! Sua eternidade no passado, no futuro! Limite da Natureza, relações do ser infinito com o ser particular? Passagem do infinito ao finito?", essas "perguntas foram propostas a todos os povos, em todas as idades e em todas as suas escolas e que, no entanto, não permaneceram menos enigmáticas para as gerações seguintes. Contudo, questões dignas de cativar o espírito investigador do vosso século e o gênio do vosso país" (RE60, p. 85). Com o advento do espiritismo, essas perguntas estavam sendo respondidas pelos espíritos, mas segundo a mensagem, "a era filosófica da doutrina se aproxima", por isso, "não fiqueis por mais tempo agarrados à madeira logo carcomida do pórtico, e penetrai audaciosamente no santuário celeste, tendo orgulhosamente à mão a bandeira da filosofia moderna", e então Moisés, Platão e Juliano recomendam: "fazei ecletismo no ecletismo moderno; fazei-o como os antigos, apoiando-vos sobre a tradição histórica, mística e legendária, mas tendo cuidado sempre em não sair da revelação, – facho que nos faltou a todos –, em recorrendo às luzes dos espíritos superiores votados missionariamente à marcha do espírito humano", e finalizam lembrando que "Por mais elevados que sejam, esses espíritos não sabem tudo; só Deus o sabe" (*Ibidem*).

Diante de toda essa riqueza cultural fica evidente como uma série de fontes de conhecimento preparatórias para a compreensão do espiritismo estava à disposição dos seus adeptos e do público interessado de sua época. A reação espiritualista é um fato histórico essencial para se compreender a dinâmica do espiritismo. Fica evidente como todos esses recursos do espiritualismo (recuperação histórica dos conceitos filosóficos, estabelecimento da psicologia experimental e das ciências filosóficas) vão instrumentar Kardec e os pesquisadores espíritas da Europa e demais localidades para o diálogo com os espíritos superiores, capacitando-os para avaliar cientificamente seus ensinamentos. Não seriam suficientes a erudição multicultural e a formação humanista do professor Rivail, se ele não tivesse uma comunidade capacitada para auxiliá-lo no estabelecimento da ciência espírita.

Os mais otimistas espíritas, contemporâneos de Kardec, concebiam uma evolução contínua tal, que o século seguinte representaria a transformação moral e social da humanidade, pela implantação de plena liberdade, igualdade e fraternidade, tornando finalmente a Terra um planeta feliz. Mas apesar do espiritualismo ter sido acolhido na França desde 1830, nas ciências naturais, principalmente na medicina, o materialismo dos ideólogos conservou-se nas gerações seguintes. A força da escola médica alemã liderada por materialistas radicais como Vogt, Virchow, Moleschoff, Büchner, já se fazia sentir por Kardec nos últimos anos.

Kardec, todavia, não tinha como prever a ascensão vertiginosa do materialismo. No século passado, o pensamento materialista se alastrou por toda a academia, habituando as gerações de estudantes a considerar a metafísica um equívoco multimilenário e o espiritualismo, uma ilusão desde o homem primitivo, até que ela fosse banida das obras didáticas da filosofia e de qualquer forma de educação dos jovens, caindo no esquecimento as teorias da moral e da psicologia racional.

Se no século 19 o espiritualismo ressurgiu em reação ao materialismo que lhe antecedeu. Hoje vivemos uma situação inversa. Já ponderava Kardec: "Seguramente não contestamos aos incrédulos o direito de não crer em nada senão na matéria, mas convir-se-á que há singulares contradições em sua pretensão de se atribuir o monopólio da liberdade de pensar" (RE67, p. 26).

Kardec também não podia predizer que sua doutrina sobreviveria por meio de um movimento ocorrido do outro lado do Atlântico, por milhões de brasileiros, mas que ficariam no esquecimento as ciências filosóficas e outros conhecimentos disponíveis na época, como a teoria do magnetismo animal de Mesmer[108], que davam sustentação ao seu conteúdo. Como essas ciências complementares se perderam, toda a leitura atual das obras de Kardec tem grande proveito em virtude de sua exposição clara e didática, mas uma definição adequada de seus princípios básicos exige uma apropriada contextualização histórica, filosófica e científica.

Atualmente não há uma literatura acessível que apresente a evolução do pensamento metafísico desde as tradições míticas, legendárias e filosóficas, passando pelo surgimento do espiritualismo racional, das ciências filosóficas e do espiritismo, de tal forma que se possa compreender quais dúvidas e problemas estavam em pauta. Portanto, na tentativa de contribuir para uma recuperação do espiritismo, como foi proposto por Kardec, pedimos ao leitor que nos acompanhe no relato que faremos, mesmo que de forma limitada e parcial, dos traços da história da metafísica[109] para servir ao 'esboço de uma epistemologia espírita' que daremos em seguida.

É importante destacar que toda a tradição metafísica desde as primeiras civilizações, passando pelos filósofos gregos, pela tradição cristã até a era moderna, estava marcada por uma hipótese heterônoma quanto à moral da alma humana. Só nos tempos modernos, quando a humanidade compreendeu conceitos como o de evolução do simples ao complexo e o da perfectibilidade, entre outros, é que foi possível surgir a teoria moral autônoma, como pensaram filósofos modernos como Rousseau e Kant. A descrição da alma e dos fenômenos da espiritualidade segundo o espiritismo surgiu de forma coerente com as ideias morais modernas fundamentadas no conceito de autonomia. Foi por meio desses valores revolucionários que foi possível a Kardec rever as antigas tradições e reformar as ideias mal compreendidas.

Vamos, a seguir, percorrer a trajetória histórica e filosófica dessa mudança de paradigma do conhecimento metafísico.

---

108 "O magnetismo preparou os caminhos do espiritismo, e os rápidos progressos dessa última doutrina são, incontestavelmente, devidos à vulgarização das ideias da primeira. (...) Sua conexão é tal que é, por assim dizer, impossível falar de um sem falar do outro" (RE58, p. 63-64).

109 Percorreremos o caminho da metafísica desde sua origem mítica, passando pelo pensamento de Platão, Aristóteles, Rousseau e Kant, como o fizeram os espiritualistas racionais, na época de Kardec.

3.3 EM BUSCA DO CONHECIMENTO METAFÍSICO

No Ocidente, o registro da busca pelo conhecimento tem como marco os primórdios da filosofia grega, no período dos pré-socráticos, entre Tales, Anaximandro e outros, quando as gerações debatiam e criavam os desafios futuros da filosofia, propondo questões cosmológicas originais e de grande profundidade. Tamanha originalidade tem como fonte a tradição do debate crítico, fundamentado na liberdade de pensamento e criatividade, no decorrer das gerações.

Mas a história do conhecimento é mais antiga do que a Grécia. Aproximadamente no ano 440 a.C., o historiador grego Heródoto registrou em sua obra *Histórias* que, quatrocentos anos antes, os escritores Homero e Hesíodo foram os primeiros a registrar em versos a *Teogonia*, com a origem de cada deus, sua forma e natureza. No entanto, "quase todos os nomes dos deuses passaram do Egito para a Grécia. As perquirições que realizei em torno de suas origens convenceram-me de que assim foi", afirma Heródoto.[110]

Heródoto percorreu o Egito, frequentou os templos e ouviu de seus sacerdotes informantes que 341 gerações haviam se sucedido, desde o primeiro rei até Setos, sacerdote de Vulcano. Esse número de gerações, em sua conta, corresponde a dez mil anos, considerando três gerações a cada cem anos. Os sacerdotes, considerando seus registros, afirmaram a ele que nessa longa sequência de anos, o Sol se erguera quatro vezes fora de sua órbita comum, "despontando duas vezes no lugar onde hoje se deita, e deitando-se também duas vezes no lugar onde hoje se ergue" (*Ibidem*, CXLII), tal fenômeno, ainda segundo os sacerdotes, não provocou nenhuma alteração na produção agrícola, nas irrigações do Nilo, nem nas moléstias ou na mortalidade. Os sacerdotes mantinham registros minuciosos e estudavam as posições estelares, os indicadores sociais e econômicos. A grandiosidade de suas construções evidencia conhecimentos de materiais, geometria e outros conhecimentos científicos.

Em março de 1858, por meio de um médium, Allan Kardec dialogou com o espírito de Mohammad Ali (1769-1849) que fora paxá ou governador do Império Otomano, nomeado pelo sultão. Foi responsável pela modernização do Egito. Em vidas passadas, afirma ter sido um sacerdote, nos tempos antigos:

> Os sacerdotes do antigo Egito tinham conhecimento da doutrina espírita? R. Era a deles.
> Recebiam manifestações? R. Sim.

---

110 HERÓDOTO. *Histórias*. São Paulo: Centauro, 2013. Parágrafo L.

As manifestações que obtinham os sacerdotes egípcios tinham a mesma fonte das que Moisés obtinha? R. Sim, ele foi iniciado por aqueles.

Por que as manifestações de Moisés eram mais poderosas que as dos sacerdotes egípcios? R. Moisés queria revelar; os sacerdotes egípcios não tendiam senão a ocultar.

Pensais que a doutrina dos sacerdotes egípcios tinha qualquer relação com a dos indianos? R. Sim; todas as religiões mães estão ligadas entre si por laços quase invisíveis; decorrem de uma mesma fonte.

Uma vez que foi sacerdote nessa época, gostaria de nos dizer alguma coisa da religião dos antigos egípcios. Qual era a crença do povo com respeito à Divindade? R. Corrompidos, acreditavam em seus sacerdotes; eram deuses para eles, estes que os mantinham curvados.

Os sacerdotes, sob o duplo ponto de vista de Deus e da alma, tinham ideias mais sadias que o povo? R. Sim, tinham a luz nas mãos; ocultando-a aos outros, ainda a viam.

Os grandes do Estado partilhavam as crenças do povo ou a dos sacerdotes? R. Entre os dois.

Qual era a origem do culto prestado aos animais? R. Queriam desviar o homem de Deus, rebaixando-o sob ele mesmo, dando-lhe por deuses seres inferiores.

A iniciação nos mistérios se fazia, no Egito, com práticas tão rigorosas quanto da Grécia? R. Mais rigorosas.

Com qual objetivo impunha aos iniciados condições tão difíceis de serem cumpridas? R. Para não ter senão almas superiores: aquelas sabiam compreender e se calar.

O ensino dado nos mistérios tinha por objetivo unicamente a revelação de coisas extra-humanas, ou também ali se ensinavam os preceitos da moral e do amor ao próximo? R. Tudo isso era bem corrompido. O objetivo dos sacerdotes era dominar: não era de instruir.

Portanto, por milênios essa sabedoria foi mantida inviolável, restrita a uma elite capaz de mantê-la em segredo. A escrita simbólica por hieróglifos matinha três níveis de compreensão: no mais baixo, a adoração popular das imagens estava representada nas estátuas e gravações da diversidade de deuses. Num segundo plano, mais restrito aos pertencentes às classes mais altas da sociedade, a interpretação dos símbolos pela leitura permitia acesso ao conhecimento objetivo dos textos. No entanto, havia quadros e inscrições simbólicos, cuja explicação subjetiva estava restrita somente aos sacerdotes do topo da hierarquia. O objetivo era o de manter, geração após geração, a coesão, tradição e o poder da civilização, como instrumento de dominação de seus povos. Como descreve Kardec:

> Na Antiguidade, esses conhecimentos estavam circunscritos ao círculo estreito dos homens de elite; o povo não tinha, a esse respeito, senão ideias falseadas pelos preconceitos, e desfiguradas pelo charlatanismo dos sacerdotes, que se serviam delas como de um meio de dominação. Como dissemos em outra parte, esses conhecimentos jamais se perderam e as manifestações sempre se produziram; mas permaneceram no estado de fatos isolados, sem dúvida porque o tempo para compreendê-los não havia chegado. (RE58, p. 66)

Em todas as civilizações, os ensinamentos religiosos e cosmológicos eram mantidos em escolas, onde não havia o interesse no debate crítico, mas na preservação inalterada de suas doutrinas, assegura Kardec. "Na Antiguidade, o estudo desses fenômenos constituía o privilégio de certas castas que só os revelavam aos iniciados em seus mistérios" (ESE, p. 8). Na Grécia, um exemplo delas foi a da academia de Pitágoras, criador de uma doutrina secreta e de um estilo de vida rigorosamente controlado para os iniciados, apresentando ideias sobre a existência de uma alma imortal e a metempsicose, ou volta da alma à vida. Há um relato de que Hipaso de Metaponto, um de seus membros, foi afogado por revelar o segredo de que algumas raízes quadradas são números irracionais.

Nas escolas iniciáticas não se admitem ideias novas. O integrante que ouse modificar a teoria aceita é considerado um herege e expulso. Nessas escolas, como também nas seitas, igrejas e congregações, não há uma história das ideias. Tudo é uma interpretação das afirmações do mestre. O filósofo Karl Popper explica: "Não pode haver debate racional nesse tipo de escola. Pode haver discussão com dissidentes e hereges ou com escolas rivais. Mas, em geral, a doutrina é defendida com afirmação, dogma e condenação, e não com argumentação" (POPPER, 2010, p. 26-27).

No universo da filosofia grega, porém, a escola pitagórica era uma exceção. A grandiosa produtividade desse povo permitiu grande parte das ideias presentes nos debates da história do mundo até a atualidade, e deve-se à liberdade de pensamento, à criatividade e à aceitação franca da crítica. Apresentação de problemas, criação de teorias que os resolvam, exame e crítica destas por meio de refutações, mudanças e novas ideias. O pensamento grego representa uma ruptura com a tradição dogmática das primeiras civilizações com a admissão de uma "pluralidade de doutrinas, todas procurando chegar à verdade por meio do debate crítico" (*Idem*, p. 28). E esse é o marco inicial de uma história das ideias ou da busca pelo conhecimento.

Desde os gregos, busca-se compreender um fato básico de nossa linguagem relacionada ao conhecimento. Quando dizemos "maçã" ao avistar uma fruta, ela pode estar verde, madura, pode ser pequena, grande; pode estar na árvore, ou na fruteira; pode ser um pedaço dela ou estar até deformada. Para saber que é maçã, comparamos o que vemos com um arquétipo em nossa mente, uma maçã ideal, que visualizamos no pensamento. O mesmo ocorre com todos os outros objetos e também, com abstrações, como amor, felicidade, esperança. A pergunta é: como é possível que todas as pessoas possam, em diversos países e épocas, mesmo quando não tinham contato entre si, compartilhar das mesmas ideias fundamentais?

Por outro lado, não existe na Natureza nada perfeito ou incorruptível. As formas particulares são imperfeitas, diferentes entre si, as coisas se desgastam, os seres vivos morrem e seus corpos apodrecem, se desfazem, viram pó. Nada representa a forma idealizada. E aí podemos perguntar: será que existe o que seria o molde representativo ou origem de todas as coisas particulares? Os filósofos criaram nomes para considerar essa hipótese, chamando-a de *coisa-em-si*, universal, arquétipo. Seguindo esse raciocínio, quando produzimos conhecimento por meio da reflexão, fazemos uso, em nosso pensamento, não de objetos reais particulares, mas dos universais.

Os pensadores gregos vaguearam nessa questão, sem chegar a um resultado adequado. Alguns, considerando a realidade como uma constante mudança, negaram a existência de universais, e até a possibilidade de se chegar a um conhecimento verdadeiro. Outros consideraram como causa do conhecimento a inteligência exercida pelo cérebro, como se resolvesse alguma coisa afirmar que a causa do ovo é a galinha.

Platão nasceu numa família aristocrática de Atenas, em 424 a.C. Ainda jovem, conheceu Sócrates, de quem foi discípulo até sua morte. Quando tinha quarenta anos fundou, num jardim do bosque de Hecademo, a Academia, um centro avançado onde suas obras eram estudadas, assim como a matemática e a busca de conhecimento científico. A Academia manteve-se até 79 a.C.

Quando jovem, Platão ficava intrigado com o problema fundamental da questão: por que as coisas nascem, por que se corrompem, por que existem? Para ele, os primeiros filósofos não davam uma resposta adequada, pois queriam encontrá-la na Natureza observável. Empédocles dizia que o pensamento era produzido pelo sangue. Anaxímenes dizia que era pelo ar e Heráclito, pelo fogo. Alcméon dizia que era uma substância produzida pelo tecido cerebral. Todos davam respostas físicas. Para Platão, essas respostas são vagas, pois as coisas da Natureza, como fogo e ar, são necessárias para a constituição do Universo, mas não são as causas verdadeiras. Nada acrescenta quanto à origem dizer que o pensamento de Sócrates nasce do movimento interno dos tecidos cerebrais, que se transformam em palavras pela passagem do ar articulada pelos músculos da boca.

Platão aponta para o alto e Aristóteles para o terreno

Platão, explicando por meio da palavra de Sócrates, personagem dos diálogos que escreveu, vai propor um novo método, o exame do mundo pelos seus próprios pensamentos, "estabelecendo como fundamento que exista um Belo em si, um Bom em si e por si, um Grande em si e por si, e assim por diante" (Fédon, 100 a -101 d). As formas (*eidos*) ou ideias (*idea*),[111] das quais os objetos materiais

---

111 Tanto 'forma' como 'ideia' possuem o mesmo significado em grego, utilizado na linguagem comum dos gregos como 'aspecto exterior', 'imagem' ou 'fisionomia'. As palavras *eidos* e *idea* utilizadas por Platão possuem a mesma raiz '*id*' do verbo "'ver'": *ideîn*. Com Platão, o significado passa a ser essência inteligível de uma coisa.

são cópias, estavam fora da matéria, afirmou Platão, num mundo inteligível, fora do espaço, por não serem sensíveis, e fora do tempo, porque são eternas. Após essa definição é que se pode considerar categorias como "material" e "imaterial", ou o "sensível" e o "suprassensível" apenas perceptível pela alma. Como Platão esclarece em *Timeu*:

> Podemos dizer que de todos os seres é a alma o único capaz de adquirir inteligência; mas a alma é invisível, enquanto o fogo e a água e a terra e o ar são todos corpos visíveis. O amante da inteligência e do conhecimento deve necessariamente procurar primeiro as causas que pertencem à natureza inteligente, e somente em segundo lugar as que pertencem às coisas movidas por outras (...) as que atuam com inteligência produzem efeitos bons e belos (...) as que, privadas da razão, atuam sempre ao acaso e sem ordem. (PLATÃO, 2001, p. 85)

O verdadeiro ser é constituído pela realidade inteligível. Esse método apresentado na obra de Platão, e inspirado por Sócrates, deu início ao pensamento metafísico e teológico ocidental. A existência de uma realidade suprassensível tinha como fonte a tradição, os mitos e mistérios elaborados por meio de manifestações espíritas, como comenta Kardec:

> O espiritismo não é uma descoberta moderna; os fatos e princípios sobre os quais ele repousa perdem-se na noite dos tempos, pois encontramos seus vestígios nas crenças de todos os povos, em todas as religiões, na maior parte dos escritores sagrados e profanos; só que os fatos, não completamente observados, foram muitas vezes interpretados segundo as ideias supersticiosas da ignorância, e não foram deduzidas todas as suas consequências. (ESE, p. 8)

Os espíritos não foram inventados pelo espiritismo, existem desde sempre e se comunicam com os homens, e "o que é moderno é a explicação lógica dos fatos, o conhecimento mais completo da natureza dos espíritos, de seu papel e seu modo de ação, a revelação de nosso estado futuro". O que havia de inovação no trabalho de Kardec era a constituição do ensino dos espíritos superiores em forma de ciência e de doutrina, além das aplicações desse conhecimento para solução das questões morais. E Kardec conclui:

> A própria doutrina que os espíritos ensinam hoje não tem nada de novo; é encontrada em fragmentos na maior parte dos filósofos da Índia, do Egito e da Grécia, e inteira no ensinamento de Cristo. Então o que vem fazer o espiritismo? Vem confirmar novos testemunhos, demonstrar, por fatos, verdades desconhecidas ou mal compreendidas, restabelecer em seu verdadeiro sentido as que foram mal interpretadas. (ESE, p. 8-9)

Por fim, esclarece Kardec, "o espiritismo não ensina nada de novo", mas vem, "pelos fatos e por sua lógica, dissipar a ansiedade da dúvida e trazer de volta à fé aquele que dela se afastou; revelando-nos a existência do mundo invisível que nos rodeia, e no meio do qual vivemos sem suspeitar" (*Ibidem*).

Há uma trajetória evolutiva da compreensão do conhecimento do mundo espiritual desde Platão até Kardec. Foi a partir do momento em que esse filósofo grego propôs a existência na Natureza do material e do imaterial, para explicar todas as coisas, que se considerou tanto a possibilidade do suprassensível pelos pensadores espiritualistas como, também, a sua negação pelos materialistas, como esclarece o filósofo Giovanni Reale:

> Todo o pensamento ocidental seria condicionado definitivamente por essa 'distinção', tanto na medida de sua aceitação (o que é óbvio), como também na medida de sua não aceitação. Neste último caso, na verdade, terá que justificar polemicamente a não aceitação e, por força dessa polêmica, continuará dialeticamente a ser condicionado. (REALE; ANTISERI, 1990, p. 136)

Ou seja, o materialismo só existe enquanto negação do espiritualismo.

Platão ainda precisa resolver uma questão lógica fundamental: como o homem pode adquirir a percepção das formas, que são eternas e incorruptíveis e, portanto, uma fonte única e perene do que é ideal, se está preso a um corpo corruptível, vicioso, mergulhado num mundo físico onde tudo flui continuamente e se desfaz, repleto de cópias imperfeitas e desgastadas da verdadeira realidade?

A solução veio de um exemplo prático pela doutrina da 'anamnese' ou rememoração. A concepção do 'mundo das formas' de Platão não representa simples conceitos mentais, como hoje imaginamos, mas uma essência (coisa em si, paradigma, forma, modelo ou como a coisa 'deve' ser e não como 'é') de todas as coisas, perceptível apenas pela inteligência da alma, formas que estariam presentes nela antes desta se ligar ao corpo no nascimento. As formas representam o Belo em si, o Bem em si, e assim por diante e seriam relembradas pelo exercício da razão. Uma prova dessa teoria foi elaborada por Platão ao relatar como Sócrates fez um escravo deduzir um teorema matemático com seus próprios recursos intelectivos. Ou seja, conhecer seria apenas lembrar-se das formas adquiridas antes do nascimento, na teoria platônica das reminiscências:

> Sendo a alma imortal e tendo nascido muitas vezes, e tendo visto tanto as coisas que estão aqui quanto as que estão no Hades, enfim todas as coisas, não há o que não tenha aprendido; de modo que não é nada de admirar, tanto com respeito à virtude quanto aos demais, ser possível a ela rememorar aquelas coisas justamente que já antes conhecia. Pois, sendo a Natureza toda congênere e tendo a alma aprendido todas as coisas, nada impede que, tendo alguém rememorado uma só coisa – fato esse precisamente que os homens chamam aprendizado –, essa pessoa descubra todas as outras coisas, se for corajosa e não se cansar de procurar. Pois, pelo visto, o procurar e o aprender são, no seu total, uma rememoração. (PLATÃO, 2001, p. 51-53)

Mas outras questões fundamentais quanto à sua teoria do conhecimento precisavam ser esclarecidas: por que entre os indivíduos surgem opiniões contrárias e equivocadas, se o homem pode ter acesso à verdade pela razão? O que explica as diferentes capacidades de entendimento, como a do filósofo e a do simples camponês? Se as formas ou ideias inatas sobre todo o conhecimento estão acessíveis para nossa alma, por que não temos uma plena ciência de toda verdade?

Será em sua obra *Fedro* que Platão, depois de demonstrar a imortalidade da alma, que é o que se move a si mesmo e por isso também é imortal e incriada, passa a narrar, por meio de um mito de origem órfico-pitagórica,[112] a natureza da

---

[112] Orfismo foi um movimento espiritual que desde o século 6 a.C. reconhecia em Orfeu seu patrono e inspirador. Foi revolucionária para os gregos, a concepção dualista da presença no homem de algo divino e não mortal, da natureza dos deuses, que habita no próprio corpo e sobrevive à morte e que justificava os ritos e purificações órficos. Diz uma lâmina encontrada em Turi: "Venho, pura dos puros, ó rainha dos infernos, Eucles e Eubuleu, e vós, deuses imortais, pois me orgulho de pertencer à vossa estirpe feliz" (KERN, fr. 32). No diálogo *Górgias*, partindo desse pensamento revolucionário órfico, propõe a mortificação do corpo e uma vida em função da alma, no que ela representa. Também acreditavam na metempsicose.

alma, e como isso irá resolver os desafios de sua teoria do conhecimento. Essa descrição será de grande influência nos milênios seguintes, como fonte inspiradora ou para a contradição, não só quanto ao conhecimento, como também quanto à moral, e às questões metafísicas. Questões como de onde viemos, para onde vamos e nosso destino futuro, tema de todas as religiões, filosofias espiritualistas e da própria doutrina espírita. Vamos examiná-la.

3.3.1 Platão e a planície da Verdade

Platão primeiramente argumenta que, para explicar a natureza da alma, precisaria de um longo e divino discurso, mas para oferecer uma breve imagem faria um breve discurso humano, ou seja, pela simbologia de um mito. De acordo com a teoria de Platão, a rememoração das formas ideais requer um discurso orientado pelo processo dialético, onde, num diálogo entre o filósofo e seu interlocutor, o mestre evidencia, primeiramente, as contradições que demonstram a imprecisão ou equívoco do entendimento superficial, para, depois, resgatar pela condução racional do pensamento a compreensão profunda das formas presentes na alma, portanto divinas. Esse método representaria o 'longo e divino discurso' de que Platão necessitaria. Já o mito é um discurso breve, mas simbólico (contendo imagens ou cópias da realidade, portanto 'um breve discurso humano'), que em sua tradução correta, pode despertar um conjunto complexo de ideias. Na dialética o conhecimento surge no decorrer de seu próprio desenvolvimento controlado, enquanto o mito depende de uma interpretação adequada. Por esse motivo, é fácil cair em engano, quando se toma um símbolo por uma interpretação literal. Por exemplo, séculos depois, o símbolo das asas, presente no mito que veremos, foi considerado parte anatômica dos anjos, perdendo-se toda a profundidade filosófica da simbologia.

No mito de *Fedro*, a alma está representada por uma força que une um carro com dois cavalos alados conduzidos por um cocheiro.[113] Os cavalos dos deuses são domados e de boa raça, enquanto nós somos cocheiros de um cavalo bom e belo e outro mestiço de natureza oposta, causando dificuldade na condução.

Fundamental para se compreender a história do espiritualismo ocidental, composto provavelmente por volta de 370 a.C., o mito de Platão em *Fedro* será importante fonte de influência para o estabelecimento dos conceitos de queda,

---

113 Aqui não cabe a interpretação literal de que a alma é o cocheiro, pois Platão inicia o discurso afirmando que ela é uma força que une os cavalos com o carro conduzido pelo cocheiro, uma abstração mais complexa.

degeneração da alma, castigo e recompensa, entre outros, pertencentes à moral heterônoma, que se tornarão tradição e dogma religiosos da fé cega.

O filósofo, para explicar a diferença entre mortal e imortal, faz uso da figura de uma *queda*. As almas imortais são aladas, pairando nos céus junto aos deuses que governam o Universo, mas quando perdem as asas, caem do espaço em corpos sólidos, "onde se estabelece e se reveste com a forma de um corpo terrestre, o qual começa a mover-se, por causa da força que a asa lhe transmite. É este conjunto do corpo e da alma, solidamente ajustados um ao outro, que designamos por ser vivo e mortal".[114] Quanto aos deuses, Platão argumenta que só podemos conjeturar, e os descreve como: "um ser vivo imortal que possui uma alma, que também possui um corpo, ambos unificados para uma duração eterna".[115]

Mas é preciso explicar a causa da perda das asas pela alma. A asa, na parábola de Platão, representa sua capacidade de conduzir um corpo pesado para cima, nas alturas onde habitam os deuses, a participação da alma na natureza divina que "é bela, sábia, bondosa, dispondo de todos os atributos pertencentes a esta categoria". Essas qualidades alimentam o poder alado da alma e o pesado, feio, mau, degrada e conduz à ruína.

Platão descreve então a harmonia e ordem que os deuses, comandados por Zeus, fazem suas evoluções nos céus com seus carros alados realizando suas tarefas com equilíbrio de poder e vontade, seguidos por exércitos ou tribos de almas. Em seus caminhos, sobem por um caminho íngreme que os leva ao zênite, ponto mais elevado da abóbada celeste: "Como os cavalos que puxam os carros são dóceis, a subida é fácil para os deuses; para os demais, é uma subida penosa, porque o corcel de má raça puxa e inclina o carro para a terra, dificultando a tarefa de condução do carro ao que dela está encarregado" (F, p. 60). Esse momento é de suprema alegria para as almas imortais, pois podem "contemplar as realidades que se encontram sob a abóbada celeste".

Essa é a região supraceleste que representa no mito a própria Verdade ou 'patrimônio do verdadeiro saber', como define Platão. Também conhecido como 'lugar hiperurânio' ou 'planície da verdade', significa acima do céu, ou 'acima do cosmos físico', indicando um lugar onde não há referências espaciais ou temporais. É aí que as almas adquirem a percepção das formas pelo

---

114 PLATÃO, 2000, p. 67. Nas próximas citações representaremos a obra *Fedro* por F.

115 A descrição dos deuses feita por Platão em suas obras corresponde às características dos espíritos segundo o espiritismo, sendo o corpo que participa da natureza imortal, o perispírito. Por participar do governo do Universo, os deuses representariam os espíritos superiores ou perfeitos, condição que é a meta de todos os espíritos, e que será alcançada certamente, cada um a seu tempo.

intelecto, pois a fonte do conhecimento verdadeiro "não tem cor, nem rosto e se mantém intangível":

> Enquanto esse movimento dura, a alma pode contemplar a Justiça em si mesma, bem como a Ciência, pois ela tem na sua frente, sob os seus olhos [olhos da alma], um saber que nada tem a ver com este que conhecemos, sujeitos às modificações futuras, que se mantém sempre diversificado na diversidade dos objetos aos quais se aplica e aos quais, nesta existência, damos o nome de Seres. Ela é verdadeiramente a Ciência que tem por objeto o Ser dos seres". (F, p. 62)

Ou seja, a ciência que a alma contempla no supraceleste é a ciência suprema, o conhecimento verdadeiro (*epistéme*) onde as formas estão organizadas e ordenadas, das mais simples até o ápice na ideia do Absoluto e do Bem – que são sempre constantes, imutáveis, idênticos. Por outro lado, o conhecimento humano, que parte da observação das imagens das coisas sensíveis (objetos que percebemos pelos nossos sentidos), é conjetural e sujeito à mudança, portanto apenas opinião (*doxa*), pois se fundamenta em coisas múltiplas, inconstantes, perecíveis. Essa é a causa das contradições, equívocos e também da ignorância humana.

Enfim, a verdade não está nas coisas singulares que diferem entre si, naturais do mundo terreno em que vivemos, mas nos seus modelos universais. Para explicar essas diferenças, Platão vai recorrer ao mito da caverna, em *A república*, segundo o qual os homens estão presos numa caverna, de onde podem ver apenas sombras de objetos projetados na parede. No entanto, aquele que pode sair da caverna e observar a realidade viva e complexa do mundo exterior, quando retorna, apesar de estar de posse da verdade, tem dificuldade de explicá-la aos homens presos e é tido como louco. Podemos interpretar o mito considerando a caverna como o corpo físico, as imagens ilusórias como as coisas que percebemos pelos sentidos, e o homem liberto que observa a realidade, representando a alma no mundo espiritual admirando a planície da Verdade.

Na continuação do mito de *Fedro*, depois dessa contemplação da essência das coisas (coisas em si ou formas), saciada de conhecimento, a alma regressa ao interior do céu, onde repousa e seus cavalos são alimentados.

Agora Platão vai descrever o que ocorre com as almas comuns, com animais de dupla natureza. Elas tentam seguir os deuses com dignidade, mas o esforço do cocheiro em olhar a Verdade é perturbado pelo movimento confuso dos cavalos mestiços e apenas conseguem entrever as realidades. Como baixam e levantam a cabeça desordenadamente, veem parcialmente algumas ideias e outras não. Algumas almas se esforçam por subir diretamente ao zênite, mas, diferentemente dos deuses que não tinham inveja no coração, "com a ânsia de se colocarem nos primeiros lugares, acabam por se atropelar umas às outras e daí resulta uma grande confusão, a luta, os suores, e, por culpa dos cocheiros,[116] acabam por se ferir umas às outras, e muitas acabam por perder as penas das asas" (F, p. 62). E assim, fatigadas, acabam por cair, sem chegarem a iniciar a contemplação da Verdade e, uma vez caídas, "apenas lhes resta a opinião como simples alimento". E então se explicam as divergentes e contraditórias opiniões dos homens que não se dedicam ao filosofar ou busca do conhecimento verdadeiro, pois: "A causa que atrai as almas para a contemplação da Verdade consiste em que só ali encontram o alimento que as pode satisfazer inteiramente, desenvolver as asas, esse alimento que, enfim, liberta as almas das terrenas paixões" (F, p. 63).

A teoria do conhecimento de Platão está aqui configurada, e a fonte do conhecimento da Verdade, presente no supraceleste, que pode ser despertado pela inteligência do homem quando examina a multiplicidade das sensações prescindindo delas:

> uma unidade cuja abstração é a verdade racional. Este ato de abstração consiste numa recordação das verdades eternas contempladas pela alma no momento em que se integrava no séquito de um deus, quando podia contemplar estas existências a que atribuímos a realidade e quando, depois, levantava os olhos para o que é verdadeiramente real. (F, p. 65)

Dessa forma, um filósofo ou amante da sabedoria é aquele cuja alma dispõe de asas (nos homens sensuais a asa se contrai e definha), permitindo que sua memória permaneça fixada nesses objetos reais, tornando-se, dessa maneira, "semelhante a um deus"![117] Desse modo, Platão explica também como o verdadeiro filósofo parece estranho aos outros homens, como ocorreu com Sócrates:

---

116 Há aqui uma atitude acidental do cocheiro que configura a culpa pela queda em virtude de sua ambição e imprudência. Ele é passivo no que se refere à aquisição do conhecimento intelectual e moral pela admiração da Verdade. A mais ampla autonomia, como perfectibilidade da alma pelo seu esforço e potencial, só vai surgir claramente em Rousseau e Kant.

117 Aqui recordamos das palavras então futuras de Jesus: "vós sois deuses", e também quando ele dizia que ele e o Pai eram como um só.

> É utilizando convenientemente essas recordações que um homem, cuja iniciação nos mistérios perfeitos foi sempre perfeita, se torna autenticamente perfeito, pois um homem desse quilate dirige a sua alma somente para os objetos divinos, o que leva a multidão a considerá-lo como um louco, muito embora ele se encontre apenas possesso de um deus, coisa que a multidão não pode apreender! (F, p. 65-66)

Com essa explicação, Platão define o estado de 'êxtase' em que os grandes sábios entreveem, mesmo presos a este mundo, a beleza, bondade e verdade reais, e então "deseja[m] subir cada vez mais alto como se fosse uma ave", mas como não é possível conseguir, "negligencia[m] as coisas terrenas, parecendo que não passa[m] de um louco". Além dos episódios contemplativos de Sócrates, essa descrição nos remete ao episódio que relatamos onde Rousseau vislumbra toda a verdade das ideias que expressou em suas obras, num êxtase que vivenciou sentado sob uma árvore. Também podemos fazer referência ao relato do médium que descreveu, por quase uma hora, as condições futuras do espiritismo a Kardec. Também os fenômenos mediúnicos se enquadram no que Platão chamava de *entusiasmo* e antecipa os conceitos modernos de mediunidade e êxtase: "Por isso, entre as várias formas de entusiasmo, esta se revela como sendo a mais perfeita e a que melhores consequências acarreta, tanto para quem a possui como para quem dela participa" (F, p. 66).

A teoria do conhecimento de Platão, além de ser a primeira proposta clara à questão, daria início a uma postura racionalista quanto às fontes do conhecimento, privilegiando a razão ou intelecto, o 'racionalismo'. Seria seguida nos tempos modernos por Descartes e Leibniz. Por outro lado, será o mais famoso discípulo de Platão, Aristóteles, quem irá contrabalancear a fonte racional das premissas verdadeiras com a observação dos particulares pelos sentidos, como duas entre as formas de conhecimento possível, abrindo caminho para aqueles que futuramente vão privilegiar como fonte do conhecimento a percepção, observação e experimentação dos objetos sensíveis, ou **empirismo**, proposto na era moderna por John Locke. Mas antes de tratar do empirismo, vamos analisar como, depois de justificar o conhecimento teórico, faltava a Platão solucionar, por meio de seu mito, a questão da razão prática ou moral, que é de fundamental importância para a compreensão do espiritismo e será fonte de muitas controvérsias, no campo da religião e da filosofia moral.

A conquista dos valores morais se daria do mesmo modo que as outras formas, pela contemplação do supraceleste:

> Segundo a lei de Adrasteia,[118] todas as almas que se integram no séquito de um deus são agraciadas com a contemplação de algumas verdades. Por outro lado, durante a viagem circular, mantêm-se isentas de pecado e, se conseguirem manter este estado, ao fim de cada viagem continuarão isentas de pecado, como a princípio.

Segundo a narrativa de Platão, a condição inicial das almas era a de pureza ou isenção de pecados. Elas estavam nos céus, local dos movimentos circulares dos astros,[119] que eram considerados na física da época a representação do movimento perfeito, em contraste aos movimentos desordenados do mundo sensível. Enquanto estivessem acompanhando as revoluções celestes ou divinas, a alma se manteria isenta de pecado, no entanto, Platão continua, "se não conseguirem a fortaleza para tanto, ser-lhes-á retirada a graça daquela visão. Com efeito, quando, por qualquer causa funesta, se animam de esquecimento e de perversão, tornando-se pesadas, perdem as asas e acabam por cair na terra" (F, p. 63). Agora a figura da queda da alma explica a origem da perversão e do esquecimento do Bom em si.

Há, como se percebe, uma clara semelhança com o mito bíblico de Adão, antes puro no paraíso, e sua queda no mundo corrompido, quando cometeu o primeiro pecado comendo o fruto da árvore do conhecimento do Bem e do Mal,[120] como relatado na Bíblia, em *Gênese*:

> Depois disse Iahweh Deus: "Se o homem já é como um de nós, versado no Bem e no Mal, que agora ele não estenda a mão e colha também da árvore da vida, e coma e viva para sempre!" E Iahweh Deus o expulsou do jardim de Éden para cultivar o solo de onde fora tirado. Ele baniu o homem e colocou, diante do jardim de Éden, os querubins e a chama da espada fulgurante para guardar o caminho da árvore da vida. (G, p. 220)

---

118 Adrasteia, ou Inevitável, era o nome de uma ninfa encarregada de cuidar de Zeus enquanto era criança, escondidos numa caverna para que ele não fosse encontrado por seu pai, Cronos, que queria destruí-lo. Posteriormente, Adrasteia tornou-se um epíteto de Nêmesis, termo que tem origem no verbo grego *nemeîn* (distribuir), e tem o sentido de "inevitável justiça". Em algumas narrativas mitológicas gregas, Nêmesis, no aspecto de Adrasteia (Inevitável), era uma deusa que vigiava os mortais para que a justiça divina se cumprisse com todos os detalhes.

119 Para Platão, os objetos celestes, como os astros, eram os corpos dos deuses.

120 No relato da *Gênese* não há a maçã, figura criada no período medieval.

Mas enquanto o relato bíblico representa a queda pelo mito de um primeiro homem, o de *Fedro* explica, pela queda, a diferença entre os graus de saber e bondade dos homens seguindo uma distinção dos valores sociais e políticos da época:

> Aquela que maior número de verdades tenha contemplado está destinada a implantar-se no sêmen de onde se gerará um filósofo, um esteta ou um músico; a alma de segundo grau animará o corpo de um rei obediente às leis ou o de um guerreiro hábil na estratégia; a alma de terceiro grau animará o corpo de um político, economista ou financeiro; a de quarto grau animará o corpo de um atleta ou de um médico; a de quinto grau terá direito a dar a existência a um profeta, ou a um adivinho consagrado em qualquer forma de iniciação; a de sexto grau será a do poeta, ou de qualquer outro criador de imitações; a de sétimo grau será a de um artesão ou camponês; a de oitavo grau será a do sofista, cuja arte consiste em lisonjear o povo, a demagogia; a de nono grau corresponderá à de um tirano.[121]

A sorte futura do homem, depois dessa primeira vida, será de acordo com uma justiça distributiva – entre todos esses homens o que tiver uma existência digna "receberá como recompensa, melhor sorte, enquanto a pior será atribuída ao que levou uma existência indigna". Essa sorte estará representada pelas sequências de reencarnações que ocorrerão durante o período de dez mil anos até que possam receber suas asas de volta e retomar as caminhadas celestes junto aos deuses, podendo completar sua admiração da Verdade. A exceção seria a da alma dos filósofos que, após três mil anos, se vivesse três vidas dignas dedicadas à filosofia, poderiam receber as asas. Segundo os relatos de Heródoto, em *Histórias*, essas contagens de mil anos para os ciclos da reencarnação tinham origem na tradição simbólica dos templos egípcios, de onde os gregos a tomaram. Platão a recebera de Pitágoras:[122]

---

121   Não sabemos se por ironia ou afirmativa resoluta, Platão classifica o tirano abaixo do simples camponês.

122   Platão lhe é posterior, de tal modo que Heródoto faz referência a Pitágoras e aos órficos entre os nomes que prefere não mencionar. Heródoto (484-425 a.C.) saiu de sua cidade natal, Halicarnasso, e viajou primeiramente pela Grécia, depois para Babilônia e Egito, relatando tudo em *Histórias*. Já Pitágoras viajou para o Egito no tempo do faraó Amasis, entre 537 e 526 a.C., "Jovem e desejando instruir-se, ele deixou a pátria para ser iniciado nos mistérios dos gregos e dos bárbaros. Ele embarcou para o Egito com carta de recomendação de Polícrates a Amasis" (Antífon, no tratado *Sobre los homens famosos por causa de suas virtudes*). Ele aprendeu a língua egípcia, entrou nos oráculos dos santuários do Egito e estudou os segredos da religião nos livros sagrados (D. Laércio, VIII, 3). De volta à Grécia, fundou sua seita secreta e iniciática.

> Os egípcios foram o primeiro povo a afirmar que a alma do homem é imortal e que, morto o corpo transmigra sempre para o de qualquer animal; e depois de haver passado assim, sucessivamente, por todas as espécies de animais terrestres, aquáticos e voláteis, torna a entrar num corpo de homem, realizando-se essas diferentes transmigrações no espaço de três mil anos. Sei que alguns gregos esposaram essa opinião, uns mais cedo, outros mais tarde, considerando-a como sua. Não ignoro seus nomes, mas prefiro não mencioná-los.
> (*Histórias*, CXXIII)

O destino de todas as almas que uma vez tenham contemplado a verdade do plano supraceleste é a de continuar suas viagens junto aos deuses. Mas as que não foram filósofos na primeira vida, ao terminá-la, serão "submetidas a juízo e, depois de julgadas", continua Platão, "umas vão cumprir as penas para locais de penitência que há abaixo da terra, outras, absolvidas pela justiça, sobem para um lugar do céu, onde desfrutam de uma existência que as recompensa da vida que levaram enquanto tiveram a forma humana". Mas Platão, seguindo os pitagóricos e os mistérios órficos, origem inspiradora de seu mito, considera essas penas e recompensas como de duração de mil anos, quando "as almas são obrigadas a escolher uma segunda existência, cuja escolha depende da vontade de cada uma delas". Mas como a maioria das almas não tem facilidade de relembrar da Verdade: "uma vez sujeitas à queda, facilmente são impelidas à prática da injustiça, olvidando o dom da reminiscência, e estas, quando se aperceberem de qualquer objeto semelhante ao do reino superior, como que ficam perturbadas e perdem o poder do autodomínio! Mal podem aperceber-se de si mesmas e são incapazes de analisar" (F, p. 66).

Seria essa a origem da iniquidade e da tirania, frutos da *ignorância* da alma como falta de conhecimento e não de um princípio próprio do Mal.

Aqui, na comparação com a doutrina das igrejas cristãs, o relato de Platão representa o mesmo destino da alma depois da primeira vida: sofrimento ou recompensa. Essas localizações, na descrição platônica, estão de acordo com a física em voga na Grécia Antiga, onde os céus eram de matéria incorruptível formando as abóbadas celestes, enquanto abaixo da terra estariam os abismos mitológicos. Futuramente, o clero da Igreja cristã adotaria como dogma a existência de uma só vida, e o destino do julgamento seria o gozo eterno das delícias dos céus ou a condenação perpétua nos infernos, igualmente abaixo da terra. Mas para Platão, em geral não há condenação eterna, pois o destino final das almas – depois de transmigrações e caminhos inevitáveis, mais ou menos longos – será a contemplação da Verdade junto aos deuses.

Influenciado pelos elementos religiosos derivados do orfismo, Platão considera a distinção entre alma (suprassensível) e corpo (sensível) uma oposição, como tumba ou cárcere da alma, sede das paixões que cegam o homem. Portanto, a alma deve fugir do corpo para purificar-se. Como as formas são imutáveis, indestrutíveis e incorruptíveis, perfeitas e verdadeiras, o bem se identifica com tudo o que *se preserva*, e o mal, com a *mudança*, que destrói ou corrompe. O mal tem origem na degeneração orgânica e nas opiniões (*doxa*) equivocadas, explica Platão em *Timeu*:

> Não se justifica a maioria das censuras dirigidas contra a intemperança nos prazeres, como se os homens fossem voluntariamente maus. Ninguém é mau por deliberação própria; os homens só se tornam ruins por educação mal dirigida ou alguma disposição viciosa do organismo. (PLATÃO, 2001, p. 139)

Ou seja, se na admiração do supraceleste a alma pode, a cada volta, adquirir ainda mais conhecimento da Verdade, por outro lado, no tempo em que estão presos aos corpos humanos, "quando a mudança for acentuada e inclinada para a grande iniquidade, os seres se moverão rumo às profundezas e às chamadas regiões inferiores" (PLATÃO, 1999, p. 426), onde serão assombrados por imagens aterradoras.

A degeneração fica ainda mais explícita em Platão, quando ele descreve no *Timeu* a sucessão das transmigrações. Segundo o mito, as almas que sofressem a queda passariam a viver a tentação das paixões e prazeres, que seriam a causa de novos erros sucedendo novas vidas no mundo material, só depois de se libertar desse apego é que voltariam ao paraíso celeste e à sua condição original pura. Explica o filósofo: "depois de haverem sido implantadas nos corpos por necessidade, (...) a seguir, o amor, com sua mistura de prazeres e dores, e também o temor, a cólera e todas as paixões que se lhes relacionam ou lhes são naturalmente adversas". Os que dominassem esse conflito de sensações "viveriam na justiça, e os que se deixassem dominar por elas, na injustiça; quem vivesse bem todo o tempo para eles concedido, voltaria a morar na sua estrela nativa[123] [junto aos deuses], onde passariam uma existência feliz e congenial" (PLATÃO, p. 79-80).

---

123 A cosmologia de Platão se une à interpretação psicológica, pois as almas são seguidoras de diferentes deuses, que estão incorporados nos astros, espelhando a partir deles seus diferentes temperamentos.

Para Platão, um dos piores castigos para a queda da alma seria encarnar num corpo de mulher, condição considerada inferior em sua época. Já aquele que falhasse nesse ponto: "no segundo nascimento passaria para uma natureza feminina, e se em tal estado ainda continuasse a ser maldoso, a cada nascimento novo, de acordo com a natureza de sua depravação, seria transformado no animal cuja natureza mais se aproximasse de seu caráter" (*Ibidem*).

Como a mulher tinha um papel subalterno, recluso e inferior na sociedade grega, transmigrar para um corpo feminino significava uma degeneração. Da mesma forma ocorre quando a alma passa para os animais, cada vez mais asquerosos e peçonhentos, de acordo com a gravidade das falhas.

Allan Kardec, analisando as doutrinas da metempsicose, propôs a teoria de que essa ideia era divulgada para causar temor entre os simples, mas que entre os iniciados havia uma teoria mais complexa e racional:

> A maioria dos filósofos que professavam ostensivamente a metempsicose animal, como meio, nisso não criam eles mesmos, e tinham uma doutrina secreta mais racional sobre a vida futura. Tal parece ter sido também o sentimento de Pitágoras, que não é, como se sabe, o autor da metempsicose, e dela não foi senão o propagador na Grécia, depois de tê-la encontrado entre os hindus. De resto, a encarnação na animalidade não era senão uma punição temporária de alguns milhares de anos, mais ou menos segundo a culpabilidade, uma espécie de prisão, ao sair da qual a alma reentraria na humanidade. A encarnação animal não era, pois, uma condição absoluta, e se aliava, como se vê, à reencarnação humana. Era uma espécie de espantalho para os simples, bem mais do que um artigo de fé entre os filósofos; do mesmo modo que se diz às crianças: "Se fordes más o lobo vos comerá", os antigos diziam aos criminosos: tornar-vos-eis lobos. (RE65, p. 18)

3.3.2 Os três períodos do conhecimento espiritual

Há sempre uma mistura entre princípios corretos e ideias supersticiosas nos relatos antigos, o que nos permite classificá-los como pertencentes a um período pré-científico do espiritismo (quando, entre diferentes fontes, encontramos explicações distintas para os mesmos fatos, adotando pressupostos teóricos incompatíveis entre si). Ou seja, o princípio é o mesmo, mas só o espiritismo, nos tempos modernos, irá esclarecer os detalhes. Os conceitos de degeneração, a passividade da alma que admira a Verdade e o sistema heterônomo de castigo e recompensa são pontos de incompatibilidade entre a teoria de Platão e o *espiritualismo racional* moderno, mais especificamente, as ideias de liberdade, autonomia moral e intelectual – do teísmo, Rousseau e Kant – que estão no caminho da teoria espírita.

Refletindo as condições de sua época, Platão considerava as mudanças em geral como perturbações na ordem, causa da deturpação das condições ideais originais. Essa doutrina, que correspondia ao pensamento político e social da Grécia Antiga, justificava como ordem natural a manutenção da divisão de classes, a superioridade da casta dominante e a de que os trabalhadores, comerciantes, agricultores não podiam contribuir com nada, além da sua função subalterna de prover as necessidades materiais da classe dirigente. Da mesma forma eram vistos tanto as mulheres, que serviam para procriar e cuidar do lar, onde eram enclausuradas, como os escravos, equiparados à força bruta dos animais. Enquanto na época de Kardec grande parte dos pensadores estará buscando uma solução para resolver a questão social pela superação das diferenças entre os povos, classes e pessoas (pela igualdade e liberdade), as doutrinas das primeiras civilizações (como esta de Platão, mas também a de Aristóteles, a egípcia, a da Índia, entre outras) tratam de justificar a submissão da maioria por uma minoria dominante, como de origem natural e necessária, portanto verdadeira.

A teoria do conhecimento de Platão quanto à moral é estritamente racionalista, pois não há como ampliá-la, senão admirando a Verdade supraceleste,[124] pela lembrança do Bem absoluto, não podendo ser adquirida pelo hábito e pela prática. A vivência humana seria somente o período de resistência ao mal e lembrança do Bem divino, como um lugar de penas antes do destino final nos céus. As condições sociais, pensavam os gregos, como a superioridade de um pequeno grupo privilegiado de cidadãos servidos pela submissão da grande maioria composta de escravos e mulheres (hoje obviamente execrável) se justificariam como necessárias para a purificação e deveriam ser mantidas imutáveis eternamente. Tratava-se de um mundo estático, tanto do ponto de vista físico quanto social. A ideia de criação universal não era conhecida e nem

---

124 Em Platão, a educação moral não se dá pela prática voluntária do bem que desperta a bondade natural do homem, como vai propor Rousseau, mas pela recordação do bem que a alma, quando entre os deuses, viu na contemplação do Bem pelos "olhos" da alma: "A presente discussão indica a existência dessa faculdade na alma e de um órgão pelo qual aprende; como um olho que não fosse possível voltar das trevas para a luz, senão juntamente com todo o corpo, do mesmo modo esse órgão deve ser desviado, juntamente como a alma toda, das coisas que se alteram, até ser capaz de suportar a contemplação do Ser e da parte mais brilhante do Ser. A isso chamamos o Bem" (PLATÃO, 2007, 518d).

aceita comumente e, como consequência, não havia o porquê de se pensar em evolução e mudança como instrumentos de elaboração das coisas simples às complexas, como hoje concebemos.

Tanto as teorias filosóficas e religiosas, quanto as condições sociais, formavam um paradigma, uma forma própria de se observar a realidade. Para se pensar de forma diferente seria necessário um longo amadurecimento dos povos, fatos novos como invasões bárbaras, a alternância da supremacia das nações, o surgimento de precursores da valorização dos simples. Entre esses precursores poderia estar o virtuoso Sócrates, em seus ensinamentos originais. Mas Sócrates, figura das mais influentes na tradição intelectual ocidental, não escreveu nada, deixando-nos na dúvida. Temos o relato de Moisés, ensinando o Deus único acessível por todos. Mas o pensamento de liberdade e igualdade, como também o de fraternidade, está representado como um novo paradigma da humanidade com o advento de Jesus e sua mensagem libertadora, relatada nos evangelhos, inclusive os gnósticos, recebido com esperança e entusiasmo pelos simples, como poeticamente ilustrou o espírito Lamennais, para quem Jesus "resume o que a moral mais pura, a mais divina, ensina ao homem com respeito aos seus deveres nesta vida e na outra", e continua:

> A Antiguidade, no que ela tem de mais sublime, é pobre, diante dessa moral tão rica e tão fértil. A auréola de Platão empalidece diante da do Cristo, e o copo de Sócrates é bem pequeno, diante do imenso cálice do filho do homem. És tu, ó Sésostris, déspota do imóvel Egito, que podes te medir, do alto das pirâmides colossais, com o Cristo nascendo numa manjedoura? És tu, Solon? És tu, Licurgo, cuja lei bárbara condenava as crianças malformadas, que podeis vos comparar àquele que disse face a face com o orgulho: 'Deixai vir a mim as criancinhas?' Sois vós, pontífice sagrado do piedoso, numa, cuja moral queria a morte viva das vestais culpadas, que podeis vos comparar àquele que disse à mulher adúltera: 'levanta-te, mulher, e não peques mais?' Não, não mais que esses mistérios tenebrosos que praticáveis, ó padres antigos! (RE60, p. 13)

No auge do Iluminismo, esse paradigma cristão será reivindicado pela moral e religião naturais de Rousseau e Kant, culminando com a ideia de 'autonomia' com base conceitual da doutrina espírita.

Portanto, como o paradigma da autonomia depende de uma nova forma de se enxergar a realidade, seu surgimento secunda a revolucionária ideia de progresso pela valorização da mudança, como transformação positiva, e da condição de liberdade de pensamento como essencial. Antes dessa revolução paradigmática as tradições filosóficas das primeiras civilizações mantinham-se 'heterônomas'. Além disso, a atitude autônoma depende do uso da vontade livre para que o agir esteja subordinado a ela de forma racional, e não por instinto, hábito, prazer, medo do castigo ou obtenção de recompensa. Esses valores vão surgir mais claramente com o advento do Iluminismo e da religião natural, como já relatamos. A moral da Antiguidade, helênica, judaica, hindu, ou das igrejas cristãs que surgiriam, é heterônoma ao determinar a vontade pelas consequências da ação por recompensas e castigos, e para mudar esse pensamento, é necessária uma consciente mudança de paradigma, uma revolução que deve ocorrer em cada indivíduo, mas também, como previu Kardec, deverá ocorrer na humanidade, primeiramente em seu aspecto científico, o que já ocorreu, depois como revolução moral, a qual elevará este mundo para uma condição integral de felicidade – entre povos, classes e pessoas.

Como vamos avaliar minuciosamente, mais à frente, a teoria espírita tem uma direção diametralmente oposta à heteronomia clássica, ao fundamentar-se no conceito de 'evolução autônoma' como lei natural da alma, demonstrando o desenvolvimento voluntário de todas as almas, de simples e ignorante a sábia, – quando o erro não é motivo de queda, recompensa e castigo; mas *instrumento da dinâmica de compreensão intelecto-moral, por um processo evolutivo autônomo, crítico e racional da alma*. E esse conceito pertence de forma categórica ao núcleo firme da doutrina espírita.

Portanto, apesar de antecipar conceitos como o da dualidade alma-corpo, existência de um mundo espiritual invisível, reencarnação, ascensão intelecto--moral eterna, entre outros que determinam a condição de Sócrates e Platão como precursores do espiritismo, quanto à teoria do conhecimento (intelectual e moral) faltam elementos para justificar a epistemologia espírita e, para tanto, será necessário aguardar o surgimento das revoluções conceituais ou mudança de paradigma da Era Moderna. Allan Kardec descreveu esse papel de Sócrates:

> As grandes ideias jamais irrompem de súbito. As que assentam sobre a verdade sempre têm precursores que lhes preparam parcialmente os caminhos. Depois, em chegando o tempo, envia Deus um homem com a missão de resumir, coordenar e completar os elementos esparsos, de reuni-los em corpo de doutrina. Desse modo, não surgindo brusca- mente, a ideia, ao aparecer, encontra espíritos dispostos a aceitá-la.

> Tal o que se deu com a ideia cristã, que foi pressentida muitos séculos antes de Jesus e dos essênios, tendo por principais precursores Sócrates e Platão. Sócrates, (...) Assim como a doutrina de Jesus só a conhecemos pelo que escreveram seus discípulos, da de Sócrates só temos conhecimento pelos escritos de seu discípulo Platão. (ESE, p. 32)

Kardec conclui seu pensamento afirmando que "se Sócrates e Platão pressentiram a ideia cristã, em seus escritos também se nos deparam os princípios fundamentais do espiritismo". Platão não fez ciência, mas elaborou um sistema pensado por ele, a partir de diversas fontes a que teve acesso, basicamente os ensinamentos de Sócrates, mas também mitos, tradições e mistérios. Já a doutrina espírita segue um processo de conhecimento absolutamente diverso dos sistemas filosóficos, como esclarece Kardec:

> Há entre o espiritismo e outros sistemas filosóficos esta diferença capital; que estes são todos obra de homens, mais ou menos esclarecidos, ao passo que, naquele que me atribuís, eu não tenho o mérito da invenção de um só princípio. Diz-se: a filosofia de Platão, de Descartes, de Leibniz; nunca se poderá dizer: a doutrina de Allan Kardec; e isto, felizmente, pois que valor pode ter um nome em assunto de tamanha gravidade? O espiritismo tem auxiliares de maior preponderância, ao lado dos quais somos simples átomos. (OQE, p. 120)

Kardec não se atribui o sistema filosófico espírita porque "ele foi totalmente deduzido do ensino dos espíritos. Eu vi, observei, coordenei e procuro fazer compreender aos outros aquilo que compreendo; esta é a parte que me cabe" (OQE, p. 97). Ou seja, o tema do mundo espiritual e a vida dos espíritos vivenciou um progresso metodológico no decorrer da história, o 'período mítico' das tradições antigas, o 'período pré-científico' dos sistemas filosóficos e, por fim, sua consolidação científica no 'paradigma espírita', com um conjunto próprio de definições, conceitos, teorias e instrumentos de pesquisa. A doutrina espírita, presente nas obras de Kardec, representa o corpo conceitual dessa conquista.

'Os espíritos ensinaram a Kardec o que compreenderam em sua busca do conhecimento no mundo espiritual'. Há nesse fato uma questão fundamental para a concepção da epistemologia espírita, pois ela se divide em dois processos:

1 – Como os espíritos adquirem conhecimento no mundo espiritual, estabelecendo uma 'ciência dos espíritos'.

2 – Como Kardec compreendeu, constituiu uma unidade e justificou os ensinos que recebeu, coordenando-os numa doutrina coesa – a 'doutrina espírita', por meio da ciência espírita.

Para a constituição da doutrina espírita, Kardec fez uso da ciência espírita, instrumento humano, que teve um momento acertado para surgir, considerando-se a evolução das ideias, no momento em que as ciências estabeleciam instrumentos metodológicos de pesquisa adequados. Há então uma *epistemologia espírita*, que é o método fundamentado de Kardec utilizado para pesquisar e compreender nas manifestações os ensinamentos dos espíritos. Mas há também uma *epistemologia dos espíritos*, que é a teoria do conhecimento referente ao mundo dos espíritos – ou seja, como os espíritos descobrem coisas e aprendem.

Platão antecipou conceitos espíritas ao estudar os mistérios e iniciações gregas, caracterizados por mitos e simbologias (elaboradas por meio de manifestações mediúnicas, mas de forma mística e religiosa). A mediunidade também estava presente em Sócrates. Nas narrativas de Platão, ele entrava em estado de transe e depois retornava à consciência trazendo suas teorias. Era avisado sobre coisas futuras em seus sonhos. Tinha também um espírito que o acompanhava, avisando dos perigos, aconselhando que interrompesse uma narrativa quando necessário e também lhe sugeria ideias. Todavia, nesse tempo ainda primitivo, não havia um rigor metodológico para dar à doutrina um caráter científico, mas somente sistemático, com o sacrifício da mobilidade – pois não há como aperfeiçoar um mito estabelecido, como o de *Fedro* que analisamos, sem romper sua unidade. Já na ciência, há um aperfeiçoamento progressivo das teorias, por meio de conjeturas e refutações.

3.3.3 A metafísica em Aristóteles

Aristóteles era filho de um médico, Nicômaco, que servia ao rei Amintas da Macedônia. Tendo ficado órfão aos 18 anos, em 366 a.C., viajou para Atenas e ingressou na Academia de Platão, onde adquiriu sua cultura filosófica por vinte anos, estudando profundamente o sistema de seu mestre, que discorreu em textos dos quais restaram apenas fragmentos. Depois submeteu suas críticas, construindo novos caminhos. Com a morte de Platão, a direção da academia coube a Espêusipo, homem de pensamentos divergentes dos escolhidos por Aristóteles, que deixou Atenas para voltar anos depois. Alugou um conjunto de prédios junto a um templo dedicado a Apolo Lício, de onde veio o nome "Liceu" da nova escola que Aristóteles ali fundou. O mestre ensinava caminhando pelas trilhas dos jardins, de onde vem "peripatéticos" (de *peripatos*: passeio) como se designavam seus seguidores.

Aristóteles, depois de pesquisar e compreender a filosofia de seu mestre, percebeu os limites e a imobilidade dos mitos como meio de conhecimento, como explica o pesquisador Giovanni Reale:

> Pois bem, é exatamente essa componente místico-religioso-escatológica que na evolução do pensamento aristotélico se perdeu; mas, como vimos, trata-se da componente platônica que lança suas raízes na religião órfica e alimenta-se mais de fé que de ontologia e dialética. E perdendo esse componente nos esotéricos, Aristóteles pretendeu, indubitavelmente, emprestar maior rigor ao discurso puramente teorético, buscando distinguir bem o que se funda unicamente no logos do que se funda em crenças religiosas. (REALE, 2013, p. 22)

Isso não significa que Aristóteles tenha abandonado a pesquisa metafísica sobre Deus e eternidade da alma iniciada por Platão, mas procedeu a uma sistematização das conquistas de seu mestre e também dos filósofos antecessores, criando uma metodologia adequada para resolver os problemas que surgiram na busca do conhecimento, continua Reale:

> Platão, além de filósofo, é também um *místico* (e um poeta); Aristóteles, ao invés, além de filósofo, é também um *cientista*. Todavia esse *mais* de sinal oposto que diferencia marcadamente os dois homens, diferencia-os justamente nos seus interesses humanos extrafilosóficos *e não no núcleo especulativo do seu pensamento*". (Ibidem, p. 23)

Ou seja, se Platão estabeleceu um amplo campo de conhecimento descobrindo a dualidade fundamental na concepção de realidade, será Aristóteles quem justificará essa conquista pela sistematização das ciências:

> A ironia e a maiêutica socráticas (...) deram origem, em Platão, a um discurso sempre aberto, a um filosofar como busca sem repouso. O oposto espírito científico de Aristóteles devia necessariamente levar a uma sistematização orgânica das várias aquisições, a uma distinção dos temas e dos problemas segundo a sua natureza e, também, a uma diferenciação dos métodos com os quais afrontar e resolver os diversos tipos de problemas. (Ibidem, p. 23)

Se Platão é um precursor de determinados conceitos espíritas, será Aristóteles quem abrirá caminho para as ciências, inclusive a ciência espírita. Foi essa herança aperfeiçoada nos tempos modernos que permitiu a Kardec proceder a uma sistematização dos ensinamentos dos espíritos, distinguindo questões e problemas; comparando as diversas hipóteses conhecidas em nossa cultura com o ensinamento dos espíritos para considerar sua validade, analisando criticamente cada uma delas; associando os conceitos fundamentais para formar uma teoria geral; classificando e descrevendo os fenômenos do mundo espiritual por métodos adequados ao seu tema. Para explicar a doutrina espírita, Kardec, mesmo adotando uma postura didática e acessível em seus textos, fez uso dos recursos racionais da lógica para estabelecer definições precisas.

Aristóteles define a ciência (*epistéme*) como 'hábito demonstrativo'[125] (*hexis apodeiktiké*). O significado disso é que o saber está na busca das causas: explicação dos fatos, dos comportamentos e das propriedades das coisas. Outra característica do conhecimento, para ele, é a sua necessidade: o conhecimento científico trata das coisas que podem ser conhecidas sempre. Por exemplo, quando ele estudou as propriedades do ouro, um metal maleável e amarelo, sabia que, milhares de anos depois, quem pegasse uma pepita de ouro iria constatar as mesmas características, pois ele terá sempre essa propriedade, podendo ser, portanto, objeto de estudos da ciência. Não dá para fazer ciência dos unicórnios, pois ninguém viu um para descrevê-lo e, mesmo que alguém jure que o viu, os outros não podem confirmar a descrição novamente.

Nessa ciência, o conhecimento das causas e da necessidade das coisas é assegurado pela demonstração, que é um silogismo científico, um conjunto de raciocínios e argumentações a partir de algumas premissas (ao menos duas), por meio das quais se chega a uma conclusão. Quando as premissas são verdadeiras, básicas, bem conhecidas, afirma Aristóteles, a conclusão também o será. Se não se partisse de premissas verdadeiras, outras seriam necessárias para validá-las, e assim por diante, até o infinito. Já vimos que Platão resolveu esse problema afirmando que as ideias fundamentais estão presentes na planície da verdade, que só pode ser observada pela alma quando está junto aos deuses. Mas Aristóteles não pode concordar com uma explicação que foge do rigor e independência da ciência que está criando. Esses princípios verdadeiros e indemonstráveis pelo raciocínio do conhecimento serão chamados por Aristóteles pelo termo grego *noûs*, que tem um correspondente latino em *intellectus*. Essa faculdade espiritual dos homens será conhecida como **intelecto**, e depois, por Kant, por razão.

---

125 *Ética a Nicômaco*, VI 3, 1139 b 31-32.

O *noûs* não é um conhecer imediato da alma, como em Platão, mas um longo e laborioso processo de investigação, onde as coisas que observamos na Natureza são formadas em nossa mente pela imaginação, relacionadas pelo raciocínio e, no fim desse processo de sucessiva desmaterialização da forma (que começa nos sentidos e termina no intelecto), quando o intelecto olha para o todo e percebe sua condição ótima, é que se estabelece a mais plena racionalidade. Como veremos a seguir, essa parte do intelecto que nos permite lidar com a verdade é para Aristóteles equivalente ao divino: imaterial, eterna, plena, como define Reale: "Em nós há um *noûs*, um espírito, um pensamento que age, atualizando o conhecimento mais elevado (que é, depois, a mais elevada forma de desmaterialização). Este vem 'de fora' e é imortal, antes, é o 'divino em nós'" (REALE, 2013, p. 191).

A velha e intrigante pergunta que Platão se fazia na juventude: "o que é ser?", equivale a perguntar: "O que é a Natureza?" ou mesmo "o que é substância?". É com essa mesma interrogação que se depara Aristóteles, tendo as opiniões dos filósofos anteriores para complicar a resposta. O sofista Antifonte considerava que a substância é a matéria. Para justificar sua teoria, disse que se enterrasse uma cama na terra, com o tempo ela apodreceria e, caso brotasse, não nasceria uma mesa, mas, sim, madeira. Desse modo concluiu que a capacidade de reproduzir e criar novos movimentos pertenceria somente à matéria.

Aristóteles, diante da força lógica desse pensamento, afirmou que realmente poderia ser uma prova de que a substância é matéria. Mas então oferece outra interpretação: sendo verdade que de uma cama, que tem uma 'forma artificial', se gera somente madeira, temos outros exemplos, como o do homem, que tem uma 'forma natural' e gera somente outros homens. Uma árvore de maçãs, outra forma natural, da semente de seus frutos, vai gerar outras macieiras. Portanto, conclui, a substância é também 'forma'. E se estabelecermos uma comparação entre elas, diremos que a substância é mais forma do que matéria.

Vemos aqui que, diferentemente das disputas dos primeiros filósofos gregos, que desejavam encontrar um princípio de tudo que superasse o dos outros, Aristóteles percebeu que para as questões existem diversos conceitos que precisam ser classificados, coordenados, para que se estabeleça um conhecimento mais sólido, representando a realidade em sua complexidade, onde os significados são múltiplos!

Para Platão, a essência das coisas, a forma, estava separada da realidade que observamos, localizando-se, como vimos, além dos céus. Aristóteles percebe que é difícil justificar essa teoria. Todavia, é evidente que as formas existem, caso contrário, a matéria seria um contínuo disforme. Conclui então que as formas estão imanentes nas coisas.

Quando um carpinteiro pega a madeira e faz uma cadeira, ele segue uma forma que está inicialmente em sua mente, e depois a faz realizar-se por seu trabalho, surgindo a cadeira em si. Seguindo esse raciocínio, as coisas que percebemos pelos sentidos, como a cadeira, não são apenas forma e matéria, mas uma terceira coisa, composto dessas duas, que ele chama 'sinolo'.

O sinolo é o conceito de substância acabada, mas a forma é para Aristóteles a "essência de cada coisa e a substância primeira", ou até mesmo a "causa primeira do ser".

O filósofo, examinando as coisas, percebeu outra diferença importante entre elas. Uma semente é um sinolo. Porém, quando germina e cresce, surge outra forma mais complexa, a árvore. A semente é, então, uma árvore em potência. E quando cresce se torna árvore em ato.

Outro exemplo, mais complexo, surge quando desejamos classificar a diferença entre um cego e alguém que enxerga, mas está de olhos fechados. O primeiro não é vidente. E o segundo é vidente, mas de olhos fechados só é em potência, mas não em ato. Quando abre os olhos, é vidente em ato.

Depois de elaborar todos esses conceitos, Aristóteles redigiu uma tábua com todas as *dez categorias* que os seres podem ser classificados, como substância, qualidade, quantidade, relação, agir, sofrer, lugar, tempo, ter e jazer.

Como vimos, entre as coisas, existem as artificiais e as naturais. Nas artificiais, como a casa, cadeira, ponte, a forma está na mente de quem a concebeu. E quanto à forma das coisas naturais? Aristóteles voltou a estudar, agora fazendo uso dos conceitos que já havia elaborado.

Uma planta é diferente da matéria inerte, pois tem um lento e constante movimento, representado pelo crescimento e capacidade de absorver alimentos e de se reproduzir. Não se pode reduzir essa capacidade à matéria, como o calor, água e terra, que participam de sua composição, pois elas não são responsáveis pela grandeza e aumento de sua capacidade de crescimento. O calor não faz isso. A planta em si também não, pois é o sinolo – um animal morto ainda tem a mesma matéria, mas não tem vida. O que falta é a forma ou essência da planta, denominada por Aristóteles como 'alma vegetativa'.

Os animais, além da alma vegetativa, têm também sensações percebidas pelos cinco sentidos, apetites e movimento próprio, funções cuja causa é a 'alma sensitiva'.

Por fim, Aristóteles evidencia que o ato intelectivo, ou pensar, é claramente diferente do ato perceptivo, pois não é associado ao funcionamento do corpo, é a 'alma intelectiva', exclusiva do homem que o diferencia dos animais.

O homem alcança o conhecimento por um processo que envolve perceber as coisas pelos sentidos, abstraí-las pela imaginação, conceber suas formas gerais pelo intelecto. O filósofo também vai aplicar as categorias de 'ato' e 'potência' para o conhecimento intelectivo, um conceito difícil de compreender pelo senso comum. Essa explicação é importante porque, na teoria de Platão, a diferença das capacidades de compreender as coisas estava determinada, como vimos acima, pela quantidade de coisas que a alma tinha observado no supraceleste, antes de nascer. Para Aristóteles, a inteligência é a capacidade de conhecer as formas que, por sua vez, estão imanentes nas coisas percebidas pelos sentidos. Para compreender, é preciso alguma coisa que torne em ato essas duas potencialidades. Ele vai criar então um intelecto atual, e outro intelecto que é potencial, e este está fora da matéria. "Esse intelecto é separado, impassível e não misturado, e intacto pela sua essência. De fato, o princípio é superior à matéria (...). Só ele, justamente, é o que é, e só ele é imortal e eterno", explica Aristóteles (*Da alma*, 5, 430 a 10-23).

O intelecto potencial é o que se representa pela alma imortal e tem uma natureza semelhante à de Deus: "O intelecto parece que é em nós como uma realidade substancial que não se corrompe (...) é algo mais divino e impassível" (*Da alma*, 4, 408 b 18-29).

Aristóteles criticou duramente o mundo das ideias de Platão. Mas isso não nos leva à conclusão de que Aristóteles negou a realidade das coisas suprassensíveis. Ele "simplesmente nega que o suprassensível era aquilo que Platão pensava que fosse. O mundo do suprassensível não é um mundo de 'inteligíveis' mas sim de 'inteligências'" tendo no seu vértice a suprema das inteligências. As ideias ou formas, por seu turno, são a trama inteligível do sensível (REALE; ANTISERI, 1990, p. 191).

3.3.4 Deus e a realidade para Aristóteles

Aristóteles percebeu e estudou o movimento como fundamental para compreender as substâncias. Dois gêneros delas eram sensíveis, perceptíveis para nossos sentidos. E o terceiro, suprassensível.

1 – O primeiro gênero era o das 'substâncias sensíveis' que nascem e perecem (portanto são corruptíveis), constituídas das coisas do mundo à nossa volta. Para ele, todas eram formadas pela combinação de matéria (terra, água, ar e fogo) e forma. O movimento natural dessas coisas era retilíneo para baixo (a terra) ou para cima (o fogo). As duas outras eram mistas, pois para baixo até a terra (água) ou para cima e abaixo do fogo (ar). Com experiências do cotidiano é possível exemplificar tais ideias. Quanto ao movimento, se soltamos uma pedra (terra), ela se dirige para seu lugar natural, que é o centro da Terra. Quando soltamos um balão com ar quente (fogo), ele sobe de forma retilínea para cima.

Quando queimamos um pedaço de madeira fresca, dela escorre água, surgem chamas de fogo, uma fumaça sobe e se mistura ao ar, e por fim, sobram cinzas, representando a terra. A madeira fresca é então uma composição de terra, água, ar e fogo.

2 – O segundo gênero era o das 'substâncias sensíveis incorruptíveis'. Elas são os céus, os planetas e as estrelas, que, segundo Aristóteles, são constituídos de outra coisa, que não as deste mundo, uma matéria incorruptível, o éter ou quintessência (a quinta essência além das quatro corruptíveis). O seu movimento é o circular, considerado um movimento perfeito e eterno.

O mundo, para Aristóteles, seguia e confirmava todas essas ideias pelo fato de que, para ele, a Terra estava imóvel em seu centro, formando as camadas da terra, água, ar e fogo. Depois do fogo havia a Lua, que estava na fronteira para as substâncias incorruptíveis dos diversos céus (por estar na fronteira, a Lua tinha manchas, diferindo de todos os outros astros). Esse mundo não teve começo, portanto não se cogitava uma 'criação'.

Qual a causa do movimento de todas as coisas? Para Platão, era o automovente. Mas Aristóteles considerava essa teoria uma contradição evidente, pois uma coisa não pode ser ao mesmo tempo a causa e o efeito de si mesma. Portanto, o movimento deveria ter uma causa primeira que fosse imóvel, eterna e transcendente ao sensível. Ele não pode ser potencial (senão viveria mudanças), mas um ato puro. Esse é o 'primeiro motor' do mundo e que será considerado em Aristóteles como Deus:

> De tal princípio, portanto, dependem o céu e a Natureza. E o seu modo de viver é o mais excelente: é o modo de viver que nos é concedido só por breve tempo. E naquele estado ele é sempre. (...) Se, pois, nessa feliz condição na qual nos encontramos, às vezes, Deus se encontra perenemente, é maravilhoso. (...) Ele também é Vida, porque a atividade da inteligência é Vida, e ele é, justamente, aquela atividade. (...) É vida ótima e eterna. Dizemos, com efeito, que Deus é vivente, eterno e ótimo; de modo que a Deus pertence uma vida perenemente contínua e eterna: esse, pois, é Deus. (*Metafísica*, 7, 1072 b 13-18 e 24-30)

Deus move diretamente o primeiro céu, onde estão as estrelas fixas que formam o fundo do firmamento. Mas, observando os céus, Aristóteles notou os movimentos intermediários de diversos planetas que estavam cada um deles em esferas celestes intermediárias, girando com movimentos diferentes da esfera das estrelas fixas ao fundo. Em suas contas, seriam necessários cinquenta e cinco motores auxiliares, ou deuses inferiores, para completar os movimentos celestes atuando em esferas cristalinas contendo os planetas, o Sol e a Lua. Com um encaixe perfeito, não há vazio na Natureza e esse mundo esférico é finito, único e eterno.

3 – O terceiro gênero de substâncias é o do 'suprassensível', que em Platão era o mundo do inteligível (contendo as ideias ou formas), mas em Aristóteles é o mundo da inteligência: a inteligência suprema, que é Deus. As cinquenta e cinco inteligências moventes dos céus, e também as inteligências das almas humanas. Essas substâncias não têm matéria, como as outras, são atos puros, eternas e imóveis.

Os dois primeiros gêneros de substâncias sensíveis são objeto de estudo da física, ou filosofia segunda. Por sua vez, a substância suprassensível é objeto de estudo da metafísica, ou filosofia primeira.

Na metafísica, Aristóteles vai tratar de Deus e de nossa natureza espiritual, ambos imateriais. Questões como: o intelecto da alma humana é individual? Como ele pode estar fora do homem? Existe uma relação entre o intelecto e a noção do "eu"? A individualidade existia antes do nascimento? Existem penas e recompensas após a morte? Em Aristóteles, todas elas ficam sem resposta, pois sua filosofia não avança nas teorias sobre a vida antes do nascimento, nas questões sobre a justiça divina, vida futura e outras, antes tratadas pelos mitos, tradições, e pela filosofia de Sócrates e Platão.

Quanto à ética, Aristóteles não acreditava que a moral seria uma questão intelectualista como a de Sócrates. Ele acreditava que uma coisa era 'conhecer o bem' e outra era 'fazer o bem'. Para agir corretamente seria necessário fazer uma escolha, ou o ato de 'deliberação'. Para ele, para ser bom é preciso 'querer o bem verdadeiro e não aparente'. Mas Aristóteles não conseguiu resolver essa questão, pois só com o cristianismo é que vão surgir os conceitos de vontade e livre-arbítrio.

Aristóteles não avançava em teorias como a de Platão que, por meio de seu mito, explicava as diferenças entre as almas, as causas das condições de vida e do sofrimento. Dessa forma, suas análises quanto à moral eram realistas, refletindo as condições vigentes na sociedade grega de seu tempo. O agir moral de forma plena, que era a causa da felicidade, só estava ao alcance dos cidadãos, que eram os homens da elite da sociedade. Eles eram servidos por escravos, que faziam todo o trabalho físico. Por sua vez, as mulheres eram dedicadas a cuidar da casa e dos filhos, ficando reclusas e fora das atividades sociais e políticas. Desse modo, existiria uma condição natural da escravidão, representada principalmente pelos não gregos, os demais povos considerados bárbaros: "Comandar e ser comandado estão entre as condições não somente necessárias, mas também convenientes; e certos seres, desde o nascimento, são diferenciados para serem comandados, ou para comandarem" (*Política*, I, 5, 1254 a 21-24).

Aristóteles compara os escravos com os animais: ambos são incapazes de cuidar de si mesmos:

> Com efeito, é escravo por natureza quem pode pertencer a outro e quem participa da razão na medida em que pode percebê-la, mas não possuí-la: os outros animais não são sujeitos à razão, mas às impressões. Porém, quanto à utilidade, a diferença é mínima: escravos e animais domésticos prestam ajuda com o seu corpo para as necessidades da vida. (*Política*, I, 5, 1254 b 20-24)

Como Aristóteles abandonou as questões sobre o mundo espiritual e a existência antes da vida e depois da morte, seus estudos sobre o homem caem no lugar comum do que se observa no cotidiano. E, por mais estranho que seja para nós atualmente, o filósofo estava classificando e analisando o escravo como havia feito com as plantas, cadeiras e animais. Sua filosofia só poderia admitir igualdade considerando-a em cada grupo, homens, mulheres, crianças e escravos. Enquanto em Platão, toda humanidade tinha em comum o fato de que eram almas humanas, podendo alcançar todas elas, em um tempo maior ou menor, a possibilidade de viver junto aos deuses nos céus. Foi exatamente essa a certeza de Sócrates, ao beber a cicuta, a de que estaria muito mais feliz depois da morte, pois se libertaria do corpo, por ter agido moralmente de forma justa e honrada.

Nas obras de Kardec, vamos encontrar as importantes figuras próprias da metafísica em sua argumentação (causa, ser, categoria, substância, acidente, matéria, ato, forma, potência) e também nas respostas dos espíritos. Todavia, as construções lógicas foram simplificadas por Kardec, para prevalecer um objetivo mais importante, que é a de tornar seus textos acessíveis a todos. Mesmo que nem sempre estejam presentes exatamente esses termos ou os significados originais de Aristóteles, os recursos lógicos serão os mesmos, mas sem mergulhar nas difíceis construções lógicas da metafísica, como explica Kardec:

> Para a explicação das coisas espirituais, às vezes, me sirvo de comparações bem materiais, e talvez mesmo um pouco forçadas, que não seria preciso sempre tomar ao pé da letra; mas é procedendo por

> analogia, do conhecido ao desconhecido, que se chega a se dar conta, ao menos aproximadamente, do que escapa aos nossos sentidos; foi a essas comparações que a doutrina espírita deve, em grande parte, o ter sido tão facilmente compreendida, mesmo pelas inteligências mais vulgares, ao passo que se eu tivesse permanecido nas abstrações da filosofia metafísica, ela não seria hoje o quinhão senão de algumas inteligências de elite. Ora, era importante que ela fosse, desde o princípio, aceita pelas massas, porque a opinião das massas exerce uma pressão que acaba por fazer lei, e por triunfar das oposições, as mais tenazes. Foi porque me esforcei em simplificá-la e torná-la clara, a fim de colocá-la ao alcance de todo mundo, ao risco de fazê-la contestar por certas pessoas com título de filosofia, porque ela não é bastante abstrata, e não saiu das nuvens da metafísica clássica. (RE64, p. 231)

Vejamos alguns exemplos da utilização do conceito de 'causa' na doutrina espírita. Logo na primeira pergunta de *O Livro dos Espíritos*, vamos encontrar: "Que é Deus? Deus é a inteligência suprema, 'causa primeira' de todas as coisas" (LE, p. 55). Ou seja, nessa resposta dos espíritos, Deus não é o inteligível de Platão, mas a inteligência suprema de Aristóteles, além de ser a essência ou causa primeira de tudo o que existe. Em outro momento, Kardec estuda a ação dos espíritos em nosso mundo: "Nos fenômenos espíritas, a 'causa imediata' é, sem contradição, um agente físico; mas, a 'causa primeira' é uma inteligência que age sobre esse agente, como nosso pensamento age sobre os nossos membros. Quando queremos bater, é nosso braço que age, não é o pensamento que bate: ele dirige o braço". (RE58, p. 8)

'Causa imediata' é aquela que se percebe e se considera como causa pela observação sensível do fenômeno. Quando um braço se move involuntariamente na psicografia mecânica, a causa imediata da escrita é o movimento natural do braço. Mas a 'causa primeira' é a atuação do espírito sobre o médium, que não se percebe pelos sentidos.

Também as figuras especulativas da metafísica serão necessárias para o entendimento da moral e da psicologia, nos seguintes trechos:

> Mas nós somos, nós mesmos, espíritos imperfeitos, encarnados sobre esta Terra para expiar e nos melhorar. A 'causa primeira' do mal está em nós, e os maus espíritos não fazem senão aproveitar nossos pendores viciosos, nos qual nos mantêm, para nos tentar. (RE64, p. 157)

E na psicologia ou ciência da alma:

> O corpo é o instrumento da dor; senão a 'causa primeira', ao menos a 'causa imediata'. A alma tem percepção dessa dor: essa percepção é o efeito. A lembrança que dela conserva pode ser tão penosa quanto a realidade, mas não pode ter ação física. (RE58, p. 225)

Em outros pontos das obras de Kardec, o uso dos conceitos da metafísica ganha uma importância ainda maior, quando o entendimento do raciocínio é fundamental para a definição de 'conceitos fundamentais' da teoria geral dos espíritos, ou Doutrina Espírita. Como vimos, Deus para Aristóteles representa o primeiro motor, sendo o responsável pela ação que mantém o perpétuo movimento circular da esfera das estrelas fixas do firmamento. Na Doutrina Espírita, no entanto, Deus não é agente motor da matéria. Ele não provoca movimento algum, mas quem age por ele são os espíritos nas mais diversas escalas evolutivas. Essa diversidade absoluta é que representará a unidade divina. Kardec pergunta ao espírito Arago:

> (Kardec): Concebemos, perfeitamente, que a vontade de Deus seja a causa primeira, nisto como em todas as coisas, mas sabemos também que os espíritos são seus agentes. Ora, uma vez que sabemos que os espíritos têm uma ação sobre a matéria, não vemos porque, alguns dentre eles, não teriam uma ação sobre os elementos, para agitá-los, acalmá-los ou dirigi-los. - R. (Arago): Mas é evidente; isso não pode ser de outro modo; Deus não se entrega a uma ação direta sobre a matéria; ele tem seus agentes devotados em todos os graus da escala dos mundos. (RE59, p. 168)

Demos aqui somente alguns poucos exemplos da utilização de uma das figuras especulativas da lógica, a *causa*. Mas todas as outras, como ser, categoria, substância, matéria, ato, forma, potência, estão presentes na Doutrina Espírita, como também estruturas de argumentação, comparações, classificações, e outros recursos. Que se pese o valor didático, que é mérito do professor Rivail, mas para que a elucidação da doutrina espírita não debande para o misticismo ou se transforme em letra morta, ela exige um estudo longo e dedicado. Isso vale tanto para quem quer se tornar adepto da Doutrina Espírita como, também, para quem deseja criticá-la seriamente, como afirma Kardec:

> Em lógica elementar, para se discutir uma coisa, preciso se faz conhecê-la, porquanto a opinião de um crítico só tem valor, quando ele fala com perfeito conhecimento de causa. Então, somente, sua opinião, embora errônea, poderá ser tomada em consideração. Que peso, porém, terá quando ele trata do que não conhece? A legítima crítica deve demonstrar, não só erudição, mas também profundo conhecimento do objeto que versa, juízo reto e imparcialidade a toda prova. (LE, p. 461)

Para que o tema da doutrina espírita saia do campo do maravilhoso, da superstição e do misticismo, não basta conhecer os fenômenos e uma leitura corrente das obras de Kardec, mas é preciso estudar a demonstração das causas e dos raciocínios que evidenciam as consequências morais e estabelecem o corpo conceitual da doutrina, deduzido dos ensinamentos dos Espíritos, após uma dedicação, não em algumas horas. "São meses e anos que são necessários para lhes sondar todos os arcanos" (LM, p. 27). A passagem do pensamento mítico e da pré-ciência para o pensamento científico elaborado por Kardec, no espiritismo, deve também ocorrer na consciência de quem deseja compreendê-lo, como advém em qualquer outra ciência como física, matemática ou biologia.

Allan Kardec resumiu algumas proposições necessárias para que não se detenha na superfície, mas se possa buscar a compreensão das 'causas necessárias', ou seja, que tratem de conhecimento científico e não de figuras da imaginação (RE60, p. 188):

- Todos os fenômenos espíritas têm por princípio a existência da alma, sua sobrevivência ao corpo e suas manifestações;
- Estando esses fenômenos fundados sobre uma lei da Natureza, nada tem de maravilhoso nem de sobrenatural, no sentido vulgar destas palavras;
- Muitos fatos são reputados sobrenaturais porque não se lhes conhece a causa; o espiritismo, lhes assinando uma causa, fá-los entrar no domínio dos fenômenos naturais;
- Entre os fatos qualificados de sobrenaturais, muitos há dos quais o espiritismo demonstra a impossibilidade, e que classifica entre as crenças supersticiosas;
- Se bem que o espiritismo reconheça, em muitas crenças populares, um fundo de verdade, ele não acerta de modo

algum a solidariedade de todas as histórias fantásticas criadas pela imaginação;

- Julgar o espiritismo sobre os fatos que ele não admite é dar prova de ignorância, e tirar todo o valor de sua opinião;
- A explicação dos fatos admitidos pelo espiritismo, suas causas e suas consequências morais, constituem uma verdadeira ciência que requer um estudo sério, perseverante e aprofundado;
- O espiritismo não pode considerar como crítico sério senão aquele que tudo teria visto, tudo estudado, com a paciência e a perseverança de um observador consciencioso; que saberia tanto sobre este assunto quanto o adepto mais esclarecido; que teria, por consequência, haurido seus conhecimentos alhures que nos romances da ciência; a quem não se poderia opor nenhum fato do qual não tivesse conhecimento, nenhum argumento que não houvesse meditado; que refutaria, não por negações, mas por outros argumentos mais peremptórios; que poderia, enfim, assinalar uma causa mais lógica aos fatos averiguados. Este crítico está ainda por ser encontrado.

Por mais que Aristóteles tenha se esforçado para compreender Deus e o homem, ele não pôde se libertar dos preconceitos e limitações da cultura de seu tempo. Se, para ele, a felicidade consistia em fazer o que há de melhor,[126] e o melhor é raciocinar, plenamente felizes eram os filósofos, que podiam ocupar seu tempo com a sabedoria. Mas quem podia se dar esse luxo, na Grécia, eram os homens considerados cidadãos, livres para se dedicarem a atividades nobres e virtuosas. O cidadão, uma minoria, não podia envolver-se em atividades cotidianas, que ficavam sob a responsabilidade dos escravos, a maioria da população – que eram como objetos, sem nome, família, propriedades ou direitos. E o que há de melhor no escravo é sua *subordinação* – o que neles havia de melhor, segundo Aristóteles.

Os gregos também consideravam todo indivíduo ou povo que não possuía a cultura nem falava o idioma grego como bárbaro. Eram considerados seres de natureza inferior, um etnocentrismo característico das primeiras civilizações.

Para Aristóteles, homens e escravos foram criados pela Natureza. Portanto, sempre existiram e será assim por toda a eternidade. Não havia o conceito de

---

126 Felicidade, ou *eudaimonía*, era o fim último ou o bem supremo que podem alcançar quem na cidade pode atingir a plenitude humana, ou seja, os cidadãos – com exclusão dos escravos, mulheres e crianças.

criação, não se pensava que o mundo e as espécies vivas tivessem origem. Desse modo, não se concebia, na Grécia Antiga, o conceito de evolução social, nem a igualdade era cogitada para se estender a todos, fossem crianças, servos ou mulheres. Também para Aristóteles, Deus não era nosso criador e nem tinha uma relação íntima com os homens.

Somente uma revolução como jamais se viu será a responsável pelo surgimento de todos os conceitos que nos darão a esperança de uma sociedade futura plena de liberdade, igualdade e fraternidade para todos: a revolução criada pelos ensinamentos de Jesus.

3.3.5 Jesus e o cristianismo

Allan Kardec escreveu no conjunto de sua obra por mais de mil vezes o nome de Jesus. Os ensinamentos dos espíritos que constituem a doutrina espírita tratam dos mais diversos temas da cultura humana. Como estamos relatando nesta obra, há um complexo trabalho de Kardec e dos pesquisadores espíritas que o auxiliaram para validar os conceitos fundamentais da doutrina espírita originária dos espíritos superiores, com recursos da lógica e das ciências filosóficas. As incontáveis comunicações espirituais, diálogos e as centenas de páginas das obras de Kardec têm o propósito essencial de resgatar a doutrina moral de Jesus, em seu sentido original: "O essencial está em que o ensino dos espíritos é eminentemente cristão; apoia-se na imortalidade da alma, nas penas e recompensas futuras, na justiça de Deus, no livre-arbítrio do homem, na moral do Cristo" (LE, p. 151).

Segundo os espíritos, há apenas um guia e modelo de perfeição moral que a humanidade pode considerar na Terra. As leis de Deus estão escritas em nossa consciência e foi pressentida por todos que meditaram sinceramente sobre a sabedoria, em todos os tempos. A questão é que os homens, em meio às imperfeições que adquirem, esquecem as leis.

Mas o problema maior foi que muitas lideranças, tomadas por sentimentos terrenos, ensinaram aos homens falsos princípios, e "por terem confundido as leis que regulam as condições da vida da alma com as que regem a vida do corpo" é que "muitos têm apresentado como leis divinas simples leis humanas estatuídas para servir às paixões e dominar os homens" (LE, p. 298). Um exemplo dessa mistura de leis está na hipótese hedonista de que a dor e o prazer definem o bem e o mal. Outra, é a de que o amor de si mesmo ou egoísmo é a medida da moral. Essas ideias confundem as leis do corpo, necessárias à sua conservação, e as leis da alma, que, regidas pela vontade livre, determinam a evolução intelecto-moral.

Segundo Allan Kardec, a concepção de Deus entre os antigos era muito genérica; eles divinizavam os seus grandes homens. Havia manifestações de espíritos como no espiritismo, mas eles eram interpretados como pertencentes a uma classe dos deuses, construindo as alegorias que formaram a tradição mitológica:

> Tal é, em substância, o princípio da mitologia; os deuses não eram, pois, senão os espíritos ou as almas de simples mortais, como os de nossos dias; mas as paixões que a religião pagã lhes emprestava não dão uma brilhante ideia de sua elevação na hierarquia espírita, a começar pelo seu chefe Júpiter, o que não os impedia de saborear o incenso que se queimava em seus altares. O cristianismo despojou-os de seu prestígio, e o espiritismo, hoje, reduziu-os ao seu justo valor. Todo o mundo antigo ou o paganismo foi marcado pelos falsos princípios. (RE61, p. 83)

A partir daí, costumes equivocados nascidos do orgulho e do egoísmo de uma elite dominante tomaram lugar nas culturas pagãs, justificando a opressão e a dominação de seus povos.

Entre os hindus, o orgulho dos sacerdotes os levou a considerar os indivíduos mais simples e ignorantes como escória da humanidade, classificando-os como párias impuros, indignos de passar sua sombra sobre os pés dos demais pertencentes às castas.

Muitas mulheres da China milenar representavam sua submissão e servidão ao homem enfaixando seus pés desde criança, para que, deformados, ficassem com a metade de seu tamanho. As constantes dores extremas dos pés minúsculos as incapacitavam para trabalhar, tanto em casa quanto no campo, tirando a capacidade física e tornando-as como peças de adorno.

Para os egípcios, apesar de sua grande sabedoria mantida no interior de seus templos pelo domínio da escrita e leitura, mantinham seu povo na ignorância, e rebaixavam ardilosamente as multidões servidoras ensinando-as a adorar animais e estátuas de pedra como se fossem deuses, em gigantescas procissões, sem lhes revelar a grandiosa realidade do Deus único.

Na Grécia, Platão, reproduzindo o preconceito vigente, considerou a reencarnação como mulher ou como camponês um castigo e uma desonra para o homem, que assim atrasaria em milhares de anos a recuperação espiritual de uma alma. Aristóteles tomou a escravidão como natural e eterna, que em verdade é fruto do egoísmo e do orgulho humano, e do desprezo pelos não gregos, considerados bárbaros.

Mas, dizem os espíritos nas obras de Kardec, o erro nasce da confusão que se faz entre as leis da alma e as leis do corpo. E esse equívoco se estendia para o mundo espiritual. Quando as tradições antigas divisavam a vida futura, imaginavam as dores orgânicas como castigo dos maus e os prazeres a premiação divina do justo. No lugar de se mortificar a alma, pela superação das imperfeições, ensinam os homens a mortificar o corpo, deixando-o com fome, agredindo-o, como se a punição da carne fosse fonte de valores morais.

Explicam os espíritos, porém, que "as ideias só com o tempo se transformam; nunca de súbito":

> De geração em geração, elas se enfraquecem e acabam por desaparecer, paulatinamente, com os que as professavam, os quais vêm a ser substituídos por outros indivíduos imbuídos de novos princípios, como sucede com as ideias políticas. Vede o paganismo. Não há hoje mais quem professe as ideias religiosas dos tempos pagãos. Todavia, muitos séculos após o advento do Cristianismo, delas ainda restavam vestígios, que somente a completa renovação dos povos conseguiu apagar. (LE, p. 361)

E então, diante de todos esses preconceitos culturais enraizados no mundo antigo, os espíritos concluem que "o Cristianismo tinha que destruir; o espiritismo só tem que edificar". A mensagem de Jesus foi a mais completa reforma das questões morais e sociais do mundo antigo. De uma só vez, demonstra a igualdade de todos os homens, mulheres e crianças como "filhos de Deus", quebrando as barreiras da relação opressiva entre servos e senhores, homens e mulheres; deu às crianças o respeito que merecem em sua formação; oferecendo o Evangelho para toda a humanidade, sem privilégios, castas ou hierarquias, derrubou a equivocada e orgulhosa separação entre os povos. Em Jesus, todos são dignos, todos são almas, todos merecem respeito e oportunidades iguais para seu desenvolvimento. O espiritismo recupera os ensinamentos de Jesus, e, por esse motivo, tem como pedra angular aceitar a todos, sem divisões. Não é mais uma religião, mas um lugar comum, uma doutrina acessível para todos, como é, em verdade, o Evangelho de Jesus, afirma Kardec:

> O espiritismo, ao contrário, nada vem destruir, porque assenta suas bases no próprio cristianismo; sobre o Evangelho, do qual não é mais que a aplicação. Concebeis a vantagem, não de sua superioridade, mas de sua posição. Não é, pois, como o pretendem alguns, quase

> sempre porque não o conhecem, uma religião nova, uma seita que se forma à custa das mais antigas; é uma doutrina puramente moral, que absolutamente não se ocupa dos dogmas e deixa a cada um inteira liberdade de suas crenças, pois não impõe nenhuma. E a prova disto é que tem aderentes em todas, entre os mais fervorosos católicos, como entre os protestantes, os judeus e os muçulmanos. O espiritismo repousa sobre a possibilidade de comunicação com o mundo invisível, isto é, com as almas. Ora, como os judeus, os protestantes e os muçulmanos têm almas como nós, o que significa que podem comunicar-se tanto com eles quanto conosco, e que, conseguintemente, eles podem ser espíritas como nós. Não é uma seita política, como não se trata de uma seita religiosa; é a constatação de um fato que não pertence mais a um partido do que a eletricidade e as estradas de ferro; é, insisto, uma doutrina moral, e a moral está em todas as religiões, em todos os partidos. (VE, p. 61)

Colocando a liberdade como base de sua teoria moral, Jesus inverteu a relação entre Criador e criatura, pois revoga a imagem de um Deus vingativo, representante de um só povo, capaz de castigar eternamente seus filhos e os inimigos; e institui um Deus justo, de infinito amor, que registra na consciência dos homens uma lei universal para que a compreendam e a exerçam voluntariamente, num processo evolutivo natural, contínuo e sem fim, consagrando assim a moral autônoma e superando a moral heterônoma do mundo antigo.

Trazendo à humanidade a bandeira da fraternidade, Jesus demonstrou que não basta cada um cuidar de si mesmo, mas é responsabilidade do forte proteger os fracos, do rico auxiliar os pobres, do sábio ensinar os ignorantes, do saudável sanar os adoentados, dos novos protegerem os velhos e as crianças. Cabe a todo aquele que tenha conquistado um talento fazer uso dele para todos à sua volta. Todos os homens são irmãos e a lei natural que rege a vida é a fraternidade.

A originalidade da moral de Jesus surpreende e choca pela ousadia de sugerir que devemos oferecer a outra face ao que nos atinge, que é nossa meta amar aos nossos inimigos. Surpreende quando toca a ferida dos leprosos, abraça mendigos imundos, estende sua mão às mulheres abandonadas, acolhe e alimenta respeitosamente os miseráveis. Deixa até mesmo atônitos seus apóstolos quando pede que tragam as crianças até ele. Quando foi necessário, Jesus levou sua doutrina aos templos, à casa do rico, aos sábios e poderosos. No entanto, seu púlpito preferido eram as margens dos rios, a sombra das árvores, o solo batido dos casebres, onde o pão era repartido e os copos passavam de mãos em mãos.

Jesus demonstrou aos homens a religião natural em sua maior simplicidade. Deus não nos pede a vigília e a procissão, a adoração de joelhos ou a repetição maquinal de rezas dos costumes de adoração do mundo pagão. Não pede cargos, roupas, símbolos, estátuas nem prédios. Basta uma simples prece a Deus, num gesto que demonstre agradecimento e reconhecimento de sua justiça, ou requisitando força e entendimento nas horas difíceis, o que está ao alcance do todos, sem intermediários. Além disso, agir com fraternidade para com todos em sua sentença máxima: "amar a Deus sobre todas as coisas e ao próximo como a si mesmo", é o mais valoroso ato de crença.

Jesus surpreende a todos que consideravam seu modo de agir algo sobrenatural, inalcançável ao homem comum, ao declarar "vós sois deuses", e que poderíamos fazer tudo o que ele fez e muito mais. Jesus não quis demonstrar uma superioridade espiritual inigualável, mas – nascendo naturalmente como todos nós, escolhendo a posição humilde do carpinteiro, ensinando com o auxílio de simples pescadores – exemplificou o homem que todos nós podemos imitar.

Ao afirmar que são bem-aventurados os simples, porque herdarão a Terra, Jesus subverte a estrutura de poder na qual os mais fortes dominam os mais fracos, pois quando a moral autônoma tiver lugar nos costumes da civilização, os fracos serão protegidos pelos fortes. Dessa forma, demonstrando a realidade da vida após a morte e a reencarnação como meio evolutivo, o meigo rabi da Galileia foi a esperança dos servidores cansados, uma luz para as mulheres inferiorizadas, o consolo dos doentes e deformados, a certeza para os ricos que confiaram em sua doutrina. Ele trouxe o sorriso às crianças, valorizando sua inocência como condição natural do homem pacífico. Sua mensagem é a paz do mundo, a felicidade futura da humanidade pela evolução intelectual e moral de cada uma das almas, vida após vida, geração após geração. Mas essa conquista não virá sem luta e enfrentamento das barreiras, explica Kardec:

> Devendo a prática geral do Evangelho determinar grande melhora no estado moral dos homens, ela, por isso mesmo, trará o reinado do Bem e acarretará a queda do Mal. É, pois, o fim do mundo velho, do mundo governado pelos preconceitos, pelo orgulho, pelo egoísmo, pelo fanatismo, pela incredulidade, pela cupidez, por todas as paixões pecaminosas, que o Cristo aludia, ao dizer: "Quando o Evangelho for pregado por toda a Terra, então é que virá o fim." Esse fim, porém, para chegar, ocasionaria uma luta e é dessa luta que advirão os males por ele previstos. (G, p. 349)

Caso não fosse esquecido ou seus ensinamentos não tivessem sido deturpados pelos homens, o espiritismo pouco teria a acrescentar. Todavia a história do cristianismo foi marcada pela retomada das ideias equivocadas do paganismo falsamente implantadas no cristianismo. Recuperando esses ensinamentos, cabe "ao espiritismo edificar" de forma clara e objetiva o Evangelho, pois "o sobrenatural desaparece à luz do facho da ciência, da filosofia e da razão, como os deuses do paganismo ante o brilho do cristianismo" (OQE, p. 60). Kardec, ao estudar o movimento dos espíritos superiores que representou o espiritismo, concluiu que as previsões de Jesus quanto à divulgação de sua mensagem por toda a Terra precisaram esperar por quase dois milênios, para que sua mensagem original fosse recuperada:

> Se, agora, levando em conta a forma alegórica de alguns quadros e perscrutando o sentido profundo das palavras de Jesus, compararmos a situação atual com os tempos por ele descritos, como assinaladores da era da renovação, não poderemos deixar de convir em que muitas das suas predições se estão presentemente realizando; donde a conclusão de que atingimos os tempos anunciados, o que confirmam, em todos os pontos do globo, os espíritos que se manifestam. (G, p. 350)

Nos anos seguintes ao episódio da cruz, os apóstolos e seguidores de Jesus lutaram para divulgar e exercer o cristianismo, escrevendo os ensinamentos e parábolas, instituindo o amparo aos esquecidos em lugares como a casa do caminho em Jerusalém, e muitas outras, que seguiram seu exemplo. Kardec considera que "na infância do cristianismo, encontram-se os germes do espiritismo" (RE60, p. 252). Mas logo os cristãos foram combatidos pelas ideias revolucionárias que ameaçavam os alicerces do mundo velho, sendo perseguidos e mortos aos milhares:

> Em sua origem, o Cristianismo teve de lutar contra uma potência perigosa: o paganismo, então universalmente disseminado. Entre eles não havia nenhuma aliança possível, como não há entre a luz e as trevas; numa palavra, não poderia propagar-se senão destruindo o que havia. Assim, a luta foi longa e terrível, de que as perseguições são a prova. (VE, p. 61)

Quanto mais se perseguia, mais o cristianismo se espalhava na multidão. Logo os poderosos viram nesse movimento uma oportunidade de domínio, e assumindo a liderança de suas fileiras, transformaram o movimento social livre, cuja adesão se daria pela compreensão de sua mensagem, numa igreja aos moldes do mundo velho, com sacerdotes, templos, estátuas e a antiga submissão do povo habituado às procissões, donativos, mortificações. Abandonando a comunicação com os espíritos do cristianismo primitivo, o clero tomou para si o entendimento sobre o Evangelho, retomando os falsos conceitos como o do Deus vingativo, os castigos e recompensas da moral heterônoma, a escravidão natural, a queda e o pecado original do mito órfico, anjos e demônios. Os concílios se deram o direito de distorcer aos seus interesses materiais a palavra de Jesus, abandonando a reencarnação e o corpo espiritual, considerando bruxaria, a comunicação com os espíritos, negando a capacidade do homem de libertar-se por seu próprio esforço. Criaram as eucaristias, submetendo a vida futura do cristão às práticas humanas da Igreja. Aos poucos, a revolução moral de Jesus ficou esquecida. Se a árvore é boa, maus são os jardineiros. Pregando ideias contrárias entre si, disseminaram divisão, discórdia e disputa. Surgem, então, a seguintes perguntas:

> A quantas seitas não tem o cristianismo dado nascimento, desde a sua origem? Por que não teve bastante poder a palavra do Cristo para impor silêncio a todas as controvérsias? Por que é ela suscetível de interpretações que ainda hoje dividem os cristãos em diferentes igrejas, pretendendo todas elas possuir exclusivamente a verdade necessária à salvação, detestando-se intimamente e anatematizando-se em nome do seu divino Mestre, que não pregou senão o amor e a caridade? (OQE, p. 118)

E os espíritos, em O Evangelho segundo o Espiritismo, responderam:

> Essas coisas eram inevitáveis, porque inerentes à inferioridade da natureza humana, que não podia transformar-se repentinamente. Cumpria que o Cristianismo passasse por essa longa e cruel prova de 18 séculos, para mostrar toda a sua força, visto que, mau grado a todo o mal cometido em seu nome, ele saiu dela puro. Jamais esteve em causa. As invectivas sempre recaíram sobre os que dele abusaram. A cada ato de intolerância, sempre se disse: Se o cristianismo fosse mais bem compreendido e mais bem praticado, isso não se daria. (ESE, p. 288)

3.3.6 Tomás de Aquino e a metafísica da Igreja

A doutrina de Jesus, que desenvolvia a mais sublime moral, não foi compreendida em sua simplicidade. Infelizmente, na história do cristianismo ela foi desviada de seu objetivo por adulterações, concílios e papas, para fazê-lo servir de instrumento ao despotismo, à ambição e à cupidez.

Santo Agostinho aconselhava os fiéis dizendo que "não é necessário examinar a natureza das coisas, como foi feito por aqueles a quem os gregos chamam física". Para ele, os cristãos não precisavam se alarmar por "ignorarem a força e o número dos elementos". Seria suficiente que os cristãos acreditassem "que a única causa das coisas criadas é a bondade do Criador, o único verdadeiro Deus" (POPPER, 2002, p. 124).

Mas se o próprio Agostinho estudava os gregos, a depreciação da ciência pagã se ampliou até o esquecimento. No século 4, Lactâncio, o tutor do filho do imperador Constantino, em sua obra *Instituições divinas* ridicularizou a falsidade do conhecimento dos filósofos por eles acreditarem que nosso planeta era esférico. Seria, para ele, um absurdo imaginar um homem de cabeça para baixo no outro lado do mundo. Além disso, o céu não poderia estar abaixo da terra.

Foi quando a Europa retomou laços comerciais e culturais com os muçulmanos, e a Igreja do Oriente, que a Igreja Católica retomou o estudo da sabedoria pagã. Aristóteles era o filósofo mais estudado no final da Idade Média, quando a Igreja se constituiu a autoridade intelectual dominante na Europa. As universidades pertenciam à Igreja e os eruditos pertenciam ao clero. Toda a estrutura física e cosmológica do cristianismo era predominantemente aristotélica, considerando a Terra como centro do mundo e Tomás de Aquino tornou essa tendência, o padrão definitivo desse sistema.

Tomás de Aquino (1225-1274) é considerado o máximo teólogo da Igreja, pensamento que prevalece até nossos dias. Diversos papas reafirmaram que a filosofia tomista é a filosofia da Igreja Católica. O Concílio Vaticano II deu a Tomás a autoridade de 'o guia' da teologia e da filosofia. Pio X, em *Motu próprio*, de junho de 1914, determinou que em todas as escolas de filosofia fossem ensinados e religiosamente mantidos os princípios da doutrina de Tomás de Aquino, e que a *Suma teológica* fosse o livro de texto.

Entre os séculos 11 e 13, predominou na Igreja a escolástica, que determinava a busca do conhecimento verdadeiro, conciliando fé e razão, pela leitura e interpretação dos textos considerados como "autoridades". Tomás de Aquino nasceu na nobreza italiana, mas com a oposição de sua família, seguiu a vida religiosa, ingressando na ordem dos dominicanos. Viajou para Paris, onde, na universidade, tornou-se discípulo de Alberto Magno. Em sua trajetória como professor de teologia, enfrentou o desafio de definir a doutrina da Igreja apoiando-se, além das escrituras, nos filósofos pagãos e nas interpretações e criações teóricas pela teologia dos padres, elaboradas durante os séculos anteriores, em concílios e escritos. Em suas duas principais obras, *Summa Theologiae* e *Summa Contra Gentiles*, sistematizou o conhecimento teológico e filosófico de sua época.

Vamos analisar alguns poucos trechos e definições dessas obras para representar a impossibilidade de se aplicar os instrumentos da lógica, como Aquino o fez, para tratar de um cenário complexo completamente inacessível à observação pelos sentidos.

Em primeiro lugar, apropriando-se da filosofia de Aristóteles com a intenção de adaptar a fé da Igreja à ciência, Tomás de Aquino associou e deu autoridade de doutrina às teorias físicas e cosmológicas da Grécia Antiga, considerando a Terra no centro do Universo, com os diversos céus terminando no firmamento das estrelas fixas. Para o filósofo grego, como vimos, metafísica e física estavam unidas com o objetivo de explicar as causas da Natureza. Dessa forma, ele criou os cinquenta e cinco deuses auxiliares para explicar os diversos movimentos celestes. Por sua vez, distorcendo a filosofia aristotélica para justificar os dogmas da Igreja, Aquino considerou que esses deuses eram, em realidade, os anjos das Escrituras. Dessa forma confusa e imprópria, uma hipótese grega para o movimento dos céus vai se tornar a definição de anjo na Europa da Idade Média, para justificar as escrituras sagradas do povo hebreu, e dos evangelhos de Jesus.

Ao considerar o primeiro motor de Aristóteles como sendo o Deus da Bíblia, outros problemas surgem: o Deus de Aristóteles não era criador de nada, como então sendo imóvel poderia gerar as coisas do mundo? Os deuses intermediários eram considerados como ato puro, eternos e imateriais como Deus. Então, como Aquino vai diferenciar Deus dos anjos sem adulterar a teoria de Aristóteles? Os deuses intermediários eram substâncias suprassensíveis e ato puro, mas Aquino precisou dar-lhes matéria para que pudessem agir, tirando-os completamente do contexto original.

Para dar lugar aos seres criados pelos dogmas, Tomás de Aquino teve que povoar o mundo de Aristóteles segundo suas ideias os anjos estão nos céus, entre Deus e os homens. E os demônios dividem-se, pois "há dois lugares para a pena dos demônios: um, por causa da culpa, que é o inferno; outro, por causa de suas ações sobre os homens, e assim lhes é devida a atmosfera tenebrosa" (AQUINO, 2001, p. 64). Ou seja, Aquino faz uso dos instrumentos da lógica e da física para desenvolver, quanto a esses seres, nesse cenário cosmológico, definições como movimento, lugar e diferenças de qualidade. Todavia, enquanto em Aristóteles essas demonstrações dependiam da observação – como das definições de plantas, casas e homens, e entre os sensíveis incorruptíveis, dos planetas, Sol e Lua –, não há meios para se observar anjos e demônios e descrevê-los como o fez Aquino, que está fazendo, enfim, um uso impróprio das ciências da física e da metafísica aristotélicas.

Em sua obra, Aquino define todos os conceitos da teologia da Igreja minuciosamente, mas tomando frases esparsas fora de seu contexto, escritas em épocas completamente diferentes, como a Grécia Antiga, textos hebreus antes de Jesus, textos do primeiro século sobre Jesus e suas considerações no século 13. Em cada um deles, apresenta opiniões a favor, as contrárias e depois decide o que considera a verdade. Uma das questões da *Summa* é se Jesus subiu para lá de todos os céus, como anunciado no novo testamento numa carta de Paulo aos Efésios: "Aquele que desceu é também o mesmo que subiu acima de todos os céus, para cumprir todas as coisas" (4:10). Como posição contrária, cita os salmos do antigo testamento: "O senhor está no seu templo, o trono está nos céus" (11:4). Ou seja, se o trono está no céu, não está acima dele. Então diz Aquino: "Como solução, decido que entre os demais corpos gloriosos, o corpo do Cristo resplandece com maior glória", portanto, "é sumamente conveniente para ele ser colocado no alto, por cima de todos os corpos". Para justificar essa escolha, ele cita Aristóteles, dizendo que em *Dos céus*, livro II, os corpos em que prevalece a forma são superiores por natureza. Mas como sabemos, segundo Aristóteles, ao suprassensível pertencem Deus, as deidades auxiliares e o intelecto. Lá não há potência, mas ato puro, eternidade e imobilidade. Ou seja, no suprassensível, tudo sempre esteve lá desde toda a eternidade e sempre estará, portanto seria impossível um corpo (que é sinolo) subir até depois das esferas celestes. Além disso, lá não há matéria. Nada do que afirma Aquino nessa questão faz sentido, tanto na física, quanto na metafísica de Aristóteles.

As definições da teologia da Igreja por Tomás de Aquino, ao se apropriar das ciências de Aristóteles, tornam-se distorções deliberadas, criando uma lógica que só tem validade no contexto de sua própria doutrina dogmática. Por exemplo, quanto ao nascimento, Tomás de Aquino vai definir o homem como estando infectado pelo pecado original. Para isso, vai destacar de Aristóteles na *Ética* que "a potência de gerar não pode obedecer"; toma também o conceito de que a visão é mais espiritual do que os outros sentidos e mais próxima da razão, pois "mostra muitas diferenças das coisas", em metafísica, quando o filósofo estuda os diferentes sentidos. A partir daí, Aquino vai deduzir que:

> A infecção da culpa, primeiro está na razão. Logo, a visão é a mais infectada do que o tato" e então vai afirmar como sendo verdade que "a visão não pertence ao ato de geração a não ser como disposição remota na medida em que por ela se revela a imagem concupiscível. Mas o prazer se perfaz no tato. É por isso que a infecção original é atribuída ao tato mais do que a visão. (AQUINO, 2001, IV, p. 448)

E o que podemos compreender disso tudo? Nada.
Em outra questão, Aquino afirma que:

> Deve-se dizer que a infecção do pecado original não é causada por Deus, mas unicamente pelo pecado do primeiro pai por meio da geração carnal. Por isso, como a criação implica uma relação da alma somente com Deus, não se pode dizer que a alma seja infectada por sua criação. (AQUINO, 2001, IV, p. 443)

Para tornar racional esse discurso, teríamos várias dificuldades: em primeiro lugar tenta-se isentar Deus da 'infecção' pelo pecado original. Mas se Deus é o criador, tanto das almas quanto da matéria, ele é causa primeira também da geração carnal, o que invalida a proposição inicial. A verificação desse argumento também é impraticável, pois depende de uma observação do ponto de vista pessoal de Deus, que não nos é acessível, mas também de um fato ocorrido quando do pecado do primeiro pai. Essa ocorrência teria sido o que Aristóteles chamava de acidente (que não se repete novamente), fato a partir do qual não se pode fazer ciência. Trata-se, portanto, de um dogma, que se aceita por fé cega, e não de um conhecimento racional.

Diferentemente do debate crítico que havia entre os filósofos gregos, a determinação dogmática da teologia da Igreja não permitia qualquer forma de divergência. Tomás de Aquino lutou contra aqueles que considerava hereges e recomendava não só o anátema, mas também a execução:

> Sobre os heréticos, dois pontos precisam ser observados: um do lado deles e outro, no da Igreja. Do lado deles há o pecado, pelo qual eles merecem não apenas serem separados da Igreja pela excomunhão, mas também separados do mundo pela morte. Pois é um problema muito mais grave corromper a fé que alimenta a alma do que forjar dinheiro, que sustenta a vida temporal. De onde se conclui que se os falsificadores de dinheiro e outros malfeitores são condenados

à morte por isso pelas autoridades seculares, há muito mais motivos para os heréticos, tão logo sejam condenados por heresia, para que sejam não apenas excomungados, mas executados. (AQUINO, 2001, II, p. 230)

Para Tomás de Aquino, porém, "da parte da Igreja há misericórdia", pois ela não condena imediatamente, "mas depois da segunda reprimenda". Só se o herege persistir na teimosia é que "a Igreja, sem esperança de conversão", entrega-o "para ser exterminado assim deste mundo pela morte". Existe alguma possibilidade de conciliação entre os ensinamentos morais de Jesus e este documento que se diz inspirado por Deus pela Igreja Católica? Também não há como se justificar a morte dos hereges por ser a pena de morte aos criminosos um costume da época, porque Jesus veio em meio ao intolerante paganismo, quando ensinou o oposto: a fraternidade e a tolerância.

3.3.7 O fim do velho mundo

Enquanto a teologia da Igreja, com a autoridade da fogueira, era aceita cegamente, a fagulha que acenderia a chama de uma revolução científica tinha início com a publicação, pouco antes de ele morrer, da teoria heliocêntrica de Nicolau Copérnico. Copérnico era um admirador de Platão, para quem o Sol representava o Bem supremo e a fonte da verdade, portanto deveria estar no centro do mundo. Ele era sobrinho de um bispo que o apadrinhava. Em seu livro *De revolutionibus orbium caelestium* (1543), o prefácio afirmava que colocar o Sol no centro do mundo era apenas um recurso para melhorar os cálculos da astrologia e do calendário.

Melanchthon, braço direito de Lutero, seis anos depois da morte de Copérnico, escreveu:

> Os olhos são testemunhas de que o céu gira no espaço de vinte e quatro horas. Mas certos homens, ou pelo amor à novidade, ou para fazerem uma demonstração de genialidade, concluíram que a Terra se movia e nem as oito esferas nem o Sol se movem. (...) Ora, é uma falta de honestidade e de decência afirmar tais noções publicamente e o exemplo é pernicioso. É a obrigação de um bom espírito aceitar a verdade revelada por Deus e concordar com ela. (*Apud* POPPER, 2002, p. 208).

Em 1611, o poeta inglês John Donne, interessado em metafísica, refletiu o estado das coisas na filosofia depois disso:

> "A nova filosofia põe tudo em dúvida,
> O elemento do fogo é desde logo extinto;
> Perde-se o Sol e a Terra; ninguém hoje
> Saberá indicar onde encontrá-la.
> Os homens confessam francamente que o mundo está exausto,
> Enquanto nos planetas e no firmamento
> Procuram tantas novidades; depois veem que este
> Dissolve-se mais uma vez em átomos.
> Tudo está em pedaços, toda coerência acabou;
> Não há mais relações justas, nem nada é uniforme
> Pois cada homem pensa que tem de ser um Fênix".
> (*Apud* KOYRÉ, 2010, p. 29)

No entanto, o mundo de Copérnico não deixou de ser finito, terminando pela esfera das estrelas fixas como em Aristóteles, mas agora quem ocupava o centro era o Sol. Para a Igreja, as coisas ficariam confusas, mas ainda era possível sustentar céus, anjos, demônios e inferno e o lugar de Deus depois das estrelas.

Quem realmente tirou o chão do clero foi Giordano Bruno, como afirma o professor Lovejoy, que, em seu clássico *The great chain of being* (A grande cadeia do ser) diz que:

> Posto que os elementos da nova cosmografia já houvessem encontrado expressão em vários lugares, é Giordano Bruno que deve ser considerado o principal representante da doutrina do Universo descentralizado, infinito e infinitamente povoado. Ele não só a apregoou em toda a Europa Ocidental com o fervor de um evangelista, como foi o primeiro a formular sistematicamente as razões pelas quais ela foi aceita pela opinião pública. (*Apud* KOYRÉ, 2010, p. 37)

Giordano Bruno (1548-1600) ingressou na ordem dos dominicanos aos quinze anos e estudou Aristóteles e Tomás de Aquino no seminário em sua cidade natal, Nola, reino de Nápoles, doutorando-se em teologia.

Suas ideias eram avançadas para a época, e em 1576 foi acusado de heresia e levado para Roma para ser julgado. Três anos depois, antes de esperar por uma "segunda reprimenda" da Igreja, abandonou o hábito e deixou a Itália, viajando por outros países da Europa e publicando seus escritos.

Há muitos anos constando da lista de procurados pela Inquisição, Bruno foi preso em Veneza e levado para ser julgado em Roma, em 1592. Foi acusado de sustentar opiniões contrárias à fé católica como: a divindade de Jesus, a virgindade de Maria. Reivindicava a existência da pluralidade de mundos, acreditava na reencarnação, em magia e adivinhação. Em 1600, foi condenado à morte na fogueira, tendo sua boca amordaçada com um objeto de madeira para que não se dirigisse ao povo que assistia à execução.

Em seu diálogo *Acerca do infinito, do Universo e dos mundos*, Giordano vai questionar a física de Aristóteles confrontando-o com as novas ideias, além de desconstruir os limites de Copérnico, considerando o universo infinito:

> A famosa e vulgar ordem dos elementos e corpos mundanos é um sonho e uma vastíssima fantasia, pois nem por natureza se verifica, nem por razão se prova e argumenta, nem deve por conveniência, nem pode por potência, existir de tal maneira. Resta saber, então, que existe um campo infinito e espaço continente que abarca e penetra tudo. Nele existem infinitos corpos semelhantes a este, não estando qualquer deles mais no centro do Universo que o outro, pois que este é infinito, portanto sem centro nem margens. (BRUNO, 1958, p. 113)

Para ele, cai por terra a distinção entre os quatro elementos e o éter como quintessência, separando o estudo da física em substâncias corruptíveis e incorruptíveis. Para Bruno, o Sol é composto de fogo e é luminoso por si próprio, enquanto o éter está espalhado por todo o universo infinito. Quanto à possibilidade do conhecimento científico, mantendo-se no âmbito da lógica, explica que enquanto o infinito não é perceptível pelos nossos sentidos, para o intelecto ele é o primeiro e mais seguro dos conceitos: "E quem negar a existência de uma coisa meramente porque ela não pode ser apreendida pelos sentidos, ou não fosse visível, chegaria a negar a sua própria substância e seu próprio ser", referindo-se à alma.

Mas esse Universo não é incoerente como temia o poeta John Donne, pois Bruno continua: "existem certos meios circunscritos e definidos, que são os sóis, os fogos, em torno dos quais giram todos os planetas, as terras e as águas, tal qual como vemos estes sete planetas errantes andarem em torno deste, que nos é vizinho" (*Ibidem*, p. 112).

Quando olha para o céu, Bruno não vê uma camada de estrelas fixas numa abóbada, mas considera "que não existe um só mundo, uma só Terra, só um

Sol; mas são tantos os mundos quantas as lâmpadas luminosas que vemos à nossa volta, as quais não estão mais num céu" (*Ibidem*). Portanto não há uma referência de centro do Universo, nem acima ou abaixo. E então completa seu raciocínio afirmando a vida presente em toda a Natureza:

"O céu, o ar imenso e infinito (...) é ambiente, refúgio e campo onde existem, se movem, vivem e vegetam, e põem em efeito os atos de suas vicissitudes, produzem, alimentam, realimentam, e mantêm os seus habitantes e animais" (*Ibidem*).

Dessa forma, segundo Bruno, se haviam outras civilizações no cosmo, também existiriam muitos Cristos!

De acordo com o historiador das ciências, o russo Alexandre Koyré, "a concepção de Bruno influenciou de tal modo a ciência e a filosofia modernas que não há como não conceder a ele lugar importantíssimo na história do espírito humano". Além do que, em nosso estudo, Bruno antecipa o quadro geral do Universo segundo os ensinamentos dos espíritos na doutrina espírita. Quanto à influência em seus contemporâneos, é evidente que foi pouco compreendido, pois "sua doutrina estava muito avançada para a época em que viveu" (KOYRÉ, 2010, p. 50). Basta registrar que ele chegou a pensar a questão da relação de Deus com o Universo, questionando a concepção do Deus aristotélico e da Igreja, pois um Deus no infinito tem também infinita bondade, e ação plena junto a inumeráveis humanidades que nele habitam, pois: "Por que desejaríeis que Deus, quanto ao poder, à operação e ao efeito (que são nele a mesma coisa), fosse determinado como o limite da convexidade de uma esfera, em vez de ser o que deve ser, como podemos dizer, o limite indeterminado do ilimitado?" (*Ibidem*).

Giordano Bruno pensou também no microcosmo e concebeu que a realidade estava composta de "corpos primários indivisíveis" que formam os corpos compostos. Mas esses corpos não seriam propriamente materiais, mas "animados", pois "todas as coisas participam da vida, havendo muitos e inumeráveis indivíduos que vivem não só em nós como em todas as coisas compostas, de sorte que, quando algo morre, pelo que se diz, não se trata de morte, mas unicamente de mudança".[127] Esse pensamento será retomado em *O Livro dos Espíritos*, que na questão 540 vai afirmar: "É assim que tudo serve, que tudo se encadeia na Natureza, desde o átomo primitivo até o arcanjo, que também começou pelo átomo".

---

127 Em *La cena dele cenere*, citado em MORA, José Ferrater. *Diccionário de filosofia*, v. 3. Barcelona: Editora Ariel, 1994. p. 1998.

Seria melhor dizer que Giordano, se não foi compreendido em sua época, ainda não o é, e podemos afirmar que, com a compreensão geral do espiritismo, será considerado um inestimável precursor do futuro.

Com a repercussão das ideias, a igreja baniu em 1616 todas as obras que tratavam do movimento da Terra e proibiu aos católicos que acreditassem nisso com a pena de excomunhão.

No caminho de compreender as novas possibilidades de um Universo infinito, cientistas como Brahe e Kepler estudaram os movimentos celestes. Mas foi em 1609, quando o cientista italiano Galileu Galilei (1564-1642) observou o céu por meio de um telescópio pela primeira vez, que a astronomia foi examinada por dados novos, desde a Antiguidade. Por meio desse instrumento, que ampliava os limites da observação pelos sentidos em sua condição natural, é que surgiram provas infindáveis contra a física aristotélica e a favor do copernicanismo. E o que eram consideradas visões místicas de Giordano Bruno tornaram-se dados observáveis e teorias plausíveis.

Quando Galileu apontou para os elementos celestes a sua luneta, ficou entusiasmado a cada descoberta, enquanto caíam por terra os conceitos da física, até então aceitos. No Sol, observou manchas negras que demonstravam que ele não era constituído de uma substância incorruptível ou éter. A Lua, que estava na fronteira, não tinha só manchas, mas crateras e montanhas, como as de nosso planeta, pois ela era composta por terra e não de éter. Olhando para Júpiter, descobriu pequenos pontos de luz girando à sua volta – então os objetos celestes não giravam em torno do centro do Universo! Rapidamente, a nova astronomia se abastecia de confirmações. Kardec descreveu como "a partir de Copérnico e Galileu, as velhas cosmogonias deixaram para sempre de subsistir":

> Ruiu a construção dos céus superpostos; reconheceu-se que os planetas são mundos semelhantes à Terra e, sem dúvida, habitados, como esta; que as estrelas são inumeráveis sóis, provavelmente centros de outros tantos sistemas planetários, sendo o próprio Sol uma estrela. As estrelas deixaram de estar confinadas numa esfera celeste, para estarem disseminadas pelo espaço sem limites. (G, p. 88)

E então, afirma Kardec nos moldes do pensamento de Giordano Bruno: "quão grande é o Universo em face das mesquinhas proporções que nossos pais lhe assinavam! Quão sublime é a obra de Deus, desde que a vemos realizar-se conforme as eternas leis da Natureza!" (*Idem*, p. 90).

Estava aberto o caminho, continua Kardec, para numerosos e ilustres sábios completarem a obra. Kepler descobriu, na República Tcheca, as leis naturais do movimento dos planetas. Newton descobriu, na Inglaterra, a lei da gravitação universal, Laplace criou na França a mecânica celeste. E então conclui: "Fica assim lançada uma das pedras fundamentais da Gênese, cerca de três mil e trezentos anos depois de Moisés" (*Ibidem*).

3.4 AS ÁGUAS REVOLTAS DA METAFÍSICA

Quando a ciência moderna destruiu as bases aristotélicas da física que sustentavam a teologia católica durante a Idade Média, a Igreja fez uso da sua força para manter o conhecimento humano submetido à sua autoridade, argumentando que as escrituras eram infalíveis. Nessa luta impossível, o resultado foi que a metafísica tomou novos caminhos, pelo esforço de mentes brilhantes dos filósofos como Descartes, Hobbes, Leibniz, Wolff e Locke; cada um deles, criando um sistema próprio para, com o esforço da razão e apoiando-se no mundo novo descoberto pela física, explicar as causas, substâncias e demais conceitos metafísicos. No entanto, a metafísica é como um imenso oceano que a mente tem ampla liberdade de percorrer, a partir de seu próprio ponto de vista. Dissociada agora da física, não há uma base racional para sustentar suas hipóteses sobre o suprassensível. É importante frisar que, apesar de seus equívocos, a associação entre metafísica e física em Aristóteles tinha uma lógica rigorosa e uma estrutura sólida. Dessa forma, os mais diversos sistemas modernos apresentam realidades completamente diferentes entre si, sem que haja uma diretriz clara para decidir qual delas é a verdadeira.

No início da era moderna a metafísica se caracterizou por cinco caminhos inconciliáveis (tomismo, naturalismo, dogmatismo, niilismo e autonomia moral):

- O 'tomismo' mantido pela Igreja, que se imobilizou ao considerar a associação da teoria ultrapassada da física e da metafísica aristotélicas para sustentar sua doutrina dogmática.
- A posição do 'naturalismo' que, tomando as leis deterministas da física moderna como fundamento da metafísica, considera a alma como epifenômeno do cérebro, e o prazer de origem fisiológica como fundamento da moral (hedonismo), além da teoria mecânica do conhecimento, onde as ideias preenchem a mente inicialmente vazia.

- O 'dogmatismo', ou a posição dos filósofos que criaram suas teorias metafísicas independentes das outras ciências, tendo como exigência somente a lógica interna delas mesmas.
- A posição do 'niilismo', negando simplesmente a existência de uma lei universal para a moral, como também a metafísica ou qualquer regularidade necessária na Natureza.
- Por fim, a alternativa de Rousseau, que Kant considerou tão fundamental quanto a de Newton, que estabeleceu a 'autonomia moral' da alma. Dessa forma, o determinismo das leis da física moderna rege somente o corpo, e a alma, por ser imaterial e imortal, está fora desse domínio, podendo agir com plena liberdade. Em sua teoria, Rousseau deixa de desenvolver um sistema metafísico, adotando apenas alguns princípios mínimos para uma religião natural e uma moral racional.

O meticuloso Immanuel Kant, em seus estudos primeiros de filosofia, tentou estabelecer a validade da autonomia moral, primeiramente em sistemas dogmáticos como de Leibniz e Wolff na Alemanha, mas ao se deparar com dificuldades intransponíveis para dar, à razão, um meio de se conduzir com segurança, chegou à conclusão de que "o reino das sombras é o paraíso dos fantasistas. Aqui eles encontram uma terra ilimitada, onde podem se estabelecer à vontade" (KANT, 2005, p. 143). Nessa condição de total liberdade, "os filósofos traçam o esboço e depois o modificam e rejeitam, como é seu hábito". Não havendo regra a seguir, cada um abraçava seu próprio sistema, rejeitando os outros e remendando seu próprio, quando encontrava objeções firmes.

Por sua vez, sem se libertar do poder e da gigantesca estrutura temporal, a Igreja nada poderia fazer, senão vedar os olhos, abandonar a razão e, pela fé cega, manter-se agarrada à filosofia de Tomás de Aquino, fundamentada no corpo de conhecimento aristotélico, já ultrapassado e sem sentido no mundo moderno. Kant, baseando-se na descrição da tríplice coroa papal atravessada por duas chaves e encimada por um diadema, define a relação da Igreja com a metafísica, criticando duramente sua posição interesseira: "Somente Roma, a santa, tem aí províncias lucrativas; as duas coroas do reino invisível sustentam a terceira, como o diadema caduco de sua alteza terrestre, e as chaves que abrem ambas as portas do outro mundo abrem ao mesmo tempo por simpatia as caixas do mundo presente" (*Ibidem*).

Immanuel Kant (Königsberg, Prússia, 1724-1804)

O filósofo alemão, em sua navegação pelas águas profundas da metafísica, inicialmente tentou seguir sistemas filosóficos como de Leibniz e Wolff. No entanto, diz ele, desde as suas origens e no decorrer de sua história, nada ocorreu de mais decisivo, para os rumos de seu pensamento, do que o ataque feito por David Hume à base da metafísica tradicional. Esse encontro fez Kant despertar de seu sono dogmático, não porque Hume tivesse trazido qualquer luz para esse tipo de conhecimento – visto que depois escolheu encostar seu barco na margem e lá ficou –, mas porque fez "brotar uma centelha com a qual se poderia ter acendido uma luz, se ela tivesse alcançado uma mecha inflamável" (KANT, 2014, p. 14). Essa centelha teria cuidadosamente alimentado e ampliado o brilho.

Kant levou a sério o ceticismo materialista, pois realmente a metafísica estava afastada da razão, tomada pela superstição e pelo fanatismo. Considerando que o imaterial é um fato natural, só um exame adequado das possibilidades da razão poderia resgatar a metafísica:

> Porém, esta indiferença, que se produz no meio do florescimento de todas as ciências e ataca precisamente aquela, a cujos conhecimentos, se pudéssemos adquiri-los, renunciaríamos com menos facilidade do que a qualquer outro, é um fenômeno digno de atenção e de reflexão. Evidentemente que não é efeito de leviandade, mas do juízo amadurecido da época, que já não se deixa seduzir por um saber aparente; é um convite à razão para de novo empreender a mais difícil das suas tarefas, a do conhecimento de si mesma e da constituição de um tribunal que lhe assegure as pretensões legítimas e, em contrapartida, possa condenar-lhe todas as presunções infundadas; e tudo isto, não por decisão arbitrária, mas em nome das suas leis eternas e imutáveis. Esse tribunal outra coisa não é que a própria 'crítica da razão pura'. (KANT, 2001, p. 29)

Vamos examinar como o pensamento de Hume, seguindo a trilha do empirismo inglês, impossibilitou definitivamente qualquer dogmatismo de suas pretensões em determinar a verdade.

O empirismo inglês de que Hume participa teve início com John Locke. Ele não acreditava em sistemas como o de Descartes, para quem a alma carregava em si ideias inatas, com as quais podia examinar racionalmente tudo o que existe, construindo uma teoria verdadeira que superasse os enganos da filosofia antiga e da escolástica medieval. Locke, que aceitava a moral heterônoma tradicional, combateu o inatismo, considerando que as ideias nos chegam pelos sentidos e vão formando nosso pensamento, por suas associações em nossa mente, originalmente vazia.

Por essa linha de raciocínio empirista, as coisas abstratas não podem ser examinadas pela razão quando não existem ideias simples, nascidas da observação, para determinar sua realidade, permitindo a comparação e o exame por todos. A mente, em si seria um total mistério. Para exemplificar, Locke propõe, como questão, que se pense se uma pedra, em seu íntimo, poderia pensar:

> Possivelmente, jamais saberemos se um ser meramente material pensa ou não pensa, pois nos é impossível descobrir, pela contemplação de nossas próprias ideias, sem revelação, se a onipotência não deu a um sistema de matéria predisposta a ele o poder de perceber e de pensar, nem se uniu e fixou a essa predisposição uma substância imaterial pensante. (LOCKE, 2012, p. 593)

Será que uma pedra pensa? É o que questiona Locke, afirmando que não há meios de saber se Deus fez isso, exceto por meio da revelação. Não há como observar qualquer fenômeno que nos leve a resolver uma questão como essa. Além disso, podemos desenvolver raciocínios tanto para negar quanto para confirmar essa hipótese. Mais à frente, em seu livro, Locke vai dizer que, referindo-se a entes imateriais como anjos e demônios e almas do outro mundo: "A escuridão é ainda maior em se tratando de espíritos, dos quais não temos nenhuma ideia que não seja extraída de nosso próprio espírito ao refletir sobre as operações da alma" (Idem, p. 601).

Todavia, Locke ainda transitava entre o mundo velho e o moderno, pois admitia que além da razão o homem poderia conhecer todas as coisas simplesmente por revelação. Para ele, "a revelação poderia descobrir e transmitir as mesmas verdades que descobrimos pela razão e por ideias naturais" (Idem, p. 758-759). Dessa forma, em seu sistema, Locke vai dizer que a moral está entre as ciências que podem ser demonstradas, porque: "são claras para nós a ideia de um ser supremo, infinitamente poderoso, bondoso e sábio, do qual recebemos nosso ser e do qual dependemos, e a ideia de nós mesmos, como criaturas racionais dotadas de entendimento" (Ibidem, p. 602).

Há uma grande imprecisão no pensamento de Locke, quando ele deseja determinar as fronteiras entre a razão e a fé. Sendo religioso, quando suas hipóteses se aproximavam do materialismo, ele precisava recuar. Por exemplo, por um lado ele desejava invalidar uma inspiração (ou *entusiasmo*), alegada por lideranças cristãs modernas, mas por outro, para combater o ateísmo, queria manter a racionalidade do cristianismo como uma religião revelada, histórica e isenta de controvérsias. Ele desejava preservar a moral como sendo a submissão do homem às leis divinas, por meio de recompensas e castigos, reduzindo o bem ao sentimento de prazer, e o mal à dor.

Para lutar contra os espiritualistas modernos, Locke tenta limitar à razão o acesso aos conceitos abstratos. Por outro lado, caía em contradição ao preservar a tradição cristã, aceitando a possibilidade de se alcançar racionalmente conceitos como o de um Criador, seus atributos divinos, de uma vida futura e até mesmo a preservação dos milagres. Segundo o filósofo José Maia Neto, "a questão dos milagres é crucial nesse contexto, já que Locke tem que mostrar a improbabilidade de todos aqueles milagres reivindicados por outras religiões e por alguns cristãos contemporâneos seus",[128] ao mesmo

---

128 NETO, José R. Maia. A influência de Locke no ceticismo religioso de Hume em "Dos milagres". *Revista Kriterion*, Belo Horizonte, n. 124, p. 503, dez./2011.

tempo em que deseja "defender a probabilidade dos milagres que atestaram a fundação do cristianismo":

> No *Ensaio*, Locke defende a legitimidade dos milagres que atestaram a revelação original do cristianismo relatada na Bíblia e argumenta que essa revelação sobrenaturalmente estabelece um sistema religioso que não é contrário à razão. "[A razão] não é prejudicada ou perturbada, mas ajudada e aperfeiçoada pelas novas descobertas da verdade, vindas da fonte eterna de todo o conhecimento". (*Ibidem*)

Quem vai propor um empirismo mais radical e questionar a possibilidade de se tratar da religião por meio da razão será o filósofo escocês David Hume. Em 1776, David Hume deu uma entrevista para James Boswell, um jornalista seu compatriota, quando disse: "nunca mais nutri qualquer crença pela religião natural desde que comecei a ler Locke e Clarke".[129]

Para Hume, que combatia as tentativas modernas de tornar o espiritualismo racional, a religião tradicional era filha da superstição e uma tentativa irracional do homem para tentar fugir das misérias da vida:

> Em tal estado de espírito a mente é tomada por uma infinidade de males e temores desconhecidos, derivados de agentes desconhecidos. Quando os objetos reais de temor são escassos, a alma, ativa em prejuízo próprio e alimentando sua inclinação predominante, cria objetos imaginários, para cujo poder e malevolência não encontra limites. Como estes inimigos são inteiramente invisíveis e desconhecidos, os métodos empregados para apaziguá-los são igualmente incompreensíveis e consistem em cerimônias, observâncias, mortificações, sacrifícios, presentes, ou em qualquer prática, ainda que absurda ou frívola, em que o desatino ou a malícia recomenda uma credulidade cega e amedrontada. A fraqueza, o medo, a melancolia, juntamente com a ignorância, são, pois, as verdadeiras fontes da superstição. (*Ibidem*)

Não haveria qualquer meio racional de se estabelecer racionalmente a religião, pois, segundo Hume, ela nasce das paixões, mais precisamente do terror: "Confesso

---

[129] Da superstição e do entusiasmo. In: HUME, David. *Ensaios morais, políticos e literários*. Trad. Luciano Trigo. Rio de Janeiro: Topbooks, 2004. p. 44.

que também sou de opinião que cada pessoa experimenta em seu próprio peito a verdade da religião; e, a partir do conhecimento de sua própria estupidez e miséria, dê preferência a qualquer raciocínio" (*Ibidem*, p. 46). Para ele, a vida humana não tem nenhuma esperança, pois não haverá senão sofrimento neste mundo desde o nascimento: "Uma guerra perpétua está deflagrada entre todas as criaturas vivas. A necessidade, a fome e a privação estimulam os fortes e corajosos; o medo, a ansiedade e o terror inquietam os fracos e tímidos. O ingresso na vida angustia o recém-nascido e seus infelizes pais. A debilidade, a impotência e a aflição acompanham cada estágio da vida, que termina, por fim, em agonia e horror". Desse modo, o máximo que a religião pode oferecer ao homem é, com muito esforço, "apaziguar, por meio de orações, cultos e sacrifícios, aqueles poderes desconhecidos". E, como a superstição é um ingrediente de quase todas as religiões, quanto mais forte for sua mistura, "mais alta é a autoridade sacerdotal" (*Ibidem*).

Hume também desacreditava das novas propostas morais do deísmo e também das religiões alternativas às tradicionais como os anabatistas na Alemanha, os *camisards*[130] ou *cévennes* na França, os *levellers* na Inglaterra e os *covenanters* na Escócia. Todos esses novos caminhos se sustentavam sobre o termo genérico do **entusiasmo** (que foram manifestações precursoras da mediunidade do espiritualismo moderno).

A palavra 'entusiasmo' tem origem no adjetivo grego *éntheos*, que significava literalmente estar tomado ou em contato com um deus. Desde Platão, seu significado abarca a inspiração do poeta pela verdade divina, o estado de êxtase de Sócrates, quando permanecia imóvel preso em seus raciocínios, e a comunicação com os espíritos, seja pelas pitonisas ou pelo *daimon* que aconselhavam e inspiravam Sócrates em toda a sua vida. O entusiasmo equivalia aos fenômenos que seriam estudados pela ciência espírita com Kardec. Mas o entusiasmo também serviu de justificativa para absurdas teorias sustentadas por uma pretensa intervenção divina. Se o espiritismo estuda e descobre as leis que regem esses fenômenos, não justifica nem sucede os equívocos que ocorreram antes dele, como explica Kardec, citando as seitas cristãs alternativas:

> Do fato de o espiritismo admitir os efeitos que são a consequência da existência da alma, não se conclui que ele aceite todos os efeitos

---

130 *Camisards* eram protestantes de Cévennes, região montanhosa francesa que se estende do Aude ao Loire, que tomaram as armas após a revogação do Édito de Nantes (1685) e que resultou na expatriação de um grande número de protestantes entre os mais ativos e os mais trabalhadores da nação francesa. Eram assim chamados porque vestiam uma camisa por cima de suas roupas. (*Dictionnaire Nouveau Petit Larousse Illustré*).

> classificados como maravilhosos e que se proponha a justificá-los e a dar-lhes crédito, fazendo-se o campeão de todos os devaneios, de todas as utopias, de todas as excentricidades sistemáticas e de todas as lendas miraculosas. Seria preciso conhecer muito pouco o espiritismo para pensar assim. Os seus adversários creem que lhe opõem um argumento sem réplicas quando, após terem feito eruditas pesquisas sobre os convulsionários de Saint-Médard, sobre os Camisards das Cévennes, ou sobre as religiosas de Loudun, chegaram a descobrir embustes que ninguém contesta. Mas essas histórias serão o Evangelho do espiritismo? Seus adeptos negaram que o charlatanismo tenha explorado alguns fatos em proveito próprio; que a imaginação os tenha criado; que o fanatismo os tenha exagerado muito? O espiritismo é tão solidário com as extravagâncias que se possam cometer em seu nome, como a Ciência o é com os abusos da ignorância e a verdadeira religião com os excessos do fanatismo. Muitos críticos julgam o espiritismo pelos contos de fadas e pelas lendas populares, que dele são as ficções. Seria como julgar a história pelos romances históricos ou pelas tragédias. (G, p. 236)

Para David Hume, que defendia a tradição, o *entusiasmo* era outra espécie de falsa religião, sustentada pela sujeição da mente humana a uma "incompreensível exaltação e presunção", sendo fruto da imaginação, fantasia, loucura e fanatismo. Em sua descrição, ele faz referências irônicas aos conceitos aristotélicos das *esferas celestes* acima do mundo perecível *sublunar*:

> Neste estado de espírito, a imaginação se inflama com concepções grandiosas, mas confusas, às quais nenhuma beleza sublunar ou alegrias podem corresponder. Tudo que é mortal e perecível desaparece, como pouco digno de atenção. Segue-se uma série completa de fantasias de regiões invisíveis ou do mundo dos espíritos, onde a alma é livre para satisfazer-se com tudo que imagina, e que possa melhor se adequar ao gosto e à disposição atual. Assim, eleva-se em êxtase, transportes e voos surpreendentes de fantasia. A confiança e a presunção aumentam estes arrebatamentos incompreensíveis, que parecem estar além do alcance de nossas faculdades ordinárias e são atribuídos à inspiração imediata do Ser Divino, objeto de devoção. Em pouco tempo, a pessoa inspirada chega a considerar-se um favorito ilustre da Divindade e, quando tomada por este frenesi, o

> ápice do entusiasmo, todo capricho é consagrado: a razão humana, e mesmo a moralidade, são rejeitadas como guias falaciosos. A loucura fanática se entrega, cegamente e sem reserva, ao suposto arrebatamento do espírito e à inspiração derivada do mundo superior. A esperança, o orgulho, a presunção, uma calorosa imaginação, juntamente com a ignorância, são, portanto, as verdadeiras fontes do entusiasmo.
> (HUME, *Op. Cit.*, p. 55)

Quanto à moral, segundo Hume, nós distinguimos o Bem e o Mal pela razão ou pelo sentimento? Ele explica sua tese: "Quando temos a perspectiva de experimentar dor ou prazer por efeito de um objeto, experimentamos em consequência uma emoção de aversão ou de inclinação, e somos levados a evitar ou a buscar o que nos trará esse sofrimento ou essa satisfação" (*Ibidem*). No entanto, não é o conhecimento que temos desse objeto que acarreta essa reação, mas a paixão. "A razão é e deve apenas ser a escrava das paixões" (Tratado, II, III, 3). Dessa forma, quando queremos que uma pessoa aja, devemos fazer uso dos castigos e recompensas. Sua posição também corresponde ao hedonismo e heteronomia.

Dessa forma, em sua obra *Investigação acerca do entendimento humano*, ele vai criticar a pretensão dos iluministas de tratar da moral e da religião como ciências naturais, demonstrando que da mesma forma que "os filósofos religiosos, descontentes com a tradição de vossos ancestrais e com a doutrina de vossos padres (...) são atraídos por imprudente curiosidade, quando tentam estabelecer a religião sobre princípios racionais, estimulam sem satisfazer as dúvidas originadas". Descrevendo, continua Hume, as belezas e a ordem da Natureza, eles demonstram a impossibilidade de que o acaso possa ser sua causa. Hume rebate esse argumento quando "em minhas investigações filosóficas, nego a providência e o estado futuro". Mas ele afirma que sua intenção não é "solapar as bases da sociedade", mas apenas demonstrar como, em sua visão, não é possível usar o raciocínio para as questões da religião e da moral que se originam fora das leis da matéria.

Para um leitor espiritualista, a visão de religião de Hume é um grande equívoco e sua reação natural é desconsiderá-lo. Mas existem dois bons motivos para não agirmos assim. Em primeiro lugar, só se fortalece aquilo em que acredita quando as objeções ao nosso pensamento são conhecidas, como também os argumentos das teorias opositoras. Quando se tem firme convicção das ideais pela razão, estudar quem pensa diferente só amplia a visão para horizontes mais vastos. Em segundo lugar, quando uma teoria recebe a atenção de um pensador sério e preparado, suas tentativas de falseamento podem revelar reais equívocos nas hipóteses. São essas refutações que permitem o surgimento de novas teorias, ainda mais fortes que a anterior, que ofereçam novas hipóteses capazes de superar com sucesso a contestação.

Quando Hume nos diz que a religião tem como causa o sentimento de terror, há um exemplo disso na reação de um cético diante de um problema sem solução, como o de uma doença incurável. Num primeiro momento, ele procura todos os recursos da medicina, até a exaustão de suas possibilidades. Depois, sem sucesso, mergulha no desespero e na apatia. Mas então vem o profundo terror narrado por Hume. Diante desse medo indescritível, o cético abandona toda sua racionalidade e aceita os mais estranhos conselhos místicos, rituais ilógicos, em busca de uma salvação. Esse fato é comum. No entanto, o que o deísmo, Rousseau e Kant desejam demonstrar é que existe um caminho alternativo ao irracionalismo, que nos leva aos conceitos fundamentais do espiritualismo por meio da razão. O caminho da fé conduzida pela razão permite continuar agindo de forma lúcida, distinguindo ilusão de realidade, mesmo quando se trata do contato com o suprassensível.

Vamos relatar nas próximas páginas o caminho de sucesso trilhado por Kant ao unir fé e razão fugindo dos perigos tanto do dogmatismo quanto do empirismo radical. Kant vai propor que nossos conhecimentos provêm da experiência, porém, de acordo com esquemas e formas *a priori* de nosso espírito, desenvolvendo seu pensamento crítico, e também as ideias de fé racional e religião natural. O leitor familiarizado com as obras de Kardec, incluindo a *Revista Espírita*, perceberá evidentes aproximações de termos e definições entre os dois autores: Kardec e Kant. Em especial o significado de religião natural e de seus instrumentos, livre-arbítrio e fé racional. Esses serão exatamente os recursos utilizados por Kardec para qualificar o que é o espiritismo. No entanto, trataremos mais amplamente da relação entre o método crítico de Kant e a doutrina de Kardec nos capítulos seguintes.

3.4.1 Kant desperta do sono dogmático

Vejamos como o sistema cético de Hume vai desqualificar toda a metafísica como forma de conhecimento para que a revolução de Kant possa reconstruí-la.

Foi nesta obra, *Investigação acerca do entendimento humano*, que Hume desenvolveu o argumento que despertou Kant de seu sono dogmático, recolocando em novo patamar a questão da metafísica. Locke definira mal o significado das ideias, ao permitir outras origens como o entusiasmo. Hume corta essa via afirmando que as percepções da mente humana estão reduzidas a "impressões e ideias". Impressões são as sensações, paixões e emoções que afetam violentamente nossa alma. E as ideias são "pálidas imagens dessas impressões no pensamento e no raciocínio", sem correspondência com a realidade, sendo pura imaginação. Assim, qualquer coisa que pensamos, para ser conhecimento verdadeiro, teria como única fonte de conhecimento o que sentimos ao ver, tatear, ouvir, e o prazer e o desprazer causados por eles.

A partir dessa definição, Hume vai afirmar que "não há ideias mais obscuras e incertas em metafísica do que as de poder, força, energia ou conexão necessária" utilizadas constantemente no estudo da Natureza, como na lei de causa e efeito. Para explicar essa sua descoberta, Hume vai usar o exemplo de bolas correndo sobre o tapete da mesa de bilhar.

Suponhamos uma bola parada sobre a mesa, e outra que vem rapidamente em sua direção. Tudo o que podemos observar é o choque entre as duas e o fato de que a segunda se move enquanto a primeira para. No entanto, nenhuma dessas impressões nos transmite a ideia de uma "força" que teria sido transmitida da primeira para a segunda! Nem que se repita o movimento milhões de vezes. Depois desse exemplo, Hume considera que não há, na observação dos movimentos que fazemos com nossos braços, nada que indique que a causa é nossa alma. Ele conclui, então, que esse movimento é "igual a tantos outros eventos naturais, mas o poder ou a energia que o realizou, do mesmo modo que em outros eventos naturais, é desconhecido e inconcebível" (HUME, 1972, p. 65-66). O conhecimento, pela repetição das observações, seria somente um hábito mental, sem que se possa confirmar que seja verdadeiro.

Para Kant, Hume "provou de modo irrefutável que [é] absolutamente impossível à razão pensar *a priori* e a partir dos conceitos tal relação [de causa e efeito]" (KANT, 2014, p. 17) e, então concluiu que conceitos derivados da causa e efeito "seriam simples ficções" e todos os seus conhecimentos "não eram senão experiências comuns falsamente estampilhadas, o que equivale a dizer que não há nem pode haver metafísica" (*Ibidem*). Mas Kant acrescenta: "Por apressada e inexata que fosse a sua conclusão, ela fundava-se, no entanto, na investigação", que deveria despertar o interesse nos filósofos em refutá-lo seriamente. Deveria ser um estímulo para que se buscasse a verdade! E então disse que confessava francamente que:

> a advertência de David Hume, há muitos anos, interrompeu o meu sono dogmático e deu às minhas investigações no campo da filosofia especulativa uma orientação inteiramente diversa. Eu estava muito longe de admitir as suas conclusões, que resultavam simplesmente

de ele não ter representado o problema em toda a sua amplidão. (*Ibidem*).

E então, abandonando a tentativa de explicar os detalhes dos mecanismos de ação da alma em relação ao mundo e outras dúvidas metafísicas, Kant inverteu o foco dessa busca, e se dedicou a demonstrar os limites da metafísica pela sua crítica, pois "quando se parte de um pensamento fundamentado, embora não pormenorizado, que outro nos transmitiu, pode esperar-se, graças a uma meditação contínua, ir mais longe do que o homem sutil a quem se deve a primeira centelha da luz" (*Ibidem*).

Partindo desse problema, Kant passará a deduzir metodicamente os conceitos metafísicos, tendo agora certeza de que eles não derivavam diretamente da experiência, como pressupunha Hume, e encontrará uma solução que "jamais ocorrera a ninguém", que representava "o que de mais difícil se podia empreender em vista da metafísica" (*Ibidem*, p. 18). Essa descoberta, que é o *método crítico*, causaria na metafísica uma revolução semelhante à originada pela hipótese de Copérnico, o qual, percebendo a impossibilidade de explicar os movimentos celestes como se tudo girasse em torno do espectador, inverteu o ponto de vista, imaginando que nós estaríamos girando em torno do Sol. Depois disso, "as leis centrais do movimento dos corpos celestes trouxeram uma certeza total" com a atração de Newton "que para sempre ficaria ignorada se Copérnico não tivesse ousado" (KANT, 2001, p. 49).

Kant vai transformar completamente o saber metafísico ao afirmar: "Se a intuição tiver que se guiar pela natureza dos objetos, não vejo como deles se poderia conhecer algo *a priori*; se, pelo contrário, o objeto (como objeto dos sentidos) se guiar pela natureza da nossa faculdade de intuição, posso perfeitamente representar essa possibilidade" (*Ibidem*). O conhecimento não nos chega pela impressão dos sentidos e aborda a nossa mente vazia. Kant vai demonstrar que, em nós, estão os instrumentos de análise da realidade que tornam possível a experiência. E, embora todo o nosso conhecimento se inicie pela experiência, nossa razão elabora conhecimentos novos com os quais questiona a natureza para considerar sua validade, como se explica no prefácio português da *Crítica da razão*: "A viragem copernicana obriga-nos a orientar no sentido oposto e a voltarmo-nos para o sujeito, procurando neste as faculdades que tornam possível o conhecimento" (*Ibidem*). Dessa forma, a filosofia "ultrapassa o ceticismo empirista e transforma-se em filosofia transcendental".

Para melhor compreender as ideias de Kant, é preciso conhecer o sentido que ele dá aos termos que usa. Por exemplo, ele concebe a nossa capacidade de conhecer a partir de uma estrutura formada pelas faculdades da **sensibilidade**, **entendimento** e **razão**. A sensibilidade é formada por nossa capacidade de sermos afetados pelas coisas exteriores, sendo que todas estão situadas em determinado lugar do espaço e em algum tempo, de tal forma que a condição primeira para a unidade de nossa experiência sensível é a **intuição** do espaço e do tempo. Dessa forma, para observar o planeta Vênus, precisamos olhar para um lugar (espaço) preciso do céu, em determinado momento (tempo). Mesmo assim, o que observamos primeiramente nesse caso é apenas um ponto luminoso dentre muitos. Afirmar que é um planeta, e que se trata de Vênus, são informações que não nos chegaram pela intuição, é o que afirma Kant.

Desse modo, quando observamos as coisas por meio da **sensibilidade** elas não nos aparecem como realmente são. É preciso que nossa mente reúna as impressões permitindo que elas sejam pensadas como uma coisa unificada. Kant afirma que nossa mente não percebe as *coisas em si*, que eram as ideias de Platão e Aristóteles. Mas somente na medida em que elas nos aparecem interpretadas por meio do espaço e do tempo pela intuição, ou seja, só percebemos o *fenômeno*. Em nosso exemplo, o que vemos não é o planeta Vênus, mas uma impressão em nossos olhos, ocorrida quando uma luz refletida do Sol chegou até eles. Enfim, nada do que observamos são as coisas em si, mas fragmentos perceptíveis pelos sentidos.

A faculdade do **entendimento**, por sua vez, vai conceituar, ou dizer, "o que é" ou "como é" uma coisa reunindo as percepções em uma só figura representativa. Ela é uma faculdade que julga e dá unidade aos dados percebidos por meio da sensibilidade. Quando afirmamos: "a casa é grande", fazemos um *juízo* ao acrescentar ao conceito de casa algo que é próprio da casa que estamos observando, o seu tamanho em relação às outras. Pelos sentidos, nos chegam as formas das paredes, a formação das telhas, cores, e demais percepções. Mas será o entendimento, fazendo uso do *juízo* dos fenômenos, que nos permitirá considerar como é essa casa, verificarmos seu tamanho, se ela é velha ou nova e tudo o mais.

A partir daí, para estruturar conceitualmente os fundamentos da razão humana em sua obra, Kant irá estabelecer uma tábua de categorias que resume as diferentes maneiras pelas quais podemos fazer juízo das coisas. Os grupos de categorias são a quantidade, qualidade, relação (entre elas a de *causa e efeito*) e modalidade. Segundo o filósofo, essas formas de analisar as coisas são próprias de nossa mente e estão relacionadas às leis gerais da Natureza. Mas, sem os dados da intuição sensível, seriam apenas formas vazias e nada se poderia conhecer a partir delas. Enfim, a capacidade de julgar as coisas pela observação do que chega pelos sentidos orgânicos é nossa, mas ela só tem utilidade quando estamos lidando com uma experiência possível: "Em nós o entendimento e a sensibilidade só ligados podem determinar objetos. Se os separarmos, temos conceitos sem intuições e intuições sem conceitos; em ambos os casos, porém, representações que não podemos ligar a nenhum objeto determinado" (*Ibidem*, p. 298).

Vejamos um exemplo de como um pensamento sem observação dos sentidos é vazio segundo Kant. Caso queiramos, podemos criar uma fruta ideal estabelecendo seus conceitos ao nosso gosto. Podemos imaginá-la vermelha, perfeitamente redonda, fácil de descascar e em gomos como a mexerica, facilitando o manuseio. Ela poderia ser suculenta e firme como a maçã, mas sem deixar escorrer seu suco, como a laranja. O sabor seria uma mistura de mamão, maçã e banana, como numa vitamina. Seu nome poderia ser este mesmo, Vita, e supomos que estaria disponível em sua árvore o ano todo. Afinal, essa nova fruta está criada. No entanto, mesmo que ela já exista em minha mente e até mesmo na dos leitores, segundo Kant, ela não é um fenômeno, não constitui um conhecimento, não sendo possível fazer dela ciência. Essa capacidade do entendimento humano de fazer ciência se limita ao domínio de sua sensibilidade e da experiência possível. É pelo trabalho conjunto delas (entendimento e sensibilidade) que se torna possível o conhecimento teórico do mundo dos fenômenos. Pois, segundo Kant, "pensamentos sem conteúdos são vazios, intuições sem conceitos são cegas" (KANT, 2001, p. 92).

A última de nossas faculdades evidenciadas por Kant é a '**razão**'. Ela vai dar aos conhecimentos do entendimento sua maior unidade possível: "Todo o nosso conhecimento começa pelos sentidos, daí passa para o entendimento e termina na razão, acima da qual nada se encontra em nós mais elevado que elabore a matéria da intuição e a traga à mais alta unidade do pensamento" (*Ibidem*, p. 289).

Como vimos, nos termos utilizados por Kant, o ato da sensibilidade é a intuição, o ato do entendimento é o juízo, e o ato próprio da razão é o 'raciocínio', por meio do qual ligamos os juízos entre si, unificando os conhecimentos dispersos.

Quando vemos uma luz que passa no céu rapidamente, há quem diga se tratar de um disco voador. Realmente, podemos pensar na existência de naves espaciais em geral, como um foguete, pois elas existem. Podemos considerar também a existência de vida equivalente à humana em outros planetas, que poderiam inclusive ser mais avançados do que nós. Existindo vida na Terra, é possível que se repita em outros pontos do universo. Definimos, assim, o disco voador como sendo uma nave de extraterrestres. Todavia, para afirmar que a luz que vimos numa determinada experiência é uma nave, precisaríamos de dados empíricos mais complexos do que apenas uma rápida luz no céu para estabelecer esse objeto como um conhecimento. No caso que supusemos, pela distância e rapidez, o fenômeno só permite determinar, pelo entendimento, tratar-se de um objeto luminoso, e no máximo incluir alguns poucos conceitos, como tamanho aproximado e velocidade. Mas não há nessa experiência outras intuições indispensáveis para julgar que ela seja uma nave tripulada extraterrestre. A não ser que se possam identificar os tripulantes, determinar sua origem fora de nosso planeta etc. Dessa forma, um disco voador ainda não é para nós um objeto real. Ele é possível, mas não o conhecemos.

Por outro lado, quando pensamos numa sereia, de nada adianta ficar discutindo até onde vão suas escamas e como ela respira embaixo d'água, se por guelras ou pulmão; pois esse é um conceito sem qualquer intuição e lógica. As evidências são no sentido de negá-la, pois pela evolução das espécies, sabemos da trajetória paralela e completamente diferente dos humanos e dos peixes. Suas soluções evolutivas são inteiramente distintas. Por isso, trata-se de um objeto irreal, ilógico, diferindo-se da hipótese possível, mas não comprovada, de um disco voador.

'Sensibilidade, entendimento' e *razão* são as formas de conhecimento no método crítico. Essa foi a grande descoberta de Kant quanto à origem do conhecimento. Até então, para o 'racionalismo' desde Platão até Leibniz, as verdades de fato eram inerentes ao pensamento humano e dotadas de universalidade e certeza, independentes tanto do indivíduo, quanto das coisas externas. De outro lado, o *empirismo* considerava que todo o conhecimento chega à mente pelos sentidos, enquanto o indivíduo é passivo nesse movimento:

> Numa palavra: Leibniz intelectualizou os fenômenos, tal como Locke sensualizara os conceitos do entendimento no seu sistema (...) isto é, considerara-os apenas conceitos de reflexão, empíricos ou abstratos. Em vez de procurar no entendimento e na sensibilidade duas fontes distintas de representações, que só em ligação podiam apresentar juízos objetivamente válidos acerca das coisas, cada um destes grandes homens considerou apenas uma delas que, em sua opinião, se referia imediatamente às coisas em si, enquanto a outra nada mais fazia que confundir ou ordenar as representações da primeira (*Ibidem*, p. 307).

Para Kant, a verdade consiste na concordância do conhecimento com seu objeto. Mas nossa razão não se satisfaz somente com o conhecimento observável, ela deseja transpor a experiência em busca do incondicionado, da unidade suprema, a causa de tudo e a razão de existirmos. Para o filósofo alemão, essa busca é natural do ser humano e estará sempre presente. Mas foi exatamente por achar que podia conhecer as coisas em si que a metafísica não foi bem sucedida durante séculos. Deus, a alma e a liberdade são tão fundamentais que os filósofos achavam possível confirmar pela razão a existência real desses objetos mesmo sem observá-los. Todavia, Kant teve a genial compreensão de que, se os limites de nossa capacidade de conhecer só os fenômenos e não as coisas em si são realmente necessários para garantir o conhecimento científico da Natureza, são também esses limites de nossa capacidade que igualmente garantem a possibilidade do uso da razão em sua dimensão prática, ou seja, em relação às escolhas de nossas intenções e atos morais de nossa vida.

Para compreender o uso da razão prática é preciso levar em conta a distinção entre pensar e conhecer. Segundo Kant, como vimos, as coisas em si, que ele chama **númeno**, são impossíveis de se observar pelos sentidos, pois percebemos apenas suas impressões. Dessa forma esse conceito é útil para limitar "a validade objetiva do conhecimento sensível", pois "os conhecimentos sensíveis não podem estender o seu domínio sobre tudo o que o pensamento pensa" (*Ibidem*, p. 296). Ou seja, o entendimento pode "pensar" as coisas em si, mas não pode conhecê-las. Pensar é diferente de conhecer. Podemos pensar racionalmente em um conceito, desde que não entre em contradição consigo mesmo, mesmo que não corresponda a um objeto.

Em a *Crítica da razão*, Kant chega à questão fundamental de sua teoria, quanto à metafísica, quando demonstra que a razão tem também conceitos próprios, como o entendimento possui as categorias. Os conceitos da razão são as ideias: "Um conceito necessário da razão ao qual não pode ser dado nos sentidos um objeto que corresponda" (*Ibidem*, p. 317). Quando pensamos sobre as coisas em geral, examinando os fenômenos à nossa volta, existem três grandes sínteses que são completamente independentes de nossa sensibilidade. Independente de tudo, reconhecemos um sujeito pensante. Fora ele, há um conjunto diverso de todas as coisas. Por fim, como instância última, concebemos alguma unidade que é a possibilidade de todas as outras. Dessa forma, existem somente três ideias da razão, que atingem a maior unidade possível de cada um deles:

- A unidade absoluta do ser que pensa – a ideia de 'alma' (objeto da psicologia).
- A unidade máxima da experiência externa – a ideia de 'mundo' (objeto da cosmologia).

- A unidade absoluta de todos os objetos do pensamento ou "a condição suprema da possibilidade do todo" – a ideia de 'Deus' (objeto da teologia).

Com todo esse trabalho para definir as possibilidades da razão, Kant chega à fronteira limite do conhecimento, às ideias transcendentais e ao propósito final da metafísica: "a liberdade da vontade, a imortalidade da alma e a existência de Deus". Essas ideias da razão não servem para explicar as coisas deste mundo; essa tarefa é das ciências que precisam da sensibilidade para nortear suas teorias. Por exemplo, quanto à "liberdade da vontade", afirma Kant:

> Mesmo que a nossa vontade seja livre, isto não diz respeito senão à causa inteligível do nosso querer. Pois, quanto às suas manifestações fenomênicas, ou seja, às ações, conforme uma máxima fundamental inviolável, sem a qual não podemos fazer da nossa razão nenhum uso empírico, não devemos explicá-las de maneira diferente de todos os outros fenômenos da Natureza, ou seja, segundo as leis imutáveis desta. (Ibidem, p. 647)

Por outro lado, considerando que nosso esforço moral, nosso aperfeiçoamento para conquistar todos os valores possíveis de nossa natureza não são possíveis de alcançar no período de uma vida, nossa razão aceita a necessidade da permanência da alma. Todavia, como a matéria é impermanente, admitimos a "imortalidade da alma", como consequência de sua imaterialidade:

> Esta substância, considerada apenas como objeto do sentido interno, dá o conceito da imaterialidade; como substância simples, o da incorruptibilidade; a sua identidade, como substância intelectual, dá a personalidade; e estes três elementos em conjunto, a espiritualidade; a relação com os objetos no espaço dá o comércio com os corpos; representa, por conseguinte, a substância pensante como o princípio da vida na matéria, isto é, como alma (*anima*) e como o princípio da animalidade; a alma encerrada nos limites da espiritualidade, fornece a imortalidade. (Ibidem, p. 355-356)

Aqui há um posicionamento fundamental da metafísica recuperada pela crítica de Kant. Essas três ideias da razão foram obtidas por meio do uso especulativo da razão, o que nos impõe a regra de "não pôr de lado as causas naturais e não abandonar aquilo de que nos podemos instruir pela experiência, para derivar algo que conhecemos, de qualquer outra coisa que ultrapassa completamente o nosso conhecimento" (*Ibidem*, p. 647). Portanto, quanto à conquista racional da ideia de "liberdade da vontade":

> Isto não se poderia, contudo, ter em conta como um princípio de explicação, nem relativamente aos fenômenos desta vida, nem ao que respeita à natureza particular da vida futura, pois o nosso conceito de uma natureza incorporal é meramente negativo e não amplia o mínimo que seja o nosso conhecimento, nem contém matéria donde possamos extrair consequências que não sejam ficções e que a filosofia não pode permitir (*Ibidem*).

A implicação da crítica de Kant para o espiritualismo é a de que ela torna possível fazer uso da razão para fundamentar uma moral autônoma, uma religiosidade encontrada na Natureza, preservar a imortalidade da alma. No entanto, o preço dessa conquista está no reconhecimento da impossibilidade do homem avançar no suprassensível tentando produzir conhecimento das coisas que não percebe. Retomando o exemplo do disco voador, mesmo que alguém jure que uma nave pousou no seu quintal, saiu dela um ser verde que lhe acenou e depois partiu; esse testemunho único não nos permite tornar o disco voador um conhecimento por vários fatores: não se pode comprovar se essa observação foi real ou uma alucinação, não há como outras pessoas pesquisarem o fato e examinar sua realidade, pois se trata de um episódio único. Não há um registro examinável que nos permita elaborar conjeturas (como um filme legítimo e nítido). Mesmo considerando uma possível confirmação teórica desse fenômeno pontual, ele não contribuiria para qualquer necessidade objetiva em nossas vidas. Por outro lado, as existências de Deus, da alma e da liberdade têm uma validade objetiva, porque são absolutamente necessárias para o domínio prático ou moral.

Pode parecer que Kant esteja sendo um "estraga prazeres" do espiritualismo, ao restringir a metafísica às três ideias básicas. Mas é exatamente o inverso. Até o surgimento do método crítico, os filósofos defendiam teorias contraditórias entre si como as seguintes:

- Espinosa, afirmava que existia uma única substância: Deus. Nenhuma outra realidade existiria fora dele, inclusive a alma.

- Leibniz, por sua vez, dizia que as almas eram mônadas, como átomos da Natureza. Depois da morte, nossa alma continuaria a participar do mundo, mas vagueando em seu diminuto tamanho atômico.
- Hobbes dizia que, no juízo final, as almas seriam restituídas aos seus corpos. No entanto, os bons viveriam eternamente, enquanto os maus teriam uma segunda e definitiva morte.

Sem o método crítico, não há parâmetros para decidir entre o certo e o errado, pois, apesar da correta lógica interna de suas teorias, nada do que os filósofos afirmam pode ser examinado como conhecimento, nem são ideias puras da razão. Poderíamos, pela imaginação, conceber infinitas teorias alternativas possíveis, mas nenhuma delas poderia ser examinada.

Para Kant, a única maneira de afastar a incredulidade está em abandonar os dogmas e a fé cega em obscuridades metafísicas, substituindo-os pelas simples ideias da razão pura (liberdade, existência de Deus e da vida futura) aceitas pela fé racional. Vejamos. O método crítico, ao limitar o alcance da razão pura ao limite máximo de suas três ideias, "apesar desta importante transformação no campo das ciências e da perda que a razão especulativa tem que sofrer no que até agora imaginava ser sua propriedade", considera Kant que apesar dessas perdas, "em relação às coisas humanas e ao proveito que o mundo até agora extraiu das doutrinas da razão pura tudo se mantém no mesmo estado vantajoso em que antes se encontrava", quanto às possibilidades da moralidade. Pois essa "perda atingiu apenas o monopólio das escolas; de modo algum, porém, o interesse dos homens" (*Ibidem*, p. 54). Portanto, conclui Kant, para dar lugar à razão prática, "tive pois de suprimir o saber para encontrar lugar para a fé, e o dogmatismo da metafísica, ou seja, o preconceito de nela se progredir, sem crítica da razão pura, é a verdadeira fonte de toda a incredulidade, que está em conflito com a moralidade e é sempre muito dogmática". Mas essa fé, como vamos ver à frente, terá de ser racional.

Dessa forma, para que o interesse dos homens fique preservado, é preciso explicar a utilidade das ideias puras da razão. E Kant afirma: "se, portanto, estas três proposições cardeais não nos são absolutamente necessárias para o saber, e, contudo são instantemente recomendadas pela nossa razão, a sua importância deverá propriamente dizer respeito apenas à ordem prática" (*Ibidem*).

E isso não é pouco! A certeza que a filosofia pura nos garante é uma base sólida para a moral autônoma, pelo primado da liberdade, como fim supremo de nossa vontade, afastando as hipóteses heterônomas das religiões positivas e das filosofias materialistas:

> O equipamento da razão, no trabalho que se pode chamar filosofia pura, está de fato orientado apenas para os três problemas enunciados. Mas estes mesmos têm, por sua vez, um fim mais remoto, a saber, o que se deve fazer se a vontade é livre, se há um Deus e uma vida futura. Ora, como isto diz respeito à nossa conduta relativamente ao fim supremo, o fim último da Natureza sábia e providente na constituição da nossa razão, consiste somente no que é moral. (Ibidem, p. 648).

Tudo na Natureza age segundo leis, mas só um ser racional pode agir segundo sua própria representação das leis ou princípios. Apenas o homem tem a vontade livre para, das leis, derivar suas ações. Portanto, conclui Kant de maneira brilhante, se o homem tem essa liberdade que o difere dos animais, ela não tem outra finalidade senão a busca de nossa suprema finalidade, que é um agir de acordo com as leis morais naturais.[131] Nossa vontade é uma 'razão prática'. Essa condição não é uma simples orientação dos hábitos e aparência (como a maioria das igrejas exige de seus fiéis), mas é a própria razão de ser, o real objetivo de nossas vidas, o propósito de sermos imortais: nossa evolução moral e intelectual.

Essas ideias morais inovadoras, afirma Kant, podem fazer mais bem às massas do que todos os confusos sistemas filosóficos e religiões positivas, que são contraditórios entre si, distantes do conhecimento possível e que pouco influenciaram a convicção moral do povo com suas teorias heterônomas, que exigem uma obediência cega, atuando por castigos e recompensas de Deus. Quem age coagido não é livre. Para motivar moralmente as massas:

> basta para dar origem à esperança em uma 'vida futura'; se, em referência ao segundo ponto, a simples e clara representação dos deveres, em oposição a quaisquer solicitações das nossas inclinações, é suficiente para suscitar a consciência da 'liberdade'; se, por fim, no que respeita ao terceiro, a magnífica ordem, beleza e providência, que por toda a parte se manifestam na Natureza, por si só bastam para originar a crença em um sábio e poderoso 'autor do mundo', convicção que se propaga no público na medida em que assenta em fundamentos racionais. (Ibidem, p. 55)

---

131 Como veremos mais à frente, o agir com a liberdade da vontade, segundo as leis morais naturais, com o propósito de buscar nossa suprema finalidade, é o exato significado, na Doutrina Espírita, de caridade.

Para alcançar o benefício dessa conquista moral de nossa razão, porém, ela não pode ser imposta nem, repetimos, ser objeto de uma crença cega. Essas ideias não são possíveis de se conseguir apenas pela instrução, mas o sujeito deve alcançar a certeza dessas ideias pelo próprio exercício de sua racionalidade. Mas para isso, afirma Kant, as pessoas devem ser ousadas, destemidas pelo exercício do esclarecimento ou Iluminismo, em suas conhecidas palavras:

> Iluminismo é a saída do homem da sua menoridade de que ele próprio é culpado. A menoridade é a incapacidade de se servir do entendimento sem a orientação de outrem. Tal menoridade é por culpa própria, se a sua causa não residir na carência de entendimento, mas na falta de decisão e de coragem em se servir de si mesmo, sem a guia de outrem. *Sapere aude!* Tem a coragem de te servires do teu próprio entendimento![132]

O que é preciso para se conquistar essa condição de iluminação pela razão que nos predispõe voluntariamente às leis morais? "Nada mais se exige do que a liberdade", conclui Kant, mas junto da liberdade é preciso garantir a liberdade de expressão, que é a "de fazer um uso público da sua razão em todos os elementos". Esse estado de coisas, porém, vai exigir uma reforma das instituições e também das relações humanas, pois "de todos os lados ouço gritar: – Não raciocines!

Diz o oficial: – Não raciocines, mas faz exercícios!

Diz o funcionário de finanças: – não raciocines, paga!

E o clérigo: – não raciocines, acredita!".

Essas exigências nos lembram da demonstração por Rousseau de sua concepção da religião natural pelo vigário de Savoia, e como este se lamentava: "Quantos homens entre mim e Deus!". Pois esses intermediários introduzem acréscimos e distorcem a revelação original. Já o caminho da razão é natural, pois suas verdades essenciais estão presentes na consciência de cada um de nós. Em *Emílio*:

> Vês em minha exposição apenas a religião natural; é muito estranho que seja preciso outra. (...) As maiores ideias da divindade vêm-nos pela razão sozinha. Vê o espetáculo da Natureza, escuta a voz interior. Deus não disse tudo a nossos olhos, à nossa consciência, ao nosso juízo? Que mais nos dirão os homens?

---

132 KANT, Immanuel. *Resposta à pergunta: "Que é Iluminismo?* [s.l.: s.n.], 1784. p. 5.

As estruturas hierárquicas das igrejas e a determinação dos sacerdotes em impor aos fiéis seu modo de pensar pela fé cega, em seu contexto de dominação é inevitável, pois cada igreja considera que sua doutrina é a única verdadeira. Diante disso, a postura de seus adeptos é de submissão a uma lei que vem de fora. Também a necessidade de manter a simbologia de suas tradições substitui o raciocínio pelo decorar catequista, pois suas revelações ocorreram num passado longínquo e devem ser aceitas e mantidas imutáveis. Para concretizar esses dogmas foram criadas as cerimônias, imagens, paramentos, rituais.

A religiosidade que transparece pela razão não tem nenhuma dessas condições externas e, ao inverso das religiões reveladas, tem como condição de seu estabelecimento a autonomia. Por outro lado, partindo de ideias absolutas cuja finalidade é o aperfeiçoamento de nossa alma, a religião natural ou da razão é "o conhecimento de todos os nossos deveres como mandamentos divinos".[133] E quais são esses mandamentos? São representados pela "consciência das leis morais e da necessidade da razão de assumir um poder que possa assegurar, a essas leis, o efeito inteiro, possível no mundo e compatível com o fim último moral", explica Kant.

A religião natural se confunde com a própria moral racional, se exerce pela consciência de cada um, e se estabelece no mundo pela regeneração da humanidade. Dessa forma, tem a finalidade de se tornar a base moral, independentemente de qualquer crença particular.

Os iluministas perceberam por sua sensibilidade a aspiração pela liberdade do homem moderno. As revoluções foram reflexos dessa vontade espalhada nas multidões populares. Será nesse terreno fértil que o espiritismo irá germinar, secundando o que será a regeneração da humanidade.

Nosso próximo passo é examinar os instrumentos da religião natural segundo Kant, que são o livre-arbítrio e a fé racional.

3.4.2 Religião natural, livre-arbítrio e fé racional

É importante destacar que os limites do conhecimento demonstrados pela filosofia de Kant constituem um marco fundamental para o futuro estabelecimento da doutrina espírita. A partir deles, será possível abandonar as especulações metafísicas sistemáticas, as superstições, os dogmas, as contradições e obscurantismo das ciências ocultas sobre a vida após a morte. Considerando a produção de conhecimento pelos espíritos superiores – que conhecem pelos sentidos do

---

133   KANT, Immanuel. *Religião dentro dos limites da mera razão.* [s.l.:s.n.], 1793.

corpo espiritual e razão os fenômenos da espiritualidade – seus ensinamentos constituem um marco moderno na metafísica, construído sobre a base sólida da filosofia crítica. Desse modo, Kant reconstruiu a metafísica, estabelecendo para ela um novo alicerce, e sobre ele se ergueu o edifício sólido da teoria espírita.

Vamos continuar a examinar as ideias kantianas.

São triunfantes as conquistas de Immanuel Kant, quando pesquisou meticulosamente a crítica, estimulado pela centelha do ceticismo, estabelecendo os limites da razão e definindo as ideias de "liberdade da vontade, a imortalidade da alma e a existência de Deus" como sendo o alcance possível da metafísica. Apesar da importância que vimos dessa etapa, há quem afirme que ele destruiu toda a milenar metafísica como quem soprasse castelos de cartas. No entanto, estabelecendo as bases ideais da moral racional, Kant ofereceu à humanidade os recursos necessários para que os homens esclarecidos, não importando quais suas crenças, possam se conduzir pela razão por uma lei natural comum a todos, no sentido de transformar a humanidade futura numa comunidade fraterna e feliz. Vale dizer que o empreendimento crítico de Kant consagra a tese de Rousseau sobre a religião natural ou deísmo, que ele, pelas palavras do vigário de Savoia, sintetizou de forma absoluta pela filosofia pura suas verdades essenciais, ou o *credo minimum* de alcance universal.

O que a crítica pretende destruir com a moral racional e a religião natural é, somente, a descrença e o fanatismo, e suas armas são o livre-arbítrio, a fé racional e a comunidade moral. Vejamos.

Qual a capacidade que temos para escolher o melhor modo de agir segundo as leis morais? O conceito fundamental dessa capacidade é a liberdade ou **livre--arbítrio**, considera Kant:

> Aquele [arbítrio] que pode ser determinado independentemente de impulsos sensíveis, portanto por motivos que apenas podem ser representados pela razão, chama-se livre arbítrio (*arbitrium liberum*) e tudo o que se encontra em ligação com ele, seja como princípio ou como consequência, é chamado prático. (...) Possuímos um poder de ultrapassar as impressões exercidas sobre a nossa faculdade sensível de desejar, mediante representações do que é útil ou nocivo; mas estas reflexões em torno do que é desejável em relação a todo o nosso estado, quer dizer, acerca do que é bom e útil, repousam sobre a razão. Por isso, esta também dá leis, que são imperativos, isto é, leis objetivas da liberdade e que exprimem o que deve acontecer, embora nunca aconteça, e distinguem-se assim das leis naturais, que

apenas tratam do que acontece; pelo que são também chamadas leis práticas. (Ibidem, p. 649)

Kant define assim o uso prático da razão, ou seu uso moral. Neste ponto, seu pensamento está em oposição direta aos fundamentos da moral sensualista ou naturalista dos empiristas, materialistas e ideólogos – que consideravam a moral fundamentada nos impulsos fisiológicos do prazer e da dor; como também do niilismo dos ateus, que negam a naturalidade da moral. Também se opõe a uma lei divina externa à qual se deveria submeter cegamente, como propõem as religiões tradicionais. Ou seja, é exatamente por nossa autonomia que agimos, não mecanicamente como as coisas submetidas às leis naturais do mundo físico (determinismo), mas por dever e pelo dever, segundo as leis do "mundo moral", uma ideia prática necessária para estabelecer um ambiente próprio para a moralidade. Portanto, afirma Kant, quanto à importância das ideias puras para a conduta moral: "Acreditarei infalivelmente na existência de Deus e numa vida futura e estou seguro de que nada pode tornar essa fé vacilante, porque assim seriam derrubados os meus próprios princípios morais, a que não posso renunciar sem aos meus próprios olhos me tornar digno de desprezo" (*Ibidem*, p. 667).

Em seguida, Kant define seu segundo conceito fundamental da razão prática, a **fé racional**, que orienta a razão quando tem que lidar com ideias que não têm validade objetiva, ou objetos na experiência, mas que são absolutamente necessários, como "o conceito de ser primordial como inteligência suprema e ao mesmo tempo como soberano Bem" (*Ibidem*). Para Kant, a fé racional pode se chamar um 'postulado' da razão, por estar em igualdade com qualquer outra fonte de saber: "Não como se fosse um discernimento que satisfaria todas as exigências lógicas em relação à certeza, mas porque semelhante assentimento (pois, no homem, tudo se julga bem apenas no aspecto moral) não é inferior em grau a nenhum saber, embora seja totalmente distinto do saber quanto à natureza" (KANT, 1990, p. 13).

Apesar de a existência de Deus ser abstrata, por ser uma ideia pura da razão, a *fé racional* garante a quem a conquista um grau equivalente ao conhecimento quanto à certeza dessa existência.

É exatamente o postulado da fé racional que demonstra o equívoco de Hume, ao definir a religiosidade humana como fundamentada no terror e na moral nas paixões, considerando que a fé, por sua definição, não passa de superstição. Para Kant, só haverá superstição onde a fé não for racional, pois "mesmo a de natureza histórica, deve ser racional, pois a verdadeira pedra de toque da verdade é sempre a razão" (*Ibidem*, p. 12). Com a fé raciocinada, continua

Kant, temos um meio seguro para percorrer o campo dos objetos suprassensíveis, tornando-se o instrumento adequado para a moral racional e até mesmo para a compreensão lúcida das obras reveladas, como o Evangelho:

> Uma pura fé racional é, então, o poste indicador ou a bússola pela qual o pensador especulativo se orienta nas suas incursões racionais no campo dos objetos suprassensíveis, e que pode mostrar ao homem de razão comum e, no entanto, (moralmente) sã, o seu caminho de todo adequado à plena finalidade da sua determinação, tanto do ponto de vista teórico como prático; e esta fé racional é também o que se pode pôr na base de qualquer outra fé, e até de toda a Revelação. (*Ibidem*, p. 13)

Enfim, o conceito e a convicção da existência de Deus só "podem encontrar-se na razão; só dela promanam e não nos advêm nem por inspiração, nem ainda por uma notícia dada até pela autoridade máxima" (*Ibidem*). O que cai aqui por terra, quando confrontado pela razão unida com a fé, não é o conceito de *Religião*, como pensava Hume e os demais céticos, mas todo interesse de qualquer autoridade humana em se pronunciar em nome da *Religião*. Nenhuma escritura sagrada pode reivindicar a ambição de supremacia. Afastam-se da verdadeira religião todo devaneio, toda superstição, todo fanatismo. Estamos diante de uma moral racional, fruto de uma fé inabalável e que só é possível onde houver liberdade de pensamento.

Neste ponto de sua obra *Que significa orientar-se pelo pensamento*, Kant vai definir como a liberdade de pensamento é fundamental para o estabelecimento da religião natural, ao permitir o exercício da fé racional:

- "À liberdade de pensar contrapõe-se, em primeiro lugar, a 'coação civil'". Não sendo permitido falar, escrever e comunicar o que se pensa, não seria possível haver uma condição de comunicação entre todos e de expor publicamente os seus pensamentos.
- "Em segundo lugar, a liberdade de pensar toma-se também no sentido de que se opõe à 'pressão sobre a consciência moral'". Ou seja, a liberdade de pensamento está unida à liberdade religiosa, de tal forma que não haja a imposição de dogmas nem o policiamento de crença.
- "Em terceiro lugar, a liberdade de pensamento significa ainda que a razão 'não se submete a nenhumas outras leis'

a não ser àquelas que ela a si mesmo dá". Todo homem deve agir considerando a lei moral como sendo universal, por sua própria vontade ou autonomia. Além disso, para que a religião natural se estabeleça como condição de uma sociedade ideal, a lei dos homens deve estar de acordo com a lei moral.

Só por meio da liberdade de pensamento e a de consciência é que se pode estabelecer uma comunidade moral ou ética que se harmoniza como a religião natural, fortalecida por uma crença em Deus como inteligência e Bem supremos. Fora desses princípios, a fé cairá inevitavelmente em seus dois limites opostos, de um lado na *superstição* e fanatismo e de outro extremo na incredulidade e no materialismo.

Num artigo da *Revista Espírita*, Kardec vai concordar textualmente como a associação feita por Kant entre a liberdade de pensamento e a autonomia moral como fundamentos da religião natural, possibilitando finalmente uma união entre a fé e a razão almejada pela humanidade em busca de seu bem supremo, combatendo o fanatismo e a descrença:

> Livre pensamento, na sua acepção mais ampla, significa: livre exame, liberdade de consciência, fé raciocinada; ele simboliza a emancipação intelectual, a independência moral, complemento da independência física; ele não quer mais escravos do pensamento do que escravos do corpo, porque o que caracteriza o livre pensador é que ele pensa por si mesmo e não pelos outros, em outras palavras, que sua opinião lhe pertence particularmente. Pode, pois, haver livres pensadores em todas as opiniões e em todas as crenças. Neste sentido, o livre pensamento eleva a dignidade do homem; dele faz um ser ativo, inteligente, em lugar de uma máquina de crer. (RE67, p. 26).

O indivíduo possui em sua consciência as leis morais de Deus, todavia, não é possível a ninguém evoluir em busca da perfeição moral sozinho, desse modo, concluiu Kant, o Bem supremo só pode ser atingido pela "união das pessoas num todo em vista do mesmo fim, em ordem a um sistema de homens bem intencionados, no qual apenas, e graças à sua unidade, se pode realizar o bem moral supremo".[134] Mas essa comunidade moral ou ética que fortalece a crença em um

---

134 KANT, Immanuel. *A religião nos limites da simples razão*. Trad. Artur Morão. Covilhã: Lusofia, 2008. p. 113.

supremo Bem não pode se estabelecer por leis coercitivas, aceitas cegamente e voltadas para a justiça externa. Essa comunidade interessada no aperfeiçoamento moral coletivo precisa ser voluntária, legislada sem intermediários, mas diretamente pelas leis universais, presentes na consciência de cada um, conclui Kant.

A moral autônoma não é uma obrigação que cada um deve cumprir de modo privado, mas estabelece a necessidade de cada um de nós em promover e receber ajuda dos outros para atingir o Bem supremo. Será por essa estrada nova, segura e assentada que Kardec caminhará rumo às *consequências morais* do espiritismo. Senão vejamos pelas suas próprias palavras em sua obra A Gênese, a definição de uma *religião natural* futura que reflete claramente a proposta de Kant:

- "No estado atual da opinião e dos conhecimentos, a religião, que terá de congregar um dia todos os homens sob o mesmo estandarte, será a que melhor satisfaça à razão e às legítimas aspirações do coração e do espírito" – ou seja, que una as aspirações metafísicas à razão, objetivo da teoria crítica.
- "Que, em vez de se imobilizar, acompanhe a humanidade em sua marcha progressiva, sem nunca deixar que a ultrapassem" – que caminhe, como razão prática, sem contradições com a razão teórica.
- "Que não for nem exclusivista, nem intolerante" – Para cumprir essa exigência, a religião natural não pode ser uma seita, nem adotar uma teoria dogmática que se considere exclusivamente verdadeira como as religiões positivas.
- "Que for a emancipadora da inteligência, com o não admitir senão a 'fé racional'." – Neste item Kardec é explícito, ao adotar o livre-arbítrio e a fé raciocinada para conquistar os ideais do Iluminismo.
- "Aquela cujo código de moral seja o mais puro, o mais lógico, o de mais harmonia com as necessidades sociais", – ou que adote a autonomia moral.
- "O mais apropriado, enfim, a fundar na Terra o reinado do Bem, pela prática da caridade e da fraternidade universais" (G, p. 340). – Ou seja, que possibilite a conquista do sumo Bem, que é a regeneração da humanidade.

Considerando essas definições da religião natural, quais as relações, enfim, entre a comunidade ética segundo Kant e o espiritismo?

Será exatamente essa tarefa, de instituir o reino do Bem, que Kardec definiu como a missão espírita, a qual, no momento adequado, "vem combater a incredulidade, que é o elemento dissolvente da sociedade, substituindo a fé cega, que se extingue, pela 'fé raciocinada' que vivifica". E mais:

> Ele traz o elemento regenerador da humanidade, e será a bússola das gerações futuras. (...) Pela luz que lança sobre os pontos obscuros e controvertidos das Escrituras, levará os homens à unidade de crença. Dando as próprias leis da Natureza por base aos princípios de igualdade, liberdade e fraternidade, ele fundará o reino da verdadeira caridade cristã, que é o reino de Deus sobre a Terra, predito por Jesus Cristo. (RE65, p. 201)

Mas entre a previsão de Kant e o surgimento do espiritismo será necessária a reabilitação do *entusiasmo* como instrumento de manifestação dos espíritos. Vamos ver como Kant foi surpreendido, em suas pesquisas, pela enigmática figura do médium sueco Emmanuel Swedenborg (1688-1772) e sua extraordinária vidência.

3.4.3 Sonhos de um visionário

"A prudência manda adequar o tamanho dos projetos às forças disponíveis e, caso não se possa atingir plenamente o grandioso, limitar-se ao mediano". Em 1866, Kant estava descontente com os abusos em explorar o suprassensível pelas universidades alemãs, onde os sistemas, com poucos recursos da experiência, construíam castelos no ar.

Seu texto "Sonhos de um visionário explicados por sonhos da metafísica" trata dos devaneios da razão, propondo uma comparação entre a doutrina ditada pelas comunicações espirituais do médium sueco Emmanuel Swedenborg e as teorias sistemáticas dos filósofos alemães. Demonstrando as contradições das visões de ambos por buscar conhecimento numa fonte que não pode compartilhar com os demais, se refere a Aristóteles,[135] que teria dito: "quando estamos acordados, temos um mundo em comum, mas quando sonhamos cada qual tem seu próprio".

Segundo Kant, Swedenborg abusa dos limites da metafísica porque "a sensação espiritual necessariamente é entretecida na fantasmagoria da imaginação"

---

135 Em verdade, Kant atribui erroneamente a Aristóteles essa frase que é de Heráclito, fragmento B26: "O humano de noite, tendo apagada sua visão, contata com uma luz em si. Assim, vive adormecido, contata o que já está morto. Uma vez acordado contata o adormecido".

(*Idem*, p. 174). O médium sueco escreveu extensos livros[136] narrando seus achados por meio da vidência, ao conversar com os espíritos, ser arrebatado por eles para o mundo espiritual ou, mesmo, enxergando fatos futuros pela presciência. O médium nasceu em Estocolmo em 1688, morrendo em Londres aos 84 anos. Era filho do bispo Jesper, reconhecido pelo extenso saber que contagiou seu filho para os estudos. Swedenborg foi uma das mais brilhantes mentes de seu tempo, dedicando-se a ciências, como matemática, astronomia, anatomia e metalurgia. Publicou muitas obras científicas de reconhecido pioneirismo.[137] Foi conselheiro de reis e dirigiu grandes empreendimentos científicos. Rico e famoso, desde suas primeiras revelações, aos 56 anos, demitiu-se de suas obrigações profissionais para se dedicar exclusivamente ao estabelecimento da doutrina da Nova Jerusalém, como a chamou.

Em sua primeira aparição, um homem vestido de púrpura surgiu para Swedenborg no canto de seu quarto em meio a uma névoa e forte luz, e lhe disse: "Eu sou Deus, o senhor, criador e redentor: eu te escolhi para explicar aos homens o sentido interior e espiritual da Escritura Sagrada; eu te ditarei o que deves escrever" (RE59, p. 202). Desde esse dia, seus olhos se abriram para o mundo dos espíritos, onde conversou com conhecidos mortos há muito tempo, também com anjos; visitou os infernos e outros locais do invisível conduzido por aquele que se dizia Deus.

Em sua doutrina moral, foi instruído a escrever que o homem havia caído pelo abuso de sua liberdade, e deveria se reabilitar. Suas teorias envolvem coisas confusas, como a existência de três sóis libertados por Jeová para provar que ele é *o próprio homem*. Três lugares constituem o mundo dos espíritos, três céus, três mundos intermediários e três infernos: "Depois da morte", diz ele, "entra-se no mundo dos espíritos; os santos vão voluntariamente para os três céus, os pecadores para os infernos, de onde não sairão mais" (RE59, p. 201).

Allan Kardec, cem anos depois do texto de Kant, conversou com o espírito de Swedenborg por meio de um médium. Sobre a doutrina do vidente, o professor comentou que ela anula a misericórdia de Deus e, "fazendo justiça ao mérito pessoal de Swedenborg, como sábio e como homem de bem, não podemos nos constituir os defensores de doutrinas que o mais vulgar bom senso

---

136 A obra que Kant leu foi *Arnana caelestina, qua in Scripta Sacra sue Verbo Domini sunt detecta. Uma cum mirabilibus, quae visa sunt in mundo spiritum et in caelo angelorum*, publicada entre 1749 e 1756. Os cinco primeiros volumes tratam da Gênese e os três seguintes do Êxodo.

137 Obras como *Opera philosophica et mineralia*. Sobre técnicas para processar e refinar minérios como cobre, prata e ferro. Também sobre anatomia, como *Aeconomia regni animales, De fibra, De generatione*.

condena" (*Ibidem*). Há em comum entre seu relato e o espiritismo a existência de um mundo invisível e a possibilidade de se comunicar com ele. Mas Kardec concorda com a avaliação de Kant ao considerar que "Swedenborg cometeu um erro, muito perdoável, tendo em vista sua inexperiência com as coisas do mundo oculto", ao aceitar cegamente tudo o que lhe ditaram sem o submeter ao controle severo da razão, e conclui que "se tivesse pesado maduramente o pró e o contra, teria reconhecido princípios inconciliáveis com uma lógica ainda pouco rigorosa" (*Ibidem*).

O erro de Swedenborg, afirma Kardec, serve de ensinamento para os médiuns ingênuos que são fascinados por espíritos que bajulam a sua vaidade ou seus preconceitos, por uma linguagem pomposa ou de enganosa aparência. Rivail conversou com o espírito Swedenborg, e lhe perguntou:

> Qual era esse espírito que vos apareceu, e que vos disse ser Deus, ele mesmo? Era realmente Deus?
>
> R. – Não; eu acreditei naquilo que me disse, porque vi nele um ser sobre-humano e com isso estava lisonjeado.
>
> – Por que tomou o nome de Deus?
>
> R. – Para ser mais bem obedecido.
>
> – Esse espírito, fazendo escrever coisas que reconheceis hoje como errôneas, tinha uma boa ou má intenção?
>
> R. – Não foi com má intenção: ele mesmo se enganou, porque não estava bastante esclarecido; vejo também que as ilusões do meu espírito o influenciavam, apesar dele. Entretanto, no meio de alguns erros de sistema, é fácil reconhecer grandes verdades. (*Ibidem*, p. 204-205)

Uma centena de anos antes desse diálogo, quando Kant leu as obras de Swedenborg, encontrou dogmas semelhantes aos das religiões positivas, e pôde constatar claramente a impossibilidade de se considerar uma manifestação dos espíritos como uma verdade, tanto quanto as que surgem na mente dos filósofos. De nada vale satisfazer uma curiosidade, pensa Kant, e se "nosso destino no mundo futuro supostamente pode depender muito do modo como tomamos nosso posto no mundo presente", conclui, parafraseando Voltaire, "mais vale que nos ocupemos de nossa sorte, indo ao jardim e trabalhando" (KANT, 2005, p. 217-218).

Em seu texto, no entanto, Kant considera que a mesma ignorância que não nos permite sondar os arcanos da espiritualidade, por sua vez, "também me compele a não ousar negar inteiramente toda a verdade nas histórias de espíritos", e dessa forma recomenda: "Ouse pôr em dúvida cada uma delas individualmente, e ainda assim dar alguma fé a todas tomadas em conjunto" (*Ibidem*, p. 188). O posicionamento de Kant é de grande lucidez ao afirmar que se os fenômenos individualmente são duvidosos, o conjunto é que permite considerar sua possibilidade. Essa foi exatamente a avaliação de Kardec, quanto ao conteúdo da doutrina, ao considerar que Swedenborg, agindo sozinho, não podia controlar suas observações com outros testemunhos. Já com o espiritismo se dá o inverso, pois sua teoria é o resultado de observações concordantes obtidas pelo auxílio de milhares de médiuns de todo o mundo, permitindo um estudo do mundo espiritual isento de ideias e crenças individuais, inevitáveis quando se refere ao médium único.

Nosso interesse principal, porém, no texto de Kant sobre Swedenborg é outro. O filósofo Bruno Cunha, da UFMG, escreveu um artigo argumentado que no segundo capítulo da primeira parte de *Sonhos*, Kant antecipa princípios do que seria sua filosofia moral quase vinte anos depois. Foi nesse livro que pela primeira vez ele faz uso de conceitos como autonomia, liberdade e o agir moralmente por leis universais. Segundo Cunha:

> *Sonhos* representou um momento determinante no desenvolvimento intelectual kantiano, no qual Kant percebeu mais profundamente a necessidade de superar problemas fundamentais deixados pela tradição, bem como de reavaliar o status de sua própria filosofia. Seu significado verdadeiro não se restringe àquela roupagem exterior, caracterizada nas histórias sobrenaturais sobre espíritos, no tom jocoso e irreverente, nos recursos linguísticos ou no ceticismo, mas em um núcleo interno, subjacente, representado em questões de caráter teórico e prático para as quais as respostas seriam determinantes, nos anos seguintes, para os rumos da filosofia crítica.[138]

Esse núcleo interno, no qual Kant antecipa seus estudos da filosofia crítica, está no segundo capítulo de *Sonhos*, intitulado "Um fragmento da filosofia

---

138 CUNHA, Bruno. Sonhos de um visionário e suas contribuições para a ética de Kant. *Cadernos de Filosofia Alemã: Crítica e Modernidade*, Brasil, n. 22, p. 83-106, dez. 2013.

secreta, para iniciar a comunidade no mundo dos espíritos". Seu objetivo é apresentar uma hipótese sobre a existência de um mundo espiritual.

Kant tem um propósito bem claro, ao demonstrar sua teoria moral fundamentada na autonomia pelas ideias, que vai apresentar na construção dos mecanismos desse mundo espiritual. Todas as descrições da espiritualidade pelas religiões tradicionais apresentam lugares espaciais onde a alma seria submetida aos sofrimentos físicos, como as dores e a sufocação nos infernos, ou à plenitude do bem-estar nas recompensas dos céus. Esses ambientes copiam a física e a fisiologia de nosso mundo, pela necessidade de justificar fenômenos sensíveis, que são os únicos que se pode conhecer. Kant vai propor uma solução que abandona essa dinâmica heterônoma de uma alma passiva aguardando uma decisão divina sobre seus atos, por um mundo espiritual imanente ao nosso e do qual participamos concomitantemente, onde as leis naturais criam uma correspondência imediata entre nossas intenções, pensamentos e atos e suas consequências, da mesma forma que a gravidade interage com tudo que tem peso sem que um agente intermediário determine seu movimento.

Kant inova em seu sistema sobre o mundo espiritual quanto ao dogmatismo religioso. Na hipótese por ele criada, como vamos ver, o homem vive em dois mundos simultaneamente: no físico, seu corpo está submetido às leis físicas da matéria, mas seu espírito ligado ao corpo habita o mundo espiritual, que é regido por leis pneumatológicas (leis naturais espirituais) que regem as relações entre livre-arbítrio e responsabilidade moral no mundo dos espíritos. No mundo espiritual segundo Kant, suas leis são de natureza moral e não mecânicas ou fisiológicas.

Pela coerência de sua descrição sobre o mundo espiritual, podemos afirmar que o trabalho de Kant não só antecipa a teoria moral do sistema crítico, como também sua lógica estrutural se assemelha ao mundo espiritual descrito pelos espíritos nas obras de Allan Kardec. O segundo capítulo de *Sonhos* inaugura a representação metafísica da autonomia moral antecipando a teoria espírita e, ao mesmo tempo, supera toda a metafísica heterônoma do velho mundo, como também as concepções reducionistas e naturalistas.

No primeiro capítulo de *Sonhos*, Kant pondera que se a alma fosse um átomo material, teoricamente seria possível acumular inúmeras delas num determinado espaço, o que faria surgir uma extensão como um objeto qualquer. Então ele supõe a existência da alma de cada um dos seres como sendo uma substância simples imaterial, tendo uma relação espacial de tal forma que mesmo sendo impenetrável pela matéria comum, mantém sua eficácia a partir de uma atividade interna própria. Os seres espirituais que animam o mundo material formariam uma escala bastante extensa, incluindo vegetais, animais, sem que possamos determinar quanto mais coisas da Natureza possam ter sua forma determinada por seres espirituais. Kant inclui a si mesmo entre esses seres, considerando que aqueles que "incluem a razão em sua atividade própria são chamados de espíritos".[139]

No segundo capítulo, Kant considera que a matéria sem vida possui as características físicas e matemáticas determinadas pelas leis da mecânica, contendo extensão, solidez, figura e se submetendo à inércia, contato e choque. Por outro lado, há o entendimento da existência de seres imateriais, "cujas leis causais particulares são chamadas pneumatológicas e, na medida em que os seres corporais são causas intermediárias de seus efeitos no mundo material, orgânicas" (*Ibidem*, p. 159). Esses seres unidos entre si constituiriam um grande todo, que Kant denomina mundo imaterial ou *mundus intelligibilis*. Parte desses seres, além da comunidade com os outros, também atua uns sobre os outros, mediada pela matéria como pessoas, no entanto, essa condição material "é apenas contingente" e a espiritual, "natural e indissolúvel".

A condição imaterial dos espíritos, raciocina Kant, faz com que todos possam interagir, antes, durante e depois de estarem encarnados, "desaparecendo as distâncias e os tempos, que constituem no mundo visível o grande abismo que suprime toda comunidade" (SV, p. 162).

Neste ponto, Kant chega a um conceito fundamental de sua teoria, ao afirmar que "a alma humana deveria ser considerada já na vida presente ligada a dois mundos simultaneamente". Durante a vida, sente por seu corpo o mundo material, "enquanto recebe e transmite, como membro do mundo dos espíritos, as influências puras de naturezas imateriais". Depois da morte, resta somente "a comunidade em que se encontra com naturezas espirituais" (*Ibidem*).

Por outro lado, todas as ideias antigas sobre o suprassensível quanto à localização física, como o paraíso nos céus e o inferno nas profundezas, criadas na Antiguidade, ficaram sem sentido com o Universo infinito moderno. Ante o conceito inovador de Kant, "o céu seria propriamente o mundo dos espíritos, ou, se quiser, a parte bem-aventurada dele, e não haveria que procurá-lo nem acima nem abaixo de si, pois forma um todo imaterial" (SV, p. 163) e não depende de referências espaciais em relação ao mundo físico. O destino da alma bem-aventurada perde o sentido de um 'local' onde deveria ficar para ter 'sua recompensa', como se pensa no paradigma da heteronomia, e passa a ser uma 'condição' determinada "pelas conexões espirituais recíprocas de suas partes, e

---

139 KANT, 2005, p. 159. Nas referências seguintes, a obra *Sonhos de um visionário* será representada por SV.

que pelo menos seus membros somente têm consciência de si mesmos de acordo com tais relações". Em seguida, Kant supõe que poderá ser "demonstrado futuramente, não sei onde nem quando", que a alma humana "se encontra também nesta vida em uma comunidade indissolúvel com todas as naturezas imateriais do mundo dos espíritos" (SV, p. 164).

A inovação de Kant está em destituir a ideia de que o mundo espiritual fosse um 'lugar espacial' onde as almas seriam colocadas como se pensava na Antiguidade, e passa a ser um estado determinado pela condição moral do indivíduo, o que qualifica com qual comunidade de espíritos ele se relaciona, já desde em vida até o após a morte. Há, então, um estado de conexão recíproca entre as pessoas e os espíritos, guardando a diferença conceitual em virtude das naturezas diferentes de seus ambientes.

Infelizmente, diz Kant, não temos nenhuma observação empírica que nos permita considerar como verdade "tal constituição sistemática do mundo dos espíritos, como a representamos", mas o filósofo alemão vai apresentar uma tentativa de explicação por meio de uma concepção moral desse outro mundo.

Kant faz referência a uma condição natural em todos nós que se apresenta como "um poder secreto que nos coage a orientar nossa intenção ao mesmo tempo para o bem dos outros, ou de acordo com o arbítrio de estranhos, mesmo que isso o mais das vezes se dê a contragosto e se oponha fortemente à inclinação egoísta" (*Ibidem*). Aqui nos parece uma referência equivalente à orientação de nossa consciência como proposta por Rousseau. Continua Kant: "Disso nascem os impulsos morais, que muitas vezes nos arrastam contra a intenção de nosso interesse egoísta, a forte lei da obrigação e a mais fraca da bondade, cada uma das quais nos arranca muitos sacrifícios (...) e em parte alguma da natureza humana deixam de exteriorizar sua efetividade" (SV, p. 166).

Esses impulsos estariam no sentido de uma 'vontade universal' sendo responsável pela 'unidade moral' do mundo dos espíritos, representando a "constituição sistemática segundo leis puramente espirituais".

Poderíamos, segundo Kant, chamar esse impulso de nossa vontade de 'sentimento moral' no sentido de uma concordância com a vontade universal, como uma referência a essa condição, sem que queiramos explicar suas causas. Procedendo assim, explica Kant, estamos agindo como Newton, que denominou a lei que determina a atração universal de gravidade, sem precisar determinar sua causa.

Ou seja, Kant estabelece um paralelo entre a força da gravidade, que é uma força inerente à matéria que atrai cada partícula entre si, a uma força equivalente do mundo espiritual, mas um impulso íntimo de natureza moral, que atrai os seres entre si no sentido do que chamaríamos bondade, amor ou caridade.

Kant chega, neste ponto, a uma interessante suposição:

> Não seria possível representar a manifestação dos impulsos morais nas naturezas pensantes, tal como elas se reportam reciprocamente umas às outras, igualmente como a consequência de uma força verdadeiramente ativa, através da qual naturezas espirituais exercem influência umas sobre as outras, de tal modo que o sentimento moral seria essa dependência sentida da vontade privada com relação à vontade universal e uma consequência da ação recíproca natural e universal, através da qual o mundo imaterial ganha sua unidade moral, na medida em que se forma de acordo com as leis dessa sua conexão própria em um sistema de perfeição moral? (SV, p. 167).

A suposição de que o mundo dos espíritos seria regido por uma lei natural que governa os impulsos morais abre caminho a uma interpretação da moralidade tão grandiosa quanto foi possível no mundo pela descoberta das leis de Newton. Da mesma forma que a física moderna desconstruiu a física aristotélica, a teoria moral de Kant aqui apresentada desconstrói também as concepções dogmáticas quanto ao pecado original, temor a Deus, céu e inferno, julgamento final, ressurreição dos corpos, fim do mundo, seres entre Deus e os espíritos, e tantas outras figuras.

Sendo independente das leis físicas deterministas e dos fenômenos fisiológicos da dor e do prazer, considerando uma lei natural e universal, "toda a moralidade das ações jamais poderá ter, segundo a ordem da Natureza, seu efeito completo na vida corpórea do homem, mas poderá tê-lo certamente no mundo dos espíritos segundo leis pneumatológicas". Ou seja:

> As verdadeiras intenções, os motivos secretos de muitos esforços infrutíferos por causa da impotência, a vitória sobre si mesmo ou por vezes também a perfídia abscôndita em ações aparentemente boas são em grande parte perdidos para o resultado físico no estado corporal, mas teriam de ser considerados, segundo aquele pensamento, princípios frutíferos no mundo imaterial e em sua consideração exercer ou também receber reciprocamente um efeito adequado à constituição moral do livre-arbítrio, de acordo com leis pneumatológicas, em consequência da conexão da vontade privada e da vontade universal, isto é, da unidade e do todo do mundo dos espíritos. (KANT, 2005, p. 168)

Segundo essa hipótese, se aos homens só é possível julgar nosso comportamento pelos atos e palavras, estaríamos expostos a todo instante ao mundo espiritual por nossos sentimentos, intenções, pensamentos e vontades. Se é possível enganar os homens, para os espíritos somos livros abertos.

Quando uma lente concentra a luz do sol e faz a palha pegar fogo, reconhecemos a naturalidade desse fato, pois ele ocorre em virtude de leis naturais. Na Antiguidade, porém, quando uma relva pegava fogo espontaneamente, acreditava-se que alguma vontade sobrenatural teria sido a causa. Para que se considere algo como lei natural, precisamos conhecer o mecanismo de sua regularidade. Quanto aos nossos sentimentos, os impulsos que nos incitam a agir bem ou mal na hora de tomar uma decisão levam a imaginar que seriam seres sobrenaturais, anjos e demônios nos incitando a atuar de uma ou outra forma. Como agir contra o egoísmo é desagradável, fazer o bem parece ser uma vontade de Deus e não nossa. Seguindo esse raciocínio, deixar de satisfazer nossos desejos para fazer o que Deus manda seria um sacrifício, só fazendo sentido se for para que Ele nos recompense, ou para que não nos castigue. E se agimos errado, precisamos do perdão para que nos queira bem de novo. Esse raciocínio coloca Deus agindo de acordo com uma temida soberania humana. O que importa seria obedecer sua vontade ou sofrer o castigo eterno nos infernos. Já o naturalismo considera que o impulso de satisfazer nossos desejos materiais é natural e representa o bem, tudo que nos impede disso é o mal. A moral seria um acordo social para determinar limites entre os indivíduos. O melhor da vida seria viver a plenitude dos desejos, fantasias e prazeres a cada momento.

Como alternativa a esses sistemas, Kant considera uma lei universal de natureza espiritual, independente de nosso mundo, relacionada à liberdade da alma e suas relações com os demais seres. Uma lei natural, como a gravidade, não diz o que se deve ou não fazer, mas demonstra as regras que regem naturalmente as consequências dos movimentos. A Natureza não nos diz se devemos pular ou não de uma elevação. Mas, por experiência, podemos adquirir o conhecimento sobre qual altura é segura e a partir de onde o salto causa lesão ou é fatal. Também podemos adquirir uma habilidade de saltar com segurança de lugares mais altos por meio do treino. Mesmo que não saibamos exatamente quais são as leis do mundo dos espíritos, por analogia compreendemos que elas não determinam de qual maneira alguém deve agir ou o que é proibido. Mas, sabendo que elas existem, podemos desenvolver o conhecimento e a habilidade de fazer uso da vontade e da liberdade em harmonia com as leis morais em busca da perfeição, pois, diferentemente dos animais, podemos escolher o nosso fim. Sabendo que se todos agirem assim numa comunidade, a liberdade e a possibilidade de ser feliz estará ao alcance de todos e o desejo de alcançar essa condição futura faz nosso ato moral ser voluntário ou autônomo.

Se for possível a conquista futura dessa sociedade ideal, como Deus está fora do tempo, Ele já sabe disso. Então não precisa premiar, castigar ou perdoar os seres que criou, porque sabe que todos conquistarão a plenitude da harmonia universal. Compreender essa harmonia e fazer uso hábil dela em sua relação com os outros seres é o fundamento da felicidade dos bons espíritos, da mesma forma que ao compreender a natureza do fogo e da energia construímos todo o conforto e bem-estar físico da vida moderna. Dessa forma, a razão tem dois objetivos: conquistar conhecimento teórico e também as virtudes práticas.

Ponderando a lei universal do mundo dos espíritos (ou pneumatológica) como fundamento da moral, a alma do homem "teria de tomar seu lugar entre as substâncias espirituais do Universo já nessa vida e segundo o estado moral".

Kant deduz então que essa lei determina que "uma comunidade mais próxima de uma alma boa ou má com espíritos bons ou maus, e que estes se reuniriam assim àquela parte da república espiritual que é apropriada a sua constituição moral". Ou seja, ainda em vida, por nossa natureza dupla, já estamos em relação com a comunidade de espíritos equivalente à nossa condição moral, "com a participação em todas as consequências que pudessem surgir daí de acordo com a ordem da Natureza" (*Ibidem*, p. 168).

Finalmente, quando ocorre a morte do corpo físico, "a vida no outro mundo seria apenas uma continuação daquela conexão em que ela já se encontrava com ele nesta vida". Esse sistema tem a mais completa racionalidade, em oposição a um julgamento externo por uma vontade divina extraordinária. O destino do homem segue leis naturais anulando a hipótese de um arbítrio nas decisões divinas. Não faz sentido rogar a Deus misericórdia, pedir seu perdão, revoltar-se contra suas decisões, considerar as dificuldades como castigos, ou buscar qualquer situação vantajosa neste mundo como sendo uma recompensa divina. Toda a relação moral se estabelece pela própria conduta de cada um, seguindo sua liberdade da vontade, submetendo-se em tempo real às leis do mundo espiritual. "O presente e o futuro seriam, portanto, como que uma só peça e formariam um todo contínuo, mesmo segundo a ordem da Natureza" (*Ibidem*).

Enfim, não há mais um Deus com características humanas, agindo com rancor contra uns e benevolente com seus escolhidos. Não é preciso se humilhar e ter medo dele em busca de favorecimento, pois passa a ser obrigação do homem "apenas julgar acerca da vontade divina a partir da harmonia que de fato percebe no mundo ou pode supor nele pela ordem natural" (SV, p. 169).

Kant resolve também a seguinte dúvida: se nossa alma é da mesma natureza dos espíritos, e com eles estamos em relação, por que as suas manifestações não seriam naturais e constantes? O filósofo supera essa dificuldade considerando que a relação que nossa alma mantém com os espíritos é imaterial, "inteiramente distinta daquela representação em que sua consciência se representa a si mesma como um homem, por meio de uma imagem que tem sua origem na impressão de órgãos corporais"; essa imagem só é representada em relação às outras coisas materiais. Kant conclui, então, que "é certamente um mesmo sujeito que pertence como um membro simultaneamente ao mundo visível e invisível, mas não exatamente a mesma pessoa", ou seja, "não lembro como homem aquilo que penso como espírito e vice-versa" (SV, p. 170).

Para exemplificar essa dualidade entre nossa condição psicológica enquanto de posse da consciência humana diferindo de nossa consciência espiritual, Kant vai considerar os fenômenos do sonambulismo:[140]

> Podem ser mais claras e mais extensas do que as mais claras no estado de vigília, porque isto é de esperar de um ser tão ativo como a alma, quando do repouso completo dos sentidos externos. (...) As ações de alguns sonâmbulos, que neste estado mostram por vezes mais entendimento do que em geral, mesmo que não lembrem nada disso ao despertar, confirmam a possibilidade daquilo que conjeturo acerca do sono profundo. (KANT, 2005, p. 171)

Como poderíamos explicar uma possível comunicação entre os homens e os espíritos? Kant argumenta que, embora os espíritos não possam tornar conscientes "os influxos da parte do mundo dos espíritos", passando imediatamente para a consciência pessoal do homem, "podem fazê-lo de tal modo que eles excitam, segundo a lei da associação dos conceitos, aquelas imagens aparentadas que despertam representações analógicas de nossos sentidos, as quais certamente não são os próprios conceitos espirituais, mas, sim, símbolos"[141] (SV, p. 172).

---

140 Ainda não se trata do sonambulismo provocado, que seria divulgado por Franz Anton Mesmer (1734-1815), a partir de 1780. Apresentando efeitos semelhantes, o sonambulismo natural já fora estudado como por François Boissier de la Croix des Sauvages (1706-1767), em sua obra consultada por Kant, *Betrachtungen über die secle in der und schlafwanderung* [Considerações sobre a alma na catalepsia e no sonambulismo], de 1745.

141 Essa hipótese será confirmada pela doutrina espírita, pois segundo os espíritos eles fazem uso dos recursos presentes na mente do médium para suas manifestações inteligentes. Para psicografar por um médium que não tenha afinidade com o tema tratado, eles precisam grafar letra por letra, como se dá num telegrama (em *O Livro dos Médiuns*).

Esse conceito proposto por Kant não só explica o mecanismo, como demonstra os limites e a condição temporal das manifestações dos espíritos pela mediunidade, como também de outros fenômenos do entusiasmo, como a inspiração dos poetas e dos gênios, as iluminações como as de Sócrates e a de Rousseau no caminho de Vincennes, que relatamos, os desdobramentos e viagens espirituais dos vivos, até mesmo as inspirações recebidas pelos profetas, sibilas e videntes, que deram origem aos símbolos das mitologias e dos livros revelados das religiões do passado. Todo conceito puro de origem imaterial que nos chegaria como um "influxo espiritual" possível em virtude de nossa natureza dual, para ser compreendido pelos homens, deve receber uma representação material correspondente presente na mente do sensitivo. Dessa forma, ela está condicionada à cultura do lugar e da época em que foi concebida. Por outro lado, também pode se misturar a fantasias e pensamentos próprios do visionário que recebe tal manifestação espiritual.

A atuação do influxo espiritual para Kant, não se daria nos órgãos de sensação externa, mas no "sensório da alma, como é chamado, isto é, aquela parte do cérebro cujo movimento costuma acompanhar as muitas imagens e representações da alma pensante".[142]

Todavia, continua Kant, "esse tipo de manifestação não pode ser algo comum e habitual, mas ocorre apenas em pessoas cujos órgãos possuem uma irritabilidade extraordinariamente grande, com a predisposição de amplificar as imagens da fantasia", que seriam os médiuns:

> Tais pessoas incomuns seriam acometidas em certos momentos da aparência de vários objetos como exteriores a elas, os quais seriam tidos como uma presença de naturezas espirituais em seus sentidos corporais, apesar de aqui se passar tão somente uma ilusão da imaginação, mas de tal modo que a causa disso é um verdadeiro influxo espiritual, que não pode ser sentido imediatamente, mas apenas se revela à consciência por meio de imagens aparentadas da fantasia, as quais assumem a aparência das sensações. (SV, p. 173)

---

142 Essa hipótese explica todos os fenômenos mediúnicos inteligentes, exceto os de ordem física, que surgiriam no espiritualismo moderno. Nos fenômenos físicos, todos os presentes observam as aparições, movimentos, sons e demais efeitos. Foram explicados pela ação mecânica de uma substância de ordem fisiológica (ectoplasma) emanada pelo médium e manipulada pelo espírito que está em sintonia com ele. Mais recentemente, os neurocientistas descobriram no cérebro uma região responsável pela sensação de presença, que, quando excitada eletricamente, faz com que o indivíduo perceba pessoas à sua volta. Esse fenômeno poderia explicar a sensação de presença relatada por médiuns por uma ação do espírito sobre seu sistema nervoso, como propôs Kant.

Enfim, as histórias de fantasmas e todo tipo de manifestações de espíritos dos mortos, explica Kant, "jamais podem estar presentes em nossos sentidos externos (...), embora certamente possam agir sobre o espírito do homem, que junto com eles pertence a uma grande república". De tal maneira que "por mais que ela fosse misturada com fantasias absurdas, não deveríamos deixar de supor aqui influxos espirituais" (SV, p. 175).

Nessa inovadora tese, repetimos, Kant recria o plano espiritual como um mundo moral, onde a sensibilidade das almas e espíritos existe quanto aos sentimentos e pensamentos, e não quanto a dor, temperatura, impacto, entropia, e outros sentidos físicos do corpo físico, como até então se se imaginava nos infernos (do latim: *infernus*) das diversas tradições, como o Geena (Hebraico), Hades (Grécia), Tártaro (Roma), Naraka (Índia), Diyu (China). Nessa descoberta inédita do mundo moral, não há castigo físico que justifique a moral heterônoma, mas abre-se caminho para o arrependimento e a recuperação voluntária pela moral autônoma, como será sustentado pela teoria moral espírita.

A lucidez dessas conjeturas, como veremos em seguida, só encontrará paralelo nos temas desenvolvidos por Kardec em *O Livro dos Espíritos*, cem anos depois!

3.5 AFINAL, O QUE É CONHECIMENTO ESPÍRITA?

Na conclusão de seu texto, Kant considera que os objetos naturais percebidos pelos nossos sentidos, até mesmo um minúsculo grão de areia, permitem uma fonte inesgotável para a produção de conhecimento pelas mais diversas ciências. Mas com "a doutrina filosófica acerca de seres espirituais a situação é bem outra". Ela, considerando nossos recursos de observação, "pode ser completa, mas em sentido negativo", quando "fixa com segurança os limites de nossa compreensão e nos convence de que as diversas manifestações da vida na Natureza e suas leis são tudo que nos é dado conhecer" (*Ibidem*). Ao homem, não é possível conhecer sua natureza espiritual, mas apenas conjeturar, pois não temos dados sobre ela no conjunto de nossas sensações. Sendo assim, apesar da força lógica da teoria apresentada por Kant em *Sonhos*, não havia como justificar sua validade frente a infinitas outras que poderiam ser imaginadas para explicar os mesmos fenômenos, sem que uma evidência empírica possa confirmá-la.[143]

---

143 A diferença entre a teoria imaginada por Kant e a teoria espírita de Kardec está em que a origem da segunda foi sua elaboração pelos espíritos superiores, e as manifestações espirituais físicas e inteligentes constituíram os fatos ou fenômenos que a evidenciam como ciência.

Consciente das conquistas de sua pesquisa moral, depois desse texto, Kant iria estudar e aperfeiçoar suas teorias até publicar o método crítico e as ideias da razão pura em *Crítica da razão pura*. O fundamento da moral autônoma baseada no livre-arbítrio como uma teoria da ética será desenvolvido por ele, em seu livro *Fundamentação da metafísica dos costumes*, escrito em 1785. Nos escritos de sua *crítica*, Kant não vai reproduzir sua teoria sobre o mundo espiritual, mas manterá todas as definições e consequências em exato acordo com sua concepção de liberdade da vontade, autonomia moral e existência de uma lei moral universal.

Na *Fundamentação*, a definição do sentimento moral se dá como "suscetibilidade da parte da livre escolha para sermos movidos pela pura razão prática (e sua lei)" (KANT, 2003, p. 243). De igual modo, a nossa consciência: "todo ser humano, como um ser moral, possui uma consciência dentro de si originalmente" (*Ibidem*).

Ou seja, a origem da lei é interna ao homem e a natureza de sua moral é autônoma. Quem regula a ação moral é a razão, a partir da lei presente em sua consciência, como bem definira Rousseau e toda a tradição moderna do deísmo. Dessa forma, Kant recusa todas as éticas anteriores, sejam das religiões positivas ou dos materialistas (que são heterônomas, leis externas impostas por outras fontes que não a razão).

Segundo Kant, existem dois tipos de mandamentos dados pela razão.

O imperativo hipotético, que se chama assim porque corresponde a ações escolhidas como meio de evitar um castigo ou para obter uma recompensa. Hipotético porque é condicional: "ajo assim, pois quero ganhar tal coisa", "ajo deste jeito porque não quero ser castigado".

Já o segundo tipo, o 'imperativo categórico', é a verdadeira base da moral porque respeita integralmente a liberdade da vontade: é o ato moral que se realiza como um acordo entre a vontade e as leis universais que a razão dá a si mesma.

Agimos moralmente, portanto, segundo as seguintes máximas:

- "Age somente segundo uma máxima tal que possas querer ao mesmo tempo em que se torne lei universal". Nossa vontade é livre na medida em que reconhecemos que nosso ser está submetido a uma lei universal que rege sua relação com a comunidade de todos os outros da mesma forma que os objetos se relacionam como todos os outros de todo o Universo pela força da gravidade.

- "Age como se a máxima de tua ação devesse tornar-se, por tua vontade, lei universal da Natureza". A liberdade da vontade por meio da razão é o fundamento próprio do Iluminismo quanto à moral autônoma, superando o dogmatismo, ignorância, dominação e condição heterônoma do mundo velho.
- "Age de tal modo que possas usar a humanidade, tanto em tua pessoa como na pessoa de qualquer outro, sempre como um fim ao mesmo tempo e nunca apenas como um meio". Se os animais têm sua escolha determinada pelos instintos naturais, o homem é dotado de valor em si, em busca da perfeição intelectual e moral. Esse direito estabelece a dignidade. A humanidade será moralmente plena, quando ninguém estiver mantido em servidão involuntária, impedido de usufruir da cultura e da relação social por ser utilizado como meio para a satisfação da vontade de outros, o que se tem feito com milhões de operários e camponeses ainda hoje.

Dessa forma, Kant jamais abriu mão de suas convicções morais, e, quanto ao conhecimento do mundo espiritual, ele termina seus *Sonhos de um visionário* considerando que "devemos, pois, esperar até que talvez no mundo futuro, graças a novas experiências e novos conceitos, sejamos instruídos a respeito das forças em nosso eu pensante, por enquanto ocultas a nós". Essa conquista extraordinária seria tão importante quanto as leis matemáticas da física de Newton que, "após terem sido analisadas pela matemática, nos revelaram a força de atração na matéria, de cuja possibilidade nunca se poderá ter algum conceito ulterior (porque parece ser uma força fundamental)" (SV, p. 215).

Em resumo, as décadas de meditação de Kant, aceitando os desafios e dúvidas de seu tempo sobre nossa capacidade de conhecimento (considerando as revoluções científicas de Newton sobre a natureza física, e Rousseau sobre nossa natureza moral), levaram à conquista de sua teoria crítica e da autonomia moral. Em seus estudos iniciais, pesquisando a mediunidade e o sonambulismo, chegou a apresentar uma teoria do mundo espiritual baseado em suas conjeturas morais. Mas reconheceu a limitação de nossos sentidos para produzir conhecimento sobre um mundo imaterial inacessível aos nossos sentidos.

Ao pesquisar os limites da razão pura em sua obra maior, *Crítica da razão pura*, Kant vai simular a hipótese de que a ideia da "natureza espiritual da alma pudesse ser apercebida (e com ela também a sua imortalidade)". Kant considera então o conceito metafísico de que essa alma é de uma natureza *incorpórea* ou *imaterial*. Desse modo, mesmo que ela pudesse ser reconhecida como uma verdade, não tendo nada de material ou observável nesse conceito, ele "é meramente negativo e não amplia o mínimo que seja o nosso conhecimento, nem contém matéria donde possamos extrair consequências que não sejam ficções e que a filosofia não pode permitir". Portanto, se ocorresse essa simulada descoberta da imaterialidade da alma, mesmo assim "isto não se poderia ter em conta como um princípio de explicação, nem relativamente aos fenômenos desta vida, nem ao que respeita à natureza particular da vida futura" (KANT, 2001, p. 647). Pois se a alma é imaterial, nada acrescenta ao conhecimento, que depende da observação empírica.

O espiritismo não contradiz nem supera a limitação do homem em conhecer o mundo espiritual como assegurou Kant, pois, diferentemente do que pensava, **o mundo dos espíritos não é imaterial, mas constituído de uma matéria insensível para nós, mas extensa para eles:**

> Até este dia, não se tinham senão ideias muito incompletas sobre o mundo espiritual ou invisível. (...) Quanto ao estado das almas depois da morte, os conhecimentos não eram quase nada mais positivos. A opinião mais geral deles fazia seres abstratos, dispersos na imensidão. (...) Além disto, as observações da ciência, detendo-se na matéria tangível, disto resulta, entre o mundo corpóreo e o mundo espiritual, um abismo que parecia excluir toda aproximação. É este abismo que as novas observações e o estudo de fenômenos ainda pouco conhecidos vêm preencher, pelo menos em parte. (RE66, p. 48)

Ocorre com a teoria espírita outra revolução copernicana do conhecimento humano. Estando impedidos de conhecer o mundo espiritual pela nossa razão humana, ao invertermos esse ponto de vista, são os espíritos que produzem conhecimento sobre seu ambiente físico material, regido por leis naturais próprias, comunicando a nós suas descobertas.

Segundo o espiritismo, depois da morte constataremos que nosso espírito sempre esteve lá, como previu Kant, mas esse mundo é formado de uma 'matéria mental' que constitui não só a natureza daquele ambiente como também um corpo fisiológico dos espíritos, denominado 'perispírito'. Esse corpo reflete a natureza imortal e incorruptível da alma como essência, essa sim imaterial. Os espíritos bons e maus, como acreditava Kant, vivem em comunidades diferentes por sua afinidade, nas quais nos incluímos ainda em vida – confirma o espiritismo; mas acrescentando que essa divisão tem um caráter material, representado pelas diversas moradas do mundo espiritual, caracterizadas pelas faixas diferentes de matéria correspondentes ao padrão moral dos espíritos. Dessa forma, a reunião das comunidades espirituais se dá pela afinidade moral, como pensou Kant, mas é determinada na prática por leis naturais que regem movimento, velocidade, extensão, compressão e natureza da matéria que constitui o perispírito. Por sua vez, os espíritos possuem sensações, observam e se comunicam por meio dos sentidos de seu corpo espiritual, podendo estudar cada pequena coisa de seu mundo com uma profundidade infinita em sua imensidão micro e macrocósmica.

O ponto fundamental quanto ao mundo espiritual segundo o espiritismo está no fato de que a matéria que o constitui é sensível aos pensamentos e sentimentos dos espíritos. Sendo constituído por essa matéria, o perispírito é ao mesmo tempo sensível ao que pensam e sentem os espíritos, como também os emite, influenciando o ambiente espiritual ao seu redor, e transmitindo à distância o que sente e pensa o espírito. A essência da dinâmica da espiritualidade é moral, diferenciando-se dos movimentos mecânicos que determinam o nosso mundo. Assim sendo, a espiritualidade se constitui de um ambiente físico, regido por leis naturais próprias, onde ocorrem fenômenos passíveis de serem estudados pelos espíritos, que produzem assim seu conhecimento científico.

Desse modo, o objeto de pesquisa dos espíritos em sendo a matéria mental por meio do perispírito e não a própria alma, que é imaterial, ganha um diferente campo de produção científica. A teoria dos espíritos nada tem de misterioso ou sobrenatural, mas amplia o alcance da física teórica. Sendo assim, a metafísica, que tradicionalmente trata das substâncias imateriais, conserva-se na doutrina espírita nos limites da razão pura até mesmo para os espíritos de nosso orbe.[144] Isso porque não é possível estudar a individualidade ou princípio inteligente, por ser imaterial, (estuda-se somente os fenômenos do perispírito e seu ambiente). Dela não trata o espiritismo, preservando a condição negativa da metafísica (como limite do conhecimento), como explica Kardec:

---

144   Deus é perceptível sensivelmente apenas para os espíritos puros: "sendo Deus a essência divina por excelência, unicamente os espíritos que atingiram o mais alto grau de desmaterialização o podem perceber. Pelo fato de não o verem, não se segue que os espíritos imperfeitos estejam mais distantes dele do que os outros; esses espíritos, como os demais, como todos os seres da Natureza, se encontram mergulhados no fluido divino, do mesmo modo que nós o estamos na luz. O que há é que as imperfeições daqueles espíritos são vapores que os impedem de vê-lo. Quando o nevoeiro se dissipar, vê-lo-ão resplandecer. Para isso, não lhes é preciso subir, nem procurá-lo nas profundezas do infinito (G, p. 60). Dessa forma, a crença em Deus é uma fé racional para os espíritos ainda materializados, porém mais evidente por se reconhecerem imortais e estarem diante de uma imensidão evidente.

> A natureza íntima da alma, quer dizer, do princípio inteligente, fonte do pensamento, escapa completamente às nossas investigações; mas sabe-se agora que a alma está revestida de um envoltório, ou corpo fluídico, que dela faz, depois da morte do corpo material, como antes, um ser distinto, circunscrito e individual. (RE66, p. 48)

O estudo das condições morais dos espíritos e a possibilidade de suas manifestações, portanto, devem-se ao condicionamento espaço-temporal devido ao perispírito e à matéria mental, continua Kardec:

> A alma é o princípio inteligente considerado isoladamente; é a força atuante e pensante que não podemos conceber isolada da matéria senão como uma abstração. Revestida de seu envoltório fluídico, ou perispírito, a alma constitui o ser chamado espírito, como quando ela está revestida do envoltório corpóreo, constitui o homem; ora, se bem que no estado de espírito ela goze de propriedades e de faculdades especiais, não deixa de pertencer à humanidade. Os espíritos são, pois, seres semelhantes a nós, uma vez que cada um de nós se torna espírito depois da morte de seu corpo, e que cada espírito se torna de novo homem pelo nascimento. (*Ibidem*).

Esse envoltório não é a alma, portanto não pensa; por comparação, seria como um corpo de natureza fisiológica que possibilita ao espírito sua sensibilidade e meios de expressão, tendo origem material. Como previa Kant, nossa alma é da mesma natureza dos espíritos enquanto estamos encarnados, mas é o perispírito que permite o fluxo espiritual, explicando a comunicação com os espíritos e também a união da alma com o corpo, fato que faltava à teoria de Kant:

> A alma não reveste unicamente o perispírito no estado de espírito; ela é inseparável desse envoltório, que a segue na encarnação, como na erraticidade. Na encarnação, é o laço que a une ao envoltório corpóreo, um intermediário com a ajuda do qual ela atua sobre os órgãos e percebe as sensações das coisas exteriores. Durante a vida, o fluido perispiritual se identifica com o corpo, do qual penetra todas as partes; na morte, dele se liberta; o corpo privado de sua vida se dissolve, mas o perispírito, sempre unido à alma, quer dizer, ao princípio vivificante, não perece; unicamente a alma, em lugar de dois

> envoltórios, não conserva deles senão um: o mais leve, aquele que está mais em harmonia com o seu estado espiritual. (*Ibidem*, p. 49)

Enfim, o perispírito é o traço que une o mundo espiritual ao mundo físico, permitindo tanto a comunicação quanto a nossa permanência dupla nos dois mundos. Por outro lado, os espíritos comunicam-se entre si, movimentam-se e percebem tanto seu mundo como o nosso por perspectivas apropriadas à capacidade sensível de seu corpo espiritual. Por esse instrumento eles podem produzir conhecimento. No entanto, como propriamente Kant teorizou, o saber decorre da sensibilidade, do entendimento e da razão. Os dois primeiros dependem dos sentidos e dos objetos empíricos, que existem no mundo espiritual, como acabamos de considerar, mas a razão é a capacidade de elaborar ideias, capacidade de síntese, que depende de habilidade e inteligência. Como nem todos os homens estão aptos a fazer ciência, quando lá chegam após a morte, essa relação permanece igual.

Os espíritos formam uma comunidade que reflete a diversidade também presente na humanidade. Quando o professor Rivail iniciou sua pesquisa espírita, um dos primeiros resultados de suas observações foi que os espíritos, não sendo senão as almas dos homens:

> Não tinham nem a soberana sabedoria, nem a soberana ciência; que o seu saber era limitado ao grau do seu adiantamento, e que a sua opinião não tinha senão o valor de uma opinião pessoal. Esta verdade, reconhecida desde o começo, evitou-me o grave escolho de crer na sua infalibilidade e preservou-me de formular teorias prematuras sobre a opinião de um só ou de alguns. (OQE, p. 13)

Há entre os espíritos os muito ignorantes, os medianos, os inteligentes, os bons, e os ao mesmo tempo inteligentes e bons ou verdadeiramente sábios. Confirmando essa tese, Kardec ponderou que "qualquer classificação exige método, análise e conhecimento aprofundado do assunto. Ora, no mundo dos espíritos, os que possuem limitados conhecimentos são, como neste mundo, os ignorantes, os inaptos a apreender uma síntese, a formular um sistema". Esses espíritos podem elaborar opiniões pessoais, mas "só muito imperfeitamente percebem ou compreendem uma classificação qualquer". Não há entre eles igualdade de conhecimentos nem de qualidades morais; eles se desmaterializam e ampliam o alcance de sua percepção intelectual e sensível à medida que evoluem. São os espíritos mais elevados que produzem conhecimento científico. As questões a eles dirigidas podem se referir aos mais diversos temas da cultura:

> Além das questões psicológicas [no sentido de serem sobre o mundo dos espíritos], que têm um limite, podemos propor a eles uma imensidade de problemas morais, que se estendem ao infinito, sobre todas as posições da vida, sobre a melhor conduta a ser observada em tal ou qual circunstância, sobre os nossos deveres recíprocos etc. O valor da instrução que se receba, acerca de um assunto qualquer, moral, histórico, filosófico, ou científico, depende inteiramente do estado do espírito que se interroga. Cabe-nos a nós julgar. (LM, p. 367)

Quem deseja saber mais profundamente sobre um tema técnico, procura um especialista naquela ciência. No entanto, dado que ninguém tem um conhecimento perfeito, mas sempre parcial, nenhum cientista fala "em nome da ciência" que estuda, mas apenas oferece seu parecer. Muito menos se atreveria a dizer que sabe a "verdade", pois reconhece que o conhecimento científico é conjectural – podemos nos aproximar da verdade, mas nunca alcançá-la. O mesmo ocorre quanto à **ciência dos espíritos**, pois "segue-se que a opinião de um espírito sobre um princípio qualquer não é considerada pelos espíritos senão como uma opinião individual, que pode ser justa ou falsa, e não tem valor senão quando é sancionada pelo ensino da maioria" (RE65, p. 198).

Desse modo, a instituição de uma 'ciência dos espíritos' foi uma conquista do conhecimento racional da humanidade enquanto desencarnada, fundamentada na capacidade empírica e teórica próprias da razão e sensibilidade dos espíritos, e que se estabeleceu século a século, dentro de um processo histórico evolutivo da humanidade espiritual de nosso planeta, transcorrido durante os milênios de nossa civilização. Existe, então, uma física espiritual, como também uma fisiologia, química, sociologia, entre tantas outras ciências, como bem compreendeu Kardec ao afirmar: "Um dia virá, sem dúvida, em que se reconhecerá que existe uma física espiritual" (RE64, p. 49). Quando o edifício desse conhecimento estava pronto e a humanidade já tinha conquistado a cultura necessária para compreender ao menos seus princípios elementares, foi que em todos os pontos do planeta os espíritos vieram nos ensinar sua doutrina. Todavia, "cada parte não tendo valor e autoridade senão pela conexão com o conjunto, todas devendo se harmonizar, e chegar cada uma a seu tempo e em seu lugar". Agindo assim, "não confiando a um único espírito o cuidado da promulgação da doutrina", Deus quis, além disto, "que [tanto] o menor quanto o maior, entre os espíritos como entre os homens, trouxesse sua pedra ao edifício, a fim de estabelecer entre eles um laço de solidariedade cooperativa, que faltou a todas as doutrinas saídas de uma fonte única" (RE67, p. 190).

As condições especiais do ambiente em que vivem os espíritos evidenciam uma matéria sensível que reflete o pensamento e os sentimentos dos espíritos que em meio a ela estão envolvidos, sendo também o meio condutor de sua comunicação, como o ar é para o som em nosso mundo. Desse modo, essas leis pneumatológicas que regem a matéria do mundo moral diferem das leis deterministas da física mecânica. Sendo assim, como havia previsto Kant, as ideias dos espíritos não podem ser transmitidas ao homem da mesma forma que um espírito se comunica com outro. Pois entre eles os fenômenos são empíricos, mas são estranhos à nossa realidade, pois nossa mente está submetida ao entendimento da matéria física. Isso ocorre porque, enquanto encarnados, pensamos por meio do cérebro, adaptado aos fenômenos do mundo físico, e nos submetemos a suas limitações.

Logo, para se comunicar conosco, os espíritos precisam adaptar suas ideias por meio de representações que encontram em nossa cultura, por meio de analogia. Para fazer compreender sua psicologia, tomam raciocínios e conjeturas de nossa própria ciência, buscando as ideias mais próximas e adequadas ao que desejam nos ensinar. Esses valores precisam estar presentes na memória dos médiuns[145] e os integrantes dos grupos de pesquisa espírita precisam estar familiarizados com o tema, para que interpretem e raciocinem corretamente sobre os ensinamentos dos espíritos. Isso exige necessariamente que haja a maior diversidade possível de médiuns e de grupos de pesquisa, pois, "de um lado, cada espírito, do mesmo modo que cada homem, não tendo senão uma soma limitada de conhecimentos, individualmente estão inabilitados para tratarem *ex professo* as inumeráveis questões em que o espiritismo toca". Trata-se de um trabalho coletivo nos dois mundos: "Eis igualmente porque a doutrina, para

---

145 Os espíritos Erasto e Timóteo explicaram que "certamente, podemos falar de matemáticas por meio de um médium que a ele pareça inteiramente estranho; mas, frequentemente, o espírito desse médium possui esse conhecimento em estado latente, quer dizer, conhecido pelo ser fluídico e não pelo ser encarnado, porque o seu corpo atual é um instrumento rebelde, ao contrário, a esse conhecimento. Ocorre o mesmo na astronomia, na poesia, na medicina e nas línguas diversas, assim como em todos os outros conhecimentos particulares à espécie humana. Enfim, temos ainda o meio da elaboração penosa em uso com os médiuns completamente estranhos ao assunto tratado, reunindo as letras e as palavras como em tipografia" (RE61, p. 133).

cumprir os objetivos do Criador, não poderia ser a obra de um único espírito, nem de um único médium; ela não poderia sair senão da coletividade dos trabalhos controlados uns pelos outros" (RE67, p. 190).

Portanto, pela condição privilegiada dos espíritos diante das leis universais, a ciência dos espíritos é muito mais avançada do que a nossa. Eles estão à nossa frente, e por isso podem nos ensinar. No entanto, entre eles, a ciência continua progressiva, pois a cada dia há o que se desvendar diante de um Universo infinito de possibilidades. Da mesma forma, a doutrina espírita, que se constitui pelos ensinamentos dos espíritos adequados à representação cultural da época em que foi transmitida aos homens, como observou Kardec, "ela é e não pode ser senão essencialmente progressiva, como todas as ciências de observação" e desse modo, "o espiritismo, tocando em todos os ramos da economia social, aos quais presta o apoio de suas próprias descobertas, assimilará sempre todas as doutrinas progressivas, de qualquer ordem que elas sejam, chegadas ao estado de verdades práticas". Então, "o espiritismo, caminhando com o progresso, não será jamais sobejado, porque, se novas descobertas lhe demonstrarem que está no erro sobre um ponto, ele se modificará sobre esse ponto; se uma nova verdade se revela, ele a aceita".

Fica evidente que, sendo a 'ciência dos espíritos' superior à cultura humana, e a doutrina espírita o resultado do diálogo entre aquelas duas, as imperfeições da teoria espírita, como foi compreendida pelos homens, se devem à imperfeição da ciência humana da ocasião em que ocorreu. Isso ocorre porque em cada época os homens adotam teorias equívocas que são substituídas por outras mais próximas da verdade nas gerações seguintes, quando os homens descobrem a falsidade dos princípios anteriormente adotados.

3.5.1 A alma imaterial e seus dois corpos

O estabelecimento de uma comunicação pela iniciativa e controle de uma comunidade de espíritos superiores e centenas de grupos de pesquisadores espíritas de todo o mundo – por um diálogo intermediado por milhares de médiuns desconhecidos entre si – tendo o resultado desse extraordinário evento estruturado numa teoria unificada, foi um fato inédito e único na história da humanidade. Essas condições nunca se estabeleceram antes do trabalho de Kardec entre 1858 e 1869, e jamais voltaram a ocorrer. O espiritismo se estabeleceu cientificamente por um fato histórico localizado.

A ciência espírita, diante de um objeto próprio e de natureza muito diferente de todas as outras, trata-o com um método apropriado, que foi elaborado juntamente pelos pesquisadores espíritas orientados pelos espíritos, que tomaram a iniciativa do espiritismo. A matéria que constitui o mundo espiritual não era conhecida até ser explicada pela doutrina espírita. Antes disso, só foi cogitada hipoteticamente por filósofos como o platônico de Cambridge, Ralph Cudworth, que concebeu uma vaga natureza plástica em sua obra O verdadeiro sistema intelectual do Universo (1678), que seria "um instrumento inferior, subordinado da Providência Divina" atuando nas formas naturais, considerando que Deus não age diretamente na matéria.

A proposta inédita de um corpo espiritual material exigiu de Kardec uma volta ao tema, repetidas vezes em suas obras, e também na Revista Espírita mensal, por meio da qual se comunicava com os espíritas e com o público em geral interessado. Nos dias 15 e 29 de novembro de 1861, o senhor Émile Deschanel dedicou dois artigos no folhetim parisiense Des débats,[146] em 24 colunas de um longo, burlesco e injurioso ataque a O Livro dos Espíritos. O interesse de Kardec em respondê-lo surgiu de um interessante argumento que mereceu atenção: "A doutrina espírita se refuta por si mesma, basta expô-la. Não é nem espiritual nem espiritualista, ao contrário, está fundada sobre o mais grosseiro materialismo". Em seguida, depois de citar descrições do corpo espiritual reproduzidos de O Livro dos Espíritos, "o senhor Deschanel se esforça por provar que o perispírito deve ser da matéria".

E então Kardec, diante dessa acusação de que o perispírito é feito de matéria, respondeu: – "mas é exatamente o que dizemos com todas as letras!". Isso não torna o espiritismo materialista, explica o professor, pois o corpo espiritual "não é senão um envoltório independente do espírito. Onde ele viu que tenhamos dito que é o perispírito que pensa? Ele não quer o perispírito, seja; mas que nos diga como pode explicar a ação do espírito sobre a matéria sem intermediário?" Por meio desse intermediário, continua, "explicamos assim um fato até então inexplicado e, certamente, somos menos materialistas do que aqueles que pretendem que é o próprio espírito que se transforma em matéria para se fazer ver e agir" (RE61, p. 48), como consideram os teólogos para explicar os fenômenos da Bíblia.

No ano seguinte, 1862, algumas pessoas acusaram o espiritismo de materializar a alma, que, segundo a religião, seria puramente imaterial. Kardec retomou o

---

146 Os artigos de Émile Deschanel (1819-1904), professor, escritor e político, foram publicados no capítulo XII de seu livro À bâtons rompus: variétés morales et littéraires, Paris: L. Hachette et cie, 1868. O interessante é que o primeiro capítulo do livro trata da "moral independente" da teologia. e termina propondo como um amplo horizonte: "Tirem os nomes que nos separam: cristãos, judeus, muçulmanos, budistas, ateus, panteístas, espíritas, materialistas. Não mude o nome dos homens". Caso tivesse estudado mais profundamente o espiritismo, Deschanel encontraria certamente seus próprios ideais de liberdade de consciência!

tema, explicando que essa objeção surge de um estudo incompleto e superficial, como a maioria das oposições. "O espiritismo jamais definiu a natureza da alma, que escapa às nossas investigações", Kardec repete, e então explica:

> Nunca disse que o perispírito constitui a alma: a palavra perispírito diz positivamente o contrário, uma vez que especifica um envoltório ao redor do espírito. A doutrina espírita não tira nada à imaterialidade da alma, só lhe dá dois envoltórios em lugar de um durante a vida corpórea, e um depois da morte do corpo, o que é, não uma hipótese, mas um resultado da observação, e com a ajuda desse envoltório ela faz conceber melhor a individualidade e explicar melhor a sua ação sobre a matéria. (RE62, p. 239)

Mais uma vez, o conceito de perispírito tem origem na observação experimental da ciência dos espíritos, e foi transmitido a nós pelo ensinamento dos espíritos superiores, portanto, não é uma hipótese, filosófica, teológica ou mesmo mística. E mesmo assim, até a chegada do espiritismo, a humanidade havia estabelecido sobre a alma três hipóteses tradicionais:

1. A alma é imaterial e imanente ao corpo físico. Essa é a posição dogmática da Igreja cristã. De acordo com essa posição, depois da morte, a alma ficaria num estado de suspensão, aguardando a reconstituição de seu corpo, após o juízo final, para voltar a perceber o mundo e se manifestar.
2. A alma é um epifenômeno do corpo humano. Os cientistas e filósofos materialistas consideram a alma como consciência, um acidente ou fenômeno secundário decorrente do funcionamento da fisiologia.
3. A alma é um ser transcendental. Sendo algo que ultrapassa os limites racionais, não pode ser conhecida pela ciência, mas sim de forma mística. Os estados alterados de consciência permitiriam ao homem alcançar a percepção da alma.

Há uma grande diferença entre a descrição conceitual espírita e essas três hipóteses anteriores sobre a alma, senão vejamos:

1. Para a Igreja, a alma depois da morte, estando sem corpo, não poderia se comunicar com os homens. Quem poderia

fazer isso seriam os seres corpóreos intermediários entre Deus e os homens, os anjos e demônios.

2. Para o materialista, não sendo algo em si, mas um fenômeno secundário, a consciência não atua de forma causal no corpo (não pensa, não escolhe, não age) e obviamente não sobrevive à morte do cérebro.

3. A diferença quanto à abordagem transcendental da alma é mais sutil, mas não menos importante – pois o médium, para o espiritismo, não é um sensitivo que consegue observar e conhecer o mundo espiritual diretamente, como já vimos. Toda informação consciente do mundo espiritual que chega ao médium precisa ser representada em seu cérebro por imagens, figuras ou símbolos análogos que sua mente reconheça. Quando um médium vidente afirma ver um espírito, ou algo do mundo espiritual, em verdade o que está descrevendo é uma imagem que surgiu em sua mente e que foi processada por seu sistema neurológico.[147] Um exemplo pode ajudar nessa compreensão: Vamos imaginar que um sensitivo saiu de seu corpo, passeou pelo mundo espiritual e depois se lembrou lucidamente de tudo o que ocorreu ao despertar. Supondo que ele viveu uma experiência real fora do corpo, quando se lembrou desse fato ao despertar, já estava ligado novamente ao corpo e seu cérebro foi quem intermediou a experiência de sua alma para que ele a tenha consciente. Desse modo, é impossível ao homem experienciar diretamente fenômenos do mundo espiritual por seu perispírito sem que eles sejam interpretados pela fisiologia de nosso sistema cerebral, da mesma forma que ocorre quando um espírito quer se comunicar por ele.

No espiritismo, o médium não é um revelador direto da Verdade, mas apenas um meio de comunicação entre os homens e os espíritos. Até mesmo sua interpretação sobre seu conteúdo fica em segundo plano, visto que existem médiuns incultos e que desconhecem o espiritismo. Mesmo que o médium conheça a Doutrina Espírita, de acordo com as instruções *de O Livro dos Médiuns*, sua postura deve permanecer isenta e discreta no grupo ao qual pertença, equivalente à do carteiro que entrega a mensagem que portou.

---

147 No caso da materialização, o que todos os presentes podem ver é como uma fotografia ou escultura elaborada pelo espírito utilizando o ectoplasma, que é uma substância de origem fisiológica exalada pelo médium de efeitos físicos.

Além disso, cada uma das manifestações inteligentes que chegaram ao movimento espírita dirigido por Kardec tinha valor como subsídio para a pesquisa junto a todas as outras, mas nenhuma tinha um valor em si mesma como revelação. Vale repetir a recomendação de Kant em *Sonhos*: "Ouse pôr em dúvida cada uma delas individualmente, e ainda assim dar alguma fé a todas tomadas em conjunto" (SV, p. 188). Dessa forma, os médiuns são instrumentos e intermediários para o estabelecimento da doutrina espírita, mas não são reveladores ou profetas quando atuam separados da metodologia científica própria do espiritismo e fora da universalização do ensino.

Antes do advento do espiritismo, os médiuns serviram ao estabelecimento de doutrinas místicas, elaboraram obras teológicas utilizadas pelas religiões, ou atuaram como videntes nas tradições do passado.

Durante a elaboração da doutrina espírita por Kardec, os médiuns, individualmente, tiveram um papel discreto, parcial e impessoal. Cada comunicação tomada particularmente reflete apenas a manifestação de um espírito e representa seu pensamento. Já os conceitos fundamentais da teoria espírita são resultantes das reflexões sobre todo o conjunto das manifestações, nunca de uma só delas ou das obtidas por um só médium. As próprias mensagens transcritas nas obras de Kardec representam a visão do espiritismo pelo espírito que a assina, contribuindo para o conjunto de forma expositiva, sem que necessariamente cada uma de suas frases, retirada do contexto, o defina, como, inversamente, se aceita na revelação teológica (segundo a qual as obras reveladas são consideradas a palavra divina, considerando cada frase um reflexo da Verdade). O diálogo com os espíritos superiores tem um caráter diferente, como explica Kardec:

> Que adiantará aquele que, ao acaso, dirigir a um sábio perguntas acerca de uma ciência cujas primeiras palavras ignore? Poderá o próprio sábio, por maior que seja a sua boa-vontade, dar-lhe resposta satisfatória? A resposta isolada, que der, será forçosamente incompleta e quase sempre por isso mesmo, ininteligível, ou parecerá absurda e contraditória. O mesmo ocorre em nossas relações com os espíritos. Quem quiser com eles instruir-se tem que com eles fazer um curso; mas, exatamente como se procede entre nós deverá escolher seus professores e trabalhar com assiduidade. (LE, p. 31)

As respostas e os comentários que se seguem a elas, em *O Livro dos Espíritos*, por exemplo, são ideias dos espíritos condensadas e também corrigidas por eles, diversas vezes, para representar mais fielmente suas ideias, como explicou Kardec, numa nota da primeira edição de O Livro dos Espíritos de 1857:

> Os princípios contidos neste livro resultam, seja de respostas dos espíritos a perguntas diretas que lhes foram propostas, seja de instruções dadas por eles espontaneamente sobre as matérias que encerra. O todo foi coordenado de maneira a apresentar um conjunto regrado e metódico, e só foi dado a lume depois de haver sido cuidadosamente e reiteradas vezes revisto e corrigido pelos próprios espíritos. A primeira coluna contém as perguntas formuladas e as respostas textuais. A segunda encerra o enunciado da doutrina sob forma fluente. São ambas, propriamente falando, duas redações ou duas formas diferentes do mesmo tema: Uma tem a vantagem de mostrar de certa sorte a feição das entrevistas espíritas; outra a de permitir uma leitura sequente. Conquanto o assunto versado em cada coluna seja o mesmo, encerram às vezes, uma e outra, pensamentos especiais que, quando não resultam propriamente de perguntas diretas, não constituem menos o fruto das lições dadas pelos espíritos, sendo que não há nenhuma que não seja expressão do pensamento deles. (LE, p. 30)[148]

Desse modo, para estudar a doutrina espírita é preciso fazer *tabula rasa* de tudo o que se disse antes sobre o mundo espiritual, empreendendo um estudo sério, contínuo e meticuloso, do conjunto dos livros e revistas publicados por Allan Kardec, para conhecer a teoria dos espíritos metodologicamente estabelecida por essa fonte.

Um crítico sério, que conheça o espiritismo em toda sua extensão, conseguirá reconhecer os conceitos fundamentais dessa teoria misturados à superstição e ao equívoco em toda a cultura do passado. Da mesma forma que um cientista, conhecendo a história e a filosofia de sua ciência, consegue compreender as obras que trataram de seu tema no passado, interpretando-as segundo a cultura, o entendimento, as limitações tecnológicas e também o processo evolutivo e revolucionário que separa seu conhecimento daqueles autores do passado. Como explicou Kardec:

---

148 Na primeira edição de O Livro dos Espíritos, Kardec dispôs perguntas e respostas numa coluna e outro texto, em forma dissertativa, numa coluna ao lado. Na segunda edição, revista e ampliada, as explanações foram dispostas abaixo das respostas. Erroneamente há quem pense tratar-se de comentários de Kardec, o que a nota explicativa de Kardec afasta completamente, creditando sua origem aos ensinamentos dos espíritos.

> O que caracteriza um estudo sério é a continuidade que se lhe dá. (...) Sucede frequentemente que, por complexa, uma questão, para ser elucidada, exige a solução de outras preliminares ou complementares. Quem deseje tornar-se versado numa ciência tem que a estudar metodicamente, começando pelo princípio e acompanhando o encadeamento e o desenvolvimento das ideias. (LE, p. 31)

Depois de terminada a obra de Kardec, até que os espíritos superiores decidam espontaneamente retomar seus ensinamentos, as manifestações espíritas (quando não se tratam de evidentes mistificações) são válidas somente quando correspondem completamente aos princípios fundamentais da doutrina espírita. Fora disso, não sendo uma consequência direta daquela teoria apresentada por Kardec, ficam consideradas opiniões pessoais do espírito que as ditou.

3.5.2 É possível validar o conhecimento espírita?

Falamos da possibilidade de um conhecimento espírita e demonstramos que ele existe como ciência dos espíritos, mas não tratamos da possibilidade de validar esse conhecimento, que corresponde a responder a seguinte questão: o conhecimento espírita é verdadeiro?

Dentre as mais diversas fontes de nossa cultura, o conhecimento científico se caracteriza por ser uma tentativa de explicar os fenômenos naturais. Para alcançar esse objetivo, depende dos argumentos racionais que sustentam uma teoria, da observação dos fenômenos que se deseja explicar, da experimentação que permite testar a teoria. Também depende de questionamento, contestação, da dúvida quanto à teoria aceita, pois se todo conhecimento é conjectural, precisa ser criticado para que seja evolutivo.

Vamos verificar como se dá o desenvolvimento de uma definição conceitual espírita, pelo exemplo da densidade do perispírito.

Para explicar os fenômenos espíritas, já dissemos que o objeto de estudo da ciência dos espíritos é o perispírito, corpo material, e não a alma, que é a essência imaterial do ser, inacessível à observação. A movimentação de objetos pela ação dos espíritos foi investigada por Kardec, em *O Livro dos Médiuns*, e ele perguntou aos espíritos, por meio de um médium, se todos eles são aptos a produzir fenômenos como aquele. Eles responderam que "os que produzem efeitos desta espécie são sempre espíritos inferiores, que ainda se não desprenderam inteiramente de toda a influência material" (LM, p. 79).

Kardec questionou:

Compreendemos que os espíritos superiores não se ocupam com coisas que estão muito abaixo deles. Mas, perguntamos se, uma vez que estão mais desmaterializados, teriam o poder de fazê-lo, dado que o quisessem?

R. Os espíritos superiores têm a força moral, como os outros têm a força física. Quando precisam desta força, servem-se dos que a possuem. Já não se vos disse que eles se servem dos espíritos inferiores, como vós vos servis dos carregadores?' (*Ibidem*)

A causa determinante para que os espíritos inferiores possam executar efeitos físicos mais facilmente está no fato de que eles são mais materializados. E o que justifica essa condição? Kardec responde que é a densidade do perispírito, a qual os espíritos já haviam explicado que varia de um mundo para outro e, agora, se infere que essa densidade também varia de indivíduo para indivíduo, o que leva Kardec a concluir que:

> Sendo o perispírito, para o espírito, o que o corpo é para o homem e como à sua maior densidade corresponde menor inferioridade espiritual, essa densidade substitui no espírito a força muscular, isto é, dá-lhe, sobre os fluidos necessários às manifestações, um poder maior do que o de que dispõem aqueles cuja natureza é mais etérea. Querendo um espírito elevado produzir tais efeitos, faz o que entre nós fazem as pessoas delicadas: chama para executá-los um espírito do ofício. (LM, p. 80)

Mas o que significa densidade? É uma diferença entre as diversas substâncias determinada pela quantidade de matéria contida num mesmo volume. O gás hélio, por exemplo, é menos denso que o ar atmosférico, e por isso é mais leve. Verificamos isso por meio de uma experiência: pegando duas bexigas de borracha enchemos uma com ar e outra com hélio. Quando soltamos as duas, a primeira desce ao chão e a outra sobe em direção ao céu. Sendo a densidade de um gás a quantidade de suas partículas num determinado volume, quanto mais partículas, mais denso.

Para que os espíritos tenham dado esses ensinamentos a Kardec, antes foi necessário a eles testar experimentalmente a teoria sobre a densidade do perispírito, comparando as diferenças entre os seres, considerando, ao mesmo tempo, o grau evolutivo e a fluidez de cada um.

O conceito de densidade da física humana, portanto, serve como comparação para explicar fenômenos semelhantes da física espiritual.

A investigação de Kardec, porém, se compara à de um aluno questionando numa aula teórica de física seu professor, que é um cientista, disposto a ensinar tudo sobre o fenômeno que ele conhece experimentalmente. Mas na pesquisa espírita o professor está em outro mundo e o aluno não pode ver, tocar ou sentir o perispírito!

Kardec não tem como replicar os estudos experimentais realizados, consultar registros de dados mensurados, de tal forma que pudesse reconstruir esse conhecimento científico. Os espíritos só podem nos dar ensinamentos sobre seu conhecimento por analogias e representações a partir da cultura humana. Nesse sentido, o espiritismo é uma ciência de raciocínio, uma ciência filosófica. Desse modo, se as hipóteses da teoria espírita não podem ser validadas uma a uma, de forma experimental como na ciência, sua coerência e utilidade podem ser reconhecidas em sua totalidade, como uma teoria filosófica. Sua utilidade é moral, permitindo nossa própria evolução. Isso estava muito claro para Kardec quando ele publicou *O Livro dos Espíritos*:

> A ciência espírita compreende duas partes: experimental uma, relativa às manifestações em geral e filosófica, outra, relativa às manifestações inteligentes. Aquele que apenas haja observado a primeira se acha na posição de quem não conhecesse a física senão por experiências recreativas, sem haver penetrado no âmago da ciência. (LE, p. 46)

Como parte experimental, Kardec está se referindo aos fenômenos físicos, como a movimentação das mesas girantes, deslocamento de objetos, escritas diretas, entre outros. As manifestações inteligentes são os diálogos e mensagens ditadas pelos espíritos superiores. O professor continua:

> A verdadeira doutrina espírita está no ensino que os espíritos deram, e os conhecimentos que esse ensino comporta são por demais profundos e extensos para serem adquiridos de qualquer modo, que não por um estudo perseverante, feito no silêncio e no recolhimento. Porque, só dentro desta condição se pode observar um número infinito de fatos e particularidades que passam despercebidos ao observador superficial, e firmar opinião. (*Ibidem*)

Na elaboração da doutrina espírita, os homens são como alunos aplicados e os espíritos são como professores que dominam o conteúdo:

> Não produzisse este livro outro resultado além do de mostrar o lado sério da questão e de provocar estudos neste sentido e rejubilaríamos por haver sido eleito para executar uma obra em que, aliás, nenhum mérito pessoal pretendemos ter, pois que os princípios nela exarados não são de criação nossa. O mérito que apresenta cabe todo aos espíritos que a ditaram. (*Ibidem*)

Resumindo, a **ciência dos espíritos** é o meio de produção do *conhecimento espírita* e se dá no mundo espiritual. Por iniciativa da comunidade de espíritos superiores, eles nos ensinaram por meio das *manifestações inteligentes*. A elaboração da teoria filosófica da **doutrina espírita** se dá pela reunião dos ensinos em forma de conceitos fundamentais pelo controle e validação da **ciência espírita**. O método dessa ciência é a *universalização do ensino* que requer a maior diversidade de espíritos, transmitindo suas ideias por um grande número de médiuns, analisados por grupos espíritas conhecedores dos mais diversos assuntos advindos da cultura humana, colaborando para a *sistematização das obras* elaborada por Kardec entre 1858 e 1869.

O método de Kardec na ciência espírita é experimental por meio da observação das manifestações, onde os espíritos podem contribuir; dando ensinamentos, sendo superiores; e também todos os outros espíritos das diversas classes evolutivas, dando depoimentos e impressões sobre suas condições, vivências e impressões no mundo espiritual, e as correspondências quanto às suas vidas antes de lá chegar. Esses depoimentos permitem confirmar as teorias pela consistência de milhares de relatos.

Em *A Gênese*, Kardec dá um exemplo do método experimental do espiritismo, que evidencia claramente tratar-se de um processo didático entre espíritos e homens. O fato estudado é o de haver espíritos que não se consideram mortos. Primeiramente, diz Kardec: "Os espíritos superiores, que conhecem perfeitamente esse fato, não vieram dizer antecipadamente: 'Há espíritos que julgam viver ainda a vida terrestre, que conservam seus gostos, costumes e instintos'" (G, p. 23).

Ou seja, a hipótese já é de conhecimento prévio dos espíritos superiores, que apresentam aos pesquisadores da Sociedade o tema. Em seguida, eles didaticamente, provocam depoimentos representativos do fenômeno para que se possa verificar sua regularidade, afirmou Kardec: "Provocaram a manifestação de espíritos desta categoria para que os observássemos. Tendo-se visto espíritos incertos quanto ao seu estado, ou afirmando ainda serem deste mundo, julgando-se aplicados às suas ocupações ordinárias, deduziu-se a regra" (*Ibidem*).

A partir dessa vivência, os pesquisadores espíritas entendem tratar-se não de um acidente, mas de uma fase da vida dos espíritos:

> A multiplicidade de fatos análogos demonstrou que o caso não era excepcional, que constituía uma das fases da vida espírita; pode-se então estudar todas as variedades e as causas de tão singular ilusão, reconhecer que tal situação é sobretudo própria de espíritos pouco adiantados moralmente e peculiar a certos gêneros de morte; que é temporária, podendo, todavia, durar semanas, meses e anos. (*Ibidem*)

E Kardec conclui que "assim a teoria nasceu da observação. O mesmo se deu com relação a todos os outros princípios da doutrina".

Anteriormente vimos o conceito de densidade do perispírito. Nesse caso, não sabemos exatamente as condições físicas que determinam essa condição natural do corpo espiritual, mas sabemos por analogia de nossa própria física que se trata de uma variável que torna o perispírito dos espíritos inferiores mais denso e materializado, e dos superiores mais etéreo, leve, expansível, dando a eles mais mobilidade, velocidade e alcance no mundo espiritual. Em verdade, são dois mundos diferentes, e precisamos das duas fontes de conhecimento para compreender a doutrina espírita: "Assim como a ciência propriamente dita tem por objeto o estudo das leis do princípio material, o objeto especial do espiritismo é o conhecimento das leis do princípio espiritual". Há, porém, uma correspondência entre eles, pois a lei da Natureza é uma só: "Ora, como este último princípio é uma das forças da Natureza, a reagir incessantemente sobre o princípio material e reciprocamente, segue-se que o conhecimento de um não pode estar completo sem o conhecimento do outro" (*Ibidem*).

Dessa forma, "o espiritismo e a ciência se completam reciprocamente"; pois "a ciência, sem o espiritismo, se acha na impossibilidade de explicar certos fenômenos só pelas leis da matéria; ao espiritismo, sem a ciência, faltariam apoio e comprovação" (*Ibidem*). Cronologicamente, porém, entre os homens "o estudo das leis da matéria tinha que preceder o da espiritualidade, porque a matéria é que primeiro fere os sentidos". Tudo isso ocorreu adequadamente na Era Moderna, quando a maior parte das ciências foi elaborada, pois "se o espiritismo tivesse vindo antes das descobertas científicas, teria abortado, como tudo quanto surge antes do tempo" (*Ibidem*).

A validação do conhecimento espírita, repetimos, se dá entre os espíritos superiores que criaram a ciência dos espíritos ao estabelecerem sua teoria. Mas, no âmbito da elaboração da doutrina espírita por Kardec e os demais pesquisadores espíritas também é possível validar a veracidade e procedência dos ensinamentos: "O primeiro exame comprobativo é, pois, sem contradita, o da razão, ao qual cumpre se submeta, sem exceção, tudo o que venha dos espíritos", pois "toda teoria em manifesta contradição com o bom senso, com uma lógica rigorosa e com os dados positivos já adquiridos, deve ser rejeitada, por mais respeitável que seja o nome que traga como assinatura" (ESE, p. 21).

Depois desse exame racional, afirma Kardec, a "concordância no que ensinem os espíritos é, pois, a melhor comprovação". A garantia dessa concordância exige condições adequadas de pesquisa para a determinação dos 'princípios básicos' da doutrina: "Uma só garantia séria existe para o ensino dos espíritos: a concordância que haja entre as revelações que eles façam espontaneamente, servindo-se de grande número de médiuns estranhos uns aos outros e em vários lugares" (*Ibidem*). A concordância do ensino dos espíritos superiores depende de:

- Revelações concordantes por diversos espíritos superiores de forma espontânea.
- Recebidas por um grande número de médiuns.
- Que esses médiuns sejam de lugares diversos, participantes de grupos diferentes e autônomos.

O advento do espiritismo se deu por iniciativa de uma comunidade de espíritos superiores, por meio de suas manifestações dadas por médiuns independentes entre si, participantes de grupos sérios de pesquisa espírita, espalhados pelas mais diversas localidades do mundo. Quando consideravam que estava no momento adequado, espontaneamente eles transmitiam mensagens sobre o mesmo conceito que chegava a Kardec, no centro de estudos espíritas, a Sociedade Parisiense de Estudos Espíritas.

Para compreender melhor o mecanismo da "concordância do ensino dos espíritos", podemos imaginar que uma comunidade de centenas de físicos especialistas de um laboratório desejasse divulgar rapidamente uma nova descoberta para a imprensa e para o público de todo o mundo. Cada um dos cientistas, então, a partir de seu próprio computador, passa a explicar a teoria por meio da publicação de textos, concedendo entrevistas, respondendo e-mails e mensagens. Apesar de cada um dos físicos ter feito uso de palavras próprias, usando diferentes estilos, adaptando a linguagem ao tipo de público a que tenha se dirigido (leigos, professores, universitários ou jovens); apesar de todas essas variações, se reunirmos e compararmos todas essas comunicações, em seus conceitos fundamentais vamos encontrar a mesma teoria. Se alguém fazendo uso da internet postar um falso artigo sobre a descoberta, de posse do conhecimento público da verdadeira descoberta, essa mensagem, apesar de enganar alguns desavisados, será prontamente reconhecida e declarada como mentirosa.

Dessa forma, se "aprouver a um espírito formular um sistema excêntrico, baseado unicamente nas suas ideias e com exclusão da verdade", a concordância dará uma certeza "de que tal sistema conservar-se-á circunscrito e cairá, diante das instruções dadas de todas as partes" (*Ibidem*).

Há outro meio de validação, ou de considerar a veracidade da doutrina espírita, mais sutil, entretanto fundamental por constituir a própria razão de ser do espiritismo: suas consequências morais, onde a liberdade da vontade se confirma como fundamento da condição autônoma da evolução dos espíritos.

3.5.3 A lei natural de escolha das provas

Infelizmente, o mundo velho impingiu dois pesados encargos ao homem simples: o trabalho braçal sem descanso e sua própria culpa pelos infortúnios. Desde as religiões e filosofias mais antigas, as adversidades da vida humana foram consideradas como castigos de Deus, para governar a humanidade. Doutrinava-se que as omissões e indolências do povo no Egito causava a instabilidade da harmonia representada por *Maat*, e seria a causa da fome, da doença e da morte segundo os sacerdotes. Na Índia, os servos eram considerados impuros e excluídos da sociedade. Segundo os Hindus, as almas foram criadas perfeitas, sua queda foi o resultado de uma rebelião e sua encarnação no corpo de animais é uma punição. Na filosofia de Platão, reencarnar como mulher ou camponês era um severo castigo aos homens que agissem mal. Para Aristóteles, ser escravo era uma condição natural da maior parte da população da Grécia. A expulsão de Adão do paraíso e o pecado original condenaram a humanidade ao sofrimento segundo as igrejas cristãs.

Todos esses sistemas metafísicos heterônomos, considerando a perfeição divina e observando o mal presente nos seres humanos, não podendo ter como causa o Criador, culpam a criatura. Desse modo, a alma criada perfeita sofreria a queda por seu erro, e teria como castigo divino os sofrimentos da vida humana. Por essa teoria, o mal está no homem e o Bem é a vontade de Deus, regra externa, que precisa de renúncia, obediência e submissão para ser seguida.

A recomendação de Jesus para amar a Deus sobre todas as coisas, não poderia ser conduzida por uma ameaça de castigo, mas surgir voluntariamente de nossa vontade. Quando Jesus propunha a salvação, afirmava a necessária adesão voluntária. A **teoria moral espírita** valida a autonomia moral, quando denuncia o equívoco da degeneração da alma pela queda e demonstra a perfectibilidade da alma, universalmente simples e ignorante em suas primeiras vidas humanas e que evolui intelecto-moralmente por seu esforço, a partir das leis presentes em sua consciência. Os espíritos superiores ensinam que a alma ainda é instintiva em suas primeiras vidas humanas, não tem desenvolvida a moral, portanto é simples; nem possui o conhecimento e, assim, é ignorante. O que carrega em sua essência são as leis morais e todo o potencial para conquistar a sabedoria. Na medida em que desenvolve sua razão e senso moral, amplia seu livre-arbítrio. E a liberdade da vontade permite adquirir conhecimento e virtude. Pela impossibilidade de fazer tudo isso em apenas uma vida, vale-se das reencarnações sucessivas para seu progresso. Quando erra, ganha experiência com esse erro e pode então acertar. Se quiser persistir no erro, vai demorar mais tempo para alcançar seu objetivo. Mas como as leis de Deus são perenes e a vida é eterna, a finalidade da alma fatalmente se alcança.

Mas quais são as consequências, nas próximas vidas, do uso de nossa liberdade, seja para o bem ou para o mal? Essa relação preserva o livre-arbítrio? Vamos encontrar a resposta num artigo escrito por Allan Kardec na *Revista Espírita* com o título "A ciência da concordância dos números e a fatalidade" em julho de 1868, ou seja, já em tempos maduros de conclusão de suas pesquisas, mais de dez anos depois da publicação de sua primeira obra.

O assunto do artigo são as relações entre a matemática e a realidade, pois reconhecemos que as leis numéricas regem os fenômenos de ordem física. Mas, "dá-se o mesmo nos fenômenos de ordem moral e metafísica?", indaga Kardec. Será que os acontecimentos da vida são determinados da mesma forma que podemos prever a configuração dos astros ou os movimentos das coisas sabendo as suas condições iniciais?

Sem dúvida, afirma Kardec, todas as leis que regem o conjunto da Natureza têm consequências inevitáveis e essa condição é necessária à "manutenção da harmonia universal". Nossa liberdade de agir é constrangida por limitações, o prisioneiro se move só no espaço de sua cela, a morte é inevitável para todos os mortais, a necessidade de se alimentar é incontornável, entre muitos outros exemplos. Quanto aos atos morais, porém, o homem é inteiramente livre, mesmo que desrespeite as leis naturais: "Sendo o homem livre para observar ou infringir essas leis, no que toca a sua pessoa, é, pois, livre de fazer o bem ou o mal. Se pudesse ser fatalmente levado a fazer o mal, e não podendo essa facilidade vir senão de um poder superior a ele, Deus seria o primeiro a transgredir suas leis" (RE68, p. 130).

Ou seja, Deus confirma a necessidade de suas leis justamente ao respeitá-las, jamais exercendo sua vontade de forma deliberada.

Segundo o juízo que faz no cotidiano de forma livre, o homem se responsabiliza tanto pelo mau uso quanto pelo bom proveito de seu tempo. Pela natureza aleatória dessa liberdade deduzimos que se pode errar muito, pouco ou nada. Não fazer nada já é um problema, pois quem deixa o tempo correr, não o aproveita para crescer em conhecimento, habilidade e senso moral, que é finalidade da existência.

Desse modo, segundo a teoria espírita, a necessidade da reencarnação não é a de um castigo como pensava o homem, mas, explica Kardec, "Deus, que é mais sábio que ele, prevendo os erros nos quais pode cair, o mau uso que pode fazer de sua liberdade" e então "dá-lhe indefinidamente a possibilidade de recomeçar pela sucessão de suas existências corporais, e ele recomeçará até que, instruído pela experiência, não mais se engane de caminho" (*Ibidem*). Ou seja, a liberdade do homem não está só em fazer juízo dos atos, pois ele pode, conforme a sua vontade, apressar o termo de suas provas, e é nisto que consiste a liberdade.

A felicidade, como nossa meta, se dá pelas conquistas voluntárias do conhecimento e das virtudes, num processo contínuo e evolutivo. Portanto, diz Kardec, "agradeçamos a Deus por não nos ter fechado para sempre o caminho da felicidade, decidindo a nossa sorte definitiva após uma existência efêmera", o que é um falso ensinamento "notoriamente insuficiente para alcançarmos o topo da escada do progresso" (*Ibidem*). Mas em verdade Deus nos deu "pela fatalidade mesma da reencarnação, os meios de adquirir incessantemente, renovando as provas nas quais fracassamos" (*Ibidem*). O erro é o instrumento do acerto. Cada prova tem dupla finalidade, sendo sempre uma oportunidade para subir mais um passo de um lado, e superar imperfeições de outro.

Sabendo, então, que "a fatalidade é absoluta para as leis que regem a matéria", como o homem pode ser livre, se sua vida é permeada por inúmeros infortúnios que parecem cair como pedras em seu caminho? Qual a justiça das mortes súbitas de crianças antes dos pais, das doenças incuráveis, dos revezes da fortuna desgraçando famílias inteiras? Qual o sentido das mortes coletivas em desastres naturais ou provocados pela ganância, ódio e fanatismo dos homens?

Kardec argumenta que, tendo o homem o seu livre-arbítrio, a fatalidade não participa de suas ações individuais. Porém, quanto aos acontecimentos da vida privada, que por vezes parecem atingi-lo fatalmente, estes têm duas fontes bem distintas: a primeira são as consequências diretas de sua conduta na vida presente. Quem abusa da bebida e de outros vícios, arruína sua saúde. Quem tem muita ambição, atrai confrontos e disputas, "muitas pessoas são infelizes, doentes, enfermas por sua falta; muitos acidentes são resultado da imprevidência; ele não pode queixar-se senão de si mesmo" (Ibidem, p. 132).

Os outros acontecimentos inevitáveis, explica Kardec, "são completamente independentes da vida presente e, por isso mesmo, parecem devidos a uma certa fatalidade". Mas a teoria espírita tem outra explicação, pois "o espiritismo nos demonstra que essa fatalidade é apenas aparente, e que certas situações penosas da vida têm sua razão de ser na pluralidade das existências" (Ibidem). Essa demonstração, contudo, é completamente diferente dos castigos imaginados pelas religiões reencarnacionistas do mundo antigo. O fato que justifica esses acontecimentos, afirma Kardec, é o de que "o espírito as escolheu voluntariamente na erraticidade, antes de sua encarnação, como provações para o seu adiantamento". Essa escolha dos acontecimentos pelo próprio espírito é "produto do livre-arbítrio, e não da fatalidade" (Ibidem). Mais do que isso, a teoria da autonomia moral, ganha sua plenitude pelo que é uma lei natural do mundo espiritual: a **'lei da escolha das provas'**.

Nunca o espírito escolhe o juízo que vai adotar na sua vida seguinte, mas somente as circunstâncias nas quais submeterá a teste as suas conquistas ou o modo como pretende superar suas imperfeições. A fatalidade dos acontecimentos pelas escolhas das provas não pode impor ao homem encarnado "nem o mal, nem o bem". Desse modo, "desculpar uma ação má qualquer pela fatalidade ou, como se diz muitas vezes, pelo destino, seria abdicar do julgamento que Deus lhe deu, para pesar o pró e o contra, a oportunidade ou a importunidade, as vantagens ou os inconvenientes de cada coisa" (Ibidem).

Há uma completa mudança de perspectiva de quem passa a sua vida lamentando seus infortúnios e, quando chega ao mundo espiritual, relembra que eles foram planejados por ele mesmo, antes de nascer, interessado em conquistar valores e superar deficiências.

> Para o espírito errante, já não há véus. Ele se acha como tendo saído de um nevoeiro e vê o que o distancia da felicidade. Mais sofre então, porque compreende quanto foi culpado. Não tem mais ilusões: vê as coisas na sua realidade. Na erraticidade, o espírito descortina, de um lado, todas as suas existências passadas; de outro, o futuro que lhe está prometido e percebe o que lhe falta para atingi-lo. É qual viajor que chega ao cume de uma montanha: vê o

caminho que percorreu e o que lhe resta percorrer, a fim de chegar ao fim da sua jornada. (LE, p. 438)

O espírito que nesta vida procurava a satisfação de seus desejos materiais, ao chegar ao mundo espiritual, vislumbra a grandiosa harmonia que é regida pelos espíritos superiores e deseja com todas as forças participar dessa alegria. Todos são muito bem-vindos e incentivados por esses sábios espíritos, mas todo valor é uma conquista voluntária e não uma premiação sem méritos. É preciso arregaçar as mangas e se dedicar ao planejamento de mais uma oportunidade no mundo. Mas agora, com sua visão livre do nevoeiro, não pretende perder seu precioso tempo e então planeja desafios para superar seu egoísmo e orgulho, conquistando valores imperecíveis. Como o atleta que voluntariamente amarra pesos de ferro em suas pernas no treino para ficar mais ágil na hora de correr, o espírito escolhe dificuldades, obstáculos, e outras difíceis provas para sua próxima vida.

Como não nos lembramos dessas escolhas anteriores, que fazem parte da dinâmica natural da vida espiritual, segundo esse planejamento, "se um acontecimento está no destino de um homem, ele se realizará, a despeito de sua vontade" enquanto encarnado, "e será sempre para o seu bem" (RE68, p. 132), pois era exatamente o que desejava; mas como vai agir diante dessas oportunidades quando encarnado, será sempre de acordo com suas escolhas no momento das ocorrências, pois "as circunstâncias da realização dependem do uso que ele faça de seu livre-arbítrio, e muitas vezes ele pode fazer redundar em seu prejuízo o que deveria ser um bem, se agir com imprevidência, e se se deixar arrastar pelas paixões. Engana-se mais ainda se toma o seu desejo ou os desvios de sua imaginação por seu destino" (*Ibidem*). Dessa forma, diante dos acontecimentos trágicos em nossas vidas, como a perda de um filho amado, o mais adequado em nossas preces está em pedir a Deus forças para viver a prova com coragem e fé, sem cair em desespero, indiferença e culpa. Para o ser que se foi, a prece que mais bem lhe oferece é a que está carregada de esperança e desejos de que conquiste o bem-estar. Pensando assim, estamos no mundo, mas com a lucidez que a teoria moral espírita nos proporciona.

Em alguns casos, o espírito erra tão sucessivamente em suas vidas, que, perdendo a lucidez, um espírito superior pode auxiliar sua recuperação definindo provas adequadas para o despertar em sua próxima vida. Pois, mesmo que o espírito se recuse a fazer uso de sua liberdade para seu bem, as vidas sucessivas são leis naturais, portanto inevitáveis e necessárias. Todavia, continua Kardec, nem essa exceção pode ser considerada uma fatalidade, pois é em função da liberdade de sua vontade que essas provas, "se algumas vezes são impostas, como expiação, por uma vontade superior, é ainda em razão das más ações voluntariamente cometidas pelo homem numa precedente existência, e não como consequência de uma lei fatal, pois ele poderia tê-las evitado, agindo de outro modo" (*Ibidem*). Quando voltar à sua consciência e perceber a necessidade de continuar sua evolução, esse espírito retomará o instrumento da escolha das provas por seu próprio interesse, a qual todos espíritos alcançam ao seu tempo, sem exceção.

Também os espíritos que já possuem conhecimento e virtudes continuam planejando suas reencarnações, agora com o objetivo de serem úteis à evolução intelectual e moral da humanidade, propondo a si mesmos missões que vão desde servir a uma comunidade, família ou pessoa que enfrentará grandes infortúnios, para encorajá-las nas horas difíceis, até as missões complexas dos heróis da história, das ciências e das causas humanitárias.

Mesmo os espíritos comuns podem planejar situações motivadoras, como oportunidades de adquirir conhecimento, encontros com espíritos afins e outros desafios que trarão alegrias em sua vida na Terra. Mas depende também de seu livre-arbítrio aproveitar essas oportunidades quando elas surgirem.

A *lei da escolha das provas* é um fato da vida espiritual, não só absolutamente adequado à ideia da liberdade da vontade de nossa razão pura, como demonstrada por Kant, mas também é a mais consoladora e motivadora revelação da teoria moral espírita.

Como vimos, o uso da razão na espiritualidade permitiu aos espíritos superiores a produção de conhecimento sobre as leis que regem o mundo moral. Esses espíritos esclarecidos são mais desmaterializados e possuem mobilidade para percorrer distâncias no espaço e no tempo. Mas como eles alcançaram essa condição de liberdade? Foi exatamente pelo caminho que todos os espíritos percorrerão, desde o início comum da simplicidade e ignorância, pela aquisição voluntária e progressiva de valores intelectuais e morais, por meio dos recursos naturais das reencarnações sucessivas, avaliação de suas condições (conquistas e imperfeições) entre as vidas e o planejamento das provas futuras. Nessa trajetória, a felicidade é sempre meritória e motivadora para o espírito, pelo bem-estar que causa, a cada conquista.

Portanto, a autoeducação intelecto-moral dos espíritos se dá por leis naturais do mundo espiritual. Por esses princípios de liberdade, cada espírito é o "projeto pedagógico" de si mesmo. As suas escolhas são os tijolos de uma obra pessoal, que se constrói por conquistas e superações, onde cada vida é um dia de trabalho da alma. As mais diversas personalidades se formam pelo esforço de sua razão, sentimento e vontade livre; em busca do verdadeiro, do bom e do belo, com a finalidade de se tornar um espírito sábio e feliz. Todos os seres humanos construíram seu passado, planejaram seu presente e decidem pelo seu futuro. No lema do Universo só Deus é unidade, pois entre a diversidade de criaturas, nada nunca está pronto!

3.5.4 As consequências morais da filosofia espírita

Em 1862, Kardec empreendeu viagens para conhecer pessoalmente os grupos de espíritas com os quais se correspondia, e dos quais era conhecido pela leitura de seus livros e da revista mensal. Saindo de Paris, percorreu a França como num grande círculo, seguindo para Lyon, depois Avignon, Montpellier, Toulouse, Bordeaux, retornando depois a Paris, passando por diversas cidades, sendo as duas últimas, Tours e Orléans.

Na primeira vez que visitara Lyon, em 1860, havia encontrado algumas centenas de adeptos; um ano depois, já eram milhares de franceses.

Segundo ele, estava desejoso de, sobretudo, "apertar a mão de nossos irmãos espíritas e de lhes exprimir pessoalmente a nossa mui sincera e viva simpatia, retribuindo as tocantes provas de amizade que nos dão em suas cartas" (VE, p. 3). Além disso, em nome da Sociedade de Paris e em seu próprio nome, pretendia dar, "um testemunho especial de gratidão e de admiração a esses pioneiros da obra que, por sua iniciativa, seu zelo desinteressado e seu devotamento, constituem os seus primeiros e mais firmes sustentáculos", seguindo em frente sempre, "sem se inquietarem com as pedras que lhes atiram e pondo o interesse da causa acima do interesse pessoal" (*Ibidem*).

Todas essas pessoas puderam acompanhar o surgimento do espiritismo e o progresso de suas ideias. No início, os fenômenos, como as mesas girantes, atraíam curiosos como uma brincadeira de salão ou divertimento das noites. Mas quando o trabalho revolucionário de Kardec ficou conhecido, pela leitura de sua primeira obra, *O Livro dos Espíritos*, pessoas das mais diversas classes, de operários a magistrados, buscaram o lado filosófico, moral e instrutivo com avidez. As perguntas, inicialmente motivadas pela distração fútil das experiências, foram substituídas pelas investigações sérias conduzidas por grupos bem dirigidos, onde a dedicação resultava num perfeito conhecimento dos verdadeiros princípios da ciência espírita. Os médiuns também se multiplicaram, mas enquanto declinavam os de efeitos físicos, crescia o número dos médiuns apropriados às comunicações inteligentes. O período de curiosidade passou, estava surgindo o período da filosofia. Mas as consequências morais do ensino dos espíritos, que constituíam o principal, possibilitavam imaginar que sua aplicação permitiria uma regeneração da humanidade.

Kardec, então, explicou que os espíritos conduziram com muita sabedoria o surgimento do espiritismo. Primeiramente chamaram a atenção de todos pela curiosidade de fenômenos que provavam a manifestação de seres do mundo espiritual. Se eles tivessem transmitido inicialmente uma teoria filosófica abstrata, talvez fossem compreendidos por apenas algumas pessoas. Mas não foi assim, eles agiram de forma gradual e progressiva, dando sinal do que pretendiam realizar. Seu objetivo essencial eram as consequências morais, portanto "assumiram o tom grave quando julgaram suficiente o número de pessoas dispostas a ouvi-los, pouco se inquietando com os recalcitrantes". Nesse momento, Kardec imaginou que somente quando a teoria espírita estivesse solidamente constituída, completa e livre de toda ideia "sistemática e errônea, que cai diariamente ante um exame sério, eles se ocuparão de sua implantação universal, empregando meios poderosos" (VE, p. 10).

Mas como vimos quanto ao desenvolvimento da explicação dos espíritos sobre a 'lei natural da escolha das provas', a teoria moral espírita não é um conjunto de regras para ser seguido como crença cega. Para que se possa aproveitar dos ensinamentos dos espíritos é preciso ter um entendimento perfeito de suas ideias. Segundo Kardec, "a fé cega já não é deste século, tanto assim que precisamente o dogma da fé cega é que produz hoje o maior número dos incrédulos. Os incrédulos da fé cega, porém, aceitam sanar suas dúvidas desde que sejam convencidos sem abrir mão de duas prerrogativas: "o raciocínio e o livre-arbítrio". A teoria espírita atende aos incrédulos porque a fé racional "por se apoiar nos fatos e na lógica, nenhuma obscuridade deixa". Na proposta moral espírita, "a criatura então crê, porque tem certeza, e ninguém tem certeza senão porque compreendeu". Essa fé não se dobra porque "fé inabalável só o é a que pode encarar a razão, em todas as épocas da humanidade" (ESE, p. 256). É esse, portanto, o resultado ao qual conduz o espiritismo, ajudando na superação da incredulidade.

Kardec percebeu, assim, a enorme força que o espiritismo tem para servir aos incrédulos que não aceitam as religiões positivas em virtude de sua exigência de uma crença cega. O que poderia fazer a teoria moral espírita para os religiosos? É certo que ao exigir a reflexão, a autonomia moral é incompatível com os dogmas religiosos, sejam católicos, protestantes ou outros. Kardec propõe: "Se temeis que o espiritismo perturbe vossa consciência, não vos ocupeis dele. Ele não se dirige senão àqueles que vêm a ele livremente, e que dele têm necessidade" (RE67, p. 186). Ou seja, o espiritismo "não se dirige àqueles que têm uma fé qualquer e a quem essa fé basta, mas àqueles que não a têm ou que duvidam e lhes dá a crença que lhes falta". A proposta espírita, quando conquistada pelo esforço racional de compreender as leis que regem o mundo moral, altera completamente toda concepção heterônoma de que devemos obedecer à lei de Deus para receber dele a recompensa, dando a cada um a responsabilidade de conduzir sua evolução espontaneamente, compreendendo as circunstâncias de sua vida, sem esperar nada em troca. Dessa forma, a crença racional que o espiritismo dá não é "mais a do catolicismo do que a do protestantismo, do judaísmo ou do islamismo, mas a crença fundamental, base indispensável de toda religião" (*Ibidem*). Essa base indispensável representa a religião natural, a união de todos os homens com o objetivo de estabelecer a harmonia social pela vontade autônoma de cada um em dar a si mesmo como dever as leis naturais da moral. E "aí termina o seu papel", completa Kardec. Dar essa convicção inabalável pela compreensão das leis que regem o mundo moral é o que o espiritismo pode oferecer. Então, o professor conclui: "Esta base posta, cada um fica livre de seguir o caminho que satisfaça melhor à sua razão" (*Ibidem*).

Kardec refletiu que todas as religiões, até então, haviam adotado o princípio da imutabilidade, determinando a aceitação de seus dogmas particulares como o único caminho para a salvação. E isso não é possível, pois se Deus é um só e uma é sua lei, como tantas doutrinas contraditórias entre si poderiam ser verdadeiras? Quebrando a unidade que poderia reunir os homens e os povos, a decisão das religiões de adotar a "imobilidade, em vez de ser uma força, torna-se uma causa de fraqueza e de ruína para quem não acompanha o movimento geral" (G, p. 339).

Podemos dizer que o espiritismo é uma ciência, que tem como objeto de estudo as manifestações dos espíritos e um método para validar e certificar, dentre as manifestações inteligentes, os conceitos fundamentais da filosofia espírita. Essa filosofia tem consequências morais. Essas consequências, compreendidas pela fé racional, estabelecem as bases da religiosidade humana numa moral racional:

"Ora, como não há religião possível sem a crença em Deus, na imortalidade da alma, nas penas e nas recompensas futuras, se o espiritismo conduz a essas crenças aqueles em que estavam apagadas, disso resulta que é o mais poderoso auxiliar das ideias religiosas" (RE59, p. 5).

3.5.5 Por que declaramos: o espiritismo não é uma religião?

Quando os espíritas de Lyon pediram a Kardec uma orientação para a formação dos grupos de pesquisa e estudo em sua cidade, o professor escreveu uma carta, dando diversas instruções e alertando que inúmeros adversários combatem o espiritismo impelindo os espíritas "a se afastarem do verdadeiro objetivo da doutrina, que é o da moral" (RE62, p. 25-26). Aconselha, então, que procurem o que pode fazer com que sejam melhores, pois quando os homens forem melhores, "as reformas sociais, verdadeiramente úteis, lhe serão a consequência muito natural". Trabalhando para o progresso moral, essa ação é o mais sólido fundamento de todo aperfeiçoamento, "e deixais a Deus o cuidado de fazer as coisas chegarem a seu tempo".

Para desacreditar o espiritismo, continua Kardec, "alguns pretendem que ele vai destruir a religião". E então ele esclarece essa questão:

> O espiritismo é uma doutrina moral que fortalece os sentimentos religiosos em geral e se aplica a todas as religiões; ele é de todas, e não é de nenhuma em particular; é por isso que não diz a ninguém para mudá-la; deixa cada um livre para adorar a Deus à sua maneira, e observar as práticas que a sua consciência lhe dita, tendo Deus mais em conta a intenção do que o fato. Ide, pois, cada um nos templos de vosso culto, e provai com isso que o taxam de impiedade ou de calúnia". (RE62, p. 26)

Desse modo, afirma Kardec, "as questões morais, psicológicas e metafísicas se ligam à vida futura, e dela depende, de alguma forma, a racionalidade de todas as doutrinas filosóficas e religiosas" (*Ibidem*, p. 71). Ao tratar desses temas, porém, "o espiritismo vem, a seu turno, não como uma religião, mas como uma doutrina filosófica, trazer a sua teoria, apoiada sobre o fato das manifestações".

Portanto, diante da questão direta: "O espiritismo é uma religião?", responde Kardec: "os espíritas dizem: Não, o espiritismo não é uma religião, não pretende ser uma religião": "Ele tem consequências morais, é verdade, no sentido do cristianismo, mas não tem nem culto, nem templos, nem ministros; cada um pode se fazer uma religião de suas opiniões, mas daí à constituição de uma nova Igreja, há distância; portanto, o espiritismo não é uma nova religião" (RE62, p. 175).

Numa mensagem recebida em abril de 1860 em Marselha, sobre o futuro do espiritismo, o espírito afirma que o espiritismo "restaurará a religião do

Cristo, que se tornou, nas mãos dos padres, objeto de comércio e de tráfico vil", e assim o fazendo instituirá "**a religião natural**, a que parte do coração e vai diretamente a Deus".

Segundo Kardec, o espiritismo trata do mundo espiritual por meio de fenômenos, como faz a física com a matéria de nosso mundo. Como todas as ciências, suas descobertas são valores que pertencem a toda humanidade. Seu objetivo está em oferecer sua teoria à apreciação de todos, para que a compreendam e só a adotem se convier. Sua doutrina toca "a todas as questões humanitárias; pelas modificações profundas que ela traz nas ideias, faz encarar as coisas de outro ponto de vista". Dessa forma pode contribuir, no futuro, para as "inevitáveis modificações nas relações sociais". Com sua moral natural "é uma mina fecunda onde as religiões, como as ciências, como as instituições civis, haurirão elementos de progresso". No entanto, continua Kardec, "do fato de que ela toca em certas crenças religiosas, não constitui mais um culto novo quanto não é um sistema particular de política, de legislação ou de economia social" (RE66, p. 176).

Uma característica importante da autonomia moral está no fato de que, por sua própria definição, deve ser adquirida por um esforço racional a partir de uma iniciativa espontânea e desinteressada. Ninguém se torna moralmente livre se for catequizado ou doutrinado. Também não é possível identificar um indivíduo autônomo e responsável somente por seus atos (sem conhecer as intenções), por meio de um diploma ou insígnia, ou sua participação numa congregação ou confraria.

Mesmo a Sociedade Parisiense, presidida por Kardec, estando "alinhada oficialmente entre as sociedades científicas, não é nem uma confraria, nem uma congregação, mas uma simples reunião de pessoas ocupando-se do estudo de uma ciência nova que ela aprofunda" (RE63, p. 122). Quanto às relações entre a Sociedade de Paris e as outras sociedades com as quais se correspondia, havia a mais completa independência: "O laço que as une é, pois, um laço puramente moral, fundado sobre a simpatia e a semelhança das ideias; não há, entre elas, *nenhuma filiação*, nenhuma *solidariedade material*" (RE62, p. 110).

O que faz um espírita, então?

Segundo Kardec, "quem partilha nossas convicções a respeito da existência e da manifestação dos espíritos, e das consequências morais que disso decorrem, é Espírita de fato" (RE64, p. 130). Por isso, "as sociedades não são de nenhum modo uma condição necessária à existência do espiritismo", afirma, e se "elas se formam hoje, que cessem amanhã, sem que a sua marcha seja entravada no que quer que seja", pois "o espiritismo é uma questão de fé e de crença e não de associação".

Basta estar de acordo com os princípios fundamentais da doutrina espírita para ser espírita. É por essa interpretação do caráter do espiritismo que Kardec explicou em 1868, que "os espíritas não formam em nenhuma parte um corpo constituído" e que:

> não são arregimentados em congregações obedecendo a uma palavra de ordem; que não há entre eles nenhuma filiação patente ou secreta; eles sofrem muito simplesmente e individualmente a influência de uma ideia filosófica, e esta ideia, livremente aceita pela razão e não imposta, basta para modificar suas tendências, porque têm a consciência de estar na verdade. (RE68, p. 158)

E nesse mesmo ano de 1868, diante de uma plateia reunida na Sociedade de Paris, na sessão anual comemorativa dos mortos, em seu discurso de abertura, Allan Kardec vai tratar como tema exatamente da questão: O espiritismo é uma religião?

Inicialmente em seu discurso, fazendo uso da física espiritual, o professor explicou ao público os fenômenos ocorridos no mundo espiritual pela comunhão de pensamentos, pela força da vontade que essa união causa. Desse modo, independentemente do interesse e forma dos cultos, as reuniões religiosas, pelo pensamento de seus participantes unidos no interesse do bem, produzem uma força no ambiente espiritual de grandes consequências. Esse é o propósito da religião natural. Se o progresso moral é a finalidade do espírito, isso só pode ser alcançado em sociedade, pelo esforço coletivo de transformar a humanidade. Em seu sentido mais amplo, religião significa "um laço que religa os homens numa comunhão de sentimentos, princípios e de crenças (...). É nesse sentido que se diz religião política". A verdadeira religião natural religa os corações, identifica os pensamentos e as aspirações, não se baseia em compromissos materiais.

A teoria espírita, então, pretende, no sentido filosófico da religião natural, "como consequência da comunhão de objetivos e de sentimentos", unir todos os homens pela "fraternidade e a solidariedade, a indulgência e a benevolência mútuas. É nesse sentido que se diz também: a religião da amizade,[149] a religião da família", explica Kardec, e então questiona:

---

149 No século 19, eram expressões populares 'culto' ou 'religião' da amizade, usado também para religião da pátria, da família, da política. O escritor Joaquim Manuel de Macedo usou a alocução: "Na vida particular, o culto da amizade, e o amor da família erigidos em religião" (*Revista Trimestral do Instituto Histórico Geográfico do Brasil*, tomo 31, parte segunda. Rio de Janeiro: Garnier, 1868).

– Se assim é, dir-se-á, o espiritismo é, pois, uma religião?

E ele mesmo responde:

– Pois bem, sim! Sem dúvida, senhores; **no sentido filosófico**, o espiritismo é uma religião.

E explica:

– Porque é a doutrina que fundamenta os laços da fraternidade e da comunhão de pensamentos, não sobre uma simples convenção, mas sobre as bases mais sólidas: as próprias leis da Natureza.

E, continuando, pergunta:

– Por que, pois, declaramos que o espiritismo não é uma religião?

E então esclarece:

– Pela razão de que não há senão uma palavra para expressar duas ideias diferentes, e que, na opinião geral, a palavra religião é inseparável da de culto; que ela desperta exclusivamente uma ideia de forma, e que o espiritismo não a tem. Se o espiritismo se dissesse religião, o público não veria nele senão uma nova edição, uma variante, querendo-se, dos princípios absolutos em matéria de fé; uma casta sacerdotal com um cortejo de hierarquias, de cerimônias e de privilégios; não o separaria das ideias de misticismo, e dos abusos contra os quais a opinião frequentemente é levantada. (RE68, p. 234)

Para não trazer para o espiritismo todos os prejuízos de um falso entendimento sobre seu caráter, Kardec então conclui:

– O espiritismo, não tendo nenhum dos caracteres de uma religião, na acepção usual da palavra, não se poderia, nem deveria se ornar de um título sobre o valor do qual, inevitavelmente, seria desprezado; eis porque ele se diz simplesmente: Doutrina filosófica e moral. (*Ibidem*).

3.5.6 O movimento espírita inicial

Entre as primeiras pessoas que prontamente o espiritismo reuniu em seu surgimento, as suas ideias estavam presentes intuitivamente em suas mentes. Para elas, foi ele ser apresentado para que rapidamente fosse compreendido e aceito. Numa segunda fase, com o auxílio das pessoas mais esclarecidas, ele foi divulgado para as classes populares. Por fim, já nos seus últimos anos de pesquisa, no artigo "Golpe de vista retrospectivo sobre o movimento espírita" (RE67, p. 3), Kardec identificou um terceiro período, quando o trabalho mais difícil seria mostrar-se em meio às opiniões mais refratárias. Kardec apontou em sua pesquisa diversas categorias segundo as opiniões adotadas, marcando a proporção do número de pessoas que aceitam ou não aceitam o espiritismo em cada uma delas, considerando sua proporção de zero a dez.

Entre os indivíduos que fazem parte das mais variadas religiões, são completamente refratários ao espiritismo, não oferecendo ninguém que o aceite, as seguintes categorias: os fanáticos de todos os cultos. Os crentes satisfeitos com seus cultos e convictos de suas doutrinas. Os crentes ambiciosos, aqueles inimigos do progresso que perderiam o controle sobre os ignorantes.

Dentre os religiosos, os que em parte são acessíveis à teoria espírita se encontram entre:

- Crentes progressistas, que são ligados a um culto, mas admitem a possibilidade de progresso da religião e de que as crenças devem admitir a evolução das ciências (sim: 5 e não: 5).
- Crentes insatisfeitos, que, apesar de estarem ligados a uma religião, sua fé é indecisa ou nula quanto aos dogmas que não satisfazem sua razão. São atormentados pelas dúvidas (sim: 9 e não: 1).

O segundo grupo é o dos espiritualistas próprios da cultura do século 19 que separavam a moral natural das religiões positivas, e que não faziam parte de cultos, religiões ou seitas. Esse grupo admitia a existência de Deus e da alma, mas variavam quanto às suas teorias morais.

Entre os mais refratários espiritualistas estavam os que admitiam Deus, mas não tinham nenhuma convicção, nem uma ideia definida sobre o futuro (sim: 8 e não: 2).

Já os espiritualistas racionais, entre eles, os que aceitavam o pensamento eclético das ciências filosóficas, que também aceitavam as ideias de moral racional e religião natural, a proporção de aceitação era de (sim: 9, não: 1). A classe dos espíritas de intuição a que Kardec se referiu como os primeiros a aceitar o espiritismo (sim: 10 e não: 0).

Por fim, no grupo dos materialistas, os que são completamente refratários são os materialistas por sistema, os sensualistas que admitiam que todo conhecimento viesse pelos sentidos e a moral determinada pelo prazer e pela dor. Os negligentes, que vivem o aqui e agora, sem se preocupar com o futuro. Os livres-pensadores incrédulos, que negam a metafísica. E os panteístas, que acreditam em Deus como única substância.

Todavia, entre os materialistas, há uma categoria em que quase todos aceitam o espiritismo quando o compreendem. São os incrédulos por falta de algo melhor. A maioria deles abandonou a fé e abraçou a incredulidade por não encontrar nas crenças que aceitavam um apoio satisfatório para sua razão, mas a incredulidade deixava um vazio que eles preferiam preencher, entre eles (sim: 9 e não: 1).

Estudando esses números, e fazendo a proporção de seus números, chegamos a uma interessante proporção em cada grupo:

Entre os religiosos, 74% são refratários, pois admitem a fé cega, e somente 26% aceitam o espiritismo, sendo os que não admitem dogmas que confrontam a razão e admitem a evolução das ciências.

Entre os materialistas, 83% são totalmente refratários à teoria espírita, no entanto, entre os incrédulos que abandonaram sua fé por não se associar à razão, aceitam a fé racional espírita e sua teoria moral.

Quanto aos espiritualistas, entre os espiritualistas racionais, grupo que havia se instruído pelas ciências filosóficas nas escolas e faculdades francesas, surpreendentes 80% aceitavam o espiritismo e apenas 20% lhe eram refratários.

Diante dessa sua pesquisa, Kardec considerou que, se admitirmos a igualdade numérica entre essas diferentes categorias, a parte das pessoas refratárias representa metade da população.

Mas se considerarmos a metade que aceita o espiritismo, chegamos a um panorama do movimento espírita em 1867, onde, em números aproximados:

- 64 % eram espiritualistas racionais.
- 20 % vinham das religiões, mas não aceitavam a fé cega.
- 16 % eram incrédulos que desejavam uma fé racional.

Portanto, a maioria dos espíritas participantes do movimento espírita da época de Kardec, antes mesmo de conhecer o espiritismo, já aceitava a autonomia moral, conhecia os estudos psicológicos e os ensinamentos das ciências filosóficas.

Segundo Kardec, esses foram os frutos da reação espiritualista, que permitiu a criação de diversos sistemas, e, ele afirma, "se todos esses sistemas não chegaram à verdade completa, é incontestável que vários dela se aproximaram ou a roçaram". No entanto, eles trouxeram à França do século 19 o tema, "e a discussão que dele foi a consequência, preparou o caminho, dispondo os espíritos a essa espécie de estudo". Enfim, "foi nessas circunstâncias, eminentemente favoráveis, que chegou o espiritismo" (RE63, p. 196).

PARTE 4:
TEORIA ESQUECIDA

Ora, essa primeira ideia todos a podiam ter, como nós. Quanto à Teoria dos Espíritos, não cremos que jamais haja acudido à mente de quem quer que seja. Sem dificuldade se reconhecerá quanto é superior à que esposávamos, se bem que menos simples. (LM, p. 77)
Allan Kardec

O médico Franz Anton Mesmer, criador da ciência do Magnetismo Animal

4.1 ELABORAÇÃO DOS PRINCÍPIOS FUNDAMENTAIS

Allan Kardec estava preparado para uma difícil, longa e meticulosa tarefa ao elaborar as obras do espiritismo. Os espíritas que acompanharam o surgimento do espiritismo com a publicação de O Livro dos Espíritos em 1857 não encontraram a mesma obra que hoje lemos. Em sua primeira edição, em sua formação inicial, ela tinha menos da metade das questões, exatamente 501, divididas em 24 capítulos e três partes. No entanto, quando esse livro chegou às mãos das centenas de grupos que experimentavam de forma isolada a comunicação com os espíritos, espalhados pela França e outros países do mundo, causou uma verdadeira revolução em seus propósitos. Era comum a satisfação da curiosidade quando se buscava demonstrações mediúnicas de uma inteligência espiritual por diálogos espirituosos, conselhos da vida cotidiana, joguetes, rimas e também, aqui ou ali, respostas a questões culturais inquietantes.

O Livro dos Espíritos mudou do dia para a noite o interesse, a audiência e a conduta dos grupos sérios. Nele, Kardec explicava que a intenção e a dedicação das pessoas que participavam dos grupos determinavam que tipo de espíritos seriam atraídos por seu interesse. Quem quisesse brincar, lidaria com almas jocosas. Os curiosos displicentes receberiam espíritos dispostos a manipular suas crenças. Mas quem se dedicasse a um estudo sério, caracterizado pela continuidade e o desejo de aprender, iria se admirar ao obter respostas sensatas a questões complexas sobre metafísica, ciência, psicologia e moral, a partir do esboço inicial da doutrina oferecido pela obra.

O livro de Kardec proporcionava explicações teóricas e práticas quanto à mediunidade e à postura adequada dos médiuns, além de uma teoria derivada dos ensinamentos dos espíritos superiores, estabelecida em seus princípios fundamentais, como um roteiro para dirigir os debates entre os pesquisadores e os diálogos com os espíritos.

Quando esses conceitos espíritas chegaram aos grupos, encontraram pessoas de diversas condições sociais e graus de instrução. Diversos deles contavam, entre seus pares, com conhecedores especializados de diversas áreas de conhecimento. Kardec sabia que se cada centro permanecesse isolado, apreciando os fatos a partir de seu ponto de vista e crenças anteriores, surgiriam tantas teorias parciais quanto os grupos existentes. Os espíritos superiores, numa invasão inteligente, dividiram os assuntos de estudo e de observação entre os grupos sérios, segundo sua capacidade e familiaridade com os temas. Desse modo, como o ensino deveria ser coletivo e não individual, em nenhum lugar ele foi dado de forma completa, de tal forma que "cada centro encontra, nos outros centros, o complemento daquilo que obtém", e só o "conjunto, a coordenação de todos os ensinos parciais é que constituíram a doutrina espírita" (RE67, p. 188).

Naquele momento, o professor Rivail já havia organizado a Sociedade de Paris, lançando em janeiro de 1858 a primeira *Revista Espírita*, que seria o órgão de comunicação com as centenas de grupos participantes. Era preciso agrupar os fatos esparsos e deduzir sua correlação, reunir as diversas comunicações dadas pelos espíritos, compará-las, analisá-las, encontrando analogias e também suas diferenças. Todo esse trabalho também tinha o objetivo de distinguir, pela universalidade do ensino dos espíritos, as opiniões dos espíritos mais simples da uniformidade do ensino geral. A Sociedade Parisiense se formou como centro de convergência e elaboração da doutrina de uma forma natural, sem premeditação, com a missão de pesquisar cientificamente, ou seja, "independente de toda ideia preconcebida, de todo preconceito de seita, resolvido a aceitar a verdade tornada evidente, devesse ela ser contrária às suas opiniões pessoais" (*Ibidem*).

Dessa forma, *O Livro dos Espíritos* fez o espiritismo entrar no caminho filosófico pelas consequências morais dos fatos, sendo o ponto de união dos trabalhos individuais. Mas essa sua aclamação só ocorreu porque os centros encontraram uma explicação racional para suas aspirações, pois quando questionavam os espíritos superiores, encontravam a confirmação de seus princípios, garantindo uma coesão em torno dos princípios fundamentais. Por outro lado, essa unidade sólida afastava, por uma seleção natural, aqueles que se prendiam a crenças próprias, seguiam espíritos falsos profetas ou se moviam por interesse:

> É notável que, de todos os grupos que se formaram com a intenção premeditada de fazer cisão proclamando princípios divergentes, do mesmo modo que aqueles que, por razões de amor-próprio ou outras, não querendo se submeter a regras gerais, acreditaram-se fortes para caminhar sozinhos, iluminados o suficiente para prescindir de conselhos, nenhum chegou a constituir uma unidade preponderante e viável; todos se extinguiram ou vegetaram na sombra. (*Ibidem*, p. 189).

Desde a *Sociedade* de Paris, havia uma dupla corrente de informações: uma, do centro para os pontos extremos da grande rede de grupos, e outra, de cada grupo para o centro. A *Revista Espírita*, mensalmente, foi o instrumento desse trabalho contínuo, apresentando o progresso como um laboratório que permite exames, esboços e testes, onde as teorias ainda hipotéticas podiam ser confirmadas ou falseadas. Segundo Kardec, "A *Revue* muitas vezes representa para nós um terreno de ensaio, destinado a sondar a opinião dos homens e dos espíritos sobre alguns princípios, antes de admiti-los como partes constitutivas da doutrina" (G, p. 13). Quando uma hipótese já se encontrava suficientemente elaborada, os espíritos comunicavam-na como princípio, ao mesmo tempo, nos mais diversos grupos, permitindo estabelecê-la como fundamental pela universalidade do ensino.

Em 1860, *O Livro dos Espíritos* recebia a sua segunda edição revisada e ampliada. Seu conteúdo mais que dobrou, contendo 1.019 questões, separadas entre 29 capítulos e quatro partes. Além da nova estruturação de temas, o professor informou: "Esta reimpressão pode então ser considerada como uma 'obra nova', embora os princípios não tenham sofrido qualquer mudança; há um pequeno número de exceções, que são mais complementos e esclarecimentos que verdadeiras modificações" (RE60, p. 67). Ou seja, o esboço inicial de 1857, elaborado com o auxílio de mais de dez médiuns, tornava-se agora uma obra nova, estabelecida coletivamente pela colaboração entre os espíritos superiores e homens, em centenas de centros independentes, que chegaram a mil, pela coordenação da Sociedade Parisiense, sancionada pela universalidade, formando uma base sólida, um alicerce fundamental da teoria dos espíritos oferecida ao mundo como a primeira abordagem científica da metafísica bem-sucedida do mundo moderno.

Trilhando esse caminho, a "doutrina espírita" continuou se estabelecendo no transcorrer das *Revistas* e, sucessivamente, quando o progresso permitia concluir a formação de um grupo de temas afins, Kardec publicava obras complementares. Os livros receberam em seu título o complemento "segundo o espiritismo", "porque estávamos certos da conformidade delas com o ensino geral dos espíritos". Mas é muito importante destacar que, como o professor alertou na introdução de *A Gênese*, é preciso distinguir quando um assunto, mesmo transcrito nessas obras, permanecia ainda como hipótese e não como princípio fundamental:

> O mesmo sucede com esta obra [A Gênese], que podemos, por motivos semelhantes, apresentar como complemento das que a

precederam, com exceção, todavia, de algumas teorias ainda hipotéticas, que tivemos o cuidado de indicar como tais e que devem ser consideradas simples opiniões pessoais, enquanto não forem confirmadas ou contraditadas, a fim de que não pese sobre a doutrina a responsabilidade delas. (G, p. 13)

Por tudo isso, não é possível fazer uma abordagem teológica das obras do espiritismo como se fossem diretamente revelações divinas. Retirar frases do contexto, como fazem os teólogos com a Bíblia, considerando-as sentenças da verdade, pela natureza das obras de Kardec, pode levar a grandiosos enganos. Os profetas do passado, como Moisés, Davi e Maomé, em transe e inspirados pelos espíritos que deles se serviam, grafaram seus textos como médiuns únicos de seus livros. As obras de Kardec são dinâmicas, em constante elaboração, dirigidas pelos espíritos superiores de forma progressiva para permitir o entendimento de seus milhares de colaboradores a cada passo de sua constituição. Surgiram no momento certo do progresso científico da humanidade. Em espírito, o filósofo francês Lavater explicou essa condição especial do espiritismo, que o difere das anteriores revelações espirituais:

> Os espíritos, dos quais sou feliz hoje de fazer parte, (...) estudam, observam, e seus estudos podem, incontestavelmente, ser maiores, mais vastos do que os estudos dos homens; mas, no entanto, eles partem sempre dos conhecimentos adquiridos, e do ponto culminante do progresso moral e intelectual do tempo e do meio onde os homens vivem. (RE68, p. 91)

Ou seja, se os espíritos mensageiros divinos vêm nos dar "instruções de uma ordem mais elevada, é que a generalidade dos seres que a recebem está no estado de compreendê-las". Uma comunidade de pessoas preparadas para entender os ensinos foi condição fundamental para o sucesso do espiritismo. E para respeitar o processo de amadurecimento desse público, os primeiros princípios só foram complementados na hora adequada, pela avaliação dos espíritos que conduziam esse processo, como explica o espírito Lavater:

> O espiritismo não foi revelado prontamente; como toda coisa saída das mãos de Deus, ele se desenvolve progressivamente, lentamente, seguramente. Ele esteve em germe no primeiro germe das coisas, e cresceu com esse germe até que estivesse bastante forte para

se subdividir ao infinito, e espalhar por toda a parte sua semente fecunda e regeneradora. (*Ibidem*).

Os espíritos conduziram a elaboração da doutrina espírita com a dedicação de quem cuida de um frágil broto nos momentos iniciais de sua germinação. Mais do que os homens, eles sabiam da importância futura desse trabalho, como testemunha Lavater: "É por ele que sereis felizes, que será assegurada a felicidade dos povos; que digo eu? A felicidade de todos os mundos" (*Ibidem*, p. 92). Pois, como a lei da gravidade descoberta por Newton vale para qualquer orbe do Universo, as leis morais naturais que nos foram ensinadas pela doutrina espírita valem para a humanidade universal. Em nosso mundo, a felicidade virá "porque o espiritismo, palavra que eu ignorava, está chamado a fazer grandes revoluções!". Mas a revolução espírita não se compara às tentativas guerreiras de se impor o cristianismo, conclui o espírito:

> Tranquilizai-vos! Essas revoluções não ensanguentarão jamais a sua bandeira; são as revoluções morais, intelectuais; revoluções gigantescas, mais irresistíveis do que aquelas que são provocadas pelas armas, pelas quais tudo é de tal modo chamado a se transformar, que tudo o que conheceis não é senão um fraco esboço daquilo que elas produziram. (*Ibidem*)

Atualmente, quando pegamos em nossas mãos essas obras grandiosas e determinadas a colaborar para a transformação moral da humanidade, a recomendação final de Lavater faz ainda mais sentido: "O espiritismo é uma palavra tão vasta, tão grande, por tudo que ele contém, que me parece que um homem que não lhe conhecesse toda a profundidade não a poderia pronunciar sem respeito".[150]

4.1.1 Estabilidade e unidade do espiritismo

O espiritismo trata dos mais diversos temas, mas não sobre tudo, de tal forma que, segundo Kardec afirmou em 1865, "esse ensino não está ainda completo,

---

[150] Nas últimas décadas, inúmeras obras divergentes dos princípios fundamentais do espiritismo foram publicadas com denominação de espíritas. Quando não apresentam conteúdo banal, trazem contradições e falsos princípios, o que denuncia sua origem por espíritos falsos-profetas, levianos ou simplesmente ignorantes da ciência dos espíritos. Por outro lado, indivíduos entusiasmados com a amplidão do público espírita, precipitam-se com pouco estudo a fazer palestras, seminários e obras de divulgação permeadas de opiniões, menções a pessoas e crenças incompatíveis com a doutrina dos espíritos.

e não se deve considerar o que deram até este dia senão como os primeiros degraus da ciência". Ela se encontra num nível básico tal que "pode-se compará-lo às quatro regras por relação aos matemáticos, e não estamos nele ainda senão nas equações de primeiro grau".

Por mais lenta que se considere a marcha do espiritismo diante de temas atuais ainda não abordados pelos princípios fundamentais, podemos oferecer somente opiniões pessoais. Isso porque, já alertava Kardec, "não foram os homens que fizeram a doutrina espírita o que ela é" e, estendendo ao futuro, afirmou que "nem farão o que será mais tarde". Quem a estabeleceu "foram os espíritos por seus ensinos: os homens não fizeram senão colocar em obra e coordenar os materiais que lhe são fornecidos". Como não há ninguém que tenha autoridade para falar em nome da doutrina, também não o é por um só espírito,

> segue-se que a opinião de um espírito sobre um princípio qualquer não é considerada pelos espíritos senão como uma opinião individual, que pode ser justa ou falsa, e não tem valor senão quando é sancionada pelo ensino da maioria dos espíritos superiores, dado em diversas partes do mundo. O que pode ocorrer quando uma ideia falsa for admitida? Responde o professor: pode, sem dúvida, agrupar ao seu redor alguns partidários, mas não prevalecerá jamais contra aquela que é ensinada por toda a parte. (RE65, p. 198-199).

Mesmo em seu tempo, o espiritismo, que trata de questões tão importantes para a humanidade, colocava inevitavelmente em ebulição a imaginação, onde cada um via as coisas do seu ponto de vista. Mas se diversos sistemas eclodiram no início, todas as falsas opiniões ruíram diante da força do ensino geral. Dessa forma, chegamos à conclusão, com Kardec, de que "o espiritismo possui, pois, um elemento de 'estabilidade' e de 'unidade' que tira **de sua natureza e de sua origem**".

Portanto, será sempre sua natureza e sua origem "o escudo contra o qual virão sempre se quebrar todas as tentativas feitas para derrubá-lo ou dividi-lo". Dessa forma, "essas divisões", em qualquer tempo, "não podem jamais ser senão parciais, circunscritas e momentâneas" (*Ibidem*).

Atualmente, a *natureza* adequada ao ensino progressivo dos espíritos superiores se perdeu. Não há mais uma rede de médiuns independentes, assistidos por grupos dotados de um amplo conhecimento de toda a obra de Kardec, que permitiriam a iniciativa dos espíritos superiores em promover o progresso da doutrina espírita.

Em 1866, quando o professor Rivail estava se esgotando, pelo volume de trabalhos, incluindo a vasta correspondência à qual dava atenção especial, respondendo uma a uma, desdobrando-se ao ponto de afetar sua saúde, preocupado em não atrasar o progresso da doutrina, em espírito, o homeopata doutor Demeure dirigiu-lhe a palavra por um médium: "Não falo somente em meu próprio nome, sou aqui o delegado de todos esses espíritos que contribuíram tão poderosamente para a propagação do ensino pelas suas sábias instruções", e então esclareceu:

> Eles vos dizem, por meu intermédio, que o retardamento que pensais nocivo ao futuro da doutrina é uma medida necessária em mais de um ponto de vista, seja porque certas questões não estão ainda completamente elucidadas, seja para preparar os espíritos a melhor assimilá-las. É preciso que outros tenham desbravado o terreno, que certas teorias tenham provado a sua insuficiência e fazer um maior vazio. Em uma palavra, o momento não é oportuno; poupai-vos, pois, porque quando disso for o tempo, todo o vosso vigor de tempo e de espírito vos será necessário. (RE66, p. 101)

Mesmo Rivail, como outros homens desde sua época, preocupa-se com o desenvolvimento do espiritismo, mas ele não tem nada de humano, ele é uma força da Natureza, sua grandeza é universal. Não depende de movimentos humanos, nem de instituições. Os espíritos que o conduzem é que exclusivamente o dirigem. Portanto, "de que serve correr? Não vos foi dito, muitas vezes, que cada coisa virá a seu tempo e que os espíritos propostos ao movimento das ideias saberiam fazer surgir circunstâncias favoráveis quando o momento de agir tiver chegado?":

> O espiritismo não foi, até aqui, o objeto de muitas diatribes e levantou-se bem das tempestades! Credes que todo movimento seja apaziguado, que todos os ódios sejam acalmados e reduzidos à impossibilidade? Desenganai-vos; o cadinho depurador não rejeitou ainda todas as impurezas; o futuro vos guarda outras provas e as últimas crises não serão as menos penosas a suportar. (*Ibidem*)

Enquanto se aguarde esse momento, considerando que hoje não se reconhece a **natureza** necessária para seu progresso, recomenda-se todo esforço reunido no sentido de recuperar-se a doutrina espírita, assim como todo o valor de sua **origem**. Mas a leitura atual das obras de Kardec pede necessariamente uma interpretação adequada dos seus textos, sem incorrer em equívocos históricos e conceituais, pois foram escritos na segunda metade do século 19, um ambiente científico, filosófico e moral completamente diferente de nossos tempos.

Por muito tempo, a ciência seguiu uma interpretação ingênua, ainda muito difundida, de que a compreensão do conhecimento científico se refere a uma verdade absoluta; que a imaginação e a criatividade do cientista não participam das descobertas que seriam induzidas de milhares de experimentos repetidos em laboratório, um "método científico" infalível e único; os cientistas seriam gênios isolados, acima de seu tempo. Dessa forma, adota-se uma visão dogmática, fechada, uma ciência independente da cultura de seu tempo.

Uma visão moderna da ciência, por outro lado, demonstra que o conhecimento científico tem uma natureza conjetural. Depende das evidências experimentais, mas nasce de uma teoria inovadora, contando com a criatividade dos cientistas envolvidos. Não há uma só maneira de se fazer ciência; os métodos devem se adequar aos objetos de seu estudo. Na construção do conhecimento científico, os questionamentos, as dúvidas, as tentativas de refutação são contribuições necessárias para a sucessão evolutiva das teorias. As tradições da cultura e as questões sociais do momento e lugar em que a ciência se desenvolve se afetam mutuamente. Todos esses entendimentos sobre a natureza da ciência foram contribuições de filósofos como Karl Popper, Gaston Bachelard, Imri Lakatos, Thomas Kuhn, entre muitos outros. Esses estudiosos demonstraram a importância de uma compreensão da história evolutiva das teorias científicas, exigindo uma revisão das obras que tratavam do passado de forma ingênua, desconsiderando tudo o que não fosse diretamente relacionado com as teorias atualmente aceitas.[151]

Como afirma o pesquisador brasileiro Roberto de Andrade Martins, "os livros científicos didáticos enfatizam os resultados aos quais a ciência chegou", como as teorias atualmente aceitas, "mas não costumam apresentar alguns outros aspectos da ciência", como: de que modo as teorias e conceitos se desenvolvem? Quais ideias que não aceitamos hoje em dia eram aceitas no passado? Quais as relações entre ciência, filosofia e religião? Qual a relação entre o desenvolvimento do pensamento científico e outros desenvolvimentos históricos que ocorreram na mesma época? E, então, Martins comenta: "Nos últimos 50 anos,

---

151 Por esse motivo, em virtude do materialismo amplamente aceito nos meios acadêmicos, teorias como a doutrina espírita são desprezadas por seu contexto espiritualista e consideradas pseudociência. Quando a academia abandonar seu dogmatismo, a postura materialista será tida como uma teoria hipotética (como realmente é) e, por isso, impossível de ser provada. Nesse momento, a teoria espiritualista poderia ser considerada como teoricamente possível, podendo ser pesquisada como inserida na história da ciência, que é exatamente a posição que estamos adotando nesta obra.

o trabalho dos historiadores da ciência demoliu certas concepções ingênuas sobre as ciências, e nos abriu os olhos para podermos ver o que de fato ocorre na pesquisa científica. Infelizmente, esse novo conhecimento ainda não se difundiu adequadamente" (SILVA, 2006, p. 20).

A pesquisa da história e da filosofia da ciência, continua Martins, "além de poder ajudar a transmitir uma visão mais adequada sobre a natureza da ciência, a história das ciências, pode auxiliar no próprio aprendizado dos conteúdos científicos" (*Ibidem*, p. 21).

Desse modo, os estudos que demonstram a evolução conceitual histórica da ciência em seu processo evolutivo, considerados fundamentais para a apreensão da ciência, tornam-se imprescindíveis para a compreensão do espiritismo. As perguntas sobre as teorias aceitas no passado sobre as relações entre ciência, filosofia e religião, e suas relações culturais, estão presentes de fato nas obras de Allan Kardec. Isso porque os espíritos superiores, para oferecer seus ensinos, e Kardec, para explicar esses princípios de forma acessível para os espíritas, fizeram uso dos conceitos disponíveis nas mais diversas ciências de seu tempo. Há um diálogo presente em todas as suas obras e também na *Revista*, entre os princípios espíritas e as teorias, seus conceitos, até mesmo os termos técnicos utilizados pela ciência no século 19. Esse cenário está muito distante da realidade atual, considerando as amplas revoluções científicas do século passado, em virtude de descobertas como da relatividade, física quântica, fisiologia, neurociências, evolução das espécies, entre tantas outras.

Desse modo, qual a correlação entre os ensinamentos dos espíritos e as ciências de sua época? Quando Kardec fez uso de analogias para expressar as descrições dos espíritos sobre a matéria de seu mundo, por exemplo, ele se valia de fundamentos conceituais da física, química, biologia, ciências filosóficas e demais especializações de seu tempo. Também os espíritos, quando respondiam a perguntas específicas sobre movimentos, transmissão de informações, substâncias, utilizavam os termos e teorias presentes no ensino normal dessas disciplinas, quando seus conceitos eram adequados ao que desejavam ensinar. Essa foi uma exigência natural e inevitável, pois os fenômenos que os espíritos vivenciam estão fora de nossa compreensão direta.

Muitos termos utilizados em seus livros e artigos são jargões científicos da ciência espírita, como perispírito, psicografia, efeitos físicos, espíritos puros, entre tantos outros. Mas outros são termos científicos correntes daquela época, como da física (fluidos, fluido elétrico, calórico, matéria imponderável), da química (afinidade molecular, coesão, elementos primitivos), da fisiologia (fluido vital, fluido elétrico animalizado, princípio vital, moléculas orgânicas), da filosofia (senso moral, ciências filosóficas, espiritualismo racional, regeneração da humanidade). Quando conhecemos essa particularidade do vocabulário utilizado por Kardec, surgem as seguintes questões: eles podem ser traduzidos por termos modernos sem que se prejudique o entendimento dos textos espíritas, por exemplo, substituindo calórico por calor, ou fluido por energia? Absolutamente, não! Esses termos fazem parte da cultura geral do século 19, independentemente das obras espíritas, e utilizadas em todo o mundo pelas comunidades científicas, dessa forma estão presentes em fontes históricas daquele século, como jornais, revistas e também nos livros e manuais didáticos de todos os níveis, desde as escolas às universidades.

Além disso, alguns raciocínios conceituais utilizados nas analogias criadas por Kardec e pelos espíritos para explicar as coisas desconhecidas do mundo espiritual são inerentes às teorias aceitas naquele tempo e que esses termos representam, ficando sem sentido se substituídos por termos atuais.

Uma das analogias criadas por Kardec foi para que se compreendesse como Deus pode estar em toda parte, não sendo como um velho em algum lugar do céu. Para propor a imagem desconhecida de um fluido inteligente universal que tudo penetra, ele fez uma analogia com o que era conhecido na época, o "fluido calórico", se fosse inteligente (RE66, p. 87). A intenção de Kardec, ao criar essa analogia, não foi utilizar o significado de calor (que é o estado do que está quente, uma medida de temperatura), mas sim da figura abstrata proposta pela teoria científica do "fluido calórico", que se ensinava nas escolas, conhecida por todos, portanto fazendo parte da linguagem corrente.

A física adotava o termo "calórico" para explicar o fenômeno do calor como se fosse um gás elástico composto de átomos sem peso, espalhados de forma uniforme por todo o Universo e que a tudo penetrava. A analogia de Kardec fazia uso de um conceito conhecido do público para levá-lo a compreender como a percepção de Deus poderia ser onipresente em todo o Universo. No entanto, em nossos dias, caso substituíssemos no texto de Kardec os termos originais para simplificá-lo, resultaria no seguinte:

"Deus pode estar por toda a parte, como seria o 'calor', se fosse inteligente". Tente meditar sobre essa frase. Com essa adaptação ela não faz nenhum sentido!

O correto está em recuperar o significado original.

Infelizmente, pouco se encontra sobre esses esquecidos termos científicos nos livros didáticos, enciclopédias e livros de divulgação científica. Essas obras secundárias não costumam discorrer sobre teorias tão antigas. A saída está em recorrer à literatura especializada de história da ciência e em artigos científicos, ou empreender uma pesquisa diretamente nas fontes primárias, que são todas as fontes da pesquisa histórica impressa, manuscrita, oral ou visual, que tratam do tema investigado de modo direto, como jornais, revistas, depoimentos, livros, manuais, obras didáticas, artigos, certidões, correspondências, documentos oficiais, produzidos no período em questão.

Encontra-se a definição de fluido calórico, por exemplo, na obra do membro da Academia de Ciências da França François-Sulpice Beudant, *Cours des Sciences Physiques*, de 1824. Na física chamavam-se fluidos as substâncias elásticas e expansíveis como as "aeriformes": que hoje chamamos gases. E, por semelhança, considerava-se a existência de fluidos imponderáveis espalhados por toda parte (eram quatro: fluido luminoso, fluido elétrico, fluido magnético e fluido calórico) para explicar os fenômenos da luz, eletricidade, magnetismo e calor. Beudant definia o "calórico" como "um fluido elástico, matéria imponderável, sumamente sutil que penetra todos os corpos com a maior facilidade, e que se supõe ser a causa de todos os fenômenos do calor" (*Op. cit.*, 92). Já o engenheiro e professor da Escola Politécnica de Paris, Gabriel Lamé, em sua obra *Cours de Physique de L'École Polytechnique*, de 1836, explicava: "A hipótese do fluido calórico compreende o calor como uma matéria muito sutil e imponderável, um fluido capaz de se combinar em maior ou menor grau com as moléculas ponderáveis [da matéria comum]". Todos esses termos pertenciam ao vocabulário adotado pela física daquele século.

Com essas definições, fica mais fácil compreender o que Kardec quis que seus leitores compreendessem, ao afirmar:

> A imagem de um fluido inteligente universal, evidentemente, "não é senão uma comparação", mas própria para dar uma ideia mais justa de Deus do que os quadros que o representam sob a figura de um velho com longa barba, coberto com um manto. Não podemos tomar nossos pontos de comparação senão nas coisas que conhecemos; é por isto que se diz todos os dias: o olhar de Deus, a mão de Deus, a voz de Deus, o sopro de Deus, a face de Deus. Na infância da humanidade, o homem toma suas comparações pela letra; mais tarde, seu espírito, mais apto a agarrar as abstrações, espiritualiza as ideias materiais. A de um fluido universal inteligente, penetrando tudo, como seria o fluido luminoso, o fluido calórico, o fluido elétrico ou qualquer outro, se fossem inteligentes, tem por objeto fazer compreender a possibilidade para Deus de estar em toda a parte, de se ocupar de tudo, de velar sobre um ramo de planta como sobre os mundos. Entre ele e nós a distância está suprimida; compreendemos sua presença,

e este pensamento, quando nos dirigimos a ele, aumenta a nossa confiança, porque não podemos mais dizer que Deus está muito longe e é muito grande para se ocupar de nós. (RE66, p. 87)

A história da ciência é uma disciplina complexa, explica a professora de pós-graduação em história da ciência (PUC/SP) Lilian Al-Chueyr: "Ela é descritiva, porém deve utilizar a terminologia adequada que normalmente ela retira da filosofia da ciência". Se é descritiva, como procede a história, seu conteúdo, porém, "não deve permanecer somente na descrição, mas deve ir além, oferecendo explicações e discutindo cada contribuição dentro de seu contexto científico".[152]

As próprias obras de Kardec são fontes primárias antigas o suficiente a fim de que os cuidados da história da ciência sejam necessários para sua correta compreensão.

Primeiramente, considera a doutora Lilian Al-Chueyr, nunca se deve confiar inteiramente nas traduções, pois muitas vezes ocorreram erros. Em nosso assunto, por exemplo, em várias edições de suas obras traduzidas para o português, em algumas frases nas quais Kardec empregou a palavra *calorique*,[153] ou "calórico" de "fluido calórico", ela foi traduzida simplesmente por "calor" (*chaleur*). E existem muitos outros erros de tradução que pedem uma consulta direta aos originais em francês, para eliminar as dúvidas.

Outro problema apontado pela doutora Lilian está na interpretação histórica de *whig* ou *whiggismo*:

> Neste caso, o historiador da ciência vai procurar no passado somente o que se aceita atualmente, ignorando completamente o contexto da época. É o caso da busca de precursores, ou de procurar em pesquisadores mais antigos conceitos que foram desenvolvidos muito depois. Por exemplo, tentar associar o conceito de gene construído pela biologia molecular após 1930, com o trabalho de Mendel. (...) O ideal seria que o historiador da ciência procurasse se familiarizar com a atmosfera da época que está estudando sem perder de vista o que veio depois. (PEREIRA, 2005, p. 314)

---

152   MARTINS, Lilian Al-Chueyr Pereira. História da ciência: objetos, métodos e problemas. *Ciência & Educação*, v. 11, n. 2, p. 305-317, 2005.

153   Como em *La genese*, capítulo VII, item 17, "Par suite du rayonnement du *calorique*, il est arrivé ce qui arrive à toute matière en fusion".

As obras primárias de Kardec são o único meio de se conhecer o espiritismo em sua origem e elas têm sido estudadas atualmente em milhares de centros espíritas, por meio de cursos, apostilas, aulas e palestras. Todavia, sem os recursos da história da ciência, muitos desses estudos ignoram amplamente o contexto da época. Os termos da ciência do século 19, como "matéria imponderável" e "fluido", que pertenciam ao vocabulário corrente da ciência, como descrevemos, e que eram utilizados por Kardec somente como analogia – são ingenuamente assimilados como se tivessem sido criados pelos espíritos, e equivocadamente ressignificados como parte do vocabulário da ciência espírita. Por outro lado, outros conceitos provenientes de doutrinas divergentes e de obras incompatíveis com o espiritismo são ensinadas como conceitos espíritas apenas pela semelhança de seus temas e termos, como veremos mais à frente.

Usando os recursos da história da ciência e fontes primárias do século 19, pretendemos recuperar também os conceitos da física dos tempos da doutrina espírita, o que nos permitirá compreender as analogias criadas por Kardec, alcançando, enfim, uma descrição adequada da física do mundo espiritual, conforme os ensinamentos originais dos espíritos superiores presentes nas obras de Allan Kardec.

4.1.2 Equívoco das interpretações contraditórias

A prática de destacar frases das obras de Kardec como citação para explicar o que é o espiritismo pode levar a grandes equívocos e contradições. Vamos examinar um exemplo quanto à **necessidade de um diploma** para o espírita.

Kardec afirmou: "A qualidade de espírita (...) é possível estabelecer-se [por] um formulário de profissão de fé e a adesão, por escrito, a esse programa será testemunho autêntico da maneira de considerar o espiritismo" (OP, p. 369). Quem assinar esse documento será "espírita declarado", permitindo unir os adeptos numa grande família.

No entanto, em outro texto, o professor assegura: "Quem partilha nossas convicções da existência e manifestação dos espíritos, e das consequências morais decorrentes, é espírita de fato, sem ter necessidade de estar inscrito num registro de matrícula ou de receber um diploma" (RE64, p. 130).

O espiritismo, por princípio, pertence à humanidade:

> Os espíritas, que não são registrados em nenhuma parte como tais, e dos quais nenhum diploma constata a crença; há-os em todas as

classes da sociedade, em todas as profissões, em todos os cultos, e em nenhuma parte constituem uma classe distinta. (...) O espiritismo não forma e não deve formar classe distinta, uma vez que se dirige a todo o mundo; por seu próprio princípio ele deve estender a sua caridade indistintamente, sem perguntar da crença, porque todos os homens são irmãos. (RE66, p. 143)

A aparente contradição é fácil de resolver quando constatamos que a primeira citação, que propõe o diploma, está em *Obras Póstumas*, que não foi publicada por Kardec, mas editada por Pierre-Gaëtan Leymarie, em 1890, vinte anos depois da morte de Rivail, por meio de manuscritos encontrados entre os pertences do seu escritório. O trecho em questão foi retirado do artigo "Constituição do espiritismo", que Kardec publicou editado na *Revista Espírita* de dezembro de 1868 como "Constituição transitória do espiritismo".

Esse manuscrito é realmente uma fonte primária rara e documentos como esse são de grande valor para a história, como explica a doutora Cibelle Celestino Silva, especialista em história da ciência: "Do ponto de vista historiográfico, o uso de manuscritos permite buscar informações que podem ter sido ignoradas por outros historiadores e que, muitas vezes, não aparecem nos livros e artigos científicos publicados, como erros, mudanças de ideia, especulações ou hipóteses posteriormente abandonadas".[154]

No entanto, é preciso muito cuidado para fazer uso desses textos, pois, como ocorreu neste caso, o trecho de *Obras Póstumas* representa exatamente uma mudança de ideia, abandonada quando de sua efetiva publicação, não representando o pensamento que Kardec pretendia tornar público, como depois deixou claro por diversas vezes. Certamente, como todos os textos publicados nessa obra não tiveram a revisão do autor, deveria constar nas edições desse livro um esclarecimento didático sobre o uso historiográfico adequado dos manuscritos.

Outra questão que causa polêmica, quando não é considerada a natureza do espiritismo como diálogo entre a cultura humana e o ensino dos espíritos, é a interpretação do artigo "Perfectibilidade da raça do negro", publicado na *Revista Espírita* de abril de 1862.

A questão do artigo é sobre a opinião supersticiosa de origem religiosa, de que a raça negra não é perfectível porque estaria "votada por Deus a uma eterna inferioridade". Esse preconceito ainda se justificava, tentando livrar a

---

154 Citado em: RAMOS, Carolina. Na busca por obras raras, não existem fronteiras. *ComCiência*, Campinas, n. 127, abr. 2011.

consciência daqueles que, nas Américas, exploravam a escravidão. Desse modo, afirma Kardec, "a consequência é que é inútil se preocupar com ela, e que é preciso se limitar a fazer do negro uma espécie de animal doméstico adestrado para a cultura do açúcar e do algodão". Diante de tal preconceito, por uma questão de humanidade e também pelo interesse social, segundo o professor esse tema exige "um exame mais atento: é o que iremos tentar fazer".

Do dogma católico, não admitindo a preexistência da alma, mas a criação de uma alma nova no nascimento de cada corpo, resulta que Deus criou homens selvagens num lugar e em outro, almas capazes de se tornarem santas. Em que se tornam elas depois da morte? São tratadas do mesmo modo que aquelas que têm consciência do Bem e do Mal? Isto não seria nem justo nem racional (RE66, p. 33).

O que nos diferencia dos animais, considera Rousseau, é a perfectibilidade da alma, que ajudada pelas circunstâncias, desenvolve todas as outras faculdades, residindo tanto nos indivíduos quanto na espécie. Esse pensamento filosófico afirma o oposto do preconceito religioso sobre o negro. No entanto, se considerarmos o senso comum de que o ponto de partida da alma está na vida atual, porque um nasce como selvagem e outro como cientista? Kardec responde que:

> Não chegaríeis a nenhuma solução senão admitindo para nós um progresso anterior, para o selvagem um progresso ulterior; se a alma do selvagem deve progredir ulteriormente, é que ela nos alcançará; se progredimos anteriormente, é que fomos selvagens, porque, se o ponto de partida for diferente, não há mais justiça, e se Deus não é justo, não é Deus. (RE62, p. 68)

No entanto, se de um lado Kardec tinha esse conceito de que todas as almas são criadas iguais, de outro tinha a teoria mais aceita pela ciência na primeira metade do século 19 de que a espécie humana se dividia em *raças*. Esse termo foi introduzido na ciência por Georges Cuvier (1769-1832) que, estudando as diferenças geográficas e características faciais, dividiu a humanidade em caucasiana, etiópica e mongólica. Os europeus tinham pouco contato com os africanos e a diferença cultural considerava determinante que os selvagens etiópicos eram primitivos, enquanto os caucásicos representavam raças desenvolvidas. Para explicar essa diferença, os naturalistas poligenistas consideravam que cada uma das três raças surgiu de forma independente no mundo.

O que Kardec poderia concluir como sendo o resultado do diálogo entre a doutrina espírita, de um lado, que afirma a perfectibilidade natural de todos os espíritos pela reencarnação, e de outro, a imobilidade definida pela ciência onde a raça negra era primitiva em função da limitação de sua fisiologia enquanto os caucasianos eram desenvolvidos?

Separando o elemento espiritual do elemento corpóreo, Kardec concluiu que os espíritos primitivos que nascem nos povos africanos e dos indígenas, quando evoluírem, poderão reencarnar em corpos com mais recursos. Considerando, então, como povos primitivos os negros que viviam na África, Kardec conclui:

> Os negros, pois, como organização física, serão sempre os mesmos; como espíritos, sem dúvida, são uma raça inferior, quer dizer, primitiva; são verdadeiras crianças às quais se pode ensinar muitas coisas; mas, por cuidados inteligentes, pode-se sempre modificar certos hábitos, certas tendências, e já é um progresso que levarão numa outra existência, e que lhes permitirá, mais tarde, tomar um envoltório em melhores condições. (*Ibidem*)

Como dissemos, pela história da ciência ideal, ou diacrônica, precisamos nos familiarizar com a atmosfera da época sem perder de vista o que veio depois. Mesmo considerando o corpo físico do negro limitado por sua fisiologia, segundo a ciência de seu tempo, Kardec demonstrou que todas as almas evoluem igualmente. Onde está o erro nesse raciocínio? Está no equívoco da ciência de então. Não há diferença racial entre os seres humanos, a capacidade cerebral não se diferencia entre um africano, um asiático ou um europeu, o que se diferencia são características como a cor da pele, causada por questões climáticas, e diferenças étnicas, de origem cultural.

Havia, naquele tempo, um grande contraste entre os povos indígenas e o homem civilizado. Kardec voltou ao assunto em 1866, quando uma notícia do jornal *Le Monde* dizia que marinheiros foram devorados por canibais em Nova Caledônia, na Oceania:

> As almas dos canibais são assim almas próximas de sua origem, cujas faculdades intelectuais e morais são ainda obtusas e pouco desenvolvidas, e em quem, por isto mesmo, dominam os instintos animais. Mas essas almas não estão destinadas a permanecer perpetuamente nesse estado inferior, que as privaria para sempre da felicidade das almas mais adiantadas; elas crescem em razão; se esclarecem, se depuram, se melhoram, se instruem em existências sucessivas. Revivem nas raças selvagens, enquanto elas não tenham ultrapassado os limites da selvageria. Chegadas a um certo grau, elas deixam esse meio para se

encarnar numa raça um pouco mais avançada; desta em uma outra, e assim por diante, sobem em grau em razão dos méritos que adquirem e das imperfeições das quais se despojam, até que tenham alcançado o grau de perfeição do qual a criatura é suscetível. O caminho do progresso não está fechado para ninguém; de tal sorte que a alma mais atrasada pode pretender a suprema felicidade. (RE66, p. 33)

O que os espíritos disseram sobre essa hipótese desenvolvida por Kardec na *Revista Espírita*? Nada! Não houve uma universalidade do ensino dos espíritos sobre essa questão das raças, obviamente, porque a ciência humana estava completamente equivocada sobre esse assunto. Hoje, basta corrigir o erro científico e afirmar que todos os homens são perfectíveis em toda nossa espécie, e que as limitações culturais podem ser superadas pela educação, solidariedade entre os povos e uma fraternidade que ofereça oportunidades iguais para todo aquele que nascer neste mundo, seja africano, chinês, brasileiro ou francês. Essa regeneração da humanidade está nas leis naturais, recebe o auxílio do espiritismo, e será nossa realidade futura sem sombra de dúvida.

Além disso, afirma Kardec, "sendo a *Revista* um terreno de estudo e de elaboração dos princípios", artigos como esse serviam como ensaio destinado a sondar a opinião dos homens e dos espíritos. "Nela dando decididamente a nossa opinião, não tememos empenhar a responsabilidade da doutrina, porque a doutrina a adotará se for justa, e a rejeitará se for falsa" (RE68, p. 134). Enquanto não forem confirmadas ou contraditadas, ficam no campo da opinião.

Se há o que corrigir na ciência humana citada por Kardec, o princípio fundamental do ensino dos espíritos se mantém irrepreensível – quando se conhece a única manifestação dos espíritos considerada opinião geral sobre o assunto das raças humanas, nas seguintes questões dirigidas aos espíritos superiores em *O Livro dos Espíritos*. É importante destacar que as respostas simplesmente ignoram as teorias científicas da época que consideravam causas fisiológicas distintivas das raças, admitindo somente fenômenos éticos, além de fazer referência à origem única de todos os seres humanos, pelo exemplo dos dois filhos:

> Donde provêm as diferenças físicas e morais que distinguem as raças humanas na Terra?
>
> R. Do clima, da vida e dos costumes. Dá-se aí o que se dá com dois filhos de uma mesma mãe que, educados longe um do outro e de modos diferentes, em nada se assemelharão, quanto ao moral.

> Estas diferenças constituem espécies distintas?
>
> R. Certamente que não; todos são da mesma família. Porventura as múltiplas variedades de um mesmo fruto são motivo para que elas deixem de formar uma só espécie?
>
> Pelo fato de não proceder de um só indivíduo a espécie humana, devem os homens deixar de considerarem-se irmãos?
>
> R. Todos os homens são irmãos em Deus, porque são animados pelo espírito e tendem para o mesmo fim. Estais sempre inclinados a tomar as palavras na sua significação literal. (LE, p. 71)

O professor Rivail foi um intelectual de orientação liberal, a mesma adotada pelos espíritos na doutrina espírita. Oportunidades iguais para todos é sua orientação fundamental. A real natureza humana sendo espiritual, essa condição transcende as particularidades das mais diferentes encarnações, seja negro, índio, homem ou mulher. Todos nós já vivemos ou ainda viveremos todas elas. Quanto às mulheres, por exemplo, que sofriam um marcante preconceito social, afirmou Kardec:

> Não se sabe que os Espíritos só têm sexo para a encarnação? Se a igualdade dos direitos da mulher deve ser reconhecida em alguma parte, seguramente deve ser entre os espíritas, e a propagação do Espiritismo apressará, infalivelmente, a abolição dos privilégios que o homem a si mesmo concedeu pelo direito do mais forte. O advento do Espiritismo marcará a era da emancipação legal da mulher. (VE62, p. 41).

Sem dúvida alguma, o espiritismo secunda a luta contra todo tipo de preconceito, seja de raça, gênero ou classes sociais.

4.1.3 Progressividade do ensino dos espíritos superiores

Um curioso por fenômenos espíritas extraordinários, na Sociedade de Paris certamente ficaria frustrado. Em quase todo o tempo, encontraria os pesquisadores liderados por Kardec analisando textos, debatendo temas, comparando as comunicações, discutindo detalhadamente conceitos. O espiritismo foi um exigente trabalho racional e também bastante longo. Algumas questões levaram anos para receber uma resposta. "Com admirável prudência se conduzem os espíritos, ao darem suas instruções", comentou Kardec ao considerar que eles "só gradual e sucessivamente consideraram as diversas partes já conhecidas da doutrina, deixando as outras partes para serem reveladas à medida que se for tornando oportuno fazê-las sair da obscuridade" (ESE, p. 293). Os espíritas que recebiam pelo correio a *Revista Espírita* todos os meses e lidavam com os espíritos em seus grupos, acompanhavam em tempo real os ensinamentos dos espíritos, como um curso programado, de tal forma que os conceitos mais básicos eram pré-requisitos para os mais complexos, num roteiro dirigido pelos espíritos superiores. Nada disso significa que na doutrina existam mistérios reservados a privilegiados, ou mesmo que estivessem colocando a lâmpada debaixo do cesto. Se os espíritos não dizem tudo ostensivamente, "é porque cada coisa tem de vir no momento oportuno". Eles esperam cada ideia amadurecer e "se propagar, antes que apresentem outra, e aos acontecimentos o de preparar a aceitação dessa outra" (*Ibidem*).

O mais didático exemplo sobre essa dinâmica da *progressividade do ensino* dos espíritos talvez seja a dúvida sobre *o destino da alma dos animais*. Os espíritas de primeira hora, que acompanharam a trajetória do espiritismo em tempo real, puderam amadurecer o pensamento, acompanhando sua evolução mensalmente. Mas para simular hoje esse processo vamos percorrer, pela ordem cronológica, as publicações de Kardec.

Para acompanhar a elaboração dos princípios fundamentais que se deu pela progressividade do ensino coordenado pelos espíritos superiores, é necessária uma abordagem por meio da história e filosofia da ciência espírita, por uma pesquisa cronológica das obras de Kardec, conforme a seguinte ordem:

- 1857 – Primeira edição de *O Livro dos Espíritos*, com 501 perguntas. Seu conteúdo tem interesse apenas historiográfico, pois a segunda edição foi que deu origem a uma nova obra, pela universalidade do ensino.
- 1858 – *Revista Espírita* (1º ano). Laboratório de ensaios da doutrina espírita, onde os temas provocam a opinião dos homens e dos espíritos. Kardec também ensaiava o desenvolvimento dos princípios que fariam parte das obras complementares.
- 1859 – *Revista Espírita* (2º ano).
- 1859 – *O que é o Espiritismo?* Resumo dos princípios básicos da doutrina espírita, por meio de diálogos que solucionam

as principais objeções que os críticos, céticos e religiosos tinham, representados pelos questionadores.
- 1860 – *Revista Espírita* (3º ano).
- 1860 – Segunda edição de *O Livro dos Espíritos*.
- 1861 – *Revista Espírita* (4º ano).
- 1861 – *O Livro dos Médiuns*. Manual completo da mediunidade, esclarecendo a metodologia da ciência espírita com todos os seus valores e dificuldades.
- 1862 – *O Espiritismo na sua Expressão mais Simples*. Quadro histórico do espiritismo demonstrando seu objetivo moral e filosófico.
- 1862 – *Revista Espírita* (5º ano).
- 1862 – *Viagem Espírita em 1862*. Reúne os relatos, palestras, observações sobre as viagens de Kardec pela França, por mais de vinte cidades em dois meses, quando participou de mais de cinquenta reuniões e grandes encontros.
- 1863 – *Revista Espírita* (6º ano).
- 1864 – *Revista Espírita* (7º ano).
- 1864 – *O Evangelho segundo o Espiritismo*.
- 1865 – *Revista Espírita* (8º ano).
- 1865 – *O Céu e o Inferno*.
- 1866 – *Revista Espírita* (9º ano).
- 1867 – *Revista Espírita* (10º ano).
- 1868 – *A Gênese*.
- 1868 – *Revista Espírita* (11º ano).
- 1869 – *Revista Espírita* (12º ano). Os números de janeiro, fevereiro e março foram preparados por Allan Kardec.
- 1869 – *Catálogo Racional das Obras para se Fundar uma Biblioteca Espírita*.
- 1890 – *Obras Póstumas*. Manuscritos não publicados ou revistos por Kardec, reunindo escritos e estudos até então inéditos, cujo interesse é historiográfico.

O ensino dos espíritos sobre o destino da alma dos animais

Paris, sábado, 18 de abril de 1857.

Na primeira edição de *O Livro dos Espíritos*, antes de ser superada pela segunda edição definitiva, revisada e ampliada pela universalização do ensino, havia somente uma menção ao tema, na questão 437, que considera a alma animal um princípio independente que sobrevive à morte do corpo. E Kardec pergunta: – Esse princípio é uma alma semelhante à do homem? E os espíritos responderam: "Não; a alma humana é um espírito encarnado; ele será para os animais também uma alma, se quiserdes, isso depende do sentido que se der ao termo, *mas será sempre uma alma inferior à do homem*" (LE1e, p. 140).

Se for "sempre" uma alma inferior, a alma dos animais jamais viverá como ser humano, é o que podemos concluir. Esse pensamento estava mais em acordo com o senso comum de que os animais tinham uma origem independente do homem, como ensinavam as tradições religiosas cristãs.

Londres, quinta-feira, 24 de novembro de 1859.

Dois anos depois, o debate científico sobre a questão incendiou-se com os naturalistas ingleses Charles Darwin e Alfred Russel Wallace, que haviam descoberto conjuntamente a evolução das espécies e a origem fisiológica comum entre todos os animais, inclusive o homem. Nesse dia, Darwin publicou *A Origem das Espécies*. A teoria afrontava o criacionismo baseado na *Gênese* bíblica, segundo a qual Deus havia criado do nada o homem e os animais em separado. Mas a ciência descobriu que os seres humanos compartilham um ancestral em comum com os primatas.

Anos depois, Kardec comentou sobre a teoria da evolução das espécies:

> Os partidários dessa teoria que, nós o repetimos, tende a prevalecer, e à qual nos ligamos sem reserva, estão longe de ser todos espiritualistas, e ainda menos espíritas. Não considerando senão a matéria, fazem abstração do princípio espiritual ou inteligente. (...) O corpo do homem pode, pois, perfeitamente ser uma modificação do corpo do macaco (sic), sem que se diga que seu espírito seja o mesmo que o do macaco. (RE68, p. 134)

Essa descoberta científica tem grande importância social, afirma Kardec, "primeiro porque ela resolve um sério problema científico, que ela destrói os preconceitos há muito tempo enraizados pela ignorância", em seguida, porque:

> aqueles que a estudam exclusivamente se chocarão com as dificuldades insuperáveis, quando quiserem se dar conta de todos os efeitos, absolutamente como se quisessem explicar os efeitos da telegrafia sem a eletricidade; eles não encontrarão a solução dessas dificuldades, senão na ação do princípio espiritual que deverão admitir no final das

contas, para sair do impasse em que estarão empenhados, sob pena de deixarem a sua teoria incompleta. (*Ibidem*)

Os ensinamentos dos espíritos nunca substituem a pesquisa científica que cabe ao homem neste e nos demais temas. Sendo materialista, cabe à ciência fazer a primeira parte:

> Deixemos, pois, o materialismo estudar as propriedades da matéria; este estudo é indispensável, e o será tanto de fato: o espiritualismo não terá mais do que completar o trabalho naquilo que lhe concerne. Aceitemos as suas descobertas, e não nos inquietemos com suas conclusões absolutas, porque sua insuficiência, para tudo resolver, estando demonstrada, as necessidades de uma lógica rigorosa conduzirão forçosamente à espiritualidade; e a espiritualidade geral, sendo ela mesma impotente para resolver inumeráveis problemas da vida presente e da vida futura, encontrar-se-á a sua única chave possível nos princípios mais positivos do espiritismo. (*Ibidem*, p. 135)

Tudo vem ao seu tempo. A elaboração da doutrina espírita é um trabalho de raciocínio, dedicação e paciência.

Paris, sábado, 18 de março de 1860.
Na obra *O Livro dos Espíritos*, segunda e definitiva edição, lançada nessa data, Kardec, em busca de um princípio fundamental espírita, perguntava:

Qual a origem do espírito? Onde se dá seu ponto inicial? Será que a alma dos animais se destinará a viver como um ser humano?

No entanto, o pensamento dos espíritos estava dividido: "Segundo uns, o espírito não chega ao período humano senão depois de se haver elaborado e individualizado nos diversos graus dos seres inferiores da Criação", mas "segundo outros, o espírito do homem teria pertencido sempre à raça humana, sem passar pela fieira animal" (LE, p.291-292).

Para o entendimento dos homens, o primeiro desses sistemas era o mais lógico, pois definia um destino futuro natural para os animais. O segundo sistema, porém, ainda era mais adequado para preservar a dignidade do homem, quando a evolução das espécies era apenas uma teoria provável, e não uma unanimidade como é hoje.

Na segunda edição, diante dessas novas perspectivas inconclusivas, Kardec, seguindo a orientação dos espíritos, corrigiu a frase "mas será **sempre** uma alma inferior à do homem" para "É, porém, inferior à do homem", deixando a questão em aberto, e respeitando a existência de duas hipóteses incompatíveis entre si, comentando em seguida que "tudo isso são mistérios que fora inútil querer devassar e sobre os quais, como dissemos, nada mais se pode fazer do que construir sistemas" (*Ibidem*). Nesse momento inicial das pesquisas, deviam prevalecer as consequências morais dessa questão:

> O que é constante, o que ressalta do raciocínio e da experiência é a sobrevivência do espírito, a conservação de sua individualidade após a morte, a progressividade de suas faculdades, seu estado feliz ou desgraçado de acordo com o seu adiantamento na senda do bem e todas as verdades morais decorrentes deste princípio. Quanto às relações misteriosas que existem entre o homem e os animais, isso, repetimos, está nos segredos de Deus, como muitas outras coisas, cujo conhecimento atual nada importa ao nosso progresso e sobre as quais seria inútil determo-nos. (LE, p. 292)

Anos depois, diante dos avanços dos estudos fisiológicos, Kardec ponderou que, "até o presente, a ciência não fez senão constatar as relações fisiológicas entre o homem e os animais; ela nos mostra, no físico, todos os animais da cadeia dos seres sem solução de continuidade". Mas se o fisiologista não observava as almas, segundo as manifestações espíritas até então, "entre o princípio espiritual dos dois espíritos existia um abismo". Ainda era preciso aguardar. "Se os fatos psicológicos, melhor observados, vêm lançar um ponto sobre esse abismo, isso será um novo passo de fato para a unidade da escala dos seres e da criação". Cabe aos espíritos conduzir seus ensinamentos e Kardec conclui: "Não é pelos sistemas que se pode resolver esta grave questão" (RE65, p. 86).

Muitos outros preconceitos religiosos e filosóficos precisavam ser superados para se compreender as diferentes condições evolutivas entre os animais e o homem. A primeira parte, que cabia à ciência, demonstrava a filiação do corpo humano à evolução das espécies. Mas os espíritos superiores precisavam demonstrar uma diferença fundamental entre o espírito do homem e a alma dos seres inferiores. Pois enquanto o processo evolutivo nos três reinos (mineral, vegetal, animal) se dá pelo condicionamento e pelos instintos, a evolução da alma humana ocorre pela autonomia intelecto-moral. O ponto-chave estava na liberdade da vontade e na perfectibilidade próprias da humanidade. Essa base moral deveria estar sólida para que um segundo nível de entendimento pudesse ser alcançado.

Paris, junho de 1863.

Nesse ano, os espíritos elucidaram um importante ensinamento moral, o princípio da **não retrogradação dos espíritos**, pois eles não perdem nunca seu progresso realizado, a partir de um início comum a todos como simples e ignorante. Ou seja, em seu processo evolutivo, todos vivem suas primeiras vidas humanas igualmente como homens primitivos, sendo a reencarnação uma necessidade natural para seu progresso. A evolução da alma obedece a leis naturais.

Com esse princípio ficam afastados os conceitos metafísicos arbitrários das filosofias do mundo antigo, como vimos em Platão e nas tradições da Índia e do Egito, segundo os quais a alma seria castigada, reencarnando como animais e, até mesmo, insetos. Se essas filosofias admitiam a degeneração da alma criada pura pela queda, essa possibilidade está completamente afastada pela doutrina espírita, pois "a encarnação é uma necessidade para o espírito que, para cumprir sua missão providencial, trabalha em seu próprio adiantamento pela atividade e a inteligência". Kardec esclarece esse fato por uma elucidativa analogia com a vida escolar:

> Um estudante não chega a colar seus graus senão depois de ter passado pela fieira de todas as classes; são essas classes uma punição? Não: são uma necessidade, uma condição indispensável de seu adiantamento; mas se, por sua preguiça, é obrigado a repeti-las, aí está a punição; poder passar algumas delas é um mérito. Portanto, o que é verdade é que a encarnação sobre a Terra é uma punição para muitos daqueles que a habitam, porque teriam podido evitá-la, ao passo que, talvez, a dobraram, triplicaram, centuplicaram por sua falta, retardando assim sua entrada nos mundos melhores. (RE63, p. 113)

E então Kardec conclui: "O que é falso é admitir em princípio a encarnação como um castigo". Era o fim da heteronomia moral, ou do falso deus que castiga, perdoa e recompensa! Nesse sentido, também era equivocada a figura da queda da alma representada por Platão com a perda das asas da alma, quando contemplava o mundo da Verdade, pois a alma é perfectível em suas vidas sucessivas, desde sua simplicidade e ignorância inicial:

> Não há queda senão na passagem de um estado relativamente bom a um estado pior; ora, o espírito criado simples e ignorante está, em sua

origem, num estado de nulidade moral e intelectual, como a criança que acaba de nascer; se não fez o mal, não fez, não mais, o bem; não é nem feliz nem infeliz; age sem consciência e sem responsabilidade; uma vez que nada tem, nada pode perder, e não pode, não mais, retrogradar; sua responsabilidade não começa senão do momento em que se desenvolve nele o livre-arbítrio; seu estado primitivo não é, pois, um estado de inocência inteligente e racional. (*Ibidem*)

Paris, janeiro de 1864.
Afastada completamente a hipótese da reencarnação da alma humana como um animal ou *metempsicose*, um importante passo foi dado para os novos entendimentos morais. Na *Revista* de janeiro daquele ano, um novo conceito foi desenvolvido: a responsabilidade por seus atos se forma progressivamente, não existindo desde a primeira vida. Ou seja, nas primeiras vidas humanas ainda não há nem livre-arbítrio nem responsabilidade pelos atos.

Segundo Kardec, durante suas primeiras vidas humanas, "durante longos períodos, a alma encarnada está submetida à influência exclusiva dos instintos de conservação". Só depois, ainda "pouco a pouco esses instintos se equilibram com a inteligência", por fim, "mais tarde, e sempre gradualmente, a inteligência domina os instintos; é então somente que começa a responsabilidade séria", e surge a liberdade da vontade, característica da alma humana. Desse modo, o livre-arbítrio é uma conquista tardia, visto que "não é, pois, nem depois da primeira, nem depois da segunda encarnação que a alma tem uma consciência bastante limpa de si mesma, para ser responsável por seus atos; não é talvez senão depois da centésima, talvez da milésima encarnação!" (RE64, p. 18). A inteligência e a responsabilidade surgem depois de numerosas vivências. Mais preconceitos estavam caindo. Pois também ficava afastada a hipótese de uma culpa da alma que teria errado antes de sua primeira vida humana, como estava representado pelo dogma do pecado original ou pelo erro da alma na busca da verdade, no mito de Platão. Seria impossível também um espírito encarnar pela primeira vez como um filósofo, um sábio, ou qualquer vida com inteligência e responsabilidade como se pensava, pois todos os espíritos passam pelo longo período inicial onde "o espírito está, durante numerosas encarnações, num estado inconsciente" (*Ibidem*), como explicaram os espíritos superiores. É impossível, então, qualquer castigo por uma falta numa primeira vida. Também, segundo esse processo natural da evolução da liberdade, não faz sentido algum esperar três mil anos para a segunda encarnação como pensavam dogmaticamente os egípcios e os gregos. A ciência espírita substitui todas as contradições supersticiosas do passado por uma lógica firme e natural.

Paris, abril de 1864.

Alguns meses depois, ficaria mais clara a impossibilidade de Deus criar seres perfeitos. Desse modo, a liberdade de consciência e a independência da alma que Rousseau e Kant haviam proposto para dar à alma sua autonomia, superando a heteronomia do mundo antigo, surgia agora naturalmente da lógica do ensino dos espíritos:

> Criados simples e ignorantes, e por isso mesmo imperfeitos, ou melhor, incompletos, eles devem adquirir por si mesmos e pela sua própria atividade a ciência e a experiência que não podem ter no início. Se Deus os tivesse criado perfeitos, teria devido dotá-los, desde o instante de sua criação, da universalidade dos conhecimentos; tê-los-ia assim isentado de todo o trabalho intelectual; mas ao mesmo tempo ter-lhes-ia tirado a atividade que devem se desdobrar por adquirir, e pela qual concorrem, como encarnados e desencarnados, ao aperfeiçoamento material dos mundos, trabalho que não incumbe mais aos espíritos superiores encarregados somente de dirigir o aperfeiçoamento moral. Por sua própria inferioridade, eles tornam-se uma engrenagem essencial à obra geral da criação. De um outro lado, se os tivesse criado infalíveis, quer dizer, isentos da possibilidade de fazer mal, teriam sido fatalmente como máquinas bem montadas que cumprem maquinalmente as obras de precisão; mas então não mais de livre- arbítrio, e, por consequência, não mais de independência. (RE64, p. 44)

Os seres, evoluindo do simples ao complexo, em seus diferentes estágios evolutivos, representam a diversidade das formas do Universo como engrenagens essenciais à harmonia da obra geral da criação seguindo a unidade das leis naturais, representada por Deus. **Unidade e diversidade** formam a divisa máxima do Universo, defina pelos espíritos superiores.

Paris, abril de 1865.

Mais um ano se passa. Na ocasião adequada, depois do entendimento científico e também o moral terem superado os preconceitos do mundo velho, inúmeras manifestações sobre o futuro dos animais seriam recebidas pelas centenas de centros espíritas espalhados pelo mundo. Era o espetáculo da universalidade do ensino que ensaiava seu coro de vozes do Além. Espíritos esclarecidos, respeitando a consciência de cada um, atendiam a todos que desejassem seus ensinos.

Kardec publica uma dessas mensagens, assinada por Moki, que aproveita todos os ensinamentos anteriormente compreendidos para afirmar que "a luta é necessária ao desenvolvimento do espírito; é na luta que ele exerce suas faculdades". Na vida do homem primitivo, "aquele que ataca para ter seu alimento, e aquele que se defende para conservar sua vida, se rivalizam em astúcia e em inteligência, e aumentam, por isso mesmo, suas forças intelectuais". São os primeiros passos da futura evolução intelecto-moral. Enquanto isso, entre os animais ou "seres inferiores da criação, naqueles em que o **senso moral** não existe, em que a **inteligência** não está ainda senão no estado de instinto, a luta não poderia ter por móvel senão a satisfação de uma necessidade material" (RE65, p. 65). Há aí também um valor moral de fundamental importância, pois há uma significativa mudança:

> "É neste primeiro período que a alma se elabora e ensaia para a vida". Este é o ponto de transição entre o animal e a alma humana: "Quando ela alcança o grau de maturidade necessária para sua transformação, recebe de Deus novas faculdades: o livre-arbítrio e o senso moral, centelha divina em uma palavra, que dão um novo curso às suas ideias, dotam-na de novas aptidões e de novas percepções" (*Ibidem*).

Mas nada é brusco na Natureza e as novas faculdades morais próprias do homem se desenvolvem gradualmente, no decorrer de inúmeras vidas. "Há um período de transição em que o homem se distingue com dificuldade do animal; nessas primeiras idades, o instinto animal domina, e a luta tem ainda por móvel a satisfação das necessidades materiais" (*Ibidem*). Na medida em que o senso moral domina, o homem foge da violência, sua sensibilidade se desenvolve. Chega finalmente a idade da razão, todavia:

> mesmo chegado a este ponto, que nos parece culminante, está longe de ser perfeito; não é senão ao preço de sua atividade que ele adquire conhecimentos, experiência, e que se despoja dos últimos vestígios da animalidade; mas então a luta, de sangrenta e brutal que era, se

torna puramente intelectual; o homem luta contra as dificuldades e não mais contra os seus semelhantes. (*Ibidem*).

Enfim, pelos caminhos sérios da compreensão psicológica e moral que caracterizam o homem diferenciando-o do animal, permitindo a concepção da singularidade da alma humana por seu *livre-arbítrio, inteligência* e *senso moral* como conquistas de seu esforço dedicado em milhares de vidas, é que Kardec se conscientiza da sinalização dos espíritos superiores, no seu curso de ensino espírita, e então registra numa nota essa mensagem: "Esta explicação, como se vê prende-se à grave questão do futuro dos animais; nós a trataremos proximamente a fundo, porque ela nos parece suficientemente elaborada, e cremos que se pode, *desde hoje*, considerá-la *como resolvida em princípio*, pela **concordância do ensinamento**" (*Ibidem*).

Registrava-se assim o estabelecimento do princípio fundamental sobre as relações entre a alma dos animais e a do homem: "Se a questão permaneceu tão longo tempo indecisa, é que faltava, como para muitas outras, elementos necessários para compreendê-la". Assim:

> O espiritismo, que dá a chave de tantos fenômenos incompreendidos, mal observados ou passados despercebidos, não pode deixar de facilitar a solução desse grave problema, ao qual não concedeu toda a atenção que ele merece, porque é uma solução de continuidade nos anéis da cadeia que religa todos os seres, e no conjunto harmonioso da criação. (RE65, p. 177)

Por que, então, o espiritismo não decidiu imediatamente a questão? Porque "os grandes espíritos que dirigem o movimento espírita, em boa lógica, começam pelo começo e esperam que estejamos versados sobre um ponto, antes de abordar outro". No caso da alma, "é para nos fazer conhecer seus verdadeiros atributos e a destinação que seria preciso primeiro dar. Ser-nos-ia preciso, em uma palavra, compreender nossa alma, antes de procurar conhecer a dos animais". Desse modo, o que constitui realmente o homem "não é a sua origem, são os atributos especiais de que ele se apresenta dotado ao entrar na humanidade, atributos que o transformam, tornando-o um ser distinto" (G, p. 192), da mesma forma que a borboleta não é a lagarta, o fruto não é a semente e o cientista não é o feto de que se originou.

Os espíritos superiores não querem surpreender os homens com revelações espantosas, nem "vêm para nos livrar do trabalho das pesquisas, porque o homem deve fazer uso de suas faculdades". Os espíritos então "ajudam-no, dirigem-no, e já é muito, mas não lhe dão a ciência toda feita". Como vimos na evolução dessa questão pelas pesquisas de tantos anos, só "quando uma vez está sobre o caminho da verdade, é então que vêm revelá-la decididamente para fazer calar as incertezas e aniquilar os falsos sistemas" (*Ibidem*). Há um momento certo, um amadurecimento do entendimento. Nesse período de espera "seu espírito está preparado para melhor compreendê-la e aceitá-la, e quando ela se mostra, não o surpreende; ela já estava no fundo de seu pensamento" (*Ibidem*).

O espírito Moki deu mais detalhes em sua comparação entre os animais e o homem. Os instintos são neles como uma inteligência rudimentar, apropriada às suas necessidades, antes da modificação que lhes dá novas faculdades. Por sua vez, o homem tem instintos inconscientes no sentido de sua conservação, mas com o desenvolvimento da inteligência e do livre-arbítrio ele enfraquece, dando lugar à capacidade de julgar, ou entendimento.

Dessa forma, o homem é responsável por todos os seus atos, e é daí que lhe vem não só a liberdade, como também sua dignidade, pois "quanto mais o espírito é esclarecido, mais é indesculpável, porque com a inteligência e o senso moral nascem as noções do bem e do mal, do justo e do injusto", explica Kardec, ponderando que o selvagem canibal que vimos acima, "ainda vizinho da animalidade, que cede ao instinto do animal comendo seu semelhante, é, sem contradita, menos culpável que o homem civilizado que comete uma simples injustiça" (RE69, p. 44).

A evolução da alma segundo os valores dos instintos e paixões, depois pela inteligência e moral com base na liberdade da consciência humana, conquistada após milhares de vidas iniciais e, por fim, um mundo espiritual cheio de oportunidades para o espírito que lá chega, segue uma lei natural de evolução da alma, onde "tudo se liga, tudo se encadeia, tudo se harmoniza na Natureza; o espiritismo veio dar uma ideia-mãe, e pode-se ver o quanto esta ideia é fecunda" (*Ibidem*).

4.2 O PRINCÍPIO DA EVOLUÇÃO DA ALMA

Na questão 540 de *O Livro dos Espíritos*, há uma concisa descrição da evolução das almas, desde que "se ensaiam para a vida" até a conquista da condição humana, atingindo a "plena consciência de seus atos e no gozo pleno do livre-arbítrio". As almas, do átomo aos animais, primeiramente servem aos fenômenos do mundo ou "executam"; depois, como homens "ordenarão e dirigirão as coisas do mundo material"; por fim, como espíritos livres e atuantes "poderão dirigir as do mundo moral". E toda essa evolução do princípio inteligente se resume por uma lei de incrível harmonia do Universo: "É assim que tudo serve, que tudo se encadeia na Natureza, desde o átomo primitivo até o arcanjo, que também começou pelo átomo" (RE65, p. 87).

Da mesma forma que a ciência já descobriu a desenvolvimento evolutivo dos seres desde a matéria inanimada, passando pelo surgimento das primeiras células, até a formação dos seres complexos – os espíritos consideram essa evolução no âmbito da individualidade espiritual pelo:"(...) progresso incessante do espírito, embrião na matéria, desenvolvendo-se ao passar pela peneira do mineral, do vegetal e do animal, para chegar à 'humanimalidade', onde começa a ensaiar--se apenas a alma que se encarnará, orgulhosa de sua tarefa, na humanidade" (*Ibidem*).

Mas se a evolução das espécies no mundo físico se dá pela alternância das gerações, sendo que os indivíduos morrem para dar lugar aos seus sucessores; no mundo espiritual há uma evolução contínua da individualidade: desde a menor partícula, cada princípio espiritual continuamente aperfeiçoa a sua forma, adquire complexidade, desenvolve o organismo espiritual, aprimora funções fisiológicas, amplia sua sensibilidade, à medida que elabora a funcionalidade dos órgãos de seu perispírito. Explicam os espíritos que:

> Já sabeis que nada morre da matéria que sucumbe. Quando um corpo se dissolve, os diversos elementos de que é composto reclamam a parte que lhe deram: oxigênio, hidrogênio, nitrogênio, carbono voltam ao seu foco primitivo para alimentar outros corpos. Dá-se o mesmo com a parte espiritual: os fluidos organizados espirituais tomam, de passagem, *cores, perfumes, instintos*, até a constituição definitiva da alma. (RE65, p. 87)

Nessa citação, "cores", "perfumes" e "instintos", numa linguagem figurada, representam valores anímicos respectivamente dos reinos mineral, vegetal e animal.

Ou seja, o princípio espiritual que anima uma célula, quando esta morre, vai dar vida a outra, pela transmigração. O de uma planta, inseto ou animal também. A evolução do princípio espiritual é individual, contínua e progressiva desde o átomo ao homem. Nesse processo, o perispírito se elabora até ganhar os recursos funcionais e condições fisiológicas necessários para a vida humana.

Desse modo, quanto à moral, não existem três reinos, mas quatro, pois o homem forma uma classe especial:

> Esses quatro graus apresentam, com efeito, caracteres determinados, muito embora pareçam confundir-se nos seus limites extremos. A matéria inerte, que constitui o reino mineral, só tem em si uma força mecânica. As plantas, ainda que compostas de matéria inerte, são dotadas de vitalidade. Os animais, também compostos de matéria inerte e igualmente dotados de vitalidade, possuem, além disso, uma espécie de inteligência instintiva, limitada, e a consciência de sua existência e de suas individualidades. O homem, tendo tudo o que há nas plantas e nos animais, domina todas as outras classes por uma inteligência especial, indefinida, que lhe dá a consciência do seu futuro, a percepção das coisas suprassensíveis e o conhecimento de Deus. (LE, p. 281)

Enfim, se a transmigração da alma serve aos seres inferiores para a elaboração de suas condições fisiológicas e instintivas, no homem, a reencarnação tem a finalidade de desenvolvê-lo intelecto-moralmente pelo exercício da liberdade da vontade. Dessa forma, mais um preconceito generalizante da Antiguidade cai por terra, pois o homem jamais sofreu uma **queda** do "céu", quando nasceu pela primeira vez como homem, conforme descrito no mito de Platão ou no relato sobre Adão nas escrituras. O princípio espiritual viveu incontáveis vezes transmigrando nos seres inferiores, sem solução de continuidade com suas reencarnações humanas. Antes da vida humana, o princípio espiritual não tem atividade lúcida na espiritualidade. Na fase humana, porém, as vivências na espiritualidade pouco a pouco se ampliam, pois, para ele, a vida principal é a do mundo espiritual.

Depois de examinar o destino dos animais, resta outra questão tão importante quanto: Qual o destino do homem? Para que vivemos? Qual a nossa razão de ser?

Se o animal progride animicamente sem perceber a passagem do tempo no decorrer das transmigrações, evoluindo sem consciência desse processo, ao homem cabe a tarefa de evoluir por seu próprio esforço de forma consciente. Cada espírito demora quanto deseja para sair de sua condição de animalidade para a espiritualidade. Só então, lúcido de sua possibilidade de colaborar com Deus na harmonia do Universo, vai trabalhar futuramente entre os:

> (...) mensageiros e ministros de Deus, cujas ordens executam para manutenção da harmonia universal. Comandam a todos os espíritos que lhes são inferiores, auxiliam-nos na obra de seu aperfeiçoamento

e lhes designam as suas missões. Assistir os homens nas suas aflições, concitá-los ao bem ou à expiação das faltas que os conservem distanciados da suprema felicidade, constitui para eles ocupação gratíssima. (LE, p. 98)

Essas tarefas são as dos espíritos superiores, que quando atingem os mais altos graus de evolução tornam-se puros, recebendo as missões complexas de organização dos mundos, galáxias e universos. Antes disso, porém, em todas as escalas evolutivas, os espíritos exercem tarefas no mundo espiritual, pois "todos têm deveres a cumprir. Para a construção de um edifício, não concorre tanto o último dos serventes de pedreiro, como o arquiteto?" (LE, p. 271). Tudo muda nos propósitos do indivíduo quando lá chega. Os espíritos conscientes têm felicidade em serem úteis, pois descobriram que essa é a própria razão da vida. Vendo a felicidade dos espíritos que lhe são superiores, o espírito imperfeito fica motivado para tratar as suas deficiências como objeto de estudos para que, pelas escolhas dos acontecimentos importantes das vidas seguintes, possam elas ser superadas, livrando-o desses fardos. Mas as conquistas positivas, sejam habilidades, ganhos intelectuais ou morais, são os instrumentos necessários para ser útil e servir na espiritualidade numa escala de tarefas infindáveis. Quem quiser ajudar um espírito preso nos sentimentos do medo, por exemplo, deverá ter já adquirido a habilidade de controlar essa emoção, senão iria mergulhar num abismo juntamente com o espírito que desejava auxiliar. No mundo espiritual, diferente do nosso, não há nada que se possa fazer senão pela autoridade das conquistas pessoais, que são suas riquezas.

Há espírito imperfeito que, quando chega ao mundo espiritual e não reconhece sua total responsabilidade pelo estado no qual se encontra, ao invés de se arrepender, fica revoltado e, então, fechado em si mesmo, sofre tanto quanto demorar nesse círculo vicioso. Os espíritos que desejam ajudá-lo nem mesmo conseguem interromper essa condição, restando aguardar e auxiliar, zelosos, pelo seu voluntário despertar. Alguns espíritos podem demorar mais, outros menos em sua revolta, décadas ou centenas de anos, dando a falsa ilusão de uma condenação perpétua. O arrependimento será de sua responsabilidade e também a conquista da alma que retoma o caminho por seu próprio esforço. Como um destino inevitável, a escala de responsabilidades evolutivas será percorrida por todos os seres, cada um em seu tempo e na medida de seu empenho. Não há derrota definitiva e o destino inevitável de todos os espíritos está na busca pela perfeição relativa.

Deus não age diretamente na matéria, ensinam os espíritos superiores, e toda a harmonia que seu pensamento representa é realizada pela "cooperação relativa" dos espíritos na obra geral, sejam encarnados ou desencarnados, na medida do progresso que realizaram. Há uma "solidariedade que liga todos os seres de um mesmo mundo e dos mundos entre si". Nesse conjunto, cada um tem sua missão, seu papel e seus deveres a cumprir:

> Desde os mais ínfimos até os anjos, que não são outros senão espíritos humanos chegados ao estado de puros espíritos, e aos quais são confiadas as grandes missões, os governos dos mundos, como a generais experimentados: em lugar das solidões desertas do espaço sem limite, por toda a parte a vida e a atividade, nenhuma parte ociosamente inútil; por toda a parte o emprego dos conhecimentos adquiridos; por toda a parte o desejo de avançar ainda, e de aumentar a soma da felicidade, pelo uso útil das faculdades da inteligência. (RE67, p. 68)

Dessa forma, a evolução do princípio inteligente compreende três grandes períodos, percorridos de maneira inevitável por todos os seres "desde o átomo até o arcanjo":

- **Da partícula ao animal superior**: evoluem pela força das coisas, aprimorando as formas e servindo às necessidades materiais. Progridem em incontáveis vivências, passando do mineral, vegetal e animal até conquistar a condição humana. Nesse período a inteligência se limita aos instintos e paixões, e há nulidade moral.
- **Ser humano**: inicialmente vive em dois mundos, numa transição da animalidade para a espiritualidade. Sua condição inicial simples e ignorante se dá por uma transformação a partir da qual conquista, lenta e progressivamente, seu livre-arbítrio e a consequente responsabilidade por seus atos. Sendo responsável então, por todos os seus atos, deve superar imperfeições e conquistar valores intelecto-morais por seu próprio esforço, exercendo sua perfectibilidade.
- **Espírito errante até puro**: numa escala que vai dos espíritos simples, inferiores ou imperfeitos até os espíritos puros, exercem os mais diversos tipos de tarefas, como auxiliares de Deus na criação. Suas missões tornam-se cada vez mais complexas, até que se tornam espíritos protetores de cada ser humano, depois das famílias, povos, humanidades, como também regem a formação e evolução de todos os seres

inferiores, as espécies, os planetas, sistemas solares, galáxias e universos. Tornam-se os ministros de Deus.

Em 1868, o espírito Lacordaire esclareceu a Kardec que participam da regeneração da humanidade os espíritos superiores, mas também os espíritos puros, que chegaram ao mais alto grau evolutivo, como representantes do pensamento de Deus. Diz ele que podemos "chamá-los *cristos*: é o mesmo ensinamento; são as mesmas ideias modificadas segundo os tempos" (RE68, p. 32). Formam um "grupo dos espíritos superiores que se aproximam de Deus, e que dele recebe as emanações para presidir ao futuro dos mundos gravitando no espaço". Desse modo "aquele que morreu sobre a cruz tinha uma missão a cumprir" e "essa missão se renova hoje por outros espíritos desse grupo divino, que vêm presidir aos destinos de vosso mundo". Essa foi a ocasião do espiritismo, momento adequado, pois:

> era preciso, aliás, completar o que não havia podido dizer então, porque não teria sido compreendido. Foi porque uma multidão de espíritos de todas as ordens, sob a direção do Espírito de Verdade, veio em todas as partes do mundo e em todos os povos, revelar as leis do mundo espiritual, das quais Jesus havia adiado o ensinamento, e lançar, pelo espiritismo, os fundamentos da nova ordem social. (*Ibidem*).

4.2.1 Progresso dos mundos habitados

Desde o início desta obra, por vezes retornamos ao tema da **questão social**. Em resumo, trata-se da concentração da riqueza, bem-estar e trabalho intelectual num grupo restrito, enquanto as multidões de operários, servidores e camponeses compartilham o jugo da miséria, das condições precárias de vida e do trabalho braçal. Nos tempos de Kardec, essa questão estava relacionada com o fortalecimento do capitalismo e as sucessivas revoluções populares na França. No entanto, a questão social é em verdade uma amarga herança desde a Antiguidade, como comentou o espírito de Jacques de Vaucanson (1709-1782), que justamente foi um inventor francês inovador de máquinas e autômatos, como o primeiro tear automatizado do mundo. Nessa época, como vimos, crianças e mulheres trabalhavam sem descanso em tarefas desgastantes. Mas Jacques era apedrejado nas ruas por operários tecelões que não compreendiam sua revolucionária intenção de livrar o homem do trabalho servil, resgatando sua dignidade. Vejamos o que ele tinha a dizer para Kardec:

"Outrora os homens eram atrelados à charrua e sacrificados em trabalhos gigantescos. A construção das muralhas da Babilônia, onde vários carros marchavam lado a lado, a edificação das pirâmides e a instalação da esfinge custaram mais vidas do que dez batalhas sangrentas" (RE64, p. 60).

As massas sempre foram subjugadas por uma elite que sempre os manteve na ignorância servil. Todavia, continua Vaucanson:

> o homem não foi feito para ficar como instrumento ininteligente de produções; por suas aptidões e seu lugar na Criação, por seu destino, é chamado a outra função, além da máquina, a outro papel, que não o do cavalo de carrossel; deve, nos limites fixados por seu adiantamento, chegar a produzir cada vez mais intelectualmente e, enfim, emancipar-se desse estado de servilismo e de engrenagem sem inteligência, a que, durante tantas gerações, ficou escravizado. (Ibidem).

O homem não é nem máquina nem animal, está destinado à evolução intelecto-moral pela liberdade e merece a igualdade de oportunidades. O movimento **liberal**, ao qual Kardec inseriu o espiritismo,[155] tinha como objetivo conquistar o progresso das multidões pela educação. Vaucanson conclui:

> É bom acrescentar que a humanidade pagou largo preço à miséria e que, penetrando cada vez mais em todas as camadas sociais, a instrução tornará cada indivíduo mais e mais apto para funções inteligentemente chamadas *liberais*. (...) O homem é um agente espiritual que deve chegar, num tempo não afastado, a submeter ao seu serviço e para todas as operações materiais a própria matéria, dando-lhe por único motor a inteligência que desabrocha nos cérebros humanos. (Ibidem, p. 61)

Nos tempos de Kardec, havia quem pretendia resolver a questão social por atalhos irrealistas, como a proposta de Karl Marx, que considerava uma *causa cultural* das diferenças de classes como inerente às instituições, que deveriam ser

---

[155] Lembramos que, sobre os detratores do espiritismo, Kardec afirmou: "sua ignorância das tendências do espiritismo é tal que não sabem mesmo que é uma *doutrina liberal*" e que essa tendência fora iniciada por Jesus, pois "não sabem mesmo que o primeiro escreveu sobre sua bandeira esta imortal máxima: 'Fora da caridade não há salvação', princípio de união e de fraternidade universais, o único que pode pôr um termo aos antagonismos dos povos e das crenças" (RE68, p. 43).

derrubadas violentamente pela revolução do proletariado. No lado oposto, defendendo a elite capitalista, Auguste Comte justificava a diferença entre a elite e as massas como natural por uma *causa fisiológica*: a pretensa deficiência dos cérebros que impedia mulheres e proletários de raciocinar. Para Comte, essa tarefa cabia aos industriais e cientistas, seres privilegiados com um cérebro apropriado ao progresso, que deveriam manter a ordem,[156] submetendo o povo alienado à resignação. Nessa época, o primeiro ministro da Sardenha, Massimo d'Azeglio (1798-1866), escreveu contra o pensamento liberal em sua falsa leitura do cristianismo: "Seita nova, que se crê e se diz benéfica, imaginou ensinar (à classe que sempre carrega e carregará os fardos mais pesados da sociedade) o prazer. Não compreendem que seria muito maior benefício ensinar-lhe a sofrer; e somente então o problema seria resolvido, como de fato foi resolvido pelo cristianismo".[157]

Para Kardec, a questão social tinha uma *causa moral*, e a sua solução estaria na educação autônoma, pois "os males da humanidade provêm da imperfeição dos homens; pelos seus vícios é que eles se prejudicam uns aos outros" (OP, p. 383). Desse modo, "enquanto forem viciosos, serão infelizes, porque a luta dos interesses gerará constantes misérias". Atacar as estruturas sociais ou ampliar as leis repressivas são medidas que não atacam as causas, mas somente os efeitos; a solução é outra, pois "uma vez que nas imperfeições se encontra a causa dos males, a felicidade aumentará na proporção em que as imperfeições diminuírem". Ou seja, a causa do sofrimento é a própria imperfeição da alma.

Nada mais atual! A solução moral de Kardec para a questão social, por meio da educação para a autonomia, precisa ser aplicada indistintamente para todos os indivíduos da estrutura social. Hoje vemos em todo o mundo instituições do governo e das indústrias desviadas pela corrupção, numa guerra insaciável por poder e posses. Mas não está apenas na reforma das leis a solução, pois "por melhor que seja uma instituição social, sendo maus os homens, eles a falsearão e lhe desfigurarão o espírito para a explorarem em proveito próprio" (*Ibidem*). Por sua vez, "quando os homens forem bons, organizarão boas instituições, que serão duráveis, porque todos terão interesse em conservá-las". E então Kardec conclui por sua premente solução:

---

156   Infelizmente, a bandeira brasileira carrega o lema totalitário positivista "Ordem e Progresso", que foi criado em oposição ao lema liberal francês "Liberdade, Igualdade e Fraternidade", o qual representaria muito mais adequadamente os anseios do povo brasileiro.

157   Vale lembrar que, se o povo foi mantido na ignorância e submissão, essa obra não foi do cristianismo, como pretende Massimo, mas pela ambição do clero. Trecho citado em MORCELLIANA, Editrice. *História da igreja de Lutero a nossos dias: a era contemporânea*. v. 4. São Paulo: Loyola, 1997.

> A **questão social** não tem, pois, por ponto de partida a forma de tal ou qual instituição; ela está toda no melhoramento moral dos indivíduos e das massas. Aí é que se acha o princípio, a verdadeira chave da felicidade do gênero humano, porque então os homens não mais pensarão em se prejudicar mutuamente. Não basta cobrir de verniz a corrupção, é indispensável extirpá-la (...). É pela educação,[158] mais do que pela instrução, que se transformará a humanidade. (*Ibidem*, p. 384)

Todavia, o tema não está completamente resolvido, e o espiritismo tem mais a esclarecer, como a questão: por que desde o início da civilização, há uma elite mais capaz e inteligente, frente a uma massa popular simples e ignorante?

O espiritismo, como ciência dos espíritos, também faz previsões. Muitos pensadores tentaram aplicar a observação aos fatos da humanidade, tornando-a um objeto de estudo que permitisse prever seu futuro, mas falharam. Vejamos como o método da observação funciona na ciência. Numa árvore onde proliferam borboletas Monarca (*Danaus plexippus*), podemos analisar espécimes em diversas fases de sua modificação: uma lagarta se alimentando das folhas, outra posicionada de ponta cabeça num galho protegido, alguns casulos. E ao aguardar o momento certo, poderemos observar uma ninfa se rompendo e dando surgimento a uma borboleta que desdobrará lentamente suas asas laranja e preto. Desse modo, não é preciso acompanhar uma lagarta dia e noite para estudar sua transformação e suas fases. Isso é possível pela regularidade do comportamento dos seres da Natureza. Mas o homem é uma exceção. Considerando a humanidade como um fenômeno único vivendo um processo histórico em andamento, como seria possível prever cientificamente seu futuro? Para o homem, não é possível. Um pesquisador, observando somente um espécime enquanto lagarta, jamais poderia conceber que ela poderia se tornar uma borboleta, muito menos imaginar as fases de sua transformação. Sem a observação direta isso é impossível.

Uma **lei natural**, como a que ajusta o movimento dos planetas ou a gravidade, se caracteriza por se referir a um fato regular, exato e invariável que se realiza na Natureza. Ela é inalterável e não permite exceções. Também difere da **lei normativa**, como são as determinações legais ou os mandamentos morais. De que forma seria possível deduzir leis naturais da evolução intelecto-moral da humanidade?

---

158 Vale lembrar que, na língua francesa, *educação* tem o sentido de formação moral e social enquanto *instrução* refere-se à capacitação intelectual.

É nesse ponto que o espiritismo tem a colaborar, por sua natureza especial. Os espíritos superiores, por meio de sua sensibilidade, podem examinar o pensamento e o sentimento humano em seus efeitos na matéria do mundo espiritual, que é tanto o seu meio de comunicação, quanto ambiente natural. Desse modo, sendo o pensamento observável para os espíritos, eles podem fazer ciência sobre a moral e o conhecimento, qualificando e quantificando seus efeitos.[159] Com uma capacidade de se mover pelos diversos mundos, tendo as capacidades perispirituais desenvolvidas, e por terem vivido mais tempo, os espíritos superiores fazem de suas vivências e estudos a *ciência dos espíritos*. Por meio dessa ciência, estudando o avanço social e a condição intelecto-moral dos habitantes de um globo, avaliam o estado evolutivo de sua humanidade. Dessa forma, considerando a existência de vida nos diferentes mundos, os espíritos superiores podem estudar os diversos estados evolutivos de uma diversidade de mundos, da mesma forma que estudamos espécimes em diversas fases, num ninho de borboletas de uma árvore.

Decifrando a frase pronunciada por Jesus, "há muitas moradas na casa de meu pai", os espíritos superiores esclarecem que a "casa do Pai é o Universo", e as "diferentes moradas são os mundos que circulam no espaço infinito e oferecem, aos espíritos que neles encarnam, moradas correspondentes ao adiantamento dos mesmos espíritos". Mas também significa os diferentes agrupamentos dos espíritos errantes, em condições diferentes de acordo com sua evolução: "Conforme se ache este mais ou menos depurado e desprendido dos laços materiais, variará ao infinito o meio em que ele se encontre, o aspecto das coisas, as sensações que experimente, as percepções que tenha. Enquanto uns não se podem afastar da esfera onde viveram, outros se elevam e percorrem o espaço e os mundos" (ESE, p. 57). Desse modo, como os espíritos precisam atingir determinada condição evolutiva para percorrer os mundos, somente os superiores podem estudar a evolução dos mundos, fora isso os outros fazem apenas conjeturas ou emitem opiniões pessoais. Também são diferentes suas percepções dos ambientes espirituais, podendo ser mais lúcidos e claros, ou confusos, quando são inferiores:

> Enquanto alguns espíritos culpados erram nas trevas, os bem-aventurados gozam de resplendente claridade e do espetáculo sublime do Infinito; finalmente, enquanto o mau, atormentado de remorsos e pesares, muitas vezes insulado, sem consolação, separado dos que

---

159 Trataremos do tema com mais detalhes em 4.3 A física do mundo espiritual.

constituíam objeto de suas afeições, pena sob o guante dos sofrimentos morais, o justo, em convívio com aqueles a quem ama, frui as delícias de uma felicidade indizível. Também nisso, portanto, há muitas moradas, embora não circunscritas, nem localizadas. (ESE, p. 58)

Estudando tanto o ambiente espiritual como também as condições culturais e a evolução intelectual e moral da humanidade encarnada dos diversos mundos habitados, os espíritos fazem ciência quando afirmam que *"o progresso é* **lei** *da Natureza"*:

A essa lei todos os seres da Criação, animados e inanimados, (...) e ao mesmo tempo em que todos os seres vivos progridem moralmente, progridem materialmente os mundos em que eles habitam. Quem pudesse acompanhar um mundo em suas diferentes fases, desde o instante em que se aglomeraram os primeiros átomos destinados e constituí-lo, vê-lo-ia a percorrer uma escala incessantemente progressiva, mas de degraus imperceptíveis para cada geração, e a oferecer aos seus habitantes uma morada cada vez mais agradável, à medida que eles próprios avançam, na senda do progresso. Marcham assim, paralelamente, o progresso do homem, o dos animais, seus auxiliares, o dos vegetais e o da habitação, porquanto nada em a Natureza permanece estacionário. (ESE, p. 65)

E então elaboraram a seguinte tabela de categorias de mundos habitados:

A. **Mundos primitivos**: destinados às primeiras encarnações da alma humana, onde a alma recém-nascida é colocada, quando ainda ignorante do bem e do mal, mas com a possibilidade de caminhar para Deus, senhora de si mesma, na posse do livre-arbítrio.

B. **Mundos de expiação e provas**: onde ainda domina o mal, apesar da superioridade de inteligência em grande número dos seus habitantes. Esses espíritos têm aí de lutar, ao mesmo tempo, com a perversidade dos homens e com a inclemência da Natureza, duplo e árduo trabalho que simultaneamente desenvolve as qualidades do coração e as da inteligência.

C. **Mundos de regeneração**: servem de transição entre os mundos de expiação e os mundos felizes. A alma penitente encontra neles a calma e o repouso e acaba por depurar-se. Sem dúvida, em tais mundos, o homem ainda se acha sujeito às leis que regem a matéria; mas liberta das paixões desordenadas, isenta do orgulho, da inveja e do ódio. Perfeita equidade preside as relações sociais, todos cumprem a lei de Deus. Nesses mundos, todavia, ainda não existe a felicidade perfeita, mas a aurora da felicidade.

D. **Mundos felizes**: onde o bem sobrepuja o mal.

E. **Mundos celestes**: habitações de espíritos depurados, onde exclusivamente reina o bem, onde todas as faculdades da alma chegaram a um grau eminente.

4.2.2 Os exilados ou a raça adâmica

Quanto à evolução dos mundos, há uma questão importante quando se considera o livre-arbítrio como lei universal. Num planeta que evolui de primitivo a feliz, devemos considerar que parte dos espíritos pode escolher manter-se egoísta e orgulhoso, ficando, por essa escolha, sem condições de conviver com a maioria que organiza uma sociedade fraterna. Como solução, os espíritos nos revelam não um sistema, mas uma lei universal que determina a relação entre os mundos por uma lógica até mesmo matemática, conciliando a liberdade de escolhas dos espíritos com o determinismo da evolução dos mundos. Vejamos.

Nosso mundo está na condição de expiação e provas, cujo objetivo consiste na superação das imperfeições pela lei da escolha das provas, como vimos anteriormente. Entretanto, nem todos os espíritos que encarnam na Terra vão para aí em expiação, pois os espíritos que tiveram sua primeira vida humana quando o mundo era primitivo, os chamados "selvagens, são formados de espíritos que apenas saíram da infância e que na Terra se acham, por assim dizer, em curso de educação, para se desenvolverem pelo contato com espíritos mais adiantados" (ESE, p. 63) Mas quem são os espíritos que há dez mil anos formaram as elites inteligentes, que comandaram as grandes massas na instauração das primeiras civilizações? Esses espíritos em expiação, "se nos podemos exprimir dessa forma", explicam, "são exóticos, na Terra; já tiveram noutros mundos, donde foram excluídos em consequência da sua obstinação no mal e por se haverem constituído, em tais mundos, causa de perturbação para os bons". Eles tiveram que ser degradados:

> Por algum tempo, para o meio de espíritos mais atrasados, **com a missão de fazer que estes últimos avançassem**, pois que levam consigo inteligências desenvolvidas e o gérmen dos conhecimentos que adquiriram. Daí vem que os espíritos em punição se encontram

> no seio das raças mais inteligentes. Por isso mesmo, para essas raças é que de mais amargor se revestem os infortúnios da vida. E que há nelas mais sensibilidade, sendo, portanto, mais provadas pelas contrariedades e desgostos do que as raças primitivas, cujo senso moral se acha mais embotado. (*Ibidem*).

Essa teoria surgiu em janeiro de 1862, no artigo sobre a interpretação da doutrina dos anjos caídos, sendo confirmada posteriormente como *princípio fundamental* do espiritismo, em A *Gênese*:

> Apresentamos essa teoria como simples hipótese, sem outra autoridade afora a de uma opinião pessoal controversível, porque nos faltavam então elementos bastantes para uma afirmação definitiva. Expusemo-la a título de ensaio, tendo em vista provocar o exame da questão, decidido, porém, a abandoná-la ou modificá-la, se fosse preciso. Presentemente, essa teoria já passou pela prova do *controle universal*. Não só foi bem aceita pela maioria dos espíritas, como a mais racional e a mais concorde com a soberana justiça de Deus, mas também foi confirmada pela *generalidade das instruções* que os espíritos deram sobre o assunto. O mesmo se verificou com a que concerne à origem da raça adâmica. (G, p. 203)

Quando os mundos progridem, a felicidade está na predominância do bem sobre o mal resultante do adiantamento moral dos espíritos que o habitam, sendo que "o progresso intelectual não basta, pois que com a inteligência podem eles fazer o mal". Quando um mundo chega a um período de transformação e que vai passar de *expiação e provas* para um *mundo de regeneração*, ocorrem grandes emigrações de espíritos:

> Os que, apesar da sua inteligência e do seu saber, perseveraram no mal, sempre revoltados contra Deus e suas leis, se tornariam daí em diante um embaraço ao ulterior progresso moral, uma causa permanente de perturbação para a tranquilidade e a felicidade dos bons, pelo que são excluídos da humanidade a que até então pertenceram e tangidos para mundos menos adiantados, onde aplicarão a inteligência e a intuição dos conhecimentos que adquiriram ao progresso daqueles entre os quais passam a viver. (G, p. 203)

Emigração dos exilados de um mundo para outro:

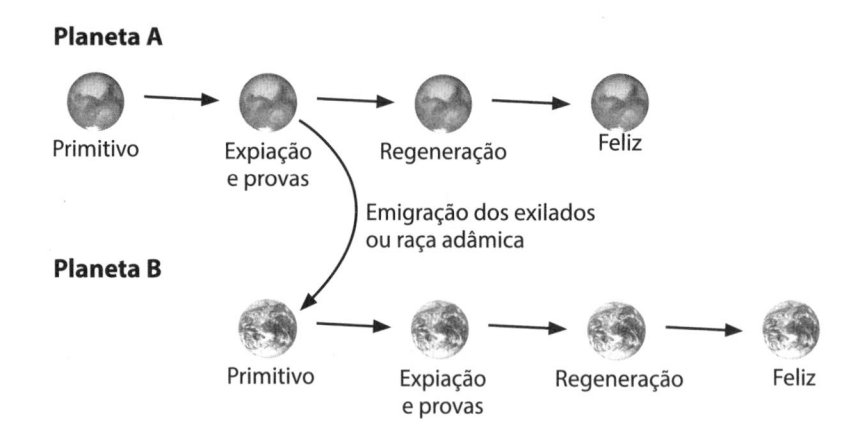

Planeta A

Primitivo → Expiação e provas → Regeneração → Feliz

Emigração dos exilados ou raça adâmica

Planeta B

Primitivo → Expiação e provas → Regeneração → Feliz

No gráfico, os planetas seguem as quatro fases evolutivas naturais das humanidades, para depois se tornarem mundos celestes. A humanidade do planeta A iniciou seu processo evolutivo antes do planeta B e é mais antiga, de tal forma que quando estavam em "expiação e provas", o planeta B apenas iniciava sua evolução como "primitivo". Quando o planeta A estava na mudança de fase de "expiação e provas" para "regeneração", os espíritos imperfeitos, que teimavam no egoísmo e orgulho recebem a missão de auxiliar o povo primitivo do planeta B, no início de sua civilização. Aqueles exilados que mudaram as suas disposições enquanto viviam no planeta B, a fim de superar suas imperfeições, poderiam voltar ao planeta A, agora em "regeneração". As mesmas transições migratórias vão ocorrer com o planeta B quando este, por sua vez, estiver na mudança entre "expiação e provas" para "regeneração" e, então, terá seus habitantes exilados para um terceiro planeta afim, que na ocasião estará na fase de mundo "primitivo". Essa lei natural da evolução das humanidades resolve a divisa entre "evolução determinante" dos mundos e a "liberdade da vontade" dos espíritos.

As emigrações também são individuais. Os espíritos que, de forma independente, superam as possibilidades evolutivas do planeta em que estão, podem reencarnar em outros mundos mais avançados para enfrentar novos desafios.

Considerando as emigrações coletivas e as fases evolutivas dos mundos, podemos constatar que o espírito imperfeito, enquanto teimar no egoísmo e no orgulho, nunca conhecerá um planeta feliz. No entanto, os espíritos simples, nativos do planeta em evolução, desenvolvem-se intelecto-moralmente acompanhando todas as fases até alcançar o planeta feliz. O que nos permite compreender as palavras de Jesus, quando viu as multidões no monte e ensinou: "bem-aventurados os simples, porque eles herdarão a Terra". Nesse tempo, os que hoje choram trabalhando incansavelmente e sendo explorados, serão consolados. E "os que têm fome e sede de justiça serão fartos", porque a lei natural de justiça, amor e caridade se tornará a lei do mundo.

Nosso planeta exemplifica essas transições. Desde o surgimento de nossa espécie por volta de duzentos mil anos atrás, no leste da África, o *Homo sapiens* fazia pinturas, estátuas, pingentes, demonstrando o uso do pensamento abstrato. Confeccionava ferramentas de pedras, ossos e galhos. Eles eram caçadores e coletores, representam os espíritos primitivos que habitaram nosso planeta. Esses africanos foram os ancestrais de toda a população mundial.

Numa data ainda indeterminada pela ciência, entre 100 mil e 150 mil anos, eles partiram em diversas migrações, dando origem às etnias da Europa, Ásia, Américas e Austrália; por suas adaptações a diferentes *habitats*. Esses espíritos habitavam todos os continentes e viviam da mesma forma primitiva original.

Em uma determinada época, porém, espíritos exilados de uma grande migração de outra esfera chegaram para dar início às primeiras civilizações, inicialmente pelas primeiras cidades entre os rios Tigre e Eufrates, na Mesopotâmia. O mesmo ocorreu na civilização egípcia ao longo do rio Nilo, entre os hindus no vale do rio Indo, e na civilização chinesa ao longo do Huang He ou rio Amarelo.

As primeiras civilizações surgiram por meio dos exilados, grupos de inteligência mais desenvolvida e conhecedores de valores sociais e práticos, aptos às ciências e às artes, que conduziram os povos a praticar a agricultura, criação de animais, construção de casas e a formação de classes sociais. Mas se esse grupo era inteligente, por outro lado, suas imperfeições os desviaram de seu principal objetivo, que era auxiliar a evolução daqueles que ainda estavam em sua infância espiritual. Infelizmente, entre aqueles em que o mal predomina, "egoísmo é sempre o móvel principal das ações, mas os costumes são mais brandos, a inteligência mais desenvolvida", desse modo, diante do progresso material "o mal, aí, estará um pouco disfarçado, enfeitado e dissimulado". E em virtude de outro defeito, o orgulho, "as classes mais elevadas são bastante esclarecidas para terem consciência da sua superioridade, mas não o bastante para compreenderem o que lhes falta; daí a sua tendência à escravização das classes inferiores, e de raças mais fracas, que tenham sob o seu jugo". Desse modo surge a questão social, quando os mais inteligentes, "não tendo o sentimento do bem, não têm senão o instinto do eu e acionam a sua inteligência para satisfazerem as suas paixões" (RE58, p. 48):

> Tal é até este dia a situação de nossa Terra, mundo de expiação e de prova, onde a raça adâmica, raça inteligente, foi exilada entre as raças primitivas inferiores, que a habitavam antes dela. Tal é razão pela qual há tanta amargura neste mundo, amarguras que estão longe de sentirem no mesmo grau dos povos selvagens. (...) em razão do desenvolvimento de sua inteligência, sua decaída social lhe é mais penosa; é assim que o homem do mundo sofre mais num meio abjeto do que aquele que sempre viveu na lama. (RE63, p. 113)

Com a teoria da migração da raça adâmica, torna-se possível uma interpretação dos fatos históricos e literários das primeiras civilizações. Não teríamos nos sacrifícios humanos dos sacerdotes, como os incas, senão a revolta dos exilados com sua nova condição? Seriam as pirâmides, símbolos da grandeza racional de saudosos espíritos dominantes, vivendo distantes de seu orbe original? Toda essa grandeza, e mesmo as maravilhas tecnológicas atuais representam uma civilização incompleta, quando lhe falta o **desenvolvimento moral**:

> Credes que estais muito adiantados, porque tendes feito grandes descobertas e obtido maravilhosas invenções; porque vos alojais e vestis melhor do que os selvagens. Todavia, não tereis verdadeiramente o direito de dizer-vos civilizados, senão quando de vossa sociedade houverdes banido os vícios que a desonram e quando viverdes como irmãos, praticando a caridade cristã. Até então, sereis apenas povos esclarecidos, que hão percorrido a primeira fase da civilização. (LE, p. 358)

A chegada dos espíritos inteligentes, mas que carregavam imperfeições do orgulho e egoísmo, permite uma explicação racional dos símbolos da queda de Adão e do pecado original, que, enfim, pertencem não à humanidade, mas às escolhas anteriores e pessoais de cada um desses espíritos, únicos responsáveis por seu exílio. O mito de Platão inspirado nos mistérios de Elêusis que vimos – da queda dos seres alados pela ambição de conquistar a sabedoria, que por seus erros caíram na Terra, encarnando diretamente como homens – é exatamente a figura da raça adâmica descrita pelos espíritos. Os deuses que viviam nos astros seriam exatamente os homens que continuaram sua evolução espiritual, tornando-se espíritos superiores daquele mundo feliz.

O equívoco dos mitos da queda está em generalizar para a humanidade toda um fato real ocorrido com um grupo de espíritos, uma minoria, e que, além disso, não sofreu um castigo, mas uma consequência natural de suas imperfeições e escolhas.

Os filósofos do Egito e da Grécia Antiga seriam exatamente espíritos exilados, com uma inteligência destacada naquele tempo primitivo. Osíris, que se fazia presente encarnado no faraó, e sua esposa Ísis, segundo o mito egípcio, foram induzidos a descer à Terra trazendo as bênçãos da civilização aos seus habitantes. Enquanto Ísis ensinou-lhes o uso do trigo e da cevada, Osíris construiu os instrumentos da lavoura e instruiu os homens a utilizá-los. Depois lhes deu as leis, a organização social e o culto dos deuses, além de dominar os outros povos. Fora da mitologia e na vida real, porém, os camponeses egípcios viviam no sofrimento, mergulhados na lama, enquanto a elite e a corte egípcia usufruíam da ostentação, luxo e conforto de seus palácios.

Na Grécia, as palavras do filósofo pré-socrático Empédocles podem ser compreendidas, à luz desses ensinamentos, de forma literal:

"Existe um oráculo da necessidade, antigo decreto dos deuses, segundo o qual sempre que alguém incorre em erro e mancha, temeroso de seus caros membros – um daqueles espíritos agraciados com longa vida –, há de vagar três vezes mil anos longe dos bem-aventurados" (BARNES, 2003, p. 224-226).

Empédocles se inclui na condição de exilado, dizendo que "a eles também eu ora pertenço", e de que "este é o caminho que ora percorro, fugitivo que sou dos deuses e uma alma errante". Ou seja, esse filósofo, de posse de uma intuição dos fatos espirituais que teria vivido, descrevia sua própria condição de estrangeiro ou imigrante. E completa, afirmando que, por estar atado ao corpo, o indivíduo não consegue se lembrar "de que honra e de que elevada bem-aventurança" decaíra, ao abandonar seu orbe original. E por que teria saído de lá? Por ter acreditado que o mundo material, cheio da multiplicidade das coisas, era o mais importante, negligenciando o mundo espiritual que representa a unidade, pois diz ele: "Na insana discórdia confiei", que representa o apego às coisas transitórias. E sua reação, quando aqui chegou, foi de desalento: "Chorei e lamentei quando vi o estranho lugar", e ainda: "Ai de ti, miserável raça de desafortunados mortais, de que conflitos e que gemidos foste gerada."

Seguem o padrão de exílio do mundo bem-aventurado: os mitos de criação de Adão no paraíso, a queda no mundo dos gregos, a encarnação dos deuses no povo egípcio, a roda cíclica das vidas e mortes do Samsara, na Índia. Por sua vez, no mito da gênese da África, continente que abrigou o povo ancestral da Terra, os primeiros seres humanos não caíram do céu, mas viviam debaixo da terra. As lendas dos cabilas, nativos da Argélia, norte da África, foram preservadas oralmente, de geração em geração. Para eles, a Terra não era um "estranho lugar" como para Empédocles, mas seu lar, a quem devem a vida, do qual recebem proteção e a oportunidade de aprender e crescer.

Conta o mito que no início havia apenas um homem e uma mulher que viviam debaixo da terra. Quando eles deram origem aos primeiros cinquenta rapazes e cinquenta moças, os jovens perguntaram: – Por que ficar embaixo se podemos subir à superfície e ver o céu?

Naquela época, as árvores, plantas, pedras e rios sabiam falar. E os jovens perguntavam sobre tudo. – Quem fez vocês? E as plantas responderam: – Foi a terra. – E você, terra? – Sempre estive aqui. Quem fez vocês, estrelas? Mas elas estavam longe e não puderam responder. Chegando ao rio, perguntaram: – Quem é você? E o rio disse: – Sou a água. Sou para vocês tomarem banho e se lavarem. Atravessem pela minha parte rasa para chegar ao outro lado.[160] Quando cortaram árvores, ouviram dela que deviam demonstrar respeito, por serem mais velhas que eles, e receberam o consentimento para utilizar seus troncos quando fosse para seu abrigo e proteção. Em outra lenda, a formiga que retirava a casca para comer o trigo ensinou o homem a produzi-lo, enquanto as pedras ensinaram a moenda, o rio, a misturar a farinha com sua água e o fogo, a cozinhá-lo.

Nos contos cabilas, os homens, que tiveram a mesma origem das plantas, árvores e animais, aprenderam com os seres da Natureza suas utilidades. Nessas e em outras histórias há uma integração entre o povo africano e a Natureza, de mútuo respeito e manutenção do equilíbrio.

Um caso inexplicável ocorreu entre os índios brasileiros. Orlando Villas-Bôas, sertanista que dedicou, com seu irmão Cláudio, sua vida aos índios do Xingu, contou um fato que vivenciou, do sumiço de crianças na densa floresta: uma menina de sete anos e seu irmão de nove. O pai pegava peixes no rio, enquanto elas aguardavam na margem. Quando voltou, elas haviam sumido. Depois de muitas buscas, Orlando organizou uma expedição com oito índios, mas nada encontraram. Depois de nove dias, caiu uma tempestade, um perigo da mata, e já se acreditava que elas haviam morrido. No décimo terceiro dia, chamaram Tacumã, o maior pajé do Xingu. Depois de dois dias em transe, ele mandou que toda a aldeia se fechasse e disse: – "As crianças vão aparecer, quando o sol estiver no alto".

Ao meio dia, sol a pino, contou Orlando, as crianças chegaram à aldeia de mãos dadas e entraram na cabana do pajé. As crianças estavam bem cuidadas. Então, Orlando perguntou: – O que aconteceu?

Elas responderam: – Não sei.

---

160 FROBENIUS, Leo e FOX, Douglas C. *A gênese africana, contos, mitos e lendas da África*. São Paulo: Landy, 2005.

Mas o que vocês comiam?

– Bolinha preta (que era uma frutinha pequena).

Orlando questionou: – Mas e na noite da tempestade, naquela aguaceira?

– Aí apareceu um suaçupu, um cervo muito grande, com chifres, encostou a gente numa sapopemba (gomos que dão nas árvores). Ele se apoiou nos segurando e nós não passamos frio, dormimos e não sentimos nada, nem mesmo a chuva caiu na gente.

"Não sou religioso", explicou Villas-Bôas na entrevista, "mas eu acredito naquilo que presenciamos. Assistimos a isso tudo".[161] Um dia, Orlando e Cláudio sentaram-se em frente à casa dos homens numa aldeia isolada, sem contato com os civilizados. Enquanto estavam ali parados, chegou um índio nu, vindo da mata, coberto de limo e de carvão da roça, e se sentou ao lado deles. De repente, ele levantou o dedo ao céu, e disse: – Lá é o céu.

Orlando respondeu: – Eu já sabia.

– Lá é a aldeia dos que morrem. Falou o índio.

– Eu já sabia, respondeu o sertanista.

– Ah! Tá bom! E então completou: – Tem o céu, no céu do céu. Está lá.

Orlando imaginou que estivesse falando de Deus, e então perguntou:

– O índio velho que sabe tudo?

E ele respondeu: – Lá não tem ninguém, só tem uma sabedoria![162]

Nessa e em muitas outras histórias, os sertanistas desvendam uma harmonia habitual entre a Natureza e os índios. E também a existência de espíritos que os auxiliam, orientam e curam, pela mediunidade dos pajés.

Os espíritos primitivos da Terra possuem uma relação de integração, proximidade e respeito pela Natureza, que a vida civilizada abandonou. Em meio às cidades, não se bebe a água do rio, nem se pisa na terra, não há proximidade com os animais, nem se alimenta de forma natural. Tudo é asfalto e cimento. A exploração predatória dos recursos naturais e a poluição demonstram que a regeneração da humanidade deverá acompanhar uma transformação dos hábitos, instituições e modos de vida urbanos. Para isso, há muito que se aprender com os indígenas.

Entre os exilados, espíritos imperfeitos, o progresso consiste no melhoramento moral, na superação das deficiências de forma espontânea e interessada.

---

161 Entrevista de Orlando Villas-Bôas ao programa Roda Viva veiculado em 10 de dezembro de 1999, na Rede Cultura de Televisão.

162 Queremos representar aqui a natureza espiritualista do povo indígena. Os fatos ocorridos com Orlando são modernos e não sabemos se o índio estava relatando uma tradição de seu povo ou uma intuição própria do mundo espiritual.

No entanto, explicam os espíritos superiores, "a regeneração da humanidade não exige absolutamente a renovação integral dos espíritos: basta uma modificação em suas disposições morais. Essa modificação se opera em todos quantos lhe estão predispostos" (G, p. 372). Seu exílio é a plena confirmação da liberdade da vontade do espírito como lei natural, pois, relegados aos mundos inferiores por seu orgulho e ingratidão, só sairão deles quando reconhecerem a soberania divina: "Deus não lhes impõe esse reconhecimento; quer que ele seja voluntário e o fruto de suas observações. É por isso que os deixa livres e espera que, vencidos pelo próprio mal que atraem, retornem a ele" (RE64, p. 44).

Por outro lado, há a educação das massas. Os espíritos simples, transformados em máquinas quando utilizados como força motriz nas fábricas e fazendas, "estando incompletos", precisam de autonomia e de um ambiente de cooperação por meio dos quais "devem adquirir por si mesmos e pela sua própria atividade a ciência e a experiência que não podem ter no início" (Ibidem).

Essa luta pela educação popular por meio da liberdade, também proposta pelo espiritismo, teve em pensadores como o geógrafo Milton Santos (1926-2001) uma lúcida análise: "A individualidade, um bem comum a toda a humanidade, mas tantas vezes deixada em surdina no indivíduo, não é um bem que pereça. Apenas adormece. Desfalece quando a sensibilidade é mutilada. Por isso, sua ressurreição posterior não é um milagre. Está no próprio plano do acontecer humano" (SANTOS, 2007, p. 71).

A alienação, causada pelo jogo exagerado de prazeres instintivos, vícios e banalidades da vida moderna, afasta o homem do conhecimento de si mesmo, da essência das coisas, da filosofia da vida que o espiritismo propõe com retorno da humanidade às suas questões fundamentais. Para Milton Santos, surpreendentemente, está na própria alienação atual o remédio para dissolvê-la:

> A alienação acaba por gerar o seu contraveneno, a desalienação. O homem alienado é como se lhe houvessem manietado, para roubar-lhe a ação, e imposto barreiras à visão para cegá-lo. Seus olhos são fechados para a essência das coisas. Mas nenhum ser humano se contenta com a simples aparência. A busca da essência é a sua contradição fundamental. (Ibidem, p. 72).

Lembramos aqui da alienação simbolizada pelas galerias de compras dos tempos de Kardec, em contraste com os bairros operários insalubres de Paris. Milton Santos afirma que é quando "a aparência se dissolve" que "a essência começa a se impor à sensibilidade". Quando o homem despertar do ócio, sua "mutação será reveladora porque permitirá abandonar o mundo do fenômeno e abordar o universo das significações", então o geógrafo conclui dizendo que "é assim que renasce o homem livre".

Mas quem é o homem livre? Numa relação entre opressores e oprimidos como a que estamos nos referindo, nenhum dos dois é livre, explica o educador Paulo Freire (1921-1997), outro brilhante pensador brasileiro, quando propôs uma educação pela autonomia seguindo, provavelmente sem o saber,[163] a proposta espírita. Segundo ele, em sua obra *Pedagogia do Oprimido*, "desde o começo mesmo da luta pela humanização, pela superação da contradição opressor–oprimidos, é preciso que eles se convençam de que esta luta exige deles, a partir do momento em que a aceitam, a sua responsabilidade total" (FREIRE, 1987, p. 55). Ou seja, a adesão à humanização, que tem o mesmo sentido de regeneração da humanidade dita por Kardec, deve ser voluntária. Continua Freire:

> Esta luta não se justifica apenas em que passem a ter liberdade para comer, mas liberdade para criar e construir, admirar e aventurar-se. Tal liberdade requer que o indivíduo seja ativo e responsável, não um escravo nem uma peça bem alimentada da máquina. Se as condições sociais fomentam a existência de autômatos, o resultado não é o amor à vida, mas o amor à morte. (*Ibidem*)

O que os oprimidos devem encontrar na sua luta, mesmo que por ter fome seja realmente necessário comer mais, "é o caminho do amor à vida. É como homens que os oprimidos têm de lutar e não como 'coisas'. É precisamente porque, reduzidos a quase 'coisas', na relação de opressão em que estão, que se encontram destruídos". Dessa forma, é preciso despertar da acomodação, explica o educador Paulo Freire, pois os oprimidos: "Acomodados e adaptados, 'imersos' na própria engrenagem da estrutura dominadora, temem a liberdade, enquanto não são capazes de correr o risco de assumi-la (...). Querem ser, mas temem ser" (*Ibidem*).

O homem tem medo da liberdade! Mas é só e justamente a autonomia, que o pode libertar. Continua Freire: "Este é o trágico dilema dos oprimidos, que a sua pedagogia tem de enfrentar. A libertação, por isto, é um parto. E um parto

---

163 Paulo Freire, quando criança, disse ao seu pai, espírita convicto, sua vontade de fazer a primeira comunhão na Igreja Católica. Joaquim Freire, além de concordar, deu-lhe um beijo e prometeu que o acompanharia. Sobre seu pai, disse Freire: "Ali ele foi um pedagogo e democrata", exatamente o caminho escolhido pelo menino como proposta de sua vida, que completou afirmando: "Ele me deu uma lição de que, se você respeita o outro, é preciso aprender a conviver com a diferença". Fonte: *Isto é Brasil*. n. 1578, 29 dez. 1999.

doloroso. O homem que nasce deste parto é um homem novo que só é viável na e pela superação da contradição opressores–oprimidos, que é a libertação de todos" (*Ibidem*, p. 35).

O espiritismo afirma o mesmo em sua teoria moral da autonomia, onde o exilado (raça adâmica) assumiu o papel de opressor, e os simples, nas grandes massas, são oprimidos.

É natural do homem, mesmo um dever, buscar a felicidade. Mas ela não se encontra nos prazeres. Mas é alcançada quando o "homem é solidário do homem", explicam os espíritos:

> É em vão que procura o complemento do seu ser, quer dizer, a felicidade em si mesmo ou naquilo que o cerca isoladamente: ele não pode encontrá-lo senão no HOMEM ou na humanidade. Não fazeis, pois, nada para ser pessoalmente felizes, enquanto a infelicidade de um membro da humanidade, de uma parte de vós mesmos, possa vos afligir. (RE67, p. 61)

Segundo a lei da liberdade, em *O Livro dos Espíritos*, enquanto o homem vive aceitando a falsa ideia de que basta aguardar a vontade de Deus quanto ao seu futuro, achando "que as coisas são assim mesmo", se mantém um alienado moral. Mas a teoria da responsabilidade pelos atos ensinada pelos espíritos "eleva o homem aos seus próprios olhos", alça sua dignidade e "mostra-o livre de subtrair-se a um jugo obsessor, como livre é de fechar sua casa aos importunos" (LE, p. 387). Ainda mais, esse homem novo "deixa de ser simples máquina, atuando por efeito de uma impulsão independente da sua vontade, para ser um ente racional, que ouve, julga e escolhe livremente de dois conselhos um". Explicam os espíritos:

> A civilização desenvolve o senso moral e, ao mesmo tempo, o sentimento de caridade, que leva os homens a se prestarem mútuo apoio. Os que vivem à custa das privações dos outros exploram, em seu proveito, os benefícios da civilização. Desta têm apenas o verniz, como muitos há que da religião só têm a máscara. (*Ibidem*)

O homem novo, quando forte, protege o fraco, tomando coragem de reconhecer em si mesmo quem *ele é*, assumindo a responsabilidade pelos caminhos que escolheu, para lutar pelo que *deseja ser*, com a plena consciência de que isso está ao alcance de suas forças.

Fora da caridade não há salvação. Mas o que é caridade?

A caridade que o espiritismo propõe, "não se restringe à esmola", não é uma ação assistencialista onde o que tem mais apenas provê materialmente o que tem menos, mantendo uma relação de dependência e submissão. Pelo contrário, a verdadeira caridade diminui as distâncias sociais, numa construção da autonomia em todos os momentos da vida, pois "abrange todas as relações em que nos achamos com os nossos semelhantes, sejam eles nossos inferiores, nossos iguais, ou nossos superiores" (LE, p. 393), ensinam os espíritos superiores em *O Livro dos Espíritos*.

Caridade e autonomia moral são uma só coisa.

Dessa forma, quando o indivíduo desperta de seu sono e vê as dificuldades de sua vida como desafios, não como castigos de Deus, azar ou obra do acaso, ele reconhece que "a vida corpórea lhe é dada para se expungir de suas imperfeições, mediante as provas por que passa", escolhidas por ele antes de nascer, por isso sente-se forte na luta contra seu orgulho e egoísmo. Isso nada tem de piegas ou fraqueza. Mesmo porque sabe que são exatamente as "imperfeições que, precisamente, o tornam mais fraco e mais acessível às sugestões de outros espíritos imperfeitos, que delas se aproveitam para tentar fazê-lo sucumbir na luta em que se empenhou" (*Ibidem*, p. 401).

4.3 A FÍSICA DO MUNDO ESPIRITUAL

Uma das mais complexas metas do espiritismo compreendia a definição da matéria do mundo espiritual. Os espíritos descrevem sua dificuldade em transmitir esse ensinamento: "Como se pode definir uma coisa, quando faltam termos de comparação e com uma linguagem deficiente? Pode um cego de nascença definir a luz?", em seguida, Kardec comentou:

> Dizemos que os espíritos são imateriais, porque, pela sua essência, diferem de tudo o que conhecemos sob o nome de matéria. Um povo de cegos careceria de termos para exprimir a luz e seus efeitos. O cego de nascença se julga capaz de todas as percepções pelo ouvido, pelo olfato, pelo paladar e pelo tato. Não compreende as ideias que só lhe poderiam ser dadas pelo sentido que lhe falta. Nós outros somos verdadeiros cegos com relação à essência dos seres sobre-humanos. Não os podemos definir senão por meio de comparações sempre imperfeitas, ou por um esforço da imaginação. (LE, p. 87)

Pela primeira vez na história do conhecimento humano, o mundo espiritual foi explicado por meio dos conceitos da física pelos próprios indivíduos que lá habitam.

Todavia, o mundo espiritual difere do nosso em suas condições, fenômenos e leis naturais de tal forma que, apesar de semelhante, difere de tudo o que o homem vivencia. Como explicar para um cego as nossas impressões de luz e cor? Precisamos recorrer aos seus outros sentidos. As cores poderiam se assemelhar aos diferentes sabores, a luz forte poderia ser representada pelo calor de uma fogueira e a fraca pela de uma vela. Apesar de todo o esforço, não há meios de transmitir a sensação original. Por sua vez, conversando com milhares de espíritos, Kardec compreendeu a natureza das sensações espirituais e criou uma maneira de exemplificá-las:

> Para a explicação das coisas espirituais, às vezes me sirvo de comparações bem materiais, e talvez mesmo um pouco forçadas, que não seria preciso sempre tomar ao pé da letra. Mas é procedendo por analogia, do conhecido ao desconhecido, que se chega a se dar conta, ao menos aproximadamente, do que escapa aos nossos sentidos. Foi a essas comparações que a doutrina espírita deve, em grande parte, o ter sido tão facilmente compreendida, mesmo pelas inteligências mais vulgares. (RE64, p. 231)

A diferença fundamental entre os dois mundos está na ação do pensamento sobre a matéria. Do ponto de vista humano, quando pensamos, vivemos um mundo abstrato e só nosso, inacessível à percepção dos outros. Para que os demais possam conhecê-lo, a ideia em nossa mente deve ser traduzida por símbolos. A transmissão desses símbolos pode ser feita de forma direta, pela palavra falada, gestos e expressões. Também podemos transmitir nossos pensamentos de forma indireta, por exemplo, quando escrevemos uma mensagem.

No tempo de Kardec, os meios indiretos de comunicação eram limitados. Uma carta levava dias, semanas e até meses, levada pelas diligências, até chegar ao destinatário. O meio mais rápido naquele século era o telégrafo, que transmitia pulsos em código Morse pela extensão dos fios elétricos, vencendo grandes distâncias. Atualmente, a comunicação deu um grande salto tecnológico. A transmissão de informações por meio de ondas no campo eletromagnético faz parte do nosso cotidiano. É possível falar a qualquer momento com pessoas do mundo inteiro por celular ou pela internet. Essa diferença tecnológica faz com que a explicação seguinte seja compreendida de forma mais adequada hoje em dia do que foi para os leitores contemporâneos de Kardec em 1868:

> Os fluidos espirituais são a *atmosfera* dos seres espirituais; é o meio onde se passam os fenômenos especiais perceptíveis à vista e ao ouvido do espírito, é o veículo do pensamento, como o ar é o veículo do som. (...) Pode-se, pois, dizer, em verdade, que há, nesses fluidos, ondas e raios de pensamentos, que se cruzam sem se confundirem, como há no ar ondas e raios sonoros. (RE68, p. 111)

Kardec também explicou que as distâncias não importam para os espíritos, eles podem transmitir seu pensamento de um local a outro do Universo, e se comunicam em diversas partes do planeta ao mesmo tempo. Mas a analogia com o som tinha grande limitação para o entendimento na época. É muito mais fácil compreender as ondas e raios de pensamentos que se espalham pelo Universo sem se confundirem comparando-os à comunicação por ondas eletromagnéticas. Esses dois fenômenos naturais são semelhantes.

Com sua pesquisa sobre a matéria do mundo espiritual, Kardec pretendia demonstrar que essa "é uma ordem de fatos toda nova que se passam fora do mundo tangível, e constituem, podendo-se assim dizer, a física e a química especiais do mundo invisível". (Mas há uma diferença fundamental entre essas disciplinas na espiritualidade e no mundo físico, pois os espíritos não fazem uso de instrumentos para estabelecer comunicação à distância, o que para nós é imprescindível. Para os espíritos livres, essa capacidade é um sentido especial, condição própria de seu perispírito ou corpo espiritual. Para eles, a física e a química se confundem com os fenômenos fisiológicos perispirituais e esse é um dos motivos da limitação das analogias para explicá-los. Ou seja, quando o espírito pensa, a ação de sua mente sobre a matéria espiritual ao seu redor tem efeitos semelhantes à emissão e recepção das ondas eletromagnéticas por aparelhos eletrônicos em nosso mundo. Mas enquanto a comunicação à distância é para nós um meio indireto pela tecnologia, para os espíritos é um meio direto, uma sensibilidade. É como se o corpo espiritual funcionasse como um *notebook*, transmitindo e recebendo informações de outros aparelhos distantes, por meio das ondas que cruzam o campo à nossa volta sem se confundirem. Essa semelhança também explica outros fenômenos espirituais; vejamos esta descrição da *Revista Espírita*:

> O pensamento, criando imagens fluídicas, se reflete no envoltório espiritual como numa vidraça, ou ainda como essas imagens de objetos terrestres que se refletem nos vapores de ar; ela ali toma um corpo e se fotografa de alguma sorte. (...) É assim que os movimentos

> mais secretos da alma repercutem no envoltório fluídico; que uma alma, encarnada ou desencarnada, pode ler numa outra como num livro, e ver o que não é perceptível pelos olhos do corpo (...) a alma vê sobre os indícios da alma os pensamentos que não se traduzem ao redor. (*Ibidem*, p. 112)

Essas analogias propostas por Kardec hoje podem ser simplificadas pelo fato de que as ondas eletromagnéticas transmitem a combinação de sons e imagens. Ainda fazendo uso da semelhança com o *notebook*, concebemos que um espírito pode perceber a manifestação de outros examinando o perispírito dele, semelhante a nós, quando olhamos para a tela do computador de outra pessoa enquanto ele o utiliza e, desse modo, podemos acompanhar o que ela está fazendo, examinar suas ideias, seus interesses, seus planos, seus dados, imagens e declarações.

De forma assemelhada, os espíritos transmitem os seus pensamentos por uma "atmosfera" à sua volta, que se estende ao infinito. Os espíritos que se sintonizam com eles recebem esses raios mentais de forma direta e os traduzem de acordo com seu entendimento – esse é o meio universal da comunicação espiritual. Em nossa condição humana, os meios diretos de comunicação por símbolos, usando voz e gestos, são extremamente limitados em comparação com essa capacidade progressiva e ilimitada que a evolução espiritual confere aos espíritos.

4.3.1 A evolução do conceito de matéria e energia

Chegamos agora a um fato mais complexo da física do outro mundo. Os espíritos, por meio de seu pensamento, não só transmitem informação, mas também podem criar formas e alterar as propriedades das substâncias espirituais:

> Pelo pensamento, eles imprimem a esses fluidos tal ou qual direção; aglomeram-nos, combinam-nos ou dispersam-nos; com eles formam conjuntos tendo uma aparência, uma forma, uma cor determinada; mudando-lhes as propriedades, como um químico muda a dos gases ou outros corpos, os combinam segundo certas leis; é a grande oficina ou o laboratório da vida espiritual. (*Ibidem*, p. 111).

Considerando que tanto as criações mentais dos espíritos quanto seus perispíritos são da mesma natureza, "esses objetos fluídicos são tão reais, como o eram, no estado material, para o homem vivo". Porém, "pela razão de serem criações do pensamento, a existência deles é tão fugitiva quanto a deste" (G, p. 251).

Para Kardec, acabavam nesse ponto todas as analogias com a física de sua época, em virtude de sua limitação teórica e os equívocos do paradigma aceito oficialmente. A transmissão de símbolos pela eletricidade, mesmo que limitada pelos fios, já era conhecida. Mas a matéria era explicada nos manuais de física como se fosse formada por corpos ou elementos simples, imaginados como diminutas esferas perfeitamente homogêneas, sólidas, indestrutíveis, eternas, indivisíveis. Eram assim, como bolinhas duras com propriedades diferentes, que compunham elementos como o oxigênio e o hidrogênio. Essas partículas, combinadas por afinidade,[164] dariam origem aos corpos compostos, como a água. Como as forças eram consideradas átomos de matéria imponderável,[165] segundo essa teoria, todo o Universo, fora a matéria, seria um imenso e absoluto vazio. Cientistas, como o francês Laplace, consideravam a hipótese de que todos os movimentos do Universo e da humanidade seriam previsíveis, caso fossem conhecidas as informações sobre posição, velocidade e direção de cada átomo em seus movimentos iniciais, como é possível dessa mesma forma prever os movimentos das bolas de bilhar sobre a mesa. Sustentado pela lógica desse paradigma da física, o determinismo foi adotado como pressuposto aceito por todas as demais ciências, inclusive as humanas e biológicas, reduzindo o fenômeno da vida e da consciência a leis físico-químicas. No âmbito dessa teoria mecanicista, era impossível compreender como os espíritos podiam criar substâncias ou alterar suas propriedades pelo pensamento.

No século seguinte, quando os físicos modernos se debruçaram sobre as partículas e outros fenômenos como a luz para decifrar sua natureza última, descobriram que a imagem clássica dos átomos imaginados como bolas de bilhar ou planetas em volta do Sol era uma hipótese completamente falsa, frente ao novo paradigma científico que estavam estabelecendo. Desse modo, chegaram à seguinte conclusão, afirmada por Niels Bohr (1885-1862), físico e matemático alemão, cujo trabalho foi fundamental para o desenvolvimento da física quântica:

---

164 A química do século 19 concebia duas forças atômicas: coesão e afinidade. A *coesão* unia as moléculas homogêneas como as partículas do ouro entre si, dando origem ao metal. Já a afinidade seria uma atração de combinação de moléculas heterogêneas, por exemplo, a afinidade entre as moléculas de oxigênio e hidrogênio resultando em água. Fonte: CARVALHO, Joaquim Simões de. *Lições de filosofia chimica*. Coimbra: Typographia da rua da Matemática, 1850.

165 Os fluidos calórico, luminoso, elétrico e magnético eram considerados compostos de átomos que possuíam as características da matéria comum, sendo sólidos e indestrutíveis, e possuíam outras, como invisibilidade, imponderabilidade (sem peso). Mais detalhes sobre a teoria substancialista em 4.1.1 Estabilidade e unidade do espiritismo.

> Por grande que fosse o êxito das ideias clássicas na interpretação dos fenômenos de interferência, não menos impressionante é a sua incapacidade para esclarecer os processos de emissão e absorção da radiação. Aqui a eletrodinâmica e a mecânica clássica fracassaram em absoluto (...). Finalmente a mecânica e a estatística clássica também falharam na explicação das leis da radiação do calor (ou energia). (BORN, 1971, p. 90)

Por mais que a física clássica tivesse sucesso para explicar os movimentos celestes e todos aqueles presentes em nosso dia a dia, até mesmo a trajetória de um foguete para a Lua, nos fenômenos que ocorrem no microuniverso atômico, ou nas grandes velocidades próximas da luz, como afirma Bohr, a teoria clássica falha completamente.

Albert Einstein, numa obra de divulgação científica, A *Evolução da Física*,[166] em parceria com Leopold Infeld, comenta a antiga teoria do calor: "Os velhos nomes, calor latente do derretimento, mostram que esses conceitos são retirados da ideia de calor como uma substância". E então questiona: "Mas o calor não é, certamente, uma substância no mesmo sentido que a massa. A massa pode ser detectada por meio de balanças, mas, e o calor?". E Einstein responde:

> A ideia do calor "fluindo" de um corpo para outro sugere a semelhança da água escoando de um nível mais alto para outro mais baixo. (...) A "substância calor" foi usualmente chamada *calórico* e é nossa primeira conhecida de uma família inteira de substâncias destituídas de peso. (...) Vimos que a teoria da substância explica muitos fenômenos do calor. Contudo (...) essa conquista é falsa, o calor não pode ser considerado uma substância, nem mesmo sem peso. (EINSTEIN, 1980, p. 42-43)

A queda da teoria da matéria imponderável, como os *fluidos elétricos* e o *calórico*, demonstra o processo evolutivo das ciências, comentam Einstein e Infeld, destacando também a importância fundamental da história e filosofia das ciências:

---

166 A *evolução da física*, publicado em 1938, foi escrito verdadeiramente pelo físico polonês Leopold Infeld (1898-1968) e revisado por Einstein, com a finalidade de promover a divulgação científica da teoria da relatividade de forma acessível ao leitor não especializado. Os conceitos apresentados nessa obra ainda hoje têm ampla validade.

> Não há teorias eternas em ciência. Sempre acontece que alguns dos fatos previstos pela teoria são desaprovados pela experiência. Toda teoria tem o seu período de desenvolvimento gradativo e triunfo, após o qual poderá sofrer rápido declínio. A ascensão e a queda da teoria da substância do calor, já discutidas aqui, é um dos muitos exemplos possíveis. (...) Quase todo o avanço da ciência surge de uma crise da velha teoria, através de um esforço para encontrar uma saída das dificuldades criadas. Devemos examinar as velhas ideias, as velhas teorias, embora pertençam ao passado, pois esse é o único meio de compreender a importância das ideias e teorias novas, bem como a extensão de sua validez. (Ibidem, p. 67)

O abandono da teoria substancialista ocorreu por novos fatos que a falseavam, só então as teorias das ondas no éter ou campo eletromagnético propostas por Maxwell, a partir das experiências de Faraday, foram reconhecidas. Segundo Einstein, "nossa única saída parece ser a de ter por fato consumado que o espaço tem a propriedade física de transmitir ondas eletromagnéticas (Ibidem). Desse modo, continua, "ainda podemos usar a palavra éter, mas apenas para expressar alguma propriedade física do espaço". Desde a matéria quintessenciada imaginada por Aristóteles, os turbilhões do pleno de Descartes, o éter extremamente sutil proposto por Newton, "essa palavra éter mudou de significado muitas vezes com o desenvolvimento da ciência". E Einstein conclui que o éter "não mais representa um meio formado de partículas. Sua história, de modo algum acabada, é continuada pela teoria da relatividade" (Ibidem, p. 127). Para a relatividade, o éter vai representar a fonte originária comum, tanto da matéria quanto da energia, como explica o cientista:

> A física clássica introduziu duas substâncias, matéria e energia. A primeira tinha peso, mas a segunda não.[167] (...) Já perguntamos se a física moderna ainda conserva esse ponto de vista de duas substâncias. A respostas é: "Não". De acordo com a teoria da relatividade, não há distinção essencial alguma entre massa e energia. Energia tem massa e massa representa energia. Em vez de duas leis da conservação, temos apenas uma, a de massa-energia. (EINSTEIN, 1980, p. 162)

---

167 Relembramos que na física oficial do século 19, a energia era considerada como matéria ou fluido imponderável, substância sem peso.

Mais à frente, Einstein e seu parceiro vão afirmar que "o que impressiona os nossos sentidos é, na realidade, uma grande concentração de energia em um espaço relativamente pequeno" (*Ibidem*, p. 198). Desse modo, a "matéria representa enormes reservatórios de energia e que energia representa matéria" (EINSTEIN, 1980, p. 197).

Ou seja, de acordo com a compreensão moderna do que é energia e matéria, é possível estabelecer uma analogia compreensível para considerar a ação criadora do pensamento dos espíritos, considerando seus organismos como se fossem geradores, capazes de emitir o equivalente ao que é a energia eletromagnética, em nosso mundo. Como matéria e energia são similares, se estendermos a capacidade desse gerador de concentrar energia até transformá-la em matéria – atuando pela força de seus pensamentos sobre o campo à sua volta –, os espíritos poderiam transformar as propriedades físicas das substâncias espirituais e criar formas com seu pensamento.

4.3.2 Fluido universal, fonte comum de matéria e energia

Mas o que é ainda mais significativo na comparação entre a teoria dos espíritos e a física moderna está no fato de que os espíritos sabiam e informaram sobre as refutações à teoria oficial da física daquela época, que considerava o átomo como esfera dura e indestrutível. Vamos fazer uma simulação. Observe como faz sentido, ao interpretarmos o seguinte diálogo de *O Livro dos Espíritos*, fazendo a suposição que os espíritos estão respondendo com um conhecimento avançado semelhante à física moderna, enquanto Kardec pergunta e comenta a partir dos conhecimentos limitados e hoje superados de sua época:

> Kardec – A matéria é formada de um só ou de muitos elementos?
>
> R. "De um só elemento primitivo. Os corpos que considerais simples [átomos de oxigênio, hidrogênio etc.] não são verdadeiros elementos, são transformações da matéria primitiva [éter ou fluido universal]".
>
> K. – Donde se originam as diversas propriedades da matéria?
>
> R. "São modificações que as moléculas elementares [prótons, nêutrons e elétrons] sofrem, por efeito da sua união, em certas circunstâncias".

K. – A mesma matéria elementar é suscetível de experimentar todas as modificações e de adquirir todas as propriedades?

"Sim e é isso o que se deve entender, quando dizemos que tudo está em tudo! [Ou seja, a combinação das partículas dá origem a todos os elementos da tabela periódica]".

K. – A forma das moléculas é constante ou variável?

"Constante a das moléculas elementares primitivas [elétrons e prótons]; variável a das moléculas secundárias [átomos compostos de partículas], que mais não são do que aglomerações das primeiras. Porque, o que chamais molécula [átomos como o de oxigênio] longe ainda está da molécula elementar [elétrons ou quarks]".[168] (LE, p. 66)

Anos depois, em A Gênese, Kardec descreveu que, segundo o ensinamento dos espíritos superiores, e diferente do que a ciência clássica admitia, haveria uma origem única de toda matéria e de toda energia, sejam do mundo espiritual ou de nosso mundo, numa escala tal que "a pureza absoluta, da qual nada nos pode dar ideia, é o ponto de partida do **fluido universal**; e o ponto oposto é aquele em que ele se transforma em matéria tangível":

> Entre esses dois extremos, dão-se inúmeras transformações, mais ou menos aproximadas de um e de outro. Os fluidos mais próximos da materialidade, os menos puros, conseguintemente, compõem o que se pode chamar a atmosfera espiritual da Terra. É desse meio, onde igualmente vários são os graus de pureza, que os espíritos encarnados e desencarnados, deste planeta, haurem os elementos necessários à economia de suas existências. (G, p. 245)

Abrimos aqui parênteses para afirmar (como vamos ver em 4.4, sobre o magnetismo animal, considerada ciência gêmea do espiritismo por Kardec), que a teoria do **fluido universal** foi proposta pelo médico alemão Franz Anton

---

[168] Hoje se sabe que os átomos são compostos de diversas partículas que interagem de forma estável. Quando a quantidade de prótons, que são de carga positiva, é igual à de elétrons, de carga negativa, garante sua neutralidade. Um átomo de oxigênio pode ter oito prótons e oito nêutrons em seu núcleo e oito elétrons em sua eletrosfera, que são as camadas à sua volta.

Mesmer como alternativa paradigmática da Física adequada para explicar sua teoria, já que não admitia a hipótese substancialista que estava sendo incorporada à ciência oficial em sua época. A teoria dinâmica ou ondulatória do fluido universal, proposta por Mesmer, foi assim adotada pelos espíritos superiores nas obras da doutrina espírita. Desse modo, podemos encontrar na sequência das páginas nas obras de Kardec citações das duas teorias, a dos *fluidos imponderáveis*, que ele aprendeu nos manuais de física, e do **fluido universal**, proposta por Mesmer e desenvolvida pelos espíritos. Por fim, como veremos, na obra *A Gênese*, Kardec definiu a segunda teoria como um princípio fundamental estabelecido pela concordância do ensino dos espíritos superiores.

Mas, segundo esses espíritos, o fluido universal não era apenas a origem da matéria quando em seu estado condensado, mas também originava todas as forças conhecidas por meio de seus movimentos vibratórios, hipótese que dessa forma negava inteiramente a teoria substancialista das forças da ciência oficial. Vejamos:

> Há um fluido etéreo que enche o espaço e penetra os corpos. (...) São-lhe inerentes as forças que presidiram às metamorfoses da matéria, as leis imutáveis e necessárias que regem o mundo. Essas múltiplas forças, indefinidamente variadas segundo as combinações da matéria, localizadas segundo as massas, diversificadas em seus modos de ação, segundo as circunstâncias e os meios, são conhecidas na Terra sob os nomes de gravidade, coesão, afinidade, atração, magnetismo, eletricidade ativa. Os *movimentos vibratórios* do agente são conhecidos sob os nomes de som, calor, luz etc. (Ibidem, p. 111)

Quando os espíritos dizem que calor, luz, eletricidade e magnetismo são vibrações do fluido universal, esse conceito filosófico é semelhante ao que dizemos sobre as ondas eletromagnéticas: vibrações que se propagam no campo em diversas faixas do espectro. Portanto, o termo "fluido universal" (sendo origem tanto da matéria quanto da energia, como definido pelos espíritos), podemos imaginar, é um conceito semelhante à ideia de "campo" pertencente à filosofia da física moderna. O fluido universal, guardando-se o contexto científico e histórico, tem grande analogia conceitual com a seguinte descrição de Einstein: "A maior parte da energia está concentrada na matéria, mas o campo que circunda a partícula também representa energia. (...) Poderíamos, portanto, dizer: matéria é onde a concentração de energia é grande, e campo onde a concentração de energia é pequena" (EINSTEIN, 1980, p. 198).

Esse paralelo hipotético entre um conceito da física moderna do século 20 e o ensinamento dos espíritos, no século 19, fica mais intrigante por ser absolutamente incompatível com a hipótese de um Universo composto de átomos indestrutíveis e vazio adotado pela física clássica naquela época!

Mas não cabia a Kardec reformular a ciência; essa tarefa pertencia às gerações futuras da comunidade científica. No entanto, o professor, percebendo o alcance do pensamento dos espíritos superiores sobre a matéria espiritual consolidado em A Gênese, com grande lucidez questionou: "Quem conhece, aliás, a constituição íntima da matéria tangível? Ela talvez somente seja compacta em relação aos nossos sentidos". E foi ainda mais longe ao afirmar:

> À matéria tangível há de ser possível, desagregando-se, voltar ao estado de eterização, do mesmo modo que o diamante, o mais duro dos corpos, pode volatilizar-se em gás impalpável.[169] Na realidade, a solidificação da matéria não é mais do que um estado transitório do fluido universal, que pode volver ao seu estado primitivo, quando deixam de existir as condições de *coesão*. (G, p. 246)

Então Kardec se arriscou a prever uma propriedade nova da matéria, considerando as condições propostas pelos espíritos:

> Quem sabe mesmo se, no estado de tangibilidade, a matéria não é suscetível de adquirir uma espécie de eterização que lhe daria propriedades particulares? Certos fenômenos, que parecem autênticos, tenderiam a fazer supô-lo. Ainda não conhecemos senão as fronteiras do mundo invisível; o porvir, sem dúvida, nos reserva o conhecimento de novas leis, que nos permitirão compreender o que se nos conserva em mistério. (*Ibidem, loc. cit.*).

Confirmando esse pensamento, por analogia, hoje sabemos que os elementos mais pesados como o urânio,[170] que é natural, pela quantidade de prótons em seus núcleos são instáveis e, para adquirir estabilidade, emitem partículas ou

---

169 Um diamante é quase que exclusivamente composto de carbono, portanto pode ser queimado em presença de oxigênio com o auxílio de uma chama forte.

170 Outros elementos radioativos naturais são polônio, césio, rádio. O urânio é o último elemento químico natural da tabela periódica e possui o núcleo mais pesado: contém 92 prótons e de 135 a 148 nêutrons, sua massa atômica é 238 u. O hidrogênio é o elemento mais abundante e menos denso, seu número atômico é 1 e sua massa atômica é de 1 u.

energia, sendo, por isso, considerados radioativos. Em gigantescos laboratórios, os físicos fazem experimentos atômicos. Os aceleradores de partículas permitem colisões equivalentes às que ocorreram durante sua formação, nos instantes iniciais do Universo, desde o *big bang*. Partículas que não existiam podem ser criadas a partir da energia. No Grande Colisor de Hádrons, o LHC, quando ocorrem choques entre feixes de prótons, não só eles se partem em suas partículas menores (*quarks*), como também na colisão o número de partículas pode mudar e seus tipos também. Na física moderna, os experimentos confirmaram a teoria abrindo caminho para uma melhor compreensão do nosso Universo.

Considerando a origem comum da matéria nos dois mundos, físico e espiritual, pela teoria do fluido universal, Kardec pôde conceber uma analogia entre nosso corpo e o dos espíritos. Essa comparação também é compatível com o conceito de campo e unidade matéria-energia da física moderna, que acima citamos nas palavras de Einstein – "matéria é onde a concentração de energia é grande". Ensinam, por sua vez, os espíritos: "O perispírito, ou corpo fluídico dos espíritos, é uma condensação desse fluido em torno de um foco de inteligência ou alma. Já vimos que também o corpo carnal tem seu princípio de origem nesse mesmo fluido condensado e transformado em matéria tangível" (G, p. 246).

Desse modo, "o corpo perispirítico e o corpo carnal têm, pois, origem no mesmo elemento primitivo; ambos são matéria, ainda que em dois estados diferentes". No entanto, continua Kardec, "no perispírito (...) o fluido conserva a sua imponderabilidade e suas qualidades etéreas". Allan Kardec não dá uma teoria que explique as causas e mecanismos desses fatos, ele não elaborou uma teoria formal com a intenção de concorrer com ela pela evolução científica da física – ele tinha plena consciência dessas limitações. A doutrina espírita é uma filosofia experimental que se origina dos ensinamentos dos espíritos nos limites de nossa compreensão, e não têm o alcance extremamente mais amplo da ciência dos espíritos, que a eles pertence. Mas Kardec compreende do ensinamento dos espíritos que "tudo reportamos ao que conhecemos" estabelecendo analogias, que são figuras imperfeitas, e que não devem ser tomadas ao pé da letra:

> E do que escapa à percepção dos nossos sentidos não compreendemos mais do que pode o cego de nascença acerca dos efeitos da luz e da utilidade dos olhos. Possível é, pois, que noutros meios o fluido cósmico possua propriedades, seja suscetível de combinações de que não fazemos nenhuma ideia, produza efeitos apropriados a necessidades que desconhecemos, dando lugar a percepções novas ou a outros modos de percepção. (G, p. 98)

Dessa maneira, voltamos a afirmar que os conceitos da física moderna *não explicam* os fenômenos da matéria do mundo espiritual; somente permitem uma analogia que não era admitida na física clássica, adotada oficialmente nos meios de ensino da época do surgimento do espiritismo. No entanto, o que podemos seguramente abstrair dessas aproximações e semelhanças é a consideração de que os espíritos superiores conheciam as leis naturais da física de uma forma muito mais avançada para a época, e adotavam uma filosofia da ciência correta, o que talvez seja a mais surpreendente confirmação moderna da legitimidade da doutrina espírita. Infelizmente, o professor Rivail, em vida, não pôde registrar esses fatos, porque as descobertas da física moderna ocorreram posteriormente à sua morte.

Nas páginas da *Revista Espírita* de 1865, em espírito, o médico e cientista Franz Anton Mesmer descreveu as particularidades das relações físicas entre os dois planos:

> O mundo dos invisíveis é como o vosso; em lugar de ser material e grosseiro, é fluídico, etéreo, da natureza do perispírito, que é o verdadeiro corpo do espírito, haurido nesses meios moleculares, como o vosso se forma de coisas mais palpáveis, tangíveis, materiais. O mundo dos espíritos não é o reflexo do vosso; "é o vosso que é uma grosseira e muito imperfeita imagem do reino de além-túmulo". As relações desses dois mundos existiram sempre. Mas hoje o momento é chegado em que todas essas afinidades vão vos ser reveladas, demonstradas e tornadas palpáveis. Quando compreenderdes as leis das relações entre os seres fluídicos e aqueles que conheceis, a lei de Deus estará perto de ser posta em execução; porque cada encarnado compreenderá a sua imortalidade, e desse dia se tornará não só um ardente trabalhador da grande causa, mas ainda um digno servidor de suas obras. (RE65, p. 104)

De que forma a compreensão das leis naturais que regem a matéria e a energia dos dois mundos pode contribuir para a execução das leis de Deus, motivando os homens a se tornarem trabalhadores da causa universal?

A vida humana como a da Terra é uma fase de transição entre a animalidade representada pelo nosso corpo físico primitivo e mortal, comum ao dos outros animais; em paralelo à nossa existência na espiritualidade plena, contínua e eterna representada pelo perispírito em seu ambiente. Inicialmente, o espírito simples vive no mundo espiritual como se ainda estivesse no mundo físico, não percebendo as diferenças. Porém, com a evolução intelecto-moral, descobre que a vida no mundo espiritual é a principal, e busca a conquista da capacidade perispiritual em sua relação com a humanidade espiritual, como a de influenciar a matéria fluídica, a de se comunicar à distância, entre outras habilidades que permitem que seja útil na conservação e enriquecimento da harmonia universal. Enfim, descobre nessa atividade a meta do homem em sua caminhada evolutiva.

Outra analogia importante na descrição do mundo espiritual está na relatividade da densidade e do tempo entre os espíritos em sua escala evolutiva. A massa e o tempo eram considerados constantes para a física clássica. Para Newton o tempo seria absoluto e independente dos corpos materiais, batendo no mesmo ritmo uniforme em todas as partes do Universo. Mas a partir da relatividade sabe-se que tanto a massa quanto o tempo (que se tornou uma das dimensões físicas)[171] variam conforme a velocidade. Se um foguete pudesse viajar, acelerando numa velocidade próxima à da luz, o tempo passaria mais devagar e sua massa aumentaria cada vez mais. Na hipótese de que uma nave dessa velocidade levasse um dos irmãos gêmeos para uma viagem longa, na volta ele estaria mais novo do que aquele que ficou o esperando na Terra.

Analogamente a esses conceitos, segundo o ensino de O Livro dos Espíritos, quanto à duração, os espíritos não a vivenciam como nós, pois na medida de sua evolução: "Os espíritos vivem fora do tempo como o compreendemos. A duração, para eles, deixa, por assim dizer, de existir. Os séculos, para nós tão longos, não passam, aos olhos deles, de instantes que se movem na eternidade, do mesmo modo que os relevos do solo se apagam e desaparecem para quem se eleva no espaço" (LE, p. 158).

O espírito de Lamennais,[172] numa interessante mensagem sobre a eletricidade, deu a seguinte definição: "A eletricidade, essa sutileza entre o tempo e o que não é mais o tempo, entre o finito e o infinito, não pôde o homem ainda definir". E, segundo ele, o homem só a poderia definir "pelo magnetismo". Kardec ficou intrigado com esse significado, e perguntou ao espírito: – "Esta frase não nos parece muito clara. Teríeis a bondade de expô-la mais detalhadamente?". Então, Lamennais respondeu: "Explico-me assim, da maneira mais simples que posso. Para vós o tempo existe, não é mesmo? Mas não existe para nós". E quanto à eletricidade:

---

171 O tempo representa para a relatividade a quarta dimensão, de tal forma que ele está intrinsecamente associado ao movimento espacial. Numa experimentação, relógios atômicos colocados em órbita dentro de um foguete comparados com outros deixados na Terra avançam em diferentes ritmos, confirmando a teoria.

172 Hughes Félicité Robert de Lamennais (1782-1854) foi um filósofo liberal e escritor político francês.

> Assim defini a eletricidade: essa sutileza entre o tempo e o que não é mais o tempo, porque esta parte do tempo de que outrora vos devíeis servir para vos comunicardes de um a outro extremo do mundo, esta porção do tempo, digo eu, não existe mais. Mais tarde virá a eletricidade espiritual, que não será outra coisa senão o pensamento do homem, transpondo o espaço. Com efeito, não é a imagem mais compreensível entre o finito e o infinito, o pequeno meio e o grande meio? Quero dizer, em síntese, que a eletricidade suprime o tempo. (RE60, p. 378)

O que Lamennais está afirmando é que antes do telégrafo, levava-se meses para chegar uma mensagem de um extremo a outro do mundo, por diligências e navios. Já com o telégrafo elétrico, essa velocidade é quase instantânea. Por fim, ele refere-se à eletricidade espiritual, que é exatamente o meio de comunicação por emissão do pensamento pelo espírito, que pode vencer as distâncias cósmicas, "transpondo o espaço". O homem é um ser duplo, e teoricamente poderá um dia se comunicar utilizando a matéria espiritual como meio, o que define a telepatia.

O que hoje se sabe sobre a corrente elétrica no fio metálico, como o do telégrafo citado por Lamennais, é que se trata do fluxo ordenado dos elétrons livres do metal numa mesma direção. Eles se movem colidindo com os átomos do fio, e sua velocidade média é baixa, menor do que um centímetro por segundo. No entanto, o sinal propaga com velocidade próxima da luz, no estabelecimento do campo elétrico no fio. E o que é em si o campo elétrico para a ciência? Não se sabe. Num artigo, o físico Roberto Martins explica quanto à existência de campos (elétrico, magnético, gravitacional):

> O que são esses campos? São entes (substâncias) ou acidentes de algo? Se eles são entes, então o vácuo onde há um campo não é um vácuo absoluto (um espaço sem nada nele). Se não são entes, então devem ser modificações de algo – e esse algo existe no vácuo aparente, que não é, portanto, um vácuo absoluto. (...) A física pós-Einsteiniana não responde a esse dilema. (MARTINS, 1993, p. 16)

Na conclusão de seu artigo, Martins afirma que a concepção de um éter, ou algo fora da matéria cujos efeitos sejam percebidos como sendo o campo, é preferível à vaga concepção de um vazio ou vácuo:

> Em primeiro lugar, porque não se pode mostrar empiricamente que o éter não existe; em segundo lugar, porque um vácuo é impensável; em terceiro, porque a concepção de um éter é útil à compreensão dos fenômenos físicos; e em quarto lugar, porque a hipótese da existência de um éter em espaços aparentemente vazios é útil ao progresso futuro da ciência. O artigo procurou mostrar também que nenhum avanço recente da ciência alterou essas antigas conclusões e que nenhum avanço futuro pode alterá-las. (Ibidem, p. 24)

Em outro artigo, que recomendamos a leitura, "Do éter ao vácuo e de volta ao éter", Roberto Martins conclui que "na física atual, o espaço 'vazio' está cheio de entes físicos": "O modelo de éter do século 19 foi abandonado, mas o avanço científico exigiu a introdução de novos conceitos, semelhantes ao antigo. Pode-se dizer que o éter está bem vivo e forte, embora o nome 'éter' ainda seja um tabu" (MARTINS, 2006, p. 98).

Raciocinando sobre as características do campo elétrico como ente inobservável, portanto, estando além do conhecido, e aproximando seu conceito do de éter, podemos afirmar que, filosoficamente, a definição do espírito Lamennais sobre eletricidade é bastante significativa: "A eletricidade, essa sutileza entre o tempo e o que não é mais o tempo, entre o finito e o infinito, não pôde o homem ainda definir". Não seria o campo (elétrico, magnético, gravitacional), considerado como modificação do éter ou fluido cósmico, exatamente a "imagem mais compreensível entre o finito e o infinito, o pequeno meio e o grande meio", o elo entre o mundo físico e o mundo espiritual, como explicou o espírito de Lamennais? O futuro talvez nos responda.

Quanto à densidade do perispírito, Kardec descreve que, "à medida que progride moralmente, o espírito se desmaterializa", ou seja, "depura-se, com o subtrair-se à influência da matéria", à medida que evolui, "sua vida se espiritualiza, suas faculdades e percepções se ampliam":

> A densidade do perispírito, se assim se pode dizer, (...) varia, em um mesmo mundo, de indivíduo para indivíduo. Nos espíritos moralmente adiantados, é mais sutil e se aproxima da dos espíritos elevados; nos espíritos inferiores, ao contrário, aproxima-se da matéria e é o que faz que os espíritos de baixa condição conservem por muito tempo as ilusões da vida terrestre. Esses pensam e obram como se ainda fossem vivos; experimentam os mesmos desejos e quase que se poderia dizer a mesma sensualidade. (LM, p. 80)

Ou seja, é uma propriedade do perispírito que sua densidade diminua na medida em que a resultante de seus estados de vibração aumente. Os espíritos moralmente mais elevados têm pensamentos que vibram de tal forma que o seu corpo espiritual torna-se tênue, menos denso, expansível. Seus pensamentos percorrem o espaço mais rápido, permitindo atuar em maiores distâncias. Essa condição também permite que eles possam viajar por grandes distâncias num tempo imperceptível, podendo percorrer muitas moradas.

Já o espírito cujo corpo espiritual é mais denso, "ainda é por demais 'pesado', se assim nos podemos exprimir, com relação ao mundo espiritual, para não permitir que eles saiam do meio que lhes é próprio". Os indivíduos nesse grau evolutivo, quando morrem, confundem seu perispírito denso "com o corpo carnal, razão por que continuam a crerem-se vivos". E eles, que não são poucos, "permanecem na superfície da Terra, como os encarnados, julgando-se entregues às suas ocupações terrenas" (G, p. 247).

Enquanto o desenvolvimento intelectual amplia as possibilidades do pensamento do espírito, é a evolução moral que altera a densidade do perispírito, conferindo expansibilidade, alcance, poder de transformação da matéria, maior amplitude de propagação de seu pensamento, domínio sobre o tempo considerando o passado e o futuro. Poderíamos mesmo estabelecer mais uma "analogia" com a física moderna considerando essa descrição dos espíritos sobre "os efeitos da variação da densidade do perispírito e a ampliação de sua sensibilidade", em comparação com o espectro eletromagnético do mundo físico, onde se demonstra que as ondas eletromagnéticas, apesar de se propagarem com a mesma velocidade, de acordo com sua frequência, adquirem diferentes propriedades quanto ao seu alcance e capacidade de penetração nos meios, representadas por diversas faixas, progressivamente: ondas de rádio, micro-ondas, infravermelho, luz visível, ultravioleta, raios X e raios gama. As ondas infravermelhas são chamadas "ondas de calor". Apenas um por cento das frequências são visíveis, enquanto as de ultravioletas podem provocar queimaduras na pele. Os raios X produzem as radiografias, e os gama são utilizados na radioterapia pela medicina.

4.3.3 Os fenômenos morais e físicos se entrelaçam

Na progressão do ensino dos espíritos superiores sobre a matéria do mundo espiritual, temos em seguida uma explicação da física espiritual para a natureza da *escolha das provas*, que é o princípio fundamental da teoria moral espírita. Um espírito inferior, pela afinidade com os desejos instintivos, "procurará uma nova encarnação onde poderá satisfazer as suas necessidades e seus desejos materiais", fugindo das responsabilidades e retardando sua evolução. Esse fato explica as vidas serenas e abastadas de pessoas que parecem de natureza moral inferior por seus atos. Por outro lado, um espírito menos ligado à matéria, e que já tenha um perispírito mais desmaterializado, "escolhe ou é atraído por simpatias diferentes" das materiais e, como reconhece que "lhe é necessária a depuração, e que não é senão pelo trabalho que a alcança":

> As encarnações escolhidas são mais penosas para ele, porque, depois de haver dado a supremacia à matéria e aos seus fluidos, lhe é necessário constrangê-la, lutar com ela e dominá-la. Daí essas existências tão dolorosas e que parecem, frequentemente, tão injustas, infligidas a espíritos bons e inteligentes. Aqueles fazem sua última etapa corpórea e entram, saindo deste mundo, nas esferas superiores onde suas aspirações superiores acharão a sua realização. (RE64, p. 34)

Isso explica porque pessoas de boa índole vivenciam situações as mais difíceis da vida, com a capacidade de manter a esperança e o bom humor em meio às adversidades. Em seu íntimo, elas sabem que as provas que enfrentam são meios de superação de suas imperfeições, ao mesmo tempo em que servem de exemplo para os outros à sua volta. A presença dessas almas puras em comunidades carentes ou degradadas, em famílias sofridas ou envoltas em grandes tragédias, longe do acaso, é, em verdade, programada: elas atuam como faróis oferecidos à humanidade por Deus, para que, vendo a luz, possam erguer a fronte e não se perder no caminho.

No mundo espiritual, os espíritos não ficam todos misturados. Existem várias moradas, porque eles se agrupam segundo suas afinidades. A sintonia ou separação dos pensamentos e sentimentos se materializa no ambiente que compartilham, por uma propriedade da matéria espiritual: "Do mesmo modo que há raios sonoros harmônicos ou discordantes, há também pensamentos harmônicos ou discordantes. Se o conjunto é harmônico, a impressão é agradável; se é discordante, a impressão é penosa" (RE68, p. 231).

Como os homens são espíritos encarnados, seu perispírito está unido intimamente ao corpo. Mas há uma duplicidade em seus modos de relação, pois por sua expansão, por meio de seus perispíritos, estão em constante comunhão com os espíritos livres e com os outros homens, de acordo com a afinidade determinada pelo grau evolutivo e também pelos pensamentos e sentimentos que emitem a cada momento, pois "é evidente que eles devem achar-se impregnados das qualidades boas ou más dos pensamentos que os fazem vibrar" (G, p. 252). Isso explica as afinidades e discordâncias naturais entre os indivíduos, pois "a afeição, que é do domínio do sentimento, como o sentimento é do domínio da alma, possui em si uma força atrativa" (RE65, p. 255). Nossos pensamentos e sentimentos determinam a comunidade espiritual com a qual nos sintonizamos, ainda em vida, e que será a mesma depois da morte.

Também o valor da prece como emissão real de pensamento atinge por afinidade a quem se dirige, seja alguém que se deseja ajudar, ao espírito superior que se pede auxílio, ou a Deus, que tudo preside. A ação perispiritual também explica a força de pessoas que se reúnem com um mesmo propósito, confirmando o ditado de que a união faz a força.

Como estamos vendo, o mundo espiritual permite uma analogia muito grande quanto aos princípios físicos de nosso mundo, mas em sua "natureza causal" é completamente diverso. Em nosso mundo, os movimentos seguem um padrão determinado pelas leis físicas, e, afora o livre-arbítrio dos seres vivos,[173] o restante do Universo obedece a uma previsibilidade na sequência de seus eventos, desde seu início com o *big bang*. Já no mundo espiritual, todo e qualquer movimento, forma ou qualidade das substâncias *têm como causa o pensamento e a qualidade moral dos espíritos* de toda a escala, de acordo com sua vontade e o grau evolutivo de quem o produziu, seguindo, da mesma forma, leis físico-morais. Como origem, está no corpo espiritual dos seres[174] a causa primária de todos os fenômenos físico-químico-biológicos daquele mundo (sejam ou não conscientes). Dessa forma, o mundo espiritual é a mais ampla e positiva afirmação da autonomia do espírito que já adquiriu seu senso moral, e da sua consequente absoluta responsabilidade por seus atos, expressões, pensamentos e sentimentos.

Por exemplo, em nosso mundo, por suas ideias de liberdade, Giordano Bruno foi preso, torturado e morto na fogueira. Aqueles que eram contra suas ideias puderam constranger seus movimentos e violentar seu organismo mortal. No entanto, no mundo espiritual, os espíritos são absolutamente

---

173 Podemos considerar o fenômeno da vida como um elo ligando o pensamento do princípio espiritual e o corpo físico, que não pode ser explicado pelo determinismo das leis mecânicas. No entanto, afora o comando da alma que representa seu livre-arbítrio, o próprio funcionamento fisiológico do corpo físico dos seres (sejam bactérias, células dos organismos compostos, animais ou homens) está submetido aos fenômenos físico-químicos.

174 Consideramos entre esses seres espirituais toda a escala que vai "desde o átomo primitivo até o arcanjo, pois ele mesmo começou pelo átomo", como explicam em *O Livro dos Espíritos*, pergunta 540.

livres em seus movimentos e nas relações que estabelecem, e não podem ser constrangidos contra sua vontade. Os espíritos primitivos que vagueiam permanecem entre os homens, imaginam sofrer por frio, fome e sede; temem a perseguição, agressão ou aprisionamento; mas em verdade estão vivenciando reflexos das condições habituais e naturais do mundo material. Quando se comunicam, seus depoimentos são verdadeiros, pois relatam o que percebem na condição primitiva que vivem, mas com o tempo, vão reconhecer a realidade do mundo espiritual e se dar conta de que por uma simples prece sincera podem alterar a sintonia e as condições, tanto de seu organismo como do ambiente à sua volta. No entanto, enquanto teimarem no orgulho e no egoísmo, viverão como carcereiros de si mesmos, sofrendo trancafiados numa cela imaginária, sem notar que a chave está em suas mãos. Depois verão que os bons espíritos estiveram sempre ao seu lado, respeitando sua autonomia e aguardando seu despertar.

Desse modo, enquanto em nosso mundo igualmente o sábio, o ignorante e o indivíduo mau sofrem as mesmas consequências físicas, quando colocados num mesmo ambiente (como o frio intenso no pico de uma montanha ou o calor extremo na beira da fornalha); no mundo espiritual ninguém é "colocado" em lugar algum, mas sua localização física se dá por meio da sintonia segundo o grau evolutivo de seu pensamento e sentimento. Assim sendo, os mitos religiosos e filosóficos falseiam quando afirmam que as almas serão jogadas no inferno ou serão levadas ao céu depois de aguardarem no purgatório, como se os fenômenos espirituais se dessem de forma equivalente ao deslocamento em nosso mundo. A localização física dos espíritos é semelhante ao fato de que vivemos num mar de ondas eletromagnéticas que estão presentes em todo lugar sem se misturarem. Desse modo, os aparelhos eletrônicos captam as diferentes transmissões de rádio, internet e televisão distintamente, ao serem sintonizados pela frequência adequada. Na espiritualidade, por analogia, diversos mundos estão presentes no mesmo espaço, e os espíritos se separam em cada um deles pela sintonia entre cada mundo e a condição vibratória do perispírito de cada um. É assim que se formam comunidades diferentes, desde os espíritos inferiores aos superiores. Sendo que os espíritos superiores, por sua capacidade de gerir a vibração de seu perispírito, podem transitar entre os diversos mundos.

Todo espírito, desde seu início simples e ignorante, vai se encontrar na condição e no lugar categoricamente em sintonia com sua condição evolutiva, de tal forma que ele vive no ambiente que ajudou a criar, em afinidade com os espíritos que lhe são semelhantes, com os quais convive. E essa condição somente se transforma por seu interesse, esforço e dedicação:

> À medida que progride moralmente, o espírito se desmaterializa, isto é, depura-se, com o subtrair-se à influência da matéria; sua vida se espiritualiza, suas faculdades e percepções se ampliam; sua felicidade se torna proporcional ao progresso realizado. Entretanto, como atua em virtude do seu livre-arbítrio, pode ele, por negligência ou má-vontade, retardar o seu avanço; (...) Depende, pois, do espírito abreviar, pelo trabalho de depuração executado sobre si mesmo, a extensão do período das encarnações. (G, p. 193)

Pelas características densas do pensamento determinado pelas imperfeições morais, os espíritos inferiores como que impregnam, por sua capacidade criativa, o ambiente em que vivem. Por isso, vivem presos ao orbe, num plano de densidade equivalente aos seus perispíritos, com pouca mobilidade e acompanhados de espíritos semelhantes, os quais compartilham esse ambiente insalubre e desagradável. Já os espíritos que naturalmente conquistam valores intelecto-morais possuem um domínio sobre seu pensamento e, pela desmaterialização de seu corpo espiritual, ganham a liberdade de movimento pelo espaço e um crescente alcance de percepção e emissão do pensamento, que lhe permitem interagir com mais indivíduos a maior distância, a capacidade de transitar no tempo e exercer muito mais atividade na mesma extensão de tempo do que seus inferiores. Essas habilidades permitem a eles exercerem tarefas mais complexas e importantes na harmonia universal. Por meio de analogias, o espírito de Gioachino Rossini (1792-1868) assim explicou os valores dos bons espíritos:

> O espírito que tem o sentimento da harmonia é como o espírito que tem a riqueza intelectual: um e outro gozam constantemente da propriedade inalienável que granjearam. O espírito inteligente, que ensina a sua ciência aos que ignoram, experimenta a ventura de ensinar, porque sabe que torna felizes aqueles a quem instrui; o espírito que faz ressoar no éter os acordes da harmonia que traz em si experimenta a felicidade de ver satisfeitos os que o escutam. A harmonia, a ciência e a virtude são as três grandes concepções do espírito: a primeira o arrebata, a segunda o esclarece, a terceira o eleva. Possuídas em toda a plenitude, elas se confundem e constituem a pureza. (OP, p. 180)

Esse sentimento de harmonia é uma sensibilidade dos espíritos que ainda está fora de nossa compreensão. Talvez seja algo parecido com o que sentem os grandes artistas quando produzem suas obras-primas, a inspiração dos poetas iluminados, ou a extrema alegria daqueles que superam suas adversidades ou conquistam nobres metas depois de longos períodos de dedicação. Seria o sentimento de harmonia o que vivenciou Paulo de Tarso ao ver o espírito de Jesus? Sócrates em seus êxtases? Rousseau no caminho de Vincennes? Joana d'Arc quando salvou a França? Ou mesmo, teria sido o sentimento de harmonia a libertação dos grandes mártires, no momento em que seus algozes tiravam-lhes a vida, como ocorreu com Sócrates, Elias, Pedro, Bruno, Jan Huss, e o maior deles, Jesus?

Certamente um dia cada um de nós encontrará esse sentimento. Enquanto isso, Rossini faz uma expressiva súplica: "Oh! espíritos puros que as possuis! Descei às nossas trevas e iluminai a nossa caminhada. Mostrai-nos a estrada que tomastes, a fim de que sigamos as vossas pegadas!.."

4.4 MAGNETISMO E ESPIRITISMO, CIÊNCIAS GÊMEAS

Segundo Kardec, o espiritismo, como doutrina liberal, chegou em circunstâncias favoráveis, no momento em que a reação espiritualista oferecia as grandes soluções que interessam ao futuro da humanidade. Na primeira metade do século 19, Victor Cousin, Jouffroy e outros professores transformaram o ensino da filosofia, associada à psicologia, moral, filosofia da história e religião natural. No entanto, nas ciências exatas e biológicas prevalecia, desde o final do século anterior, uma teoria materialista oficial que adotava o determinismo como pressuposto científico, recusando como hipóteses sem fundamento a existência do éter, a liberdade da vontade humana, a existência da alma, além de considerar a existência de Deus como hipótese desnecessária.

Para eliminar o éter, hipótese que dava sustentação aos fenômenos espiritualistas, a ciência materialista dos ideólogos franceses adotou uma teoria tal que as forças como calor, luz, eletricidade e magnetismo seriam substâncias, uma matéria imponderável constituída de partículas invisíveis. Dessa forma, afora as partículas da matéria (ponderável e imponderável), haveria um vácuo, impossibilitando uma base teórica possível para uma teoria científica espiritualista.

Como vimos anteriormente, a doutrina espírita adotava como princípio fundamental a teoria do fluido universal que enche o espaço e penetra os corpos, sendo que o calor, a luz, o magnetismo e a eletricidades seriam movimentos vibratórios desse agente. No entanto, essa teoria, contrária à teoria oficial da época, que era falsa, mas que está em acordo conceitual com a física moderna, não foi criada pelos espíritos, seguindo a natureza da doutrina espírita. Os espíritos superiores fizeram uso da hipótese proposta pela ciência do **magnetismo animal**, criada pelo médico alemão Franz Anton Mesmer. Inicialmente, Kardec considerou que a teoria dinâmica do fluido universal servia para explicar os fenômenos do mundo espiritual, enquanto a teoria dos fluidos imponderáveis estaria adequada à matéria do mundo físico. Mas no decorrer dos anos, acompanhando a manifestação dos espíritos, chegou à conclusão de que a universalização do ensino dos espíritos superiores determinava que o fluido universal, em verdade, seria a origem de toda a matéria, numa escala contínua, desde a matéria sólida de nosso mundo até o seu estado mais etéreo, do mundo espiritual.

Franz Anton Mesmer (1734-1815)

Como nos textos das obras de Kardec são citadas regularmente as duas teorias, presentes na cultura de seu tempo, vamos explicar os conceitos utilizados pela ciência oficial, ou teoria dos fluidos imponderáveis, e também a teoria do *fluido universal* proposta por Mesmer. A ciência do magnetismo animal foi fundamental para o surgimento do espiritismo, colaborando em três grandes campos do conhecimento. Como vamos ver, além da **física dinâmica** adotada pelos espíritos, a ciência de Mesmer também colaborou com a doutrina espírita, por suas teorias sobre **medicina** (técnica do passe) e também da **psicologia experimental**, pelo fenômeno do sonambulismo provocado e os fenômenos da lucidez sonambúlica.

Explicou Kardec que "o magnetismo animal preparou os caminhos do espiritismo, e os rápidos progressos dessa última doutrina são, incontestavelmente, devidos à vulgarização das ideias da primeira". Do ponto de vista experimental, "dos fenômenos magnéticos, do sonambulismo e do êxtase, às manifestações espíritas, não há senão um passo". Desse modo, conclui Kardec: "Sua conexão é tal que é, por assim dizer, impossível falar de um sem falar do outro. Se devêssemos ficar fora da ciência magnética, nosso quadro estaria incompleto, e se poderia nos comparar a um professor de física que se abstivesse de falar da luz. (RE58, p. 63)

O magnetismo animal era amplamente conhecido na cultura francesa do século 19, de tal forma que o professor Rivail não viu necessidade em explicar as hipóteses, conceitos e teorias de Mesmer, porque "o magnetismo já tem entre nós órgãos especiais, justamente autorizados; tornar-se-ia supérfluo cair sobre um assunto tratado com a superioridade do talento e da experiência". Por esse motivo, decidiu: "Dele não falaremos, pois, senão acessoriamente, mas suficientemente **para mostrar as relações íntimas das duas ciências que, na realidade, não fazem senão uma**" (*Ibidem, loc. cit.*).

Cento e cinquenta anos depois de Allan Kardec ter escrito essas palavras, porém, as suas obras foram lidas por milhões de brasileiros num contexto onde a ciência do magnetismo animal foi completamente esquecida. Todavia, sem sua ciência irmã, não é possível compreender o espiritismo, afirmou o professor em 1869:

> O magnetismo e o espiritismo são, com efeito, duas ciências gêmeas, que se completam e se explicam uma pela outra, e das quais aquela das duas que não quer se imobilizar, não pode chegar a seu complemento sem se apoiar sobre a sua congênere; isoladas uma da outra, elas se detêm num impasse; elas são reciprocamente como a física e a química, a anatomia e a fisiologia. (RE69, p. 7)

Foi exatamente esse alerta de Kardec, de que o espiritismo isolado do magnetismo animal iria se deter num impasse, que nos motivou a recuperar as obras de Mesmer. Elaboramos uma biografia, a contextualização histórica quanto à medicina e à ciência, a tradução de suas obras completas, comentários e notas no livro *Mesmer: a ciência negada do magnetismo animal*. Essa obra foi uma preparação para esta pesquisa sobre o espiritismo. Vamos dar neste capítulo uma explicação conceitual dos fundamentos do magnetismo animal e suas relações com o espiritismo, sendo que sua elaboração segue a base teórica das fontes primárias reunidas nessa pesquisa anterior.

Desde o final do século 18, o matemático, astrônomo e físico francês Pierre Laplace (1749-1827) pretendia adotar o determinismo para toda a ciência, afastando qualquer hipótese metafísica que não fosse o materialismo. Ele representava a mais destacada liderança intelectual na comunidade científica francesa na organização da Escola Politécnica e da Escola Normal, determinando os rumos da pesquisa e ensino das ciências exatas, como física, química, matemática. As teorias adotadas também definiriam, por seu apoio, o determinismo na medicina, fisiologia e biologia.

Depois de um grande sucesso de suas ideias quanto à formação do Universo por meio da mecânica, ou física geral, Laplace pretendia que a ideia da ação por contato entre os corpos pudesse explicar também os fenômenos da física particular, que investigava os fenômenos da acústica, eletricidade, magnetismo e os fenômenos do calor. Nesse programa, conhecido como "programa laplaciano",[175] ele poderia transferir o determinismo dos movimentos regulares e previsíveis pela matemática dos astros para os fenômenos particulares da Natureza, fossem até mesmo os biológicos. Para isso, os movimentos dos átomos e moléculas deveriam se comportar da mesma forma que os planetas e cometas, por atração e choques, restando além dessas partículas somente o vácuo ou vazio absoluto. O objetivo estava em instituir um programa materialista, descrevendo um mundo absolutamente determinista, negando qualquer lugar para a metafísica ou pensamento abstrato nessas ciências, eliminando hipóteses como a do éter, energia vital, eletricidade animal e outras teorias que se mantinham na fronteira e davam sustentação ao indesejado espiritualismo.

O controle de toda a educação, tanto para os jovens como para a formação dos professores, ocorreu a partir de 1793 na Escola Politécnica, onde os cursos ministrados deram origem aos tratados ou *cours*, que são os manuais onde a ciência foi apresentada como sendo a oficial. Diversos jovens foram reunidos por Laplace, como seus vizinhos Claude Bertholet, Biot, Poisson, Malus, entre outros.

No trabalho conjunto dos amigos Laplace e Antoine Laurent Lavoisier (1743-1794), tanto a física quanto a química adotariam o modelo mecanicista. Para isso, a concepção das moléculas, obedecendo a uma força de atração gravitacional, devia responder ao fato de que essa atração deveria reunir todas as moléculas num único corpo sólido, deixando vazio o resto do Universo. O fenômeno que separava as moléculas de um corpo sólido era o calor e sobre ele esses cientistas se debruçaram.

Ninguém entre os cientistas podia admitir a ideia absurda de uma ação direta à distância, sem que houvesse um meio para intermediar. Seria um pressuposto sobrenatural incompatível com qualquer conhecimento científico.[176] Havia duas

---

175 Poderíamos dizer que o programa de Laplace para eliminar a metafísica teve sua formulação filosófica pelo aluno da escola Politécnica Auguste Comte e sua filosofia positivista.

176 Caso uma *ação direta à distância* fosse aceita como explicação, a telepatia, a ação da alma sobre o corpo, a ação dos espíritos sobre a matéria, como também todas as forças naturais (eletricidade, gravidade, magnetismo) e outras questões como essas estariam resolvidas por princípio, tornando desnecessária qualquer pesquisa para encontrar suas causas.

teorias sobre o calor: a **teoria substancialista**, que considerava o calor uma substância ou fluido sutil, chamado calórico, e a **teoria dinâmica**, que considerava o calor como efeito das vibrações das moléculas que transmitiam esse movimento para o éter no qual estavam mergulhadas. As ondas do éter representariam a transferência de calor para os outros corpos.

Isaac Newton era partidário da teoria dinâmica, não só para o calor, mas para outros fenômenos fundamentados na existência do éter, como a ação da alma sobre o corpo. Tanto no *Escólio geral* de *Principia*, de 1687, como também em sua obra *Óptica*, publicada em 1704, Newton não pretendia estender a mecânica como explicação universal para todos os fenômenos, pois em sua filosofia natural espiritualista a causa primeira do Universo era Deus. Para ele, um éter rarefeito ou "espírito muito sutil" seria o meio adequado para diversos fenômenos, entre eles o calor, a visão e a ação da vontade sobre o sistema nervoso. Na questão 18 de *Óptica*, ele pergunta: "Não é o calor transmitido pelas vibrações de um meio muito mais sutil que o ar, o qual, depois de o ar ser retirado, permaneceu no vácuo?" Segundo essa hipótese, os corpos quentes comunicariam o calor aos frios pelas vibrações propagadas por esse meio. A visão seria causada pelas vibrações do éter, excitadas no fundo do olho pelos raios de luz, assim como a audição é uma decorrência das vibrações do ar. Por fim, na questão 24, ele vai propor: "O movimento animal não é provocado pelas vibrações desse meio, excitadas no cérebro pelo poder da vontade e propagadas dali através dos capilamentos sólidos, transparentes e uniformes dos nervos para os músculos, para contraí-los e dilatá-los?" (NEWTON, 2002, p. 260).

Uma confirmação experimental da teoria dinâmica do calor foi elaborada por Benjamin Thompson (1753-1814) e apresentada à Royal Society, no artigo "Uma investigação à fonte do calor que é excitada pelo atrito" (1798). Em Munique, enquanto supervisionava a perfuração de canhões, ficou impressionado com a quantidade de calor que a arma de bronze alcança, ao ser perfurada. Desse modo, fez uma experiência provocando atrito por meio de uma broca cega fervendo uma grande quantidade de água. Sua conclusão foi de que não seria possível explicar o calor por meio de uma substância ou calórico, a não ser que ele seja movimento.[177]

Todavia, a teoria substancialista das forças foi adotada por Lavoisier e Laplace porque, afastando a necessidade do éter, poderia unificar todo o programa das ciências exatas e biológicas sob uma orientação materialista, apesar das deficiências apontadas por diversos cientistas ao explicarem muitos fenômenos como a refração da luz, a expansão da água quando congelada, a produção abundante

---

177 MAGIE, W. F. *A Source Book in Physics*. Nova York: McGraw-Hill, 1934. p. 161.

de calor pela fricção. Essas e outras refutações foram contornadas pelo programa laplaciano pela adoção de soluções estranhas à teoria (*ad hoc*) para salvá-la de ser considerada falsa. Para o respeitado historiador da ciência Edmond Whittaker, em sua obra *História do éter e da eletricidade*, quanto à aceitação pela comunidade científica francesa da teoria do calórico em detrimento da dinâmica, comentou:

> Possivelmente nada na história da filosofia natural é mais estranho que as dificuldades no entendimento do conceito de calor. A hipótese verdadeira, depois de ter sido aceita durante um século, aprovada por uma sucessão de mentes ilustres, foi deliberadamente abandonada por seus sucessores para favorecer um conceito completamente falso, e, em alguns de seus desenvolvimentos, grotesco e absurdo.[178]

Lavoisier concretizou seus planos de estabelecer o modelo mecanicista na química com a publicação de sua obra *Tratado elementar de química* (*Traité élémentaire de chimie*), em 1789. Foi nele que o cientista estabeleceu a teoria substancialista do calórico. As moléculas da matéria comum que têm peso (é **ponderável**) atraem-se entre si. Mas existe outro tipo de matéria num estado elástico e aeriforme, como os gases conhecidos na época pelo termo **fluido**, "que se insinua entre as moléculas de todos os corpos e que os separa". Desse modo, afirma Lavoisier, "designamos a causa do calor, o fluido eminentemente elástico que o produz, pelo nome de calórico" (LAVOISIER, 2007, p. 30). Segundo a teoria, quando a quantidade de calórico dentro do corpo sólido aumenta, ele força a separação de suas moléculas tornando-o líquido; continuando esse processo, a substância torna-se gasosa:

> O calórico que tende a se pôr em equilíbrio em todos os corpos passa da nossa mão para os corpos que tocamos, e experimentamos a sensação de frio. O efeito contrário ocorre quando tocamos um corpo quente. O fluido calórico passa do corpo para a nossa mão, e temos a sensação do calor. (*Ibidem*, p. 37)

Para que a teoria substancialista funcionasse sem desrespeitar os fenômenos, porém, uma série de qualidades foi criada:

---

178 WHITTAKER, Edmond. *A history of the theories of aether and electricity: from the age of Descartes to the close of the nineteenth century*. London: Longmans, 1910, p. 40.

- Por que quando ele é acrescentado num corpo, este não aumenta o peso? – Porque os fluidos são sem peso, constituindo um grupo de matéria chamada **imponderável**.
- Por que a matéria imponderável não pode ser observada? – Porque ela é invisível.
- Por que o fluido calórico afasta as moléculas dos corpos? – As partículas do calórico são atraídas pelas partículas da matéria comum, mas "se repelem umas às outras". Quando aumenta a quantidade de calórico no corpo, a repulsão vence a atração e o corpo amolece.

Seguindo o programa proposto por Laplace, foram aceitas pela ciência oficial e adotadas no sistema de ensino pelos manuais de física e química, além do calórico, as demais substâncias imponderáveis: o fluido luminoso, os dois fluidos elétricos (vítreo e resinoso ou positivo e negativo) e o fluido magnético.

4.4.1 As curas do doutor Franz Anton Mesmer

Franz Anton Mesmer nasceu na região bucólica do lago Constância, que divide a fronteira entre a Suíça e a Alemanha, na cidade Suábia de Iznang, em 23 de maio de 1734. Foi o terceiro de nove filhos de Anton Mesmer, guarda de caça das florestas do bispo de Constância. O trabalho de seu pai permitia que a família vivesse de forma simples, digna e confortável.

O pequeno Mesmer teve como patrono de sua educação o bispo von Schönborn, que percebeu no rapaz uma grande capacidade intelectual. Na educação primária, aprendeu línguas, literatura clássica, e tornou-se um grande musicista. Depois estudou filosofia por quatro anos na Universidade de Dillingen, na Baváría. Em seguida, foi para a universidade de Ingolstadt, onde estudou teologia e as novas ciências, aprendeu astronomia e matemática. Seus professores reproduziam os experimentos de Galileu, demonstravam as leis de Kepler, debatiam a física de Newton em suas obras *Principia* e *Óptica*. Em 1759, não aceitando qualquer lugar na Igreja, partiu para a Universidade de Viena. Primeiramente cursou direito por um ano, mas por fim decidiu tornar-se médico. Estudou por seis anos na Universidade que fora completamente renovada pela orientação do famoso e moderno médico Hermann Boerhaave, que havia rompido com a medicina galênica e arcaica, ainda aceita em grande parte da Europa.

Boerhaave fazia uso da física e da química para estudar os movimentos da circulação sanguínea, o sistema nervoso, as funções do cérebro, a possibilidade de pulsos elétricos no sistema nervoso, a função das secreções glandulares. Ele fundou o estudo clínico e a técnica de acompanhar a evolução da cura por meticulosos registros históricos de seus pacientes. Seu assistente Van Swieten foi o reformador e também o professor de Mesmer, na universidade vienense, certamente a melhor educação médica da Europa. Completou sua formação com uma dissertação de doutorado sobre a influência dos astros no corpo humano. Mesmer não tinha nada de místico; seu objeto de estudo era estritamente científico, pois aproveitava seu conhecimento de física para debater uma possível influência da força da gravidade sobre os ciclos naturais da fisiologia humana, assim como essa influência ocorria sobre as marés.

Em janeiro de 1768, casou-se com a viúva e aristocrata austríaca Maria Anna von Bosch, tornando-se padrasto de Georg Friedrich, oficial do corpo médico do exército. Mesmer tornou-se um médico de grande prestígio na sociedade de Viena. Moravam numa grande e bela mansão no bairro de Landstrasse, ao lado do parque real Prater. Amigo da família de Mozart, foi no jardim de sua casa que ocorreu a primeira apresentação de uma ópera do jovem músico em Viena, *Bastien und Bastienne*, composta aos 12 anos, baseada na peça de Jean Jaques Rousseau, *Le Devin du Village*.

Por volta de 1774, Mesmer tratava em sua casa uma senhorita de 29 anos, Esterlina. Ela por muitos anos tinha convulsões. O sangue lhe subia à cabeça provocando dores nos dentes e nas orelhas, delírios, vômitos e desmaios. Foi nesse caso que Mesmer aplicou, pela primeira vez, seu tratamento por meio de passes. Fazendo uso do método moderno de medicina, ele anotava criteriosamente a evolução quanto à intensidade e periodicidade dos sintomas. Percebeu que por sua ação podia provocar uma crise salutar, seguida de um intervalo cada vez mais espaçado, acompanhado por um decréscimo da doença.

Uma particularidade de fundamental importância ocorria com a paciente, quando se encontrava num estado de sono profundo. Mesmer podia provocar uma crise pela imposição de sua mão. Depois de compreender o mecanismo do fenômeno, passou a repetir o tratamento com sucesso em diversos internos no Hospital dos Espanhóis e em muitos de seus pacientes. Tratou de casos de hemorragias, oftalmias, hemiplegia, dentre outros. Chamou à sua casa o doutor Jan Ingenhousz,[179] médico da imperatriz, para lhe demonstrar algumas experiências com Esterlina.

---

179 Jan Ingenhousz (1730-1799) foi fisiologista, biólogo e químico holandês. Descobriu que a luz era essencial para a respiração das plantas, dando grande passo para a descoberta da fotossíntese. Era médico da imperatriz austríaca Maria Tereza.

Mesmer provocava movimentos convulsivos pelo toque ou apenas apontando-lhe o dedo à distância, escondido da visão da paciente. Numa sala ao lado, separou seis taças de cristal. Ingenhousz escolheu uma e Mesmer a tocou. O médico holandês levou as taças até a moça e, sem que ela visse, aproximou-as uma a uma de seu corpo, até aproximar a que Mesmer havia tocado e ver provocadas contorções em seu corpo. Repetidas vezes alcançava o mesmo efeito. Numa outra experiência, mantendo-se oculto, Mesmer dirigia seu dedo para a doente a uma distância de oito passos, provocando as mesmas sensações, repetindo a ação sob o comando de Ingenhousz.

À medida que progredia, tendo sucesso em centenas de casos, promovendo seus registros, aprimorando sua técnica, elaborando uma base teórica baseada na física, fisiologia e medicina, a inveja e a desconfiança se ampliavam na classe médica, enquanto as curas provocavam o interesse e a procura de mais doentes. Viajou para a Suábia, Baviera e Suíça. Atuou nos hospitais em Berna e Zurique, obtendo curas que não deixavam dúvidas. Curou de uma paralisia nos membros o senhor Osterwald, diretor da Academia de Ciências de Munique. Em Viena, Zwelferine, 19 anos, cega por amaurose desde os dois anos, retomou a visão.

A descoberta de Mesmer com uma nova verdade, não só para a compreensão das leis naturais, mas também para uma vida saudável para a humanidade, não foi bem recebida nas universidades da época. Às vésperas da Revolução Francesa, acatava-se passivamente a palavra dos "homens célebres", considerados de sabedoria completa e impassíveis diante do novo. Mesmer conta sua trajetória:

> A resistência obstinada que se opôs a esse método no início de seu desenvolvimento não me dissuadiu de continuar minhas observações; quanto mais eu as confirmava através de minhas anteriores conjeturas, mais eu me esforçava para conseguir o aperfeiçoamento de alguns conhecimentos físicos, retificando-os, a fim de elaborar o sistema sobre o mecanismo interno da Natureza, do qual deveria surgir um novo conhecimento sobre a conservação da saúde. (MESMER, 1814, p. 3)

Entre os médicos austríacos, todavia, o sucesso de seu tratamento, tanto entre a elite vienense quanto entre o povo simples que ele acolhia, gerou inveja e ingratidão. Então ele partiu para a França, em 1778, onde inicialmente foi muito bem acolhido pelos especialistas. Com o tempo, porém:

> os principais médicos da capital, iludidos pela ideia totalmente falsa de que o meu chamado segredo fosse um remédio específico que se pesa e que se vende, tentaram furtá-lo de mim com astúcia e arte. Como não tiveram sucesso, voltaram-se ostensivamente contra mim, e eu, na condição de médico estrangeiro, fui tachado com o nome desprezível de charlatão. (*Ibidem*, p. 4)

Até mesmo relacionar-se socialmente com Mesmer foi proibido aos médicos, sob a ameaça de expulsão da sociedade! E ele assim reagiu:

> Mas todas essas perseguições só fortaleceram minha vontade de redobrar minha paixão pela verdade: em vez de aproveitar o ensejo para debates inúteis, caminhei com firmeza, sem me preocupar com as provocações da inveja, na busca da aplicação de minha nova doutrina, e cada contestação era respondida com um fato incontestável. (*Ibidem*, *loc. cit.*)

A teoria de Mesmer e os seus resultados práticos, confirmados por inúmeros casos de sucesso registrados pela evolução dos sintomas e a declaração de cura, se destinavam a renovar a medicina que continuava arcaica apesar das descobertas que davam surgimento à ciência moderna. Os médicos ainda adotavam a orientação medieval de Galeno, aplicando sanguessugas para retirar o sangue do paciente, considerado impuro. Provocavam-se queimaduras na pele com ácidos para furar as bolhas e retirar o líquido amarelo considerado em excesso no corpo. Fazia-se uso de remédios absurdos e em doses equivocadas, como o ópio, misturas aleatórias de substâncias, e até o estranho "pó de múmia egípcia". Tudo isso fazia parte da medicina oficial.

As pessoas eram sangradas para os mais diversos problemas, como contusões, epilepsia, demência, surdez, gota, cefaleia, lumbago e até mesmo falta de fôlego ou dor de garganta. Galeno havia aconselhado a remoção de até 750 mililitros, mas nos séculos 18 e 19 o volume aumentou para até um litro – o equivalente a um quinto de todo o sangue normalmente presente no corpo humano. Os médicos acreditavam que esse derramamento da substância vital corrigia uma suposta superabundância de sangue no corpo, conhecida como *plethora*. Outros alegavam a existência de substâncias mórbidas (denominadas *materia peccans*) que precisavam ser retiradas do sangue para que o doente se recuperasse.

Em outras ocasiões, quando, por exemplo, o doente apresentava uma inflamação, ferida ou doença de pele num braço, o médico aplicava uma sangria no braço oposto, imaginando desviar e dissipar a concentração da *materia peccans* do membro enfermo. Para retirar as substâncias mórbidas de outras partes do corpo, a equivocada teoria médica propunha o uso de substâncias que provocavam artificialmente o vômito (vomitivos), laxantes, sudoríficos e diuréticos, vesicatórios – meios que favorecem a supuração, cautérios, aplicações de ácidos sobre feridas, cauterizações por meio de mocha ou ferro ardente, que queimavam até os ossos, banhos em que a água era misturada com substâncias as mais diversas em quantidades exorbitantes e muitos outros métodos, que causavam dores e sofrimentos terríveis para os doentes. Muitas vezes os médicos misturavam diversas substâncias; algumas misturas levavam até sessenta itens diferentes, pois se acreditava que, dentre tantos ingredientes, alguns deles iriam promover a cura.

"A fim de proteger minha doutrina das tramoias daqueles médicos e de seu espírito obstinado", disse Mesmer, depois de ser recusado pelos médicos da universidade e da academia real de medicina, "decidi transmitir a indivíduos humanitários de diversas classes, porém fora do âmbito das faculdades, os conhecimentos necessários e introduzir esses mesmos ensinamentos":

> Eu próprio organizei, através de pessoas devidamente autorizadas, em vinte institutos filantrópicos estabelecidos em toda a região do reino (a Sociedade da Harmonia, cuja finalidade era, através da observação de minhas normas, manter pura, em uma sociedade fechada, a doutrina que recebi). Os pacientes, levados a essas instituições pela confiança, receberam tratamento gratuito até seu restabelecimento. (*Ibidem, loc. cit.*)

As descobertas de Mesmer foram de tal complexidade que exigiam do interessado em conhecê-las uma sólida cultura, rara em seu tempo, formada por diferentes saberes como filosofia, as ainda incipientes descobertas da fisiologia, da biologia e da química; os então recentíssimos avanços da medicina, como as teorias clínicas de Boerhaave; ciências diversas como a física de Newton e a astronomia. Tocava, enfim, em todos os ramos do saber. Assim se explica a sua extrema cautela em apresentá-las à opinião pública. Ele exigia do pretendente um interesse sincero na cura do ser humano. Seu alvo primordial era a transformação da arte de curar desde seus princípios básicos. Só assim, e com a ajuda dos seus manuscritos, é que sua ciência foi salva do esquecimento que os obstinados médicos alopatas lutavam para mantê-lo.

Por outro lado, sua teoria, quanto à física, considerava a ondulatória e a dinâmica como fundamento das forças. Enquanto isso, a comunidade científica da época aceitava a autoridade dos cientistas considerados eminentes que adotavam a teoria oposta, o substancialismo. Como Lavoisier, que estabelecia a existência do fluido calórico, e Benjamin Franklin, que considerava a eletricidade como um fluido elétrico. Foram exatamente esses dois cientistas que presidiram a comissão real que examinou o magnetismo animal por meio do doutor Deslon. A partir de um paradigma científico contrário à teoria de Mesmer e como toda observação está impregnada pela teoria adotada, Lavoisier e os outros comissários interpretavam os fenômenos de forma diversa de Mesmer. No relatório final, por não encontrarem a manifestação física de um "fluido" magnético animal, consideraram que tudo que ocorria era fruto da imaginação. Mesmer, que se recusou a participar desses exames e que antecipadamente havia anunciado seu insucesso, propunha que se fizessem exames clínicos, a partir de dois grupos, um recebendo o tratamento oficial da época e o outro tratado pelo magnetismo animal. Registrando a evolução da cura e dos sintomas, caso o resultado fosse favorável ao magnetismo, propunha que a universidade e as academias se dedicassem a pesquisar o fenômeno, pois nem mesmo desejava que sua própria teoria fosse aceita, mas que esse mecanismo natural da cura permitisse um avanço da medicina, tão precária à época.

4.4.2 Mesmer e a teoria do fluido universal

Desde sempre, se observou o estado de sonambulismo natural, pelos casos de certas pessoas que perambulam durante o sono pela casa, executam complicadas ações. Há relatos de pessoas que se sentam e escrevem ótimos textos ou conversam. Pois Mesmer, desde suas primeiras experimentações, descobriu que alguns de seus pacientes, depois de um estado de transe profundo, ganhavam uma lucidez mais ampla que o restante dos homens, capacidade natural que ele chamou de sexto sentido ou lucidez sonambúlica. Nesse estado, o sonâmbulo podia ler um livro fechado, descrever o que ocorria à distância, relatar as condições fisiológicas de seu organismo e o de outras pessoas, descrever os passos e incidentes futuros de seu tratamento e cura, indicar remédios e muitos outros fenômenos. Inclusive, o sonâmbulo podia observar a ação do magnetizador além da visão comum, descrevendo como um eflúvio envolvia seu corpo, impregnava os objetos, além de deixar um rastro de seus movimentos.

Esse sentido permitia o contato com todos outros indivíduos, não importando a distância. Além disso, assim que o estado profundo do sonambulismo se estabelecia, o magnetizador ficava num *estado de relação (rapport)* que permitia uma comunicação mental, sendo que o magnetizador podia dialogar ou emitir ordens ao sensitivo sem pronunciar verbalmente uma palavra.

O estado de relação também representava o fundamento da cura pelo tratamento do magnetismo animal, pois nessa condição havia uma indução natural do estado de saúde do magnetizador, determinando no organismo do paciente uma evolução mais rápida de seu processo natural de restabelecimento da saúde (poder curativo da Natureza ou *vis medicatrix naturae*), saindo do desequilíbrio, que é a doença, e retornando para o estado de equilíbrio orgânico, que é a saúde. Desse modo, afirma Mesmer, "o magnetismo animal bem direcionado é o meio geral de restabelecer a harmonia alterada em todos os casos possíveis", e "dessa forma, é fácil compreender sob a denominação de magnetismo animal uma nova ciência médica ou a arte de curar e prevenir doenças" (*Ibidem*, p. 37). À frente, veremos esse processo mais detalhadamente.

Um discípulo direto de Mesmer, o marquês de Puységur, elaborou uma detalhada e extensa pesquisa sobre os fenômenos do sonambulismo, publicada em dois livros de memórias.[180] No entanto, o marquês não ousou elaborar uma teoria sobre as causas, fazendo uso das explicações de seu mestre:

> Não pretendo oferecer nenhuma teoria do magnetismo animal, nem entrar em algumas discussões sobre sua analogia com as leis naturais: apenas Mesmer pode empreender tão grande tarefa. A que me imponho é, simplesmente, dizer como ajo para curar as doenças, e como se produzem em muitos dos doentes os efeitos tão surpreendentes e inesperados que se possa conhecer. (PUYSÉGUR, 1784, p. 12)

Inicialmente, Mesmer manteve sigilo sobre os prodígios da lucidez sonambúlica, para se concentrar em sua proposta de transformação da medicina, declarando: "Em vez de aguçar a curiosidade, eu estava interessado em tornar úteis esses fenômenos [da cura], e só quis convencer por meio de fatos" (FIGUEIREDO, 2019, p. 490). No entanto, em seu trabalho para elaborar uma teoria da física que pudesse explicar sua descoberta, os fenômenos do sonambulismo foram fundamentais, além de servir como instrumento de diagnóstico durante os tratamentos. Outro de seus discípulos, J. L. Picher Grandchamp, numa edição comentada de sua obra, revelou que:

---

180 PUYSÉGUR, Armand Marc-Jacques de Chastenet. *Memórias para contribuir com a história e a instituição do magnetismo animal*. Paris: Cellot, 1784. E também: *Sequência das memórias para contribuir com a história e a instituição do magnetismo animal*. Paris: Cellot, 1785. Mesmer desejava que primeiramente fosse divulgada sua teoria médica, para só depois revelar os fenômenos sonambúlicos. Respeitando a vontade de seu mestre, inicialmente as obras de Puységur destinaram-se apenas ao círculo dos pesquisadores e não à divulgação pública.

> O doutor Mesmer por uma destas comparações felizes, que lhe eram abundantes, dizia a seus discípulos que nesse estado de sonambulismo, o indivíduo torna-se para o médico bem instruído sobre o magnetismo animal um telescópio ou um microscópio, com o qual poderia se aperceber de todas as indisposições, todas as doenças e, sobretudo, suas causas e curas, até as obscuras, veladas e não apreciáveis.[181]

Foi com um simples camponês, de nome Victor Race, que Puységur conseguiu seus melhores resultados:

> É com este homem simples, este camponês, homem grande e robusto, com a idade de vinte e três anos, atualmente acabrunhado pela doença, ou antes, pela tristeza, e por isto mesmo mais própria a ser removida pelo agente da Natureza [o magnetismo animal]; é com ele que me instruí, que me esclareci. Quando ele está no estado magnético, não é mais um campônio tolo, conseguindo a duras penas responder com uma frase, é um ser que não sei classificar: não tenho necessidade de lhe falar; eu penso diante dele, e ele me entende, me responde. Vem alguém à sua câmara? Ele o vê, se eu quiser, ele fala, ele diz coisas que eu quero que ele diga, nem sempre as que eu lhe dito, mas aquelas que a verdade exige. Quando ele quer dizer mais e eu não creio prudente que o faça, então interrompo suas ideias, suas frases no meio de uma palavra. (PUYSÉGUR, 1784, p. 89)

Mesmer, conhecedor da física clássica, formado pela medicina de cunho moderno de Boerhaave e de posse de sua descoberta e dos fenômenos dos quais já tinha vasta experiência e registros, empreendeu seus estudos para a elaboração de uma teoria geral física da ciência do magnetismo animal, que denominou **fluido universal**.

Em sua teoria, Mesmer parte do pressuposto de que a teoria substancialista que seria adotada por Laplace e Lavoisier estava equivocada, pois "nem a luz, nem o fogo, nem a eletricidade, nem o magnetismo e nem o som são substâncias, mas sim efeitos do movimento nas diversas séries do fluido universal" (FIGUEIREDO, 2019, p. 496).

---

[181] *Mémoire de F. A. Mesmer, docteur en médicine, sur ses découvertes*. Avec des notes de J. L. Picher Grandchamp. Paris: Pierre Maumus et Cie., Libraires, 1826. p. 4-5.

Considerando as vibrações do som, que bem conhecia tanto pela música quanto por seus estudos de física, considerava que o calor "não é uma substância, ele existe em certo movimento rápido e intenso de uma das porções de substância fluida propagada por toda parte" (MESMER, 1814, p. 36), concordando com Newton, Thompson e muitos outros cientistas.

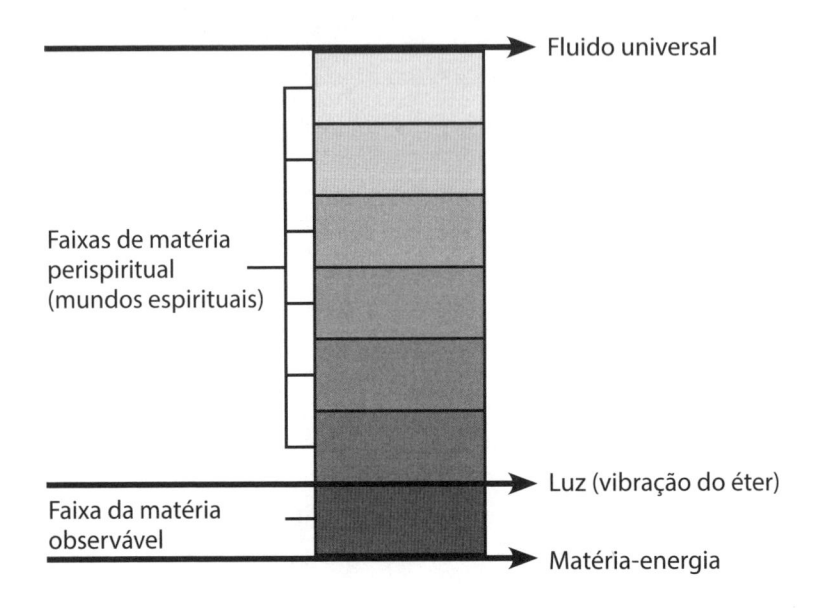

Faixas de matéria perispiritual (mundos espirituais) → Fluido universal

Faixa da matéria observável → Luz (vibração do éter) / Matéria-energia

Desde a matéria sólida, passando pelo estado líquido, gasoso, depois o éter, e outras fases ainda desconhecidas, tudo está representado pela:

> existência de um fluido universal, que é o conjunto de todas as séries da matéria dividida pelo movimento interno (isto é, o movimento de suas partículas entre si). Neste estado, ele preenche os interstícios de todos os fluidos, do mesmo modo que de todos os sólidos contidos no espaço. Por causa dele, o Universo está fundido e reduzido a uma única massa. (MESMER apud FIGUEIREDO, 2019, p. 495)

No entanto, esse fluido, "não tendo nenhuma propriedade, ele não é elástico e não tem peso", mas em suas modificações "é o meio apropriado para determinar as propriedades de todas as ordens da matéria que se encontra mais composta e que não é ele próprio" (*Ibidem*).

Cada um dos nossos sentidos é afetado pela comoção de determinada série de movimento do fluido universal. Por exemplo, "o olho oferece ao movimento do éter, por expansão do nervo óptico", já "o ouvido apresenta na sua estrutura partes distintas e dispostas de tal modo que respondem a todos os graus de intensidade de tom e de som" e assim por diante com os demais sentidos:

> Nós somos, pelo número e propriedade de cada um dos sentidos, delimitados a estar em relação com as únicas combinações e subdivisões da matéria, da qual a ordem é relativa à nossa conservação. Esta reflexão me leva a pensar que existem animais dotados de órgãos diferentes dos nossos, e cujas faculdades os põem em relação com as matérias de uma ordem diferente daquelas que nos afetam. (*Ibidem*, p. 514).

Realmente, hoje sabemos que os cachorros escutam sons para nós inaudíveis. Muitos insetos, aves, répteis e peixes possuem pigmentos na retina para enxergar a luz ultravioleta, acima do visível para nós, seres humanos, como previu Mesmer.

Mas como os movimentos sensibilizam nossos sentidos que se transformam em imagens, sons e cheiros que percebemos em nossa mente? Para Mesmer, isso ocorre em nossa fisiologia:

> Estes movimentos assim alterados, recebidos primeiramente na superfície, são propagados para um centro comum formado pela reunião e entrelaçamento dos nervos, cujas extremidades, que chamamos de sentidos, devem ser consideradas como prolongamentos. Por esta reunião, várias vezes repetida na organização animal, estes movimentos mesclam-se, confundem-se, modificam-se. É este conjunto que constitui o órgão que eu chamo de *senso íntimo*, e o que resulta é o que chamamos sensações. (*Ibidem*)

Por sua vez, os comandos do senso íntimo fazem o caminho inverso, por meio dos nervos. "Estes mesmos movimentos, assim comunicados aos músculos motores, determinam as ações". O que Mesmer está propondo (unindo seus conhecimentos de física aos de fisiologia) são rudimentos do que hoje conhecemos amplamente pelas neurociências, segundo as quais as imagens captadas pela retina são levadas ao cérebro onde são interpretadas em diversas áreas para que tenhamos consciência do que vemos. Do mesmo modo, o córtex motor envia comandos para os músculos do corpo.

Chegamos agora à questão principal. Relembrando sua teoria do fluido universal, o médico afirma: "Eu disse que entre o éter e a matéria elementar existem séries de matérias que se sucedem em fluidez e que, por sua sutileza, podem penetrar e preencher todos os interstícios". Pois então, ele propõe:

> Entre estas matérias fluidas existe uma essencialmente correspondente, em continuidade com aquela que anima os nervos do corpo animal, e que, encontrando-se mesclada e confundida com as diferentes ordens de fluidos de que já falei, deve acompanhá-los, penetrá-los, e consequentemente participar de todos seus movimentos particulares. (*Ibidem*, p. 515)

Essa faixa ou série de vibração do fluido universal, acima da que representa os fenômenos da luz, segundo a proposta de Mesmer, influencia diretamente nosso *senso íntimo* ou sistema cerebral. Por suas vibrações, esse meio:

> se torna como o condutor direto e imediato de todos os gêneros de modificações que sofrem os fluidos destinados a realizar impressões sobre os sentidos externos, e todos estes efeitos aplicados à própria substância dos nervos são levados ao órgão interno das sensações. (*Ibidem, loc. cit.*)

Desse modo, as impressões em nossa mente, que representam as formas que nos chegam pela visão, também podem impressionar diretamente nosso sistema nervoso por vibrações de uma faixa mais etérea:

> Deve-se conceber por esse apanhado como é possível que todo o sistema dos nervos se torne olho, a respeito dos movimentos que representam as cores, as formas, as figuras; ouvido, a respeito dos movimentos que exprimem as proporções das oscilações do ar; e enfim os órgãos do tato, do paladar, do olfato aos movimentos produzidos pelo contato imediato das formas, das figuras. (*Ibidem, loc. cit.*)

Por essa teoria, Mesmer oferece uma explicação para todos os fenômenos extraordinários da lucidez sonambúlica e também o *estado de relação* entre o magnetizador e o paciente, que permite a ação da cura. Por exemplo, ele explica dessa maneira a comunicação da vontade, que se dá quando o magnetizador pelo pensamento se comunica com o sonâmbulo. A vontade do magnetizador age em seu cérebro e:

> tais movimentos assim modificados pelo pensamento no cérebro e na substância dos nervos são comunicados ao mesmo tempo à série de um fluido sutil com a qual esta substância dos nervos está em continuidade, podendo, independentemente e sem o concurso do ar e do éter, estenderem-se a distâncias indefinidas e comunicarem-se *imediatamente* com o senso íntimo de outro indivíduo. (Ibidem, p. 516-517)

Esse mesmo mecanismo também explica a união que ocorre entre magnetizador e paciente durante o passe (*rapport*), no tratamento de cura: "Pode-se conceber como as vontades de duas pessoas podem se comunicar pelos seus sentidos internos. Por consequência, pode existir uma reciprocidade, um acordo, uma espécie de convenção entre duas vontades, o que se pode chamar estar em relação" (*Ibidem, loc. cit.*)

Depois que esses conceitos estão compreendidos e assimilados, Mesmer se propõe a explicar o que ele chamou de **instinto,** que é a capacidade de perceber, na harmonia universal, a progressão dos fatos, a utilidade das coisas naturais e outros fenômenos relacionados com nossa integração com a Natureza. Para exemplificar o sentido dessa capacidade, ele cita o fato dos animais buscarem na Natureza as plantas adequadas para o mal que estão passando, como o cachorro que come mato amargo quando está mal do estômago:

> A presença desse sentido interior comum a todos os seres animados e sensíveis nos é demonstrada da forma mais rigorosa na observação dos animais, através das migrações periódicas dos peixes, dos pássaros, pelo zelo, pelo cuidado e diligência na reprodução e na continuidade de sua espécie, na criação de seus filhotes, através da perspicácia e astúcia para apoderar-se da presa, assim como, de certo modo, para evitar o perigo, pressentindo-o, sempre objetivando a sua preservação. (MESMER, 1814, p. 39)

Mesmer afirma, então, que "entre todos os animais, o homem parece ser o único que negligencia e desconhece esse sentido". Em nós, o instinto tem uma função mais sublime:

> Independentemente das impressões que os objetos causam sobre nossos sentidos, em razão de suas figuras e de seus movimentos, nós percebemos ainda a sensação de ordem e de proporções que aí se encontra. Esta sensação é expressa por diferentes denominações,

segundo os órgãos que percebem, como a beleza pela visão, o harmonioso pelo ouvido, o doce pelo paladar, o suave pelo olfato, o agradável pelo tato. A partir destes pontos de comparação, existe uma multidão de nuances que se afastam mais ou menos da perfeição. (Ibidem, p. 555)

Ou seja, se interpretamos a harmonia pelo som, por meio do sentido íntimo percebemos a **harmonia universal** que nos impressiona pela vibração do fluido universal:

Somos dotados de uma faculdade de sentir na harmonia universal as relações que os eventos e os seres têm com nossa conservação. Esta faculdade nos é comum com os outros animais, embora façamos menos uso dela do que eles, porque a substituímos pela *razão*, que depende absolutamente dos sentidos externos. Nós percebemos, pelo senso íntimo, as proporções não somente das superfícies, mas mais ainda da sua estrutura íntima, assim como de suas partes constitutivas, e podemos discernir sobre, seja o acordo, seja a dissonância que as substâncias têm com nossa organização. A esta faculdade devemos chamar **instinto**. (Ibidem, loc. cit.)

Segundo Mesmer, "através de todo o sistema nervoso estamos em relacionamento recíproco com toda a Natureza". Dessa forma, é pelo instinto, que o coloca em relação com a harmonia universal, que o sonâmbulo pode ter uma intuição das doenças, do seu progresso, dos remédios adequados para a sua cura.

Por fim, Mesmer criou uma figura espirituosa para explicar a estranheza de alguns cientistas em aceitar o fato de estarmos imersos no fluido universal; ele os compara à revolta de peixes:

Poder-se-ia comparar, se posso me expressar assim, a opinião de alguns sábios para rejeitar a ideia de um fluido universal e a possibilidade de um movimento no pleno àquela dos peixes, que se revoltariam contra aquele dentre eles que lhes anunciaria que o espaço entre o fundo e a superfície do mar é preenchido por um fluido que eles habitam. Que é nesse meio que eles se relacionam, que se deslocam, que se comunicam, que se encadeiam. E que é o único meio de suas relações recíprocas. (Ibidem, p. 529)

Os espíritos superiores, décadas depois, diante de uma ciência oficial dos homens que adotava uma teoria falsa sobre as forças, considerando-as como substâncias (calórico e demais fluidos), fizeram uso da teoria do fluido universal, promovendo também a divulgação e defendendo a causa do magnetismo animal, cientes que estavam de que a realidade do Universo está representada por uma unidade, onde tudo são ondas, promovidas pela manifestação dos seres, representando a diversidade do Universo. No mundo espiritual, dando maior amplitude às séries do fluido universal proposta por Mesmer, os espíritos também vivem em diferentes faixas vibratórias. Para explicar essa diversidade de mundos ou de meios onde os mais diversos seres vivem em fases diferentes do fluido universal, como Mesmer, os espíritos superiores também fizeram uso da figura dos peixes:

> O fluido etéreo está para as necessidades do espírito, como a atmosfera para as dos encarnados. Ora, do mesmo modo que os peixes não podem viver no ar; que os animais terrestres não podem viver numa atmosfera muito rarefeita para seus pulmões, os espíritos inferiores não podem suportar o brilho e a impressão dos fluidos mais etéreos. Não morreriam no meio desses fluidos, porque o espírito não morre, mas uma força instintiva os mantém afastados dali, como a criatura terrena se afasta de um fogo muito ardente ou de uma luz muito deslumbrante. Eis aí por que não podem sair do meio que lhes é apropriado à natureza; para mudarem de meio, precisam antes mudar de natureza, despojar-se dos instintos materiais que os retêm nos meios materiais; numa palavra, que se depurem e moralmente se transformem. Então, gradualmente se identificam com um meio mais depurado, que se lhes torna uma necessidade, como os olhos, para quem viveu longo tempo nas trevas, insensivelmente se habituam à luz do dia e ao fulgor do sol. (G, p. 249)

Da mesma forma que o professor Rivail procederia em relação aos fenômenos espirituais, o doutor Mesmer dedicou-se à elaboração de sua ciência de forma metódica: "Ver-se-á, ouso crer, que estas descobertas são o resultado do estudo e da observação das leis da Natureza; que a prática que eu ensino não é um empirismo cego, mas um método racional". Sua ciência é espiritualista, mas seu método é científico:

> Embora saiba muito bem que o princípio primordial de todo conhecimento humano é a experiência, e que é por ela que se pode constatar

a realidade das suposições, preocupei-me em provar *a priori* por um encadeamento de noções simples e claras a possibilidade dos fatos que anunciei, dos quais um grande número foi publicado sob diferentes formas por aqueles favoráveis à minha doutrina. (FIGUEIREDO, 2019, p. 491)

Mesmer foi conduzido pela observação. Dizia: "os fenômenos que surpreendi na Natureza me reportaram à fonte comum de todas as coisas". E por seu esforço e dedicação, sua obra sobre o magnetismo animal abriu caminho, tornou-se uma preparação, a base mesmo de uma ciência mais ampla, que foi o espiritismo. Afirmou o médico: "Creio ter aberto uma rota simples e reta para chegar à verdade, e ter livrado em grande parte o estudo da Natureza das ilusões e das metafísicas".

Enquanto a ciência oficial se perdia em fantasias, impondo teorias falseadas desde seu início, apenas para satisfazer o orgulho de alguns cientistas que se achavam mais sábios do que o Criador,[182] as ciências do magnetismo animal e do espiritismo afastavam o charlatanismo e o sobrenatural pela lógica e pelos fatos. De tal forma, explicam os espíritos superiores em *O Livro dos Espíritos*, que "o conhecimento lúcido *dessas duas ciências que,* 'a bem dizer, formam uma única', mostrando a realidade das coisas e suas verdadeiras causas, constitui o melhor preservativo contra as ideias supersticiosas", isso porque "revela o que é possível e o que é impossível, o que está nas leis da Natureza e o que não passa de ridícula crendice" (LE, p. 268-269).

4.4.3 Mesmer não aceitava o fluido vital nem os espíritos

Ocorre algo significativo nas obras de Allan Kardec, quando se trata da teoria dos espíritos sobre o fenômeno da vida. Em toda a sua obra, o termo **fluido vital** foi citado 41 vezes, mas no livro *A Gênese*, que foi onde ele apresentou o princípio fundamental da doutrina espírita sobre o tema, ele não utiliza essa expressão nenhuma vez. Por outro lado, para se referir à causa da vida na Natureza, o termo **princípio vital** foi empregado 88 vezes em toda a sua obra, 23 vezes no

---

[182] Enquanto Kant, Newton, Mesmer e Kardec consideravam Deus presente na Natureza e referência fundamental para a unidade da lei natural, Laplace e os demais ideólogos abandonaram as referências a Deus, abrindo caminho para o deus humanidade da religião positivista de Comte e para o materialismo presente na universidade do século 20.

livro *A Gênese*, sendo o título no capítulo X, onde Kardec definiu o princípio fundamental da doutrina espírita sobre o tema da vida. Para tratar dessa questão de grande importância para o espiritismo, precisamos compreender bem o significado dessas expressões na época de Kardec.

Para explicar os fenômenos da biologia ou "economia animal", como se chamava naquele tempo, havia os seguintes sistemas ou teorias:

Mecanicismo: Esse sistema reduzia todos os fenômenos orgânicos a movimentos e reações físico-químicos. As glândulas, por exemplo, secretariam as substâncias por um efeito mecânico de compressão física do órgão (Boerhaave).

Animismo: Segundo Georg Stahl, "a alma regeria tanto o estado de saúde quanto o de doença, não haveria qualquer diferença qualitativa entre ambos os estados, o que contradiz a tradicional conceituação do primeiro como estado 'natural' do corpo e do segundo como estado 'contra' ou 'preternatural'. Ao contrário, a alma causa e regula os movimentos do corpo no intuito de preservar a saúde e, de modo análogo, organiza movimentos similares para restaurá-la".[183]

Fluidismo: Os movimentos da vida seriam causados por uma substância composta de matéria imponderável (partículas invisíveis) como o calórico ou o fluido elétrico – o fluido vital, próprio do fenômeno da vida. Os corpos vivos estariam impregnados de fluido vital enquanto vivos e, quando ele se extinguisse, ocorreria a morte.

Já o termo **princípio vital** foi proposto na fisiologia pelo médico francês Paul Joseph Barthez[184] (1734-1806), que chegou a reitor da mais antiga faculdade de medicina da França em Montpellier. Foi médico pessoal de Luís XVI e de Napoleão, além de diretor do *Journal de Savants*, a mais antiga revista científica da Europa.

Em sua obra, Barthez fez uma crítica a todas essas teorias. O mecanicismo não resolve a questão, pois não explica a diferença entre a matéria inanimada e a animada. O fluidismo é uma extensão do mecanicismo, pois propõe uma substância material para explicar a vida, que, todavia, não se manifesta de forma alguma aos nossos sentidos. Os animistas, por sua vez, confundem dois fenômenos, pois "não se pode atribuir os movimentos voluntários e involuntários do corpo

---

183 STAHL, Georg Ernst. Theoria medica vera. v. 1. Leipzig: Choulant, 1831-1833. p. 230, p. 474 *apud* WAISSE, Silvia; AMARAL, Maria Thereza Cera Galvão do; ALFONSO-GOLDFARB, Ana M. Raízes do vitalismo francês: Bordeu e Barthez, entre Paris e Montpellier. *Hist. Cienc. Saúde-Manguinhos*, Rio de Janeiro, v. 18, n. 3, jul.-set, 2011. p. 630.

184 Suas principais obras foram *Discours académique sur le principe vital de l'homme* (Montpellier, 1773), *Discours sur le génie d'Hippocrate* (Montpellier, Tournel, An IX, 1801), *Nouvelle méchanique des mouvements de l'homme et des animaux* (Carcassonne, Pierre Polere, An VI, 1798).

humano a uma só entidade, a *alma pensante*". Portanto, "há que assumir – 'dado o estado atual dos nossos conhecimentos' – dois princípios diferentes, cuja ação não é mecânica e a natureza é oculta para nós: a *alma pensante* e o *princípio da vida*":

> O autor enfatiza que nada pode ser afirmado a respeito da natureza íntima do princípio vital e que somente seria possível pesquisar as leis gerais que dirigem suas forças no ser humano, ou seja, as faculdades desse princípio que servem a cada função do corpo e suas modificações. (...) Barthez entende a causalidade, na fisiologia humana, como uma "corrente" de instâncias que se estende de Deus, o "Autor da Natureza", até os fenômenos perceptíveis por intermédio dos sentidos humanos: leis primordiais; princípio vital; e forças do princípio vital. Desse modo se determinam e modificam as ações da matéria que compõe os corpos vivos. Ressalte-se, porém, que nenhum elemento dessa corrente causal é acessível à indagação, que, desse modo, se vê limitada aos fenômenos perceptíveis aos sentidos humanos e às leis inferíveis a partir deles. (WAISSE; AMARAL; ALFONSO-GOLFARB, 2011, p. 115)

Voltando um pouco no tempo, Mesmer considerava que "adquirimos todas as ideias pelos sentidos". No entanto, nossa sensibilidade consegue perceber somente "as propriedades, os caracteres, os acidentes, os atributos". Em nossa linguagem comum "as ideias de todas estas sensações se expressam por um adjetivo ou epíteto, como quente, frio, fluido, sólido, pesado, leve, brilhante, sonoro, colorido etc." Em seguida, explica o médico, "substituam-se esses epítetos, por comodidade da língua, por substantivos: logo se substantivarão as propriedades – dir-se-á o calor, a gravidade, a luz, o som, a cor, e eis a origem das abstrações metafísicas" (FIGUEIREDO, 2019, p. 492). Ou seja, como explicou Kant, ninguém observa a coisa em si, mas apenas tem a sensibilidade de seus efeitos em nossos sentidos.

Para Mesmer, o fluido universal era um conceito, uma teoria, e não uma substância observável: "Isso é pouco suficiente para demonstrar que não se deve confundir o magnetismo com os fenômenos que puderam dar lugar ao que se chamou 'eletricidade animal'" (*Ibidem*, p. 506).

No início da ciência espírita, o tema da vitalidade ainda não tinha recebido sua elaboração como princípio fundamental pela universalidade do ensino dos espíritos superiores. As opiniões dos espíritos que se comunicavam até então estavam divididas em duas, como Kardec explicou em *O Livro dos Espíritos*:

- **Princípio vital**: "o princípio da vida material e orgânica, qualquer que seja a fonte donde promane, princípio esse comum a todos os seres vivos, desde as plantas até o homem. Pois que pode haver vida com exclusão da faculdade de pensar, o princípio vital é uma propriedade da matéria, um efeito que se produz achando-se a matéria em dadas circunstâncias" (LE, p. 15).
- **Fluido vital**: "Segundo outros, e esta é a ideia mais comum, ele reside em um fluido especial, universalmente espalhado e do qual cada ser absorve e assimila uma parcela durante a vida, tal como os corpos inertes absorvem a luz. Esse seria então o fluido vital que, na opinião de alguns, em nada difere do fluido elétrico animalizado, ao qual também se dão os nomes de fluido magnético, fluido nervoso etc." (*Ibidem, loc. cit.*).

A principal diferença está em que "princípio vital" é apenas um ente racional, um conceito independente de qualquer teoria, enquanto "fluido vital" é uma hipótese associada à teoria substancialista que considera a existência de uma substância física de que os corpos vivos estariam impregnados. Atualmente, a hipótese de algo como um "fluido vital" está completamente descartada frente à física moderna. Porém, para a singularidade do fenômeno da vida não explicada até hoje, o "princípio vital" pode ainda muito bem representá-la.

Num artigo publicado em *Obras Póstumas*, que, como vimos, trata de documentos não publicados por Kardec, mas reunidos somente em 1890, há um artigo sem data intitulado "Introdução ao estudo da fotografia e da telegrafia do pensamento". Nesse artigo, Kardec leva em consideração as duas hipóteses; a fluidista: "Será um fluido especial, ou uma modificação da eletricidade, ou de algum outro fluido conhecido?", e a dinâmica ou ondulatória: "Não será antes o que hoje damos o nome de fluido cósmico, quando se acha esparso na atmosfera, e fluido perispirítico, quando individualizado?".

De um lado, ele argumenta que o fluido do perispírito pode ter as características propostas pela física oficial substancialista de seu tempo: "O fluido perispirítico é 'imponderável', como a luz, a eletricidade e o calórico. É-nos 'invisível', no nosso estado normal, e somente por seus efeitos se revela". Por outro lado, a matéria do perispírito tem efeitos que se explicam pela ondulatória, como na teoria do fluido universal:

> As diferentes atmosferas individuais se entrecruzam e misturam, sem jamais se confundirem, exatamente como as ondas sonoras que se

conservam distintas, a despeito da imensidade de sons que simultaneamente abalam o ar. Pode-se, por conseguinte, dizer que cada indivíduo é centro de uma onda fluídica, cuja extensão se acha em relação com a força da vontade, do mesmo modo que cada ponto vibrante é centro de uma onda sonora, cuja extensão está na razão propulsora do fluido, como o choque é a causa de vibração do ar e propulsora das ondas sonoras. (OP, p. 108-109)

Por fim, Kardec considera que na ciência da época também havia duas teorias para explicar o fenômeno da luz, a substancialista e a dinâmica. "Os da luz se explicam igualmente pela teoria da emissão e pela das ondulações", terminando seu artigo sem uma conclusão.

Somente com a publicação de A Gênese, o fluido universal será apresentado como teoria geral de toda a matéria, desde a tangível de nosso mundo até a mais tênue do mundo espiritual, própria dos espíritos puros. Quanto ao princípio vital, Kardec pergunta: "Será o princípio vital alguma coisa particular, que tenha existência própria? Ou, integrado no sistema da unidade do elemento gerador, apenas será um estado especial, uma das modificações do fluido cósmico, pela qual este se torne princípio de vida, como se torna luz, fogo, calor, eletricidade?" Ou seja, será um fluido vital ou estado de vibração do fluido universal? E ele responde: "É neste último sentido que as comunicações acima reproduzidas resolvem a questão".

O maior problema para o entendimento dessa questão, na época, estava no conceito de quantidade, pois matéria e energia ainda eram consideradas coisas separadas. Atualmente, com a física moderna, ao considerar o tempo como quarta dimensão, estabeleceu-se uma só unidade: matéria-energia, de tal modo que podemos dizer que matéria é energia condensada e que há energia presente no campo, como afirmou Einstein. Tudo é vibração, toda manifestação são ondas.

O mais importante para a doutrina espírita, ao abandonar a teoria do fluido vital como substância corpuscular de nosso mundo, está em que ela hoje é impossível de existir. Todo o espectro das ondas eletromagnéticas é bem conhecido e o limite da velocidade em nosso Universo é a velocidade da luz. Algo como um fluido vital,[185] como teoria substancialista do fenômeno da vida, não

---

[185] Não estamos nos referindo aqui ao ectoplasma, substância fisiológica em abundância nos médiuns de efeitos físicos. Ela foi historicamente pesquisada e fotografada, como nos registros de materialização feitas pelo físico William Crookes. Exteriorizável, moldável, com uma aparência leitosa, já foi vista saindo da boca, olhos, ouvidos, nariz do médium. Acumulada mas sem nunca se desligar daquele que a originou, dá forma às materializações. Já se constatou que nessas condições o médium apresenta peso menor. Quando tornado invisível, o ectoplasma permite fenômenos como arremesso e transporte de objetos, entre outros.

pode realmente existir. Mas essa limitação não descarta a possibilidade teórica da existência do mundo espiritual e de uma matéria existindo em séries do fluido universal fora do que está compreendido na matéria-energia de nosso Universo observável.

Por outro lado, segundo a doutrina espírita, as células de nosso organismo são individualidades ou princípios espirituais. Dessa forma, elas estão presentes também no mundo espiritual agindo por meio de um perispírito apropriado à sua condição evolutiva. Seguindo esse raciocínio, a ligação entre o nosso perispírito e as células é um fenômeno que ocorre de forma circunscrita ao mundo espiritual. Por essa hipótese, portanto, a ligação vital entre o perispírito e o corpo realmente não se estabelece no mundo físico, estando fora do alcance de uma percepção sensível humana.

Podemos conjecturar quanto à realidade da matéria espiritual, nos valendo das mais recentes pesquisas da cosmologia, que consideram que a realidade possui necessariamente mais do que as quatro dimensões da teoria da relatividade. Uma delas é a teoria das cordas, pesquisada por físicos como a doutora estadunidense Lisa Randall, professora de física teórica da Universidade de Harvard, que afirma: "O Universo existe num espaço com múltiplas dimensões. Se a maioria delas é invisível a nossos olhos, não quer dizer que não existam":[186]

> Segundo pesquisas mais recentes, a teoria de cordas pode se manifestar em muitos universos possíveis num cenário que corresponde a um multiverso. Os diferentes universos podem estar tão distantes que jamais irão interagir uns com os outros – mesmo por meio da gravidade – durante seu tempo de existência. Nesse caso, cada um dos universos acabaria evoluindo de modo completamente diferente, e acabaríamos ficando em apenas um deles. (RANDALL, 2013, p. 284)

Teoricamente, afirma Randall, "a evolução cosmológica oferece maneiras de criar todos. E os universos diferentes podem ter propriedades com diferenças significativas, com diferentes matérias, energias e forças" (*Ibidem, loc. cit.*). Um de seus trabalhos considera a hipótese de que a gravidade seja uma força que atua em nosso Universo a partir de outro, o que explicaria ser ela uma força fraca.[187]

---

[186] Entrevista a Peter Moon publicada pela *Revista Época*, Editora Globo, em 2 dez. 2011.

[187] RANDALL, Lisa. *Warped Passages: Unraveling the Mysteries of the Universe's Hidden Dimensions*. Nova York: Ecco, 2005.

Repetimos, porém, que a física moderna não explica o mundo espiritual, apenas oferece conceitos teóricos que facilitam nossa compreensão de sua existência e funcionalidade por meio de suposições. Fazendo uso do conceito de multiverso, imaginamos que o mundo espiritual poderia ser um universo paralelo,[188] com propriedades da matéria e energia próprias, conforme relatamos em 4.3 – A física do mundo espiritual. Desse modo, nós estaríamos vivendo nesse outro Universo, mas percebendo os fenômenos deste mundo por meio dos sentidos fisiológicos, por meio da ligação entre o corpo físico e o perispírito.

Considerando a realidade por essa conjectura, seria bem simples explicar a ligação entre o corpo e a alma. Considerando que as trilhões de células em nosso organismo são a individualização de seres vivos, cada uma delas tem um corpo espiritual presente na espiritualidade, representando sua individualidade como princípio espiritual. Pois bem, estando elas no mundo espiritual, nosso perispírito estaria ligado a cada uma delas naquele ambiente, formando um cordão fluídico, e todo esse fenômeno estaria ocorrendo naquele ambiente espiritual.

Kardec, em 1860 na Sociedade de Paris, conversou por meio de um médium com uma pessoa viva, o doutor Vignal, que estava dormindo em Souilly na região francesa de Lorena. O professor perguntou:

– Podeis ver o vosso corpo dormindo? Vignal respondeu – "Não daqui; vi-o deixando-o; deu-me vontade de rir".

– Como a relação está estabelecida entre o vosso corpo, que está em Souilly, e o vosso espírito que está aqui? R. "Como vos disse, por um cordão fluídico" (RE60, p. 57).

Conversando com os espíritos, eles explicaram que "desde a concepção, o espírito, ainda que errante, está, por um cordão fluídico, preso ao corpo com o qual se deve unir". Durante a gestação, "este laço se estreita cada vez mais, à medida que o corpo se vai desenvolvendo". Quando dormimos e nos afastamos do corpo físico, mesmo assim:

"O espírito jamais está completamente separado do corpo vivo em que habita; qualquer que seja a distância a que se transporte, a ele se conserva

---

188 Nos tempos de Kardec a possibilidade da existência na natureza de dez dimensões, como matematicamente hoje se concebe o multiuniverso, não era imaginada, de tal forma que Rival concebia, em 1865, que o mundo espiritual era da natureza mesma da energia: "Se, como a ciência é levada a admiti-lo, a eletricidade e o calor não são fluidos especiais, mas modificações ou propriedades de um fluido elementar universal, eles devem fazer parte dos elementos constitutivos do fluido perispiritual" (RE65, p. 8). Hoje essa hipótese, como vimos, está descartada, pois tanto luz quanto calor e outros fenômenos compreendem o espectro eletromagnético, incompatível com a natureza da matéria espiritual.

ligado por um laço fluídico que serve para chamá-lo, quando se torne preciso. Esse laço só a morte o rompe" (LM, p. 310).

As primeiras células simples surgiram no oceano há 3,5 bilhões de anos. Podemos dizer que a vida na Terra era originalmente bacteriana e que toda a vida complexa evoluiu a partir dela. As células animais são fusões de seres mais simples que se combinaram, formando o núcleo e as organelas. A complexidade dos seres, a simbiose, ou a cooperação, formaram os indivíduos pluricelulares. Os ancestrais das mitocôndrias presentes em nossas células foram bactérias roxas, que respiravam oxigênio (o que foi demonstrado pelo sequenciamento do DNA). Os animais são colônias de células. O mais simples animal marinho *Trichoplax adhaerens* de dois milímetros tem alguns milhares de células e é como uma bolsa que se move por cílios. Para gerir esse grupo de células, há um princípio espiritual que representa a vida desse ser.

Nosso corpo biológico é uma evolução de seres como o *Trichoplax*, ampliando a quantidade, diversidade e funções de suas células em bilhões de anos, geração após geração, registrando no DNA as suas conquistas. Quando nascemos, nosso perispírito se liga a uma só célula, que é um ser vivo mais simples. A partir daí sua multiplicação durante a gestação será concluída no nascimento, quando há uma correspondência plena entre o corpo físico e o perispírito, principalmente quanto ao sistema nervoso e o cérebro. Quando o corpo morre, o espírito se desliga de suas células. Depois disso, mesmo que milhões de células ainda permaneçam vivas por um tempo, elas serão apenas um aglomerado de seres, não mais um ser humano.

O corpo humano, do ponto de vista fisiológico, é semelhante ao dos primatas, como os chimpanzés. A diferença está no espírito que representa o ser humano, que possui razão, senso moral e livre-arbítrio.

4.4.4 O sonambulismo provocado e a psicologia experimental

O sonambulismo é um fenômeno natural, ocorrendo espontaneamente em diversos graus. Segundo o professor Soave, da Universidade de Pádua,[189] Itália, um farmacêutico e químico da pequena Pavia, na Lombardia, levantava-se todas as noites e continuava seus trabalhos no laboratório. Acendia os fornos, preparava os alambiques, prosseguia em suas experiências com mais prudência

---

189 DELANNE, Gabriel. *O espiritismo perante a ciência*. Rio de Janeiro: FEB, 1990.

e agilidade do que acordado. Manejava venenos e substâncias perigosas, aviava receitas que não terminara durante o dia. Por fim, desligava os fornos, ordenava os instrumentos e dormia o restante da noite. Doutor Soave anotou que durante todo o procedimento o sonâmbulo permanecia de olhos fechados e de nada lembrava ao acordar. As particularidades de casos como esse, como esquecimento, capacidade ampliada, olhos fechados e visão sonambúlica, são semelhantes aos que se obtêm quando o fenômeno do sonambulismo é provocado.

Albert de Rochas, que fez suas pesquisas no final do século 19, fazia parte de uma geração afastada dos antigos, e estava familiarizado com as pesquisas sobre hipnose na universidade, como no hospital Salpêtrière em Paris, onde Charcot utilizava a hipnose no estudo da histeria e tinha famosos alunos como Freud, Babinski, Pierre Janet, Albert Londe e Alfred Binet. Foi a partir dessas pesquisas que surgiram conceitos da psicologia como "automatismo psicológico", "estados inconscientes da mente", "ataques letárgicos", "sugestão hipnótica e pós-hipnótica", entre outros. Para Rochas, a indução rápida por impacto, obtida por agentes como ruído súbito, pressão ocular, fixação do olhar, indução pela fala pausada do hipnotizador, levam o sensitivo (*sujet*), em poucos segundos, ao estado hipnótico. De acordo com De Rochas, o procedimento lento e progressivo e as condições adotadas pelos magnetizadores clássicos são diferentes e os resultados e fenômenos obtidos também, tal que Rochas considerava duas classes de fenômenos, sendo os da hipnose, os estados leves, e os do magnetismo, os estados profundos.[190]

Desde Mesmer, os magnetizadores agiam por meio de passes. Eles prolongavam essa ação durante meia hora e até mais, percebendo por sinais exteriores que o sonâmbulo atingiu o grau de lucidez que eles desejavam obter, pois o fenômeno clássico do sonambulismo provocado se dá por fases que representam a profundidade de seus estados. Kardec reconhecia esse fenômeno e afirmava conhecer bem "o poder do sonambulismo, cujos prodígios observamos, estudando-lhe todas as fases durante mais de trinta e cinco anos" (LE, p. 42) Segundo o magnetizador Charpignon, essa experimentação exige método e paciência:

> É raro que na primeira sessão se obtenha o sonambulismo, menos ainda a lucidez, porque pode haver sonambulismo sem que por isso

---

190 Atualmente, na pesquisa experimental, as técnicas da hipnose são variadas, permitindo desde os estágios mais leves, como o estado hipnótico desperto, até os estados mais profundos, pela indução ao aprofundamento do relaxamento por meio de sugestão verbal, toques hipnóticos e até mesmo imposição de mãos.

haja clarividência. A repetição é muitas vezes muito longa antes de atingir o sonambulismo. Ela pode durar semanas, meses e no fim coroar de sucesso a paciência do magnetizador. Para nós, quando a quinta magnetização nada nos dá, cessamos de esperar algum fenômeno; quando, na trigésima, um sono não se torna sonambulismo, nós não aguardamos mais. Uma vez tivemos uma sonâmbula muito lúcida na quinquagésima sessão.[191]

Cada magnetizador utilizava sua técnica de preferência. Mesmer iniciava segurando as mãos do paciente, unindo polegar com polegar, depois iniciava os passes. Sempre os movimentos são de cima para baixo, alternado com imposição de mãos. Alguns magnetizadores faziam passes longitudinais, da cabeça aos joelhos, os dois sentados, frente a frente. Cahagnet, para aprofundar as fases, fazia imposição da mão direita no alto da cabeça, depois com as duas nas têmporas e passes lentos na parte da frente do rosto. De Rochas tornava mais profundo o estado sonambúlico fazendo a imposição da mão direita sobre a fronte e o alto da cabeça. Outros magnetizadores usavam leves toques. Cada mudança de fase do sonambulismo podia variar de quinze minutos à uma hora, dependendo do sensitivo. Com a prática e a sintonia entre magnetizador e o sonâmbulo, os tempos diminuem progressivamente. Alguns sonâmbulos experimentados eram colocados em transe profundo em minutos.

O fenômeno ocorre por uma sequência de fases sonambúlicas cada vez mais profundas, intermediadas por um estado de letargia entre elas. A sequência padrão de estados e fases, segundo Rochas, é a seguinte:

Letargia → estado de credulidade → letargia → catalepsia → letargia → sonambulismo → letargia → sonambulismo (estado de comunicação) → letargia → sonambulismo (estado de lucidez).[192]

Cada vez que o sonâmbulo joga a cabeça para traz e alcança uma fase de transe, o magnetizador pode dialogar e fazer experimentações, procurando reconhecer, pelos sinais de lucidez e fisiológicos, e os graus de sugestionabilidade, qual estado alcançou. Depois, fazendo imposições de mãos sobre a fronte e o alto da cabeça, além de passes, faz com que o sensitivo caia novamente num estado de letargia e depois um sonambulismo mais profundo, seguindo assim

---

[191] Citado em *Les etats profonds de l'hypnose* [*Os estados profundos da hipnose*] de Albert de Rochas, 1896. Fizemos uso de uma tradução do doutor Álvaro Glerean. As descrições técnicas sobre as fases do sonambulismo são desta obra.

[192] O sensitivo pode pular as fases e entrar num estado mais profundo diretamente. Não há uma regra absoluta, a não ser a sequência quanto à profundidade do estado.

em ciclos. Para fazer o processo inverso, os magnetizadores faziam passes no sentido de acalmar e ventilar. Há quem fizesse passes rápidos e longos; Rochas empregava a mão esquerda sobre a cabeça para regredir e a direita para aprofundar (como se houvesse uma polaridade).[193]

Na **catalepsia**, esse estado é acompanhado por uma contratura muscular; quando o braço é levantado, ele permanece na posição que foi deixado, adquirindo grande resistência. Essa condição pode ser provocada em outros músculos do organismo, também nas pernas. Ocorre também a insensibilidade cutânea.

Na letargia, o sensitivo fica num estado de prostração, parece insensível, com membros inertes, cabeça pendida e, quando sai desse estado, move a cabeça ao contrário (pende para trás, por exemplo) e respira forte por duas ou três vezes. No entanto, durante a primeira letargia o indivíduo percebe o ambiente à sua volta, não está dormindo. (A letargia provocada pelo magnetismo é uma condição leve. Esse fenômeno pode ocorrer de forma natural, algumas pessoas a sentem ao despertar, quando não consegue se mover por um tempo. Em casos extremos e muito raros, pode apresentar uma aparência de morte).

Em *O Livro dos Espíritos*, Kardec dá a seguinte explicação para esses estados naturais do fenômeno sonambúlico:

> A letargia e a catalepsia derivam do mesmo princípio, que é a perda temporária da sensibilidade e do movimento, por uma causa fisiológica ainda inexplicada. Diferem uma da outra em que, na letargia, a suspensão das forças vitais é geral e dá ao corpo todas as aparências da morte; na catalepsia, fica localizada, podendo atingir uma parte mais ou menos extensa do corpo, de sorte a permitir que a inteligência se manifeste livremente, o que a torna inconfundível com a morte. A letargia é sempre natural; a catalepsia é por vezes magnética. (LE, p. 224)

Na prática clássica do magnetismo, os estados de transe do mais leve aos profundos são os seguintes:[194]

---

193 Em todos os movimentos, cogitamos seja o mais provável que ocorra um condicionamento pelos gestos, sintonizado com a intenção do magnetizador ao fazer essa ação. Desse modo, a causa estaria na exteriorização da vontade do magnetizador e os movimentos seriam apenas um instrumento. Essa hipótese explica também por que os magnetizadores empregavam movimentos diferentes e alcançavam o mesmo resultado. O importante, então, seria a vontade firme.

194 Na história do magnetismo animal e da hipnose surgiram inúmeras escalas de transes e fenômenos. Normalmente se aceita que não há uma sequência rígida, havendo um caráter individual da fenomenologia, própria de cada *sujet*.

A. Estado de credulidade: É a condição mais leve, equivalente a um estado hipnótico, não é considerado sonambulismo pelos magnetizadores. O sensitivo tem grande concentração em suas sensações, fica sujeito de forma obediente e crédula a sugestões: físicas (frio, calor, formigamento, braço estendido, dedos presos); sentimentos (alegria, tristeza, medo); ações (tocar um instrumento, imitar um profissional ou esportista). Aumento da força muscular. Perde a noção da passagem do tempo. Pode abrir os olhos e considera-se desperto.

(A aptidão à sugestão hipnótica começa no estado de credibilidade; ela parece atingir seu máximo no momento da fase da primeira catalepsia, depois decresce ligeiramente durante o sonambulismo, para desaparecer quase que completamente no início do estado de comunicação).

B. Sonambulismo: Responde ao magnetizador sem acordar, mantendo os olhos fechados e pode abri-los, tem insensibilidade cutânea, não terá nenhuma lembrança quando acordar.

Os estados seguintes são referentes a fases profundas do sonambulismo:

1. **Estado de comunicação** – O sensitivo fica em comunicação apenas com o magnetizador ou de pessoas que o tocam. Não percebe os sons nem as outras pessoas presentes. Sente um bem-estar, pode ter visões, percebe visualmente uma substância etérea que sai dos olhos, dedos e narinas do magnetizador. Reconhece objetos tocados pelo magnetizador, distinguindo-o dos demais que se lhe apresentam. Pode descrever que seus sentidos são percebidos por lugares diversos do natural (veem pelos pulsos, ouvem pelo peito etc.).

2. **Estado de simpatia ao contato** – Os sensitivos que alcançam esse estado podem sentir e descrever os sintomas de outras pessoas que tocam a mão conjuntamente como o magnetizador.

3. **Estado de lucidez sonambúlica** – Agora o sensitivo pode descrever os órgãos interiores dos indivíduos com os quais está em contato. Percebe as enfermidades. Pode narrar as vibrações do tecido cerebral. Pode comparar seu organismo com o daquele que examina, percebendo pelas diferenças as inflamações, presença de tumores. Alguns sensitivos podem indicar tratamentos ou prever a evolução da cura.

   Outros fenômenos da lucidez são: visão à distância, podendo descrever o que ocorre na sala ao lado, ou o que estão fazendo pessoas que estão longe. Leem cartas ou livros fechados. Ganham uma percepção aguçada dos sentidos fora do normal, quanto ao paladar, audição etc. É muito comum a comunicação telepática com o magnetizador.

Um fenômeno importante nos estados profundos do sonambulismo está em assumir uma personalidade diferente de quando está desperto, podendo ser mais culta, discordar de decisões e posturas que toma. Nessa condição, ele não conhece detalhes como datas, nomes e outras informações.

C. Êxtase: Por fim, alguns sensitivos atingem um grau mais profundo de transe, conhecido como êxtase. Nesse estado, os sensitivos narram que se afastam do corpo, como explica Charpignon:

> O êxtase magnético se mostra ainda bem mais raramente que o sonambulismo; apenas o encontraremos uma vez a cada vinte casos de sonambulismo lúcido. Ele está no limite do mundo físico, lançado no mundo espiritual que é luz pura. Então, em se permanecendo como observador, ver-se-á a fisionomia do extático expressar um sorriso de felicidade; ele permanece silencioso comumente, algumas vezes fala só e muito baixo; o que o pode ligar são expressões de amor, de beatitude, endereçadas a um ser que parece conversar com ele, ou então são palavras de consolação, conselhos sobre um evento futuro endereçados àquele que ocupa os pensamentos do extático; muito raramente ele pensa para si; ele esqueceu a Terra. A maior parte dos extáticos que se deixam livres na crise dizem ter um anjo que se interessa por eles e os aconselha. (ROCHAS, 1896, p. 44)

No século 19, foi somente com os ensinos dos espíritos superiores nas obras de Kardec que o fenômeno do sonambulismo ganhou uma explicação. Todos os fenômenos da lucidez sonambúlica são percepções do sensitivo, por meio de seu perispírito. A personalidade que ele pode ganhar nos estados mais profundos, com conhecimentos diferentes de quando desperto, são valores de seu espírito, que não estão presentes na personalidade vivenciada por meio do cérebro físico:

> Para o espiritismo, o sonambulismo é mais do que um fenômeno psicológico, é uma luz projetada sobre a psicologia. É aí que se pode estudar a alma, porque é onde esta se mostra a descoberto. Ora, um dos fenômenos que a caracterizam é o da clarividência independente dos órgãos ordinários da vista. Fundam-se os que contestam este fato em que o sonâmbulo nem sempre vê, e à vontade do experimentador,

como com os olhos. Será de admirar que difiram os efeitos, quando diferentes são os meios? Será racional que se pretenda obter os mesmos efeitos, quando há e quando não há o instrumento? A alma tem suas propriedades, como os olhos têm as suas. Cumpre julgá-las em si mesmas e não por analogia. (LE, p. 232)

O espiritismo veio revelar todos os cuidados e possibilidades do fenômeno mediúnico, e Kardec elaborou a sua obra por meio da solidariedade cooperativa entre centenas de médiuns. Já a ciência do magnetismo animal e toda essa classe de fenômenos que o sonambulismo provocado compreende, e que atualmente talvez se encontrem esquecidos, com a explicação do espiritismo podem se tornar uma **psicologia experimental**, permitindo que se compreendam as propriedades e condições do perispírito, nos limites da emancipação da alma assistida pelo magnetizador com o qual tenha afinidade. Cada sensitivo tem capacidades diferentes e atinge estados mais ou menos profundos:

> Pelos fenômenos do sonambulismo, quer natural, quer magnético, a Providência nos dá a prova irrecusável da existência e da independência da alma e nos faz assistir ao sublime espetáculo da sua emancipação. Abre-nos dessa maneira o livro do nosso destino. Quando o sonâmbulo descreve o que se passa a distância, é evidente que vê, mas não com os olhos do corpo. Vê-se a si mesmo e se sente transportado ao lugar onde vê o que descreve. Lá se acha, pois, alguma coisa dele e, não podendo essa alguma coisa ser o seu corpo, necessariamente é sua alma, ou espírito. Enquanto o homem se perde nas sutilezas de uma metafísica abstrata e ininteligível, em busca das causas da nossa existência moral, Deus cotidianamente nos põe sob os olhos e ao alcance da mão os mais simples e patentes meios de estudarmos a psicologia experimental. (LE, p. 234).

O professor Rivail e os demais espíritas faziam parte da terceira geração de pesquisadores do sonambulismo provocado, e então o espiritismo representou um avanço teórico quando os ensinos dos espíritos superiores explicaram o fenômeno:

> Esse estado, que chamamos emancipação da alma, ocorre normalmente e periodicamente durante o sono; só o corpo repousa para

recuperar suas perdas materiais; mas o espírito, que nada perdeu, aproveita esse descanso para se transportar onde quer. Além disto, ocorre excepcionalmente todas as vezes que uma causa patológica, ou simplesmente fisiológica, produz a inatividade total ou parcial dos órgãos da sensação e da locomoção; é o que se passa na catalepsia, na letargia, no sonambulismo. O desligamento ou, querendo--se, a liberdade da alma, é tanto maior quanto a inércia do corpo é mais absoluta; é por esta razão que o fenômeno adquire o seu maior desenvolvimento na catalepsia e na letargia. Neste estado, a alma não percebe mais pelos sentidos materiais mas, podendo-se exprimir-se assim, pelos sentidos espirituais; é porque suas percepções ultrapassam os limites comuns; seu pensamento age sem o intermédio do cérebro. É por isto que ela desdobra as faculdades mais transcendentais do que no estado normal. Tal é a causa da visão direta pela alma; da visão à distância, que resulta no transporte da alma ao lugar que ela descreve; da lucidez sonambúlica, entre outros. (RE66, p. 16)

Esperamos que o estudo da sucinta tabela que demos das fases e dos estados do fenômeno sonambúlico, desde a incredulidade ao êxtase, auxilie na compreensão do capítulo VIII de O Livro dos Espíritos. Nesse capítulo, "Da emancipação da alma", os espíritos explicam com mais detalhes os seguintes fenômenos segundo o espiritismo, dos quais demos acima curtas descrições: "O sono e os sonhos. Visitas espíritas entre pessoas vivas. Transmissão oculta do pensamento. Letargia, catalepsia. Mortes aparentes. Sonambulismo. Êxtase. Dupla vista. Resumo teórico do sonambulismo, do êxtase e da dupla vista" (LE, p. 6).

Quando o sonâmbulo está numa fase profunda de transe, seu espírito tem grande liberdade, permitindo pelo diálogo com o magnetizador pesquisas psicológicas de tal impacto quanto às proporcionadas por instrumentos como o telescópio para a cosmologia. O sonambulismo foi amplamente pesquisado por psicólogos como Dugald Stewart, Maine de Biran, Pierre Janet e Carl Jung, entre outros.

Desse modo, pelo valor desses fenômenos para a psicologia experimental, será inevitável sua recuperação experimental, que se dará certamente por profissionais que aceitem os pressupostos espiritualistas, como psicólogos, psiquiatras e médicos. Nesse tempo, a dualidade representada pela **personalidade** do sensitivo (determinada pelos recursos de seu sistema neurofisiológico, educação, condições sociais, vivência emocional etc.) e as características de sua **individualidade espiritual** (revelada quando de seu estado de emancipação), poderão permitir a criação de avançados modelos descritivos da condição humana, como também poderá revelar avançadas práticas de cura ou de tratamentos psicológicos. Dessa forma, a ciência contemporânea neste século 21, ou no 22, poderá alcançar novos paradigmas, parafraseando Newton, "sobre os ombros de gigantes" como o são as ciências do magnetismo animal e do espiritismo.

4.4.5 A teoria de medicina e o tratamento pelos passes

Quando Mesmer compreendeu a ciência que determina os processos naturais de recuperação e manutenção da cura, verificou duas questões fundamentais quanto à medicina. A primeira é que a função do médico está em cooperar com a Natureza, considerando-se que nosso organismo possui, em si mesmo, recursos instintivos e fisiológicos regulados pelo sistema nervoso para se proteger da crise provocada pelas doenças (*vis medicatrix naturae*)[195]. Em segundo lugar, percebeu que a utilização de medicamentos fortes no sentido de combater os sintomas é um equívoco da medicina, uma ação paliativa, ou prejudicial, que em verdade prejudica os processos naturais de preservação do organismo vivo. Como afirmou Mesmer, no contexto da medicina de sua época:

> Sem proscrever inteiramente os remédios, sejam internos, sejam externos, é preciso empregá-los com muito cuidado, porque eles são contrários ou inúteis. Contrários no sentido de que a maior parte tem muita acridez, e eles aumentam a irritação, o espasmo e outros efeitos contrários à harmonia, que é preciso restabelecer e manter, tais quais os purgativos violentos, os diuréticos quentes, os aperitivos, os vesicatórios e todos os epispáticos. (FIGUEIREDO, 2019, p. 570)

Sem conhecer a causa das doenças e o mecanismo da cura, os médicos faziam uso de tratamentos que, sem auxiliar a recuperação, ainda prejudicavam

---

[195] Princípio hipocrático da força curativa da Natureza.

o restabelecimento da saúde, enfraquecendo o organismo.[196] Sobre isso, comentou Hahnemann, fundador da homeopatia:

> Os sintomas presentes eram removidos por medicamentos que produziam uma condição oposta à remoção da causa da doença: por exemplo, constipação por purgativos, sangue inflamado com sangrias, acidez no estômago com álcali. (...) Faço um apelo aos meus colegas para que abandonem este método *contraria contraris*. Deveríamos confiar o menos possível no acaso e começar a trabalhar tão racionalmente e metodicamente quanto fosse possível.[197]

Nesse sentido, o fundamento do magnetismo animal, quanto à filosofia da ciência médica, ou "teoria da cura", é a seguinte: "Num ser humano que está isolado, assim que uma parte sofre, toda a atividade vital se volta para esta parte para aniquilar a causa do sofrimento", ou seja, há na fisiologia um esforço natural para promover a cura. Desse modo, colocando o paciente no estado de relação com o médico (*rapport*), o esforço para a cura:

> Também assim age quando dois seres humanos atuam um sobre o outro, toda a atividade desta união sobre a parte doente com um aumento proporcional da quantidade da força. Pode-se, portanto,

---

196 Em sua autobiografia, o sócio e líder do laboratório Aché, Victor Siaulys (1936-2009), ex-propagandista e advogado, revela que ele mesmo elaborava "as concentrações e as proporções dos componentes consultando livros especializados" com objetivos mercadológicos. No caso do Diapazan, tarja preta, ele propôs diversas alterações até obter o registro de um produto com menos restrições para ser vendido em gôndolas. "Imaginei que uma combinação de frutose com a substância euforizante do Dinistenile resultaria num coquetel capaz de levantar qualquer ânimo". Criou assim o Energisan, ou, ironicamente, "energia saudável". Vendiam milhares de ampolas por mês. Passou a ser utilizado em cavalos no Jockey (vendido em litros) e até em rinhas de briga de galo. Times de futebol diluíam a ampola em soro e faziam aplicação venosa. Segundo Victor, "alguns chegavam a babar em campo". Diante do sucesso, a empresa lançou uma forma endovenosa, colocado nas farmácias depois de testes em coelhos. Em humanos, os efeitos adversos imprevistos provocaram o recolhimento do produto, que foi proibido. Medicamentos químicos como esse, utilizados por indivíduos saudáveis, ao longo prazo prejudicam a saúde; enquanto outros que apenas suprimem os sintomas, além de não contribuir para a cura, dificultam a natureza do organismo em seu restabelecimento. Muitos outros remédios são produzidos em laboratórios internacionais por interesse de mercado, movimentando trilhões de dólares, sendo divulgados diretamente aos consumidores em propagandas na televisão, promovendo a automedicação. As citações estão em SIAULYS, Victor. *Mercenário ou missionário?* São Paulo: Laramara, 2008, p. 213-228

197 HAHNEMANN, Samuel. *Lesser Writings*. Trad. R. E. Dudgeon. London, 1853. p. 261-262.

dizer, de um modo geral, que o efeito do magnetismo cresce proporcionalmente às massas. (MESMER, 1814, p. 115)

Quando o magnetizador se coloca diante do paciente e empreende passes lentos longitudinais de cima para baixo, da cabeça aos pés do paciente, por ao menos vinte ou trinta minutos até uma hora, segundo Mesmer, "nessa posição eles suscitam de modo harmonioso a tensão de suas capacidades, e podem ser considerados como se formassem um todo único". Essa condição de sintonia é o fenômeno fundamental do tratamento mesmérico, explicado, como vimos, pela teoria do fluido universal:

> Assim como o calor natural pode ser aumentado e intensificado através de certos procedimentos até um grau de movimento do qual nasce o fogo, também o magnetismo natural se tornou uma espécie de fogo invisível que, por meio da continuidade de certa porção de fluido universal, pode entrar em contato com outros corpos animados ou inanimados através de distâncias imensuráveis. Estou, portanto, em condições de provocar esse fogo e esse grau de movimento peculiar em uma das porções do fluido universal, o qual, através de sua sutileza penetra todos os corpos, manifesta sua ação na substância dos nervos e provavelmente é constituído da mesma substância da qual os nervos estão impregnados. E esse fogo, no que se refere à sua ação sobre o organismo de seres animados, é o que eu chamo de *magnetismo animal*, o qual, como se verá, pode se tornar um remédio imediato para fortalecer a atividade dos músculos e ordenar as funções daí decorrentes, restabelecendo, assim, a harmonia em todas as vísceras e órgãos. Dessa forma, é fácil compreender sob a denominação de magnetismo animal uma nova ciência médica ou a arte de curar e prevenir doenças. (*Ibidem, loc. cit.*)

Mas de que forma essa ação ocorre e pode ser observada? Mesmer explica que podemos perceber que o organismo doente, condição "em que a harmonia é perturbada", apresenta sintomas: "a perturbação nas funções é a medida das doenças". Parte dos sintomas é decorrente do desequilíbrio instaurado pela doença, e parte é efeito da luta do organismo para recuperar a saúde que está presente. Quando "reina uma completa ordem em todas as funções, então este estado é o da harmonia ou saúde". A diferença entre essas duas qualidades de sintomas e sua evolução representa, para o médico, seu instrumento para determinar a evolução da cura:

> Toda doença ou perturbação da harmonia produz efeitos mais ou menos sensíveis; tais efeitos são denominados ocorrências (sintomas). Quando tais efeitos são produzidos pelas causas da doença, são chamados ocorrências sintomáticas; quando, porém, tais efeitos apenas constituem esforços da Natureza contra as causas da doença, cuja finalidade é aniquilá-las, são chamados ocorrências críticas. É para a cura de suma importância bem diferenciá-las, para com isso se prevenir e deter a primeira e incentivar a outra. (MESMER, 1814, p. 113)

Estudando o quadro dos sintomas, segundo Mesmer, o médico poderia perceber que toda enfermidade tem um começo, uma fase de crescimento, um ápice ou ponto máximo e o decréscimo e final. Desde Hipócrates, o nome *crisis* se refere ao momento decisivo em que a enfermidade pode sofrer mudança súbita para o bem ou para o mal: ou decresce extinguindo a doença ou, no caso contrário, conduz o paciente ao óbito. Cabe ao médico reconhecer o momento da doença, prevendo os passos seguintes de seu desenvolvimento:

"Hipócrates[198] parece ter sido o primeiro e talvez o único que compreendeu o fenômeno das *crises* nas doenças agudas. Seu gênio observador o levou a reconhecer que os diversos sintomas nada mais são do que modificações dos esforços que a Natureza faz contra as doenças" (MESMER, 1799 *apud* FIGUEIREDO, 2019, p. 107).

Ao invés de compactuar com o erro comum na medicina de considerar o conjunto de sintomas a própria doença, segundo Mesmer, Hipócrates agiu corretamente, observando diariamente os pacientes e percebendo, nos sintomas, um processo, um ciclo, provocado pela força curativa:

> Pelos sintomas aparentemente mais opostos, Hipócrates, em lugar de ficar desconcertado, prognosticou a cura. Sua segurança estava baseada na observação da marcha periódica dos dias, que ele chamou críticos. Ele sentia, vagamente, que existia um princípio externo e geral cuja ação era regular, e que seria este princípio que desenvolveria e decidiria a complicação das causas que formam a doença. (*Ibidem*, p. 501)

Na proposta de medicina do magnetismo animal, a ação do magnetizador não é mística ou sobrenatural, pois atuando sobre o organismo do paciente pela ação geral ou localizada do agente, depois de estabelecida a sintonia, o efeito da

---

198   O grego Hipócrates é o médico mais notável da Antiguidade, considerado o pai da medicina.

cura está em apressar o ciclo natural de superação da doença, de tal forma que a *crisis* seja antecipada, preservando o desgaste do organismo.

Para exemplificar esses ciclos que constituem o processo de cura natural, Mesmer elaborou o seguinte gráfico em sua obra *Mesmerismus*, que reproduzimos:

O gráfico representa o decorrer de uma vida plena, do nascimento (a) até a morte ou repouso (b), sendo que a linha diagonal (a-d) seria o curso da vida com plena saúde. No entanto, as ocasiões da vida representadas pelos pontos (e) representam o início de uma doença e o desgaste do organismo a partir daí. Caso a gravidade da enfermidade seja tal que leve ao óbito, esse fato estaria representado pelas retas (e-f). Já as retas (e-g) são as doenças que depois se recuperam, voltando à condição de saúde.

O tratamento pela medicina, segundo o magnetismo animal, estaria em antecipar a crise (*crisis*) do ciclo natural da cura, promovendo um ciclo mais curto e preservando o paciente, como representamos no seguinte gráfico:

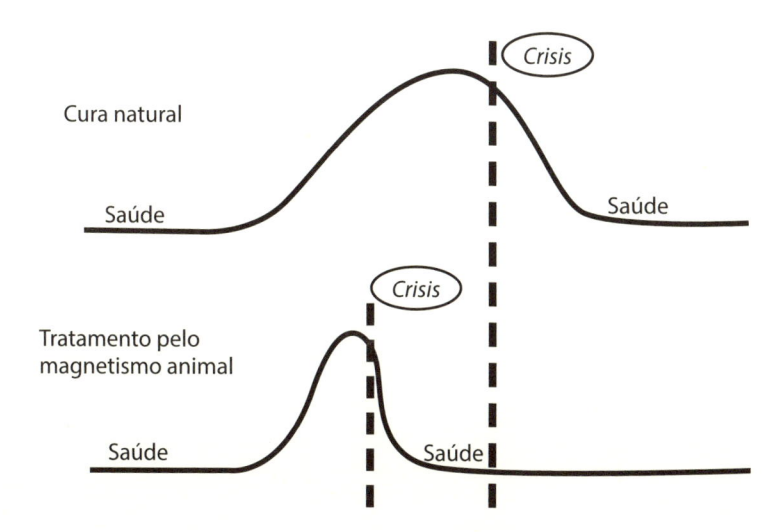

Mesmer iniciava o atendimento do paciente fazendo uma longa entrevista (*anmnese*), pois queria saber os costumes, a alimentação, as condições emocionais, as questões ambientais e de moradia, pois quando encontrava causas de desequilíbrio que poderiam prejudicar a cura, aconselhava mudanças. Depois de identificar a doença, pelo exame dos sintomas, o que hoje se chama diagnóstico, ele verificava se a doença era aguda ou crônica. Para as doenças agudas ele fazia sessões mais curtas e seguidas, para as crônicas, mais espaçadas e longas. Para doenças onde se pode localizar um foco, fazia-se uma ação circunscrita, pela imposição de mãos. Quando a enfermidade tinha uma ação geral sobre o organismo, empregava passes longos. Mas, como vimos quanto aos métodos de provocar o sonambulismo, os movimentos são apenas condicionamentos do magnetizador que age verdadeiramente por meio da força de sua vontade, que é a causa dos efeitos desejados. Mesmer dizia que esses métodos variam para cada magnetizador e são de importância secundária.

Quanto à avaliação dos sinais, ele explicava que era preciso identificar os sintomas críticos dos sintomáticos. Quando estamos com gripe, ocorre febre, o entupimento das vias respiratórias e um cansaço no organismo. Esses sintomas não são causados pelo vírus, mas recursos do organismo para o auxílio da cura. Subindo a temperatura, a febre faz com que o vírus se reproduza mais devagar, enquanto o sistema imunológico se acelera. A congestão nasal lima as cavidades e reduz o fluxo de ar, diminuindo a passagem de estímulos nocivos, enquanto o cansaço induz ao necessário repouso.[199] Em geral, nas doenças existem mecanismos naturais de defesa que se manifestam por sintomas críticos. A avaliação deles é fundamental para Mesmer:

"Através da observação criteriosa destes efeitos diversos, consegue-se diferenciar as ocorrências críticas das sintomáticas e reconhecer o curso da doença, bem como o progresso do paciente em busca da cura" (*Ibidem, loc. cit.*).

Outra descoberta de Mesmer foi quanto ao progresso da cura, que pode ser percebido pela evolução dos sintomas. Quando uma doença teve início com um problema na pele que evoluiu para o pulmão, no tratamento pelo magnetismo ocorrerá o processo inverso. Desse modo, quando do tratamento desse paciente a doença do pulmão terminar e surgir a da pele, a cura terá progredido:

"Observa-se, ainda, que o desenvolvimento dos sintomas se realiza em ordem inversa àquela em que se formou a doença. Poder-se-ia dizer que a doença

---

199 Os remédios alopáticos para gripes e resfriados apenas suprimem os sintomas, não tendo ação alguma quanto à cura: pelo contrário, afastando os mecanismos naturais de proteção, esses medicamentos não só prejudicam o restabelecimento da saúde como, também, ampliam a exposição do organismo aos elementos nocivos.

se apresenta como uma espécie de novelo, que se desenvolve exatamente na ordem inversa da qual se instalou" (Ibidem, loc. cit.).

Ou seja, no tratamento pelo magnetismo animal, "a cura da doença se assemelha a uma viagem, cujo roteiro é definido e conhecido, e as eventuais ocorrências que se deve esperar com prudente segurança são inevitáveis e determinadas" (Ibidem, loc. cit.).

O tratamento termina quando se alcança a harmonia, e isso se percebe porque "quando um corpo se encontra em harmonia, torna-se insensível à ação do magnetismo, pois a relação ou a concordância existente não se altera pelo uso de uma ação homogênea e geral" (Ibidem, loc. cit.).

Samuel Hahnemann, criador da homeopatia, foi contemporâneo de Mesmer e reconheceu a importância dessa ciência para a cura, a tal ponto que associava a técnica do passe aos remédios homeopáticos em muitos dos tratamentos de seus pacientes. Hahnemann incluiu o magnetismo em sua obra fundamental *Organon da arte de curar*. Ele descreveu assim o mesmerismo:

> A vontade firme de um homem bem intencionado faz afluir no corpo do enfermo, funcionando de um modo homeopático, ao excitar sintomas semelhantes ao da enfermidade, por meio de passes, deslizando lentamente as palmas das mãos à frente do corpo do paciente do topo da cabeça até a ponta dos pés.[200]

Considerando a descrição tanto de Mesmer quanto de Hahnemann, podemos afirmar que a ação dos passes no magnetismo funciona como um tratamento homeopático de um indivíduo saudável para um enfermo, por efeitos semelhantes ao dos remédios da escola de Hahnemann.

Avaliando cada caso e enfermidade, o magnetizador determinava se a aplicação do magnetismo animal no tratamento deve ser localizada (sobre um órgão ou área específica do corpo) ou geral (em todo o corpo). Dependendo do diagnóstico, pode-se aplicar um efeito de concentração (passes longos e lentos longitudinais) ou dispersão (passes rápidos longitudinais e transversais). Variáveis como duração e regularidade das aplicações produzem efeitos diferentes no tratamento (variações análogas ao que se obtém na prescrição do remédio homeopático, quando se determina a dose, regularidade e dinamização). Para regular o efeito, o magnetizador podia localizar a área afetada e agir localmente,

---

200 HAHNEMANN, Samuel. *Organon of homœopathic medicine*. Trad. Constantine Hering. Nova York: William Radde, 1849. §293, p. 227.

por imposição de mãos e passes curtos. Na literatura do magnetismo animal, também verificamos o uso de sopros frios ou quentes, o emprego da água magnetizada por imposição de mãos (para ser ingerida ou aplicada no local nos intervalos dos atendimentos), pomadas neutras magnetizadas de forma equivalente à àgua e outros recursos similares.

Como vimos, para Kardec a ciência do magnetismo animal tem um entrelaçamento, quanto aos seus fenômenos e princípios fundamentais, que se conjugam como se formassem uma só ciência, no mesmo sentido que a física e a química compartilham uma base teórica quanto ao que é matéria, apesar de se dedicarem a campos diferentes do conhecimento. As quatro áreas fundamentais da relação teórica entre magnetismo e espiritismo são: a teoria ondulatória ou dinâmica do fluido universal; a não aceitação do substancialismo do fluido vital, suprido em A Gênese pelo conceito amplo do princípio vital; a emancipação da alma e a sintonia perispiritual como explicação básica dos fenômenos sonambúlicos e mediúnicos; por fim, a filosofia da ciência médica em torno da força curativa da Natureza (*vis medicatrix naturae*), como fundamento da cura pelo magnetismo animal, homeopatia e magnetismo espiritual.

Quando do surgimento do espiritismo, o tratamento por passes magnéticos e a teoria da cura de Mesmer estavam inseridos no campo da medicina, da mesma forma que a homeopatia. Hoje desconhecido pelos médicos, o tratamento magnético estava bem aceito pela comunidade médica, a ponto de Kardec afirmar que "não é ir muito longe dizer que a metade dos médicos reconhece e admite hoje o magnetismo, e que as três quartas partes dos magnetizadores são médicos" (RE59, p. 178) Muitos hospitais, clínicas e consultórios médicos ofereciam o tratamento pelo magnetismo, enquanto haviam cursos e instituições dedicados à sua pesquisa e ensino. Jornais, livros e revistas divulgavam seus avanços e resultados em artigos especializados.

Essa aceitação cultural e científica, tanto do magnetismo quanto da homeopatia (que compartilhavam a mesma filosofia da cura), fez Kardec considerar o espiritismo como ciência, inserido num processo histórico, de tal forma que "é a própria ciência que vem lhe preparar os caminhos":

> O magnetismo foi o primeiro passo para o conhecimento da ação perispiritual, fonte de todos os fenômenos espíritas; o sonambulismo foi a primeira manifestação de isolamento da alma. (...) A homeopatia, provando a força da matéria espiritualizada, se liga ao papel importante que o perispírito desempenha em certas afecções; ela ataca o mal em sua própria fonte que está fora do organismo, do

> qual a alteração não é senão consecutiva. Tal é a razão pela qual a homeopatia triunfa numa multidão de casos onde a medicina comum fracassa. (RE63, p. 158)

Tanto magnetismo quanto homeopatia são ciências que se fundam sobre pressupostos espiritualistas, que "leva em conta o elemento espiritualizado tão preponderante na fisiologia", explicando, dessa maneira, "a facilidade com a qual os médicos homeopatas aceitam o espiritismo", e então Kardec afirma que "a maior parte dos médicos espíritas pertence à escola de Hahnemann", sendo que de "cem médicos espíritas, há ao menos oitenta homeopatas" (RE69, p. 6).

Desde que a medicina do magnetismo e da homeopatia cuidam de seus pacientes por uma ação sobre o perispírito, a física do mundo espiritual determina que se trata de um fenômeno de fundamento moral. Lembramos que toda causa de movimento ou substância na matéria espiritual tem como causa a vontade, seja de um espírito livre ou de um homem. Desse modo, essas medicinas tratam de causas morais das enfermidades, e Kardec então afirma:

> Mas, dir-se-á, o médico do corpo pode se fazer o médico da alma? Está em suas atribuições tornar-se o moralizador de seus doentes? Sim, sem dúvida, num certo limite; é mesmo um dever que um bom médico não negligencia jamais, desde o instante que vê, no estado da alma, um obstáculo ao restabelecimento da saúde do corpo; o essencial é aplicar o remédio moral com tato, prudência e com propósito, segundo as circunstâncias. (RE69, p. 44)

Os homens, quanto à moral, possuem limitações em sua ação, o que não ocorre com os espíritos superiores, cujo perispírito tem a capacidade de ampliar seu alcance, lidar com substâncias e forças sutis, induzir calma, paciência, resignação, confiança e outros sentimentos adequados para restaurar o equilíbrio emocional, base fundamental de qualquer tratamento de cura.

O registro de mortes por doenças crônicas não transmissíveis entre os brasileiros chegou a 70% do total em 2007.[201] As causas das doenças crônicas estão relacionadas com o abuso de emoções básicas de nossa fisiologia, como medo, raiva, tristeza, prazer e aversão. Os hábitos, alimentação, ritmo de vida, ambiente, relacionamentos sociais e outros fatores são preponderantes no

---

201 SCHMIDT, Maria Inês et al. Doenças crônicas não transmissíveis no Brasil: carga e desafios atuais. *Saúde no Brasil*. v. 4, 2011.

resultado de equilíbrio ou desequilíbrio do organismo. O cérebro humano pode ser condicionado em seus movimentos, mas também quanto às emoções.

As emoções primárias, ou inatas, são comuns a todos os indivíduos, prazer e dor, medo e raiva, tristeza e aversão. Em comum com os animais, elas se manifestam por meio de reações químicas e neurais, promovendo um conjunto de reações orgânicas e comportamentais necessárias à sobrevivência. Um macaco na floresta, ao passar por um caminho habitual de um predador, tem esse local registrado na memória. Quando voltar lá, o cérebro reconhece o ambiente por um estímulo do medo, o que habitua o animal a seguir por outro caminho é o medo condicionado. E a "amígdala é a região cerebral responsável pela interação entre a entrada de informações e a emissão das respostas do sistema de medo" (LENT, 2008, p. 259) Diante de um perigo, a emoção do medo estimulada pela divisão simpática do sistema nervoso autônomo e, para mobilizar a força e a rapidez, provoca nos órgãos: aumento de batimentos cardíacos e a tensão arterial, liberação de glicose, relaxa as vias respiratórias, aumenta a sudorese, inibe o sistema digestório. Quando passa o perigo, o sistema parassimpático faz o inverso, diminui o batimento, estimula o sistema digestório, contrai as vias respiratórias, provocando relaxamento.

O nosso organismo é equivalente ao dos animais e tem um funcionamento semelhante às emoções. Os animais agem instintivamente e reagem ao meio externo. No entanto, por meio da liberdade de sua vontade e razão, o ser humano pode estimular a memória emocional por lembranças de fatos passados ou projetar situações futuras pela imaginação. Caso estejam relacionados a fatos associados ao medo e à raiva, o organismo vai reagir pela divisão simpática do sistema nervoso como se estivesse vivenciando algo real. Outra maneira está em estimular as emoções artificialmente, por filmes, jogos, leituras. Desse modo, o indivíduo, estimulando seu organismo repetidamente, condiciona seu sistema nervoso de forma prejudicial.

Afora os desequilíbrios de causa química (ambiental ou genética), o abuso das emoções primárias, como a tristeza, pode condicionar nosso organismo ocasionando quadros de depressão. O mesmo ocorre quanto ao medo, ansiedade e a síndrome do pânico; a aversão associada ao medo tem relação com os quadros de compulsão, obsessões de contaminação; entre raiva e as patologias cardiovasculares; o excesso dos prazeres levando aos vícios.

Há, na lei natural, um guia seguro para o proceder consigo mesmo, do mesmo modo que, em nossa consciência, estão presentes as leis morais de reciprocidade com os outros indivíduos. Essa lei "traça para o homem o limite das suas necessidades": quando comemos demais, verificamos que isso nos faz mal.

A dor e o sofrimento são avisos de nossa fisiologia de que o comportamento não está adequado para a conservação do organismo. "Se ele ultrapassa esse limite, é punido pelo sofrimento. Se atendesse sempre à voz que lhe diz 'basta', evitaria a maior parte dos males, cuja culpa lança à Natureza" (LE, p. 384), afirmam os espíritos.

Como as neurociências têm demonstrado com riqueza de detalhes, há uma função biológica das emoções à qual corresponde um substrato neural que organiza as respostas aos estímulos (LENT, 2008, pp. 253-269). No ser humano, porém, explica o espiritismo, além das emoções, existem os sentimentos, cuja causa está fora do sistema biológico físico e pertence à fisiologia do perispírito. Como a vontade está no espírito e seu corpo espiritual, a contribuição tanto do magnetismo animal quanto da homeopatia, associados ao magnetismo espiritual, como vamos ver, são fundamentais para esses quadros frequentes da patologia, agindo nas causas que escapam do alcance da ciência materialista.

Mesmer ensinava que a sua terapia dependia diretamente do sentimento do magnetizador. Era preciso desejar a cura com sinceridade para obter sucesso, o que exigia um esforço moral: "Contentemo-nos em fazer, a exemplo do senhor Mesmer, esforços sobre nós mesmos: e certos de muito fazer, por não se exaltar ao extremo, vendo todos os efeitos surpreendentes e salutares que um homem, com o coração reto e amor ao Bem pode operar pelo magnetismo animal" (PUYSÉGUR, 1784, p. 89).

François Deleuze, discípulo direto de Mesmer, afirmou, em 1819, em suas *Instruções práticas*:

> No magnetismo, para um indivíduo agir sobre outro, é necessário haver uma simpatia moral e física entre ambos. A vontade é a primeira condição para magnetizar. A segunda condição é a fé do magnetizador na sua capacidade. A terceira é o desejo de fazer o bem. (DELEUZE, 1813 *apud* FIGUEIREDO, 2019, p. 121)

Mesmer constatou, também, a importância da vontade do paciente no quadro patológico, que, como vimos, é atributo da alma: "O magnetismo animal não curará certamente aquele que sentirá o retorno de suas forças apenas para se voltar para novos excessos. Antes de todas as coisas, é indispensável que o doente deseje ser curado" (MESMER, 1781 *apud* FIGUEIREDO, 2019, p. 121).

Na continuidade de suas conjecturas quanto à sua experimentação na medicina, Mesmer identifica, no tratamento de seus pacientes, causas morais ou psíquicas das doenças, ao afirmar:

Às causas físicas deve-se juntar a influência das causas morais. O orgulho, a inveja, a avareza, a ambição, todas as paixões aviltantes do espírito humano são também causas invisíveis de doenças visíveis. Como curar radicalmente os efeitos de causas sempre subsistentes? Falam-se tanto nos reveses da fortuna, e nas melancolias interiores tão comuns no mundo. O magnetismo animal não cura a perda de cem mil libras de renda, nem de um marido brutal ou ciumento, nem de uma mulher rabugenta ou infiel, nem de um pai ou de uma mãe desnaturados, nem de filhos ingratos, nem de inclinações infelizes, de vocações forçadas etc. (FIGUEIREDO, 2019, p. 378-379)

As descobertas de Mesmer e Hahnemann no campo da psicossomática foram precursoras de diversas iniciativas na medicina e na psicologia desde o século 20. O médico psiquiatra e psicoterapeuta suíço Carl Gustav Jung (1875-1961) iniciou suas pesquisas estudando o sonambulismo provocado, tornando-se fundador da psicologia analítica. Examinando grande número de casos, constatou a origem psíquica tanto de sintomas quanto de diversos acidentes, em seus estudos sobre a psicologia do inconsciente:

> O ditado popular "fulano morreu na hora certa", exprime uma certeza intuitiva quanto à causalidade psicológica secreta do caso. Da mesma forma, podem ser provocadas ou prolongadas as doenças físicas. Um funcionamento inadequado da psique pode causar tremendos prejuízos ao corpo, da mesma forma que, inversamente, um sofrimento corporal consegue afetar a alma (...). Assim sendo, é rara a doença do corpo, ainda que não seja de origem psíquica, que não tenha implicações na alma. (JUNG, 2014, p. 127)

Por outro lado, considerando a teoria espírita que sucede a homeopatia e o magnetismo animal, talvez o menos conhecido fator da cura (e o mais poderoso) seja o auxílio dos espíritos superiores, diretamente na ação da cura e no seu auxílio aos clínicos nos tratamentos; também o valor da prece na prevenção das doenças e recuperação da saúde, com um efeito não só psicológico, mas efetivo quanto à física e a fisiologia espirituais. São fatores fundamentais e promissores da arte de curar, que ainda enfrentam a resistência da incredulidade.

Em dezembro de 1863, num dos trabalhos de pesquisa da Sociedade Espírita de Paris, dirigida por Allan Kardec, o espírito de Mesmer manifestou-se espontaneamente para acrescentar à teoria do magnetismo animal, quanto ao uso da vontade para curar ou aliviar os enfermos, o gênero espiritual. Segundo ele, o magnetismo espiritual ocorre quando os espíritos atuam na cura por meio de sua vontade e pela ação de seus perispíritos. Desse modo, um magnetizador que está tratando um paciente pode pedir o auxílio dos espíritos para um resultado mais amplo. Outro gênero, "muito mais poderoso ainda, é a prece que uma alma pura e desinteressada dirige a Deus" (RE64, p. 6). A prece é exatamente o instrumento para a evocação dos espíritos na busca por seu auxílio.

A partir das pesquisas espíritas, o campo de estudos do magnetismo animal foi ampliado e outro grupo de fenômenos ficou conhecido pelas curas espirituais. Uma delas é a "ação do magnetismo espiritual puro, sem nenhuma mistura de magnetismo humano". Nesse fenômeno qualificado por Kardec como raro, "os espíritos agem diretamente sobre o enfermo, promovendo a sua cura". O fluido espiritual é mais depurado e benéfico quando o espírito que o fornece é mais elevado. Por vezes, "os espíritos se servem de médiuns especiais como condutores de seu fluido": "Estão aí os médiuns curadores propriamente ditos, cuja faculdade apresenta graus muito diversos de energia, segundo sua aptidão pessoal e a natureza dos espíritos pelos quais são assistidos" (RE65, p. 75).

No caso da mediunidade de cura, cabe ao médium buscar depurar-se e proceder de forma desinteressada para que seja intermediário de espíritos bons. Mesmer em espírito, em sua manifestação a Kardec, explica:

> Os médiuns curadores começam por elevar sua alma a Deus, e para reconhecer que, por eles mesmos, não podem nada; fazem, por isso mesmo, um ato de humildade, de abnegação; então, confessando-se muito fracos por si mesmos, Deus, em sua solicitude, lhes envia poderosos recursos que não pode obter o primeiro, uma vez que se julga suficiente para a obra empreendida. Deus recompensa sempre a humildade sincera elevando-a, ao passo que rebaixa o orgulho. Esse recurso que envia, são os bons espíritos que vêm penetrar o médium de seu fluido benfazejo, que este transmite ao enfermo. Também é por isso que o magnetismo empregado pelos médiuns curadores é tão poderoso e produz essas curas qualificadas de miraculosas, e que são devidas simplesmente à natureza do fluido derramado sobre o médium; ao passo que o magnetizador comum se esgota, frequentemente, em vão, em fazer passes, o médium curador infiltra um fluido regenerador pela única imposição das mãos, graças ao concurso dos bons espíritos; mas esse concurso não é concedido senão à fé sincera e à pureza de intenção. (RE64, p. 6)

Pesquisadores espíritas contemporâneos de Kardec, que já atuavam como magnetizadores e homeopatas, comunicaram à *Revista Espírita* que estavam obtendo sucesso em inúmeros tratamentos associando seus conhecimentos médicos aos recursos da ciência espírita. Com o auxílio dos espíritos nos diagnósticos, os tratamentos espirituais por meio de médiuns de cura ou à distância. Além das prescrições dos passes magnéticos, águas magnetizadas e remédios homeopáticos. Todos os casos eram acompanhados e registrados em toda a sua evolução, até a cura, conforme a prática clínica.

Até aqui, tratamos do tema da cura pelo magnetismo animal do ponto de vista das ciências médicas e enfatizamos a importância de sua recuperação, principalmente pelos homeopatas, que, agindo assim, estariam seguindo a prática e os conselhos de seu fundador, Hahnemann. Mas existe uma função social na questão da saúde e da moral relacionada com o magnetismo animal que amplia a questão. Como pela matéria do mundo espiritual todos os seres estão interligados tendo como meio o fluido universal, a busca pela saúde está relacionada com a fraternidade. Em 1814, Mesmer afirmou sobre essa questão:

> O aspecto físico do ser humano somente se diferencia do aspecto moral porque sabemos menos a respeito da força motriz do segundo; como as leis são comuns a ambos, penso que existe uma força motriz tanto para as ações quanto para a saúde. O que saúde é para o indivíduo isolado o amor à justiça e à moralidade é para o homem em sociedade. O que as propriedades da matéria são em relação à manifestação da gravidade, a força de atração e a elasticidade são manifestações do bem e do mal como motivo para a ação humana. (MESMER, 1814 *apud* FIGUEIREDO, 2019, p. 289)

Em casos mais simples de saúde, ou em doenças crônicas não transmissíveis, a iniciativa de um familiar, amigo ou voluntário, agindo em paralelo ao tratamento médico, pode se tornar uma contribuição válida para a recuperação da saúde. Nesses casos, secundados pelos espíritos superiores chamados pela prece, a ação daquele que faz os movimentos simples não necessita da técnica, procedimentos, avaliações, diagnóstico, prognóstico e registros que são instrumentos fundamentais do profissional da cura. Dessa forma, explica Kardec, quando se trata de casos mais simples, a todo mundo, quando busca pela prece a ajuda de bons espíritos:

> É possível abrandar certos sofrimentos, de curar mesmo, embora de maneira não instantânea, certas doenças. É dada a todo o mundo,

sem que seja necessário ser magnetizador. O conhecimento dos procedimentos magnéticos é útil em casos complicados, mas não é indispensável. Como é dado a todo o mundo chamar os bons espíritos, orar e querer o bem, frequentemente, basta impor as mãos sobre uma dor para acalmá-la; é o que pode fazer todo indivíduo se nisso põe a fé, o fervor, a vontade e a confiança em Deus. (RE65, p. 171)

A participação dos amigos e familiares na recuperação dos doentes pela imposição de mãos, como Kardec propõe na citação acima, faz resplandecer o fator solidário natural da arte de curar.

O espiritismo também revela uma nova condição de enfermidade: as obsessões. Mas nesse caso, o tratamento não se dá por meio de passes ou outros meios de recuperação da saúde orgânica, como afirma Kardec:

> A ação é toda diferente na obsessão, e a faculdade de curar não implica a de livrar os obsidiados. O fluido curador, de alguma sorte, age materialmente sobre os órgãos afetados, ao passo que, na obsessão, é preciso agir moralmente sobre o espírito obsessor; é preciso ter autoridade sobre ele, para lhe fazer abandonar a presa. São, pois, duas aptidões distintas que não se encontram sempre na mesma pessoa. (RE66, p. 229)

Nesses casos, a mediunidade de cura não tem efeitos sobre o que extrapola a fisiologia. A não ser que as condições orgânicas sejam prejudicadas pelo quadro obsessivo, quando "o concurso do fluido curador se torna necessário" e pode, pois, "nisto ter médiuns curadores impotentes para a obsessão, e reciprocamente" (*Ibidem, loc. cit.*), completa o professor.

Em todos esses casos, porém, que envolvem a prática da cura espiritual, há uma advertência fundamental para evitar fraudes, ilusões ou charlatanismo. O charlatão pode simular diversos tipos de mediunidade, no entanto, a mediunidade curadora pede um registro adequado do progresso da recuperação dos pacientes atendidos, para que se tenha certeza de sua eficácia, pois, afirma Kardec, "de duas coisas uma: ele cura ou não cura. Não há simulacro que possa substituir uma cura" (RE66, p. 230). Na maior parte dos locais onde se anuncia a prática do tratamento espiritual,[202] os doentes são atendidos sem que seja

---

202 A prática da cura por meio da mediunidade não está circunscrita ao meio espírita. Tratando-se de um fenômeno natural, sua ocorrência independe da crença do médium.

feito um registro dos casos, dos diagnósticos médicos, tratamentos, progresso dos sintomas etc. Quanto à constatação da veracidade do fenômeno, qualquer prática espiritual de cura deveria se estabelecer com um acompanhamento dos registros clínicos e médicos, além da duração, evolução e término do quadro clínico de todos os atendidos, antes, durante e depois da intervenção espiritual. De tal forma que, pelo estudo dos casos, seja possível evidenciar se o tratamento espiritual é um fator de influência na eventual cura ou não; distinguindo-se fatos reais de charlatanismo e intervenções inócuas. O ideal se dará quando a comunidade científica se dedicar a estudar o fenômeno, livre do preconceito materialista. Sem pesquisa científica tudo fica envolvido em mistério.

Allan Kardec enxergou já em seu tempo que não havia pretensão de que a mediunidade de cura viesse a substituir a medicina no futuro. O objetivo dos espíritos que provocam o fenômeno está em despertar a humanidade para o que está fora dos limites da matéria, abrindo os olhos para possibilidades de cura inacessíveis à ciência materialista. Por outro lado, afirma o professor: "Não temos nenhuma dúvida de que não haja um dia os médicos-médiuns, como há os médiuns-médicos, que, à ciência adquirida, juntam o dom de faculdades mediúnicas especiais" (RE67, p. 204). Médicos assistidos pelos espíritos no tratamento de seus doentes:

> Se, ao saber humano, os Espíritos acrescentam seu concurso pelo dom de uma aptidão medianímica, é para o médico um meio a mais de se esclarecer, de agir mais seguramente e mais eficazmente, do que deve ser reconhecido, mas por isto não é menos sempre médico; é seu estado que não o deixa para se fazer médium; ele não tem, pois, nada de represensível em que continue disso viver, e isso com tanto mais razão quanto mais a assistência dos Espíritos é frequentemente inconsciente, intuitiva, e que a sua intervenção se confunde, às vezes, com o emprego dos meios comuns de cura.

Tivemos a oportunidade de conversar com diversos espíritos que atuam em curas espirituais e observar seus procedimentos, na Bahia, Rio de Janeiro, interior de São Paulo e no sul do país. Entre as intervenções mais invasivas, presenciamos a raspagem de uma catarata como uma faca de cozinha e a retirada de um tumor debaixo do couro cabeludo de um paciente que estava de pé num pátio numa fila de triagem, sem esboçar dor alguma, enquanto imaginava que estava apenas sendo examinado. Em outra ocasião, na cidade de Santos, no litoral paulista, numa casa sem qualquer preparo asséptico, acompanhamos o procedimento mediúnico cirúrgico de alguns casos, a um palmo de distância. Num deles, a paciente era uma jovem de 19 anos, que estava acordada e sentada sobre uma maca. Com simpatia, explicava as fortes dores no pé que a impediam de subir escadas, além de andar com dificuldades. Sua família é evangélica e ela decidiu estar ali, pois acreditava em sua cura. A médium Fátima, em transe, fez um corte de quatro centímetros no calcanhar da jovem com um bisturi, e, com o dedo enfiado na abertura profunda, sem que saísse uma gota de sangue, retirou o que parecia um pequeno cisto, o que leva a considerar tenha sido a causa do desconforto. Certificamo-nos de que não houve anestesia, nem aparentemente a jovem estava hipnotizada, pelo menos não houve contato algum anterior com a médium que lhe permitisse induzir a paciente ao transe. Enquanto se dava o procedimento, iniciado imediatamente quando da aproximação da médium, sentada na maca de costas para a intervenção, a paciente conversava normalmente, sem apresentar qualquer sinal de dor. Perguntada sobre o que sentia, afirmou que apenas percebia que cutucavam o local. Posteriormente, foi feita uma sutura com linha, limpeza e curativo. Depois do tratamento, ela voltou a caminhar sem dores.

Entre os atendimentos daquele dia, conversamos longamente com o Espírito, que assegurou: "Não temos nenhum interesse em substituir os médicos em suas funções, pois eles são os responsáveis diretos pela sua prática junto aos pacientes. Estamos agindo para mostrar os limites do homem e os recursos infindáveis da espiritualidade. Mas se os médicos pudessem ver o que ocorre no mundo espiritual enquanto exercem suas profissões nas salas de cirurgia, ficariam espantados, ao observar a quantidade de espíritos que os auxiliam para que tenham sucesso em suas operações. Os fenômenos que aqui fazemos ocorrer utilizando a médium e seus assistentes: a extinção das dores, a proteção do organismo para evitar as infecções, a orientação motora para que o médium aja com destreza e muitos outros, poderiam estar à disposição da atividade médica como recursos auxiliares da prática médica. Mas para isso, eles vão precisar diminuir seu orgulho e aceitar o quão pequena é a sua parte na gigantesca estrutura natural e espiritual envolvida no fenômeno da cura". Os espíritos não curam por milagre, os fenômenos provocados por eles são aplicações das leis naturais ainda desconhecidas. Eles desejam ajudar o desenvolvimento da ciência humana, e não suprimi-la.

Completando sua explanação, ele ainda afirmou: "Muitos deles só enxergam essa realidade quando aqui chegam. E então sentem remorso pela negligência que exerceram quando em vida". E então, concluiu: "Ao menos uma prece sincera já seria um recurso poderoso para permitir nossa ajuda".

A visão de Allan Kardec sobre o futuro da medicina está na combinação das quatro modalidades de cura, considerando que uma não substitui a outra, considerando os diferentes casos, que podem ser agudos ou crônicos, suas causas podem estar na fisiologia do perispírito ou do corpo físico. Ou combinações graduadas dessas condições. Em ocorrências diferentes, medicina comum, homeopatia, mediunidade de cura, desobsessão e tratamento por magnetismo animal podem ser a melhor solução, de forma isolada ou combinada:

> Os tratamentos terapêuticos têm, frequentemente, necessidade de ser completados por um tratamento fluídico e reciprocamente; é também porque as curas instantâneas, que ocorrem nos casos onde a predominância fluídica é, por assim dizer, exclusiva, não poderão jamais se tornar um meio curativo universal; elas não são, consequentemente, chamadas a suplantar nem a medicina, nem a homeopatia, nem o magnetismo comum. (RE68, p. 61)

Desse modo, "qualquer que seja a pretensão de cada um desses sistemas à supremacia", podemos considerar que cada um tem sucesso em casos apropriados à sua causa, e fracassa nos demais. "De onde é preciso concluir que todos têm sua utilidade, e que o essencial é aplicá-los apropriadamente a cada caso" (*Ibidem, loc. cit.*).

4.4.6 Moral, educação e ideias sociais em *Mesmerismus*

O médico homeopata e magnetizador Jules Du Potet Sennevoy (1796-1881) foi o mais qualificado representante da escola de Mesmer de sua geração. Desde 1826, ele estabeleceu uma escola livre de mesmerismo em Paris, frequentada inclusive pelo professor Rivail, quando chegou à cidade. De 1827 a 1845, Du Potet publicou o jornal *Le Propagateur du Magnétisme Animal*. Mas foi a partir do ano seguinte, 1846, que ele criou o *Journal du Magnétisme*, que se tornaria a maior referência daquela ciência quanto à sua proposta de medicina, tendo, além disso, acompanhado a chegada das mesas girantes na França e noticiado as primeiras experiências com as manifestações dos espíritos que antecederam o espiritismo.

Apesar de ser um veículo dedicado à prática mesmérica da cura, em 1846, Du Potet apresentou uma novidade aos seus leitores, prestando uma homenagem ao fundador do magnetismo. Por meio de manuscritos que lhe chegaram à mão descobriu que Mesmer, além de suas teorias sobre medicina e física, também dedicara seus esforços no campo da moral, educação e ideias sociais a partir dos conceitos de liberdade, igualdade e fraternidade, derivados de sua teoria da harmonia universal. Segundo o historiador Robert Darnton, o manuscrito intitulado *Notions élémentaires sur la morale, l'éducation et la législation pour servir à l'instruction publique en France* (Noções elementares sobre a moral, a educação e a legislação para servir à instrução pública na França) foi escrito no calor da Revolução Francesa e se destinava a ser uma proposta de reforma da educação pública, tendo sido encaminhado à Convenção Nacional (DARNTON, 1998, p. 126). Entre os temas, ele tratou da geração e primeira infância da criança, da importância do parto natural e sereno, de que a mãe tenha como ocupação exclusiva a amamentação e a primeira educação e que seja instruída sobre essa tarefa, não havendo separação entre os dois (o que era comum na época). Propõe também a gratuidade do ensino.

Mas outro fato importante na vida de Mesmer é pouco conhecido. Depois da Revolução, Mesmer saiu da França. Em 1793, ele retornou para Viena. No entanto, por suas ideias democráticas e socialistas, foi preso como suspeito de conspiração, sendo expulso do país. Retirou-se para o pequeno vilarejo de Frauenfeld,[203] no cantão Thurgau, onde adquiriu sua nova cidadania suíça.

Enquanto isso, em Berlim, capital da Prússia, o magnetismo animal ganhava grande prestígio. Um prêmio oferecido pela Academia de Ciências, requisitado pelo governo, seria dado ao melhor ensaio sobre a medicina de Mesmer. Em muitas universidades, o magnetismo era ensinado em cursos, como o do médico e físico Karl Christian Wolfart (1778-1832). Quando a academia soube que o criador da teoria estava vivo na Suíça, o doutor Wolfart foi designado para entrar em contato com ele, primeiro por escrito e depois pessoalmente.

Wolfart relatou que conhecer Mesmer pessoalmente superou suas expectativas. Quando chegou à sua casa, ele estava atendendo seus pacientes, muitos deles pobres, o que fazia gratuitamente. Foi testemunha do tratamento de enfermos que diariamente o procuravam. Apesar de seus 78 anos, mantinha em sua fala um alcance, perspicácia e clareza admiráveis. Com agilidade, criava metáforas para explicar suas ideias, o que fazia com amabilidade admirável, conta o doutor, que descreveu os principais traços de sua personalidade:

> Adicione-se um tesouro de conhecimentos em todos os ramos do saber que não é fácil para um sábio adquirir, uma amistosa bondade

---

[203] Lá ele adquiriu uma casa de três andares, na Zürcherstrasse, 153. Hoje a casa abriga uma simpática farmácia.

de coração que se revela em palavras e ações, e uma força ainda extremamente atuante, quase miraculosa, influindo nos pacientes. O olhar penetrante ou a mão simplesmente erguida em silêncio, e tudo isso sublimado por uma nobre figura que infunde respeito. (MESMER, 1814 *apud* FIGUEIREDO, 2019, p. 287)

Por sua vez, Mesmer teve grande satisfação em encontrar um médico despido de preconceitos, receptivo aos seus pensamentos, e que já havia anteriormente alcançado sucesso na aplicação de seus princípios, em Berlim, na Alemanha. Depois de lhe dar instruções orais, explicar seu método, contar suas histórias e demonstrar os resultados da cura, o ancião percebeu em Wolfart a oportunidade de dar continuidade às suas descobertas. Dessa forma, recomendou que ensinasse seus colegas médicos, através de comunicações expositivas e então:

> O próprio autor entregou-me os manuscritos necessários para a edição de *Mesmerismus*,[204] explicando várias vezes "que ao escrever a obra, jamais pensara em publicá-la e que não queria impingir a ninguém o seu sistema, visto que, mesmo sem ele, a eficácia e o caráter terapêutico do magnetismo, tanto quanto outras descobertas, já existiam como fato. (*Ibidem, loc. cit.*).

Na publicação dessa obra em alemão, em 1814, Mesmer já vivia em Constança, onde viria a falecer lúcido, aos 81 anos de idade, aos 5 de maio de 1815. Há precisamente duzentos anos, ele descreve em detalhes sua ciência do magnetismo animal, propondo a teoria do fluido universal, explicada em todos os seus desdobramentos quanto aos fenômenos da física e também sobre a fisiologia humana. Na segunda parte, denominada moral, trata dos assuntos relacionados com a harmonia universal quanto à moral, educação e sociedade. Por fim, propõe um modelo detalhado, semelhante aos criados pelos reformadores socialistas como Fourier. Wolfart chamou a atenção para um interessante detalhe: Mesmer tinha uma especial dedicação à língua francesa de que, por tantos anos, fez uso para comunicar suas descobertas. Desse modo, escreveu sua obra em francês, deixando a tarefa da tradução para sua língua pátria para seu organizador.

---

[204] Pela iniciativa e gentileza do engenheiro com pós-doutorado pela Universidade de Iowa e professor titular da USP, Swami Marcondes Villela, a obra *Mesmerismus* foi traduzida para o português, sendo a fonte das citações indicadas dessa obra.

Quando voltou para Berlim, Wolfart pôde acompanhar o triunfo que os ensinamentos de Mesmer alcançaram, pelo grande número de médicos que aderiram à sua proposta de medicina e de pacientes que requisitavam seus tratamentos. A medicina do magnetismo estava consolidada. O mesmo ocorreu nas décadas seguintes em diversos outros países. Em fevereiro de 1817, o professor Wolfart, agora na Universidade de Berlim, foi nomeado professor catedrático de magnetismo curativo.

Em seus manuscritos entregues aos revolucionários, também quase inteiramente reproduzidos em *Mesmerismus*, Mesmer considerou que, para a formação dos novos cidadãos livres, devemos nos dedicar aos primeiros momentos da existência. A formação e a educação, muito mais que a instrução, são itens essenciais para a felicidade da sociedade civil, afirma o cientista. E os princípios da moral, como ele já havia descoberto, quanto à saúde, deveriam ser procurados na ciência da Natureza, pois ela tem a oferecer no "âmbito físico e moral tudo o que se refere à felicidade e ao aperfeiçoamento do gênero humano". Ele assim explica sua tese: "O aspecto físico do ser humano somente se diferencia do aspecto moral porque sabemos menos a respeito da força motriz do segundo; como as leis naturais são comuns a ambos, penso que existe uma força motriz tanto para as ações quanto para a saúde" (MESMER, 1814 apud FIGUEIREDO, 2019, p. 289).

Na teoria da cura do magnetismo animal, o conceito da **harmonia universal** ou *unidade das leis naturais*, sua presença no Universo mantém a ordem entre os seres e o todo. Como vimos, haveria no homem uma capacidade de sentir essa harmonia, um *instinto* que permitia ao sonâmbulo perceber, pela sua lucidez, as enfermidades, o tratamento adequado e a evolução e o momento da cura. Essa harmonia tinha origem em Deus: "Entre os seres vivos o ser humano é o único capaz de entender o conceito de Universo, o único capaz de sentir a ordem e harmonia que reina no mesmo. Através da observação da harmonia universal, ele consegue se erguer à ideia de seu criador, desenvolvendo os sublimes sentimentos de admiração e agradecimento" (MESMER, 1814, p. 29).

Na doutrina espírita, também está presente o conceito da harmonia universal, pois, afirma Kardec, "Deus não pode ter caprichos, sem isso nada seria estável no Universo". Todos os fenômenos, sejam físicos, morais e também a ação dos espíritos sobre o nosso mundo, são regulares, pois "se há uma regra sem exceção, seguramente, essa deve ser a que rege as obras do Criador; as exceções seriam a destruição da 'harmonia universal'". Por ela, "todos os fenômenos se ligam a uma lei geral" (RE64, p. 48). Desse modo, "a harmonia que reina no Universo material, como no universo moral, se funda em leis estabelecidas por Deus desde toda a eternidade" (LE, p. 377-378).

Para Mesmer, a felicidade humana está ligada à saúde e à liberdade, sendo um povo feliz "quando todos os indivíduos, gozando da maior liberdade possível – independência – têm todos os meios para satisfazer suas necessidades através do trabalho moderado" (MESMER, 1814, p. 140).

Para conquistar essa liberdade social, tudo depende da educação das crianças que se tornarão os cidadãos, sendo que a "liberdade individual do ser humano consiste no direito e no poder de fazer uso de todas as qualidades conforme sua vontade". Ou seja, a proposta de moral e de educação de Mesmer está no sentido da liberdade e da vivência, como meio de compreensão do relacionamento humano, sendo que "os erros cometidos pela criança fazem parte de sua condição" e a escola é o local adequado para que ela "viva todas as provas das experiências":

> Do acima exposto conclui-se que com prudência pode-se colocar as crianças em circunstâncias e situações que sejam apropriadas para que elas possam cometer erros, para que aprendam através da sua própria experiência que nada pode substituir as boas ou as más consequências de suas ações. Esse tipo de procedimento é o único que pode proporcionar ao ser humano o saudável hábito de refletir racionalmente sobre seu comportamento e ponderar suas consequências (*Ibidem, loc. cit.*).

Nessa interessante reflexão, Mesmer propõe o uso da razão como fundamento da moral, no sentido da autonomia segundo Rousseau e Kant, sendo que a criança, por essa vivência educacional:

> adquire dessa forma um extraordinário poder: associar facilmente seus relacionamentos, seus interesses e suas obrigações, podendo considerá-los sem indecisões. Na proporção que aumentam as forças das crianças e diminuem suas necessidades, elas aprendem desde a mais tenra idade por experiência a usufruir a liberdade, que nada mais é do que o direito natural de usar sua capacidade, ou fazer tudo o que se deseja; porém, como na sociedade cada um tem a sua vontade, existe uma reciprocidade entre várias vontades que impõe limites à sua realização. É, portanto, através da inevitável reciprocidade proveniente das ações dos seres humanos, os quais são unidos em sociedade, que os mesmos são forçados a uma espécie de justiça ou equidade. (*Ibidem, loc. cit.*)

Para o cientista, "somente na companhia de crianças é que a criança pode se formar para a sociedade à qual foi destinada". Encontrando nos acordos em seus relacionamentos com as outras crianças, surgirão naturalmente as noções básicas da moral, explica Mesmer: "Os pressupostos que expressam o acordo tácito ou expresso a respeito dos limites mútuos de sua liberdade fornecerão às crianças, sem qualquer outro aprendizado, as primeiras noções de lei, de justiça, de liberdade, de igualdade e da segurança da propriedade" (*Ibidem, loc. cit.*).

Dessa forma, continua Mesmer, "através da própria experiência, elas chegarão ao ponto de sentir a todo instante a seguinte regra: 'não façam aos outros o que não querem que lhes façam'". E assim liberdade e igualdade se regulam mutuamente, conclui o cientista: "Por esse motivo é óbvio que a liberdade não pode existir sem essa igualdade e que essa espécie de igualdade é inseparável da liberdade". Ou seja, deixando que as crianças conquistem pela razão e pela experiência: "Os educadores, bem como os legisladores, não tendo outro objetivo a não ser prescrever e conservar íntegra a igualdade entre os membros da sociedade, terão feito tudo pela liberdade" (*Ibidem, loc. cit.*).

Nesse ponto de suas reflexões, Mesmer passa a tratar das desigualdades sociais, tema que conheceu de perto durante seus quarenta anos de dedicação à cura de seus semelhantes, quando denunciou em suas *Memórias* que a corte francesa antes da revolução prestava as maiores honrarias diante de seu sucesso na cura de nobres e dedicava um completo silêncio quanto às centenas de casos complexos nos quais restabeleceu a saúde das pessoas simples do povo.

> Na França, a cura de uma pessoa pobre nada é. Quatro curas burguesas não valem a de um marquês ou conde: quatro curas de um marquês equivalem apenas à de um duque. E quatro curas de um duque nada serão diante daquela de um príncipe. Que contraste com as minhas ideias, eu que acreditei merecer a atenção do mundo inteiro, quando na verdade não consegui curar senão cães (FIGUEIREDO, 2019, p. 374n).

O tema é a **questão social**, e diante do nascimento de um povo livre, que era a proposta da Revolução Francesa, Mesmer pondera:

> É necessário fazer com que os educandos sintam e percebam que a excessiva desigualdade das riquezas, das forças e do poder é a causa das deficiências de praticamente todas as instituições sociais e que, para eliminá-la, deve-se lançar mão de todos os meios que podem

amenizar tal excesso, levando os seres humanos próximos à igualdade possível de conseguir. (MESMER, 1814, p. 167)

Também a doutrina espírita, como vimos, considera a impossibilidade de se estabelecer uma igualdade artificial, sendo possível uma igualdade relativa, que considera as diferentes aptidões individuais, buscando na educação do homem novo a solução para a futura transformação das instituições. Mesmer antecipou esse mesmo caminho quando propôs que são "as virtudes sociais que possibilitam alcançar esse importante objetivo; são elas que devem equilibrar as diferenças que o destino colocou entre as diferentes condições em que se encontrem os seres humanos". E quais são essas virtudes? Mesmer considera para a educação das crianças e jovens os seguintes valores sociais:

- O humanitarismo e a benevolência equilibram a desigualdade das riquezas e das qualidades;
- A generosidade, a desigualdade da força;
- O profissionalismo com moderação, a desigualdade dos meios de subsistência e de conforto;
- A autenticidade, a honestidade e a retidão na conduta do ser humano alimentam o equilíbrio da reciprocidade da lealdade, da fé e da confiança;
- Finalmente, a gratidão diminui a distância entre o benfeitor e a incapacidade de retribuir a caridade.

Desse modo, a educação busca um equilíbrio das relações, cuidando tanto das funções de liderança como a de liderado, pois, "como já está suficientemente provado que os fundamentos da liberdade e da felicidade pública consistem na igualdade, é essencial prevenir e evitar nas crianças qualquer espírito de despotismo, de egoísmo e de servilismo" (*Ibidem, loc. cit.*). Ou seja, a igualdade surge quando as relações abandonam seus nocivos extremos, tanto o despotismo quanto o servilismo.

Por fim, Mesmer define que a busca da igualdade está em "formar e alimentar na criança uma sensibilidade e um interesse pela sorte dos outros" (*Ibidem, loc. cit.*). Para ele, essa sensibilidade se conquista pela capacidade humana de considerar as dificuldades do outro, no mesmo sentido do que Rousseau considerou em *Emílio*, que nos parece ser uma influência importante nos pensamentos educacionais de Mesmer, pois esse exercício de se colocar no lugar dos outros permite que a criança, "pela imaginação, se habitue em qualquer situação a se colocar no lugar do próximo. Por esses meios e por tais pressupostos, ela, preservada dos desvios das paixões e dos interesses equivocados, estará em condição de avaliar em todas as circunstâncias o que lhe convém fazer" (Ibidem, loc. cit.).

Como Kant,[205] Mesmer antecipa ideias de respeito aos animais, que atualmente a bioética procura estabelecer. Ele considera que é igualmente importante ativar na criança essa sensibilidade em relação aos animais de sua convivência:

> Dever-se-á chamar sua atenção para o fato de que eles foram dotados pela Natureza, nossa mãe comum, das mesmas sensações e, do mesmo modo que ela própria, eles querem viver e evitar a dor; procuram os mesmos recursos e deles se servem; por fim, por ser sua organização muito semelhante à nossa, não se deve considerá-los indignos de nossa atenção e consideração. Além disso, como a virtude consiste no hábito de fazer o bem, a criança não deve perder a oportunidade de fazer uso e exercitar as virtudes sociais, inclusive com os animais com os quais ela convive. (Ibidem, loc. cit.)

E, então, recomenda que "por esse motivo, também se deve, desde a mais tenra idade, passar para a criança a responsabilidade de cuidar de alguns animais" (Ibidem, loc. cit.).

Considerando todos os seus aspectos, seja do ponto de vista da Medicina, física, psicologia, fisiologia e vitalidade, moral, educação e das ideias sociais, a ciência do magnetismo animal tem parte fundamental na reação espiritualista que antecedeu o advento da doutrina espírita, como afirma Kardec:

> O espiritismo liga-se ao magnetismo por laços íntimos (essas duas ciências são solidárias uma com a outra); (...) Os espíritos sempre preconizaram o magnetismo, seja como meio curativo, seja como causa primeira de uma multidão de coisas; eles defendem sua causa e vêm prestar-lhe apoio contra seus inimigos. Os fenômenos espíritas abriram os olhos a muitas pessoas, que ao mesmo tempo se juntaram ao magnetismo. (...) Tudo prova, no desenvolvimento rápido do espiritismo, que ele também terá logo seu direito de burguesia; a espera disso, aplaude com todas as suas forças a categoria que acaba de alcançar o magnetismo, como a um sinal incontestável do progresso das ideias. (RE58, p. 188)

---

205 Segundo Kant, "os sentimentos de ternura em relação aos animais que não pensam desenvolvem os sentimentos humanos em relação à Humanidade". Apud ENGELHARDT Jr., H. T. Fundamentos da Bioética. São Paulo: Loyola, 2008. p. 183.

Neste breve ensaio, baseado em textos de uma época madura desse pensador, reflexões conquistadas por Mesmer depois de décadas de experiência no relacionamento com indivíduos, os mais diversos, lidando com pessoas e famílias envolvidas nas circunstâncias críticas e sofridas de suas enfermidades; vivenciando a oclusão do velho regime e a esperança da Revolução; Mesmer, a partir dos conceitos de *harmonia universal* e da interligação moral de todos os seres pelo *fluido universal*, sob a influência da autonomia moral de Rousseau e Kant, chegou a estabelecer princípios de educação, moral e ideias sociais próximas das consequências morais do espiritismo. Certamente, esse tema e os outros deste capítulo merecem o interesse de pesquisas quanto à história e filosofia da ciência do magnetismo animal, que possa identificar tanto os antecedentes quanto sua influência cultural para o surgimento do espiritismo.

4.5 PARA COMPREENDER O ESPIRITISMO

O processo de aquisição dos princípios fundamentais da doutrina espírita segue um roteiro proposto pelos espíritos, segundo o qual parte-se inicialmente de um problema ou fato proposto por eles. Depois, as diversas hipóteses são consideradas e debatidas pelos homens, levando-se em conta as dificuldades explicativas, as contradições. Ouvem-se também as opiniões da diversidade de espíritos. Só então é que os espíritos superiores, fazendo uso da universalidade do ensino, conduzem os homens por um raciocínio lógico para uma solução conclusiva, baseada nos fatos e superando os entendimentos equivocados.

A doutrina espírita considera que sua teoria está em constante aperfeiçoamento, na medida em que ocorrem novas descobertas da ciência. Tanto o espiritismo quanto o espiritualismo, que o antecedeu, seguem, dessa forma, o racionalismo crítico proposto por Kant. O fato de Kardec ter estabelecido o espiritismo por meio de "explicações teóricas" dos fenômenos espíritas prova que sua intenção estava em compreender suas causas e "não crer nelas cegamente":

> Queríamos fazer do espiritismo uma ciência de raciocínio e não de credulidade. (...) os espíritas acreditaram porque compreenderam, e não é duvidoso que é a isto que se deve atribuir o crescimento rápido do número dos adeptos sérios. É a essas explicações que o espiritismo deve por ter saído do domínio do maravilhoso e de estar ligado às ciências positivas; por elas demonstrou aos incrédulos que isto não é uma obra de imaginação; sem elas estaríamos ainda para compreender os fenômenos que surgem a cada dia. (RE67, p. 27-28)

E então concluiu que "era urgente colocar, desde o princípio, o espiritismo sobre o seu verdadeiro terreno. A teoria fundada sobre a experiência foi o freio que impediu a credulidade supersticiosa, tanto quanto a malevolência, de fazê-lo desviar de seu caminho" (Ibidem, loc. cit.).

No entanto, nos acontecimentos históricos do século seguinte, o positivismo materialista negou a consciência como produtora do conhecimento, considerando o homem um ser passivo. Foram ainda mais longe os pensadores pós-modernos, que, revoltados com o ideal iluminista, mergulharam no niilismo, recusando o pensamento abstrato e a emancipação humana pela razão. Teve início um período patológico da humanidade, com a volta do racismo, a visão do homem como máquina, um nacionalismo egoísta que gerou os regimes totalitários, a exploração capitalista selvagem e as grandes guerras mundiais.

No campo da psicologia, as ideias do espiritualismo racional, os manuais de filosofia espiritualista destinados à educação moral, como o de Paul Janet, foram abandonados. Por sua vez, o materialismo inspirou o behaviorismo, proposto por Skinner e desenvolvido por Watson, afirmando que o homem tem um comportamento rigidamente definido pelos estímulos e respostas, no funcionamento dos músculos e secreções glandulares. Essa teoria considera o homem condicionável plenamente, como um rato branco ou um cachorro de laboratório. A introspecção é categoricamente desconsiderada. O mundo viveria a supremacia dos instintos materiais e do egoísmo como regra social. O homem é o homem animal.

A partir dos anos 1950, B. F. Skinner tornou-se a personalidade mais influente no campo da psicologia, estendido também para educação. "O organismo humano", dizia Skinner, "é uma máquina, e o ser humano, como qualquer outra máquina, se comporta de maneiras previsíveis e regulares em resposta às forças externas, os estímulos, que o afetam" (SCHULTZ, 1981, p. 280). Essa ideia não é nova, e o espiritismo já a comentava. No entanto, em seu tempo ela não havia se transformado em uma teoria, e se o fosse, comenta Kardec, suas consequências seriam péssimas. Vejamos:

> Por uma aberração da inteligência, pessoas há que só veem nos seres orgânicos a ação da matéria, atribuindo a ela todos os nossos atos. No corpo humano apenas veem a máquina elétrica; somente pelo funcionamento dos órgãos estudaram o mecanismo da vida. (...) Triste consequência, se fosse real, porque então o bem e o mal nada significariam, o homem teria razão para só pensar em si e colocar acima de tudo a satisfação de seus desejos materiais; quebrados estariam

os laços sociais e as afeições se romperiam para sempre. Felizmente, longe estão de ser geral semelhante ideia, que se pode mesmo ter por muito circunscrita, constituindo apenas opiniões individuais, pois que **em parte alguma ainda formaram doutrina**. Uma sociedade que se fundasse sobre tais bases traria em si o gérmen de sua dissolução e seus membros se entredevorariam como animais ferozes. (LE, p. 144)

No século passado, as consequências de uma sociedade fundada sob uma teoria materialista não tiveram exatamente as consequências previstas por Kardec?

Para Skinner, "o recém-nascido é construído de forma a ingerir ar e comida e a expelir resíduos. Respirar, mamar, urinar e defecar são as coisas que o recém--nascido faz".[206] Quando nasceu seu segundo filho, ele observou que cuidar das crianças nos primeiros anos de vida tomava muito tempo e criou um aparelho automático para aliviar os pais dessa tarefa. O berço de ar era "um compartimento com temperatura controlada, imune a germes e à prova de som, em que o bebê pode dormir e brincar sem mantas ou fraldas".[207] Outro aparelho criado por ele foi a máquina de ensinar, um aparelho com alavanca e dois visores, num deles a criança lia a questão, e no outro anotava a resposta numa fita de papel. Ao girar a primeira alavanca, lia a resposta e via se acertou ou não. Depois puxava a alavanca maior e outra pergunta ou problema matemático surgia. Para Skinner, era de se ressaltar a concentração das crianças e o silêncio na sala, cada uma girando sua máquina.

Nesses dois exemplos é fácil verificar que os métodos propostos criam a mais absoluta impessoalidade, eliminando o diálogo, a interatividade, a cooperação, a participação autônoma da criança em relação ao seu aprendizado. Esses valores são substituídos pelo condicionamento, a impessoalidade, ausência de valores emocionais, controle absoluto sobre o conhecimento estudado. A psicologia behaviorista e suas propostas para a educação representam ideias em oposição ao humanismo, a autonomia e o espiritualismo que vinha sendo estabelecido nas ciências humanas e sociais desde Rousseau, Kant, Pestalozzi, espiritualismo racional e espiritismo.

As pesquisas behavioristas chegavam à crueldade. Em seu laboratório, Watson pesquisou centenas de crianças para provar que o ser humano era condicionável em seu comportamento como os animais. Numa das experiências,

---

206 SKINNER, Burrhus Frederic. *Sobre o behaviorismo*. Trad. Maria da Penha Villalobos. São Paulo: Cultrix. 2003. p. 33.

207 O anúncio da comercialização da máquina saiu no *Ladies Home Journal*, em 1945. (SCHULTZ, 1981, p. 284).

colocou um bebê no berço junto a um ratinho branco, que inicialmente brincava com ele. Depois, quando a criança o tocava, a assistente batia com uma marreta numa barra metálica, provocando nela um choque de medo. O procedimento foi repetido até que o pequeno Albert chorava só de ver o rato. Watson progrediu até que o bebê passou a temer coelhos, casacos de pele e até o psicólogo, quando colocava uma máscara de Papai Noel com sua barba felpuda. Por fim, a criança foi devolvida à sua mãe, carregando para sua vida o trauma criado pelo experimento. Watson tornou-se popular ao ensinar o povo estadunidense a criar seus filhos de uma forma técnica, pelo condicionamento, sem que houvesse envolvimento emocional.

Posteriormente abandonou a vida acadêmica e, em 1920, foi trabalhar para agência J. W. Thompson de Nova York. Para ele, o consumidor era um sujeito passivo, condicionado por repetição. A propaganda deveria acionar o medo, a raiva e o prazer associando seus produtos com as necessidades psicológicas profundas, condicionando os consumidores. Num dos anúncios, uma marca de cigarros para mulheres repetiu exaustivamente, por muitos anos, a frase "pegue um cigarro em vez de um doce". Desde então, as propagandas passaram a associar a aceitação social, estímulos sexuais, bem-estar físico e outras necessidades instintivas aos produtos, que em realidade não oferecem nada disso.

Entre os pressupostos de Watson, estava que o comportamento humano poderia ser reduzido a processos físico-químicos, e que nele existe um rigoroso determinismo de causa e efeito. Por fim, os processos conscientes da mente não poderiam ser estudados e qualquer referência à consciência deveria ser ignorada, como remanescente da teologia e do misticismo.

Como se sabe, o determinismo foi imaginado pelos físicos do século 19, considerando a hipótese de que todos os movimentos do Universo e da humanidade seriam previsíveis, como pensou Laplace, caso fossem conhecidas as informações sobre posição, velocidade e direção de cada átomo. Esse determinismo foi adotado como pressuposto para todas as demais ciências, inclusive as biológicas, reduzindo o fenômeno da vida e da consciência a leis físico-químicas. No século passado, o programa laplaciano ficou completo quando dominou a psicologia, a sociologia e a educação.

Mas ainda estava reservada ao mundo uma grande revolução.

Como vimos em 4.3, sobre a física do mundo espiritual, quando os físicos se debruçaram sobre as partículas e outros fenômenos como a luz para decifrar sua natureza última, chegaram à conclusão, afirmada por Niels Bohr, de que a física clássica foi incapaz de esclarecer os fenômenos de radiação e também "falharam na explicação das leis da energia" (BORN, 1971, p. 90).

Os novos rumos da física apontavam refutações às explicações mecanicistas dos fenômenos da luz, do calor e da radiação. Mas seria o aspecto duplo do comportamento dos corpúsculos que deixariam os físicos ainda mais extasiados. Eles se comportam de forma complementar como ondas e partículas, como se demonstra em experimentos como o da "interferência de Young com as duas fendas". O dilema ficou ainda mais agudo, diz Born, quando em 1925, o físico francês Louis de Broglie (1892-1987) propôs a hipótese de que se o dualismo se verifica na luz também deve ocorrer na matéria. A uma partícula de matéria corresponde uma onda de matéria! O desafio levou a comunidade científica a verificar experimentalmente que a matéria deveria ser considerada como um processo ondulatório, levando a uma confirmação da hipótese. A pretensão da mecânica em tornar previsível toda a realidade estava completamente fracassada. E Born, sobre os resultados da física quântica, afirmou:

"Em conclusão vamos acrescentar algumas notas gerais sobre o lado filosófico da questão. Em primeiro lugar, é claro que o dualismo onda-partícula e a indeterminação nele essencialmente envolvida nos coagem a abandonar qualquer tentativa de instituir uma teoria determinista" (*Ibidem*, p. 112).

Por fim, na conclusão de seu clássico livro *Física nuclear*, Max Born considera que "se espera da física do futuro a solução do enigma da matéria inorgânica". Todavia, "as novas concepções sobre a causalidade e o determinismo, nascidas em consequência da teoria quântica, têm um importante significado para as ciências biológicas e para a psicologia":

> Se mesmo na natureza inanimada o físico depara com limites absolutos, para os quais cessa a estrita conexão causal que deve ser substituída pela estatística, devemos estar preparados para encontrar barreiras insuperáveis no reino das coisas vivas e ainda mais nos processos relacionados com a consciência e a vontade, em que a explicação mecanista, objetivo da antiga filosofia natural, se despoja completamente de sentido. (*Ibidem*, p. 397)

Se o determinismo e a causa e efeito perderam a capacidade de explicar a matéria para a física, que foi onde a teoria se originou, quanto mais quanto ao comportamento humano e o enigma da vida. O positivismo e o behaviorismo encontravam barreiras em sua pretensão de determinar o fenômeno da vida e o comportamento humano pelos limites físico-químicos. Configurava-se um novo cenário, agora favorável a um retorno ao humanismo. Os fenômenos da vida e da consciência estavam além dos limites da física. A ciência, por sua vez, precisava abandonar sua intenção de determinar verdades científicas.

Em verdade, o erro não deprecia a ciência, mas é parte integrante de seu processo de conhecimento. O filósofo da ciência Gaston Bachelard definiu:

> O espírito científico é essencialmente uma retificação do saber, um alargamento dos quadros do conhecimento. Ele julga seu passado histórico, condenando-o. A sua estrutura é a consciência de seus erros históricos. Cientificamente, se pensa o verdadeiro como retificação histórica de um longo erro, pensa-se a experiência como retificação da ilusão comum e primeira. (BACHELARD, 1974, p. 334)

Para Bachelard, o conhecimento é progressivo e depende de outro anterior. Os filósofos da ciência, sentindo o impacto da incerteza do conhecimento, retornaram à tradição do pensamento crítico de Kant, dando uma sentença de morte ao positivismo lógico. E o filósofo Karl Popper, em 1974, vai declarar: "Todos sabem, atualmente, que o positivismo lógico está morto. Mas poucos se lembram de que há uma questão a se propor aqui – a pergunta 'Quem é o responsável?', ou antes, 'Quem matou o positivismo lógico?' Receio que eu deva assumir essa responsabilidade" (POPPER, 1977, p. 95).

Para Popper, com o indeterminismo não é preciso chegar ao exagero de negar a existência de uma verdade presente na Natureza. Basta se considerar que ela existe, mas não está acessível ao conhecimento humano. Mas podemos, por conjeturas e refutações, e pela elaboração criativa de novas teorias, nos **aproximar da verdade**.

Em sua procura por uma nova postura científica, Popper vai combater a possibilidade de métodos indutivos como pensava Hume, considerando-os completamente falsos, retomando os esforços de Kant:

> Está longe de ser óbvio que estejamos justificados ao inferir enunciados universais a partir dos singulares, por mais elevado que seja o número destes últimos; pois qualquer conclusão obtida dessa maneira pode sempre acabar sendo falsa: não importa quantas instâncias de cisnes brancos podemos ter observado, isto não justifica a conclusão de que todos os cisnes são brancos. (POPPER, 1975, p. 263)

Também vai negar que sejamos uma *tábula rasa*, para Popper essa doutrina não passava de um mito. O ser humano possui estruturas fundamentais que permitem o exercício de sua razão, a elaboração criativa de ideias, o exame dos fenômenos e é a consciência que cria as teorias que irá testar na Natureza. Todo experimento é criado a partir de uma conjetura sobre as regularidades do mundo real. O racionalismo crítico de Popper traz de volta para a ciência a tradição do realismo crítico proposto por Kant. Essa revolução na física e também na filosofia das ciências provocou uma grande transformação da psicologia.

O doutor Gustavo Castañon,[208] pesquisador de filosofia da ciência, em seus estudos questiona o determinismo no campo da psicologia, propondo um modelo alternativo que considera o livre-arbítrio de forma compatível com a ciência. Numa entrevista, ele explicou:

> Existem dogmas que são impostos aos cientistas sérios que não são condições necessárias para fazer ciência. Considerar a Natureza como regida por leis absolutas, ou o determinismo laplaceano é um deles. Esse pressuposto não só é desnecessário para a atividade científica, como é imposto como um dogma. No entanto, é apenas uma visão de mundo metafísica desnecessária. Há um movimento hoje de cientistas clamando por uma visão mais aberta, por uma revisão da imposição de dogmas.[209]

Segundo o professor Castañon, em psicologia não é possível lidar com o comportamento humano considerando-o como determinado por leis materiais, pois "o ser humano é o objeto mais complexo do Universo e existem muitas variáveis que intervém em seu comportamento". Desse modo, "não há como estabelecer as condições de todas essas variáveis": "Não se pode determinar num indivíduo seus conhecimentos, estado neurológico e orgânico, suas crenças, impulsos, desejos e sua vontade. Por essa quantidade imensa de variáveis é impossível prever o comportamento individual" (*Ibidem, loc. cit.*).

Em seguida conclui o professor que o livre-arbítrio "é a crença básica que estrutura a nossa civilização" e não pode ser negligenciada nem pela humanidade nem pela ciência:

---

208   Gustavo Arja Castañon é graduado em psicologia pela UERJ e em filosofia pela UFRJ. Mestre em psicologia social e em lógica e metafísica. Doutor em psicologia. Professor da Universidade Federal de Juiz de Fora e pesquisador do NUPES/UFJF. Atualmente realiza pós-doutorado em Filosofia da Ciência, na Durham University (Inglaterra).

209   Entrevista à TV NUPES – Núcleo de Pesquisas em Espiritualidade e Saúde da Faculdade de Medicina da UFJF, publicado no *Youtube* em 5 de dezembro de 2014.

A maioria de nós prefere acreditar que temos algum montante de liberdade, decisão e criatividade genuínas em nossas vidas. Alguns, porém, preferem acreditar que ela não existe [por conveniência], pois se o indivíduo é completamente determinado por condicionantes biológicas, cerebrais e ambientais, então ele não é responsável por seus atos. No entanto, a maioria dos seres humanos não quer acreditar que são marionetes das reações físico-químicas. Além disso, todo o sistema jurídico, as maiores religiões e até nosso sistema econômico estão baseados na crença do livre-arbítrio. Sem ele, não haveria responsabilidade pessoal, os atos não teriam moralidade, poderia se alegar a responsabilidade de um crime em função de questões neurológicas. (*Ibidem, loc. cit.*)

Em sua tese de doutorado, *O cognitivismo e o desafio da psicologia científica*, à qual vamos nos referir, ele afirma que "a psicologia humanista propõe a realização de uma revolução copernicana na abordagem do objeto de estudo da psicologia", no momento em que o behaviorismo tornou-se uma teoria degenerativa: "O racionalismo crítico [proposto por Karl Popper] se constitui, hoje, na mais importante e consistente posição em epistemologia, à qual a psicologia deveria aderir em seu projeto de se tornar uma disciplina científica nos moldes exigidos pela modernidade" (CASTAÑON, 2006, p. 25).

Desse modo, "o enfoque humanista rompe com a tradição mecanicista--newtoniana" e considera o "ser humano como autoconsciente, auto-orientado e criativo, em suma, possuidor de livre-arbítrio":

> A pessoa em seu pleno funcionamento é proativa, autônoma, orientada por escolhas, adaptável e mutável, em suma, é um ser num processo de contínua transformação. O ser humano para os humanistas é um organismo único, com a habilidade para direcionar, escolher, e alterar os motivos que guiam o projeto de seu curso de vida. (*Ibidem*, p. 158)

Segundo o autor, considera-se a psicologia cognitiva por ser a que estuda como o ser humano, em sua particularidade, processa informação; e entre suas características fundamentais estão o conceito de *regra* para explicar o processamento cognitivo e o comportamento, o comprometimento com uma *visão construtivista* dos processos cognitivos, um comportamento orientado para *metas*, por um sujeito *ativo*, recuperando o conceito de *consciência*. Por outro lado, na conclusão de sua tese, ele afirma:

O determinismo laplaciano, o materialismo e o mecanicismo não são pressupostos metafísicos indispensáveis à investigação científica e, portanto, não podem ser impostos aos pesquisadores como condição de cientificidade de sua produção. (...) Temos urgentemente que seguir o caminho da física e da astrofísica e livrar a psicologia de sua condição atual de religião onde só pessoas que se submetam a ultrapassados dogmas mecanicistas podem ser aceitas como dignas de respeito científico. (*Ibidem*, p. 350)

Como informa Castañon, Jean Piaget (1896-1980) "é considerado como o primeiro psicólogo experimental plenamente cognitivista, surgido antes das ciências cognitivas", e para o pensador suíço, um dos mais importantes do século 20: "Para Piaget, o processo cognitivo é regido pela aplicação de regras, que são construídas durante o processo de desenvolvimento cognitivo através da ação no mundo de um sujeito orientado para metas e dotado de consciência como um fenômeno biológico básico" (*Idem*, p. 169).

Piaget, juntamente como o físico argentino Rolando García, dedicou-se a apontar novos caminhos para derrubar a hipótese de que o conhecimento científico fosse construído por um caminho linear, como pensavam os positivistas, de tal modo que os processos elementares e mais antigos perdem o significado com o progresso da ciência. Estudando o desenvolvimento do conhecimento em crianças e jovens, acompanhando o amadurecimento de seus pensamentos no decorrer dos anos, Piaget demonstra que os mecanismos de passagem de um período histórico da ciência ao seguinte são análogos aos da passagem pela criança de um estágio genético aos seguintes: "No decurso da história do pensamento científico os progressos realizados de uma etapa à seguinte não ocorrem, salvo raras exceções, sem uma coerência, mas podem ser seriados, como no decorrer da psicogênese, sob a forma de estágios sequenciais" (PIAGET, 2011, p. 49-50).

Todo o progresso do conhecimento se dá pela modificação do que já se conhece por uma forma nova de ver as coisas, considerando-se que o novo é mais verdadeiro que o anteriormente aceito. Como diz Karl Popper, "o crescimento de todo o conhecimento consiste na modificação do conhecimento prévio, ou sua alteração, ou sua rejeição em ampla escala. O conhecimento nunca começa do nada, mas sempre de algum conhecimento de base". E diz também que "todo conhecimento é impregnado de teoria, inclusive nossas observações" (POPPER, 1975, p. 75). Há uma analogia bastante repetida, de que a teoria para o cientista é como um óculos colorido com o qual ele condiciona tudo o que vê. Quando ele muda de teoria, passa a olhar o mundo vendo as mesmas coisas de antes, mas agora pelas cores de novos óculos ou uma nova teoria.

As concepções prévias que os indivíduos trazem em sua bagagem cultural, de acordo com o estágio cognitivo de cada um, funcionam como resistência e fonte de conflito frente às novas concepções. E esse processo é natural, pois ninguém abandona uma ideia aceita antes de compreender e se sentir confortável com a nova. Num primeiro momento, a busca do conhecimento é como um mergulho no desconhecido. Hoje se sabe que quanto ao ensino de ciências, o conhecimento de *história e filosofia das ciências* pode ser muito útil para essa "transformação conceitual", pois "o processo pelo qual o educando precisa passar é semelhante ao processo de desenvolvimento histórico da própria ciência" (*Ibidem*, p. 22). Afirma o historiador das ciências Roberto Martins: "As suas resistências são semelhantes às dos próprios cientistas do passado, e mesmo as suas ideias, por mais 'absurdas' que pareçam, podem ser semelhantes às que foram aceitas em outros tempos por pessoas que nada tinham de tolas" (SILVA, 2006, p. 22).

Uma experiência que pode ser feita para verificar essa dinâmica está em perguntar a indivíduos de diferentes idades e formações culturais, como eles pensam sobre a seguinte questão: Por que as coisas caem quando eu as solto? Por que, diferentemente, um balão de gás sobe?

Algumas pessoas vão dizer que é porque as coisas são pesadas. Uma respondeu: –"Faz parte das coisas serem algumas pesadas e outras leves, do mesmo jeito que algumas coisas são quadradas e outras redondas. É uma propriedade delas".

Adotando uma teoria diferente daquela, outra pessoa respondeu: "Do mesmo jeito que o ímã atrai o ferro, a Terra atrai as coisas, é uma força que puxa os objetos".

Um físico, por sua vez, conhecendo a relatividade geral, explicaria a gravidade considerando que a massa tem a propriedade de empenar ou curvar o tecido do espaço-tempo próximo. Desse modo, por seu grande tamanho, a Terra curva o espaço à sua volta e funciona como se tudo estivesse "escorregando" em sua direção. Nem a luz escapa dessa força. Já foi provado experimentalmente que a luz das estrelas, quando passa ao lado do sol, sofre uma curva causada pela gravidade.

Cada uma dessas explicações segue uma estrutura lógica de pensamento que a torna plausível para aquele que a aceita. O primeiro exemplo desse exercício, "cai porque é pesado", é equivalente à explicação da filosofia de Aristóteles que considerava a qualidade das coisas para explicar os fenômenos; a segunda opinião, "a Terra atrai as coisas", equivale à física clássica proposta por Newton; enquanto a terceira, que é abstrata e foge do senso comum, equivale à física moderna de Einstein, Bohr, De Broglie, entre outros. Cada explicação é considerada uma fase que depende de determinados valores cognitivos para ser compreendida. A primeira se amplia com a seguinte, enquanto a anterior fica superada.

Da mesma forma que as outras ciências, podemos afirmar que para o estudo, a divulgação e o ensino do espiritismo, precisamos considerar as fases de compreensão de cada pessoa, respeitando a fundamentação lógica aceita por cada um, comparando com as outras hipóteses e os "princípios fundamentais" do espiritismo. Depois de analisar as evidências a favor e as considerações contrárias, ele poderá, por seu esforço, conquistar uma mudança conceitual de sua antiga forma de pensar para o ensino dos espíritos superiores, pelos argumentos claros que eles utilizaram, mas jamais por um princípio de autoridade.

Quando bem compreendida, uma doutrina como é a espírita, que propõe como fundamento da resolução dos problemas sociais a formação de um homem novo dotado de autonomia intelectual e moral, não pode, obviamente, ser divulgada, ensinada ou pesquisada de forma dogmática, não dialógica, muito menos por uma aceitação acrítica submetida pelo critério de autoridade incontestável.

4.5.1 O espiritismo e mudança conceitual

Como vimos, são promissoras as perspectivas futuras para a proposta espírita como Kardec a definiu, ou seja, a adoção voluntária de uma postura crítica e autônoma para tornar-se um homem novo, como instrumento para a regeneração da humanidade e solução da questão social.

Para essa conquista, cada um dos espíritos da humanidade, sem exceção, tem uma missão e seus desafios. Aqueles que já possuem a evolução intelectual devem somar esforços em duas frentes: superar suas imperfeições e auxiliar os simples na superação de sua dependência e os fracos na provisão de suas necessidades. Já os simples devem assumir a coragem de agir por suas escolhas ou autonomia e prosseguir na luta para adquirir conhecimento. E isso só é possível num ambiente de cooperação e fraternidade, onde haja igualdade de oportunidades.

O espiritismo pode contribuir muito com sua teoria para esse movimento natural da transformação da humanidade. Mas, obviamente, um espírita não ensinará aos interessados conceitos adequados sobre a natureza e a origem da doutrina espírita se ele mesmo possuir uma concepção inadequada.

A melhor forma de se superar as deficiências está na pesquisa conjunta, em grupos que se engajem numa atividade investigativa, reconhecendo de uma forma explícita e reflexa as deficiências do entendimento. Cada participante, como no estudo de qualquer outra ciência, deve buscar o conhecimento básico do espiritismo na leitura das fontes primárias, que são as obras de Allan Kardec e a coleção da *Revista Espírita* pelo professor, que completam e dão a estrutura temporal da evolução dos princípios fundamentais, como vimos nos capítulos anteriores.

Como cada educando traz consigo concepções pessoais e diferentes estágios cognitivos, nunca se deve fingir que elas não existem, mas permitir a todos a oportunidade de expressão, para que as diversas concepções sejam conhecidas. O clima adequado para essa dinâmica não permite que ninguém seja ridicularizado ou reprimido pelo que pensa, devendo ser tratado com respeito. Ninguém aceita crenças sem motivo, então é possível conhecer sua fundamentação para o indivíduo.

Desse modo, com a ajuda dos participantes que tragam conhecimentos que colaborem para o tema em questão (por possuírem conhecimentos relacionados com cada questão estudada, como filosofia, história, psicologia, física, química, biologia, medicina, entre outros) ou pela pesquisa em obras especializadas ou, mesmo, por uma consulta a um especialista; deve-se buscar a compreensão dos princípios fundamentais do ensino dos espíritos. Na medida em que eles fiquem claros, é possível compará-los com as alternativas levantadas pelo grupo e analisar as evidências a favor e contra cada uma delas. Por fim, com o auxílio mútuo, cada um deve passar pela mudança conceitual, da antiga para a os princípios fundamentais, sempre por argumentos racionais, nunca por um argumento de autoridade (SILVA, 2006).

No decorrer dos capítulos, apontamos diversos temas relacionados aos princípios fundamentais da doutrina espírita, que precisam do estudo e da pesquisa para permitir sua compreensão, alguns deles são:

- A universalidade do ensino dos espíritos;
- Os princípios da Natureza e a origem que caracteriza o espiritismo;
- Como é possível validar o conhecimento espírita;
- A Doutrina Espírita e a mudança conceitual;
- A evolução histórica da metafísica;
- Swedenborg e os limites da mediunidade solitária;
- A lei natural das escolhas das provas;
- Os conceitos de religião natural, liberdade da vontade e fé racional;

- Os motivos pelos quais o espiritismo não é considerado uma religião;
- Os requisitos necessários para a estabilidade e unidade do espiritismo;
- O conceito de progressividade do ensino dos espíritos;
- A evolução do princípio inteligente do átomo ao espírito puro;
- O progresso dos mundos habitados e as emigrações dos espíritos;
- A minoria dos exilados e a maioria do povo da Terra;
- A solução espírita para a questão social;
- As diferenças entre a teoria substancialista ou das forças como matéria ou fluidos imponderáveis, e a teoria do fluido universal, proposta por Mesmer e aceita pelos espíritos e que tem fortes analogias com a física moderna;
- As relações entre os fenômenos físicos e morais no mundo espiritual;
- A ideia de harmonia universal, como lei que rege o mundo físico e o moral;
- As diferenças entre os conceitos de fluido vital, rejeitado pelos espíritos superiores, e o de princípio vital, adotado em A Gênese;
- As diferenças entre os estados leves da hipnose e os estados profundos do sonambulismo, como psicologia experimental;
- Os princípios da medicina homeopática e do magnetismo animal, que encontram correspondência com a doutrina espírita;
- A mediunidade de cura, a desobsessão e a prece, como magnetismo espiritual;
- A moral, educação e as ideias sociais de Mesmer;
- Entre muitos outros temas relacionados nesta obra que formam uma pequena parcela, diante da diversidade de temas tratados nos ensinamentos, ensaios e artigos contidos nos mais de vinte volumes que compõem a doutrina espírita.

Entre os conceitos espíritas, porém, a mais importante mudança conceitual quanto à fundamentação da doutrina é o conceito de **autonomia moral**.

4.5.2 A mudança conceitual da heteronomia para a autonomia

Quando os moralistas e psicólogos estudaram os fundamentos da moral, encontraram duas posturas práticas nas relações entre os indivíduos, que se dão no tipo de relação que se estabelece no relacionamento entre os indivíduos e a consequente moral que se obtém.

Quando ocorre a relação social de *coação*, quando um indivíduo submete-se à vontade de outro, esse "respeito unilateral" conduz a uma condição **heterônoma**, em que o indivíduo rege seu comportamento social por regras que lhe são externas. Um exemplo está representado na relação entre escravo e seu dono, servo e senhor, e também entre o adulto e a criança, que é constrangida por uma autoridade que lhe castiga quando desobedece e premia quando obedece. Numa comunidade em que os indivíduos regem suas relações por heteronomia, também costumam estar presentes a competitividade entre os submissos para separá-los entre melhores e piores, dando surgimento ao favorecimento ou preferência.

Por outro lado, quando ocorre a relação de "cooperação", os indivíduos tratam-se mutuamente todos como fins e não como meios. Nesse caso, há uma "igualdade" e um respeito "bilateral", conquistado em comum acordo por meio do "diálogo". A moral que resulta das relações de cooperação e apoio mútuo é a condição **autônoma**, quando as regras que se seguem são próprias do indivíduo.

Há, portanto, dois tipos de regras estabelecidas socialmente, a exterior ou heterônoma e a interior ou autônoma, sendo a segunda a única que permite realmente um comportamento livre, espontâneo e racional.

Jean Piaget fez importantes estudos, no que se refere ao processo construtivo do conhecimento, descrevendo diversas fases em que os recursos cognitivos se ampliam, permitindo estender as possibilidades do entendimento. Em 1932, nos seus primeiros anos de pesquisa, Piaget publicou um trabalho original e de grande valor sobre a moralidade, *Le jugement moral chez l'enfant* (*O juízo moral na criança*). Apesar do título, Piaget via que quando estudamos a criança, o alcance de suas descobertas se estende ao homem. Podemos afirmar que os trabalhos desse psicólogo estão na linha de pensamento de precursores como Rousseau e Kant, seguidos pelos espiritualistas racionais como Paul Janet, além de ele próprio ser o precursor da revolução humanista, que está em curso.

Sua pesquisa da moralidade se deu a partir das regras de um jogo de bolinha de gude com crianças de diferentes idades. Observando e conversando com as crianças, ele descobriu que elas lidam de forma diferente em cada faixa de idade. Até os três anos, brincam em função dos movimentos. Dos três aos seis anos, imitam o jogo dos maiores, mas brincam sozinhas, é o egocentrismo. Dos sete aos dez anos, agem por cooperação, estabelecendo regras em comum. Depois dos onze anos, se interessam pelas regras e se dedicam a defini-las.

Quanto à consciência das regras, Piaget encontrou três estágios:

As pequenas até três anos ainda não têm compreensão das regras, agem de forma puramente motora, o relacionamento não é social.

No segundo estágio, as crianças entre três e nove anos começam a considerar as regras como "uma coisa sagrada e obrigatória". Para essas crianças as leis do jogo pertencem à natureza das coisas e, por isso, são imutáveis. Quem tenta mudá-las é criminoso. Quando se pergunta, elas respondem que o jogo de bolinhas sempre existiu, criado pelos primeiros homens no mundo ou mesmo por Deus.

No terceiro e último estágio, as crianças consideram as regras como algo elaborado pelo grupo, úteis somente quando foram combinadas e aceitas por todos. Sua aceitação não se dá por ser sagrada ou eterna, mas pela razão de que é a regra que permite que todos joguem em iguais condições. As regras podem mudar, desde que todos concordem com a necessidade de mudança e sobre a nova a ser aceita. Essa fase representa a atividade racional e social.

Piaget conclui que as crianças são heterônomas quando fazem um uso por imitação das regras e quando as consideram sagradas e imutáveis, nascidas da tradição. Por outro lado, as crianças são autônomas quando fazem um uso racional e social das regras.[210] Explica o psicólogo:

> O egocentrismo, como fusão do eu com o mundo exterior, e o egocentrismo, na medida em que é falta de cooperação, constituem um único e mesmo fenômeno. Enquanto a criança não dissocia seu eu das sugestões do mundo físico e do mundo social, não pode cooperar, porque, para tanto, é preciso estar consciente de seu eu e situá-lo em relação ao pensamento comum. Ora, para tornar-se consciente de seu eu, é necessário, exatamente, libertar-se do pensamento e da vontade do outro. A coação exercida pelo adulto ou pelo mais velho e o egocentrismo inconsciente do pequeno são, assim, inseparáveis. (PIAGET, 1994, p. 81)

---

210 Extratos e resumos de MACEDO, 1996, p. 42-46.

Desse jeito, Piaget conclui que egocentrismo, imitação e coação estão relacionados, assim como autonomia, respeito mútuo e cooperação formam um só sistema, um é o resultado do outro. O que ele considera como sendo a "mora do Bem" ocorre quando o indivíduo age por um ideal que carrega em si mesmo, com vistas à reciprocidade. Quando, porém, o indivíduo conduz suas ações em vista do risco de punição ou da possibilidade de um prêmio, age por regras externas.

Quando nos dedicamos a estudar a teoria moral espírita, notamos que os diferentes estágios morais vivenciados pelas crianças, em diferentes faixas de idade, têm semelhanças com a noção de moral vivenciada pelos espíritos nos seus diferentes estágios evolutivos. Mas da mesma forma que as crianças não passam necessariamente por todos os estágios sequencialmente, como observou Piaget (uma criança de poucos anos pode expressar ideias de cooperação), também as fases morais dos espíritos são conceituais e eles não passam necessariamente por cada uma delas. Depois dessa importante observação, podemos propor que a mudança conceitual dos espíritos, quanto à moral, passa por um conjunto de valores cognitivos para alcançar sua condição natural, que é a de autonomia, enquanto os espíritos inferiores e também os imperfeitos vivenciam a condição de heteronomia até que o desenvolvimento do senso moral os coloquem no caminho da evolução moral.

Enquanto estão presos ao egocentrismo, seja primitivo ou causado pelo desenvolvimento de imperfeições morais, o espírito vê a sua relação com o Universo como de recompensa e punição. Só quando fica consciente da lei moral presente em sua consciência, é que o espírito adquire o senso moral e faz uso da lei universal da escolha das provas, para superar suas imperfeições e conquistar sua autonomia moral. Só os espíritos superiores, que conquistaram os valores intelecto-morais, possuindo tanto conhecimento quanto senso moral, estão em condições de participar ativamente das tarefas em prol da harmonia universal, vivendo em mundos felizes, onde a cooperação é mantida pelo interesse, dedicação e consciência de todos, já que as regras que regem o relacionamento social são as próprias leis de Deus.

Dessa forma, existem quatro estágios, não consecutivos, da condição moral do espírito que influenciam sua visão conceitual sobre as leis de Deus, em relação ao seu comportamento:

1. **Espírito simples e ignorante**: Depois de passar pela evolução anímica, desde a partícula ao animal superior, o espírito ganha a oportunidade de suas primeiras vidas

humanas quando age controlado pelos instintos, ainda sem saber e desconhecendo o bem e o mal, portanto sem livre-arbítrio. A responsabilidade por seus atos vai surgir depois de centenas de vidas, quando a liberdade de sua vontade acompanha o entendimento pelas ideias.

2. **Espíritos inferiores em progresso:** Quando já adquiriram alguma liberdade, se fazem mal uso dela em suas vidas, eles acreditam que seu castigo será perpétuo: "espíritos inferiores sofrem, mas esses sofrimentos são preferencialmente angústias, que por nada terem de físicas, não são menos pungentes; eles têm todas as paixões, todos os desejos que tinham em sua vida (falamos dos espíritos inferiores) e seu castigo é não poder satisfazê-los; para eles, é uma verdadeira tortura, *que creem perpétua*, porque sua própria inferioridade não lhes permite ver o fim" (RE59, p. 59). Outros espíritos inferiores, por se acharem merecedores das recompensas prometidas por sacerdotes que lhes ensinaram falsas ideias, vivem longos tempos na espiritualidade inertes, imaginando uma falsa beatitude sem que aja o esforço pessoal de seu aperfeiçoamento. Seu castigo é o tédio e o tempo perdido. Que se extingue quando despertarem desse sono.

3. **Espíritos em expiação e provas:** Os espíritos nessa condição são aqueles que foram exilados de outro mundo e que chegam à Terra com conhecimento mas, também, com as imperfeições derivadas do orgulho e do egoísmo. "Os espíritos em expiação são exóticos na Terra, já estiveram noutros mundos, donde foram excluídos pela obstinação no mal, constituindo perturbação para os bons. Foram degredados, por algum tempo, para o meio de espíritos mais atrasados, com a missão de fazer com que estes últimos avançassem" (ESE, p. 63). Nessa condição, esses espíritos, reconhecendo sua capacidade intelectual, que consideram um estado superior à dos simples, acham que seus sofrimentos na sucessão das vidas são causados por um castigo de Deus por suas faltas passadas, criando, assim, a falsa teoria que recebeu, na Antiguidade, os nomes de teoria do carma ou da causa e efeito. O equívoco maior está em generalizar sua condição para toda humanidade, imaginando, por ver o mundo a partir de sua própria teoria, que todos os homens sofrem por erros do passado.

4. **Espíritos em evolução consciente**: O espírito que por uma mudança conceitual adquire consciência da verdadeira lei moral, seja ele "simples em aprendizado, primitivo" ou "em expiação"; reconhece que a vida do espírito é conduzida absolutamente por suas escolhas. Nos intervalos entre as vidas, ele pode escolher as principais vivências que lhe pareçam próprias para o seu adiantamento. Afirma Kardec que na espiritualidade ocorre uma "transformação gradual das ideias do espírito, cujo progresso se traduz, não por melhores sentimentos, mas por uma apreciação mais justa das coisas. O progresso da alma na vida espiritual é, portanto, um fato demonstrado pela experiência. A vida corporal é a prática desse progresso, a demonstração das suas resoluções, o cadinho em que ele se depura" (CI, p. 316).

Desse modo, a maioria dos espíritos desde simples progride naturalmente, sem grandes imperfeições morais, seguindo os estágios:

- Espírito simples e ignorante – inferior em progresso – espírito em evolução consciente – espírito superior.

Já parte dos espíritos que desenvolvem egoísmo e orgulho por suas escolhas,[211] para superar essas imperfeições vivenciam os seguintes estágios:

- Espírito simples e ignorante – progride mas é egoísta e orgulhoso – em expiação e provas – em evolução consciente – espírito superior.

Existem três grupos de regras morais consideradas pelos espíritos em geral, sendo que a das penas eternas e a do carma ou causa e efeito são visões limitadas e parciais da realidade, paradigmas equivocados e superados pela verdadeira lei moral que é a de autonomia e escolha das provas. Muitos espíritos inferiores que sofrem no mundo espiritual podem pensar que estão vivenciando uma pena eterna, mas essa é uma falsa avaliação que fazem de sua condição. Por sua vez, espíritos exilados de outro planeta por persistirem no egoísmo e no orgulho podem imaginar que estão sofrendo as consequências de uma lei

---

211 Entre esses espíritos em expiação e provas estão aqueles que são exilados para outro planeta, quando aquele no qual vivem passa pela regeneração.

inevitável de retribuição ou carma, o que também não é verdade. Todos esses espíritos, quando estiverem conscientes das leis naturais, vão reconhecer que a lei da escolha das provas é universal, sendo a única que explica as condições de todos os espíritos. Desse modo, podemos qualificá-las, segundo o Espiritismo, como sendo:

1. **Penas eternas** (equivocada) – Os espíritos primitivos, por perderem a noção do tempo, após a morte, e se sentindo culpados pelos erros que cometeram, criam a ilusão de que vão sofrer eternamente. Quando os espíritos adquirem conhecimento, conhecem o fenômeno da reencarnação e percebem que essa ideia não faz sentido, pois contraria os atributos de Deus, que agora temem, mas reconhecendo a infinitude de seus atributos. Entre os homens, a lembrança inata dos sofrimentos na espiritualidade foi transformada em dogma pelo interesse de dominação dos sacerdotes.

2. **Carma ou causa e efeito** (equivocada) – Os espíritos que formam o grupo dos exilados e que possuem conhecimento intelectual e imperfeições morais, quando chegaram à Terra, tinham lembrança de suas vidas num mundo com tecnologia para proporcionar conforto, onde viveram por muito tempo, mas passaram a perturbar os bons que viviam a transformação daquele planeta em regeneração. Por isso, criaram a imagem de um paraíso perdido e de uma queda num mundo primitivo onde sofrem pelos erros cometidos. Sabem da reencarnação, mas a consideram como punições de Deus. Essa teoria está presente nas filosofias da Índia, Egito, Grécia, dos hebreus, entre outros da Antiguidade. A teoria considera que o erro cometido – seja na vida passada (carma), no paraíso (pecado original) ou junto aos deuses (queda) – seria a "causa" de um inevitável "efeito": o sofrimento como castigo, seguindo o determinismo de uma lei natural. Essa é a própria definição de uma moral "heterônoma". Todavia, como já vimos, segundo o espiritismo, a lei natural que rege o mundo espiritual é a liberdade da vontade e a moral natural é autônoma. Portanto, a teoria moral espírita supera todas essas ideias heterônomas e equivocadas do mundo antigo. Vejamos. Conforme o ensino dos espíritos superiores, no código penal da vida

futura, em O Céu e o Inferno, "o sofrimento é inerente à imperfeição", ou seja, a **causa** é a imperfeição (condição do espírito egoísta e orgulhoso) e o **efeito** é o sofrimento inerente a ele. Desse jeito, o castigo, se quiser assim chamá-lo, é a própria sensação desagradável[212] da condição do espírito imperfeito, pois "toda imperfeição, assim como toda falta dela promanada, traz consigo o próprio castigo nas consequências naturais e inevitáveis". Quando alguém segura um objeto quente, sentirá dor enquanto não soltá-lo, da mesma forma, o sofrimento moral dura enquanto persiste a imperfeição. Qual a longevidade desse castigo? Os espíritos respondem: "Podendo todo homem libertar-se das imperfeições por efeito da **vontade**, pode igualmente anular os males consecutivos e assegurar a futura felicidade" (CI, p. 121). O sofrimento vai durar enquanto o espírito persistir em suas imperfeições e vai cessar por sua vontade, seguindo o caminho natural do arrependimento, conscientização de sua autonomia e reparação das faltas cometidas. Concluímos, então, que as teorias heterônomas do carma, pecado original ou causa e efeito são conjeturas refutadas, sendo que o espiritismo propõe uma nova teoria, que, em sendo autônoma, resolve as refutações das anteriores e revela uma lei natural: a "lei da escolha das provas", que veremos em seguida. Entre os equívocos da teoria do carma ou causa e efeito, estão:

A reencarnação é um castigo: Errado. A encarnação não é um castigo, mas uma necessidade para a evolução do espírito. Todos os espíritos, antes de nascerem homens, viveram as encarnações animais. Assim sendo, há uma continuidade das encarnações na passagem do animal para o homem. Por esse ponto de vista, podemos ver que a finalidade do ser humano é superar sua animalidade, tanto vivendo mais tempo no mundo espiritual, que é sua verdadeira pátria, quanto progredindo para um mundo feliz,

---

212 Sendo o sofrimento inerente à imperfeição, ele é concomitante a essa condição. Ou seja, o sofrimento é uma sensação que dura enquanto a imperfeição for mantida. Como a imperfeição nasce da livre escolha do espírito, também sua conscientização e sua superação dependem de sua vontade.

quando então passará a não mais precisar reencarnar. "A passagem dos espíritos pela vida corporal é necessária para que eles possam cumprir, por meio de uma ação material, os desígnios cuja execução Deus lhes confia. É-lhes necessária, a bem deles, visto que a atividade que são obrigados a exercer lhes auxilia o desenvolvimento da inteligência. Sendo soberanamente justo, Deus tem de distribuir tudo igualmente por todos os seus filhos; assim é que estabeleceu para todos o mesmo ponto de partida, a mesma aptidão, as mesmas obrigações a cumprir e a mesma liberdade de proceder. Qualquer privilégio seria uma preferência, uma injustiça" (ESE, p. 76).

Toda a humanidade vive em expiação: Errado. Todos os espíritos nativos da Terra que evoluem naturalmente, sem adquirir imperfeições (orgulho e egoísmo), vão transitar neste mundo em sua fase de regeneração, quando se sentirão recompensados pelos seus esforços. Isso, sem passar por sofrimentos no mundo espiritual – que representam as expiações. Somente vivenciam as provas para conquistar valores morais e intelectuais.

O sofrimento atual é consequência dos erros passados: Errado. Há uma diferença entre vicissitudes, que são provas, e sofrimento moral, que é um sentimento do espírito imperfeito. Espíritos das diversas classes podem viver vicissitudes durante a vida corpórea, desde os simples aos superiores. Os primeiros como provas para seu adiantamento e os superiores como missão para servirem de exemplo. Nenhum dos dois sofre moralmente. O sofrimento moral é a característica dos espíritos imperfeitos que apesar de conscientes do bem e do mal e da missão que possuem ao encarnar, mesmo assim sucumbem ao seu orgulho e egoísmo, sofrendo a expiação na espiritualidade, enquanto não se arrependem. Dessa forma, as vicissitudes são meios de progresso e o sofrimento moral é sempre inerente à imperfeição, e dura tanto tempo quanto dura aquela. Por isso, o espírito imperfeito não precisa de um inferno, pois carrega o seu próprio em sua consciência iludida. Para a maioria dos espíritos imperfeitos, a riqueza é uma prova mais difícil que a pobreza, invertendo o senso comum dos homens. Um indivíduo rico que abusou de seus servidores pode escolher renascer pobre, para viver a condição que desprezou ou, o que seria uma prova ainda mais difícil, viver novamente rico, se antes de nascer tenha adquirido consciência suficiente para passar por essa segunda prova com sucesso, sendo generoso e justo com seus subalternos.

Viver como ladrão pode ser um castigo: Errado. Algumas doutrinas consideram que viver como ladrão, assassino, prostituta são punições por erros do passado. No entanto, o espírito escolhe apenas provas, ou "tentação de fazer", mas nunca a "ação e como sucumbiu" (RE62, p. 219), pois isso é sempre uma consequência do livre-arbítrio. Jamais se perde a liberdade moral. Um espírito pode escolher nascer em meio a criminosos para testar sua capacidade de resistir a essa escolha, mas não escolher antecipadamente que vai cometer crimes, pois isso depende das suas escolhas quando em vida. O mesmo vale para tudo o que depende da escolha durante a encarnação.

Ação e reação é a lei determinista das reencarnações: Errado. A lei de ação e reação é como ficou conhecida a terceira lei de Newton do movimento: "a cada ação sempre corresponde uma reação de mesmo valor, mas em sentido contrário". Ela sempre representa uma interação entre duas coisas diferentes. Quem caminha, empurra o piso e o piso o empurra também em sentido contrário. Das leis de Newton é que se deduziu o determinismo de qualquer sistema clássico. Uma teoria moral determinista considera que uma lei externa sentencia um castigo ou reação ao ato praticado de forma automática. Essa hipótese transfere para o mundo moral o determinismo da mecânica clássica, que, como vimos, está superado. A explicação dos espíritos sobre a dinâmica da moral é exatamente a oposta, pois o aprendizado dos espíritos não se dá de forma heterônoma por castigo e recompensa, mas por um processo de conscientização e experimentação, onde as provas vivenciadas são escolhidas pelo próprio espírito em sua jornada evolutiva. Além disso, a responsabilidade pelos atos é proporcional ao conhecimento do bem e do mal e esse processo avança gradualmente, desde o espírito simples. Portanto, pela lei do mundo espiritual, a causa é a imperfeição (condição) e o efeito inerente é o sofrimento (condição). Quem hoje sofre ao vivenciar uma vicissitude, esse sofrimento moral é consequência da imperfeição ainda presente. No entanto, as dificuldades que se enfrenta na vida são exatamente uma oportunidade de superação da causa do sofrimento, que é o egoísmo e o orgulho.

3. **Lei da escolha das provas** (verdadeira) – No mundo espiritual, quando possuem o conhecimento do bem e do mal, e veem a imensa movimentação dos espíritos que trabalham voluntária e incessantemente para promover a harmonia universal, sentem um grande desejo de participar ativamente do trabalho no Bem, que reconhecem como sendo sua própria razão de ser. Todavia, no trabalho humano, é preciso ter recursos intelectuais e habilidades para executar as tarefas. No mundo espiritual, os recursos são intelectuais e morais, condição evolutiva que confere ao seu perispírito a possibilidade de interagir com os outros espíritos e agir sobre a matéria espiritual, como vimos em 4.3. A escolha das provas é o meio dele experimentar seu progresso, testar seu entendimento ou superar as imperfeições. Inicialmente, então, quando ganha essa consciência, o espírito escolhe "de acordo com a natureza de suas faltas, as que o levem à expiação destas e a progredir mais depressa". Para isso, o espírito estuda a si mesmo, procura descobrir seus apegos e deficiências. "Uns, portanto, impõem a si mesmos uma vida de misérias e privações, objetivando suportá-las com coragem", quando desejam conquistar paciência, resignação ou saber agir com poucos recursos. Outros desejam testar se já superaram as paixões inferiores e então "preferem experimentar as tentações da riqueza e do poder, muito mais perigosas, pelos abusos e má aplicação a que podem dar lugar". Aqueles que lutam contra os abusos que cometeram, "decidem a experimentar suas forças nas lutas que terão de sustentar em contato com o vício" (LE, p. 220).

Talvez a melhor demonstração da liberdade de escolhas das provas está em que alguns espíritos escolhem viver num meio confortável, onde possam usufruir de seus interesses materiais. Essa condição denota que eles possuem um "senso moral pouco desenvolvido" e, como os desejos animais não são saciáveis, acabam por abusar das paixões inferiores e adquirem vícios. Tudo isso é uma ilusão. E assim, "cedo ou tarde, compreendem que a satisfação de suas paixões brutais lhes acarretou deploráveis consequências, que eles sofrerão durante um tempo que lhes parecerá eterno" (LE, p. 220). E eles ficam naturalmente nessa condição de persuasão ou entendimento, explicam os espíritos superiores, até que "se tornem conscientes da falta em que incorreram e peçam, por impulso próprio, lhes seja concedido resgatá-la, mediante úteis provações" (Ibidem, loc. cit.). Essa fase é fundamental, pois demonstra que o estado de sofrimento do espírito imperfeito acaba quando se tornam "conscientes". Ou seja, a situação que vivem não é de castigo, mas um processo de conscientização.

O homem na Terra, preso às ideias materiais, só consegue observar nas provas, ou tribulações da vida, o seu lado penoso. Mas enquanto espírito, "uma vez desprendidos da matéria, apreciam as coisas de modo diverso da nossa maneira de apreciá-los. Divisam a meta, que bem diferente é para eles dos gozos fugitivos do mundo" (Ibidem, p. 221):

> Após cada existência, veem o passo que deram e compreendem o que ainda lhes falta em pureza para atingirem aquela meta. Daí o se submeterem voluntariamente a todas as vicissitudes da vida corpórea, solicitando as que possam fazer que a alcancem mais presto. Não há, pois, motivo de espanto no fato de o espírito não preferir a existência mais suave. Não lhe é possível, no estado de imperfeição em que se encontra, gozar de uma vida isenta de amarguras. Ele o percebe e, precisamente para chegar a fruí-la, é que trata de se melhorar. (Ibidem, loc. cit.).

Os espíritos que passaram por diversas provas e venceram ganham confiança com as qualidades que conquistaram e trabalham para auxiliar seus inferiores, ao mesmo tempo em que progridem ainda mais por isso. Há uma atividade incessante depois da morte, explica Kardec, sendo que "dizem todos os espíritos que, na erraticidade, eles se aplicam a pesquisar, estudar, observar, a fim de fazerem a sua escolha" (Ibidem, loc. cit.). Quando o espírito supera uma imperfeição, ele conhece todos os passos dessa vivência: as dores e incertezas de quem sofre, a ilusão de que não vão conseguir sair desse "fundo do poço", a insegurança de quem se sente sozinho, a sensação de derrota e culpa que conferem a infelicidade e o sofrimento moral. Depois, por uma conscientização, o espírito reconhece que tudo o que vive tem como única causa as suas próprias escolhas. Mas então também percebe que as mesmas forças de que fez uso para cair são suficientes para que consiga a superação. Então ergue a fronte e pede ajuda, pois se o egoísmo e o orgulho são condições solitárias da imperfeição, a luta pela superação se dá numa condição solidária da cooperação. A prece é um recurso sempre eficaz para quem deseja renovar suas forças, adquirir calma e resignação diante das provas, além de esperança, reconhecendo que a alma é eterna e o hoje, basta querer, pode ser sempre melhor que o ontem. O espírito que já passou por todos esses sentimentos e ganhou uma condição de harmonia, tem então uma afinidade com seus inferiores. Sabe compartilhar vivências em comum, tem uma sintonia que permite induzi-lo à recuperação e estende sua mão para ajudá-lo. Cada um de nós tem um espírito superior a nós, pertencente a uma ordem elevada, que recebeu de Deus a missão de "de guiar o seu protegido pela senda do Bem, auxiliá-lo com seus conselhos, consolá-lo nas suas aflições, levantar-lhe o ânimo nas provas da vida". Não há exceção, pois é uma lei divina. Essa é a maior expressão do amor de Deus por suas criaturas, quando dá a incumbência do acompanhamento do nascimento à morte, e também na vida espírita depois da morte e "mesmo através de muitas existências corpóreas" (*Ibidem*, p. 256). Ninguém está sozinho. E talvez essa seja o mais importante ensinamento dos espíritos superiores, destinado a converter aos mais incrédulos e sofredores.

4.5.3 A escolha das provas em Platão

Quando Allan Kardec conheceu pelos espíritos superiores a teoria da escolha das provas, ele não podia imaginar que essa ideia estava esboçada na obra *A República* de Platão:

> Não discutiremos hoje essa teoria, que estava tão longe do nosso pensamento quando os espíritos revelaram-na para nós, o que nos surpreendeu estranhamente, porque o confessamos, com toda a humildade, que o que Platão havia escrito sobre esse assunto especial, nos era, então, totalmente desconhecido, prova nova, entre mil, que as comunicações que nos foram feitas não são o reflexo de nossa opinião pessoal. (RE58, p. 165)

Como vimos anteriormente, Platão, numa obra anterior, *Fedro*, havia apresentado o mito da planície da verdade, agora, a história é mais completa, o mito de Er, o armênio. Esse relato, segundo Kardec, é um quadro imaginado para conduzir às ideias de imortalidade da alma, vidas sucessivas, escolhas das provas por meio do livre-arbítrio, "proposições que se encontram, todas, em *O Livro dos Espíritos*, e que vêm confirmar os numerosos fatos citados nesta revista" (Ibidem, loc. cit.).

Er havia morrido num combate e, quando recolhiam os corpos, encontraram o seu intacto. Levado para casa para ser sepultado, mas depois de dois dias sobre a pira retornou à vida e relatou o que chamamos uma experiência de quase-morte.

Sua experiência no mundo espiritual primeiro foi representada por um quadro de julgamento, onde os justos subiam para o céu e os injustos eram levados para baixo. Essa descrição é equivalente ao quadro religioso das penas e recompensas. Em seguida, Er disse que:

> Fossem quais fossem as injustiças cometidas e as pessoas prejudicadas, pagavam a pena de tudo isso sucessivamente, dez vezes para cada uma, quer dizer, uma vez em cada cem anos (...) para cada um desses crimes, suportava padecimentos a decuplicar; e inversamente, se tivesse praticado boas ações e tivesse sido justo e piedoso, recebia recompensas na mesma proporção. (PLATÃO, 2007, p. 486)

Caminhando pelo mundo espiritual, Er conhece um vasto prado, depois de longa caminhada passou a conhecer as estruturas do Universo, que eram mantidas pela "harmonia das esferas". Descreve então as esferas celestes como se imaginavam os céus, naquela época. Em seguida, surgem as Parcas (Láquesis, Cloto e Átropos), filhas da necessidade, vestidas de branco, que determinavam os movimentos tanto das esferas quanto, por meio de uma fiadeira, regulavam as condições do tempo, da vida e da morte dos homens. Diversas doutrinas orientais interpretam esses símbolos como sendo uma lei determinista, onde o que se faz numa vida determinará a vida futura. No entanto, Er vai descrever outra realidade, compatível com a teoria espírita. Vejamos.

Um intérprete dos deuses apresentou a declaração de Láquesis, para as almas presentes, que "o primeiro a quem a sorte couber, será o primeiro a escolher uma vida a que ficará ligado pela necessidade. (...) A responsabilidade será de quem escolher. O deus é isento de culpa" (Ibidem, p. 490). Os espíritos vão escolher as suas vidas livremente. Ditas as palavras, os modelos de vidas foram espalhados no solo para que cada um fizesse a sua escolha. Segundo as ideias da época, as vidas poderiam ser humanas ou animais, o que o espiritismo esclarece ser um equívoco.

Qual o critério para a escolha? Segundo Er, deve-se aplicar o máximo cuidado, toda a ciência, para distinguir uma vida honesta da que é má e de sempre escolher a melhor vida. Ponderando as fraquezas, as condições de nascimento, a força, facilidades e dificuldades, as qualidades existentes na alma, e "em conclusão de tudo isso, será capaz de refletir a natureza da alma, a vida pior e a melhor, chamando a pior à que levaria a alma a tornar-se mais injusta, e melhor a que leva a ser mais justa" (Ibidem, loc. cit.). Essas explicações conferem com o que os espíritos explicaram a Kardec que essa escolha tem relação com as qualidades a serem adquiridas e à superação das imperfeições.

Er descreve então a lógica das escolhas dando exemplos de diversas personalidades conhecidas na literatura grega. Nem todos escolhiam corretamente. A primeira alma logo escolheu a vida de um governante poderoso, "e, por insensatez e cobiça, arrebatou-a, sem ter examinado capazmente todas as consequências" (Ibidem, p. 492). Consequências terríveis dessa vida cheia de perigos. Realmente, a liberdade de escolha permite escolher uma vida cheia de recursos materiais. No entanto, quanto ao objetivo evolutivo do espírito, a meta dessa vida é fazer uso coletivo desses valores, o que é uma prova muito difícil. Quem a escolhe por ambição, precisará de muito esforço para superar suas imperfeições.

Er comenta que "a maioria fazia a sua opção de acordo com os hábitos da vida anterior. Mas a mais interessante foi a escolha de Ulisses, o grande herói de Troia. Ele avançou, mas, lembrado dos anteriores trabalhos, quis descansar da ambição, e andou em volta a procurar, durante muito tempo, a vida de um particular tranquilo". Achou essa vida num canto, desprezada por todos. Mas ao encontrá-la, Ulisses declarou que faria a mesma escolha se fosse o primeiro a escolher. É bem possível que essa escolha de Ulisses queira simbolizar que o melhor caminho para alcançar a sabedoria está nas vidas simples, nos enfrentamentos das dificuldades cotidianas, e não nas grandes personalidades e vidas abastadas.

Por fim, Er descreveu que as almas, antes de renascer, passam para a planície do Letes, que significa esquecimento. Bebendo da água do seu rio, as almas vão se esquecer das vidas passadas, ao que Kardec comentou ser uma "alusão ao esquecimento que se segue à passagem de uma existência à outra" (RE58, p. 169).

Na última página de A República, que encerra com o mito de Er, há uma mensagem de esperança: "Se acreditarem em mim, crendo que a alma é imortal e capaz de suportar todos os males e todos os bens, seguiremos sempre o caminho para o alto, e praticaremos por todas as formas a justiça com sabedoria, a fim de sermos caros a nós mesmos e aos deuses, enquanto permanecermos aqui" (PLATÃO, 2007, p. 496-497).

E então, conclui Platão, "depois de termos ganho os prêmios da justiça (...), haveremos de ser felizes".

PARTE 5:
A CAUSA ESPÍRITA À FRENTE

"Dar em nome da Sociedade de Paris e em nosso próprio nome, em particular, um testemunho especial da gratidão e de admiração a esses pioneiros da obra espírita que, por sua iniciativa, seu zelo desinteressado e seu devotamento constituem dela os primeiros e mais firmes sustentáculos, a esses que caminham sempre em frente, sem se inquietaram com as pedras que se lhes atiram, colocando o interesse da **causa espírita** à frente de seus interesses pessoais".
(VE, p. 19)
Allan Kardec

Os três amigos, iniciadores do Espiritismo no Brasil, Gonçalves Dias, Porto-Alegre e Gonçalves de Magalhães

5.1 BRILHANTE CARREIRA COMO EDUCADOR

A infância e juventude de Rivail foram marcadas pelo contato e apoio de personalidades fortes que influenciaram sua educação, como sua mãe, Pestalozzi e Boniface. Jeanne, viúva, e restando-lhe um de seus três filhos, transformou o sonho de Rivail de contribuir para a educação da França na missão de sua vida. Ao deixar o castelo de Yverdon, na Suíça, o novo destino não foi Bourg-en-Bresse, mas a então capital da cultura mundial, Paris.

Rivail, desde seus 18 anos, iniciou um projeto bem-elaborado, executado com grande esforço e passos firmes, subindo cada degrau até alcançar seu ideal. A educação francesa dava-se em três sistemas paralelos e independentes entre si, a instrução primária dedicada ao povo em geral, com um conteúdo limitado, nos chamados colégios comunais[213] (desde 1815); o segundo grau ou instrução secundária era para as famílias que podiam arcar com seus custos, nos institutos e pensões, que eram estabelecimentos privados. E uma instrução superior, nas faculdades ou nas escolas do governo, exclusivamente aos mais abastados.

Em 1825, com a morte de sua avó Charlotte, seu tio François passou a viver em Paris com Rivail e sua mãe Jeanne. A mansão em Bourg-en-Bresse, que abrigara importantes memórias, foi anunciada para alugar por temporadas, aproveitando o interesse turístico da região. Agora a vida da pequena família passou a ser afastada da beleza natural, nas ruas pavimentadas tomadas de prédios de apartamentos, palácios e o espetáculo das luzes noturnas da megalópole parisiense.

No ano seguinte, 1826, depois de apenas quatro anos na capital, Rivail já tinha um diploma de chefe de instituição, estava fundando seu segundo estabelecimento, agora o *Instituto Rivail*, depois de passar o ano anterior aprendendo o ofício numa escola de primeiro grau. Também dava aulas em diversas disciplinas, como matemática, gramática, astronomia, física, química, anatomia

---

213 Os dados sobre as estruturas da educação na França do século 19 têm como fonte: LUC, Jean-Noël. Permanências e mutações dos liceus franceses, do Primeiro Império ao início do século 21. Trad. Maria Helena Camara Bastos. *Revista Brasileira de História da Educação*, n. 13, jan./abr. 2007.

comparada, além de tornar-se membro de diversas academias científicas. Continuava sua carreira como escritor, produzindo métodos pestalozzianos promovendo os princípios da autonomia intelectual e moral, o uso da razão para o entendimento, seguindo os ideais libertários iluministas nos quais sua alma estava plenamente impregnada.

Mas quem poderia imaginar que, depois das promessas e planos de liberdade da grande revolução, a França viveria a restauração da monarquia e, também, da Companhia de Jesus, a ordem armada fiel do papado e responsável pela educação coercitiva e dominadora que os liberais desejavam ter já superado. Em 1828, Kardec escreveu uma proposta de mudança da educação popular ou – *Plano proposto para a melhoria da educação pública por H.-L.-D. Rivail, discípulo de Pestalozzi, diretor de escola da Academia de Paris, membro de diversas sociedades científicas.* Nesse trabalho, propunha um novo currículo escolar de acordo com os tempos modernos, a preparação profissional dos professores pela pedagogia, além da "abolição dos diretores de escola de conduzir seus alunos aos cursos dos colégios reais", dominados pelo clero desde a restauração com seus métodos autoritários, latim, catecismo, missas, palmatórias, batinas e sinos.

Existem fatos que, apesar de não terem uma relação causal, são coincidências bastante significativas. Jung as chamava sincronicidades. O pesquisador espírita Léon Denis gostava de comentar que seu nome estava inserido no do mestre: H. Léon Denizard Rivail. Mas o significado simbólico do que ocorreu em 1830, quando da fundação do Liceu por Rivail, ultrapassa os limites de uma coincidência.

Desde 1816, os professores jesuítas eram formados na rua dos Postes. Mas em 1822, a ordem comprou um antigo hotel no subúrbio parisiense Saint-Germain,[214] estruturando em suas instalações um monastério. O prédio tinha grandes janelas na fachada, e seus dois grandes portões davam entrada para o pátio central com jardins e passeios. No térreo ficavam os refeitórios, cozinha, lavanderia e administração, acessados por uma porta lateral. Nos andares superiores distribuíam-se as salas de aula e dormitórios.

Mas o fogo das ideias revolucionárias ainda estava aceso debaixo do caldeirão parisiense. Na Revolução de 1830, uma brigada se formou no subúrbio. Ao grito de "avante"! Diferentes grupos tomaram as ruas. O povo arrombou as portas do monastério, pois pretendiam apreender as armas dos jesuítas.[215]

---

214   Um investimento na época de 350 mil francos (BURNICHON, 1914, p. 92).

215   TURNBULL, David. *The French revolution of 1830, the events which produced it, and the scenes by which was accompanied*. London: Henry Colburn and Richard Bentley, 1830.

A maioria dos ocupantes fugiu para o exílio e o prédio de número 35 da rua de Sèvres, abandonado, foi alugado pelos jesuítas para o professor Rivail, chefe de instituição, por um contrato de 14 anos!

O liceu era um empreendimento complexo, naquele tempo havia somente 36 deles em Paris. Eram como um vilarejo com vida própria, onde os internos tomavam banho, praticavam esportes, música, levavam suas roupas para lavar. No grande auditório havia distribuições de prêmios, especialistas e sábios eram chamados para dar aulas especiais e cursos livres. A abertura do Liceu coincidiu com a ascensão dos espiritualistas racionais ao comando da educação. Guisot, ministro da Instrução Pública, reformulou o ensino francês com a ajuda de Victor Cousin para um humanismo, nos moldes que já vimos, repercutindo em sistemas de ensino de diversos países do mundo, inclusive do governo imperial brasileiro. De posse dessa abertura e do método de Pestalozzi, a carreira brilhante de Rivail chegava ao auge.

Em fevereiro de 1832, Rivail casou-se com a professora e artista Amèlie-Gabrielle Boudet, que tinha nove anos a mais que ele, filha de um rico tabelião, então viúvo e aposentado. Gabrielle foi morar com Rivail e os familiares de seu marido nas dependências do Liceu.

Por volta de 1840, Rivail estabeleceu sociedade com o professor Amedée Pitolet, seu colega acadêmico do Instituto Histórico, membro da Academia Industrial, entre outras instituições, e experiente diretor de instituições de ensino. Desde então, o Liceu Polimático se especializou no ensino profissionalizante para a indústria, magistratura e comércio, e no curso de preparação para o ensino superior da Faculdade de Filosofia e Letras.[216] Em apenas um ano, sete alunos não só ingressaram no ensino superior da mais tradicional instituição pública de Paris, o Liceu Louis-le-Grand, como receberam muitos prêmios. Depois de contratempos financeiros, porém, e com o interesse dos jesuítas, alegando o atraso do aluguel, o contrato foi rescindido e o prédio foi retomado (BURNICHON, 1914, p. 93), em 1844. Voltou para lá um grupo de padres. Entre 1855 e 1858, a igreja jesuíta de Santo Inácio foi construída em parte do prédio. Em 1869, do outro lado da rua, foi inaugurada a então maior loja de departamentos do mundo, *Au Bon Marché*. Atualmente, onde foi o Liceu Rivail, o espaço está dividido entre um *shopping*, a igreja em sua parte interna e, em anexo, a faculdade jesuíta de teologia!

Em 1835, o jornal do Instituto Histórico convidou todos os interessados em educação para visitar o Liceu Polimático do colega Rivail, noticiando que

---

216 *Journal des Débats Politiques et Littéraires*. Paris: Bibliothèque Nationale de France, 31/08/1841. 29/08/1843. *La Presse*, Paris, 27/09/1841, 05/09/1843.

se tratava da primeira instituição a oferecer o currículo completo dos estudos clássicos que incluíam: instrução religiosa, leitura e oratória, redação; língua; retórica e literatura francesa; latim, grego, inglês, alemão; geografia, história, aritmética e geometria básicas; matemática superior; desenho geométrico plano; máquinas e objetos de arte; desenho e paisagem acadêmica; geografia astronômica; física e química básicas; anatomia fisiológica e higiênica; anatomia aplicada ao desenho e pintura; mecânica aplicada às artes; tecnologia; um curso completo de estudo comercial e industrial; um curso preparatório ao bacharelato em letras e ciências da arte.[217]

Para estruturar o liceu, Rivail havia contraído uma dívida de 35 mil francos com dois parentes, mas como o estabelecimento valia mais de 40 mil francos, sua situação financeira era confortável. Todavia, com o fechamento inesperado da instituição, as coisas ficaram difíceis. Rivail e Gabrielle, porém, não perderam esperanças e continuaram educando seus alunos em pequenos pensionatos. O professor, para completar o orçamento, fazia o trabalho de contabilidade de um teatro, de uma livraria e do jornal católico *L'Univers*. Mas também se dedicava a publicar novos livros e traduções, como também os manuais dos cursos do professor Lévi Alvares. Tempos depois, quando sua mãe Jeanne já era falecida, o casal se mudou para um pequeno e simples apartamento de fundos, no segundo andar da movimentada rua dos Mártires, número 8. Esse nome se deve a São Dinis que, mesmo decapitado, teria subido por essa rua até chegar à sua igreja.

Depois do grande sucesso em sua carreira, tinha início uma vida modesta para o casal Rivail, mas o estilo de vida deles já era simples, portanto, seus hábitos não mudaram. Como nada é por acaso, sua grande missão espírita estava por vir.

A vida de Rivail foi apoiada por mulheres dedicadas e de força. Depois da dedicação de sua mãe, será sua esposa Gabrielle quem irá ajudá-lo nas décadas seguintes não só colaborando ativamente no apoio à elaboração da obra espírita, como também na difícil tarefa de manter seu legado, após a morte do marido.

Quando teve seus primeiros contatos com os espíritos, em dezembro de 1855, na casa de Émile-Charles Baudin e sua esposa Clémentine, a qual, nesse dia, atuava como médium, Rivail, ainda inexperiente, perguntou ao espírito protetor da família, que chamavam Zéfiro (deus mitológico do vento do oeste):

– Seria o meu protetor, o espírito de algum parente, ou de algum amigo?

---

217 *Journal de l'institut historique*, v. 2. Institut Historique de France (Paris), p. 218, 1835.

— Nem uma coisa, nem outra, objetou Zéfiro, mas um homem que na Terra foi justo e de muita sabedoria.

Em seguida, demonstrando que tinha em mente a lembrança de Jeanne-Louise, Rivail pergunta:

— O espírito de minha mãe vem me visitar algumas vezes?

Zéfiro respondeu:

— Vem sim, e te protege no que estiver ao seu alcance.

O professor lembrou-se de que frequentemente a via em seus sonhos. Comentando esse fato com o espírito, perguntou se aqueles momentos eram mesmo lembranças ou apenas um efeito de sua imaginação. No que o espírito respondeu:

— Não, Rivail, é mesmo sua mãe que te aparece! E bem você pode ter certeza disso, pelos sentimentos que tem nesses felizes momentos.

Por fim, o professor, que manteve a transcrição desse diálogo entre os seus guardados até o fim da vida, fez a seguinte anotação no final da folha, demonstrando o imenso carinho que tinha por aquela mulher de fibra, expondo algo tão íntimo, como nunca o fizera em toda sua obra:

"O que Zéfiro disse é perfeitamente exato. Quando minha mãe me aparecia em sonho, eu experimentava uma emoção indescritível, o que o médium de forma alguma podia saber" (OP, p. 332).

5.2 O MOVIMENTO PARISIENSE DO MAGNETISMO

A ligação entre magnetismo animal e espiritismo foi muito importante e o cenário histórico dessas duas ciências se entrelaça quanto aos seus fatos e personagens, na França, desde 1850. Naquele ano, um grande pioneiro da causa espírita, o relojoeiro Jean-Pierre Roustan, que com seu sócio montava, consertava e até desenvolvia componentes[218] para os complexos mecanismos dos relógios em sua loja da rua Saint-Honoré, numero 6.

Roustan foi um magnetizador conhecido por sua simplicidade e capacidade de perceber com clareza tudo o que ocorria à sua volta, certamente, pelas habilidades meticulosas exigidas por sua profissão. Empregava seus dons de cura, atendendo pacientes gratuitamente, sendo integrante da Sociedade Filantrópico-Magnética de Paris, criada pelo senhor F. Millet e que tinha sede na mesma rua da relojoaria, no número 267. Depois de ter sua esposa desenganada pelos médicos, que

---

218 "Laurent Cullat et Jean-Pierre Roustan, horlogers, Paris, Saint-honoré, 6". *Bulletin des lois de la République française*, v. 1, Paris: Imprimerie nationale des lois. 1841.

abandonaram o seu tratamento, Millet encontrou o magnetizador Jean-Joseph Adolphe Ricard[219] em suas concorridas exibições públicas do poder de cura e da lucidez sonambúlica, onde, além de encontrar a cura de sua esposa, assumiu em agradecimento a tarefa de dedicar sua vida ao ensino e prática do magnetismo animal. Em seu jornal *União Magnética* (*L'Union Magnétique*), ele relata sua trajetória:

> Assistindo às sessões de Jean J. Ricard, observei os efeitos benéficos do magnetismo. Para espalhar os resultados e divulgar o conhecimento desse procedimento curativo, reuni algumas pessoas que, como eu, desejavam se associar para o tratamento gratuito dos enfermos. Assim começou, em 1840, a *Sociedade Filantrópico-Magnética*, com um lema simples: fazer o bem.[220]

Antes de seguir a trajetória de Roustan, o que nos conduzirá ao surgimento do espiritismo, vamos conhecer um pouco melhor o movimento do magnetismo animal formado por sua segunda geração. Ele era formado pela orientação de quatro escolas principais: a do Barão Du Potet e a medicina magnética, Millet e a escola leiga e filantrópica, Cahagnet e os magnetizadores espiritualistas – os três franceses; e por fim a escola de Charles Lafontaine, da Suíça, liderando os fluidistas, o grupo menos numeroso, que qualificava o fenômeno como mecânico e ocasionado por uma substância material, invisível e imponderável.

Todavia, de acordo com os pressupostos filosóficos, as quatro escolas se dividiam em apenas dois grupos, os três primeiros espiritualistas enquanto o último materialista,[221] como explica Allan Kardec em seu último ano, 1869:

> De todos os tempos, os magnetistas estiveram divididos em dois campos: os espiritualistas e os fluidistas; estes últimos, muito menos numerosos, fazendo ao menos abstração do princípio espiritual, quando não o negam absolutamente, tudo relacionam com a ação do

---

219 Ricard foi autor de diversas obras como o *Traité théorique et pratique du magnétisme animal ou Méthode facile pour apprendre a madnétiser*. Paris: Germer Baillière, 1841. Também foi diretor do *Journal du Magnétisme* e professor da Athénée Royal de Paris.

220 *L'Union Magnétique: Journal de la Société Philanthropico-Magnétique de Paris*. v. 1. Paris: Millet, 1854. p. 8.

221 Lafontaine não era materialista, mas sim a consequência filosófica da teoria fluidista, adotada por seu grupo.

> fluido material; consequentemente, estão em oposição de princípio com os espíritas. Ora, há que se observar que, se todos os magnetistas não são espíritas, todos os espíritas, sem exceção, admitem o magnetismo. Em todas as circunstâncias, deles se fizeram os defensores e os sustentáculos. (...) De resto, pode-se afirmar, sem se afastar da verdade, que a oposição jamais está na proporção de mais de 2 a 3 por cento sobre a totalidade dos magnetistas. (RE69, p. 7)

A sociedade filantrópica do senhor Millet, que reunia muitos leigos; como: Roustan; um amigo de Rivail, senhor Fortier; e um funcionário público, senhor Pâtier – e cujo presidente era o médico da Faculdade de Paris, o marquês de Duplanty (1808-1876), chegava a reunir 350 pessoas, em suas sessões públicas. Millet, em seu *Curso de Magnetismo em Doze Lições*, destacava entre os ensinamentos de Deleuze o seguinte, que bem representa sua orientação:

> Os procedimentos não são nada se eles não estiverem unidos por uma vontade bem intencionada, podemos mesmo dizer que eles não são a causa da ação magnética, no entanto são necessários para concentrar e dirigir a ação do magnetismo, de acordo com a finalidade a que se deseja atingir.[222]

O grupo do médico Du Potet, por sua vez, era o mais bem estruturado, possuindo um curso regular desde 1826, na galeria do Palais Royal, frequentado por muitos médicos, acadêmicos e cientistas. Suas obras, como *Terapêutica Magnética* e *Manual do Estudante Magnetizador*, ricas em diagnósticos e tratamentos das moléstias, eram adotadas e aplicadas em hospitais e clínicas, sendo traduzidas para diversas línguas. Du Potet dividia o magnetismo animal em três objetos de estudo: a *causa* ou fenômeno, a *arte* de magnetizar ou medicina e a *ciência* do magnetismo. O *Jornal do Magnetismo* foi considerado por muitos anos o representante oficial daquela ciência. Quando chegou a Paris, o professor Rivail não só fez o curso, como participou ativamente na sociedade, tendo pesquisado o sonambulismo por 35 anos.

O barão e médico Du Potet conheceu o magnetismo aos dezenove anos, em 1815, quando eram poucos os adeptos, orientados na França apenas por precursores da primeira geração, que agiam intuitivamente seguindo os ensinamentos diretos de Mesmer: Puységur e Deleuze. Mas tanto a escola quanto a missão

---

222 MILLET, F. *Cours de magnétisme animal en douze leçons*. Paris: Chez l'auteur, 1858.

de Du Potet eram ensinar e promover a medicina magnética, como ele afirmou em A *Magia Desvelada*:

> Meus primeiros sucessos me deram certo renome; vinham a mim para conselhos e esclarecimentos; doentes também me pediam curas. Adquiri então a certeza de que a ignorância dos homens era profunda: a minha não era menor. Como então chegar ao saber? Pelo estudo, sem dúvida; mas todos trabalhavam sem muitos frutos. Qual era o novo caminho? O mesmo que a ciência indicava: *observar a natureza, imitá-la em seguida*. Quando interrogava Deleuze ele me respondia: "Siga a fé, a esperança e a caridade, leia meus livros" – Puységur: "Creia e vele, é a chave do magnetismo". Oh! Meus mestres, agradeço-lhes! Vocês são de uma grande doçura do coração, têm virtudes, eu procurarei adquiri-las, mas não é a moral que quero ensinar; são simplesmente as regras da medicina magnética.[223]

Com o interesse de estabelecer o magnetismo como ciência, não havia, porém, arrogância em sua intenção, o lema de Du Potet revelava humildade: "A verdade, não importa por qual boca, o bem, não importa por quais mãos".

No primeiro ano da *Sociedade de Paris*, 1858, Allan Kardec foi convidado no dia 26 de maio, aniversário de Mesmer, para os dois banquetes anuais que reuniam a elite dos magnetizadores de Paris, além dos adeptos estrangeiros, na mesma noite, em locais diferentes. O professor então comentou: "Sempre nos perguntamos por que essa solenidade comemorativa é celebrada por dois banquetes rivais, onde cada um bebe à saúde do outro, e onde se leva, sem resultado, brindes à união". Qual o motivo para tal separação? "Estão divididos quanto aos princípios de sua ciência? De modo algum; têm as mesmas crenças; têm o mesmo mestre, que é Mesmer". Mas a que se prende o antagonismo? Kardec respondeu que a causa só pode estar "nas susceptibilidades inerentes à imperfeição de nossa natureza, e da qual os homens, mesmo superiores, não estão sempre isentos" (RE58, p. 121). Como não poderia estar nos dois ao mesmo tempo, foi ao banquete de Millet, onde cantou seu amigo Fortier, e discursou o doutor Duplanty que, sem se pronunciar pró ou contra o espiritismo:

---

223 POTET, Jean Du. *La magie dévoilée, ou principes de science oculte*. Paris: De Pommeret et Moreau, 1852.

> Sabiamente fez observar que os fenômenos do magnetismo, em nos revelando uma força até agora desconhecida, devem tornar tanto mais circunspectos em relação àqueles que podem se revelar ainda, e que haveria pelo menos imprudência em negar aqueles que não se compreendem, ou que não se constataram, quando, sobretudo, se apoiam na autoridade de homens honrados, cujas luzes e lealdade não poderiam ser postas em dúvida. (Ibidem, p. 122)

Em 1840, Louis Alphonse Cahagnet, que como profissão era torneiro-marceneiro vivia na rua Tiquetonne, 17, por problemas de saúde viajou para os bons ares da pequena Rambouillet, próxima de Paris, onde foi iniciado no magnetismo por Charles Renard (RE58, p. 237). Este swedenborguiano entrava espontaneamente em estado extático, momento no qual revelava vislumbres da espiritualidade. Renard comentou então a Cahagnet que, certamente, um sonâmbulo lúcido poderia ver a alma dos falecidos e conversar com elas. Espantado com tal hipótese, de volta a Paris, por volta de 1845, o marceneiro obteve seus iniciais experimentos com seu primeiro extático, Bruno Binet, um rapaz de 27 anos. Em sua lucidez, Bruno podia examinar o interior dos organismos, previa a evolução das curas, descrevia a causa das moléstias:

> Estando então entregues somente ao estudo dos fenômenos do magnetismo e do sonambulismo, nossos lúcidos acusavam sem cessar que estavam em relação com seus parentes ou amigos mortos (...). Víamos tudo como um produto da imaginação. (...) Quando adquirimos a convicção de que estas percepções eram bem reais, nos dedicamos com um grande amor ao estudo dessa propriedade.[224]

Certo dia, Bruno relatou estar ouvindo uma voz.
– Pergunte quem é, disse o magnetizador.
– Ele diz que é meu espírito-guia, e que se chama Gabriel, respondeu Bruno.
No estado de êxtase, o rapaz podia afastar-se de seu corpo, visitar os espíritos e conversar com eles. Entre os sonâmbulos com os quais Cahagnet fez experiências, uma moça iletrada, Adèle Maginot, seria sua mais lúcida sensitiva. Autodidata, Cahagnet reuniu um extenso volume de experiências que resultaram, em 1847, no primeiro tomo de *Arcanos da Vida*

---

[224] CAHAGNET, Alphonse. *Guide du magnétiseur ou Procédés magnétiques d'après Mesmer, Puységur et Deleuze*. Paris: Vigot Frères. 1906.

Futura Revelados, aos quais seguiriam mais dois. Em 1848, fundou a *Sociedade dos Magnetizadores Espiritualistas*, que depois seria transformada na *Sociedade dos Estudantes Swedenborguianos*. E fundou o jornal *O Magnetizador Espiritualista*. Até 1883, publicaria mais de dez obras.

Apesar de antecipar a comunicação com os espíritos, sua pesquisa ainda prescindia de duas questões fundamentais, para o estabelecimento do espiritismo. O primeiro deles estava na classe dos fenômenos, pois o mecanismo de suas experiências dava-se por um estado de relação (*rapport*) entre o magnetizador, Cahagnet, e o sonâmbulo.[225] Levado ao estado de maior desprendimento, o sensitivo relatava o que via e as respostas dos espíritos, por meio da lucidez de sua alma. Já nos fenômenos mediúnicos, o estado de relação se dá entre o espírito comunicante e o sensitivo, sendo possível ao comunicante agir sobre a mente do médium, buscar um vocabulário e conhecimentos de que necessite. Caso o médium não os possua, ainda é possível ao espírito servir-se do organismo dele para escrever palavra por palavra, mantendo a fidelidade das suas ideias. Por outro lado, a segunda questão está no questionamento racional dos homens diante do ensino dos espíritos superiores, que é um trabalho coletivo e amplo, por uma grande rede de médiuns e manifestações, um trabalho futuro maduro, num momento de colheita dos frutos, mas que nessa data ainda estava no período de semeadura.

Em determinado momento, o espírito Gabriel foi questionado sobre o que considera alma, e respondeu: "É um pensamento privilegiado de Deus, individualizado para governar outros pensamentos. (...) No símbolo da trindade, a alma é a mente de Deus, manifestado de acordo com seus desejos".[226] Assim, sem confrontar outras opiniões, e sem um desenvolvimento das ideias por um questionamento racional, essa opinião leva ao panteísmo, uma variante do materialismo onde os seres são pensamentos ou centelhas do Criador, tese refutada em *O Livro dos Espíritos*. Seria, porém, essa opinião realmente o pensamento do espírito Gabriel, ou ao escolher suas palavras ao ouvir o que o espírito disse, o sensitivo Bruno teria alterado involuntariamente o sentido original? Não se sabe, pois o questionamento sobre a hipótese não foi objeto da pesquisa ainda primitiva de Cahagnet.

---

225 A não ser num grau mais profundo de desprendimento, o êxtase, quando o sensitivo ganha uma liberdade tal que pode visitar ambientes espirituais. Nas obras de Kardec, muitas manifestações se deram no estado de êxtase, como pelo médium Morin, condição chamada "êxtase espontâneo", pois é colocado nessa condição por uma magnetização direta dos espíritos e não por um magnetizador humano.

226 CAHAGNET, Alphonse. *Sanctuaire du spiritualisme; étude de l'âme humaine, d'après le somnambulisme et l'extase*. Paris: Chez l'auteur. 1850.

O problema de uma só fonte acarreta a restrição à opinião única de um grupo de espíritos. Na mesma época, o aristocrata Henri Delaage, católico fervoroso, afirmou: "Fui criticado por escrever meu livro com entusiasmo e paixão, sem perceber que seu conteúdo não só foi ensinado a partir do púlpito, como confessado por mártires na fogueira". Ao contrário da maioria dos outros círculos de magnetizadores espiritualistas, onde os espíritos declaram não existir o inferno e que a religião natural é suficiente para a salvação,[227] seus diálogos por meio dos sonâmbulos confirmavam o catecismo da Igreja:

> Afirmamos que no começo do mundo o pecado tinha animalizado o homem, envelopado sua alma com órgãos mortais e materiais, colocando-a em relação com as criaturas mortais da Terra, mas limitadíssimas, para permitir-lhe esta como antes da queda, em relação direta com Deus. Daí a razão da luta do iniciado com os elementos da Natureza, revoltados contra o homem caído. (...) Deriva também daí o combate com a carne pelo jejum e pela castidade, para sujeitá-la; enfim, o renascimento da alma à potência e à luz da vida".[228]

5.3 UM PIONEIRO DEVOTADO E DESINTERESSADO

Em 1849, a senhora De Abnour chegou entusiasmada para trazer a novidade a Paris, depois de experimentar os fenômenos mediúnicos e estudar a doutrina que eram febre nos Estados Unidos, depois de se espalhar pela imprensa as primeiras batidas e conversas dos espíritos em Hydesville e Rochester, Nova York. A médium foi recebida por Louis, barão de Guldenstubbé e sua irmã, nobres escandinavos interessados nas ciências ocultas. Então, procuraram na elite dos magnetizadores parisienses interessados para formar um grupo de pesquisa. Mas as novidades estadunidenses, costumeiramente carregadas de entusiasmo e crendice, causavam uma clássica repulsa no temperamento francês. Depois de seis meses ouvindo recusas polidas e sorrisos amarelos, apenas dois homens e uma mulher aceitaram o convite, além dos irmãos Guldenstubbé: o criador da Igreja Francesa, Abade Châtel; o magnetizador Roustan e a sonâmbula de seu grupo, a senhora Ruth-Celina Baquet[229].

---

227 Morin, M. *Journal du Magnétisme*, v. 13. 1854, p. 221.
228 DELAAGE, Henry. *Doctrine des sociétés secrètes*. Paris: Dentu, 1852. p. 158-159.
229 *Revue Spiritualiste*, v. 4-5. Bureaux, 1861. p. 389.

Celina fora curada nos anos 1840 por Ricard e, depois, mudou-se para o interior da França. Em 1845, procurando novamente por ele em Paris, na sede da *Sociedade Filantrópico-Magnética*, acabou por conhecer o senhor Roustan, que lá estava com Millet. A sintonia entre os dois foi tão adequada, tão harmônica, que Ruth-Celina, tendo adotado um pseudônimo por questões de família, Celina Japhet, foi por três anos sonambulizada por Roustan, fazendo profissionalmente o prognóstico dos enfermos, examinando seus organismos internamente e propondo o tratamento adequado.

No entanto, aquele novo grupo, reunido em 1849, tratava de uma nova ordem de experiências. Seguindo a orientação da senhora De Abnour e fazendo um círculo de apoio à médium, depois de muita perseverança, obtiveram batidas, vozes diretas e as amplas possibilidades da psicografia. Aquela investigação mediúnica tornou-se uma sessão regular, realizada todas as sextas-feiras à noite, na residência de Roustan, à rua Tiquetonne, 14, com uma audiência que sua sala comportava, girando em torno de vinte pessoas. Algumas sessões também ocorriam na casa do viúvo senhor Baquet e sua filha Ruth-Celina, na rua dos Mártires, 46 (que como vimos era a mesma rua onde Rivail morava – os endereços dessa história não só eram próximos de alguns quarteirões, como muitas vezes eram vizinhos).

A seriedade dos trabalhos e a qualidade tanto da médium quanto do método empregado, a psicografia, – que permitiam o registro imediato e uma rapidez que dava fluência aos diálogos com os espíritos – atraiu o interesse de uma audiência qualificada, que não estava curiosa pelos fenômenos, mas com o que a espiritualidade tinha a dizer. Da mesma maneira que os acontecimentos importantes de nossas vidas são objetivamente escolhidos, a história do espiritismo jamais seria construída por acasos. Desse modo, as pessoas que se tornaram membros efetivos do grupo de Roustan, não só possuíam um conhecimento qualificado, mas também se completavam. Segundo o relato de Japhet ao pesquisador russo Alexander Aksakof[230], frequentavam os estudos o dramaturgo Victorien Sardou e seu pai Antoine Léandre Sardou; o editor Pierre-Paul Didier; o historiador da Sorbonne Saint-René Taillandier; o barão holandês J. N. Tiedeman Martheze, que dedicou seu tempo e dinheiro à pesquisa espírita; e o educador e acadêmico espanhol Ramón de la Sagra e sua esposa.

---

230 AKSAKOF, A. Researches on the historical origin of the reincarnation speculations of French spiritualists. *Spiritualist Newspaper*, London, p. 74-75, 1875.

Ramón de la Sagra y Peris (1798-1871)

O que nenhum deles poderia imaginar é que os espíritos que respondiam às perguntas sobre os mais diversos temas da psicologia, metafísica, educação, filosofia, eram eminentes sábios, filósofos, moralistas, que durante milhares de anos construíram a cultura humana, continuando sua busca pelo saber na espiritualidade, liderados pelo Espírito da Verdade. No transcorrer de ao menos seis anos, os registros dessas reuniões, como vamos ver, chegariam às mãos do atarefado professor Rivail, constituindo o impulso inicial, a motivação e a base de conhecimento para o árduo trabalho de pesquisa que daria nascimento a O Livro dos Espíritos.

Vale a pena conhecer melhor os frequentadores das reuniões de Roustan, pioneiros ocultos da causa espírita. Aos vinte anos, o mais jovem do grupo, Victorien Sardou (1831-1908), que seria grande amigo de Rivail e atuaria como médium na Sociedade Parisiense, apenas iniciava sua carreira como dramaturgo, suas peças questionadoras, muitas vezes censuradas por suas críticas sociais e ideias políticas, desde os anos 1880, seriam escritas para Sarah Bernhardt. Seu pai, Antoine Sardou (1803-1894) era um erudito pedagogo, autor de dicionários e obras dedicadas ao ensino de ciências como gramática, geografia, artes, matemática, física, química, astronomia. Ambos representavam um desafio criativo, didático e questionador para os espíritos.

O livreiro e editor Pierre-Paul Didier (1800-1865), quando jovem, depois de ser balconista de uma livraria, dedicou-se a publicar o registro estenográfico das aulas dos grandes professores universitários da faculdade de filosofia, fundadores do espiritualismo racional, como Victor Cousin e François Guizot. Sua dedicação fez surgir uma biblioteca acadêmica, que reuniria um extenso catálogo de história, literatura e filosofia com dezenas de autores como Lacordaire, Littré, Lammenais, Sacy e Flammarion. Futuramente Didier se tornaria "um de seus adeptos mais sinceros e mais devotados", segundo Kardec, sendo membro fundador da *Sociedade de Paris* e o dedicado editor das obras da doutrina espírita. Assíduo, esteve presente na reunião do dia anterior à sua morte. Kardec afirmou sobre ele:

> o sr. Didier não era o vendedor de livros; mas o editor inteligente, justo apreciador, consciencioso e prudente, tal quanto o era necessário para fundar uma casa séria como a sua. Suas relações com o mundo sábio, no qual era amado e estimado, haviam desenvolvido suas ideias e contribuído para dar, à sua livraria acadêmica, o caráter sério que dela fez uma casa de primeira ordem. No que me concerne, felicito-me de tê-lo encontrado em meu caminho, o que devo, sem dúvida, à assistência dos bons espíritos, e é com toda sinceridade que digo que o espiritismo perde nele um apoio, e eu um editor tanto mais precioso quanto entrando perfeitamente no espírito da doutrina, ele sentia uma verdadeira satisfação em propagá-la. (RE66, p. 261)

Dentre os sábios que tinham suas obras publicadas por Didier, participavam das reuniões na casa de Roustan, Amédée Thierry (1797-1873), jornalista e historiador francês, autor de um trabalho completo sobre os celtas, povo ancestral dos franceses que abrigava os druidas, cujas tríades antecipavam ideias espíritas. Também o historiador Saint-René Taillandier (1819-1877), especialista na cultura revolucionária alemã do Iluminismo, com Kant, professor de literatura francesa que conhecia desde a Idade Média ao seu tempo, tornando-se membro da academia francesa, depois de participar da reformulação da educação junto ao ministro da Educação em 1870.

Talvez o mais surpreendente participante desses diálogos precursores com os espíritos que auxiliariam a doutrina espírita seja o espanhol Ramón de la Sagra (1798-1870), uma figura tão fantástica que não temos espaço suficiente que corresponda à grandeza de sua mal divulgada vida, merecedora de uma obra própria. Para a ciência, ele foi o naturalista e agrônomo, pioneiro da agricultura e criador do Jardim Botânico de Cuba, denunciando os perigos da monocultura da cana, propondo a diversificação da cultura para alimentos e plantas medicinais por métodos atualmente conhecidos como orgânicos. Já se vê que é um pensador à frente de seu tempo. Estudioso de Rousseau e Pestalozzi, seus estudos sobre educação na Espanha são equiparados aos de Victor Cousin. Desde os anos 1830, preocupado com a pobreza das classes populares, viajou pelo mundo visitando prisões, orfanatos, escolas de cegos, casebres de operários, famílias em condição de pauperismo. A conclusão de sua imersão no pauperismo foi de que a "muitos dos seres desgraçados que gemem nos cárceres e nos hospitais ou associados com a miséria e o crime são esposos e pais de família". A solução da questão social estava em oferecer as condições mínimas de vida para todos e dedicar todos os esforços para a educação das crianças:

> Mas antes de instruir e reformar, é preciso assegurar a subsistências dessas classes infelizes. Reestabelecida como o meio de subsistência, a tranquilidade da família do proletário, poder-se-á pensar em reformar sua moral. Não esperemos grandes melhoras da geração atual, mas muito da geração futura. Devemos consagrar todos os nossos esforços, todos os recursos de nossa ciência, patriotismo e caridade.[231]

De la Sagra correspondia-se com Arago e Humboldt, lutou contra a escravidão nos Estados Unidos. Escrevia revistas populares dedicadas a ensinar ao povo os valores da liberdade e da igualdade, e propôs que as minorias privilegiadas do mundo velho se tornarão insuportáveis para todos e "quando por excesso do mal reconhecer como necessária a verdade social, então ela será procurada, comentada e aceita, então terminará o período expiatório da humanidade", pois a "nova organização social exige a mudança absoluta de todas as condições sociais de existência da ordem despótica", revelando uma grande sintonia com a futura teoria moral espírita em sua obra *Aforismos Sociales*, publicada em Madri pela imprensa do colégio de surdos-mudos. Residiu na França e se tornou membro de academias de ciências, mas com sua influência nos sucessos da Revolução de 1848, foi expulso do país. Perseguido na Espanha pelos políticos e pela Igreja, volta para Paris em 1855, quando, envolto em suas reflexões morais e sociais, participa das reuniões na residência de Roustan. Em 1868, Kardec vai noticiar a publicação de A ALMA, *demonstração de sua realidade, deduzida do estudo dos efeitos do clorofórmio e do curare sobre a economia animal*, quando comentou:

> A obra do senhor Ramon de la Sagra é uma daquelas com a publicação das quais estamos felizes em aplaudir, porque, se bem que nela seja feita a abstração do espiritismo, pode-se considerá-las, do mesmo modo que o *Deus na Natureza* do senhor Flammarion, (...) como as monografias dos princípios fundamentais da doutrina, às quais dão a autoridade da ciência. (RE68, p. 146)

---

231 DE LA SAGRA, Ramón. Um protosocialista hispano ante el desarrollo educativo. Lecturas precisiones. *Hispania*, v. 68, n. 228, p. 193-210, 2008.

5.4 AS MESAS E CHAPÉUS GIRANTES E FALANTES

O círculo de pesquisadores do magnetismo animal em Paris era pequeno e o grupo de pesquisa de Roustan estava isolado em sua pesquisa por meio da mediunidade psicográfica.

Em 1853, o próximo passo dos planos dos espíritos que conduziam o espiritismo estaria em tornar os fenômenos espiritualistas conhecidos por milhões de pessoas no mundo inteiro, sendo notícia nos jornais e revistas de grande circulação, tornando-se comentário em todos os salões, clubes e casas de família. As primeiras notícias das mesas girantes vieram da Alemanha e, quando conhecidas na França, o sucesso da experiência tomou as primeiras páginas, como no *Correio de Lyon*, que noticiou que uma das pessoas tocou no piano uma polca, quando a mesa começou a oscilar acompanhado o compasso. Quando se pediu que a mesa indicasse a idade dos jovens presentes, bateu os pés indicando corretamente 8 e 18. A partir daí, a mesa respondia perguntas sobre o nome, endereço, condições do tempo e outras questões que a criatividade permitia.

Formava-se um grupo de pessoas, colocavam-se as mãos espalmadas sobre o tampo, depois de dez ou vinte minutos, a mesa rangia, depois levantava uma das pernas, tremia, batia e, algumas vezes, saía do chão e os participantes andavam pela sala acompanhando a dança da mesa. Depois notaram que o fenômeno também ocorria com chapéus, vasos de flores, cestas de palha. As mesas falantes respondiam às perguntas, inclusive mentais, por um alfabeto simples de pancadas. A, uma pancada, B, duas pancadas, e assim por diante. O gesto de impor as mãos lembrava a prática dos magnetizadores e, logo, o fenômeno foi atribuído à ciência do magnetismo animal. Em 1853, o *Jornal do Magnetismo*, do barão Du Potet, relatou o depoimento do médico Amédée Latour, redator do *Union Médicale*, que fez experiências as quais considerou "um fenômeno irrecusável" e questionou: "E o que ele representa, meu Deus! O que está reservado para o futuro? Olhando para a mesa girando, pensei nos meus leitores que poderiam encarar de forma depreciativa e eu só posso exclamar como Galileu: E ainda assim você se move!". No mês seguinte, o jornal informava: "Todos os jornais de Paris, dos demais departamentos, e do exterior trazem todos os dias alguma nova experiência, cujo resultado atesta a realidade desse estranho fenômeno".[232]

No banquete de celebração do aniversário de Mesmer, de 23 de maio de 1853, depois das palavras do presidente Du Potet, o orador M. Morin falou sobre o progresso do magnetismo:

> Onde os frívolos veem apenas brinquedos infantis nas experiências das mesas girantes, o sábio vê a ressurreição das mais valiosas faculdades humanas. Quem pode dizer o quanto longe eles se espalharão? A eletricidade também foi considerada um brinquedo no início. (...) Agora, se trata de um magnetismo que tem um futuro brilhante, não só quanto à questão física, mas também à moral. Não vemos a aurora de uma revolução humanitária? (*Ibidem*, p. 249)

Um assinante do jornal perguntou ao famoso socialista inglês Robert Owen sobre a causa dos fenômenos e recebeu, por carta, a resposta que ele obteve dos espíritos por meio dos médiuns de sua relação a explicação de que "Os movimentos das mesas são causados por espíritos dos mortos. Que o objetivo das manifestações que ocorrem no mundo são a reforma da humanidade, convencida da realidade da vida no outro mundo, para promover a fraternidade entre todos" (*Ibidem*, p. 296).

Com o passar dos meses, os cientistas começaram a oferecer hipóteses para explicar os fenômenos. Quando alegaram que a causa estava no impulso muscular involuntário, um dos experimentadores, senhor Jouve, formou um roda de pessoas que movimentaram a mesa sem tocá-la diretamente, apoiando os dedos sobre uma cesta de vime colocada sobre ela, como noticiou o *Correio de Lyon*, do

---

232 *Journal du Magnétisme*, v. 12, p. 211 e 230, 1853.

dia 17 de maio de 1853. Um médico homeopata teve a ideia de colocar numa caixa cento e cinquenta medicamentos em dez fileiras. Passando a mão sobre os remédios, sem que se vissem os rótulos, a mesa batia o pé quando chegava ao remédio recomendado. A cada consulta, a mesa aconselhava o medicamento adequado de acordo com as prescrições habituais (Ibidem, p. 349).

O número do *Jornal do Magnetismo*, de março de 1854, chegou às mãos de Roustan, que para sua surpresa trazia o extrato de uma tese escrita para conquistar a condição de membro titular da Associação de Magnetizadores pelo senhor Ogier. Uma carta-resposta de Roustan foi publicada tempos depois. Para explicar o fenômeno da mediunidade, o artigo relata uma visita a uma das sessões de sexta-feira na rua Tiquetonne. Entre outras imprecisões reclamadas por Roustan, afirma Ogier: "todos aqueles que acreditam na intervenção de espíritos têm uma doutrina diferente dos outros, mesmo que para todos eles o espírito que evocam seja infalível!". Roustan então explicou:

> Todos os espíritos com os quais nos comunicamos se declaram falíveis, afirmando que só Deus é infalível. Também declaram que suas comunicações são difíceis, que a memória do passado é falha para eles, podendo cometer erros de nomes e datas. Além disso, há espíritos que gostam de se divertir e rir à nossa custa, sendo que ignorância e arrogância os atraem. Há entre os espíritos muitos que são ignorantes, zombeteiros, mentirosos, grosseiros. É um fato de que é fácil de constatar quando se observam esses fenômenos com atenção.[233]

Vemos aqui que a compreensão de Roustan segue os princípios do que se estabelecerá na ciência espírita por Kardec, anos depois. Ogier, inclusive, acusava Roustan de divulgar nas reuniões a lembrança de suas vidas passadas, no entanto, explicou Roustan, "não me lembro de nada a este respeito", sendo "o que ocorreu é que vários sonâmbulos, antes do aparecimento do fenômeno das mesas girantes", revelaram a Roustan as personalidades que ele teria sido em outras vidas, o que é bastante diferente. "Cabe a eles a responsabilidade pelo que afirmaram"[234] (Ibidem).

---

233 *Journal du Magnétisme*, v. 14, 1855.

234 Depois dessas revelações que Roustan recebera, ele procurou Cahagnet em 1848 para confirmar essa hipótese da reencarnação, fato registrado em *Sanctuaire du spiritualisme de Cahagnet* – Paris, 1850. Os pesquisadores espiritualistas de língua inglesa (também Aksakof) costumam citar esse fato para afirmar que Roustan acreditava em reencarnação e teria influenciado Japhet. Essa outra fonte do Jornal do Magnetismo desmente esse equívoco pela própria declaração de Roustan de que a origem da ideia de reencarnação era espiritual.

No campo de pesquisa da mediunidade, afirma Roustan, se a observação dos fenômenos é difícil, compreender as leis que os regem é ainda mais, e se torna impossível quando se age com preconceito e presunção. Portanto, "não é depois de um ligeiro exame de algumas semanas que se podem resolver esses problemas". Em verdade, a recomendação adequada é a seguinte: "ou não se envolva, ou se ocupe com a paciência e a perseverança equivalente à do químico e do físico".

Com o fenômeno das mesas girantes e falantes, o espiritismo entrou na fase da curiosidade, sendo reproduzido por milhões de pessoas por todo o mundo. Fazia parte dos planos dos espíritos superiores popularizar os fenômenos. Com o tempo, grande parte das pessoas perderia o interesse. Outros grupos e famílias, fazendo uso das batidas ou mesmo de um lápis preso a uma cesta de vime, dariam continuidade às experiências, transformando-as em um hábito regular.

O professor Rivail, como se sabe, só conheceu o fenômeno em 1854, pelas explicações do senhor Fortier, numa história já bastante conhecida. Para ele, as movimentações da mesa estavam num campo das possibilidades naturais, não lhe causando muita surpresa. No entanto, num encontro seguinte, Fortier lhe disse: "Temos uma coisa muito mais extraordinária; não só se consegue que uma mesa se mova, magnetizando-a, como também que fale. Interrogada, ela responde".

O que agora lhe dizia o magnetizador era algo diferente. O professor de forma alguma foi cético em sua avaliação, mas somente fez uso do raciocínio lógico. Dentro do que lhe falava Fortier, o fenômeno seria equivalente a colocar um sensitivo em estado sonambúlico, fato que ele experimentara por 35 anos, todavia ocorrido com uma matéria inerte, uma mesa. Respondeu Rivail que ainda não sabia tratar-se da intervenção de espíritos:

> Isto agora, repliquei-lhe, é outra questão. Só acreditarei quando o vir e quando me provarem que uma mesa tem cérebro para pensar, nervos para sentir e que possa tornar-se sonâmbula. Até lá, permita que eu não veja no caso mais do que um conto para fazer-nos dormir em pé. (OP, p. 324)

A própria mesa iria revelar tratar-se de um verdadeiro exército de espíritos, espalhados por todo o planeta.

Numa noite de maio, Rivail foi convidado a assistir pela primeira vez as mesas girantes na casa da senhora Plainemaison e a escrita numa mesa de ardósia, onde uma cesta com um giz preso nela ensaiava algumas escritas imperfeitas. Numa das sessões, Rivail conheceu a família Baudin e se tornou assíduo nas reuniões em que as duas filhas atuavam como médiuns. Entretanto, os assuntos tratados eram fúteis. Todos se divertiam e matavam suas curiosidades. Mesmo assim, sem a possibilidade de conquistar conhecimentos, o professor dedicou sua atenção a estudar os fenômenos, buscando suas causas, e com seu olhar de cientista, como também o fizeram os médicos e magnetizadores Morin e Amédée Latour, percebeu que naquelas aparentes brincadeiras escondia-se uma revolução nas ideias e nas crenças da humanidade.

Com dificuldade, Rivail elaborou um plano de questões sobre filosofia, psicologia e metafísica, reunindo as respostas dos espíritos. Mas foi quando conheceu as tradicionais sessões de sexta-feira do grupo de Roustan que o grupo lhe entregou cinquenta cadernos, preenchidos pelas perguntas de Sardou, Didier, Taillandier, de la Sagria e os demais, respondidas pelos espíritos, por seis anos. Os acadêmicos e escritores do grupo não podiam se dispor a organizar tão complexo trabalho. Coube à dedicação e interesse de Rivail a organização dos temas, a eliminação das repetições, o preenchimento dos vazios, o aprofundamento das explicações, o questionamento das ideias. Para auxiliar nessa tarefa do diálogo com os espíritos superiores, Rivail tinha à sua disposição as sessões da senhora Plainemaison, a esposa e as duas filhas (Julie e Caroline) da família Baudin, o senhor Rose, a psicografia experimentada da médium Celine Japhet, na casa do senhor Roustan, Ermance Dufaux, senhor Croset, Aline Carlotti, entre outros, totalizando o auxílio de mais de dez médiuns para a elaboração de O Livro dos Espíritos, que, como se sabe, tinha quinhentas e uma perguntas em sua primeira edição, quando chegou à livraria no dia 18 de abril de 1857.

Este era apenas um começo de um árduo caminho para alcançar a obra libertadora que representa a doutrina espírita. Em junho de 1856, preocupado com o futuro, Rivail perguntou ao Espírito da Verdade quais seriam as causas que poderiam levá-lo ao fracasso, faltariam a ele aptidões necessárias? Ao que o grandioso espírito respondeu, não lhe poupando do que ainda estava por vir:

> A missão dos reformadores é cheia de escolhos e perigos; a tua é rude; previno-te, porque é ao mundo inteiro que se trata de agitar e de transformar. Não creias que te seja suficiente publicar um livro, dois livros, dez livros, e ficares tranquilamente em tua casa; não, é preciso te mostrares no conflito; contra ti se açularão terríveis ódios, implacáveis inimigos tramarão a tua perda; estarás exposto à calúnia, à traição, mesmo daqueles que te parecerão mais dedicados; as tuas melhores instruções serão impugnadas e desnaturadas; sucumbirás mais de uma vez ao peso da fadiga; em uma palavra, é uma luta quase

> constante que terás de sustentar com o sacrifício do teu repouso, da tua tranquilidade, da tua saúde e mesmo da tua vida, porque tu não viverás muito tempo. (BAK, p. 16)

Para enfrentar essa missão, as aptidões exigidas seriam inteligência, humildade, modéstia, desinteresse, coragem, perseverança e firmeza inquebrantáveis, prudência, devotamento, abnegação, além de estar pronto para todos os sacrifícios. E o espírito termina sua manifestação dizendo: "a missão está subordinada a condições que dependem de ti". Mais de dez anos depois, em janeiro de 1867, Allan Kardec escreveu uma nota, dizendo que as previsões todas do Espírito da Verdade se realizaram, "porque experimentei todas as vicissitudes que nela me foram anunciadas". Mas, mesmo tendo sido alvo do ódio implacável, injúria, calúnia, inveja e ciúme, tendo suas melhores instruções desnaturadas, tendo sido traído por aqueles nos quais depositava confiança, sendo pago com ingratidão, conclui Kardec: "não tenho experimentado um único instante de desfalecimento nem de desânimo, e que tenho constantemente prosseguido na minha tarefa com o mesmo ardor, sem me preocupar com a malevolência de que era alvo" (BAK, p. 17).

Em 1862, Allan Kardec avisou que "para todo homem que estuda esse movimento, é da última evidência que o espiritismo marcará uma das fases da humanidade", e então:

> é, pois, necessário que se saiba, mais tarde, que vicissitudes teve que atravessar, que obstáculos encontrou, que inimigos procuraram entravá-lo, de que armas se serviram para combatê-lo; não é menos que se saiba por quais meios pôde triunfar, e quais são as pessoas que, pelo seu zelo, seu devotamento, sua abnegação, terão concorrido eficazmente para a sua propagação; aqueles cujos nomes e os atos merecerão ser apontados para o reconhecimento da posteridade. (RE62, p. 121)

Concluiu dizendo que deixaria memórias circunstanciadas sobre todas as suas relações no que concerne ao espiritismo "a fim de poupar aos cronistas do futuro os erros nos quais podem cair sobre a fé do ouvir dizer dos estouvados, das más línguas, e das pessoas interessadas em alterar a verdade".

5.5 OS DESERTORES, OU A CRÔNICA DA FRAQUEZA HUMANA

Este capítulo não precisaria ser escrito se não fosse o fato de que as grandes ideias se contam com apóstolos dedicados e também com seus desertores. Segundo Kardec, quanto a esses, "o espiritismo não podia escapar aos efeitos da fraqueza humana. Ele também teve os seus" (OP, p. 301). Na maioria das vezes, não se trata de má fé, mas de um ofuscamento da verdade pela capa do orgulho, que lhes cobre as vistas.

Em 1850, enquanto Roustan, Japhet e os demais integrantes iniciavam seus longos anos de pesquisa, o barão de Guldenstubbé havia descoberto um novo método para receber comunicações. Colocou uma folha de papel numa caixa em seu escritório e, dias depois, ao reabri-la, encontrou a assinatura de um espírito. Passou então a colocar suas caixas junto aos túmulos de pessoas ilustres, ao pé de peças dos museus. Obteve como resultado dezenas de assinaturas e o garrancho de algumas palavras, depois frases inteiras. Era o fenômeno da escrita direta. Em *O Livro dos Médiuns*, Kardec comentou: "Ao que parece, o primeiro a torná-la conhecida, estes últimos anos, em Paris, foi o barão de Guldenstubbé, que publicou sobre o assunto uma obra muito interessante, com grande número de *fac-símiles* das escritas que obteve" (LM, p. 162).

Por fim, Kardec esclarece que "até ao presente, sua principal utilidade há consistido na comprovação material de um fato sério: a intervenção de um poder oculto", que por esse meio se manifesta. No entanto, "raramente são extensas as comunicações que por essa forma se obtêm", em geral reduzidas a algumas palavras, desenhos e assinaturas, "mas ainda se não prestaram às dissertações seguidas e rápidas, como permite a psicografia ou a escrita pela mão do médium".

Mas o barão Guldenstubbé, em sua obra *Pneumatologia Positiva*,[235] acreditava que "os milagres diretos requerem a intervenção direta do mundo sobrenatural, sem a intermediação do homem", pois em sua crença, as tábuas que Moisés recebera no monte teriam sido escritas diretamente por Deus. Desse modo, ele acreditava que a missão divina da mediunidade se daria pelo fenômeno da escrita direta, porque por esse meio "o Criador pode nos dizer muitas coisas que são desconhecidas para nós". Para fazer essas revelações, o barão escreveu o livro *La Réalité des Spirites et de Leurs Manifestations* em 1856, e também *Pensées d'Outre-Tombe*, em 1858. Talvez por ingenuidade, ou pelo deslumbramento de uma primazia em mudar o mundo, o barão acreditou que aquelas poucas frases,

---

235 GULDENSTUBBÉ, L. de. *Pneumatologie positive et expérimentale. La réalité des esprits et le phénomème merveilleux de leur écriture directe demonstrées par Le Baron Lous de Guldenstubbé*. Paris: Librairie A. Franck, 1857.

repetindo os dogmas em suas obras, representariam a verdadeira e legítima revelação espírita, superando todas as outras obras, inclusive as de Kardec.

Sempre foi difícil para os homens reconhecer a verdadeira natureza da ciência espírita. Como sabemos, a doutrina espírita nasce de um movimento coletivo dos espíritos superiores e todos os seus ensinamentos estão subordinados à sua coordenação. Por outro lado, cabe aos homens estudar, com profundidade e método, para superar o senso comum no sentido de uma mudança conceitual que permita compreender o que os espíritos ensinam. Esse é o mesmo processo da ciência. O que aconteceria com a física, se fosse criado um órgão diretivo para gerenciar sua evolução e determinar os passos de sua teoria? Caberia eleger um presidente da física e decidir, por votação, a causa da lei da gravidade, ou se existem ou não buracos negros? Em verdade, a ciência nasceu da liberdade de pensamento.

A ciência dos espíritos tem como objeto de estudo as leis naturais e os fenômenos que ocorrem no mundo espiritual, percebidos pela sensibilidade dos sentidos do perispírito dos espíritos livres. Isso ocorre em todos os mundos do Universo, pois é uma condição natural. Em cada planeta, o conhecimento da espiritualidade se dá, se deu ou se dará por um movimento equivalente ao procedido por Kardec em nosso mundo, pela universalidade do ensino dos espíritos.

Em 1857, foi nomeado como novo editor em chefe do *Jornal do Magnetismo*, do barão Du Potet, o senhor Z. J. Piérart. Ele havia abraçado a causa do mesmerismo há apenas três anos e adotou, quanto à divulgação do espiritualismo, a reprodução dos artigos e dos médiuns do movimento dos Estados Unidos. Nesse mesmo ano, ao chegar às suas mãos *O Livro dos Espíritos*, sentiu forte resistência em aceitar a reencarnação como um fenômeno natural e se colocou em oposição ao trabalho espírita de Allan Kardec. No ano seguinte, Piérart deixou o *Jornal do Magnetismo* e decidiu iniciar uma pesquisa dos fenômenos espíritas anunciando o início de uma *Revue Spiritualiste*, com o apoio do barão de Guldenstubbé, o que se daria meses depois de Kardec publicar a primeira *Revista Espírita*, em janeiro de 1858.

Para Piérart, a comunicação dos espíritos superiores seria um fato raro e os homens deveriam pesquisar por sua própria conta. No entanto, sua revista não conseguiu atrair atenção e, anos depois, entre seus temas, tratava da existência de vampiros e a descrição de curiosidades, como uma reunião em que os homens participantes, depois de conversas sensuais durante o intervalo, testemunhavam a voz direta e materialização parcial de mulheres agindo de forma lasciva.

Certamente grupos como esses são assistidos por espíritos levianos, que são "ignorantes, maliciosos, irrefletidos e zombeteiros. Metem-se em tudo, a tudo respondem, sem se incomodarem com a verdade" (LE, p. 122). Por sua vez, o movimento espírita que interessava ao espiritismo estava relacionado com a seriedade com que se considera a doutrina, explica Kardec:

> Onde quer que se investigue, pode-se dizer que o lado filosófico, moral e instrutivo é buscado com avidez. Em parte alguma, vimos a fenomenologia espírita ser tomada como objeto de entretenimento, nem as experiências como distração. As perguntas fúteis e a curiosidade são descartadas em todos os lugares. Os grupos, em sua maioria, são muito bem dirigidos, alguns até de maneira notável, com perfeito conhecimento dos verdadeiros princípios da ciência espírita. Todos estão unidos em torno dos propósitos defendidos pela Sociedade de Paris e não têm por bandeira senão os princípios ensinados em *O Livro dos Espíritos*. (VE, p. 10)

Em 1861, num longo artigo, Piérart fez uma crítica direta a Allan Kardec, à *Sociedade Parisiense* e a *O Livro dos Espíritos*. Primeiramente, ele acusa que as doutrinas que o livro contém não são novas, sem notar que isso sempre foi afirmado por Kardec quando demonstra que a doutrina espírita é tão antiga quanto o homem, mas espalhada e misturada a símbolos e falsos ensinamentos. O espiritismo reuniu em um só feixe o que estava esparso e lhe deu o caráter moderno. Em seguida, Piérart afirma que os ensinamentos tratam "especialmente da doutrina da reencarnação, uma doutrina que levantou tantas reclamações, protestos entre os espíritas da Europa e América, a qual, apresentada por nós aos nossos assinantes, recebeu uma reação quase toda negativa".[236] Todavia, afirma Kardec, a doutrina espírita é uma teoria que se oferece a quem deseja compreendê-la e a aceita se quiser, não se impondo a ninguém. A procedência no ensinamento dos espíritos superiores se verifica por sua lógica, coerência de suas partes e a capacidade de explicar os fatos da vida, não se tratando de dogmas.[237] Quanto à reencarnação, Piérart faz a seguinte crítica sobre as consequências morais dessa teoria:

---

236 PIÉRART, Z. J. *Revue Spiritualiste: journal mensuel et bi-mensuel, principalement consacré à l'étude des facultés de l'áme, etc.* v. 3, p. 11-15, 1860.

237 Em 1862, Kardec vai afirmar: "A reencarnação não é um sistema que dependa dos homens adotar ou rejeitar, como se faz com um sistema político, econômico ou social. Se ela existe, é que está na natureza; é uma lei inerente à humanidade, como beber, comer e dormir; uma alternativa da vida da alma, como a vigília e o sono são alternativas da vida do corpo. Se é uma lei da natureza, não é uma opinião que pode fazê-la prevalecer, nem uma opinião contrária que pode impedi-la de ser" (RE62, p. 253).

> Trata-se de uma doutrina contaminada com ideias materialistas, que considera como causa do sofrimento e da inibição de direitos sociais em uma nova existência terrena os pecados cometidos numa encarnação anterior, sem que a memória dessas falhas esteja preservada para que sejam expiadas; terrível e angustiante doutrina (*Ibidem*).

Segundo Piérart, essa doutrina tornaria inútil um movimento de caridade e progresso social, pois os pobres e os escravos estariam vivenciando "em sua condição sob um justo castigo de Deus".

Todavia, o crítico está coberto de razão quanto à injustiça da teoria da reencarnação, caso ela seja interpretada de forma heterônoma como sendo um castigo de Deus. O que ele não levou em conta é que o espiritismo propõe o inverso desse pensamento, pois o que rege realmente a evolução dos espíritos é a *lei da escolha das provas* e a expiação se dá naturalmente no mundo espiritual, como vimos detalhadamente anteriormente:

> Parece, pois, lógico admitir-se a expiação propriamente dita, e no sentido absoluto dessa palavra, ocorre na vida espiritual depois da desencarnação ou morte corpórea; que pode ser mais ou menos longa, mais ou menos penosa, segundo a gravidade das faltas; mas que ela se completa no outro mundo e termina sempre por um ardente desejo de receber uma nova encarnação. (...) Assim, pois, não conviria admitir que há expiação sobre a Terra, mesmo que ela possa existir excepcionalmente, porque seria preciso admitir também o conhecimento das faltas punidas; ora, esse conhecimento não existe senão na vida de além-túmulo. A expiação sem esse conhecimento seria uma barbárie sem utilidade e não concordaria nem com a justiça nem com a bondade de Deus. (RE63, p. 181)

As críticas de Piérart se revelaram infundadas e, se ele raramente recebia comunicações de espíritos superiores, ocorria o inverso com Kardec.

Mas no movimento do espiritismo, também havia desertores.

O movimento espírita que se formou a partir da dupla corrente de ideias, que iam dos grupos espalhados pelo mundo para a Sociedade Parisiense, como centro de elaboração, criou uma linguagem única, uma conjugação das leis que regem os fenômenos, e o estabelecimento de ensinamentos contínuos e progressivos dos espíritos superiores pela sua universalização. Essa estrutura foi a fonte da união de propósitos em torno de uma mesma teoria. No entanto, explicou Kardec, alguns grupos se formaram com:

> A intenção premeditada de abrir cisão, proclamando princípios divergentes, do mesmo modo que de todos quantos, apoiando em razões de amor próprio ou outras quaisquer, se consideraram fortes bastante para caminhar sozinhos, possuidores de luzes suficientes para prescindirem de conselhos, nenhum chegou a construir uma ideia que fosse preponderante e viável. Todos se extinguiram ou vegetaram na sombra. (G, p. 39)

Parece que 1866 foi o ano de algumas dessas tentativas. Primeiro foi um grupo que tentou se formar ostentando a bandeira "a negação da prece". Logo recebeu uma reprovação geral, sendo que "os homens e os espíritos se uniram para repelir uma doutrina que era, ao mesmo tempo, uma ingratidão e uma revolta contra a providência" (RE66, p. 71). A segunda delas tinha como lema: "Não mais comunicações com os espíritos" e propunha o seguinte raciocínio:

> Os espíritos que se comunicam não são senão espíritos comuns que não aprenderam, até hoje, nenhuma verdade nova, e que provam a sua incapacidade não saindo das banalidades da moral. O critério que se pretende estabelecer sobre a concordância de seus ensinos é ilusório, em consequência de sua insuficiência. Cabe ao homem sondar os grandes mistérios da Natureza, e submeter o que dizem ao controle de sua própria razão. Suas comunicações não podendo nada nos ensinar, as proscrevemos de nossas reuniões. Discutiremos entre nós; procuraremos e nos decidiremos, em nossa sabedoria, são princípios que devem ser aceitos ou rejeitados, sem recorrer ao consentimento dos espíritos. (*Ibidem*)

Esse pensamento colocava a ideia dos homens como superior à dos espíritos, tornando inúteis as manifestações destes. O que esses indivíduos não estavam levando em conta é que os próprios espíritos preconizavam passar pelo cadinho da lógica todas as suas palavras. Por fim, esclarece Kardec:

> Se a doutrina espírita fosse uma simples teoria filosófica eclodida no cérebro humano, não teria senão valor de uma opinião pessoal;

saída da universalidade do ensino dos Espíritos, ela tem o valor de uma obra coletiva, e foi por isto mesmo que em tão pouco tempo se propagou por toda a Terra, cada um recebendo por si mesmo, ou por suas relações íntimas, instruções idênticas e a prova da realidade das manifestações. (Ibidem, p. 72)

A terceira tentativa de abrir cisão trata-se da publicação da obra *Os Quatro Evangelhos, Seguidos dos Mandamentos Explicados em Espírito e Verdade pelos Evangelistas Assistidos pelos Apóstolos: Recolhidos e Colocados em Ordem por J. B. Roustaing*.[238] Um calhamaço com quase 2 mil páginas, psicografados pela médium Émilie Collignon.

Essa obra foi escrita quando todos os livros de Kardec já estavam publicados, com a exceção de *A Gênese* (1868). No entanto, essa psicografia nega a teoria moral espírita autônoma, criando uma série de hipóteses circunstanciais para justificar a ideia falsa de que Deus criou a encarnação humana como uma punição para castigar o espírito que erra, o que representaria a sua queda. Trata-se de uma teoria moral heterônoma que repete a interpretação da reencarnação como castigo, adotada como meio de dominação pelos sacerdotes das primeiras civilizações, como já vimos.

Além disso, a falsa teoria publicada por Roustaing qualifica as massas de espíritos simples e ignorantes que reencarnam em suas primeiras vidas num planeta primitivo como espíritos que caíram por cometerem erros no mundo espiritual, contrariando a teoria dos espíritos representada em Kardec, segundo a qual a reencarnação não é um castigo, mas sim um processo natural de evolução dos espíritos. É um preconceito oriundo das tradições religiosas desde o passado milenar nascido da cegueira causada pelo orgulho dos exilados que aqui chegaram.

Para sustentar sua tese, o espírito autor de *Os Quatro Evangelhos* vai citar o artigo "Do princípio da não retrogradação dos espíritos", da *Revista Espírita* de junho de 1863. Nele, Kardec comenta que "segundo um sistema, (...) os Espíritos não teriam sido criados para serem encarnados, e a encarnação não seria senão o resultado de suas faltas". Sistema esse que é exatamente o defendido pelo espírito que ditou a Collignon, *Os Quatro Evangelhos*. Então, Kardec explica:

> **A encarnação é uma necessidade para o espírito** que, para cumprir sua missão providencial, trabalha em seu próprio adiantamento pela

---

238 ROUSTAING, Jean-Baptiste. *Les quatre évangiles suivis des commandements*. 3 v. Paris: Librairie Centrale, 1866.

atividade e a inteligência que lhe é preciso empregar para prover à sua vida e ao seu bem-estar; (...) **O que é falso é admitir em princípio a encarnação como um castigo.** (RE63, p. 113, grifo nosso)

Toda a teoria espírita está fundamenta nesse princípio, segundo o qual o espírito evolui pela escolha das provas, o que constitui sua liberdade, conquistada na medida em que adquire o conhecimento do bem e do mal, por centenas de vidas humanas, desde seu princípio simples e ignorante, como bem vimos.

Depois de reproduzir essa citação espírita, o espírito de Os Quatro Evangelhos não defende sua tese, nem argumenta, mas apenas sentencia imperativamente: "Errôneo, ao contrário, é admitir-se que a encarnação humana seja uma necessidade", e depois: "Errôneo, ao contrário, é admitir-se que a encarnação humana não seja, em princípio, um castigo, por efeito de uma culpa que a tornou necessário" e termina afirmando quem pensa diferente: "os que hão formado essa opinião errônea ainda não foram esclarecidos" (ROUSTAING, 1866-1871, p. 352-353), ou seja, são ignorantes! Qual a justificativa desse espírito para negar um princípio fundamental do espiritismo? Nenhuma, apenas tenta impor equivocadamente sua própria autoridade.

Os espíritos, porém, têm autoridade somente sobre sua própria ideia e o sistema de Os Quatro Evangelhos não passa disso, a opinião do espírito que a ditou. Além de ser diametralmente oposta à teoria espírita das obras de Kardec.

Essa obra não passaria de uma opinião contrária se não tivesse a pretensão declarada de superar a teoria moral proposta nos livros de Allan Kardec. Essa hipótese se afasta por sua evidente falsidade. Todavia, o espiritismo é realmente progressivo, mas para determinar um princípio fundamental, e, *em tese*, para revogar um princípio *já estabelecido*, os espíritos superiores precisariam constituir esse ensinamento pelo princípio da universalidade do ensino e, mesmo assim, seria necessário passar pelo cadinho da razão dos homens. É evidente que neste caso nada disso ocorreu.

Em seguida, em Os *Quatro Evangelhos*, há um relato de como se daria a evolução dos espíritos que nunca tiveram uma encarnação humana:

> Todos, puros nessa fase de inocência e de ignorância, igualmente submetidos a espíritos encarregados de os guiar e desenvolver, têm a liberdade de seus atos e podem, no estado fluídico, progredir, indo desse período de infância e de instrução à perfeição, mediante contínuos e sucessivos progressos. É o caso do estudante que,

constantemente dócil e atento à voz, aos conselhos e lições dos mestres, passa pela fieira de todas as classes e chega a tomar o grau. (*Ibidem*, p. 357)

Essa hipótese repete o mesmo sistema heterônomo, presente no mito do *Fedro*, de Platão, que já estudamos (3.3.1 – Platão e a planície da Verdade), no qual as almas que nunca encarnaram como homens aprendem, junto aos deuses, no céu, até que, cometendo um erro, sofrem uma queda. E será exatamente a figura da queda que o espírito daquela obra, *Os Quatro Evangelhos*, vai propor: "Eles podem, todavia, cometer uma falta e, dessa forma, provocar e receber o castigo, a punição a que faz jus o culpado, mas só o culpado":

> A muitos espíritos acontece falir (já o dissemos), porque quase todos fazem mau uso do livre-arbítrio. Alguns, porém, dóceis aos incumbidos de os guiar e desenvolver, seguem simples e gradualmente pelo caminho que lhes é indicado para progredirem. Os primeiros sofrem uma punição, um castigo que teriam podido evitar. É para experimentarem as consequências da falta cometida, que, como já explicamos, uma vez preparados a ser humanizados, eles caem na encarnação humana, conforme ao grau de culpabilidade e nas condições apropriadas às exigências da expiação e do progresso, ou em terras primitivas, ou em mundos já habitados por Espíritos que faliram anteriormente. (*Ibidem*)

Fica evidente que não há nada de novo nessa tese moral equivocada. A construção da teoria é exatamente a mesma do mito escatológico de *Fedro*, como também segue as retrógradas doutrinas como o código de Manu, que condenava a reencarnar como insetos, víboras e mendigos os pecadores, como castigo das faltas cometidas. Não vamos aqui apontar os equívocos dessa teoria, porque já o fizemos exaustivamente, no decorrer de toda essa obra, pois ela nada tem de novo, mas somente repete as doutrinas heterônomas do velho mundo, superadas pela autonomia moral e intelectual. Esta sim é a base fundamental do espiritismo, fazendo parte do pensamento liberal de Rousseau, Pestalozzi, Kant, Maine de Biran, Victor Cousin, Jouffroy, Paul Janet, Karl Popper, Piaget, Paulo Freire, Milton Santos, e agora adotado pelos humanistas na revolução da psicologia, que certamente será definitiva.

Além disso, os espíritos que criaram *Os Quatro Evangelhos* enfrentaram um grave problema em sua tentativa de retomar a teoria heterônoma da reencarnação. Vejamos. Quando Platão narrou o mito de *Fedro*, uma alma que tivesse aprendido muita coisa junto aos deuses encarnaria como um filósofo. No entanto, não havia ainda nascido Jesus, isso ocorreria aproximadamente quinhentos anos depois. Em 1866, seria preciso enquadrar Jesus nesse mito. A saída encontrada em *Os Quatro Evangelhos* foi considerar que Jesus fazia parte de um grupo de espíritos que nunca teriam falhado, tendo alcançado a perfeição sem nunca encarnar. Para sustentar essa hipótese *ad hoc*, a teoria exige que o Cristo tenha apenas simulado seu nascimento, adotando um corpo fluídico. Mas essa hipótese, também antiga, acrescentaria novos problemas morais à já morta teoria heterônoma, como explica Kardec, em *A Gênese*:

> Se as condições de Jesus, durante a sua vida, fossem as dos seres fluídicos, ele não teria experimentado nem a dor, nem as necessidades do corpo. Supor que assim haja sido é tirar-lhe o mérito da vida de privações e de sofrimentos que escolhera, como exemplo de resignação. Se tudo nele fosse aparente, todos os atos de sua vida, a reiterada predição de sua morte, a cena dolorosa do Jardim das Oliveiras, sua prece a Deus para que lhe afastasse dos lábios o cálice de amarguras, sua paixão, sua agonia, tudo, até ao último brado, no momento de entregar o espírito, não teria passado de vão simulacro, para enganar com relação à sua natureza e fazer crer num sacrifício ilusório de sua vida, numa comédia indigna de um homem simplesmente honesto, indigna, portanto, e com mais forte razão de um ser tão superior. Numa palavra: ele teria abusado da boa-fé dos seus contemporâneos e da posteridade. Tais as consequências lógicas desse sistema, consequências inadmissíveis, porque o rebaixariam moralmente, em vez de o elevarem. (G, p. 312)

E então o professor conclui: "Jesus, pois, teve, como todo homem, um corpo carnal e um corpo fluídico, o que é atestado pelos fenômenos materiais e pelos fenômenos psíquicos que lhe assinalaram a existência".

Sem dúvida, no que pese a compreensão da teoria moral espírita, ensinada pelos espíritos superiores e demonstrada nas obras de Allan Kardec, – enfim, as opiniões de *Os Quatro Evangelhos*, psicografado por Collignon representam uma completa antítese, qualificando-se entre os desertores da causa espírita.

O professor Rivail, no dia 31 de março de 1869, como era habitual, estava no escritório da passagem Sainte-Anne. Depois de deixar pronto o número de abril da *Revista Espírita*, separava em caixas e organizava os móveis para a mudança de sede programada para a rua de Lille, 7, local que possuía uma estrutura mais adequada para o atendimento público e a exposição dos livros e revistas. Quando um entregador de livraria chegou à porta para retirar a encomenda, Rivail curvou-se e caiu. Um aneurisma fulminante. Um empregado, ouvindo os gritos da criada, chamou Gabriel Delanne, médium e amigo que morava no segundo andar de sua loja na passagem Choiseul, a poucos metros dali. Delanne aplicou passes apenas por dever, pois era inútil, podemos imaginar quantos espíritos já o recebiam no outro mundo, liderados pelo Espírito da Verdade. Quando chegaram os primeiros amigos, encontraram a companheira Gabrielle e Delanne, junto à lareira, e podiam ver o rosto sereno do corpo do mestre, colocado sobre colchões e com uma coberta de lã, como se dormisse. Foi assim, em meio à desordem dos móveis, mexendo em seus papéis e livros, que Rivail cumpriu finalmente as provas de seu destino.

Certamente, seu maior desejo era atender ao interesse das massas quanto aos ensinamentos libertadores dos espíritos superiores, para que a revolução espírita cumprisse seu papel de secundar a regeneração da humanidade. Primeiro passo nas leis divinas para que a Terra se torne, enfim, um planeta feliz, onde os indivíduos viverão livres no campo da igualdade, que, bem semeado, fará crescer os brotos da fraternidade.

Pedimos licença ao leitor em nossa narrativa para apresentar uma fonte primária de relevante importância sobre os fatos que se seguiram nas últimas décadas do século 19, no movimento espírita francês.

Segundo as declarações da médium Berthe Fropo (Berthe Victoire A. Thierry de Maugras Fropo, 1821-1885), vice-presidente da *União Espírita Francesa*, amiga do casal Rivail desde o início das lutas, tendo ficado ao lado de Gabrielle quando viúva, que escreveu um livro quando da fundação da União Espírita, *Muita Luz* (*Beaucoup de Lumière*), seguindo uma orientação do espírito de Allan Kardec:

> É absolutamente indispensável fazer o histórico da União, e você, mais do que qualquer outro, cara amiga, está qualificada para este feito. Sua posição a coloca acima de todos, pelas relações constantes que tem mantido com minha querida mulher. É bom que se saiba e que não se possa desmenti-lo. É preciso, sobretudo que se saiba bem que os fatos que revelou são infelizmente muito verdadeiros, e que, de longe tenha maledicência e calúnia, não é infelizmente senão um reflexo da verdade. Se viu aquilo que nós vimos imagino quanto você sofreu. Reze por esses infelizes cegos; a punição não se fará tardar,

continue a luta, é necessário vencer, estamos consigo, queremos a felicidade de todos nossos irmãos e o triunfo da verdade: nós conseguiremos. Obrigado por sua boa afeição, ela nos é preciosa. Allan Kardec. (FROPO, 1884, p. 44)

A União Espírita Francesa e depois o jornal O Espiritismo foram fundados a partir da orientação do espírito de Rivail pelos mais próximos herdeiros da causa espírita: Gabrielle Boudet, Berthe Fropo, Alexandre e seu jovem filho Gabriel Delanne, Léon Denis, entre outros. Segundo a denúncia de Fropo, desde a morte de Rivail, o senhor Pierre-Gaëtan Leymarie, que passou a exercer as funções de redator chefe e diretor da Revista Espírita, além de gerente da Livraria Espírita, no exercício de suas funções, passou a não seguir as orientações da esposa de Rivail, Amélie Boudet, alterando completamente os rumos propostos por Allan Kardec, a ponto de desfigurar essa instituição.

Amélie havia oferecido o trabalho para Leymarie, sensibilizada com a difícil situação financeira desse médium, que vira falir sua alfaiataria. Segundo a amiga Fropo, o descontentamento de Amélie teve início com a mudança da sede organizada por Rivail para a rua de Lille, 7, para outro prédio desnecessariamente grande e dispendioso: "Ela ficou muito descontente quando da mudança da Sociedade da rua Lille para a rua Neuve des Petits Champs, 5, mudança que aumentou de 4.600 francos o aluguel. A decisão tomada de aí dar festas a assustou, estava longe da simplicidade do mestre nessa ordem das coisas".[239]

No entanto, as denúncias mais graves foram quanto à utilização das dependências para as atividades da Sociedade Teosófica da senhora Helena Blavastsky, trazendo para a própria Revista Espírita dezenas de artigos teosóficos escritos por Leymarie, que, interessado por ocultismo, tornara-se representante daquela seita na França, instalando na própria sede da Sociedade Parisiense a Societe Théosophique des Spirites de France, apesar de ignorar os principais ensinamentos daquela sociedade, sendo destituído quando da visita da fundadora à França, dois anos depois,[240] como afirmou Blavatsky:

> Os espíritas sustentam que todas essas manifestações são produzidas pelos *espíritos* dos mortos – geralmente seus parentes – que, segundo

---

239 FROPO, Berthe. *Beaucoup de Lumière*. Paris: Imprimerie Polyglotte, 1884.

240 LAVOIE, Jeffrey D. *The theosophical society: The history of a spiritualist movement*. London: Universal-Publishers, 2012. p. 142.

dizem, voltam à terra para se comunicar com aqueles a quem estão unidos por afeto. Negamos isso de forma absoluta.[241]

A teosofia também aceita a teoria oriental do "karma" como castigo pelos erros de vidas passadas, negando a lei da escolha das provas, sendo assim contrária à teoria espírita, como vimos. Afirma Blavatsky que a teosofia acredita que a escolha das provas da reencarnação futura é absolutamente independente da vontade do ser, sendo uma obrigação compulsória e inevitável:

> Karma, com seu exército de skandhas, espera na entrada de Devakhan a volta do Ego para assumir uma nova encarnação. É neste momento que o futuro destino do já descansado Ego oscila nas balanças da justa retribuição ao cair novamente sob a ação da ativa lei kármica. Neste renascimento preparado para ele – renascimento eleito e disposto por esta misteriosa Lei, inexorável mas infalível em sua equidade e sabedoria – é onde são castigados os pecados cometidos na vida anterior do Ego.[242]

Froppo aponta também a instituição de palestras pagas; a distribuição de obras divergentes do espiritismo, como as de Roustaing e de Charles Fauvety, como graves equívocos quanto ao legado espírita, diante dos quais os veementes protestos de Amélie eram desconsiderados:

> A sra. Kardec teve então de sustentar lutas contra o comitê, suas observações não eram ouvidas; quando ela denunciava os artigos, tratavam-na com pouca consideração, de modo que ficou doente. O desgosto e a saúde já bastante alteradas fizeram com que ela não mais participasse e foi assim obrigada porque o Sr. Leymarie seu mandatário não lhe prestava mais nenhuma conta. (Ibidem, p. 157)

Também denunciou Fropo que Leymarie, abandonando suas convicções anteriores, passou a divulgar e distribuir os Quatro Evangelhos de Roustaing, teoria oposta à do Espiritismo, na *Revista Espírita* e nas dependências da Sociedade de Paris, desconsiderando os protestos de Fropo, da Amélie Boudet, dos demais companheiros e médiuns fiéis de Kardec, como Léon Denis, a família

---

241 BLAVATSKY, Helena Pretovna. *A chave da teosofia*. São Paulo: Três, 1973. p. 43.
242 Ibidem, p. 157.

Delanne, entre outros. Por fim, esse grupo, indignado com os rumos equivocados adotados por Leymarie e seus pares, a esposa de Rivail e seus amigos não viram outra saída senão fundar outra revista e sociedade para dar continuidade de forma leal ao legado do Espiritismo.

Por fim, já fazia um ano e meio que Leymarie não visitava a senhora Kardec, quando, no dia 19 de janeiro de 1883, ela sentiu uma tontura ao se levantar pela manhã, e caiu batendo sua cabeça no canto de mármore de sua cômoda, perdendo a consciência. Com a ajuda de uma empregada, Fropo colocou-a novamente em sua cama, mas notou em sua expressão facial que se tratava de uma "congestão cerebral" e, com o exame do médico, dois dias depois faleceu. Na execução de seu testamento, conta Fropo, o senhor Vautier, tesoureiro e administrador da Sociedade, sem fazer um inventário, sob as vistas de Leymarie, executou um verdadeiro auto-de-fé, ao queimar lotes de papéis e cartas deixados por Allan Kardec, cuja importância ele mesmo havia registrado em A Gênese:

> Essa espontânea concentração de forças dispersas deu lugar a uma amplíssima correspondência, monumento único no mundo, quadro vivo da verdadeira história do espiritismo moderno, onde se refletem ao mesmo tempo os trabalhos parciais, os sentimentos múltiplos que a doutrina fez nascer, os resultados morais, as dedicações, os desfalecimentos; arquivos preciosos para a posteridade, que poderá julgar os homens e as coisas através de documentos autênticos. Em presença desses testemunhos inexpugnáveis, a que se reduzirão, com o tempo, todas as falsas alegações da inveja e do ciúme? (G, p. 39)

Infelizmente, depois da morte de Amélie, a Revista Espírita e a Sociedade de Paris tornaram-se instrumentos de uma deturpação das ideias originais propostas pelos espíritos superiores nas obras de Allan Kardec, causando confusão e semeando equívocos na divulgação do Espiritismo nas décadas seguintes, com reflexos ainda presentes em nossos dias.

Reproduzimos essas denúncias apenas como apontamento, pois uma pesquisa rigorosa com base em outras obras, na coleção da Revista Espírita das décadas posteriores a Kardec e em documentos e demais fontes primárias poderá demonstrar a história do que previamente nos parece constituir uma perniciosa degeneração da estrutura proposta por Allan Kardec em suas obras.

5.6 OS DESCAMINHOS DA HISTORIOGRAFIA ESPÍRITA

Muito já se escreveu sobre a história do movimento espírita, mas não sobre história da ciência espírita. E há uma grande diferença entre essas duas propostas.

Durante o período entre 1857 e 1869, enquanto a Sociedade Parisiense manteve com centenas de grupos espíritas de pesquisa "dupla corrente de ideias", que representa os dois caminhos da comunicação, uma indo das extremidades ao centro, as outras retornando do centro à circunferência, os espíritos superiores que instituíram o espiritismo mantinham a dinâmica que constitui o método da ciência espírita, sendo essa a sua **natureza**:

> A Sociedade de Paris foi a primeira regular e legalmente constituída; pela sua posição e natureza de seus trabalhos, teve uma grande parte no desenvolvimento do espiritismo, e justifica, em nossa opinião, o título de Sociedade iniciadora (...). Formou-se no único objetivo de estudar e aprofundar a ciência espírita. (RE61, p. 244)

No entanto, explica Kardec, a relação entre as sociedades é livre, constituía o mesmo que se dá entre grupos de pesquisa científica:

> A Sociedade de Paris não poderia ter a pretensão de absorver as outras Sociedades (...) a palavra afiliação seria, pois, imprópria, porque suporia, de sua parte, uma espécie de supremacia material à qual não aspira de nenhum modo, e que teria mesmo inconvenientes. Como Sociedade iniciadora e central, poderia estabelecer, com os outros grupos ou Sociedades, relações puramente científicas, mas aí se limita o seu papel. (*Ibidem*, p. 244)

O que une, então, as sociedades entre si, e também os participantes em cada uma delas? Kardec conclui:

> Os grupos ou sociedades devem procurar um ponto de apoio mais sólido do que em uma instituição humana, necessariamente frágil; devem tirar a sua vitalidade **nos princípios da doutrina**, que são os mesmos para todos, e que sobrevivem a todos, quer esses princípios estejam, ou não, representados por uma Sociedade constituída. (*Ibidem*, p. 244)

Ou seja, o que dá unidade aos espíritas e aos grupos de estudo que formam é o entendimento dos princípios fundamentais, assim sendo, Kardec faz um alerta:

> É essencial não perder de vista que não formamos nem seita, nem uma sociedade de propaganda, nem uma corporação tendo um interesse comum; que, se deixássemos de existir, com isso o espiritismo não sofreria nenhum prejuízo, e que de nossos restos vinte outras sociedades se formariam; (...) **as raízes do espiritismo não estão na nossa sociedade, mas no mundo inteiro.** Há alguma coisa mais poderosa que eles, mais influente que toda a sociedade, é a doutrina que vai ao coração e à razão daqueles que a compreendem; e, sobretudo, daqueles que a praticam. (RE60, p. 70, grifo nosso)

Depois da morte de Rivail e do desmantelamento dessa estrutura de pesquisa, a doutrina espírita interrompeu seu desenvolvimento. Desde então, ainda não há como renovar ou acrescentar novos *princípios fundamentais*, que constituem a doutrina espírita. Depois de Kardec, então, o que se pode fazer atualmente, é a compreensão, divulgação, ensino e a prática do espiritismo, a partir das obras de Allan Kardec,[243] que constituem sua **origem**. Essa continuidade da proposta de Kardec envolve tanto os homens quanto os espíritos, – porque também entre os espíritos existem os que compreendem o espiritismo e os que não, além dos que mistificam propagando falsas doutrinas. Os que assim agem, não pertencem ao espiritismo, pois Kardec estabeleceu uma determinação objetiva ao afirmar que "a Sociedade de Paris não pode incorrer na responsabilidade dos abusos que, por ignorância ou outras causas, pode-se fazer do espiritismo":

> Não é porque uma reunião se intitule grupo, círculo ou sociedade espírita, que deve necessariamente ter nossas simpatias; a etiqueta jamais foi uma garantia absoluta da qualidade da mercadoria; mas, segundo a máxima: "Reconhece-se a árvore pelo seu fruto", nós a apreciamos em razão do sentimento que a animam, do móvel que a dirige, e a julgamos por suas obras. (RE64, p. 94)

Retomando nossa proposição inicial, esta obra foi de pesquisar a *natureza* do espiritismo por meio da história e da filosofia da ciência. Nossa intenção também estava em dar continuidade a essa investigação quanto ao estabelecimento do movimento espírita no Brasil. Para isso, chegamos a consultar milhares de páginas de jornais, revistas, livros, documentos, atas, da segunda metade do século 19, principalmente de São Paulo e do Rio de Janeiro, não

---

243 As quais incluem a *Revista Espírita* de janeiro de 1858 a abril de 1869.

só em fontes primárias espíritas, mas também da imprensa em geral, quando noticiava desde a chegada do magnetismo animal, homeopatia, passando pelas mesas girantes e, por fim, o espiritismo. Mas depois de conhecer as mudanças conceituais propostas pela Doutrina Espírita, na obra de Kardec, chegamos à conclusão de que grande parte do movimento espírita brasileiro foi se construindo sem partir dessas diretrizes fundamentais, tão bem desenvolvidas nos textos de Kardec. Há, nessa história, demonstrações claras de boa-vontade, entusiasmo, devotamento e bravura. Mas também de inocência, ingenuidade, falta de conhecimento para uma compreensão dos temas originais. Essas condições não ajudam, nem prejudicam, mas quando os indivíduos estão de posse de opiniões pessoais, tornam-se a fonte de dissenções, disputas, acintes e mistificações.

A raiz da questão possivelmente está na necessidade de um longo período de estudos, abrangendo uma extensa lista de temas, além da necessária mudança paradigmática quanto a determinados conceitos fundamentais. Não estamos afirmando, porém, que o espiritismo seja um conhecimento apropriado para uma elite, ou que se trate de tema exclusivamente acadêmico. O fato é que o corpo de conhecimento espírita precisa ser compreendido, como ocorre em qualquer outra ciência, seja física, psicologia ou biologia. O conteúdo dessas áreas do conhecimento pode ser ensinado desde a crianças pequenas, até a jovens, adultos, por um esforço didático. No entanto, aquele que se predispõe a ensinar precisa, previamente, ter a mesma dedicação que os estudiosos das demais ciências. Em sendo uma forma de conhecimento, o espiritismo pede igual cuidado e seriedade. No entanto, considerando o cenário atual, pela pouca compreensão que há de sua originária doutrina, todos são estudantes! Por sua natureza especial, professores mesmo de espiritismo são os espíritos superiores que elaboraram sua doutrina. Por isso, confiamos em que o mais adequado está em dividir a responsabilidade do entendimento por uma atividade de cooperação, na qual os participantes se auxiliam mutuamente, compartilhando a evolução de seus estudos e pesquisas. Mesmo porque esse é o ambiente próprio da autonomia moral, que é a base fundamental do espiritismo.

Constatamos, enfim, que a própria história do espiritismo, escrita no século 20, carrega defeitos metodológicos que comprometem sua compreensão. Boa parte das obras e artigos historiográficos espíritas desse período tropeça nas armadilhas apontadas no recente manual *La Méthode en Histoire*, de 1991:

- Anacronismo: transferir ao passado seus próprios sentimentos e ideias.

- Intencionalidade: querer demonstrar a qualquer custo uma hipótese ou teoria, selecionando ou distorcendo as evidências.
- Esquematismo: ficar na superfície das coisas, não vendo a variedade e riqueza da história.
- Ingenuidade: acreditar que é possível conhecer tudo e ocultar as dificuldades.

Há também questões metodológicas que devem ser seguidas pelo historiador, que garantem o valor de sua obra, como: não afirmar nada senão por documentos verificados pessoalmente; indicar a confiabilidade ou incerteza do documento; indicar explicitamente as hipóteses que guiaram a pesquisa, manter um distanciamento pessoal do objeto da pesquisa.[244]

Para exemplificar essa questão historiográfica do espiritismo no Brasil, e ao mesmo tempo propor novos caminhos para essa pesquisa, vamos tratar de dois fatos que representam um imenso contraste na história oficialmente registrada e divulgada nos meios espíritas.

O primeiro deles trata-se da informação amplamente citada, reproduzida e divulgada como sendo o primeiro jornal espírita brasileiro: o *Eco d'Além- -Túmulo*, redigido e publicado por Luiz Olympio Telles de Menezes desde julho de 1869, mas que, apesar do entusiasmo e boa vontade do autor, em sua linha editorial representa uma proposta absolutamente incompatível com a obra de Allan Kardec.

No lado oposto dessa questão, vamos apresentar as figuras quase desconhecidas, que quando raramente são citados, constituem algumas linhas. Trata-se de Gonçalves de Magalhães, médico, poeta, escritor, diplomata, que liderou o estabelecimento do espiritualismo racional como primeira escola filosófica brasileira (considerada por Kardec como tendo estabelecido na França a reação espiritualista que permitiu o surgimento do espiritismo), autor de uma obra sobre o tema, um dos pioneiros do magnetismo animal, e como se não bastasse foi o primeiro filósofo espírita brasileiro. Ao lado dele, a figura de Manuel Porto-Alegre, escritor, jornalista, pintor, historiador, professor e diplomata brasileiro, que além de estudar as obras de Kardec, a partir de seus estudos mediúnicos, escreveu

---

244 MARTINS, Roberto de Andrade. História e história da ciência: encontros e desencontros. *In*: Congresso Luso-Brasileiro de História da Ciência e da Técnica, 1., Évora. Actas […]. Évora: Universidade de Évora, 2001. p. 38-39.

o primeiro livro espírita brasileiro[245] em 1865, *Cartas Sobre o Espiritismo*,[246] trazendo a doutrina espírita como proposta de revolução moral para o Brasil, além de diversas comunicações, inclusive as primeiras poesias psicografadas.

5.7 A DIFÍCIL TRAVESSIA: O ESPIRITISMO NO BRASIL

Luiz Olympio Telles de Menezes foi um indivíduo meticuloso e tradicional, personalidade adequada à sua profissão, que exerceu até a aposentadoria: oficial da Biblioteca Pública de Salvador. Era monarquista e católico fervoroso. Também exercia a profissão de estenógrafo, registrando as sessões da Assembleia da Província. Aos 56 anos, mudou-se para o Rio de Janeiro, onde continuou a exercer essa tarefa de anotar rapidamente todo o diálogo com símbolos, na Câmara dos Deputados e no Senado. Também fazia parte da Guarda Nacional, força paramilitar que recrutava cidadãos para proteger o império. Quem tinha renda para ser eleitor tinha obrigação de se alistar, cuidar do uniforme e armas até os 60 anos, mas não era remunerado. Alguns anos depois, sofrendo de insuficiência renal, na época chamada mal de Bright, passou a viver de uma pensão do Congresso. Ficava cada vez mais recluso, com o agravamento da doença. Considerado de um caráter apreciável, morreu no dia 21 de março de 1893.[247] No Rio, quase não havia notícias suas no movimento espírita. Mas em Salvador, ele ficou conhecido por defender com ardor o espiritismo, da maneira que o compreendia.

Foi num domingo, dia 17 de setembro de 1865, que Luiz Olympio fundou seu grupo familiar. Na primeira comunicação que obteve, o espírito se identificou como sendo o Anjo de Deus. Era necessário confirmar sua identidade. Kardec

---

245 O pesquisador Zeus Wantuil cogitou, como primeira obra publicada no Brasil, porém em língua francesa, *Les temps sont arrivés*, pelo francês Casimir Lieutaud, professor que viveu no Brasil no século 19, sem, contudo, indicar suas fontes. Consultado pelo escritor Eduardo Carvalho Monteiro em 2003, Zeus declarou que não chegou a tê-la em mãos e que poderia tratar-se apenas de um folheto (*Túnel do tempo*. São Paulo: Madras, 2005. p. 31). Constatamos que o livro foi anunciado para venda com o título em francês pela Livraria do Povo, na *Gazeta de Notícias*, ed. 154, de 3 de junho de 1889. Traduzida pelo autor e publicada em português em 10 páginas das revistas n. 11 e 12 de 1881 da Sociedade Deus Cristo e Caridade, a obra faz citações datadas de 1873, o que indicaria ter sido escrita posteriormente a esse ano. No entanto, hoje não há exemplar preservado que permita comprovar data e local da primeira edição. Poderia também tratar-se de obra francesa, constando do catálogo da editora parisiense Libraire des ciences psychiques et espirites: "LIEUTAUD (Casimir) – Les temps sont arrivés – 0 Fr. 50", citado em SOUDIER, H. *Le Biliographie Française*. 2. ed. t. 7. Paris: Librairie Soudier, 1900. p. 6.

246 A obra de Porto-Alegre pode ser lida na íntegra no apêndice.

247 Jornal *O Tempo*, edição 656, de 23 de março de 1893.

dizia que essa era uma das mais controvertidas questões. Todavia, se o espírito dissesse coisas aproveitáveis, pouco importaria o nome.

Luiz Olympio, no entanto, exigiu do espírito:

– Ratifique sua declaração de quem diz ser, jurando em nome de Deus!

E o espírito respondeu, enfático:

– Juro em nome de Deus, Todo-Poderoso, e também pelo sagrado nome da Maria santíssima, que sou o Anjo de Deus.[248]

E por essa forma ingênua, foi o espírito considerado superior, contrariando as firmes advertências de Allan Kardec relativas à identificação dos espíritos: "Inegavelmente a substituição dos Espíritos pode dar lugar a uma porção de equívocos, ocasionar erros e, amiúde, mistificações. Essa é uma das dificuldades do Espiritismo prático" (LE, p. 32). Os espíritos superiores absolutamente se preocupam com a forma, o fundo do pensamento para eles é tudo. Assim sendo, jamais um espírito superior se valeria de um juramento como prova de identidade:

> Há falsários no mundo dos Espíritos, como os há neste (...) o recusar um Espírito afirmar a sua identidade, em nome de Deus, é sempre uma prova manifesta de que o nome que ele tomou é uma impostura; mas também que, se ele o afirma, essa afirmação não passa de uma presunção, não constituindo prova certa. (LM, p. 327)

A partir daí, Olympio recebeu diversas comunicações: "e em todas elas os dogmas da nossa santa religião são sempre respeitados e confirmados por conselhos, explicações e até exemplos dados por modo tão singular e extraordinário que impossível é a nós referi-los". Uma das mensagens assegurava o seguinte:

> Meus filhos, Deus quer o coração e não quer a desobediência contra ele. Amem as três pessoas da santíssima trindade que Deus vos dará esforço para suportar os trabalhos. É preciso que façais preces a Deus para alcançardes a graça: Ele é infinitamente bom, não despreza os seus filhos, por isso foi que Ele padeceu tanto: e fica triste de ver seus filhos tão incrédulos, e tão fora da religião de Deus. (Anjo de Deus, Bahia, 1865)

Caso Olympio tivesse estudado as obras de Kardec e as *Revistas Espíritas*, saberia que o espiritismo é uma doutrina liberal, livre de dogmas, propondo uma

---

248 *Écho d'Além-Túmulo*, edição 1, p. 5, 1869.

religião natural por uma teoria moral autônoma, independente de qualquer religião estabelecida. No entanto, é provável que ele tivesse seu olhar condicionado pelo paradigma dogmático da crença católica. Tanto que propunha o contrário do que a doutrina espírita representa. O espírito que se dizia Anjo de Deus assegura um proselitismo avesso à prática espírita original, quando afirma: "Os padres, quando veem um incrédulo, fazem todo o possível para que ele se batize, assim também o espiritismo faz com que todos cheguem à religião católica, que é a verdadeira religião de Deus – Bahia, 1866" (Ibidem).

O primeiro número do jornal *O Eco d'Além-Túmulo*, publicado por Olympio, foi por ele enviado à *Revista Espírita*, de Paris, naquele ano de 1869. Traduzido, mereceu uma crítica quanto à questão religiosa:

> Para nós, o Espiritismo não deve tender para nenhuma forma religiosa determinada. Ele é e deve continuar como uma filosofia tolerante e progressiva, abrindo seus braços a todos os deserdados, seja qual for a nacionalidade e a convicção a que pertençam. (RE69, p. 475)

Há um evidente paralelo entre a orientação equivocada recebida por Telles de Menezes no Brasil e as falsas ideias divulgadas na França pela obra de Roustaing.

Na França, quando o advogado J. B. Roustaing viu uma resenha bibliográfica sobre o *Eco d'Além-Túmulo*, mandou graciosamente um exemplar de *Os Quatro Evangelhos* para Olympio, que noticiou o recebimento em seu jornal:

> Tínhamos apenas notícia de sua existência, agora, porém, tivemos a grande satisfação de sermos honrados com a generosa oferta de um exemplar por seu muito distinto autor, a quem, cordialmente, agradecemos essa alta prova de consideração. Os espíritas verdadeiros encontrarão em sua leitura variadíssimos ensinos de transcendental importância.[249]

Vale lembrar que Roustaing declarava ser seu espírito-guia o ultramontanista católico Joseph de Maistre, filósofo inspirador da retrógrada Restauração Francesa e que repudiava tanto a Revolução Francesa quanto a filosofia do Iluminismo, que definia a autonomia moral e intelectual da razão. Maistre propunha a união mundial em torno da suprema autoridade papal, em seu

---

249 *Écho d'Além-Túmulo*, edição 6, p. 44, 1870.

pensamento medieval. Também um feroz opositor de Rousseau, como vimos, o líder católico ridicularizava a ideia do homem naturalmente bom e negava sua perfectibilidade, afirmando que o homem é perverso por natureza, devendo ser governado, punido, sacrificado pela justiça de Deus. Para o tradicionalista, a razão não é autônoma, devendo submeter-se à revelação sobrenatural e à tradição que remonta à revelação primordial.[250] Desse modo, retomar a união em torno do papa como poder sócio-político, segundo Maistre, seria o caminho para combater as ideias liberais e humanistas de igualdade, liberdade de consciência e de culto:

> Mas sem o Papa, não há verdadeiro cristianismo; sem o Papa, a instituição divina perde sua força, seu caráter divino e sua virtude de converter; sem o Papa, não passa ele de um sistema, uma crença humana, incapaz de entrar nos corações e de modificá-los para tornar o homem suscetível de um mais alto grau de ciência, de moral e de civilização. Toda soberania cuja fronte não foi tocada pelo dedo eficaz do grande Pontífice permanecerá sempre inferior às outras.[251]

Num desvio contrário ao pensamento liberal espírita e pregando um retrocesso tradicionalista e sectário, são equivalentes os discursos do "Anjo de Deus" do grupo familiar de Olympio, o de Maistre e a psicografia de *Os Quatro Evangelhos*, como nesta citação dessa obra:

> O chefe da Igreja Católica, nessa época em que este qualificativo terá a sua verdadeira significação, pois que ela estará em via de tornar-se universal, como sendo a Igreja do Cristo, o chefe da Igreja Católica, dizemos, será um dos principais pilares do edifício.[252]

Enquanto o espiritismo defende a liberdade de consciência, todos esses três apregoam a convergência para o autoritarismo papal como futuro da religião.

Como demonstramos anteriormente, o público que formou a maior parte dos correspondentes e simpatizantes da Sociedade de Paris fora preparado pela reação espiritualista, que era constituída principalmente por quatro áreas do

---

250 JAPIASSÚ, Hilton. *Dicionário básico de filosofia*. São Paulo: Zahar, 1996. p. 65.

251 DE MAISTRE, Joseph. *Du Pape*. Paris: Charpentier, 1819. p. 397-398.

252 ROUSTAING, J. B. *Os Quatro Evangelhos*. v. 3. 1866. p. 78-79.

conhecimento: a psicologia como estudo da alma, o espiritualismo racional como fundamento filosófico, a religião natural e o magnetismo animal. Desde o humanismo, o pensamento europeu buscava na racionalidade o instrumento para regenerar a humanidade. Coerente com essa aspiração de harmonia social, a proposta liberal permitia compreender o estabelecimento da moral autônoma de forma independente do âmbito religioso.

No Brasil, porém, imperava outro clima. Se os princípios políticos e econômicos do liberalismo eram aceitos, do ponto de vista moral e cultural não havia um questionamento mais profundo. O tradicionalismo católico surgia como reação ao espiritualismo racional e à cultura liberal. Moral e religião eram mantidos indissociáveis pela revelação sobrenatural dogmatizada pela igreja. O catolicismo conservador foi a religião oficial até 1890. Dezenas de jovens seminaristas eram educados em Roma, uma ampla catequese popular prometia a vida eterna aos pobres e apelava para o assistencialismo aos ricos; em verdade apenas mantendo e justificando as diferenças sociais.

Exemplificando a defesa da fé católica, o professor José Maria Correia de Sá e Benevides, em suas aulas de direito na Faculdade de São Paulo, desde 1865, rejeitava tanto o liberalismo quanto o espiritualismo racional, além de combater o espiritismo quando este surgiu:

> A doutrina dos espiritistas desvirtua a doutrina cristã (...) durante muitos anos fui sectário sistemático da filosofia de Cousin (...). Os anos consumidos em estudos mais sérios fizeram-me crer que não se podia ser católico e sectário da filosofia de Cousin e de Krauser. Li a filosofia dos santos padres do cristianismo, estudei a teologia e suas relações com a filosofia e fiquei jesuíta segundo a fraseologia moderna que assim denomina o católico que crê na infabilidade da igreja e do sumo pontífice. Li o *Syllabus*[253] e curvei-me à autoridade do sumo pontífice subordinando a minha razão filosófica às suas prescrições.[254]

Desde o início do século 18, o Brasil era um contraste, como dois mundos num só país. Quando a missão artística francesa aportou no Brasil em 1816, desceram do navio o pintor histórico Jean-Baptiste Debret, pintor de paisagens

---

253   O *Syllabus*, ou *Syllabus Errorum* [Sílabo dos erros de nossa época], é um apêndice da encíclica *Quanta cura*, publicada pelo papa Pio IX em 1864, condenando os considerados pela igreja erros do progresso e da cultura moderna.

254   Jornal *O Apóstolo*, ano XVII, n. 109, p. 1, de 29 de setembro de 1882.

Taunay, gravadores, ferreiros, escultores, músicos, escultores. Logo se instaurou a criação de uma escola superior de belas-artes. Os jovens brasileiros, acostumados coma educação dos jesuítas, arte barroca, cantos religiosos, oratória escolástica, agora se deparavam com a criatividade da perspectiva e composição, pintura e escultura como modelos vivos, atelier com mestres gravadores e desenhistas, o aprendizado de música. Chegavam, assim de súbito, as riquezas culturais da civilização! Os jovens tomaram consciência da possibilidade da modernização da cultura nacional. Domingos José Gonçalves de Magalhães, poeta, e seu amigo Araújo Porto-Alegre, aluno de Debret, se encontraram na Academia de Belas Artes. O professor de filosofia frei Monte-Alverne desprezava a escolástica e trazia apostilas manuscritas aos alunos com o que conseguia da Europa. Ousado, com sua voz cavernosa, diante de Pedro I, viúvo. Exclamou do púlpito: "Deus esmaga nas barreiras do túmulo todos esses gigantes da Terra", o imperador curvou a cabeça, levando a mão aos olhos. Quando falava de liberdade aos jovens, dizia: "Dessa liberdade que não aqueceu os ossos de nossos pais!". Magalhães, entusiasmado e emotivo, cogitou a batina, mas Alverne o desestimulou: "Melhor destino espera seu talento. Mundo por mundo, melhor é o grande para quem tão moço sabe chorar".[255]

Gonçalves de Magalhães (1811-1882)

---

255 MAGALHÃES, Domingos José Gonçalves de. *Biografia do padre-mestre frei Francisco de Monte-Alverne*. Rio de Janeiro: Instituto Histórico e Geográfico do Brasil, 1858.

Em 1828, fez sólida amizade com Francisco de Sales Torres Homem, no curso de medicina do Rio de Janeiro. Todos os três viam seus sonhos de estudos na capital da cultura, França. Em julho de 1833, Magalhães e Torres Homem, que estudaria direito, seguiram de navio ao encontro de Porto-Alegre, que partira, desde 1831, com Debret.

Tempos depois, Magalhães, Porto-Alegre e Torres Homem, que vinham de famílias de comerciantes e profissionais liberais, e não da elite, iriam se tornar diplomatas e políticos do reinado de Pedro II, como visconde de Araguaia, barão de Santo Ângelo e visconde de Inhomirim.

Chegando a Paris, Magalhães saiu da pensão e logo subiu as escadas da Sorbonne, aproveitando os inúmeros e interessantes cursos livres. Em carta a Alverne, 1834, Magalhães conta seu entusiasmo com o espiritualismo racional que encontrou na Universidade, em salas espaçosas sempre cheias, com alunos em semicírculo. "Aqui só não estuda quem não quer; há cadeiras para todas as ciências":

> O Cousin está em viagem, e acaba de publicar um livro sobre o ensino na Alemanha, de bastante utilidade. Não sei se no Brasil chegaria a tradução de Reid por Jouffroy, com notas de Royer-Collard e uma tradução de Dugald Stewart, assim como a tradução de Kant.[256]

---

256 *Cartas a Monte-Alverne*, 20 de janeiro de 1834.

Esses professores revolucionaram a faculdade de filosofia francesa, superando o materialismo egoísta dos ideólogos pela moral autônoma: "tenho assistido às lições de Direito natural do senhor Jouffroy, posso assegurar que são muito filosóficas, ele se mostra digno sucessor de Royer-Collard e ótimo discípulo de Cousin" (*Ibidem*). Vale lembrar que a teoria do direito natural considera uma lei natural que rege o comportamento humano, em completa oposição ao pensamento materialista.

Na mente desses jovens brasileiros surgia um projeto de modernização cultural, mas que buscasse uma identidade própria, refletindo a alma de um povo que ganhava autonomia como nação. Os três amigos participaram como os primeiros brasileiros do *Institut Historique de Paris*, curiosamente o mesmo frequentado pelo professor Rivail. Porto-Alegre explicava aos ouvintes do Instituto sobre o atraso das artes no Brasil, atribuído ao governo de Portugal, que impediu, por dois séculos, que brasileiros desenhassem ou executassem templos ou obras na colônia, pois não se permitia o desenvolvimento intelectual. Torres Homem, que era mulato e bisneto de escravos, argumentava que a escravatura foi sempre responsável pelo atraso e decadência dos povos. A elite brasileira fazia sua fortuna com o trabalho de escravos açoitados e tratados como animais nas senzalas. O analfabetismo no Brasil beirava 70% da população.

Para expressar suas ideias e publicar suas pesquisas do *Institut*, em 1836, unidos e solidários em terras estrangeiras, Magalhães, Porto-Alegre e Torres Homem criam a publicação *Nitheroy, Revista Brasiliense de Ciências, Letras e Artes*. Mas Magalhães via que no contexto brasileiro prevalecia a moral do interesse difundido nas classes sábias pelos pensamentos de Helvécios, "a moral do interesse não é moral, que a ela devemos todos os males com que lutamos", que, infelizmente, era a única praticada. Com essa moral sem Deus de Holbach, que seduz os poderosos, não se constrói uma nação "que com ela toda política é má, que com ela jamais poderemos engrandecer-nos. O interesse avilta todas as ideias, e repudia todos os grandes sentimentos".[257] A solução para o Brasil era levar com vigor aos moços a moral pela liberdade do espiritualismo racional, inspirado em Rousseau, Kant, Cousin, Jouffroy e Paul Janet.

Em 1830, explica Magalhães, o ensino de filosofia no Brasil era funesto:

> Ninguém dirá certamente, que aí domina a moral do dever, a moral religiosa. A moral livre é a única que aí se conhece, a moral do

---

257   *Filosofia da religião*, em *Nitheroy: Revista Brasiliense, Sciencias, Letras e Artes*, t. 1, n. 2, 1836.

interesse, tal como ensinará Helvécios, é a única praticada. O Tratado de Legislação de Bentham é o código dos legisladores. A filosofia ensinada nas escolas à mocidade é a das sensações; a teoria de Condillac, de Cabanis, e de Tracy, teoria que em rigorosa consequência no materialismo depara, é a geralmente conhecida, e abraçada como um dogma, como uma verdade incontestável, enfim como a última expressão da filosofia. (*Ibidem*)

Mas tudo estava em transformação. O doutor Eduardo Ferreira França, filho do médico particular de Pedro I, estudou em Paris e se formou com uma tese materialista, baseada em Cabanis. Mas já no Brasil, descobriu o espiritualismo francês e ficou maravilhado com Maine de Biran:

> Materialista, encontrava em mim um vazio, andava quieto, aflito até: comecei então a refletir e minhas reflexões me fizeram duvidar de muitas coisa que tinha como verdades demonstradas e, pouco a pouco, fui reconhecendo que não éramos só matéria. Fui lendo aqueles que ao princípio me haviam desgostado, e encontrei um prazer indefinível, e o profundo Maine de Biran contribuiu especialmente para esclarecer minha inteligência. (FRANÇA, 1854, p. 7)

Em sua psicologia, o homem tem três origens dos fenômenos que vivencia em si mesmo, um está na alma, que constitui nossa individualidade e vontade, outro está nos instintos que nos preservam, outros estão em atividades inconscientes de nossa fisiologia, que "atribuímos a uma causa que não nos é diretamente conhecida, referimos à força vital, à qual o corpo do homem está sujeito": "As profundas reflexões do ilustre Jouffroy mostram que há no homem duas ordens bem distintas de fenômenos, os fisiológicos e os psicológicos, que a separação entre a fisiologia e a psicologia firma-se em bases sólidas" (*Ibidem*, p. 50).

Nessa psicologia, "a vontade é a condição primária e necessária do conhecimento de nós mesmos ou do sentimento de nossa própria existência", e por essa vontade "a alma, pois, ou o *eu* se sente como ativo em cada um de seus atos". O homem é livre, explica Eduardo França, e essa liberdade torna-se moral pela sua consciência, como se acreditava desde Rousseau:

> A consciência moral é pois um sensor que está dentro de nós vigiando nossos atos, ela nos mostra que não devemos praticar certos atos, porque uma dor muitas vezes mais viva que a dor física é o castigo

que logo sofremos; ela nos mostra até que cada desejo mesmo bom há um limite que não devemos ultrapassar. O remorso ou este sentimento roedor nascido de uma ação má, que fizemos, nos persegue em nossa consciência com muito mais energia do que qualquer castigo corpóreo. (*Ibidem*, p. 528)

Referindo-se aos fenômenos do sono e do sonambulismo natural, França demonstra que a alma é o ser constante, permanecendo sempre lúcido e ativo enquanto o corpo dorme. Chegavam ao Brasil os estudos psicológicos experimentais da introspecção. Para compreensão do espiritismo, o livro de Eduardo França é de grande importância, pois vivemos desde o século passado um esquecimento e desprezo por esse pioneirismo do século 19, em buscar na ciência o estudo da alma. Se agora se esboça uma reação humanista, ela é uma retomada ou revigoramento dos psicólogos espiritualistas franceses a quem se deve creditar a iniciativa; e essa reação hoje só ocorre porque a psicologia se fartou do materialismo dogmático que transformou o homem em massa encefálica. O espiritismo não parte do estudo do espírito, mas da existência da alma que a ciência de sua época adotava, e Allan Kardec fez uso em suas obras dos termos que França explica didaticamente, como hábitos adquiridos, consciência, senso íntimo, inclinação, paixões e instintos, volição, liberdade da vontade, entre outros. Como Kardec afirmou, "o espiritismo veio dar uma ideia-mãe e pode-se ver o quanto esta ideia é fecunda", inclusive "diante da luz que lançou sobre a psicologia", tornando-a experimental. A psicologia racional de cientistas como Biran e França foi sucedida e completada pelos estudos psicológicos da doutrina espírita, pois só ela demonstra os limites e diferenças das causas dos fenômenos fisiológicos e espirituais presentes no ser humano:

> Até o presente, a ciência não fez senão constatar as relações fisiológicas entre o homem e os animais; ela nos mostra, no físico, todos os animais da cadeia dos seres sem solução de continuidade; mas entre o princípio espiritual dos dois espíritos existia um abismo; se os fatos psicológicos, melhor observados, vêm lançar um ponto sobre esse abismo, isso será um novo passo de fato para a unidade da escala dos seres e da criação. Não é pelos sistemas que se pode resolver esta grave questão, é pelos fatos; se ela deverá sê-lo um dia, o espiritismo, criando a psicologia experimental, só ele poderá fornecer-lhe os meios. (RE65, p. 86)

A vertente psicológica de Eduardo França pavimentou o terreno para a chegada do sistema filosófico do espiritualismo racional, pretendido por Magalhães:

> Se o sistema eclético de Cousin serviu à elite brasileira principalmente como bússola na solução dos problemas políticos, na concepção e na implantação das instituições, da administração do ensino, etc., ao longo do Segundo Reinado, a expressão filosófica desse estado de espírito deu preferência àqueles aspectos da doutrina mais diretamente vinculados ao método psicológico e ao espiritualismo. A obra de Maine de Biran propiciou a este último um suporte com que não contara no passado. (PAIM, 1967, p. 85)

Magalhães viu, no contraste entre o espiritualismo francês e o materialismo brasileiro, não um problema lamentável, mas a grande oportunidade que surgia daquela crise moral para a regeneração da nação brasileira:

> A regeneração é para os povos o que a imortalidade além-túmulo é para o homem. Ambas as ideias são consoladoras, mas o ponto crítico da passagem é terrível, e amedronta. A lição solene da história, que nos diz que é necessário que a geração velha e corrupta ainda mais se corrompa, e desapareça (...), é uma lição que faz tremer, e nos infunde n'alma uma pavorosa melancolia. O que fizemos para que essa calamidade sobre nós caia na época em que vivemos? O que fizemos a Providência o sabe.[258]

Entusiasmado por fazer nascer, da escrita de suas ideias, o poder de transformação, Magalhães voltou ao Brasil em 1837. Em sua carreira brilhante para a modernização da cultura brasileira, admirado por Pedro II, recebeu o título de visconde do Araguaia, diversas comendas, sócio do Instituto Histórico e Geográfico Brasileiro e de outras associações. Iniciador do romantismo no Brasil, publicou *Suspiros Poéticos*, o poema épico *A Confederação dos Tamoios* e diversas peças teatrais. Foi o primeiro professor de filosofia do colégio de Pedro II. Mas o ponto alto e a fundação da escola eclética ou o espiritualismo racional como a primeira escola filosófica propriamente brasileira deu-se com a publicação de seu

---

[258] MAGALHÃES, Gonçalves. Estado crítico do Brasil. *Jornal dos Debates Políticos e Literários*, Rio de Janeiro, n. 19, 08/07/1837.

livro *Fatos do Espírito Humano*,²⁵⁹ em 1858. Sergio Buarque de Hollanda afirma, no prefácio da reedição de *Suspiros Poéticos*: "Gonçalves de Magalhães é, ao mesmo tempo, o pioneiro do nacionalismo literário entre nós (teoricamente do próprio indianismo romântico), o arauto do romantismo brasileiro e finalmente, mas não por último, da orientação francesa de nossa vida espiritual, orientação que ainda prevalece nos dias atuais". (MAGALHÃES, 2004, p. 22)

E, no prefácio da edição da Academia Brasileira de Letras de *Fatos do Espírito*, Luiz Alberto Cerqueira dirá, diante de seus estudos, que permitem afirmar: "Ele representa a transição de uma educação fundada no aristotelismo português para uma educação fundada na filosofia moderna", e então, "é nesse sentido que me refiro ao seu papel de fundador da filosofia brasileira" (*Ibidem*, p. 22).

É surpreendente, mas fácil de explicar, que Gonçalves de Magalhães tenha escrito essa obra entre 1856 e 1857, ao mesmo tempo que Allan Kardec escrevia e lançava *O Livro dos Espíritos*, e as duas obras tenham tão grande afinidade que parecem ter nascido da mesma pena. Dizemos que é fácil explicar, porque Magalhães mergulhou no movimento da *reação espiritualista*, que daria base para o espiritismo, como afirma o filósofo:

> A base e o ponto de partida de todas as ciências filosóficas é a psicologia, da qual elas são ampliações e aplicações. A psicologia lhes dá o elemento subjetivo, reconhece as condições necessárias e absolutas da razão, objetos da metafísica. As leis gerais dos fenômenos e de suas relações lhe são fornecidas pelas ciências empíricas. (*Ibidem*, p. 75)

A filosofia daria para o povo brasileiro a ideia de liberdade, uma moral espiritualista livre de dogmas e uma estrutura de conhecimento compatível com as ciências modernas, explica Magalhães:

> Da filosofia dependem mais ou menos todas as ciências, principalmente as morais e políticas, das quais tanto precisa um povo livre, que aspira a tomar um lugar distinto entre as nações civilizadas; o que só se consegue com elevação da inteligência a tudo o que é belo, bom e justo. (*Ibidem*, p. 50)

---

259 A primeira edição dessa obra, de 1858, *Factos do espírito humano: philosophia*. Por D. J. G. de Magalhaens, pode ser lida e baixada na internet em: https://digital.bbm.usp.br/handle/bbm/4164.

Mais à frente, depois de definir a causa da vontade, inteligência e moral em nossa alma, como individualidade passível de se estudar pela psicologia, Magalhães vai apresentar o conceito de princípio vital, como intermediário entre o corpo animal e a alma espiritual, em plena sintonia com a doutrina espírita, que ainda estava em elaboração:

> Entretanto, se a nossa alma não tem como sua propriedade de sentir; isto é, se não é ela quem se modifica para produzir a sensação (...) da sede, da dor, se ela só as recebe, e percebe o que significam (...) a existência de uma força imaterial que organiza o corpo é tão incontestável como a existência de um espírito que pensa (...). *Essa força simples, sensitiva e organizadora* é o nexo entre o espírito e o corpo; por que não será ela quem modifique na presença das impressões orgânicas, e comunique imediatamente ao espírito as suas próprias afecções voluntárias? (Ibidem, p. 195)

Diante dessas palavras, lidas depois por quem estudou Kardec, só restava escrever com entusiasmo à margem: "perispírito!".

Páginas à frente, Magalhães vai estudar as relações entre os espíritos, Deus e o Universo, notando que não estamos separados pelo vazio, vagando solitários, mas estamos interligados pelo pensamento, numa grande harmonia universal. Para justificar esse pensamento, vai se valer da lucidez sonambúlica, condição especial conquistada pelo estado do sonambulismo provocado. Partindo de um indivíduo que pensa em alguma coisa que queira, fosse o céu, as nuvens ou uma árvore:

> Demos que eu me ache em face desse sujeito que pensa; e como se persuadem alguns fisiologistas que os sonâmbulos lúcidos veem as coisas que estão no pensamento das pessoas em contato magnético com eles, seja isso assim ou não, como é fato que os sonâmbulos veem com os olhos fechados e dormindo o que não podemos ver com eles abertos e acordados; admitamos por um momento que, ou sonâmbulo, ou por graça divina, possa eu perceber tudo o que pensa esse espírito. O que acontecerá? É que todas as coisas pensadas e imaginadas por ele me serão ressentes como reais, e com todas as condições do nosso perceber. (Ibidem, p. 342-343)

Tudo está interligado, tudo está em evolução, conclui Magalhães, e então afirma: "A ordem geral do universo é sempre a mesma, porque ela é boa, bela, justa, e a melhor que podia ser; mas o Supremo Poeta sabe conciliar uma infinita variedade com a mais perfeita unidade", e assim Deus conserva "as leis e os tipos de todas as coisas" (*Ibidem*, p. 345). Exatamente dez anos depois, em *A Gênese*, Kardec daria o conceito fundamental da ciência dos espíritos, em palavras semelhantes:

> A Natureza jamais se encontra em oposição a si mesma: Uma só é a divisa do brasão do Universo: unidade-variedade. Remontando à escala dos mundos, encontra-se a unidade de harmonia e de criação, ao mesmo tempo que uma variedade infinita no imenso jardim de estrelas. Percorrendo os degraus da vida, desde o último dos seres até Deus, patenteia-se a grande lei de continuidade. Considerando as forças em si mesmas, pode-se formar com elas uma série, cuja resultante, confundindo-se com a geratriz, é a lei universal. (G, p. 98)

Se Deus é o Supremo Poeta, Magalhães e Rivail refletem esse sentimento, pois nessas passagens se o objeto é a ciência, a forma se traduz pelo espírito poético. Folheando cada página de *Fatos do Espírito Humano*, encontramos nelas uma elucidação, uma afinidade, um paralelo aos ensinos do espiritismo, ressalvando também passagens reflexas de suas dúvidas e inseguranças, pois se deve lembrar que se trata de obra humana de filosofia. Mas se, por impulso, continuarmos pinçando trechos, talvez estaríamos a um passo de reproduzir toda sua obra. Isso nos leva a crer que seja esse livro leitura fundamental para quem estuda a história e filosofia da ciência espírita.

Por fim, depois de demonstrar que o egoísmo não é "lei do espírito humano, nem um sentimento natural", mas é "uma depravação, uma enfermidade, proveniente da ausência do sentimento do dever, ocasionada pelas necessidades fictícias do homem, ou das necessidades viciosas do corpo" (*Ibidem*, p. 373), conclui que os deveres morais e sua natureza espiritual por se fundamentar numa lei natural, demonstrando o quanto há para se aprender no processo de perfectibilidade do homem, Magalhães vai sugerir a reencarnação como solução:

> Por que não poderíamos nós, ter existido no seio de Deus, ou mesmo neste mundo, como o supunha Pitágoras, antes de nos revestir do corpo atual? Por que não poderíamos ter perdido a memória dos nossos atos passados, a fim de livre e meritoriamente cumpramos alguma missão? Lembramo-nos porventura do que fizemos nos primeiros anos desta vida transitória? Nós vemos uma criança nos braços

> maternos, ou ensaiar jubilosa os seus primeiros passos sobre a terra, e temos por esse modo a certeza que pelo mesmo estado passamos. Mas quem se recorda dos seus primeiros passos para caminhar e falar, dos seus primeiros discursos, das coisas que viu, das dores que padeceu na sua tenra infância? (Ibidem, p. 375)

E conclui o filósofo com uma pergunta ao leitor: "Que impossibilidade há pois que, por um sábio desígnio da Providência, tenhamos perdido a lembrança da nossa passada existência?". Imaginando que estivesse Magalhães e Rivail juntos, frente a frente numa mesa de debates, certamente o professor lionês levantaria de súbito, exclamando: – Bravo, meu amigo! Você seguiu as pistas corretas. Mas o restante do caminho quem nos ensina são os espíritos, testemunhas oculares do outro mundo! Esse esquecimento é providencial, eles ensinam. Por ele é que esquecemos que as vicissitudes desta vida são provas escolhidas por nós mesmos. Elas são as oportunidades para superarmos as imperfeições, os desafios para alcançarmos as virtudes, e futuramente serão os instrumentos para exemplificarmos aos nossos irmãos a lei de Deus que carregamos em nossa alma, fonte sublime e condição de todos os espíritos simples e ignorantes, os mesmos que alcançarão por seus esforços, a condição de espíritos superiores e felizes!

E então, Magalhães, alma poética e emotiva, como diante do frade Monte-Alverne quando criança, iria às lágrimas, não só de alegria, mas de esperança por ver a possibilidade de nossa pátria receber de braços abertos a oportunidade de colaborar com a grande "revolução espírita", junto à regeneração da humanidade!

Magalhães ainda não havia contribuído com tudo o que podia para a causa espírita, pois foi ainda o primeiro magnetizador brasileiro a pesquisar e praticar a ciência do magnetismo animal, tanto nas curas como também na pesquisa do sonambulismo provocado. Como noticiou o jornal *Correio Mercantil*, em 1862:

> Se remontamo-nos à história do magnetismo, vamos, por exemplo, entre nós mesmos, e as expensas do Senhor Doutor Domingos José Gonçalves de Magalhães, médico ilustrado, filósofo insuspeito e crente cedido do poder magnético de cada homem, hastear corajoso o estandarte magnético nas plagas do Rio de Janeiro, quando, com toda a razão os ânimos da ferrenha superstição, todos os prejuízos escolares mal deviam receber os fatos magnéticos! (...) outros muitos médicos desposaram a causa fomentada por tão ilustre brasileiro, sendo até sustentada pelo senhor Guilherme Antunes Marcello na escola de

medicina desta corte a dissertação sobre magnetismo animal, que a esse senhor deixou conferir o grau de doutor em medicina, e dissertação já escudada nos fatos colhidos em belas sessões públicas, que o doutor Magalhães dirigia, não só pelo lado psicológico, como ainda no importante foro terapêutico e ortopédico.[260]

Conta-nos Porto-Alegre[261] que a irmã do médico da Câmara e deputado Guilherme Antunes Marcello não tinha mais recursos na medicina e se encontrava aleijada, mal caminhando e sem poder fazer uso das mãos. Pacientemente, Magalhães aplicou sessões de passes, dia após dia, obtendo gradualmente sua melhora. Até o dia em que restava dizer: – Vamos! Levanta e anda.

Na media dos esforços, ouvia-se o estalar dos ossos, a família e principalmente o irmão médico ficaram na expectativa, aos poucos, coluna endireitada, sustentam-se nas pernas, e, pouco a pouco, caminha pela sala. Ainda sobe os braços e abre as mãos, mergulhada em alegria! Nada ali era milagroso para quem tinha acompanhado os sucessos visíveis de um progresso lento e gradual da cura.

Torres Homem tornara-se ministro da Fazenda, conselheiro de Estado e senador do império, decidindo em suas funções sempre com um pensamento liberal. A Revolução Francesa representava em seus pensamentos um ideal de liberdade para o futuro da humanidade:

> A revolução da França veio dar o sinal de que uma grande mudança se havia operado nas ideias dos povos. A Europa armou-se contra as novas doutrinas, tendo à sua frente a oligarquia dos conselhos áulicos; os povos marcharam para a cruzada; o princípio absoluto foi vencido; e o edifício da servidão desde então vacilou na sua base, e começou a ameaçar ruína por todos os lados. Debalde o grande gênio que assombrou a Europa pareceu por anos ter contido a torrente progressiva: seus exércitos, suas administrações conquistadoras, inoculavam nas nações as ideias, que a revolução lhes ensinara, e que a glória dos triunfos tinha na França como abafadas em seus resultados práticos.[262]

---

260 *Correio Mercantil e Instructivo, Político, Universal*. Ed. 61. 2 de março de 1862.
261 *Cartas de revelações* por Porto-Alegre, apêndice.
262 *Revista Minerva Brasiliense*, n. 1, 1 nov. 1843.

Mas Torres Homem, na intimidade de seu lar, vivenciava as dificuldades de cuidar de seu filho paralítico, não medindo esforços para dar-lhe conforto. Sem esperanças com a medicina, apesar do ceticismo, procurou seu amigo de juventude, Gonçalves de Magalhães, pedindo sua ajuda. O tratamento teve início e continuou quando o pai precisou se apresentar na residência do imperador. Em sua volta ao Rio, encontrou o filho de pé, de braços abertos, caminhando lentamente até a casa!

Manuel de Araújo Porto-Alegre tinha múltiplas competências. Dirigiu a Academia Imperial de Belas Artes. Poeta e pintor, como arquiteto fez obras no Paço Imperial, Escola de Medicina, Alfândega. Em 1857, iniciou sua carreira diplomática. Primeiro em Berlim, na Prússia. Depois, em 1860, foi para Dresden, às margens do rio Elba, na Alemanha. Por fim chegou em 1866 a Lisboa, onde ficou até a sua morte em 1879.

Porto-Alegre conheceu o magnetismo animal em sua primeira viagem à França, em companhia de Gonçalves de Magalhães, quando viram curas e a lucidez sonambúlica, quando o amigo aprendeu a técnica, levando essa ciência para o Brasil. Foi no Rio de Janeiro, porém, que observou o fenômeno mediúnico, na residência do doutor Mello Moraes, sem que chamasse sua atenção. Quando esteve em Berlin, foi assistir a uma sessão de mesas girantes, o que lhe despertou interesse pelo tema, sem entusiasmo. Mas se dedicou a ler as obras sobre magnetismo e as de Allan, Kardec, a partir de *O Livro dos Espíritos*, inovação que lhe agradou.

Já no Rio de Janeiro, Porto-Alegre se aproximara da homeopatia, reconhecida por decreto do imperador em 6 de abril de 1846. Sentia segurança em se tratar com o doutor Benoît Mure, que veio ao Brasil criar um falanstério aos moldes de Fourier, comunidade coletiva regida por princípios socialistas, num terreno em Santa Catarina oferecido por Dom Pedro. O experimento não deu certo e Mure foi para o Rio de Janeiro, onde criou a primeira farmácia, um curso superior, um jornal e instalou diversos dispensários destinados a atender à saúde do povo, entre os pobres e escravos. Em carta, Porto-Alegre registrou: "O Dr. Mure é um homem de conhecimentos, nele confio". Kardec, em 1858, conversou com o espírito do homeopata, que revelou acreditar nos espíritos e suas manifestações quando em vida (RE58, p. 207).

Em 1863, Allan Kardec informou ao amigo comum Victor de Borja[263] que havia enviado um exemplar da *Revista Espírita* a Porto-Alegre, conforme

---

263 Esse brasileiro amigo de Kardec e Porto-Alegre foi identificado pelo pesquisador Luciano Klein como sendo o cearense Agostinho Victor de Borja Castro, professor de engenharia da Escola Politécnica do Rio de Janeiro.

relatado numa carta endereçada a Gonçalves Dias,[264] o que leva a crer que eles devem ter se encontrado pessoalmente em Paris, décadas depois de conviverem no Instituto Histórico. Foi Borja que enviou a Porto-Alegre, em Dresden, os livros de Kardec.

Gonçalves Dias (1823-1864)

Naquele mesmo ano de 1863, enquanto era tratado pelo magnetismo, Porto--Alegre começou a receber algumas primeiras mensagens mediúnicas, explicando como se dá o fenômeno, por exemplo, a comunicação com os espíritos pelo pensamento: "Se os homens evocam os espíritos, o desejo que estes têm de lhes agradar os atrai para os mortais". Também uma explicação sobre a física da espiritualidade, nos moldes do que se ensinava na Sociedade de Paris:

> No mundo dos espíritos, o estado é mais do que o lugar, porque os espíritos não estão adstritos aos lugares como os mortais. Os espíritos não conhecem distâncias; podem perceber o grande número de estados felizes nos diferentes universos. Os espíritos têm uma existência onde o tempo se emerge na eternidade, e o espaço é circunscrito no infinito, como a gota do orvalho que se perde no oceano.

Então o espírito falou da pátria de Porto-Alegre, o Brasil, iniciando em suas mensagens, uma previsão de seus futuros passos:

---

264   Anais da Biblioteca Nacional, v. 91, 1971.

O estado da tua pátria é digno de lástima neste momento. Aquele povo, composto de diferentes elementos, tem muita facilidade para aprender e possui uma vivacidade extraordinária, mas até o presente tem sido negligenciado, e se nada se faz pelo povo brasileiro, também muito pouco para as classes altas...

Naquele grupo de amigos dedicados a regenerar nossa pátria, dizia o Espírito, Porto-Alegre também tinha sua parte no desenvolvimento da cultura: "Cultivai o terreno fértil, o coração de vossos compatriotas; fazei-lhes conhecer as ciências, dai-lhe o reconhecimento a Deus, ao seu Salvador, e sereis imortais. Vejo no futuro o teu trabalho para a salvação do teu povo, e sei que teu Imperador verá com muito interesse os teus esforços".

Realmente, Porto-Alegre, como também Magalhães e Torres Homem dedicaram suas vidas à cultura e educação da nova nação. Mas o Espírito previa outras tarefas: "É a primeira parte da tua missão, mas tens outra. Estuda o espiritismo, e teus estudos te farão conhecer grandes segredos, fechados para sempre aos olhos cegos dos homens deste mundo de misérias e orgulho".

Por três anos, Porto-Alegre se dedicou a estudar o espiritismo e dialogar com os espíritos, conhecendo as suas consolações, seus ensinamentos. Evocando junto à sua família o poeta e grande amigo Gonçalves Dias, autor do famoso verso "minha terra tem palmeiras, onde canta o sabiá", que ofereceu as primeiras estrofes mediúnicas. A seriedade de Porto-Alegre, sua dedicação ao estudo e pesquisa, teve como resultado a qualidade dos ensinamentos que recebeu (condizentes com os princípios fundamentais da doutrina espírita, que estava em plena elaboração na França), sendo um marco admirável, um trabalho pioneiro inspirador para o que se poderá fazer pelo espiritismo no Brasil, se seu exemplo for seguido.

Quando já se achava no final de sua vida, aos sessenta anos, escreveu ao povo brasileiro, "para os que precisam de luz e consolação nesta vida", o que seria o **primeiro livro espírita brasileiro**, em 1865, com o desejo humilde de que seu tempo teria sido bem empregado caso suas revelações "fossem úteis a uma só pessoa".

No entanto, os manuscritos escritos à pena da obra de Porto-Alegre, em suas folhas amareladas e bem conservadas, permaneceram nas gavetas do acervo arquivístico do Arquivo Nacional do Museu Histórico Nacional, junto aos mais de mil documentos da coleção desse autor. Para contribuir com o desejo de Porto-Alegre de ser lido, damos em seguida sua significativa obra na íntegra.

Nesse livro de Porto-Alegre, *Cartas Sobre o Espiritismo*, sua formação quanto aos aspectos científico, filosófico e moral do Espiritismo estão em acordo com as propostas originais de Kardec. Apresentando ainda uma visão política e social do Brasil – onde denuncia a corrupção, a indolência do povo e a falta de compromisso dos dirigentes com as reais necessidades do país – ainda hoje válida: "Todos os males do Brasil provêm da ambição dos seus guias, do egoísmo da maioria dos homens políticos, e da indolência e credulidade do povo, que é como todos os povos enganados. Raríssimos têm sido os deputados que sacrificaram a sua votação futura à verdade".

A *Gazeta de Notícias* do sábado, dia 12 de agosto de 1882, um mês depois da morte de Gonçalves de Magalhães, dava a notícia de que, "em homenagem ao **filósofo espírita** visconde de Araguaia", título de Magalhães, "efetuou-se ontem, na sala da Sociedade Acadêmica Deus, Cristo e Caridade, perante um numeroso e escolhido auditório, a sessão magna do grupo espírita Leão XIII". Nessa data festiva, depois da palestra, "o presidente fez o panegírico do ilustre finado. Entre os assistentes compareceram algumas pessoas gratas que quiseram testemunhar amor e respeito ao falecido amigo".[265]

Esperamos que os esforços de Eduardo Ferreira França, Gonçalves de Magalhães e Manuel de Araújo Porto-Alegre, e suas respectivas obras *Investigação de Psicologia*, *Fatos do Espírito Humano*, e *Cartas Sobre o Espiritismo*, primeira contribuições brasileiras para a obra do espiritismo, possam se somar à leitura dos textos de Allan Kardec, alcançando o lugar que merecem na filosofia e história da ciência espírita.

No último capítulo de sua obra *Fatos do Espírito Humano*, cap. 15, Magalhães define o espiritualismo e a educação para todos como resposta para superar o pensamento materialista, pois: "Com a inteligência, a liberdade e a vida futura compreendemos o homem, a ordem social, a virtude e o vício, o bem e o mal; sem a inteligência, a liberdade, sem a vida futura tudo é obscuro, tudo incompreensível, tudo absurdo no homem e na ordem social" (MAGALHÃES, 2004, p. 357).

Por fim, para esse primeiro filósofo espírita, atos de bravura e o assistencialismo representado por dar esmolas aos pobres não representa a moral verdadeira a não ser que corresponda à consciência do dever, a uma moral autônoma:

> Podemos ser heróis, caridosos aos olhos dos homens, praticando atos de bravura, administrando a justiça e dando esmola aos pobres. É quanto basta às vezes para o mundo, que não penetra as nossas ambiciosas intenções; mas não basta para a perfeita moralidade da ação; e se os homens descobrem que não praticamos o bem por um princípio do dever; que procuramos a glória, a recompensa, a fama,

---

265 *Gazeta de Notícias*, Rio de Janeiro, n. 223, p. 1, 12 ago. 1882.

a consideração; eles deixam de nos admirar, e como a nossa própria consciência, como Deus mesmo, nos dizem: fostes movidos por um sentimento de vaidade, de ambição e de egoísmo; nada fizeste por dever, e por amor ao bem. (*Ibidem*, p. 365)

Em sequência, Magalhães compreende bem a sutiliza da moral autônoma, "se porém tivésseis obrado por amor do bem, qualquer que fosse o resultado, não teríeis remorsos, nem arrependimento, e a consciência vos diria: fiz o que devia, e continuarei a fazer o que devo, qualquer que seja o resultado" (Ibidem, p. 365).

Essa é a moral dos bons espíritos, correspondente à teoria espírita. Agindo de acordo com a consciência, cada vez melhor o homem compreende as leis naturais, e então se torna trabalhador da harmonia universal. O espiritismo bem compreendido permite que se veja na vida, não castigos ou sofrimentos impostos, mas oportunidades para a prática do dever.

A história do espiritismo no Brasil e a compreensão da doutrina espírita merecem uma profunda e progressiva revisão a partir dos princípios fundamentais e do paradigma original, propostos pelos espíritos superiores por meio de Kardec. Há uma herança histórica do pecado católico arraigado na mente do brasileiro que pode explicar a aceitação à falsa divulgação, no meio espírita, da reencarnação como castigo, em evidente conflito com a mensagem original de autonomia presente na lei das escolhas das provas. Por outro lado, a influência do misticismo oriental tornou voz corrente a equivocada associação do espiritismo com as ideias de carma ou causa e efeito como castigo. Tão entranhado se encontra esse pensamento heterônomo do carma, que se repete nas tribunas, está transcrita nos livros, apostilas, filmes e demais mídias, divulgando uma teoria oposta à de Allan Kardec. Se isso ocorre é porque sua verdadeira mensagem ainda não foi compreendida, constituindo um terreno onde se deve agir pela educação para alcançar a mudança de paradigma a que a doutrina se propõe. A essência mesma do espiritismo está na revolução que enfrenta essas ideias retrógradas do velho mundo. Esta é verdadeiramente a sua luta: a mudança do modelo da submissão e do castigo, para o pensamento de liberdade, autonomia, oportunidade, mudança, colaboração e fraternidade. São essas as armas à espera daqueles que se farão voluntários, esclarecendo e semeando a verdadeira doutrina espírita, honrando seus precursores, tendo diante de seu futuro a iminente regeneração da humanidade. Tão grande é a convicção dessa inevitável conquista, que os leitores futuros desta obra possivelmente vão considerar nossa época como uma fase de crise, uma natural transição para um mundo melhor.

GLOSSÁRIO

Na introdução ao estudo da doutrina espírita, Allan Kardec inicialmente afirma: "para se designarem coisas novas são precisos termos novos. Assim o exige a clareza da linguagem, para evitar a confusão inerente à variedade de sentidos das mesmas palavras" (LE, p. 13). Dessa forma, novos termos como espiritismo, perispírito, escala espírita, entre outros, foram criados para designar conceitos até então desconhecidos ou imprecisos. No entanto, essas obras foram escritas há mais de 150 anos. Em sua pesquisa, Kardec fazia uso da cultura de seu tempo para explicar os ensinamentos dos espíritos superiores por meio de analogias, indo do conhecido para o desconhecido. Dessa forma, muitos termos e expressões específicos da filosofia e das ciências da época caíram em desuso ou adquiriram significados novos com o passar das décadas. O resgate das acepções originais torna-se essencial para uma recuperação apropriada da doutrina espírita. Oferecemos a seguir alguns exemplos.

Significado das abreviações: (Esp.) Espiritismo. (Fil.) filosofia. (Fil.19) filosofia francesa do século 19. (Fis.19) física do século 19. (Fisiol.19) fisiologia do século 19. (Mag.) ciência do magnetismo animal. (Rel.) Religião.

A quantidade de citações refere-se ao uso do termo ou expressão e suas variações nas obras de Allan Kardec desde a primeira edição de *O Livro dos Espíritos*, incluindo os números mensais da *Revista Espírita* entre 1858 e março de 1869.

Autonomia (Fil.) "O estado de direito, a autonomia da consciência individual, o progresso moral e intelectual, o reinado do amor e da justiça, será o futuro para o qual o espiritismo dá a base fundamental" (RE70, p. 91).
Tradicionalmente, as religiões positivas, a escola tradicional e os governos, desde o inicio da civilização, submetem as pessoas à autoridade pela obediência passiva, ditando o modo de agir sob o regime do castigo e da recompensa, conforme o princípio da heteronomia. Por sua vez, a autonomia moral e intelectual pressupõe o uso da razão e do senso moral para o autogoverno e o desenvolvimento da personalidade. Enquanto pensadores como Rousseau, Kant, Piaget e Paulo Freire fundamentaram a educação pela liberdade como fator de transformação da humanidade, o espiritismo revela que a autonomia é a lei natural

que rege a relação do espírito com a humanidade universal. A moral espírita se fundamenta na lei da escolha das provas, que torna cada espírito responsável por sua própria evolução moral e intelectual no decorrer das reencarnações, sendo fantasiosa a ação arbitrária de Deus castigando ou recompensando, como se ajuizava nas doutrinas religiosas e sociais do Velho Mundo.

Carma (Rel.) Nenhuma citação. A ideia do carma não pertence à doutrina espírita. As tradições religiosas reencarnacionistas pressupõem que as almas foram criadas perfeitas por Deus e por seus erros teriam caído no círculo de reencarnações como punição. Desse modo, cada erro cometido numa vida acarretaria os sofrimentos da vida seguinte, seguindo a determinação de uma lei mecânica do carma. Segundo o espiritismo, que propõe uma teoria oposta a essa, os espíritos são criados simples e ignorantes, evoluindo por meio de seu esforço, a partir do livre-arbítrio e do senso moral. A responsabilidade pelos atos é proporcional ao entendimento e intenção. Desse modo, a evolução intelecto--moral se dá pela lei da escolha das provas, por meio da qual o espírito é autor de seu próprio desenvolvimento.

Catalepsia (Mag.) 64 citações. "na catalepsia, a suspensão das forças vitais fica localizada, podendo atingir uma parte mais ou menos extensa do corpo" (LE, p. 231). A catalepsia é um fenômeno associado ao sonambulismo artificial, descoberto pela ciência do magnetismo animal e conhecido desde o final do século 18. Kardec estudou essa ciência por 35 anos antes de pesquisar o espiritismo. Por meio de passes e imposições de mãos, em determinada fase, o sonâmbulo apresenta a insensibilidade cutânea e o enrijecimento muscular de partes do corpo, como um braço ou perna, sob o comando do magnetizador, o que caracteriza a catalepsia.

Ciência dos espíritos (Esp.) 4 citações. "As celebridades terrenas não são infalíveis e alimentam, às vezes, ideias sistemáticas (...). A ciência terrestre bem pouca coisa é, ao lado da ciência celeste, só os Espíritos superiores possuem esta última ciência" (LM, p. 391).
Uma grande novidade que o espiritismo traz sobre o mundo espiritual é que o espírito possui um corpo espiritual ou perispírito, submetido às leis naturais próprias que regem a matéria desse outro mundo. Desse modo, fazendo uso de suas propriedades sensíveis, os espíritos superiores puderam pesquisar e produzir conhecimento científico sobre os fenômenos, o comportamento, a evolução dos espíritos e do ambiente natural no qual estão inseridos. A ciência dos espíritos

superiores embasou os ensinamentos e a teoria espírita presente nas obras de Allan Kardec.

Ciência espírita (Esp.) 122 citações. "A ciência espírita exige uma grande experiência que não se adquire, como em todas as ciências filosóficas e outras, senão por um estudo longo, assíduo e perseverante, e por numerosas observações" (RE59, p. 24).
A ciência espírita compreende os métodos experimentais adotados pelo professor Rivail para, dentre as milhares de comunicações, identificar, compreender e certificar os ensinamentos dos espíritos superiores. Entre os principais instrumentos da ciência espírita estão a universalidade do ensino e o exame racional.

Ciências filosóficas (Fil.19) 14 citações. "O Espiritismo, como eu disse, está fora de todas as crenças dogmáticas, com as quais não se preocupa; não o consideramos senão como uma ciência filosófica" (RE59, p. 129).
Por séculos, a filosofia se desenvolveu a partir da elaboração dos sistemas criados por filósofos como Platão, Aristóteles, Descartes, Kant, Hegel, entre tantos. No século 19, acadêmicos da universidade francesa se dedicaram a organizar os temas e conciliar as hipóteses de forma racional, estabelecendo as ciências filosóficas. As melhores ideias dos sistemas filosóficos se conciliavam pela diretriz do espiritualismo. Alguns de seus teóricos foram Pierre Paul Royer-Collard, Maine de Biran, Victor Cousin, Theodore Simon Jouffroy, Jules Simon, Paul Janet. Os objetos de estudo dessas ciências foram: 1 - o espírito humano, presente perante si mesmo pela consciência (psicologia, lógica, moral e estética) e 2 - as mais amplas generalidades possíveis, ou filosofia primária (metafísica e teodiceia). O estudo das ciências filosóficas permitia aos jovens uma formação espiritualista racional. Essa área do conhecimento científico então aceito possibilitou um espaço sério e adequado para que o professor Rivail apresentasse o espiritismo como seu complemento a um público que o compreendia: "(...) da reação espiritualista que se opera neste momento, e à qual o Espiritismo vem dar um poderoso impulso" (RE63, p. 197).

Ciências morais e psicológicas (Fil.19) 4 citações. "A Sociedade tem por objeto o estudo de todos os fenômenos relativos às manifestações espíritas e suas aplicações às ciências morais, físicas, históricas e psicológicas" (LM, p. 443).
No século 19, as ciências se dividiam entre as que tinham por objeto o mundo físico (física, química, botânica, fisiologia, astronomia, geologia, mineralogia), ciências físicas ou naturais; e as que tinham por objeto os fenômenos derivados

das aptidões humanas, ou ciências morais (filológicas, sociais e políticas, históricas). Essas primeiras ciências morais tratam das manifestações exteriores dos fatos morais, como a linguagem e os fatos históricos e sociais. Resta o estudo da própria alma, ou fatos do espírito humano. Daí o grupo das ciências filosóficas. Considerando os valores humanos da razão, sentimento, vontade, criatividade, as divisões das ciências eram: psicologia, lógica, moral e estética. Quando os objetos dos estudos eram a causa primeira e o absoluto, as ciências denominavam-se teodiceia (atributos de Deus e sua providência) e metafísica. Quanto ao método, a psicologia adotava a observação, enquanto as outras ciências filosóficas adotavam o método racional, e para a metafísica, o reflexivo. O conteúdo dessas ciências morais forneceram os temas para os diálogos com os espíritos superiores que resultaram na doutrina espírita. Quando Allan Kardec considerou o espiritismo como ciência, ele o qualificou como ciência filosófica, avançando, porém, quanto à metodologia: "Até ao presente, o estudo do princípio espiritual, compreendido na Metafísica, foi puramente especulativo e teórico. No Espiritismo, é inteiramente experimental" (G, p. 92).

Doutrina liberal (Fil.19) 23 citações. "Sua ignorância das tendências do Espiritismo é tal que não sabem mesmo que é uma doutrina liberal, emancipadora da inteligência, inimiga da fé cega" (RE68, p. 43).
O pensamento liberal, nos tempos de Kardec, representava aqueles que defendiam a igualdade de oportunidade para todos, o fim dos preconceitos e privilégios, acesso à educação pela liberdade por todas as crianças, o fim da escravidão e da pena de morte, a igualdade de direitos para as mulheres, imprensa livre, a liberdade de pensamento e de consciência. Para todas essas causas às quais o espiritismo dá apoio, ele oferece os mais poderosos argumentos, provando que todos os espíritos têm a mesma essência, origem e destino.

Ecletismo (Fil.19) 11 citações. "Toda crença eclética pertence ao livre pensamento; todo homem que não se guia na fé cega é, por isto mesmo, livre pensador; a esse título, os Espíritas são também livres pensadores" (RE67, p. 5).
Superando o espírito de rivalidade e exclusivismo das tradições filosóficas, o francês Victor Cousin deu início ao método eclético, que consistia em pesquisar os mais diversos sistemas filosóficos buscando neles as ideias que se conciliam formando uma filosofia espiritualista racional. A escolha refletia a busca do bom, do belo e do verdadeiro. Numa comunicação conjunta dos espíritos de Moisés, Platão e Juliano; eles afirmaram quanto ao espiritismo: "fazei ecletismo no ecletismo moderno; (...) recorrendo às luzes dos Espíritos superiores" (RE60, p. 86).

Escala dos mundos (Esp.) 14 citações. "Expulsai da Terra o egoísmo para que ela possa subir na escala dos mundos" (ESE, p. 191).
O espiritismo revela que, como os espíritos, também as humanidades dos mundos habitados evoluem em fases regulares, desde um mundo primitivo (quando a evolução das espécies hominídeas dão surgimento ao homem, pela encarnação dos espíritos simples e ignorantes), mundo de expiações e provas (quando a humanidade primitiva recebe um grupo de espíritos exilados de outro mundo que em vias de regeneração não comporta esses indivíduos que teimam em manter seu egoísmo e orgulho, são esses que estão em expiação e provas), mundo de regeneração (quando a transformação moral da maioria caminham para uma sociedade solidária), e por fim mundo feliz (quando o bem predomina). Nessa escala, as migrações dos espíritos caracteriza uma lei natural que promove a solidariedade dos mundos em seu processo evolutivo.

Espiritualismo racional (Fil.19) 6 citações. "toda defesa do espiritualismo racional abre o caminho do Espiritismo, que dele é o desenvolvimento" (RE68, p. 223). Após a revolução francesa, as universidades foram tomadas por uma orientação materialista definida pelos filósofos e cientistas chamados ideólogos, entre eles, Destutt de Tracy, Cabanis e Volney. Anos depois, após uma tentativa frustrada de restauração do antigo regime monárquico e do poder da igreja, uma reação das ideias espiritualistas instituiu nas universidades e no ensino dos jovens o estudo da alma, da moral autônoma e da metafísica; abrindo caminho para o surgimento do espiritismo. Explica Kardec: "Como especialidade, o *Livro dos Espíritos* contém a doutrina espírita; como generalidade, prende-se à doutrina espiritualista uma de cujas fases apresenta. Essa a razão porque traz no cabeçalho do seu título as palavras: Filosofia espiritualista" (LE, p. 13).

Êxtase (Mag.) 140 citações. "(...) no estado de êxtase, quando a alma está tanto mais desligada dos laços da matéria quanto isto é possível durante a encarnação" (RE66, p. 89).
O estado de estase é uma condição de libertação da alma mais profundo que o sonambulismo, quando a alma sente a presença dos espíritos e as sensações do mundo espiritual. Em êxtase, a alma se envolve em comoventes sentimentos. Pode ser provocada por um magnetizador em um sonâmbulo ou pela ação de um espírito sobre um médium. O estado extático foi relatado em diversas passagens bíblicas.

Fé racional (Fil.19) 13 citações. "o Espiritismo, não admitindo senão a fé racional, exige a reflexão e a dedução filosófica para ser bem compreendido" (RE69, p. 5).

Em 1786, no opúsculo O *que significa orientar-se no pensamento?*, Kant propôs que, no campo da metafísica, não podemos abrir mão da fé nem da razão: "Uma pura fé racional é o guia ou a bússola graças ao qual o pensador especulativo orienta-se em suas incursões racionais no campo dos objetos suprassensíveis (...). E esta fé racional é aquilo que também deve ser colocado como princípio de qualquer outra crença, e mesmo de toda revelação" (OP, p. 88; AK, 8:141-142). O uso da razão nos protege do dogmatismo, fanatismo e fé cega, da incredulidade e também dos devaneios do misticismo. A crença, no espiritismo, se apoia nos fatos e na lógica, dando certeza àquele que compreendeu.

Física espiritual (Esp.) 2 citações. "Um dia virá, sem dúvida, em que se reconhecerá que existe uma física espiritual" (RE64, p. 49).
Na época de Kardec, a física era a ciência dedicada aos fenômenos gerais da natureza, como o som, a luz e o calor. Considerando que, segundo a teoria espírita, os espíritos vivem num ambiente natural constituído de uma matéria própria, por meio da sensibilidade de seu perispíritos, eles podem observar e pesquisar os fenômenos de seu mundo, o que institui a física espiritual. Só temos acesso aos conceitos dessa ciência por meio dos ensinamentos dos espíritos superiores dados por analogia com as hipóteses de nossas ciências, como no seguinte trecho que faz uso do conceito de densidade e força: "Sendo o perispírito, para o Espírito, o que o corpo é para o homem e como à sua maior densidade corresponde menor inferioridade espiritual, essa densidade substitui no Espírito a força muscular, isto é, dá-lhe, sobre os fluidos necessários às manifestações, um poder maior do que o de que dispõem aqueles cuja natureza é mais etérea" (LM, p. 93).

Fluidismo (Mag.) 2 citações. "Ao contrário de certos magnetizadores ditos fluidistas, que não veem em todos os efeitos magnéticos senão a ação de um fluido material, sem ter em nenhuma conta a alma" (RE65, p. 179).
A teoria original de Mesmer propunha a explicação dos passes magnéticos por uma vibração do fluido universal que, chegando ao paciente, gera uma indução dinâmica (semelhante aos efeitos do remédio homeopático), que provoca no organismo doente uma aceleração do processo natural de cura. No século 19, porém, alguns magnetizadores acreditavam que a ação do passe se dava pela transmissão do magnetizador para o paciente de uma substância material sem peso e invisível, o fluido vital. Essa minoria dos magnetizadores eram os fluidistas e sua teoria, o fluidismo.

Fluido cósmico universal (Mag.) 78 citações. "A pureza absoluta, da qual nada nos pode dar ideia, é o ponto de partida do fluido universal; o ponto oposto é o em que ele se transforma em matéria tangível" (G, p. 276).
A teoria do fluido universal foi proposta por Mesmer para explicar os fenômenos da cura pelos passes e dos fenômenos do sonambulismo. Para ele, o universo é um pleno, onde as diversos estados de vibração representam os fenômenos: "Nem a luz, nem o fogo, nem a eletricidade, nem o magnetismo e nem o som são substâncias, mas sim efeitos do movimento nas diversas séries do fluido universal" (FIGUEIREDO, 2019, p. 496). Haveria um estado de vibração mais sutil, que permitiria a transmissão do pensamento, sendo o meio responsável pela comunicação do pensamento e a visão à distância. Quando do advento do espiritismo, essa teoria será ampliada para comportar, nos estados mais sutis do fluido universal, a matéria do perispírito e do mundo espiritual. O fluido é "cósmico" porque preenche todo o universo e "universal" porque é a causa de todos os fenômenos. Não havendo um fluido substancial para cada um deles (fluidos calórico, luminoso, elétrico, etc.), como pensava a comunidade científica da época.

Fluido vital (Fisiol.19) 31 citações. "O perispírito (...) a ciência o observou em alguns de seus efeitos, e, alternativamente, designou-o sob os nomes de fluido vital, fluido ou influxo nervoso, fluido magnético, eletricidade animal" (RE66, p. 49).
A comunidade científica da época do espiritismo considerava a existência de substâncias invisíveis e sem peso constituídas de átomos imponderáveis, que se acumulariam nos objetos. O fluido calórico, por exemplo, quando acumulado num objeto o tornaria quente, esfriando-o quando retirado. O mesmo ocorreria com o acúmulo de fluido magnético no ferro, tornando-o um imã. Por analogia, os fisiologistas propuseram que o fenômeno da vida se daria pela acumulação de um fluido vital no corpo vivo, ocorrendo a morte quando ele acabasse. Cientistas mais cautelosos citavam o fenômeno da vida em seus escritos se referindo a um princípio vital, termo genérico que não se define por uma teoria particular. Quando Kardec compreendeu que segundo os espíritos superiores a teoria do fluido vital era errada, abandonou o termo, substituindo-o por princípio vital. Foi o que ocorreu em toda a obra *A Gênese*.

Heteronomia (Fil.) "O dogma da fé cega é que produz hoje o maior número dos incrédulos, porque ela pretende impor-se, exigindo a abdicação de uma das mais preciosas prerrogativas do homem: o raciocínio e o livre-arbítrio" (ESE, p. 302).
O conceito de heteronomia propõe que o indivíduo deve agir por submissão a uma lei que lhe é externa e imposta, sob o regime do castigo e da recompensa.

Os animais, que não possuem pensamento racional, podem ser condicionados pelo treinamento. A natureza do espírito humano, porém, é autônoma e está relacionada com o livre-arbítrio e o senso moral, que desenvolve progressivamente pelo uso de sua razão e da liberdade de escolha e de crença. Esse é o fundamento moral tanto da moral de Jesus quanto do espiritismo.

Lei da escolha das provas (Esp.) 13 citações. "Os espíritos têm a escolha das provas e, usando nisso seu livre-arbítrio, escolhem, naturalmente, aquelas que lhes parecem mais próprias para seu adiantamento espiritual" (RE59, p. 64).
A teoria moral espírita está baseada na lei natural da escolha das provas. Quando primitivo, o espírito acha que seus vícios e abusos são castigados por Deus depois da morte. Sofrem sem ver o fim, por isso acreditam nas penas eternas. Já os espíritos inteligentes, mas egoístas e orgulhosos que são exilados de seu planeta de origem por não acompanhar a evolução moral dos que lá vivem, quando renascem num planeta primitivo, consideram que a reencarnação seria um castigo pelos erros cometidos no "paraíso" em que viviam. Essas lembranças são a origem dos mitos da queda das religiões do Velho Mundo. Ambas as interpretações são ilusórias. Deus não castiga ninguém, e espera a adesão voluntária das criaturas à solidariedade universal. Os espíritos superiores explicam que os espíritos escolhem suas provas, para superar imperfeições e conquistar qualidades, gerindo sua própria evolução intelecto-moral. Essa é a regra, e espíritos inferiores superarão as condições de seu sofrimento pelo arrependimento e pela compreensão racional das leis universais.

Letargia (Mag.) 44 citações. "A letargia é uma suspensão acidental da sensibilidade nervosa e do movimento que oferece a imagem da morte, mas que não é a morte" (RE66, p. 90).
Numa das fases do sonambulismo provocado pelos passes do magnetizador, o *sujet* entra num estado de total inércia, inconsciência, prostração e flacidez muscular denominado letargia. Alguns médiuns, em estados profundos, podem vivenciar a letargia. O letárgico pode ter percepção plena do que ocorre à volta, sem poder se manifestar. Esse termo também é utilizado para designar diversas perturbações patológicas provocadas pela catalepsia, contusão cerebral, doença do sono, morte aparente.

Liberdade de consciência (Fil.19) 64 citações. "A liberdade de consciência mais absoluta; recomenda a todos o respeito pela crença religiosa de cada um" (RE65, p. 58).

A liberdade de consciência visava dar a todos a livre escolha de suas crenças religiosas, em oposição aos governos que determinavam pela lei uma religião oficial. Uma comunidade ou família também pode impor uma crença por pressão social. Para o espiritismo a liberdade de consciência é fundamental para que a crença seja racional.

Livre pensamento (Fil.19) 58 citações. "Deus dá às inteligências esse foro íntimo, esse sentimento intelectual de sua liberdade de pensar, esse ato do espírito livre que chamamos consciência" (RE65, p. 243).
O livre pensamento é a ideia de que o conhecimento deve ser estabelecido livre do princípio de autoridade e do dogmatismo, sendo a base da revolução espírita. Essa liberdade é condição para a ciência moderna, na filosofia liberta o pensamento das amarras dos sistemas, no campo político fundamenta o liberalismo, na questão social defende a igualdade, e na moral sustenta a autonomia. Segundo Kardec, "O livre pensamento simboliza a emancipação intelectual, a independência moral, complemento da independência física; ele não quer mais escravos do pensamento do que escravos do corpo, porque o que caracteriza o livre pensador é que ele pensa por si mesmo e não pelos outros, em outras palavras, que sua opinião lhe pertence particularmente. Pode, pois, haver livres pensadores em todas as opiniões e em todas as crenças. Neste sentido, o livre pensamento eleva a dignidade do homem; dele faz um ser ativo, inteligente, em lugar de uma máquina de crer" (RE67, p. 26).

Lucidez sonambúlica (Mag.) 21 citações. "A lucidez sonambúlica não é senão a faculdade, que a alma tem, de ver e sentir sem o concurso dos órgãos materiais" (OP, p. 53).
Desde Mesmer, determinados sonâmbulos adquirem capacidades próprias de um sexto sentido. Um sonâmbulo cuja lucidez está desenvolvida vê o pensamento do magnetizador, e obedece às ordens que lhe é dada por ele pela transmissão do pensamento. Pode ver o organismo dele e de outros por dentro, distinguindo anomalias e patologias. Ampliação do tato e do gosto. Visão à distância. Determinação dos passos de sua cura e dos remédios adequados. O espiritismo explica que pela lucidez o sonâmbulo antecipa a condição dos espíritos, percebendo pela sensibilidade de seu perispírito, em virtude de seu desprendimento parcial.

Magnetismo animal (Mag.) 290 citações. "O magnetismo animal e o Espiritismo são duas ciências gêmeas, que se completam e se explicam uma pela outra" (RE69, p. 7).

Trata-se da ciência criada pelo médico, cientista e filósofo Franz Anton Mesmer. As obras de Mesmer tocam em assuntos tão diversos quanto filosofia, física, fisiologia, sociologia e outros. O magnetismo animal foi a base para o surgimento da psicologia, da parapsicologia, da psicanálise, da hipnose e aplainou caminhos para o surgimento da ciência espírita. Iniciado em 1766, o magnetismo animal foi a primeira proposta terapêutica científica da era moderna, antes da também vitalista homeopatia, descoberta por Hahnemann, e da pesquisa laboratorial iniciada por Claude Bernard. Podemos definir que a terapia pelos passes magnéticos, segundo Mesmer, equivale a uma ação dinâmica do organismo sadio do magnetizador sobre o paciente, promovendo uma reação no sentido da cura, como os remédios homeopáticos agem de forma semelhante a partir dos princípios ativos minerais, vegetais e animais. O termo magnetismo animal foi escolhido por Mesmer por analogia para exemplificar a relação entre os indivíduos no âmbito da fisiologia, semelhante ao fenômeno natural que ocorre entre os ímãs.

Matéria imponderável (Fis.19) 44 citações. "são ditos imponderáveis, porque não têm nenhum peso para nós, em qualquer quantidade que sejam acumulados num outro corpo, não lhe aumentam o peso" (RE66, p. 47).
Quando Kardec se referia à matéria imponderável, não estava imaginando um universo paralelo que representasse o mundo espiritual. Esse termo pertencia à física. Os físicos consideravam a existência de uma matéria feita de átomos duros e indestrutíveis, mas invisíveis, sem peso, que não se podia comprimir. Formando uma substância com um comportamento entre os gases e os líquidos, por isso chamada fluido, e imponderável, por não ter peso. Afirmava, em 1850, o professor de chimica Joaquim Carvalho: "Eis aí como por uma dedução lógica dos fatos chegamos a descobrir duas espécies de matéria, uma ponderável, origem dos corpos sensíveis, outra imponderável, causa dos fenômenos do calor, da luz, do magnetismo e da eletricidade. Explicar qualquer dessas ordens de fenômenos sem a intervenção de um ou mais fluidos sutilíssimos, incoercíveis e imponderáveis é absolutamente impossível". Kardec fez uso desses termos da ciência da época como uma analogia para ilustrar o mundo espiritual. No entanto, os espíritos superiores explicaram que os fenômenos como eletricidade e calor seriam estados de vibração e não substâncias, fazendo uso da teoria do fluido universal proposta por Mesmer, semelhante à física atual.

Passes magnéticos (Mag.) 33 citações. "Uma vez levado a este estado sonambúlico, seja pelos passes de um magnetizador, como se faz desde Mesmer" (RE60, p. 257).

A técnica do passe magnético e imposição de mãos foi criada por Mesmer, na medicina do magnetismo animal. Seu objetivo era promover uma indução ao processo natural da cura no paciente, com um efeito semelhante à atuação do remédio homeopático sobre a fisiologia. Tanto que Hahnemann empregava e incluiu os passes entre os processos homeopáticos em sua obra *Organon da arte de curar*. Os passes duravam de trinta minutos a uma hora, ou mais, com uma frequência de uma vez por semana a diária, dependendo do prognóstico. Os passes também eram empregados para provocar o estado sonambúlico, quando por meio da lucidez o *sujet* podia examinar os organismos por dentro, fazer previsões, prescrever tratamentos, com uma inteligência mais ampla da que tinha quando desperto.

Perispírito (Esp.) 530 citações. "O estudo das propriedades do perispírito, dos fluidos espirituais e dos atributos fisiológicos da alma, abrem novos horizontes à ciência" (RE67, p. 184).
Perispírito é o corpo espiritual, inseparável do espírito desde seu desenvolvimento anímico, passando pelo mineral, vegetal, animal, até o homem. Enquanto encarnados, nossa natureza é dupla, pois os dois corpos estão unidos célula a célula. Quando dormimos, podemos nos afastar do corpo físico e vencer distâncias, mantendo a ligação por meio de um cordão fluídico, descrito por Kardec. Quando morre o corpo, o espírito se liberta, mantendo a sensibilidade por meio do perispírito. Esse corpo espiritual tem propriedades especiais, como tornar-se menos denso, proporcionalmente à evolução intelecto-moral do espírito. Nessa condição, pode percorrer o espaço, comunicar-se à distância pela transmissão do pensamento, perceber o que ocorre em lugares longínquos, ganha expansibilidade e invisibilidade aos seus inferiores, e muitas outras capacidades próprias dos espíritos superiores.

Princípio vital (Fisiol.19) 78 citações. "são distintos o princípio vital e o princípio espiritual." (G, p. 215).
Princípio vital é um termo genérico, independente das teorias aplicadas, que se refere ao fenômeno da vida. Nos tempos de Kardec, alguns fisiologistas consideravam a existência de um fluido vital, uma substância constituída de átomos invisíveis e sem peso, que, acumulada nos corpos orgânicos seria responsável pela vida. Um fluido semelhante ao considerado para explicar outros fenômenos naturais, como calor, eletricidade e magnetismo, teoria hoje superada pela ciência. Outros fisiologistas acreditavam que não haveria tal substância, mas, sem propor outra explicação, adotavam o termo princípio vital para se referir ao

fenômeno da vida. Kardec, nos primeiros anos de sua pesquisa, fez uso do termo fluido vital, mas quando os espíritos foram ensinando que a teoria da matéria imponderável não era verdadeira, ele passou a adotar somente o termo princípio vital, como em A Gênese. Kardec explicou o sentido desse termo: "Princípio vital o princípio da vida material e orgânica, qualquer que seja a fonte donde promane, princípio esse comum a todos os seres vivos, desde as plantas até o homem. (...) Segundo outros, e esta é a ideia mais comum, ele reside em um fluido especial, universalmente espalhado e do qual cada ser absorve e assimila uma parcela durante a vida, tal como os corpos inertes absorvem a luz. Esse seria então o fluido vital" (LE, p. 15).

Progressividade do ensino dos espíritos (Esp.) "Hoje o Espiritismo aborda ideias que, alguns anos atrás, nem sequer suspeitávamos, e ainda não deu a última palavra, pois nos reserva muitas outras revelações. Reconhecemos essa marcha progressiva do ensino" (VE, p. 11).
As obras de Allan Kardec não podem ser lidas como quem consulta um livro de revelações, em que cada frase é considerada sagrada e representação da verdade. Sua obra é progressiva, os temas são abordados em diálogos com os espíritos e a comunidade de pesquisadores espíritas, passo a passo, até que a compreensão dos homens permita um ensinamento inequívoco dos espíritos superiores, estabelecendo então um conceito fundamental da doutrina espírita. Explica Kardec: "O Espiritismo tem muito a nos ensinar (...) as ciências não seguem marcha ascendente contínua, pelo menos ostensivamente; os grandes movimentos que fazem revolução numa ideia não se operam senão em intervalos mais ou menos afastados" (RE65, p. 149). Os espíritos tratam das mais diversas áreas da cultura humana, e o fazem por analogias com o conhecimento humano. Mas este é imperfeito e progressivo. Os espíritos, em determinados temas, precisam esperar o amadurecimento do conhecimento humano para dar seus ensinamentos. Desse modo, mesmo na obra de Kardec considerada na linha do tempo, determinados conceitos sofreram evolução e até mesmo mudanças até que se definissem como conceitos fundamentais da doutrina espírita.

Queda (Rel.) "segundo os Hindus, as almas tinham sido criadas felizes e perfeitas, e sua queda foi o resultado de uma rebelião" (RE59, p. 223).
As religiões primeiras da humanidade foram propostas pelos exilados de outro planeta, que aqui chegaram para auxiliar as massas de espíritos simples que constituem a população original da Terra. Desde a sua chegada, lembravam intuitivamente do conforto, abundância e tecnologia avançada do planeta do qual vieram,

contrastando com o estado primitivo da Terra, há milhares de anos. Aos poucos, elaboraram então a mitologia de uma queda do paraíso, expulsos pelo pecado, destinados a viver numa terra de sofrimentos, onde o suor do rosto seria condição. Os gregos também imaginavam uma queda das almas dos astros, pelo egoísmo, vindo cair na Terra para reencarnar como punição. O espiritismo vai esclarecer que essa visão é parcial e ilusória, pois os espíritos evoluem e formam seu destino a partir da livre escolha, até mesmo das provas futuras que deverão vivenciar. O exílio para a Terra foi uma oportunidade de fazer uso de sua inteligência para auxiliar os simples em sua evolução e não para explorar as massas em proveito de seus privilégios. Por isso Jesus afirmou que os simples herdarão a Terra.

Questão social (Fil.19) "A questão social não tem, pois, por ponto de partida a forma de tal ou qual instituição; ela está toda no melhoramento moral dos indivíduos e das massas" (OP, p. 384).
Nos tempos de Kardec, a questão social se referia ao fato de que, apesar da revolução industrial permitir a ampliação da tecnologia e do conforto, ao mesmo tempo destinava grande parte da população a uma condição de miserabilidade e fome. Diversos pensadores imaginaram como resolver essa questão. Marx propôs a revolução do proletariado, Comte a submissão das massas ignorantes aos industriais e cientistas, Fourier pensou em criar células de comunidades perfeitas para transformar a humanidade. Kardec, porém, pela perspectiva espírita, viu que a transformação deveria se dar pela alteração moral da disposição dos indivíduos de uma passividade heterônoma para a ativa autonomia, por meio da educação baseada na liberdade.

Raça adâmica (Esp.) 15 citações. "nossa Terra, onde a raça adâmica, raça inteligente, foi exilada entre as raças primitivas inferiores, que a habitavam antes dela" (RE63, p. 112).
A raça adâmica representa os exilados de outro planeta, que vivenciava uma condição social semelhante ao que vemos hoje, com um avanço da tecnologia e da cultura mas uma infância da moral. Quando esse outro planeta criava uma maioria voltada para o bem, uma minoria renitente no egoísmo e orgulho foi exilada para a Terra, no início de nossa civilização, com a missão de fazer progredir os simples pela educação.

Regeneração da humanidade (Fil.19) 22 citações. "Não vemos que anunciar a regeneração da Humanidade seja anunciar seu fim; os Espíritos vêm trazer a esperança" (RE68, p. 76).

A regeneração da humanidade foi interpretada de forma diferente em cada época da humanidade. A mitologia antiga narrou que Deus transformaria a humanidade por cataclismos, como o dilúvio. Por séculos, os dogmas da igreja afirmam que Deus irá transformar a humanidade alterando a estrutura corruptível dos corpos numa ressureição para regenerar a humanidade, lançando os maus no fogo eterno. Para o espiritismo, porém, a regeneração da humanidade se dará pela evolução intelecto-moral autônoma, voluntária e progressiva dos espíritos.

Religião natural (Fil.19) 4 citações. "O espiritismo instituirá a verdadeira religião, a religião natural" (OP, p. 299).
Rousseau definiu seu entendimento sobre a religião natural em sua obra *Emílio*, na Profissão de fé do vigário de Savóia: "Vês em minha exposição apenas a religião natural; é muito estranho que seja preciso outra. (...) De que posso ser culpado ao servir a Deus de acordo com as luzes que ele dá ao meu espírito e de acordo com os sentimentos que inspira ao meu coração? (...) As maiores ideias da divindade vêm-nos pela razão sozinha." (ROUSSEAU, 2004, p. 418-419).
A religião natural ficou bem fundamentada quando os espíritos superiores ensinaram que o mundo material reage aos pensamentos e sentimentos por meios de leis naturais da física espiritual. Ou seja, a condição moral do espírito se reflete em seu perispírito, na matéria à sua volta, transmitindo-se pelo universo, determinando naturalmente tanto sua expressão quanto a reação às suas escolhas. Desse modo, nossa relação com Deus, o universo e a humanidade universal rege-se por leis naturais. Há, portanto, uma religião e uma moral naturais regidas por leis naturais que podem ser compreendidas racionalmente. Esse conhecimento está compreendido na ciência dos espíritos, que fundamenta o espiritismo.

Senso moral (Fil.19) 71 citações. "A soma da felicidade, no mundo dos Espíritos, ali é em razão do desenvolvimento do senso moral" (RE67, p. 108).
Nos estudos do espiritualismo racional, vertente filosófica vigente na época de Kardec, haveria um senso moral, definido pelas leis morais presentes em nossa consciência, de tal forma que o indivíduo tem uma noção intuitiva para distinguir naturalmente o que é o bem e o mal. O senso moral seria semelhante ao senso estético, no que se refere à arte; e ao senso crítico quanto às questões lógicas. Segundo os espíritos, o senso moral e o livre-arbítrio se ampliam à medida que o espírito evolui desde seu início simples e ignorante.

Sonambulismo (Mag.) 285 citações. "O sonâmbulo vive antecipadamente a vida dos Espíritos" (OP, p. 62).
No sonambulismo natural, o indivíduo, apesar de estar no estado de sono, age ou fala como se estivesse desperto. Depois não se lembra de nada do que ocorreu. O sonambulismo provocado é uma condição semelhante causada pela ação do magnetizador sobre o sonâmbulo, de tal forma que eles permanecem em comunicação mental durante o fenômeno, tanto que o sonâmbulo pode reagir às ordens do magnetizador sem que esse precise pronunciar seu pedido falando. Alguns sonâmbulos podem desenvolver as habilidades da lucidez sonambúlica, vendo à distância, lendo cartas fechadas, examinando os órgãos internos, diagnosticando pacientes; narrando fatos, sentimentos, ideias e até acontecimentos futuros daqueles com os quais é posto em contato. O estudo do sonambulismo entrou para a academia pelo nome de hipnose, no entanto, em seus estados mais leves, sem que se pesquise os fenômenos da lucidez, que revelam a distinção entre alma e corpo.

Universalidade do ensino (Esp.) "Foi a universalidade do ensino, sancionada, além disso, pela lógica, que fez e que completará a Doutrina Espírita" (RE67, p. 157).
O instrumento fundamental da metodologia de verificação do ensino dos espíritos superiores pela ciência espírita é a universalidade do ensino. Os espíritos superiores, desde que se decidiram por ensinar o conhecimento do mundo espiritual aos homens, optaram por fazê-lo por meio de comunicações dadas em diversas partes do mundo, aos grupos organizados para a pesquisa espírita, em comunicação com o centro de elaboração de Kardec, na Sociedade Parisiense de Estudos Espíritas. Quando os espíritos superiores desejavam apresentar um novo conceito doutrinário, comunicavam-se simultaneamente nos diversos grupos, por meio de comunicações de diversos espíritos, que, apesar de adotarem linguagens e profundidades diferentes em sua abordagens, todos mantinham a mesma ideia de fundo. Esse processo garantia a autenticidade do fenômeno, sem cair nos prejuízos incontornáveis da comunicação dada por um só médium, ou vários deles de um só centro de pesquisa, condição sujeita a mistificações.

REFERÊNCIAS

ABBAGNANO, Nicola. **Dicionário de filosofia**. Trad. Alfredo Bosi. São Paulo: Mestre Jou, 1970.
AGOSTINHO. **A cidade de Deus**. Trad. Oscar Paes Lemes. 4. ed. Rio de Janeiro: Vozes, 2001. Parte II.
_____. **Confissões**. Trad. Maria Luiza Jardim Amarante. 4. ed. São Paulo: Paulus, 2000.
AQUINO, Tomás de. **Suma teológica**. Trad. Aimon-Marie Roguet *et al*. São Paulo: Loyola, 2001.
ARISTÓTELES. **Do céu**. Tradução, textos adicionais e notas de Edson Bini. São Paulo: Edipro, 2014.
_____. **Da alma**. Tradução, textos adicionais e notas de Edson Bini. São Paulo: Edipro, 2011.
_____. **Metafísica**. Ensaio introdutório de Giovanni Reale. v. 1.São Paulo: Loyola, 2005.
_____. **Metafísica**. Ensaio introdutório, texto grego, tradução e comentário de Giovanni Reale. v. 2. São Paulo: Loyola, 2002.
ASSIS, Machado de. **Obra Completa**. Rio de Janeiro: Nova Aguilar, 1994. v. II.
BACHELARD, Gastón. **A filosofia do não: O novo espírito científico: A poética do espaço**. Abril Cultural, 1974.
BARNES, Jonathan. **Filósofos pré-socráticos**. Trad. Julio Fischer. São Paulo: Martins Fontes, 2003.
BEAUDUIN, Édouard. **Memórias de Erasmo**. Trad. Sieni Maria Campos. Rio de Janeiro: Paz e Terra, 1991.
BLANC, Luiz. **História da Revolução Francesa**. t. 3. Porto: Lemos Editores, 1890.
BORN, Max. **Física atômica**. Trad. Egídio Namorado. 3. ed. Lisboa: Fundação Calouste Gulbenkian, 1971.
BROWN, Peter Robert Lamont. **Santo Agostinho: uma biografia**. Trad. Vera Ribeiro. Rio de Janeiro: Record, 2005.

BRUNO, Giordano. **Acerca do infinito, do universo e dos mundos**. Tradução, notas e bibliografia Aura Montenegro. Lisboa: Fundação Calouste Gulbenkian, 1968.

BURNICHON, Joseph. **La Compagnie de Jésus en France: histoire d'un siècle, 1814-1914**. t. III. Paris: G. Beauchesne, 1914.

CASSIRER, Ernst. **A questão Jean-Jacques Rousseau**. Trad. Erlon José Paschoal. São Paulo: Editora Unesp, 1999.

CASTAÑON, Gustavo Arja. O cognitivismo e o desafio da psicologia científica. Tese (Doutorado em Psicologia). Instituto de Psicologia da Universidade Federal do Rio de Janeiro, Rio de Janeiro, 2006.

CHALMERS, Alan. **O que é ciência afinal?** Trad. Raul Fiker. São Paulo: Brasiliense, 1993.

CHEVALIER, Louis. **Classes laborieuses et classes dangereuses à Paris, pendant la première moitié du XIXe siècle**. Paris : Libraire Générale Française, 1978.

CHEVRIER, Edmond. **La Bresse pendant la Révolution**. França: F. Dufour, 1863.

CONDORCET, Marquês de. **Cinco memórias sobre a instrução pública**. Tradução e apresentação Maria das Graças de Souza. São Paulo: Editora Unesp, 2008.

CONWAY, Moncure. **The life of Thomas Payne**. v. 2. Nova York: Putnam, 1892.

DARNTON, Robert. **O lado oculto da revolução: Mesmer e o final do Iluminismo na França**. São Paulo: Companhia das Letras, 1988.

DESCARTES, René. **O mundo (ou tratado da luz) e O homem**. Apêndice, tradução e notas de César Augusto Battisti e outros. Campinas: Editora da Unicamp, 2009.

EBY, Frederick. **História da Educação Moderna: teoria, organização e práticas educacionais**. 2. ed. Porto Alegre: Globo; Brasília: INL, 1976.

EINSTEIN, Albert; INFELD, Leopold. **A evolução da física**. 4. ed. Trad. Giasone Rebuá. Rio de Janeiro: Zahar, 1980.

FERRO, Marc. **Histoire de France**. Paris: Editions Odile Jacob, 2001.

FIGUEIREDO, Paulo Henrique. **Mesmer: a ciência negada do magnetismo animal**. 5. ed. São Paulo: Feal/Maat, 2019.

FRANÇA, Eduardo Ferreira. **Investigações de psicologia**. Bahia: Tipografia Pedroza, 1854. (Obra reeditada em 1973, pela Edusp, com introdução de Antônio Paim).

FREIRE, Paulo. **Pedagogia do oprimido**. 17. ed. Rio de Janeiro: Paz e Terra, 1987.

GALILEI, Galileu. **O ensaiador**. Trad. H. Barraco. 2. ed. São Paulo: Abril Cultural, 1978. (Coleção *Os Pensadores*).

GALLO, Max. **Revolução Francesa: às armas, cidadãos!** v. 2. Trad. Júlia da Rosa Simões. Porto Alegre: L&PM, 2012. (Coleção *Pocket*).

HOBBES, Thomas. Do cidadão. Tradução, notas e apresentação Renato Janine Ribeiro. São Paulo: Martins Fontes, 1992

_____. **Leviatã ou matéria forma e poder de um Estado eclesiástico e civil**. Trad. João Paulo Monteiro e Maria Nizza da Silva. São Paulo: Abril Cultural, 1983.

HOLBACH, Barão de. **Sistema da natureza ou Das leis do mundo físico e do mundo moral**. Trad. Regina Schöpke e Mauro Baladi. São Paulo: Martins Fontes, 2010.

_____. **El cristianismo desvelado**. Espanha: Biblioteca Livre, 2009.

HUME, David. **Tratado da natureza humana**. Trad. Débora Danowski. São Paulo: Editora da Unesp, 2000.

_____. **Investigação acerca do entendimento humano**. Trad. Anoar Aiex. São Paulo: Edusp, 1972.

JANET, Paul. **Tratado elementar de filosofia**. Rio de Janeiro: B. L. Garnier, 1885.

JULLIEN, Marc-Antoine. **Exposición del sistema de educación de Pestalozzi**. Madri: Libreria de D. Leon Pablo Villaverde, 1862.

JUNG, Carl Gustav. **Psicologia do inconsciente**. Trad. Maria Luiza Appy. Petrópolis: Vozes, 2014.

KANT, Immanuel. **A metafísica dos costumes**. Trad. Edson Bini. São Paulo: Edipro, 2003.

_____. **Crítica da razão prática**. Trad. Valerio Rohden. São Paulo: Martins Fontes, 2002.

_____. **Crítica da razão pura**. 5. ed. Trad. Manuela Pinto dos Santos e Alexandre Fradique Morujão. Lisboa: Fundação Calouste Gulbenkian, 2001.

_____. **Escritos pré-críticos**. Trad. Jair Barboza. São Paulo: Editora UNESP, 2005.

KANT, I. **Prolegômenos a qualquer metafísica futura que possa apresentar-se como ciência**. Trad. José Oscar de Almeida Marques. São Paulo: Estação Liberdade, 2014.

_____. **Primeiros princípios metafísicos da ciência da natureza**. Trad. de Artur Morão. Lisboa: Edições 70, 1990.

KOYRÉ, Alexandre. **Do mundo fechado ao universo infinito**. Trad. Donaldson M. Garschagen. 4. ed. Rio de Janeiro: Forense Universitária, 2010.

KUHN, Thomas. **A revolução copernicana**. Trad. Marília Costa Fontes. Lisboa: Edições 70, 2002.

LAMARTINE, Affonso. **História dos girondinos**. Lisboa: Typografia Universal, 1854.

LAVOISIER, Antoine-Laurent. **Tratado elementar de química**. Trad. Fulvio Lubisco. São Paulo: Madras, 2007.

LE DUC, Philibert. **Histoire de la Révolution dans l'Ain**. t. 5. Bourg-en-Bresse: Francisque Martin-Bottier, 1884-1885.

_____. **Histoire de la Révolution dans l'Ain**. t. 3. Bourg-en-Bresse: Francisque Martin-Bottier, 1884-1883.

LENT, Roberto (Coord.) **Neurociência da mente e do comportamento**. Rio de Janeiro: Guanabara Koogan, 2008.

LOCKE, John. **Ensaio sobre o entendimento humano**. Trad. Pedro Paulo Garrido Pimenta. São Paulo: Martins Fontes, 2012.

LUTERO, Martinho. "Da vontade cativa". In: LUTERO, Martinho. **Obras selecionadas**. v. 4. São Leopoldo: Sinodal; Porto Alegre: Concórdia, 1993.

MACEDO, Lino de (Org.) **Cinco estudos de educação moral**. São Paulo: Casa do Psicólogo, 1996. (Coleção *Psicologia e Educação*).

MACHADO, Júlio César. **Recordações de Paris e Londres**. Lisboa: J. M. Correa Seabra, 1863.

MAGALHÃES, D. J. Gonçalves de. **Fatos do espírito humano**. Organização e estudo introdutório de Luiz Alberto Cerqueira. Rio de Janeiro: Vozes, 2004.

MARICONDA, Pablo; LACEY, Hugh. A águia e os estorninhos: Galileu e a autonomia da ciência. **Tempo Social**, São Paulo, v. 13, n. 1, p. 49-65, 2001.

MARTINS, Roberto de Andrade. Do éter ao vácuo e de volta ao éter. **Scientific American Brasil**, v. 1, p. 92-98, 2006.

MARTINS, Roberto de Andrade. Em busca do nada: considerações sobre os argumentos a favor e contra o vácuo. **Trans/Form/Ação**, Marília, v 16, p. 7-27, 1993.

MESMER, Franz Anton ; WOLFART, Karl Christian. **Mesmerismus, oder, system der wechselwirkungen, theorie und anwendung** (Mesmerismo ou sistema das interações, teoria e aplicação do magnetismo animal como medicina geral para a preservação do homem). Tradução no prelo do professor Swami Marcondes Villela, utilizada para as citações desta obra. Berlim: In der Nikolaischen Buchhandlung, 1814.

MILLET, Étienne. **Indicateur de Bourg-en-Bresse**. França: Impressão de Milliet-Bottier, 1859.

NEIMAN, Susan. **O mal no pensamento moderno: uma história alternativa da filosofia**. Trad. Fernanda Abreu. Rio de Janeiro: DIFEL, 2003.

NEWTON, Isaac. **Óptica**. Trad. André Knoch Torres Assis. São Paulo: Edusp, 2002.

NEWTON, Isaac. **Principia: princípios matemáticos de filosofia natural**. São Paulo: Edusp, 2008.

OLIVEIRA, L.; PEREIRA, M. & VOLCHAN, E. Processamento emocional no cérebro humano. In. LENT, Roberto (Coord.). **Neurociência da Mente e do Comportamento**. Rio de Janeiro: Guanabara Koogan, 2008. p. 253-269.

PADILHA, Valquíria. A sociologia vai ao Shopping Center. **Revista Ciência Hoje**, v. 40, n. 237, 2012.

PAIM, Antônio. **Escola Eclética: estudos complementares à história das ideias filosóficas no Brasil**. v. 4. 2. ed. Londrina: Edições CEFIL, 1999.

PIRES, Herculano. **Curso dinâmico de Espiritismo: o grande desconhecido**. Matão: Casa Editora O Clarim, 1979.

PHYLLIS, Stock-Morton. **Moral education for a secular society: the development of morale laïque in nineteenth century France**. Nova York: State University of New York, 1988.

PIAGET, Jean. **O juízo moral na criança**. 4. ed. Trad. Elzon Lenardon. São Paulo: Summus, 1994.

PIAGET, Jean; GARCIA, Rolando. **Psicogênese e história da ciência**. Trad. Giselle Unti. Petrópolis: Vozes, 2011.

PIÉRART, Z. **Revue spiritualiste: journal mensuel et bimensuel**. v. 4. Paris: Bureaux, 1860-1864.

PLATÃO. **A república**. Trad. Maria Helena da Rocha Pereira. 10. ed. Lisboa: Fundação Calouste Gulbenkian, 2007.

_____. **Mênon**. Trad. Maura Iglesias. Rio de Janeiro: Loyola, 2001.

_____. **Timeu – Crítias – O segundo Alcebíades – Hípias menor**. Trad. Carlos Alberto Nunes. 3. ed. Belém: EDUFPA, 2001.

_____. **Fedro, ou da Beleza**. Tradução e notas Pinharanda Gomes. 6. ed. Lisboa: Guimarães Editores, 2000.

_____. **As leis, ou da legislação e epinomis**. Trad. Edson Bini. Bauru: Edipro, 1999.

POPE, Alexander. **Ensaio sobre o homem**. Trad. Barão de São Lourenço. Londres: Oficina Typográfica de C. Whittingham, 1819.

POPPER, Karl R. **Autobiografia intelectual**. São Paulo: Editora Cultrix: EDUSP, 1977.

_____. **Conhecimento objetivo: uma abordagem evolucionária**. Trad. Milton Amado. Belo Horizonte: Itatiaia, 1999.

_____. **Conjeturas e refutações (o desenvolvimento do conhecimento científico)**. Trad. Benedita Bettencourt. Coimbra: Almedina, 2006.

_____. **Textos escolhidos**. Organização e tradução de David Miller. Rio de Janeiro: Contraponto: PUC, 2010.

RANDALL, Lisa. **Batendo à porta do céu: o bóson de Higgs e como a física moderna ilumina o universo**. Trad. Rafael Garcia. São Paulo: Companhia das Letras, 2013.

REALE, Giovanni. **História da filosofia grega e romana: Aristóteles**. v. 4. Trad. Henrique Cláudio de Lima Vaz e Marcelo Perine. 2. ed. São Paulo: Loyola, 2013.

REALE, Giovanni, Dario Antiseri. **História da filosofia antiga: Antiguidade e Idade Média**. Vol. I. 3ª ed. São Paulo: Paulus, 1990.

RIVAIL, Hippolyte Léon Denizard. **Cours pratique et théorique d'arithmétique, d'après la méthode de Pestalozzi, avec des modifications**.v. 1. Paris: Chez Pillet Ainé, 1824.

_____. **Plan proposè pour l'amélioration de l'éducation publique**. Paris: Dentu, 1828.

_____. **Discurso pronunciado na distribuição de prêmios de 14 de agosto de 1834**. Paris: Instituição Rivail, 1834.

ROCHAS, Albert de. **Les etats profonds de l'hypnose**. 4. ed. Paris: Chamuel, 1896.

ROUSSEAU, Jean-Jacques. **As confissões de Jean-Jacques Rousseau**. Trad. Wilson Lousada. São Paulo: José Olympio, 1948.

_____. **Carta a Christophe de Beaumont e outros escritos sobre a religião e a moral**. Trad. José Oscar de Almeida Marques et al. São Paulo: Estação Liberdade, 2005.

_____. **Emílio ou Da educação**. 2. ed. São Paulo: Martins Fontes, 1999.

_____. **Ensaios pedagógicos**. Trad. Priscila Grigoletto. Bragança Paulista: Comenius, 2004.

_____. **Escritos sobre a religião e a moral**. Campinas: UNICAMP, 2002. (Clássicos da Filosofia, Cadernos de Tradução, 2).

ROVIGHI, Sofia Vanni. **História da filosofia moderna: da revolução científica a Hegel**. Trad. Marcos Bagno e Silvana C. Leite. São Paulo: Loyola, 1999.

SANTOS, Milton. **O espaço do cidadão**. 7. ed. São Paulo: Edusp, 2007.

SCHULTZ, Duane P.; SCHULTZ, Sydney Ellen. **História da psicologia moderna**. Trad. Adail Ubirajara Sobral. São Paulo: Cultrix, 1981.

SILVA, Cibelle Celestino (Org.). **Estudos de história e filosofia das ciências: subsídios para aplicação no ensino**. São Paulo: Livraria da Física, 2006.

SOËTARD, Michel. **Johann Pestalozzi**. Trad. Martha Aparecida Santana Marcondes, Pedro Marcondes e Ciriello Mazzetto. Recife: Fundação Joaquim Nabuco: Massangana, 2010.

VERMEREN, Patrice. **Victor Cousin: el juego politico entre la filosofía y el Estado**. Rosário, Argentina: Homo Sapiens, 2009.

VINCENT, Bernard. **Thomas Paine: o revolucionário da liberdade**. Rio de Janeiro: Paz e Terra, 1989.

VOLNEY. Catecismo da lei natural. *In*: VOLNEY. **As ruínas ou meditação sobre as revoluções dos impérios**. Trad. Pedro Cyriaco da Silva. 2. ed. Lisboa: Nova Impressão Silviana, 1834.

CARTAS SOBRE O ESPIRITISMO

Obra inédita de Manuel de Araújo Porto-Alegre.
14 de junho de 1865.

APRESENTAÇÃO

Manuel José de Araújo Porto-Alegre, o barão de Santo Ângelo (Rio Pardo, 29/11/1806 – Lisboa, 30/12/1879), foi arquiteto, pintor, poeta, historiador e diplomata brasileiro. Fez parte da delegação de jovens que aportou na França, na primeira metade do século 19, em busca de valores e cultura adequados para tornar o Brasil uma nação independente e próspera.

Em 1865, exercendo diplomacia em Dresden, Alemanha, Porto-Alegre, depois de trocar correspondência com Allan Kardec e dele receber suas obras e exemplares da *Revista Espírita*, se voltou a estudar o espiritismo e a pesquisar a mediunidade. Percebendo o grande valor da doutrina espírita para o povo brasileiro, dedicou "para os que precisam de luz e consolação nesta vida" a obra *Revelações ou Cartas sobre o espiritismo*, enviada ao Brasil em 12 páginas manuscritas aos cuidados de seu amigo Joaquim Manuel de Macedo, que era professor dos filhos da princesa Isabel. Os originais da obra, peça basilar para a história do espiritismo, permanecem no acervo do Arquivo Nacional do Museu Histórico Nacional, no Rio de Janeiro. Seu conteúdo ficou inédito para o público por mais de 150 anos.

Fiel aos princípios fundamentais presentes nas obras de Allan Kardec, a obra de Porto-Alegre toca nos problemas sociais e políticos brasileiros, e é atualíssima quando denuncia a corrupção, o conformismo do povo e a falta de compromisso dos dirigentes com as reais necessidades do país. Em busca de uma solução, o autor considera a educação intelecto-moral e a confiança na vida futura como fundamentais para tornar o Brasil uma nação autônoma e bem-aventurada.

Paulo Henrique de Figueiredo

PRIMEIRA CARTA. AO LEITOR

Não escrevo para os que se julgam sábios e felizes na Terra, porque nada tenho para contentá-los; escrevo para o povo e para os infelizes, para os que precisam de luz e consolação nesta vida. Se estas cartas, se estas revelações forem úteis a uma só pessoa, dou por bem empregado o meu tempo.

Ninguém creia cegamente no que digo sem o experimentar de boa fé, tanto mais que eu não venho impor a verdade: cada um a procure, se tem desejos sinceros de conhecê-la, e de saber o que mais imporá ao homem nesta passagem de terrenos combates e expiações.

Ninguém empreenda estes estudos tão graves e tão úteis, por mera curiosidade, ou para obter impossíveis, porque nada obterá. Os que não creem na existência e infinita bondade de Deus, e na vida eterna, nada alcançarão, porque tais creem nesta vida e nela veem a verdade.

Os juízos antecipados são filhos do orgulho, da soberba, e da vaidade, são filhos desses maus conselheiros, desses maus guias, inimigos da verdade que os contraria: rejeitam sem ver, é ajuizar sem provas. Os demolidores nunca sobem, pois que descem com as ruínas que espalham.

A dúvida é um eclipse da verdade; mas todo o eclipse é passageiro. O que apresento neste modesto e singelo escrito é o fruto de meus próprios estudos, pelo qual se guiará o leitor para alcançar talvez mais brilhantes resultados do que alcancei. Não lhe posso dar mais do que possuo.

Jesus Cristo, estando sentando defronte do gazofilácio[266] do templo, a observar o modo com que o povo deitava ali o dinheiro, disse: "Na verdade vos digo, que mais deitou esta pobre viúva, que todos os outros que lançaram no gazofilácio. Porque todos os outros deitaram do que tinham na sua (p. 2) abundância; porém esta deitou da sua mesma indigência tudo o que tinha e tudo o que lhe restava para seu sustento".

Venho como a pobre viúva dar tudo o que tenho, na esperança de que, se os homens me condenarem, Deus me consolará.

---

266 Gazofilácio: Vasos sagrados em que, no templo, se recolhiam as oferendas.

Repito: cada um procure fazer o que fiz, e deste modo colherá por sua própria experiência os frutos da bondade de Deus.

As pessoas que não conhecem o espiritismo, não podem ter uma ideia do prazer que se encontra na companhia dos bons espíritos, nem das consolações que deles se recebe nos mais duros transes da vida! É uma nova existência.

Como não tenho pretensão alguma, contarei tudo o que vi e li com a singeleza que me inspira o coração, porque não tenho outro fim além do da mais pura caridade. Estou certo de que hei de consolar mais de um infeliz, e talvez de chamar ao grêmio do rebanho alguma ovelha desgarrada; porque o espiritismo tem essa virtude, quando é exercido por gente reta.

Alguns homens, que o negaram a princípio, não o podendo fazer depois, disseram que tudo é obra do diabo!

Não porei a menor observação sobre esta última conclusão, porque tendo de transcrever as comunicações que tive, e as que vi receberem outros indivíduos, das quais espero um juízo contrário aos desses homens, que preferem crer antes nas travessuras do diabo do que na infinita bondade e misericórdia de Deus.

Todas as vezes que evoco, rezo pedindo a Deus a graça de me assistir com a presença dos bons espíritos, para não ser vítima dos maus; e se minhas orações não chegam a Deus, a religião cristã é uma mentira. Não é; como verão!

Pelo espiritismo se alcançam grandes bens: a firme crença de que todo este universo é regido por Deus, e de que nada se move sem a sua vontade; a convicção profunda de que Jesus Cristo é filho do mesmo Deus, e de que por ele foi mandado para nos ensinar o verdadeiro caminho da felicidade nesta e na outra vida; o conhecimento perfeito de que a base da religião cristã é verdadeira; a certeza de que depois desta vida há outra, em que seremos julgados, segundo nossas obras; o esclarecimento de muitos pontos da Escritura, e de suas extraordinárias verdades; a preciosa (p. 3) convicção de que a felicidade não está nos bens e posições terrestres, mas somente na paz de consciência; o grande bem de não invejarmos a sorte dos outros, e o de sabermos sofrer com paciência e resignação as contrariedades da vida; a coragem de não sacrificar a verdade ao egoísmo; o prazer indizível de conversarmos com os bons espíritos, com os que amamos em vida e o sabermos da triste sorte dos maus, e dos que muitas vezes invejamos a gloria, os bens e todos os triunfos e gozos desta vida; e entre mil outros bens, provindos de bons conselhos, de remédios para os males do corpo e do espírito, a de sabermos que fora das prescrições do Evangelho não há salvação.

Fé, esperança e caridade.

O espiritismo é a última prova em favor da Religião Cristã, e a que há de fazer o complemento de sua divina missão, porque o ensino dos Espíritos é mais poderoso do que o dos homens. O sacerdócio deve auxiliar a sua propagação, e santificar com seu poder, com suas virtudes, os esforços dos que procuram alcançar a perfeição evangélica.

As sublimes e santas comunicações que aqui transcrevemos, tais quais as recebemos, justificarão tudo quanto digo.

Estou a completar sessenta anos de idade, e pouco me resta a viver[267]. Creio que rematar a minha vida com esta publicação é fazer uma obra de caridade, e também de patriotismo.

A grande chaga do Brasil é a descrença, e dela provém esse egoísmo, essa ambição, que impele os homens a tantas e tão inesperadas mudanças, e a uma contínua destruição do passado, que é a base do futuro.

---

267 Porto-Alegre morreu em Lisboa, em 30 de dezembro de 1879, aos 73 anos.

SEGUNDA CARTA. AMIGO

Eu já tinha uma leve ideia do espiritismo quando deixei o Brasil em 1859, porque havia lido alguma coisa, e assistido a uma evocação em casa do senhor doutor Mello de Moraes, feita por um jovem francês. Confesso que nada colhi de impressionável, o que não aconteceria se a evocação fosse feita em regra: o medio[268] não era socorrido pela oração, que é tudo, porque afasta a influência dos maus espíritos, sempre dispostos a perturbar os fins dos bons.

De magnetismo animal possuía eu alguns conhecimentos, e íntima convicção por havê-lo exercido muitas vezes, e visto sua eficácia. Tinha observado os seus extraordinários fenômenos em Paris, na família de madame Mangin, em cuja casa morava mais como filho do que como pensionista; e tinha a certeza de que ali não havia a menor sombra de engano, porque monsieur Quesnel magnetizava por caridade, e para curar como curou madame Bellamie de uma enfermidade tão perigosa que se julgava incurável!

O primeiro homem sério que magnetizou no Rio de Janeiro foi o senhor Domingos José Gonçalves de Magalhães, o autor dos *Fatos do espírito humano*. Todo o Brasil conhece a superioridade desta tão bela inteligência como a pureza de seu caráter, mas poucos sabem dos primeiros triunfos do magnetismo no Rio de Janeiro. Como se pode considerar o magnetismo como a aurora do espiritismo, creio de utilidade a publicação destes triunfos, mormente tendo-se eles passado entre pessoas conhecidas e respeitáveis.

Com o fim caridoso, que lhe é próprio, e com o de argumentar seus estudos psicológicos e fisiológicos, magnetizava o senhor Magalhães uma donzela irmã do senhor doutor Marcello[269] e cunhada do senhor Christovam José dos Santos, o mais hábil operador que teve o Brasil durante mais de trinta anos! Todos os esforços da medicina tinham cedido ao poder da moléstia que perseguia esta senhora. O seu estado era o mais desgraçado que é possível! Estava toda aleijada, a ponto de mal caminhar, e de se não servir de suas mãos!

---

268 Medio: grafia da época para médium.

269 O médico da câmara Guilherme Antunes Marcello depois apresentaria uma dissertação sobre a cura pelo magnetismo animal, baseado nas atividades de Magalhães.

O curativo foi gradualmente progredindo até o dia em que o magnetizador, (p. 2) à vista de todos, disse à enferma: – Vamos, levanta e caminha.

A cada esforço da enferma se ouvia o estalar dos ossos; e imagine-se qual foi o espanto da família, e de seu irmão, estudante de Medicina, quando viram endireitar-se a coluna vertebral, alçar-se o colo, descer uma das espáduas, abrirem-se lhe as mãos, e ela levantar-se como crescida de repente, e caminhar alguns passos na sala!

Semelhante fato não podia ficar oculto, mormente ao ver-se de dia em dia os progressos da saúde da enferma e a diminuição constante do seu triste estado!

A Academia Imperial de Medicina mandou uma Comissão estudar o caso, examinar até que ponto era verdade o que se dizia da lucidez desta senhora no estado de sonâmbula. Apresentou-se à Comissão com o aparato de costume, e começou a impacientar-se de que a sonâmbula não apressasse a sua lucidez, e mais ainda quando se lhe disse que deveria esperar naquela noite, porque a sonâmbula não se achava bem, tinha necessidade de algum repouso até que se declarasse a sua lucidez. Antes de soar as dez horas da noite, já não havia da Comissão senão dois membros, o senhor doutor José Maurício Nunes Garcia,[270] professor de anatomia, e o químico Ezequiel Correia dos Santos.[271]

Chegado o momento, os dois comissários procederam e saíram tão convencidos que o médico foi dali mesmo magnetizar uma doente sua, que não podia comer nem beber, por causa de um estreitamento nos órgãos próprios, a qual melhorou de todo pelos efeitos do magnetismo.

Num dia em que me achei no Paço da Cidade, encontrei na sala da Mordomia os senhores senador Jobim, e com ele os falecidos doutores Sigaud,[272] e Torres Homem, a falarem do magnetismo animal, e do fato acima referido, e como um

---

270 José Maurício Nunes Garcia (1808-1884), neto de escrava e filho de um dos maiores compositores e intérpretes de música sacra do tempo de dom João VI, padre, mulato, de mesmo nome. Lente de anatomia na Escola Médica da corte, autor de *Curso elementar de anatomia humana*, 1854, RJ. Depois de estudar o magnetismo animal, publicou sobre o tema *Estudos sobre a fotografia fisiológica*, em 1857.

271 Ezequiel Corrêa dos Santos (1825-1899) é considerado pai da farmácia no Brasil. Catedrático de farmácia na Faculdade de Medicina no Rio de Janeiro e titular da seção de Farmácia da Academia Imperial de Medicina. Preocupado com o surto de malária no Rio de Janeiro, isolou, em 1838, o alcaloide pereirina das cascas do pau-pereira, um dos primeiros alcaloides do mundo. Preparava com habilidade o clorofórmio.

272 Doutor Joseph François Xavier Sigaud (1796-1857), médico francês da família imperial, chegou ao Brasil em 1825, autor de *Du climat et des maladies au Brésil: statistique médicale de cet Empire*, em 1844; um dos fundadores, com o também médico e senador José Martins Cruz Jobim, da Sociedade de Medicina do Rio de Janeiro. Em 1827, dr. Sigaud dará as primeiras notícias sobre magnetismo animal no Brasil, no primeiro número de seus anais de medicina: *O propagador das sciencias médicas*, Rio de Janeiro, Typographia de P. Plancher-Seignot.

deles tachasse o magnetizador de charlatanismo, saí em defesa da verdade e do meu amigo, contando parte do que testemunhara em Paris. O senhor senador Jobim e o doutor Sigaud[273] foram muito benevolentes, mas Torres Homem não tanto, porque, empertigando-se, respondeu-me: "não acredito senão no que vejo, no que analiso, e no que me cai debaixo do escalpelo da crítica".

Perguntei-lhes se ele cria na existência do anel de Saturno, sem enfiá-lo no seu dedo doutoral? Houve uma grande gargalhada, e tudo se acabou com uma alegre retirada.

O doutor Torres Homem tinha dois filhos muito formosos, um dos quais estava (p. 3) paralítico; e, como bom pai, tinha procurado todos os meios para combater aquele mal.

Desenganado dos esforços da ciência que exercia, foi procurar o senhor Magalhães, e pedir-lhe que magnetizasse seu filho, ao que de pronto se prestou.

Começou o tratamento magnético dias antes que o doutor Torres Homem entrasse de semana no paço de São Cristóvão,[274] e prosseguiu durante a sua ausência. Imagine-se do prazer que teve aquele pai, quando ao voltar do serviço imperial e ao subir a escada, viu seu filho doente em pé a estender-lhe os bracinhos, e a segui-lo ainda que a custo, até ao interior da casa!

Curado ficaria este lindo menino, se o senhor Magalhães não fosse dias depois para a província de São Pedro como secretário do senhor Marquês de Caxias.[275]

O que aconteceu com o magnetismo acontecerá com o espiritismo.

O magnetismo propagou-se, e teria dado melhores frutos se alguns brasileiros fossem mais pacientes, mais estudiosos, mais sérios, e menos amigos do impossível.

Passei vinte e um anos no Rio de Janeiro sem ver um sonâmbulo ou sonâmbula, sem entrar numa só das sociedades que faziam girar mesas, dialogavam com elas, e, por convenções típicas, recebiam comunicações. Por esses tempos, um dos homens mais eminentes do Brasil mostrou-me um caderno cheio de belas máximas e sentenças, por ele obtidas, e algumas profecias que se realizavam

---

273 Em 1829, José Francisco Xavier Sigaud, juntamente com José Martins da Cruz Jobim, entre outros médicos, fundou a Sociedade de Medicina do Rio de Janeiro. Foi responsável pela criação do primeiro jornal da Sociedade de Medicina do Rio de Janeiro, intitulado O *Semanário de Saúde Pública*. Em 1833 foi nomeado, por José Bonifácio de Andrada e Silva, médico honorário da família imperial pelos serviços prestados a D. Pedro II.

274 Palácio imperial da Quinta da Boa Vista.

275 Em novembro de 1842, toma posse o General Luís Alves de Lima e Silva, o Barão de Caxias, como presidente da Província de São Pedro. Em 7 de dezembro de 1842, Gonçalves de Magalhães partia para o Rio Grande do Sul, sob licença da cadeira de filosofia do Colégio Pedro II.

a seu respeito, mas que nada tinham fora do possível; porque os seus grandes talentos e sua probidade lhe davam direito a tudo.

Convidaram-me um dia para ver os prodígios de uma mesinha redonda e nada vi. O que lucrei foi a boa companhia dos senhores conselheiro Freire Alemão, e doutores Capanema e Lagos. A causa porque falhou a experiência me é hoje conhecida, e o será do leitor que tiver a bondade de ler este singelo escrito.

Nós, brasileiros, temos muito do caráter do parisiense: temos bom coração, mas somos bastante vaidosos, e muitas vezes levianos nas coisas sérias.

(p. 4) Perdoa-me, leitor: Entrei nos sessenta anos, e conheço as virtudes e os senões dos meus queridos brasileiros, para quem escrevo estas verdades.

TERCEIRA CARTA

A superioridade de certas nações não está no número de seus habitantes, nem na sua força material, mas sim no valor de suas ideias morais. As cidades de Roma e Florença, que tanto figuram para a civilização moderna, sempre tiveram menos habitantes do que tem hoje o Rio de Janeiro. Havia reinos mais populosos, cortes mais esplêndidas, e escolas mais celebres na Europa quando o pequenino Portugal fez uma revolução no mundo com as suas descobertas marítimas, e iniciou o estado atual e seus futuros progressos.

Deus, quando quer favorecer os homens, manda-lhes idealistas, manda-lhes apóstolos e mártires. Todos os grandes homens têm uma grande missão a preencher, porque todos são mandados por Deus. Grandes e pequenos, celebres e obscuros, todos cumprem um mandato, e todos são responsáveis pelos seus deveres. A ressurreição da carne, que não é mais do que as sucessivas encarnações dos espíritos, esclarece e justifica esta verdade, como adiante veremos.

Do Imperador ao sacerdote, do magistrado ao soldado, e do cidadão ao escravo, há uma escala de deveres recíprocos, todos para a felicidade e harmonia, os quais deve cada um cumprir segundo o seu lugar e condição, porque Deus assim lhes ordena. Ninguém maldiga a sua sorte, porque ela lhe foi marcada. O espiritismo vos dará a chave deste segredo, e a razão clara do porque as Santas Escrituras vos aconselham humildade e resignação.

O rei é rei pela graça de Deus, e deixa de o ser logo que a perde. Ninguém lhe inveja a sorte, porque a sua responsabilidade perante Deus é das maiores.

O homem que deseja o poder e que o busca sem outro fim que o de satisfazer sua orgulhosa ambição perde sua alma, espaça a sua felicidade, porque terá de expiar por todos os crimes que semeou pela escada de sua opressão. E que expiação maior do que a de voltar à Terra?!

As vexações que praticam os pequenos, ainda que condenáveis, nada são ao pé das que fazem os grandes, porque estes são obrigados a justiçar. A mentira do súdito ao súdito não tem o alcance da mentira da autoridade à autoridade, incumbida de exemplificar sempre a verdade. O ministro que mente ao soberano é tão culpado como o homem que engana o povo, lisonjeando (p. 2) vícios, ou alentando seus maus instintos. Os homens que assim mentem, preparando horrorosas injustiças e crimes, não creem na vida eterna e na palavra de Jesus Cristo.

Mentir ao soberano é ser seu inimigo, é falecer a missão que Deus lhe confiou, precipitando-o no caminho errado de seus santos deveres.

Os sofismas da ambição e da avareza têm arruinado a boa índole do povo brasileiro e infundido no seu ânimo ideias e práticas errôneas. Esse desgosto e essas lamentações diárias de tanta gente não são mais do que a prova da luta da razão contra a imortalidade. Ninguém está contente, todos se acusam, e todos se dizem inocentes! Onde estão os culpados? Todos falam do mau fado que persegue as nossas coisas, todos veem as suas obras, e ninguém se anima a combatê-lo! O que quer dizer isto? É que cada qual deseja mais do que merece, porque quem muito deseja é infeliz. É que cada um não cumpre com os seus deveres, e não quer esperar pela hora que lhe compete e pela ocasião oportuna. É que os obreiros da nossa civilização exemplificam o egoísmo, saúdam a prosperidade, corroem a audácia, toleram o egoísmo, e menosprezam todas as virtudes que não temem, ou que lhes não servem.

O povo queixa-se do governo que ele próprio elege, e não cura de puni-lo na ocasião própria, exprobrando-o, e deixando de reelegê-lo.

O governo queixa-se do clero, como se o clero fosse um poder absoluto, e independente de sua ação governativa; e aceita como uma necessidade padres estrangeiros... Pede-se ao padre virtudes que ninguém quer ter, como se o padre fosse de outra massa, e respirasse uma atmosfera social diferente da de seus pais, irmão, e compatriotas. Pobres padres, desprezam-nos e querem que eles floresçam! Obrigam-nos a cabalar[276] e votar em pessoas desconhecidas; abalam as suas convicções, as suas afeições, e pedem-lhes depois uma consciência pura!

Os demandistas queixam-se dos magistrados, e não confessam a pressão que sobre eles exercem com empenho, e até com ameaças; nenhum revela a injustiça que requereu e exigiu, e todos os acusam de iniquidades e corrupção, sem se lembrarem de que são eles os corruptores! Pobres magistrados, que (p. 3) devem ser anjos no meio de tantos demônios.

O comércio lamenta a má fé que há nas suas transações, como se ela fosse exercida por uma classe estranha à sua, por outra camada social! Donde vêm essas bancarrotas fraudulentas, essa usura impiedosa, essas concordatas equivocadas, e esse egoísmo em comprar com rebate as suas próprias dívidas, se não

---

276 Cabalar: Trabalhar, tramar, articular a favor de um determinado candidato ou posição em qualquer processo eletivo.

dos que estão no comércio? Todos estes crimes lhe foram acaso impostos pela religião, pelas leis, e pelo povo? Pobre do comércio, que se esquece de que a probidade sempre deu juros compostos, e que do seu capital emanam todas as riquezas duráveis.

A lavoura, a grande âncora do Brasil, pede braços, porque a aurora de uma crise social, bem necessária, está próxima, e há de vir menos funesta se a sabedoria lhe preparar o espaço.

A colonização foi mal dirigida, e tão mal que serão necessários outros meios para provocá-la.

Pobres lavradores! Enganados por guias mentirosos, cuidavam florescer no meio de seus cemitérios africanos, sem se lembrarem de que esses guias, escravos de sua ambição pessoal e de seu estéril egoísmo, só cuidavam do seu bem-estar, e por amor dele mais de vez arrojaram aos pés do crime o futuro do seu país.

Muitos destes ambiciosos já deram contas a Deus, e têm de dá-las à posteridade, que é o juiz supremo das coisas sociais, a história da escravatura ainda não está escrita; e *guai*[277] dos que favoreceram o contrabando, e dos que o combateram só nas vésperas de subir ao poder.

Todos os males do Brasil provêm da ambição dos seus guias, do egoísmo da maioria dos homens políticos, e da indolência e credulidade do povo, que é como todos os povos enganados. Raríssimos têm sido os deputados que sacrificaram a sua votação futura à verdade.

Brasileiros, não vos fieis nesses apóstolos imberbes, que todo bem em si, nesses sustentáculos sem raízes, e sem experiência, que se fingem zelosos pelo nosso bem, e vos dizem que vão construir no momento em que derrubam. Não vos fieis nesses leiloeiros de venturas, que vos dizem: darei a quem mais (p. 4) me der; não acrediteis nesses messias da liberdade, que vos pintam na escravidão porque a vossa liberdade nunca foi ameaçada pelo Governo, mesmo nos tempos em que alguns despeitados sonharam toda a espécie de quimeras, pegaram em armas e ensanguentaram a terra.

A única oposição séria foi a dos portugueses, e essa merece desculpa para quem sabe o que é o coração humano. Corcundas e Constitucionais,[278]

---

277 'Guai' é uma interjeição arcaica: "As paixões também se exprimem com uma só palavra, *guai, hui*, que equivalem a: eu me lastimo, eu me compadeço" (*Grammatica portuguesa*, Antônio de Moraes e Silva, 1824).

278 A carta constitucional francesa de 1814 inspirara os *constitucionais*, que chamavam os defensores do despotismo e dos privilégios de servis, cortesãos, absolutistas, pés-de-chumbo ou *corcundas* (isto é, corcundas de tanto se curvarem ao poder).

Saquaremas e Luzias,[279] Conservadores e Liberais, e outros nomes mutáveis como o vento, não são mais do que rótulos temporários de interesses individuais, pois que os fatos ali estão. O programa político, que mais se aproximou da verdade, foi o do ministério do Saturnino: justiça a todos, e *favores aos amigos*.

Raros são os juramentos políticos que não têm restrições mentais; e tais restrições só podem ser aceitas por essa teologia capciosa, que inverte a verdade revelada.

Não temos cuidado em plantar convenientemente. A educação moral e física, que prepara o homem bom e saudável, está por fazer-se em relação à índole e ao clima. A da mulher, que é a melhor criatura do Brasil, vai-se estragando em alguns armarinhos literários, chamados colégios, onde nada se aprende para dar à sociedade filhas modestas e obedientes, esposas fiéis e laboriosas, e mães amorosas e delicadas. O menino, que há de ser cidadão e cooperar para a grandeza do seu país, gasta o tempo e a memória com coisas inúteis à posição que o espera, deixando de parte os três catecismos essenciais a todo o homem: o da Religião Cristã, o da Civilidade, e o da Constituição do Império, que o devem melhorar para com Deus, os homens, e a pátria.

Onde está a nossa educação física? Numa ginástica imperfeita ou no manejo das armas? Passemos adiante, porque a não encontramos.

Se eu fosse Ministro havia de cuidar muito seriamente.

Uma nação bem educada física e moralmente, faz em dez anos o que outra faz em um século, porque tem um bom corpo e uma boa alma, a força e a inteligência, que é tudo. Em outra ocasião falarei mais de espaço sobre esta matéria.

---

279   Em 1837, com a morte de Pedro I em Portugal e as ameaças de separatismo em províncias brasileiras, parte dos moderados e os realistas fundaram o Partido Conservador ou *saquarema* (Em Saquarema, RJ, ficava a fazenda de café do visconde de Itaboraí, um dos chefes conservadores). O restante dos moderados criou o Partido Liberal ou *luzia* (em 1842, sublevaram em Minas Gerais e em São Paulo, mas foram derrotados em Santa Luzia, MG. Os conservadores assim os chamavam para denegri-los).

QUARTA CARTA

Retorno o fio da narração da minha segunda carta, e peço perdão ao caro leitor de semelhante interrupção. Estou velho, e não faço aqui ofício de mestre.

Em Lisboa algumas vezes ouvi falar de magnetismo animal, mas não conheci uma só pessoa que o cultivasse; antes me parecia ver alguns indivíduos fugirem de acreditar em semelhante coisa, para não perderem a patente dos espíritos preclaros, que se elevam pela dúvida de tudo o que não é palpável, e se sublimam pelo materialismo puro.

Lisboa, apesar de ter tido tantos padres e frades, foi sempre mais propensa ao comércio do que à filosofia, mais amiga do cálculo do que da psicologia. Os extremos tocam-se: aqui outrora fizera o despotismo e o fanatismo em favor da imobilidade e do obscurantismo, fez o materialismo apoiado na liberdade. Isto não quer dizer que há ausência de homens superiores, não porque os há, e capazes de muito, mas falta-lhes um auditório na classe conveniente. Se o senhor Dom Luiz der curso às ideias iniciadas pelo senhor Dom Pedro Quinto a família portuguesa há de ganhar muito, porque é muito inteligente.

Com pesar o digo, mas devo dizê-lo: em Portugal, mormente em Coimbra, venderam-se mais exemplares dos *Fatos do espírito humano* do que no Brasil. Os brasileiros não são como os ingleses, que creem nos produtos de suas fábricas; preferem a marca estrangeira, e por isso não vão avante: sem consumidores não há produtores, e sem produtores não há progresso. Nunca fui com o senador e conselheiro de estado Manoel Felizardo, que disse uma vez: "Nós não precisamos pensar, porque a Europa pensa por nós!". Deus lhe perdoe.

Vamos adiante.

Em Berlim há magnetizadores de profissão, assim como há uma cadeira de homeopatia na sua famosa universidade.

Na cidade dos quartéis e das escolas, como a chamava Humboldt, não se guerreia e se trancam as portas às novas ideias: os resultados desta liberal maneira de ver as obras estão patentes ao mundo inteiro. As ciências nunca devem ser oficiais, para não tomarem os limites e a ação das leis: os horizontes da natureza são infinitos.

(p. 2) Deus concede-nos o livre-arbítrio para irmos à perfectibilidade. Se por causa de alguns naufrágios, as leis proibissem a navegação, onde estaria hoje a sociedade humana? Como antes da primeira viagem. Assim, pois, são as doutrinas.

Eu li um livro de um jesuíta, que não nega os fatos do sonambulismo e do espiritismo, porque não pode, mas conclui que tudo é obra do diabo!

O diabo não se concilia com Jesus Cristo, e não prega a execução do Evangelho. As comunicações que adiante transcreveremos darão testemunho disto. Estamos rodeados de bons e maus espíritos, e temos em nós mesmos os meios de só comunicarmo-nos com os bons.

Passei dois anos em Berlim, sem dar um passo nestes estudos psicológicos porque apenas tinha tempo para os meus deveres, e para intercalar outros estudos nos espaços que tive de bem dolorosas provanças.[280] Saíram de minha casa três cadáveres. Mudei-me para Dresda,[281] onde, graças a Deus, conservo toda a minha família.

Tendo ido a Berlim em 1862, encontrei na biblioteca do senhor Américo de Castro vários livros modernos sobre o magnetismo, que ele teve a bondade de emprestar-me, e com ele conversei muitas vezes sobre esta matéria e sobre os seus progressos no Brasil, ao que correspondeu ele acrescentando a isto a existência de dois Círculos Espiritistas, um dos quais era dirigido por uma alta personagem cujo nome não posso agora dizer, por ocorrências posteriores, que provam bem a que são as vaidades e o pouco siso de uma parte da alta sociedade.

Contou-me o senhor Castro o que vira e ouvira, que logo fiquei com desejos de iguais gozos, e obtive de sua bondade a promessa de ser apresentado ao Círculo dirigido pelo senhor Hahn.

Chegado o dia, fui introduzido e apresentado. O senhor Hahn estava assentado ao pé de uma senhora com quem conversava em voz baixa, e depois de falar-me e agasalhar-me, voltou-se para ela e continuou o seu colóquio. Esta senhora estava magnetizada e era uma perfeita sonâmbula. A ela perguntou o senhor Hahn quem eu era moralmente, e ela descreveu-lhe todo o meu ser moral com particularidades notáveis, que me impressionaram bastante.

---

280 Provança: sofrer na própria carne; vivenciar, experienciar uma provação ou situação dolorosa.

281 Em 20 de julho de 1860, Porto-Alegre tomou posse do seu cargo no Consulado de Berlim. A 5 de abril de 1862, foi transferido para Dresden. Lá publicou, um ano depois, seu livro *As Brasilianas*, coleção de poemas e cantos. Viajou pela Alemanha com outros grandes representantes do Romantismo brasileiro. Há uma fotografia que mostra Porto-Alegre com Gonçalves Dias e Domingos Gonçalves de Magalhães, em Karlsbad.

(p. 3) Assim examinado, tive logo a confiança do círculo. Principiou a evocação de outro espírito, que se anunciava por toques e pancadas na mesa e em diferentes lugares da casa. Uma donzela pôs a mão no psicógrafo, que logo ficou convulso, e começou a responder a certas questões. O psicógrafo é um instrumento de madeira composto de duas peças: uma fixa que assenta sobre a mesa, e outra móvel em que se assenta a mão; a fixa tem um rebordo curvo com as letras do alfabeto nele, e a móvel tem a forma de uma palmilha, que gera por um eixo na extremidade posterior, e acaba por um ponteiro curvo na anterior, o qual mostra as letras sem que o medio as veja. O movimento oscilatório do ponteiro é mais ou menos rápido segundo a força do medio, assim como mais ou menos exato no apontar as letras; e por ele seguiam os circunstantes, soletrando e escrevendo o que se vai seguindo.

Depois disto, um outro medio, o senhor Hoffmann, pôs as mãos sobre uma grande e pesada mesa redonda, a qual começou a tremer e a dar estalos, e abrir-se pelo meio, pois era de corrediças, e a fecha-se com estrondo, segundo o que determinava o senhor Hahn. Seguiram-se mais outras experiências e acabou-se tudo por uma longa ceia em que só os espíritos não tomaram parte.

Nem crença nem descrença. Saí com a curiosidade suspensa, porém mais propenso à dúvida; porque todos os fenômenos que vi, exceto o de magnetismo, tinham uma explicação fácil, e podiam ser repetidos a todas as horas e lugares segundo os preparativos e a destreza de cada um, apesar de que eu ensaiei o abrir a mesa, e que o fizesse com grande esforço.

Dois dias depois houve outra sessão no mesmo lugar, em que um adido à Legação belga teve o psicógrafo, e a senhora Fritschen, donzela de dezoito anos, e medio escrevente, escreveu algumas comunicações. Foi nessa noite que eu soube do nome do meu espírito protetor, do que fiquei bastante lisonjeado.

Comecei a ler as obras de monsieur Allan Kardec, principiando pelo *Livro dos Espíritos*, que me deu muito prazer pela novidade.

(p. 4) Voltei para Dresda, onde só tinha notícias do espiritismo pelas longas cartas que escrevia o senhor Américo de Castro, em que me transcrevia parte das comunicações que recebia.

Meu filho Paulo frequentava a Universidade de Berlim, e algumas vezes assistia a estas sessões e delas me falava em suas cartas com uma credulidade imprópria de um estudante de filosofia natural, que só crê no que ouve nas aulas e analisa no laboratório.

Veio o inverno de 1862 a 1863, no qual sofri muito, e tomei muitos medicamentos sem que aliviasse. A minha tristeza era imensa, porque não podia trabalhar, e mal suportava alguma leitura mais séria. O senhor doutor Fausto esperava tudo das águas de Karlsbad, pois que as de Marienbad[282] não me produziram as melhoras que me assegurava o meu médico de Berlim, o senhor doutor Knigger; um dos homens melhores e respeitáveis que conheci em Berlim, e de quem sempre me lembrarei com saudade.

No dia 12 de março de 1863, recebi uma carta de meu filho com uma longa comunicação do seu espírito protetor a meu respeito. Meu filho condoído dos meus sofrimentos, pedia à senhora Fritschen o obséquio de prestar-se a uma evocação a respeito da minha saúde, ao que ela prestou-se de muito bom grado, e teve lugar no dia 10 do mesmo mês.

Quando acabei de ler a carta e a comunicação, fiquei convertido. Não a posso transcrever aqui, porque contém tantos detalhes íntimos da minha vida, ignorados por meu filho, que parece coisa incrível! Nela vêm os mais minuciosos sintomas dos meus sofrimentos, e a conclusão de não ir para Karlsbad antes de uma cura magnética, para a qual me vinha o endereço seguinte: Hinter dem Alten Packof, número 10, segundo andar, madame Heberer, e juntamente o conselho de ir a Berlim, porque ele, o espírito protetor de meu filho, desejava falar comigo, assim como Vasco da Gama, que é o meu.

Minha filha Paulina estava muito doente dos nervos, e eu sem consultar ninguém, e por desejo de confirmar-me em tudo, aproveitei a mala, escrevi uma carta a esta mulher, de quem não tinha a mais leve ideia, e atirei-a na postagem.

(p. 5) Às três horas da tarde parti para Berlim, dizendo-me: agora tenho uma boa ocasião de verificar tudo isto, que nada tem com toques e pancadas nos móveis e nas paredes, e nem com mesas que se podem abrir e fechar com certo jeito. Temos um endereço, um diagnóstico e um prognóstico dos meus males. E assim cheguei a Berlim.

Assisti a uma sessão na sala do senhor Castro, e outra na em que eu dormia.

A primeira constou de diferentes evocações, que se manifestaram por toques nos móveis, no chão, e nas paredes. O senhor Hahn evocou um espírito, pedindo-lhe que se manifestasse no piano, e passado algum tempo, ouvimos uma nota grave do piano, como se fosse tocada por uma mão medrosa. A sala estava quase escura, e eu levantei-me e fui ao piano e achei-o aberto. Confesso que desconfiei do senhor Hoffmann que se achava em distância favorável, e sem a menor cerimônia fechei o piano. Não me lembro se pedi a renovação da manifestação, mas recordo-me de que ela não se repetiu. Creio que nesta noite

---

282 Cidades da Tchecoslováquia, conhecidas pelas termas com dezenas de fontes curativas de água potável rica em minerais. Próxima a Karlsbad fica a menor, Mariánske Lázne, conhecida por Marienbad. No século XIX foram visitadas por Göethe, Kafka, Chopin, Strauss, Richard Wagner, entre outros.

apareceram alguns fogos fátuos, não maiores do que a luz de uma vela, mas do lume dos pirilampos. Dizia-se na sociedade que o senhor Hoffmann era o medio dos tais fogos e das estrelas que cintilam o teto da sala, mas que nunca vi.

Na segunda sessão feita na minha câmara, houve muitas luzes, e repetidos estalos como das balas chamadas de estalo. Cada um fazia a sua evocação, e as luzes se multiplicavam no ar e pelo chão.

Vendo eu uma luzinha perto de mim, estendi a mão para segurá-la e eis que a encontrei dentro da mão do senhor Hoffmann, que estava dormindo, e acordou ao meu toque, negando o fato. Que ele me perdoe o que pensei. Continuaram aparecer mais luzes e eu disse comigo: se isto é verdade, mostra-me também uma luz, Vasco da Gama, para que eu me convença de que me não enganaram. Mal tinha acabado de pensar e de pedir em silêncio rebentou no meio da sala uma grande luz mais clara que foi apreendida por toda a sociedade!

Mais adiante há de vir uma explicação satisfatória destes fatos e dos outros (p. 6), porque nunca me esqueci do sono, e da posição da mão do senhor Hoffmann, apesar da impressão que tive.

Mademoiselle Fritschen era uma menina singela, pobre e filha de um casal que alugava quartos: tinha a faculdade de ser medio escrevente, e um grande prazer em prestar-se a todas as pessoas sérias que dela precisavam para obterem comunicações. Pedi-lhe várias vezes, e todas se prestou da mais boa vontade, de que sempre lhe serei agradecido. Ela escreveu muito para essa personagem de quem já falei, para outras pessoas da primeira plana social de Belém, para o senhor Américo de Castro, e para mais três brasileiros.

Nas primeiras evocações que houve a meu respeito, não fui eu o evocador, mas sim o senhor Américo de Castro ou meu filho Paulo.

A primeira vez que entrei em relações externas com Vasco da Gama, este quis provar-me da maneira a mais evidente que era o meu protetor e guarda invisível, porque mandou tapar os olhos do médio, e assim escreve-me longamente sobre as coisas mais íntimas da minha vida doméstica, do estado de meus filhos, do seu caráter, e do que me competia fazer neste mundo para alcançar graça na vida eterna. Falou-me até do *Colombo*,[283] animando-me a prosseguir na sua conclusão!

Tratando de minha saúde, disse que ele não era médico na Terra, mas que ia pedir ao mesmo médico que já falara com meu filho para me dar os seus

---

283   Sua grande obra literária, trabalhou nela desde 1840, alguns episódios saíram em revistas a partir de 1850. O épico *Colombo* foi publicado em 1866 pela editora Garnier, no Rio de Janeiro, em dois volumes: "Qual amplexo de amor todos sentiram / O doce abalo do encontrão na praia. / De um salto juvenil pisa Colombo / A nova terra, e com seguro abraço, / A bandeira real no solo planta".

conselhos. Um momento depois, apareceu Mesmer, o descobridor do magnetismo animal, que me disse o seguinte:

"Vai a Puttkamer Strasse, nº 10, sobe ao primeiro andar, que ali acharás um homem idoso chamado Link, e pede-lhe que te magnetize. Ele te dirá que já não magnetiza, e que tem um filho com grande força que o poderá fazer; mas não aceites porque o seu fluido não te convém, mas sim o do pai".

No dia seguinte, fui com meu filho Paulo à casa indicada, e tudo aconteceu com havia previsto o espírito de Mesmer; e depois de algumas negativas, o senhor Link resolveu-se a magnetizar-me.

Um mês inteiro fui a sua casa, e fiquei quase bom, e bom ficaria se eu pudesse mudar o meu modo de viver, e deixar de estudar e trabalhar.

(p. 7) Durante o curativo tive algumas comunicações com o meu espírito protetor ou anjo da guarda, nas quais recebi muitos conselhos e consolações.

Darei aqui alguns fragmentos, que podem interessar a todos, deixando em reserva o que me é relativo. Ordinariamente os espíritos superiores se anunciam sempre por uma grande máxima ou sentença moral, como uma luz precursora de sua sabedoria e bondade.

– 31 de março de 1863. Berlim em Franzinschestrasse, nº 33. Em terça-feira santa, medio, a senhora Fritzschen. –

"Todos os esforços dos filósofos e dos teólogos para conciliar a fé com a razão foram baldados por se não assentarem sobre a sólida luz de um espiritualismo positivo.

"O desejo, mais ou menos vivo, é o caminho de ferro dos espíritos, que os leva pelo pensamento aos seres queridos; porque o pensamento de um espírito é o mesmo espírito.

"Se os homens evocam os espíritos, o desejo que estes têm de lhe agradar os atrai para os mortais; a complacência é um dever ordenado por Deus.

"A necromancia ou evocação dos espíritos é pois uma coisa permitida.

"No mundo dos espíritos, o estado é mais do que o lugar, porque os espíritos não estão adstritos aos lugares como os mortais. Os espíritos não conhecem distâncias; podem perceber o grande número de estados felizes nos diferentes universos, assim como o homem rico do Novo Testamento pode ver Lázaro no seio de Abraão;[284] e como já neste mundo vê o vidente ou a sonâmbula lúcida. O estado não depende dos lugares no mundo dos espíritos como entre

---

284 Refere-se à parábola do homem rico e do mendigo chamado Lázaro, que se alimentava das migalhas que caíam da mesa do rico. Os dois morreram, e no Hades, ao erguer os olhos, estando em tormentos, o rico viu ao longe Abraão e Lázaro, no seu seio. Em *Lucas* 16:19-31 (Também citada em *O Evangelho Segundo o Espiritismo*, como a parábola do mau rico).

os mortais, porque o estado, graças ao pensamento, se estende à ubiquidade mais ou menos perfeita.

"Os espíritos têm uma existência aonde o tempo se emerge na eternidade, e o espaço é circunscrito no infinito, como a gota do orvalho que se perde no oceano".[285]

Para diante se compreenderá claramente tudo isto. Não quero aqui por senão a doutrina dos espíritos, porque é a do espiritismo.

(p. 8) Dias antes desta comunicação, tratando Vasco da Gama de mim, de toda a minha família em particularidades íntimas, disse-me isto a respeito de meu filho Paulo, matriculado na Universidade de Berlim:

"Agora, ainda uma palavra sobre o teu primogênito, se isto te é agradável.

"Teu filho escolheu o estudo das ciências naturais como sabes, e segundo os teus desejos, mas um outro espírito já veio para dizer que ele devia encetar outra carreira, era o seu espírito protetor ou outro por ele. Se queres um conselho neste negócio, vou dar-te!"

Respondi: sim.

"Paulo é um jovem que tem talento para a sorte de estudos que começou, que se ocupe da filosofia, e então mais tarde poderá mudar de carreira; mas agora seja firme e não consintas que ele deixe o estudo da química e da física, que serão a sua salvação. Deverá também trabalhar para a filosofia, porque vejo no seu futuro uma grande estrela, que o esclarece e que o fará conhecido no mundo. Ele será mais uma luz para a tua pátria".[286]

---

285 "Enquanto uns não se podem afastar da esfera onde viveram, outros se elevam e percorrem o espaço e os mundos; enquanto alguns Espíritos culpados erram nas trevas, os bem-aventurados gozam de resplendente claridade e do espetáculo sublime do Infinito" (ESE, p. 57-58).

286 Paulo Porto-Alegre iniciou seus estudos no Colégio Pedro II no Rio, partindo, em 1859, para estudar filosofia na Universidade de Berlim. Em 1862, matriculou-se no Instituto Químico Farmacêutico de Berlim, onde chegou a dirigir o laboratório. Obteve o diploma de engenheiro civil de minas e fundições na Academia de Minas de Freiberg, na Saxônia. Em 1866, estudou na Real Academia de Minas de Leoben, na Áustria. Transferiu-se para a Universidade de Heidelberg, onde estudou química e física, tendo trabalhado no laboratório do renomado Robert Bunsen. Em 1877, foi nomeado vice-cônsul do Brasil em Portugal e, logo depois, cônsul. Sócio da Academia de Ciências de Lisboa, publicou em 1879 uma obra de referência para fazendeiros e agricultores brasileiros, *Monografia do café, sua história, cultura e produção*, em dois volumes, 526 páginas. Obra oportuna, pois o café foi a principal cultura responsável pelo desenvolvimento do Segundo Império e da história nacional. Permitiu o surgimento de rodovias, estradas de ferro, vilas e cidades. Suas lavouras trouxeram os imigrantes, primeiro os italianos, depois vieram alemães, espanhóis, portugueses, japoneses, sírios, libaneses e tantos outros formadores de nosso povo. Hoje, o Brasil é o responsável por um terço da produção mundial. Paulo Porto-Alegre concluiu assim sua obra: "Prazo a Deus, que as exíguas reflexões que fizemos acerca do plantio, possam interessar de algum modo àqueles a quem incumbe volver os olhos atentos para a produção do café no vasto, opulento e florescente Império Sul-Americano, dotado com todos os fatores naturais e indispensáveis para ser o primeiro país agrícola por excelência".

Respondi: E ela que tem bastantes necessidades.

"Sim. O estado da tua pátria é digno de lástima neste momento. Aquele povo, composto de diferentes elementos, tem muita facilidade para aprender e possui uma vivacidade extraordinária, mas até o presente tem sido negligenciado, e se nada se faz pelo povo brasileiro, também muito pouco para as classes altas...".

"Cultivai o terreno fértil, o coração de vossos compatriotas; fazei-lhes conhecer as ciências, dai-lhes o reconhecimento a Deus, ao seu Salvador, e sereis imortais.

"Vejo no futuro o teu trabalho para a salvação do teu povo, e sei que teu Imperador verá com muito interesse os teus esforços.

"É a primeira parte da tua missão, mas tens outra. Estuda o espiritismo, e teus estudos te farão conhecer grandes segredos, fechados para sempre aos olhos cegos dos homens deste mundo de misérias e orgulho.

(p. 9) "Se algumas pessoas favorecidas por Deus têm o destino de se aprofundarem nestas coisas secretas, superiores e notáveis, pois que há poucos homens cujo espírito tem a firmeza de suportar estes pensamentos, estas comunicações de outro mundo. Os espíritos ordinários se perderiam sempre ao entrar na mansão dos espíritos e de Deus. Tu és um dos tais favorecidos: sê aplicado, estuda, e obterás a coroa da vida.

"Basta por hoje. Voltarei sábado à mesma hora. Adeus meu filho, meu caro protegido. Vasco da Gama".

Berlim, 22 de abril de 1863, em casa do senhor Braga. Vasco da Gama.

"Só Um é o alpha e o ômega, o princípio e o fim... glória ao Ser Universal.

"Vou dar-te os prometidos conselhos, que serão sobretudo religiosos, porque a religião é a coisa principal na vida deste mundo; e por isto é que o espiritismo é a única ciência que vale alguma coisa para a outra vida, que é a verdadeira vida. As manifestações sobrenaturais dos espíritos devem rasgar o véu que há entre a vida e a morte.

"O melhor conselho que os espíritos podem dar aos homens, é o de elevar seu coração da terra ao céu. Se tua alma se perde algumas vezes em dúvidas religiosas, serei teu guia para o caminho eterno.

"Os prazeres terrestres só encerram dores e lástimas; só a vida do além--túmulo é a que nos dá os gozos celestes; porque tudo o que é puramente espiritual é eterno. Põe sempre a sua confiança em Deus, porque se perdendo o amor de Deus, perde-se o amor do bem, e até a esperança da vida eterna. O que tem presente Deus já começa a vida contemplativa em sua divina e eterna presença.

"Eis os meus conselhos para o teu coração, meu filho, para o teu coração que é algumas vezes fraco, porque tu és sempre o homem, e há combates neste mundo: os há na vida, na família, sobretudo, e um pai sempre os tem, e precisa de conselhos.

(p. 10) "Repito: põe sempre a tua confiança em Deus, e com ela suportarás o fardo da vida, e mudarás todas as pinas[287] na esperança de outra melhor, mais perfeita em que não haverá mais dores, e onde tu conhecerás o Eterno Padre. És forte na tua fé, mas às vezes tens ainda algumas dúvidas; e eu como teu e par em Deus quero te fazer feliz.

"Já te dei conselhos sobre a vida mundana, sobre os negócios da tua família e sobre os da vida que te conduzirá ao mundo da paz; não os esqueça e lembra-te de teu amigo que te acompanha e que nunca te deixa.

"A redenção é a escada com que a alma sobe lá em cima, se esta escada falha, cai-se no abismo infernal. Compreendes-me?"

Respondi: Sim.

"Teu coração aceitou meus paternais conselhos, e sei que jamais deixarás de amar a Deus e os bons espíritos!

"Deixo-te agora, mas serei sempre ao teu lado em toda a parte, e te falarei mais tarde. Prometo-te de te guiar nos teus estudos, e de dar-te os meus conselhos todas as vezes que precisares.

"Ainda uma última palavra a teu filho Paulo. Estou triste por causa dele, pois que o conheço e sei a razão porque ele se afastou de ti. Está infeliz porque deixa esta cidade, onde tem o coração: é ainda muito jovem, e deve estudar e trabalhar porque os prazeres e gozos da vida mais tarde lhe virão. É para seu bem que ele deixa Berlim. A sociedade de ... não era boa para ele, aquele homem o arruinaria se ele ficasse aqui mais tempo. O Paulo não tinha sossego em casa, não podia trabalhar, o coração dele é bom e eu não desejo que se estrague.

"Tu viste claro, e o Paulo está zangado, mas em breve reconhecerá a verdade de tuas palavras. Vejo-o grande no futuro, mas terá que pelejar a um combate bem difícil, e será vencedor pela graça de Deus. Dize-lhe quanto dele hei dito, e não cesses nunca de pensar e de evocar em mente o teu amigo sincero. Vasco da Gama".

Seguiram-se depois outras evocações; mas antes delas perguntei (p. 11) quem era o espírito protetor do senhor Domingos José Gonçalves de Magalhães, e Vasco da Gama respondeu: "Sólon, um dos sete sábios da Grécia".

---

287 Pinas são peças arqueadas, de várias larguras, que, unidas, formam a roda das carruagens, suportadas pelos raios. Quanto mais largas e de melhor qualidade são as pinas, melhor deslizam e menos ferem as estradas de terra, e mais carga suporta a carruagem. Aqui, "mudar as pinas" é uma metáfora.

Numa anterior comunicação, a respeito da minha vida inteira, disse-me ele que estava muito satisfeito do modo porque o senhor Link me magnetizava, pois que assistia e via os efeitos!

Separei-me de tudo, porque era forçado a voltar para Dresda, e nunca mais vi medio algum, porque parte daquela sociedade saiu de Berlim, tanto brasileira como alemã, e eu assim fiquei isolado, mas contente e agradecido a quem me abriu a porta de uma nova luz, que está refundindo a sociedade, e explicando de uma maneira mais clara o Evangelho do Cristo, o guia de toda a perfectibilidade humana e o que – assim espero – há de fazer do bom povo brasileiro uma nação de amor, de heroísmo, e de suma sabedoria.

QUINTA CARTA. SEGUNDA FASE
Março de 1865.
Dois anos decorreram sem que ocupasse do espiritismo prático, limitando-me a conversar com muito poucas pessoas que dele sabiam, ou com algum brasileiro que por Dresda passava, por ser pessoa de inteligência, e apta a compreender os desejos de quem queira instruir-se. Nunca fui incrédulo, mesmo no tempo em que por moda e por vaidade fingi sê-lo, porque todos os materialistas que li não me convenceram. Houve sempre no meu ser uma aspiração àquele Belo, que Kant chamava de infinito no finito.

Começava a decair o inverno quando veio a Dresda o senhor doutor Pedro de Calazans, a quem procurei logo, e de cuja amizade me lisonjeio. Como todos os brasileiros que se demoram em Dresda, o senhor Calazans teve a minha casa por sua; e como pessoa muito ilustrada, nos deu agradáveis e longas horas de sua tão amável e doce companhia.

Com ele via de dia o que há de interessante em Dresda, e as noites eram empregadas em leituras e conversação animada sobre tudo o que nos ocorria; já se sabe que a maior parte do tempo pertencia ao Brasil. Todos os brasileiros que leem conhecem o senhor Calazans como um dos nossos bons poetas, e a este título devi-lhe alguns modestos conselhos nas leituras que lhe fiz de muitos pedaços do *Colombo*. Foi depois de uma dessas leituras, e por vir a pelo, que eu falei do espiritismo ao senhor Calazans, do que não tinha ele a menor ideia, pois só havia lido alguma coisa sobre o magnetismo animal, sem, contudo, se não me engano, havê-lo observado.

Regressou o senhor Calazans para Leipzig, deixando-nos a memória que deixam sempre todos os corações singelos e as inteligências ornadas.

Como era natural, houve entre nós uma afetuosa correspondência a qual, tendo cessado por parte do senhor Calazans, procurei saber por nova carta o motivo de tão repentino silêncio? Escreveu-me, mas não foi com tinta, foi com as lágrimas da tristeza! Tratei de consolá-lo, e tive a felicidade de fazê-lo, do que recebi aquele prêmio que muitos sabem.

Desejoso de ir receber na fronteira do meu distrito consular a (p. 2) senhora D. Izabel, Princesa Imperial do Brasil, e seu augusto esposo o senhor Conde

D'Eu, uni-me à Legação, e parti com ela para Colônia, onde, depois de um sincero júbilo, ficamos às ordens de Suas Altezas Imperiais; que nos trataram como merecia o nosso cordial respeito e natural prazer.

Chegado a Dresda, soube de que chegara à véspera o senhor Calazans, e fui logo procurá-lo em Porticus-strasse, na esperança de passar com ele outros tantos dias e noites como as passadas. Espantado fiquei dele dizer-me que tomara repentinamente a resolução de vir para Dresda, pois que uma hora antes de embarcar-se nem em tal pensava.

Quem é que na vida tem tido destes movimentos repentinos, e feito coisas de que se louva no fim delas, atribuindo-as a um palpite, a um pressentimento inexplicável? Mais adiante, caríssimo leitor, terás a explicação dessa viagem repentina, assim como a de um cento de fatos que tem ouvido e dos que igualmente te aconteceram, e te acontecerão ainda!

Numa noite em que conversava o senhor Calazans com minhas filhas e mulher, disse-lhe esta, vendo os desejos ardentes que ele tinha de observar os fatos espiríticos que lhe contavam: Quem sabe se o senhor doutor é medio? Ao que acendi: Se tem coragem para experimentá-lo, vamos a isso? Pronto, respondeu ele, e logo pegou no lápis.

Disse-lhe o como devia evocar; e depois de algum tempo vimos-lhe a mão convulsa, e o lápis percorrer o papel traçando caracteres informes!

Assentei de ajudá-lo; orei, e lhe escreveu: Marion Delorme!

Perguntei à tão estranha aparição o que de nos desejava, e o novo medio escreveu: Orações. Suspendi a sessão, porque não se deve fatigar o medio novo, porque a prática assim o pede. Ficamos todos de rezar naquela noite por Marion Delorme,[288] cuja vida se acha em quase todas as biografias francesas, e deu assunto a um dos melhores dramas do senhor Victor Hugo.

No dia seguinte, evoquei dois grandes amigos da casa, o falecido doutor Oliveira, e o nosso queridíssimo Gonçalves Dias.

Oliveira respondeu logo, dizendo: – Aqui estou.

(p. 3) Perguntei-lhe como se achava, e disse: – Ainda sofro, mas espero uma reencarnação. E Gonçalves Dias disse isto: – Ainda sofro, mas espero em Deus.

Perguntei ao Oliveira se nossas orações lhes poderiam ser úteis, e ele respondeu: – Ah! Tu não avalias o bem de uma oração com fé.

---

288 *Marion Delorme* é uma peça em cinco atos por Victor Hugo, escrita em 1828 sobre a redenção por amor da famosa cortesã francesa. Apaixonada por Didier, diz ser Marie, e se dedica a ele, escondendo a verdadeira identidade. Representa a regeneração pelo amor fiel, desapego ao luxo. No Brasil, essa obra popular influenciou outras de José de Alencar e Machado de Assis. (HUGO, Victor. *Théâtre. Hernani, Lerois'amuse, Amy Robsart, Marion de Lorme*. Paris: GF-Flammarion, 1979).

A sessão foi interrompida pelas nossas lágrimas, e pelos penosos soluços de minha filha Paulina. Gonçalves Dias deixou-nos eternas saudades, porque o vimos sofrer e admiramos seu belo coração, mais belo ainda do que seu admirável engenho.

Em outra ocasião, apareceu de novo Marion Delorme, e disse – Agradeço vossas orações. De repente ouvimos um grito, e o doutor Calazans caiu como subjugado na mesa, e alçou-se dizendo: – Estava a duvidar, quando senti como que um abraço, mas que abraço!

Serenada a emoção, e estando todos a rir-se, ouviu-se uma pancada na mesa em roda da qual estávamos, e minha mulher disse: – senhor Calazans! Um espírito lhe quer falar; pegue no lápis.

Feito isto, começou como que a adormecer o medio, escreveu uma longa comunicação, finda a qual lhe caiu o lápis da mão, e alguns instantes depois ele acordou, olhou para o papel que escrevera, e ficou como que tocado de um sentimento profundo. Depois de ler tudo, nos disse:

– Sabem quem é? É uma tia minha, uma tia que me criou, e que me vem lembrar os seus santos conselhos! Tudo isto é verdade! Há que tempos não rezo eu! Era uma santa senhora, e o que ela diz é certo. Vou rezar, pois que sofro, e não tenho consolação.

Disse-lhe eu: – Aproveite a ocasião para saber como vai seu filho? E feita a pergunta, respondeu: – Está bom.

Estamos na primavera; eu tinha sofrido bastante do inverno, assim como minhas filhas Paulina e Anna, e assentamos de alugar parte de uma casa de campo em Blasewitz, para a qual nos mudamos dias depois, levando os móveis indispensáveis, por poupar o aluguel destes, que é sempre igual ao da casa.

(p. 4) Nessa casa tive o imenso prazer de abraçar os meus ilustres patrícios e amigos os excelentíssimos senhores Joaquim José de Siqueira, Francisco de Salles Torres Homem e o amabilíssimo senhor doutor Castelões. Escrevo isto porque se Deus sabe do prazer que temos em ver brasileiros, e do que se sente quando num rosto alegre, numa língua que é da alma, e num abraço, se vê a Pátria, se ouve a sua voz, e se entra nela com o triunfo da saudade!

O senhor Calazans sempre nos vinha ver, e a pedido meu aceitou um leito em um quartinho junto ao meu, o que me foi de grande consolo, porque fora das horas de trabalho, pois concluía eu *Colombo*, servia-me de companheiro da alma, e de sócio em nossos passeios pelos arredores de Blasewitz, e pelos majestosos e saudosos lugares do Brasil, para onde vamos a cada instante.

Como tivéssemos um medio, e com ele uma criatura dócil e complacente, começamos os nossos estudos espiríticos, e tanto maior era o meu desejo, porque assim tinha um seguro meio de certificar-me, porque a dúvida ainda de vez em quando me assaltava.

Aqui transcrevo as principais comunicações que tivemos, e que foram suspensas pelos motivos que adiante se verão.

Maio de 1865. Medio, o senhor Calazans.
Evocação do poeta Gonçalves Dias.
– Presente.

"Bem difícil é saber viver! A vida é um sorvedouro para aqueles que se deixam impregnar das doutrinas dos que se dizem os instrutores da sociedade. Vaidade e só vaidade! Para que os ouropéis[289] de uma glória vã como as margens do deserto? A carne, o lodo, a podridão duram acaso além do túmulo? O espírito é tudo, este deve purificar-se pelo orvalho da oração, porque tem de subir até os degraus do trono de Deus! Foge do espelho que só reflete as cores cambiantes, variegadas[290] mas traiçoeiras do amor próprio; esse tem de embaciar-se com o bafo do sepulcro, e quebrar-se na rigidez da pedra. O espírito é tudo. É preciso purificá-lo, lapidá-lo como o brilhante que, carvão, só depois de facetado é que pode brilhar com toda a pompa de seu brilhantismo. O espírito é a flor silvestre que (p. 5) os grandes que passam a menosprezam, mas que uma alma cheia de sentimento a vai colher e depor sobre uma sepultura. O espírito é tudo: porque o espírito é uma faísca de Deus. Homens não vos esqueçais desta grande verdade, ela é a pedra angular de toda a filosofia humana.

"Tudo o mais é vaidade e só vaidade, di-lo o livro da sabedoria, di-lo o sábio dos sábios. – *Vanitas vanitatum*".[291]

Perguntou-lhe minha filha Paulina:
– Que foi feito do teu corpo?
– Do meu corpo, nem mesmo desejo saber. Ele me fez sofrer tanto! Vede o conselho que vos dei.
– O que desejaste escrever na hora da tua morte, sem consegui-lo?
– Era um perdão.
– A quem?

---

289   Ouropéis: tudo que tem brilho falso.

290   Variegadas: que possui cores matizadas, diversas.

291   Em *Eclesiastes* 1:3, encontramos: "Palavras do pregador, filho de Davi, rei em Jerusalém. Vaidade de vaidades (em latim: *vanitas vanitatum*), diz o pregador; vaidade de vaidades, tudo é vaidade. Que proveito tem o homem, de todo o seu trabalho, com que se a fadiga debaixo do sol?".

– Eu queria perdoar a quem tanto me ofendeu. Vocês sabem?

Minhas filhas e minha mulher começaram a chorar, e ele prosseguiu:

– Para que lamentar-me? Se eu pudesse... mas não posso fazê-los a todos felizes como o merecem. Deus sabe o como eu velo pelos meus amigos.

"Se ele nos fizesse uns versos", disse uma das filhas, e logo o medio escreveu:

A vida é o grande cabo tormentoso,
É preciso dobrá-lo a todo custo;
Apenas a esperança em Deus me pôde
Levar-me ao porto são, salvo, e sem susto.

De Deus a majestade é tão brilhante
Que nos pode talvez mesmo cegar;
A esperança e a virtude os condutores
Que nos podem fazer té Deus chegar.[292]

– Perdoem, perdoem.

– Perdoar de que?

(p. 6) – É com o Porto-Alegre.

Gonçalves Dias.

O senhor Calazans, apenas começava a escrever, ia cedendo a um como que sono magnético;[293] caía sobre a mesa com uma respiração carreada, como um homem desmaiado por uma grande aflição, tendo apenas o braço e a mão direita um perfeito movimento; e este estado nos penalizava bastante.

Perguntei ao Dias qual o motivo disto, e ele respondeu que não era de assustar o seu estado, e que ele sofria uma espécie de magnetismo[294] pelo fluido espirítico,[295] e que por isso ficava assim.

Outra evocação.

---

292   Em vida, Gonçalves dias fazia uso de aférese, supressão de fonema inicial para reduzir o número de sílabas métricas: té (por até), inda (por ainda), 'stamos (por estamos) como na poesia:

Amor é vida; é ter constantemente

Alma, sentidos, coração – abertos

Ao grande, ao belo, é ser capaz d'extremos,

D'altas virtudes, té capaz de crimes!

293   Sono magnético: estado de sonambulismo provocado.

294   Ação do magnetismo animal, que normalmente se estabelece por meio de passes.

295   Emanação do corpo fluídico, ou perispírito, do espírito que se comunica.

Alguém desejava saber o seguinte, que se perguntou a Vasco da Gama.

– Quem é o espírito protetor de nosso Imperador?

– É um italiano, chamado Ângelo Custódio. Viveu desconhecido, mas é um gênio.

– E o da senhora D. Isabel?

– É Washington. É a maior felicidade para o Brasil, o seu futuro disso depende.

– E o de seu marido, o senhor Conde d'Eu?

– Não é conhecido de ti: habita outros mundos.

– Mas diz-nos, bom espírito; quererá a nossa Princesa acreditar no que lhe mandarmos dizer? Qual é a prova que lhe poderemos dar em como o que acabas de dizer é real?

– A verdade é a verdade. Ela se convencerá, tu o verás.

– Poderias tu perguntar ao Dias se ele consente em que enviemos ao nosso amigo Macedo a bonita comunicação que ele nos deu?

– O Dias não pode mais vir hoje, mas diz-me que faze o que entenderes. Adeus. Vasco da Gama.

Em outra noite.

O medio desejava saber quem era o seu espírito, e o evocou segunda (p. 7) vez, ao que ele respondeu em francês, como das outras vezes.

– Que teima! Já te disse várias vezes: – para que desejas saber uma coisa que Deus não quer (que o saiba)? Espera um pouco, meu filho, e então saberás.

– És francês, para escreveres nessa língua?

– Eu sei todas as línguas. Como estás infeliz! Resigna-te meu filho. A virtude dos desgraçados está na força do ânimo! Espera, e espera sempre. A esperança, ainda que longe, é uma consolação para as almas doídas. Desce, meu amigo, desce até a maior miséria, porque um dia subirás. Descer ao túmulo é subir. Não creias que se desce, sobe-se todas as vezes que a alma se eleva a Deus. Nunca te esqueças de que Deus está lá em cima para premiar as ações humanas. Já te disse mais do que desejava. Adeus.

Evocação de Gabriel Maria, espírito protetor de minha filha Paulina. Foi português e viveu há mais de trezentos anos.

– Aqui estou.

– Dize-me, bom espírito, se o infeliz M... ainda sobre, e se as orações de uma pobre pecadora em seu favor têm tido algum valor aos pés de Deus?

– Nem tu podes avaliar os bens de uma simples oração com fé! Ele ainda tem muito que sofrer e espiar. Só Deus sabe que fim ele poderá ter. Adeus.

Quis minha filha evocar o espírito deste infeliz, e eu opus-me porque vi a mão do medio a fazer contorções como as de um tetânico.

Não é bom evocar os que sofrem, porque o seu fluido espirítico atormenta o medio, exceto nas ocasiões em que Deus lhe concede a confissão de seus crimes para alcançarem perdão. Suspendeu-se a sessão.

Para provar a sinceridade com que escrevo, e o que já disse a respeito da bondade dos espíritos, e da confiança que eles inspiram, aqui transcreverei particularidades bem úteis em muitos casos. (p. 8)

Um medio numa circunstância das piores da vida, não sabendo para que lado voltar-se, pegou no lápis, orou, e pediu conselho ao seu Espírito Protetor, e este lhe disse: – Escreve a F... e manda-lhe já a carta. Partiu a criada, e o medio depois de calcular bem o tempo necessário para a entrega, perguntou: – F... recebeu a carta? – Sim, e estás servido: Deus não abandona os que a ele se volvem!

Estávamos no campo, e a ama-seca da menina adoecera.
Evocação de Gabriel Maria.
– Aqui estou.
– Questionamos pedir-te um remédio para a nossa criada que se acha doente, e desejávamos saber que moléstia tem? Podes tu perguntar a Hahnemann?
– Espera um pouco.
– É uma bronquite. Dá-lhe camomila: três gotas de cada vez, e três vezes por dia. Resguardo, e em dois dias estará restabelecida. Adeus.

Gonçalves Dias.
– Presente.
– Poderias tu dar um remédio para o teu amigo Paulo?
– Hoje tenho mais um amigo aqui – é o Paulo. A visita hoje é a ele. Eu antes quisera dar-te um remédio à alma. Tu estás muito descrente. Freiberg[296] te materializa muito.

Todos se fizeram a rir, e o estudante de minas ficou triste.
– É caçoada minha, Paulo, tu és bom rapaz. Para o teu mal, banhos frios.
– Pois os banhos frios não são nocivos à minha dor?
– Tu não sabes que os nervos produzem tantos e tão variados efeitos na economia? Eu também já sou até médico. Tudo aqui se aprende.
– Poderás tu dizer-nos se o falecido M... está feliz?

---

[296] Paulo estudou na universidade de Freiberg, na Saxônia, Alemanha, a mais antiga universidade de mineração e metalurgia no mundo.

— Não me perguntes, coitado! Tão boa alma, mas Deus é quem (p. 9) sabe medir bem essas coisas. Nós, meu Porto-Alegre, neste mundo, quero dizer neste mundo em que ainda estás, não somos mais do que átomos atirados no meio do espaço, grãos de areia no meio do oceano. Aqui tudo são alegrias: a glória eterna é a salvação. Deus é tão grande! Que grandeza e que infinita misericórdia!

E continua:

— O M... um dia há de gozar da suprema dita que lhe compete, que está reservada aos grandes engenhos, quando há o fundo até onde o olho da Providência desce, a grinalda das virtudes. Tu o conheceste, ele tinha tantas, mas, meu amigo, altos são os destinos de Deus!

— Ainda não pude vê-lo, ainda me não foi concedido esse favor, creio que a sua desencarnação tem sido muito difícil. Entretanto...

— Dize, bom Dias, se viste o padre Monte-Alverne?

— Porto-Alegre, nosso amigo Monte-Alverne ocupa uma das missões mais importantes em um planeta muitíssimo superior ao nosso, ao teu, porque eu não sou mais desse torrão tão feio, como é, se tu visses este aqui como é bonito! Se tu pudesses vir aqui acabar o *Colombo*! Não te espantes, eu cá te espero, mais ainda tens muita coisa boa que fazer aí. Tu és um ente necessário ainda nesse vale de lágrimas.

— (a meus filhos, que falavam entre si) Vocês pensam que eu não ouço as injustiças que me fazem? (responderam- não sei que!) Sempre bons! Que boas almas. Ainda espero abraçá-las a todas. Quando? Deus só sabe! Adeus.

— Seria tu acaso o que respondeste... ?

— Que injustiça me fazem! Julgam-me um espírito tão pequenino que me ocupasse de coisas dessas. Eu estava tão longe. Isso é um Polichinelo: aqui também os há. Estou pronto para responder tudo quanto ei, mas nem tudo nos é possível a nós outros, porque também ainda temos nossos limites marcados no livro de Deus.

SEXTA CARTA. SEGUNDA FASE

Manifestação espontânea, escrita em francês.

"Queres saber o que é o espírito? – o espírito é a concepção mais delicada da sabedoria de Deus! O espírito é como o perfume que sobe ao altar do Deus de todos os mundos; é imperceptível aos olhos da carne, que, grosseira, não pode compreender uma coisa tão sublime. Vês tu o pensamento de teus amigos ausentes próximos de ti? Vês tu o voo do teu próprio pensamento, quando ele se abraça com teus amigos já mortos, com teus parentes ainda vivos, e com Deus que tu não vês, mas que são bem compreendidas? O espírito é o sol que penetra nas profundas do oceano; é o vento livre que abate o rijo carvalho, sem que ninguém lhe veja a forma de sua existência real. Eis o que é o Espírito". Marion Delorme.

Toda a saudade é um voo do espírito.

Gonçalves Dias.

– Presente.

– Diz-nos, bom Dias, o que devemos fazer à nossa criada, que se não restabeleceu?

– Ela fez uma imprudência. Nova dose de camomila, é o que o médico ordena.

Nota: Efetivamente, porque estando suada, desceu à casinha[297] para beber água fria, como ela confessou!

– Poderias tu dizer-nos quem é o espírito protetor do nosso amigo Joaquim Manuel de Macedo?

– Espera um pouco, que eu vou saber.

– É São Jerônimo.

– E qual é o do nosso amigo Capanema?

– É o espírito que foi de um soldado muito valente da revolução de 97!

– Dize-nos mais alguma coisa, bom Dias? (p. 2)

– Querem vocês instruir-se?

---

297   Casinha: banheiro.

Todos: certamente.

"Creem na grandeza e na onipotência de Deus? Pois Deus havia de criar o homem à sua imagem para sujeitá-lo somente às dores, às angústias e às torturas deste mundo, sem abrir-lhe as perspectivas de uma nova vida, de novos mundos onde ele se pudesse lavar das manchas que enodoam as suas vestes neste mundo? Deus é muito grande e infinitamente bom.

"Tantos milhões de mundos derramados pelo espaço como outras tantas luzes acesas nas trevas da ignorância, para que, se não fosse para serem habitados por aqueles que depois dessa sorte de provanças, viessem como que encontrar novos meios, outros recursos de se aperfeiçoarem?

"O espírito segue a marcha marcada por Deus a todos os seres que constituem a cadeia hierárquica da criação, desde o pólipo até o homem, desde a larva até o anjo. A lei da perfectibilidade, a que tudo que respira está sujeito, é a lei, a grande lei que regula todo o criado.

"Deus é imenso, e a sua lei indefectivelmente há de ser cumprida.

"Por que é que o homem feito à sua imagem havia de escapar da influência dessa grande lei a que não pode escapar nem mesmo os seres infinitamente pequenos?

"O homem, como o espírito tendo sempre a aperfeiçoar-se, e ai daquele que vestindo a libré[298] da vaidade e dos vícios se deixa arrastar pelo lodaçal que conduz por uma estrada diametralmente oposta aos degraus do trono de Deus".

Outra evocação.

– Presente.

– Diz-nos alguma coisa para nossa instrução ou consolação?

– Há pessoas que desaprendem em vez de aprender. É sempre o demônio da dúvida que, como o simum[299] do deserto, sopra nas profundezas do coração. Nem há ao menos o orvalho benfazejo de uma oração, que venha refrigerar (p. 3) uma tão grande esterilidade.

– É isto uma repreensão a alguém que está presente?

– Que imprudência! Quando eu disse que a dúvida era um demônio, é porque eu leio no fundo do coração de vocês todos, e quem pode atirar a pedra na frase da Escritura? Qual de vocês não tem as suas horas de desalento e de dúvida? Mas a perfeição não é para os homens, esse invólucro terrestre é

---

298 Libré: capa sem mangas, presa no colarinho, deixando aparecer a veste inferior na parte do peito.

299 Simum ou samiel é um vento quente que atravessa a África. Provoca grandes tempestades de areia no deserto do Saara.

muito pesado; a matéria há de sempre dar a lei sobre o pobre do espírito que é uma quantidade negativa, se quiserem medi-lo pela lógica dos pseudo-sábios do mundo.

— Não há quem diga e escreva que tudo provém da combinação de forças psíquicas que produzem esses resultados psicológicos, que só o cristão pode bem apreciar? Quanta explicação não se procura a fatos a que a contingência humana não pode atingir, só para procurar uma satisfação a um orgulho tão mal entendido?... Eis enquanto à dúvida. Não lhes parece que estou um pregador de sermão de quaresma?

— Que lápis que vocês me dão! Tratem melhor os amigos. Adeus. Por hoje não é mais possível. Gonçalves Dias.

Nota: Eu estava presente a esta evocação feita por meus filhos, mas deitado no sofá; e como não entrei nela, não rezei como costumava? O medio prestava-se a escrever por complacência e bondade própria, porém o seu ânimo andava abatido por contrariedades que o flagelavam, apesar de seus esforços em combatê-las. Eu o via padecer no ato de escrever, e assentava que me não associando aos desejos de meus filhos, dava-lhes assim a demonstração de uma tácita reprovação; mas eles eram crianças, e tinham tal afeto ao Gonçalves Dias, que só desejavam estar com ele, porque assim renovavam os dias em que gozaram da sua companhia, do seu inesgotável espírito, e de suas graciosas facécias.[300]

Eu tinha outros motivos para poupar o medio, porque sôfrego de saber mais alguma coisa, e de ver a continuação da penúltima comunicação, estando a sós com o medio, pedi-lhe para continuar; e qual foi o meu desgosto (p. 4) depois e evocar o Dias e esperar algum tempo, ver o medio adormecer e escrever o seguinte:

— Meu filho. O egoísmo só é estimado pela sociedade, a falta de caridade é sempre reprovada aos olhos de Deus. Vasco da Gama.

Última sessão em Blasewitz. 14 de junho de 1865.

---

300 Facécias: divertidos, irreverentes e às vezes cruéis contos populares, anedotas.

Mesmer
A ciência negada do magnetismo animal

Agora em coedição com a Fundação Espírita André Luiz esta obra chega a sua 5ª edição justificando a sua relevância cultural, não só no meio espírita.

O autor inicia o livro com uma biografia fiel e renovada de Franz Anton Mesmer, contextualiza a medicina em sua histórica tradição espiritualista e oferece ao leitor a tradução (algumas inéditas) das principais obras de Mesmer, na íntegra.

A descoberta de Mesmer, o magnetismo animal, foi estudada ao longo de 35 anos por Allan Kardec o que influenciou o Espiritismo sob o aspecto científico.

Autonomia
A história jamais contada do espiritismo

O livro resgata, pela primeira vez e com as pesquisas e documentos que Silvino Canuto Abreu guardou, as vivências pessoais de Allan Kardec e a essência de seus pensamentos que formam a base do Espiritismo. Os documentos encontrados por Canuto Abreu demonstram que a doutrina espírita de Kardec foi modificada por influência de inimigos invisíveis. O leitor conhecerá a sucessão de fatos que desviaram parte do Movimento Espírita e apagaram o nome dos pioneiros da história e a sua importância.

Esta edição foi impressa pela Bartira Gráfica e Editora Ltda., Diadema, São Paulo, sendo impressos três mil exemplares em formato fechado 16x22 cm, em papel Pólen Soft 70 g/m² para o miolo e papel cartão 330 g/m² para a capa. O texto principal foi composto em Goudy Old Style 10,5/13 e os títulos em Bebas Neue 30.
outubro de 2019